böhlau

Schriftenreihe der Kommission für Provenienzforschung 1

... wesentlich mehr Fälle als angenommen

10 Jahre Kommission für Provenienzforschung

Herausgegeben von

Gabriele Anderl / Christoph Bazil / Eva Blimlinger / Oliver Kühschelm /

Monika Mayer / Anita Stelzl-Gallian / Leonhard Weidinger

Böhlau Verlag Wien · Köln · Weimar

Gedruckt mit Unterstützung durch:

Bundesministerium für Unterricht, Kunst und Kultur

bm:uk Bundesministerium für
Unterricht, Kunst und Kultur

Bundesministerium für Wissenschaft und Forschung

BM.W_Fª

Nationalfonds der Republik Österreich

 Nationalfonds der Republik Österreich
für Opfer des Nationalsozialismus

Wissenschaftliches Lektorat: Eva Blimlinger, Leonhard Weidinger

Gestaltung Covercollage: Leonhard Weidinger

Bibliografische Information Der Deutschen Bibliothek
Die Deutsche Bibliothek verzeichnet diese Publikation in der Deutschen Nationalbibliografie;
detaillierte bibliografische Daten sind im Internet über http://dnb.ddb.de abrufbar.

ISBN 978-3-205-78183-7

Gedruckt auf umweltfreundlichem, chlor- und säurefrei gebleichtem Papier.

Druck: Holzhausen Druck & Medien GmbH – Wien

Inhaltsverzeichnis

11   Vorwort
        Bundesministerin Claudia Schmied

13   Editorial

17   Rückstellungen und Entschädigungen in Österreich 1945 bis 2008.
        Ein Überblick
        Eva Blimlinger

34   1998 – die Kommission für Provenienzforschung und der Weg
        zum Kunstrückgabegesetz
        Anneliese Schallmeiner

48   Bundesgesetz über die Rückgabe von Kunstgegenständen aus den
        Österreichischen Bundesmuseen und Sammlungen

50   Grundsätze der Washingtoner Konferenz in Bezug auf Kunstwerke,
        die von den Nationalsozialisten beschlagnahmt wurden

52   Zur Arbeitspraxis der Kommission für Provenienzforschung
        Alexandra Caruso, Lisa Frank, Ulrike Nimeth, Anneliese Schallmeiner,
        Anita Stelzl-Gallian

70   Von der Etablierung einer Hilfswissenschaft. Provenienzforschung
        in den österreichischen Bundesmuseen und Sammlungen
        Ingo Zechner

85   Provenienzforschung in der Albertina auf der Grundlage des
        österreichischen Kunstrückgabegesetzes von 1998
        Maren Gröning

93   Jenseits von Klimt. Zur Provenienzforschung in der
        Österreichischen Galerie Belvedere
        Monika Mayer

107   InventARISIERT. Provenienzforschung und Restitution arisierter
        Wohnungseinrichtungen in den Sammlungen der
        Bundesmobilienverwaltung
        Ilsebill Barta, Herbert Posch

127   „Sich stets der Vergangenheit stellen" – Provenienzforschung
        im Heeresgeschichtlichen Museum
        Christoph Hatschek

136   Zehn Jahre Provenienzforschung im Kunsthistorischen Museum
        Herbert Haupt, Franz Pichorner

150   „... dass sich in der Sammlung auch kunstgewerbliche Objekte befunden
        haben." Provenienzforschung im MAK
        Rainald Franz, Leonhard Weidinger

160   Das Museum für Völkerkunde in Wien
        Gabriele Anderl, Ildiko Cazan

176   Von Leermeldungen zu achtzehn Dossiers – Zehn Jahre Provenienz-
        forschung am Naturhistorischen Museum
        Christa Riedl-Dorn

195   Raub und Restitution. Die Österreichische Nationalbibliothek stellt sich
        ihrer NS Vergangenheit
        Margot Werner

204   Von Handschrift bis Haarlocke. Zur Provenienzforschung
        im Österreichischen Theatermuseum
        Karin Neuwirth

214   Technik, Massenware, Alltagsobjekte – Die Provenienzforschung
        am Technischen Museum Wien mit Österreichischer Mediathek
        Christian Klösch, Oliver Kühschelm

230 Mobile Eingreiftruppe Kunstrestitution. Die Israelitische Kultusgemeinde
Wien und ihre Anlaufstelle für jüdische NS-Verfolgte
Ingo Zechner

246 Die Tätigkeit des Nationalfonds der Republik Österreich für Opfer des
Nationalsozialismus im Rahmen der Kunstrückgabe –
Die Kunst-Datenbank des Nationalfonds
Michael R. Seidinger, Claire Fritsch, Hannah M. Lessing

253 Provenienzforschung im Dorotheum
Felicitas Thurn-Valsassina

263 Zehn Jahre Provenienzforschung, Erbensuche und Restitution in den
Museen der Stadt Wien – Eine vorläufige Bilanz
Michael Wladika

281 „… im wesentlichen unbeschädigt erhalten geblieben …"
Provenienzforschung an der Universitätsbibliothek Wien am Beispiel
der Fachbereichsbibliothek Anglistik und Amerikanistik
Monika Löscher, Markus Stumpf

298 „Im Hinblick auf die vorgesehene starke Beteiligung Ihres Museums
an den Zuweisungen aus den beschlagnahmten Kunstgütern …"
Provenienzforschung im Oberösterreichischen Landesmuseum
Birgit Kirchmayr

310 Missing Link. Provenienzforschung in Salzburg und die langwierige Suche
nach verschwundenen Mosaiksteinchen
Susanne Rolinek

329 „… versäumt die Steiermark nie wiederkehrende Gelegenheiten …"
Provenienzforschung und Restitution im Steiermärkischen Landes-
museum Joanneum seit 1998
Karin Leitner-Ruhe

342   Der Zerrissene. Die Rolle des Wiener Malers Carl Moll in der Rückgabesache
betreffend ein Gemälde von Edvard Munch an die Erbin
nach Alma Mahler-Werfel – Eine Ehrenrettung?
Werner Fürnsinn

360   Der Fall Blauhorn: Das Schicksal einer Sammlung
Anita Stelzl-Gallian

375   „... dass das Museum in Lienz tatsächlich der geeignetste Platz zur
Bewahrung von Werken Eggers ist." Provenienzforschung in der
Albin Egger-Lienz Sammlung auf Schloss Bruck und der Umgang
mit entzogenen Kunstwerken
Sabine Loitfellner

395   Raoul Korty – Das Wunderkind der Sammelwut
Margot Werner

412   Die Direktion Richard Ernst. Vom Österreichischen Museum für Kunst
und Industrie zum Österreichischen Museum für angewandte Kunst
Rainald Franz, Leonhard Weidinger

431   Archäologe und Numismatiker. Die Arisierung der prähistorischen
Sammlung von Robert Wadler durch das Naturhistorische Museum Wien
Dieter J. Hecht

442   Die Provenienzforschung zu arisierten Kraftfahrzeugen am Beispiel
des Kraftfahrzeugbestands des Technischen Museums Wien
Christian Klösch

453   „Russenbriefe" – verschleppte Privatkorrespondenz aus der Ukraine
Oliver Kühschelm

460   „Sichergestellt" in Simferopol: Die Geschenke des Fritz Manns an das
Museum für Völkerkunde in Wien
Gabriele Anderl

478   Wien – New York und zurück. Von Arisierung und erschwerter
       Rückstellung. Ein Gespräch mit Alice Kantor
       Alexandra Caruso

496   Abkürzungsverzeichnis

505   Zeittafel

517   Glossar

524   Bibliografie

543   Mitglieder der Kommission für Provenienzforschung in den (ehemaligen)
       Bundesmuseen, der Österreichischen Nationalbibliothek und im Büro der
       Kommission

546   Personenregister

559   Verzeichnis der AutorInnen

568   Bildnachweis

Vorwort

„… wesentlich mehr Fälle als angenommen. 10 Jahre Kommission für Provenienzforschung" Dies ist ein treffend gewählter Titel für die vorliegende Publikation, die der erste Band der künftigen Reihe der Kommission für Provenienzforschung ist.

Als vor zehn Jahren die Kommission ins Leben gerufen wurde, hatte man gedacht, dass ihre Arbeit in zwei oder drei Jahren erledigt sein wird. Vielleicht war bei manchem mit der Erwartung eines baldigen Endes der Provenienzforschung auch die Hoffnung nach dem in Rückgabeangelegenheiten oft ersehnten „Schlussstrich" verbunden.

Die Provenienzforschung hat jedoch gezeigt, dass die langen Schatten der nationalsozialistischen Unrechtsherrschaft bis heute auf den Sammlungen des Bundes liegen. Ich bin sehr froh, dass es dem Bund durch die Arbeit der Kommission gelingt, nach und nach den Versäumnissen der Vergangenheit durch eine aktive Provenienz- und Rückgabepolitik entgegenzutreten.

Manche der Rückgabefälle sind spektakulär, die meisten betreffen jedoch weniger bedeutende Stücke und verlaufen von der Öffentlichkeit unbemerkt. In keinem Fall ist es jedoch angezeigt, von einem Verlust zu sprechen: Wer ein Gut zurückgibt, das er nicht zu recht erwarb, kann es nicht verlieren. Die Rückgabe ist daher auch kein Gnadenakt an den Opfern und deren Nachkommen, sondern das Ergebnis einer Selbstverpflichtung des Bundes auf seine Sammlungen moralische und ethische Grundsätze anzuwenden, die uns alle leiten sollten.

Die Beiträge im vorliegenden Band zeigen, dass die MitarbeiterInnen der Kommission für Provenienzforschung sich intensiv bemühen, alle bedenklichen Erwerbungen mit wissenschaftlicher Akribie aufzuspüren. Dabei nützen sie alle zur Verfügung stehenden Mittel, die in diesem auch international neuen Forschungsgebiet entwickelt werden.

Sie zeigen aber auch, dass noch ein weiter Weg zu gehen ist und manches neu zu denken sein wird. Als zuständige Bundesministerin versichere ich, dass ich auch in Zukunft die Arbeit der ProvenienzforscherInnen und die konsequente Fortsetzung des begonnenen Weges der Rückgabe unterstützen werde.

Dr. Claudia Schmied
Bundesministerin für Unterricht, Kunst und Kultur

Editorial

Das Ausmaß des Vermögensentzuges durch das NS-Regime und damit das Erfordernis von Rückstellungen an die Opfer des Nationalsozialismus und deren Nachkommen wurde seit 1945 von den österreichischen Bundesregierungen regelmäßig unterschätzt – denn angeblich war es ja gar nicht so viel, was da entzogen, arisiert, geraubt, gestohlen worden war. Immer wieder wurde das Ausmaß des Vermögensentzugs, der Arisierung, des Raubes kleingeredet und heruntergespielt, um sicherzustellen, dass Österreich in erster Linie als Opfer des Nationalsozialismus galt. Schon auf Grundlage des Ersten und Zweiten Rückstellungsgesetzes wurden wesentlich mehr Anträge eingebracht als ursprünglich angenommen. Die Behörden waren rasch überfordert, was sich negativ auf die Rückstellungswerber und -werberinnen auswirkte. Als 1972 die Sammelstellen, die die Aufgabe hatten, das entzogene erbenlose Vermögen zu Gunsten der Opfer zu verwerten, aufgelöst wurden, wies die Bilanz Einnahmen in der Höhe von rund öS 326 Mio auf: ein Vielfaches jener öS 25 Mio, die Anfang der 1950er Jahre das Bundesministerium für Finanzen als maximal zu erzielenden Erlös angenommen hatte. Wie diese wenigen Beispiele zeigen, zieht sich die Tendenz zur Unterschätzung wie ein roter Faden durch die letzten 60 Jahre und sie trifft auch – wie könnte es anders sein – auf das Kunstrückgabegesetz von 1998 zu.

Ausgelöst durch die Beschlagnahme zweier aus dem Leopold Museum stammender Gemälde Egon Schieles in New York und die Berichterstattung über die Fälle Bloch-Bauer und Rothschild in der Tageszeitung *Der Standard* wurde im Dezember 1998 das Kunstrückgabegesetz beschlossen. Die Akten, die sich in der Kommission für Provenienzforschung befinden, belegen, dass die zuständigen Behörden und Beteiligten davon ausgingen, dass die Angelegenheit in zwei, drei Jahren nach Rückgabe einiger bedenklicher Erwerbungen aus den Bundesmuseen und Sammlungen erledigt sein würde. Mitnichten. Bereits im 2. Restitutionsbericht zu den Jahren 1999/2000 musste festgestellt werden: „Es handelt sich dabei um wesentlich mehr Fälle als ursprünglich angenommen." Und im 3. Restitutionsbericht 2000/2001 ist dann zu lesen: „Die Recherchen nach Kunstgegenständen, die im Zuge oder als Folge der NS-Gewaltherrschaft in das Eigentum des Bundes gelangt sind, werden laufend fortgesetzt. Die ursprüngliche Schätzung der Anzahl der Rückgabefälle wurde um ein Vielfaches übertroffen."

Bislang wurden 305 Dossiers zu bedenklichen Erwerbungen erstellt. Zu 210 Dossiers liegen Beschlüsse des Kunstrückgabe-Beirats vor, davon empfehlen 184 die Rückgabe (das sind ungefähr 10.000 Gegenstände), 26 lehnen eine Rückgabe ab. In allen Fällen sind die zuständigen Bundesministerinnen und Bundesminister diesen Empfehlungen nachgekommen. Zu vier Dossiers, die im Kunstrückgabe-Beirat behandelt wurden, liegen lediglich Feststellungen vor, etwa weil die Gegenstände direkt ausgefolgt wurden. 52 Dossiers wurden dem Beirat nicht übermittelt, weil zum Beispiel die Tatbestände des Kunstrückgabegesetzes nicht erfüllt sind oder weil dokumentiert werden konnte, dass keine Entziehung vorliegt. Diese Dossiers werden überprüft, kategorisiert und in Evidenz gehalten. 17 Dossiers betreffen so genannte herrenlose Gegenstände, deren ursprüngliche EigentümerInnen (noch) nicht ermittelt werden konnten. Schließlich befinden sich 22 Dossiers derzeit in Vorbereitung zur Vorlage an den Kunstrückgabe-Beirat.

Ein Ende der Arbeit der Kommission für Provenienzforschung sowie des Kunstrückgabe-Beirats ist nicht abzusehen. Davon geht nicht zuletzt auch der im Juni 2008 vorgelegte und zur Begutachtung ausgesandt Novellierungsvorschlag des Kunstrückgabegesetzes aus, der dennoch optimistisch vermerkt, die Hälfte des relevanten Bestandes sei bereits erforscht. Anstatt einen baldigen Abschluss erwarten zu lassen, haben die Erfahrung und Erkenntnisse der Provenienzforschung unter anderem gezeigt, dass es notwendig ist, die Untersuchungen auf sämtliche Entziehungen des NS-Regimes seit 1933 auszudehnen, und dass eine Beschränkung auf das heutige Bundesgebiet unsachlich ist. Leider kam es auf Grund der Neuwahlen in dieser Legislaturperiode nicht mehr zur Novellierung des Kunstrückgabegesetzes, es bleibt der nächsten Bundesregierung und dem Parlament vorbehalten, hier rasch zu handeln.

Mitte 2008 haben zwei vom Bundesministerium für Unterricht, Kunst und Kultur beauftragte ProvenienzforscherInnen ihre Arbeit im Leopold Museum aufgenommen. Ungelöst ist jedoch nach wie vor die Frage der Kunstrückgabe aus dem Leopold Museum – das 1998 beschlagnahmte Schiele-Bildnis Wally ist bis dato Gegenstand eines Rechtsstreits.

Im vorliegenden Band – es ist der erste in der Reihe der Veröffentlichungen der Kommission für Provenienzforschung – werden die Ergebnisse der letzten zehn Jahre dargestellt. Der erste Teil gibt einen Überblick über Rückstellungen und Entschädigungen in Österreich seit 1945. Behandelt werden weiters die Entwicklung des Kunstrückgabegesetzes 1998, die Tätigkeit der Kommission für Provenienzforschung und die wissenschaftliche Entwicklung der Provenienzforschung. Im zweiten Teil steht die in den Bundesmuseen geleistete Arbeit im Zentrum bzw. werden auch die Schwierigkeiten und spezifischen Fragestellungen angesprochen, mit denen sich die Institutionen

jeweils konfrontiert sahen. Das Museum moderner Kunst, in dem 1998 Provenienzforschung durchgeführt und ein Bericht vorgelegt wurde, ist nicht vertreten. Im dritten Teil kommen MitarbeiterInnen von Landesmuseen und anderen Institutionen zu
Wort, die unmittelbar und mittelbar mit Provenienzforschung und Kunstrückgabe
beschäftigt sind. Im vierten und letzten Teil widmen sich die AutorInnen einzelnen Fällen und Problemstellungen oder lassen Betroffene zu Wort kommen. Ein Glossar, eine
Bibliographie, eine Liste aller MitarbeiterInnen der Kommission für Provenienzforschung, eine Zeittafel und der Abdruck von Dokumenten bieten der Leserin und dem
Leser zusätzliche Informationen.

Unser besonderer Dank geht an die MitarbeiterInnen des Büros der Kommission,
des Archivs des Bundesdenkmalamts, des Österreichischen Staatsarchivs, der Stadt- und
Landesarchive, der Anlaufstelle der Israelitischen Kultusgemeinde Wien, der Abteilung
IV/1 Restitutionsangelegenheiten im Bundesministerium für Unterricht, Kunst und
Kultur sowie an alle, die dieses Vorhaben unterstützt haben.

Die Herausgeberinnen und Herausgeber
Wien, im Juli 2008

Rückstellungen und Entschädigungen in Österreich 1945 bis 2008. Ein Überblick[1]

Eva Blimlinger

Die Republik Österreich bemühte sich nach 1945 wiederholt, Vermögen zurückzugeben, das während des Nationalsozialismus entzogen worden war. Vielfach waren die Maßnahmen jedoch halbherzig, schlecht vorbereitet und für die AntragstellerInnen eine bürokratische Zumutung. Die jeweiligen gesetzlichen Grundlagen von den 1940er bis zu den 1960er Jahre führten in der Regel dazu, dass die Überlebenden des Holocaust und ihre ErbInnen – wenn überhaupt, dann nur unter größten Schwierigkeiten – das zurückbekamen, was ihnen entzogen worden war, oder zumindest dafür entschädigt wurden. Ziel der seit den 1990er Jahren getroffenen Maßnahmen ist aus Sicht der Republik, der Länder und der Gemeinden eine endgültige Abgeltung der Verluste und Schäden, die während der Zeit des Nationalsozialismus auf dem Gebiet der heutigen Republik Österreich entstanden. Dieses Vorhaben wurde seit 1945 kontinuierlich verfolgt. Allerdings konnte es nicht zuletzt aufgrund der erwähnten unzulänglichen Maßnahmen bis heute nicht erreicht werden. Viele der strukturellen Mängel hängen mit der zur Staatsdoktrin erhobenen „Opferthese" zusammen, die sich an zahlreichen Stellen als Hindernis für Rückstellungen und Entschädigungen erwies.

Seit den späten 1980er Jahren ist zwar zu beobachten, dass Österreich langsam den Anspruch, ausschließlich Opfer gewesen zu sein, aufgibt und sich zur Mittäterschaft bekennt. Die Mittäterschaft wird jedoch bislang nur rhetorisch und politisch anerkannt, nicht aber rechtlich. Vielmehr ist zu konstatieren, dass die heutigen gesetzlichen Regelungen – von Nationalfonds über Allgemeinen Entschädigungsfonds bis hin zum Kunstrückgabegesetz – im Gegensatz etwa zu den Rückstellungsgesetzen der 1940er Jahre keinen Rechtsanspruch und damit auch keine Verfahrenswege normieren. Da die Republik Österreich zwischen 1938 und 1945 nicht existiert habe, so die völkerrechtlich richtige Argumentation bis heute, könnten ihr die Untaten nicht zugerechnet werden, sei die Republik Österreich also auch nicht verantwortlich. Damit könne kein Rechtsanspruch

---

[1] Dieser Beitrag ist eine überarbeite und ergänzte Version des Artikels Eva BLIMLINGER, Mittäter in der Opferrolle. Die Restitution von Kunst in Österreich, in: Kunst im Konflikt. Kriegsfolgen und Kooperationsfelder in Europa, Osteuropa, 56. Jg./Heft 1–2/Januar – Februar 2006, S. 235–246.

auf Entschädigung gegen die Republik bestehen, lediglich auf Rückstellung dessen, was vorhanden war, eine Vorgabe, die sich vor allem für die Rückstellung von arisierter bzw. entzogener Kunst fatal auswirken sollte, war doch der Aufbewahrungsort der Kunstwerke oftmals unbekannt. Alle Zahlungen seien daher freiwillige Akte, lautet die problematische und seit 1945 immer noch gültige Argumentation.

Ein zentraler Grund für die Aktualisierung von Rückstellungs- und Entschädigungsforderungen[2] in den 1990er Jahren war das Ende des Ost-West-Konflikts. Regierungen, Unternehmen, Museen und Bibliotheken in Westeuropa und zunehmend auch in Ostmittel-, Südost- und Osteuropa setzten rund 40 Historikerkommissionen und Provenienzforschungskommissionen ein, um die Geschichte des Vermögensentzuges, der Rückstellung und Entschädigung im Zusammenhang mit dem Nationalsozialismus zu untersuchen. Waren in der Schweiz die euphemistisch genannten „schlafenden und schlafengelegten" Konten der Ausgangspunkt für die Einsetzung mehrerer Kommissionen, etwa der Unabhängigen Expertenkommission Schweiz,[3] so war es in Deutschland die ungelöste Frage der Entschädigung der Zwangsarbeit, die zwar nicht zur Tätigkeit einer Kommission führte, aber zur Entschädigung eines Teils der ehemaligen Zwangsarbeiter und Zwangsarbeiterinnen. Und in Österreich waren es die Kunst und die Kulturgüter.

---

2   Vgl. die Veröffentlichungen der Österreichischen Historikerkommission. Vermögensentzug während der NS-Zeit sowie Rückstellungen und Entschädigungen seit 1945 in Österreich. Clemens JABLONER, Brigitte BAILER-GALANDA, Eva BLIMLINGER, Georg GRAF, Robert KNIGHT, Lorenz MIKOLETZKY, Bertrand PERZ, Roman SANDGRUBER, Karl STUHLPFARRER und Alice TEICHOVA, Schlussbericht der Historikerkommission der Republik Österreich (= Veröffentlichungen der Österreichischen Historikerkommission. Vermögensentzug während der NS-Zeit sowie Rückstellungen und Entschädigungen seit 1945 in Österreich, Bd. 1), Wien-München 2003; speziell zu Rückstellungen und Entschädigungen Georg GRAF, Die österreichische Rückstellungsgesetzgebung. Eine juristische Analyse (= Veröffentlichungen der Österreichischen Historikerkommission. Vermögensentzug während der NS-Zeit sowie Rückstellungen und Entschädigungen seit 1945 in Österreich, Bd. 2), Wien-München 2003; Brigitte BAILER-GALANDA, Die Entstehung der Rückstellungsgesetzgebung. Die Republik Österreich und das in der NS-Zeit entzogene Vermögen (= Veröffentlichungen der Österreichischen Historikerkommission. Vermögensentzug während der NS-Zeit sowie Rückstellungen und Entschädigungen seit 1945 in Österreich, Bd. 3), Wien-München 2003; Siehe auch Brigitte BAILER-GALANDA, Eva BLIMLINGER, Vermögensentzug – Rückstellung – Entschädigung. Österreich 1938/1945–2005. Österreich – Zweite Republik. Befund, Kritik, Perspektive, Bd. 7, herausgegeben für die Kulturabteilung der Stadt Wien von Hubert Christian Ehalt, Innsbruck-Wien-Bozen 2005.
3   Vgl. die Veröffentlichungen im Chronos Verlag und weitere Informationen http://www.uek.ch/ (abgerufen am 21.7.2008). Zur Thematik: Esther Tisa FRANCINI, Anja HEUSS, Georg KREIS, Fluchtgut – Raubgut. Der Transfer von Kulturgütern in und über die Schweiz 1933–1945 und die Frage der Restitution (= Unabhängige Expertenkommission Schweiz – Zweiter Weltkrieg – Commission Indépendante d'Experts Suisse – Seconde Guerre Mondiale, Bd. 1), Zürich 2001.

Rückstellungen und Entschädigungen in Österreich nach 1945

Die zeitgenössische Debatte verstellt mitunter den Blick auf die seit 1945 in Österreich durchgeführten Initiativen zur Rückstellung und Entschädigung im Allgemeinen und im Bereich der Kunst- und Kulturgüter im Speziellen. Pointiert formuliert gibt es zwei Meinungen: jene, es sei alles zurückgegeben worden, und die, es sei nichts zurückgegeben worden. Beide sind unrichtig.

Grundsätzlich sah Österreich nach 1945 die Verantwortung für die NS-Verbrechen und damit eine Entschädigungsverpflichtung beim Deutschen Reich. Österreich, als Opfer im Sinne der Moskauer Deklaration, komme diesbezüglich keinerlei Verantwortung zu. Dabei wurde immer ein weiterer Teil der Moskauer Deklaration außer Acht gelassen, in dem darauf hingewiesen wird, dass Österreich eine Verantwortung am Krieg trägt, „der es nicht entrinnen kann, und dass anlässlich der endgültigen Abrechnung Bedachtnahme darauf, wie viel es selbst zu seiner Befreiung beigetragen haben wird, unvermeidlich sein wird."[4]

Der bis in die 1980er Jahre dominanten „Opferthese" zufolge war die Republik Österreich 1938 überfallen worden und habe daher bis 1945 nicht existiert, weshalb ihr die Untaten des NS-Regimes nicht zugerechnet werden könnten. Diese Position war zwar völkerrechtlich korrekt, die „Opferthese" wurde jedoch nicht nur außenpolitisch verwendet, sondern auch gegen die tatsächlichen Opfer des Nationalsozialismus angewandt. Das Hauptproblem bei den Rückstellungen lag also in der österreichischen Weigerung, (Mit-)Verantwortung für die NS-Verbrechen und deren Konsequenzen zu übernehmen.

Grundsätzlich entschied sich die Bundesregierung daher im Frühjahr 1946 für das Prinzip Naturalrestitution – es konnte also nur das zurückgegeben werden, was vorhanden war –, und Österreich weigerte sich zunächst, Entschädigungs- oder Schadenersatzzahlungen zu leisten. Erst aufgrund des Staatsvertrags von Wien 1955 musste dieses Prinzip durchbrochen werden. Vorerst entschied man sich für ein im zentralen Teil zivilrechtliches, ansonsten verwaltungsrechtliches System, das die Überlebenden des Holocaust notwendigerweise in die Situation der KlägerInnen, AntragstellerInnen, BeschwerdeführerInnen versetzte. Mag dies auch eine nach solchen Umbrüchen unvermeidbare technische Notwendigkeit gewesen sein: Die daraus folgenden nachteiligen Konsequenzen mussten die Opfer lebhaft erfahren. Das Rückstellungswesen in Österreich

---

4   Moskauer Erklärung über Österreich vom 30.10.1943, abgedruckt bei Stephan VEROSTA, Die internationale Stellung Österreichs 1938–1945. Eine Sammlung von Erklärungen und Verträgen aus den Jahren 1938 bis 1947. Wien 1947, S. 52.

ist ein bis heute unübersichtliches, teilweise widersprüchliches Geflecht aus einer Vielzahl von Gesetzen und Verordnungen, von widerstrebenden Interessen der politischen
Parteien, der Wirtschaftsverbände, der Opferorganisationen und der Alliierten. Die seit
den 1990er Jahren beschlossenen Gesetze bilden diesbezüglich keine Ausnahme – fast
bin ich versucht zu schreiben, es ist teilweise für die AntragstellerInnen noch kompli-
zierter geworden, haben sie doch nicht einmal den Status der AntragstellerInnen.

Insgesamt wurden zwischen 1946 und 1949 sieben Rückstellungsgesetze beschlossen,
wobei das Dritte Rückstellungsgesetz insgesamt das wichtigste war. Mit ihm wurde die gesetzliche Grundlage für die Rückforderung von Vermögensgegenständen geschaffen,
deren Entziehung kein hoheitlicher Entziehungsakt zugrunde lag oder die sich nicht in
der Verwaltung öffentlicher Stellen befanden, also etwa Liegenschaften, die durch Kaufvertrag arisiert wurden, oder Kunstsammlungen, die durch Auktionshäuser, wie etwa das
Dorotheum, versteigert wurden.[5] Die überwiegende Zahl der Rückstellungsobjekte aufgrund des Dritten Rückstellungsgesetzes waren Liegenschaften. Die im Rahmen der
Historikerkommission durchgeführte Studie[6] über die Verfahren[7] vor der Rückstellungskommission beim Landesgericht für Zivilrechtssachen erbrachte, dass 71,6% der Rückstellungsobjekte Immobilien waren.[8] Lediglich 3,7% betrafen Preziosen und Kunstwerke
(90 Objekte), ein Beleg dafür, dass das Prinzip der Naturalrestitution für mobiles Vermögen vollkommen unzulänglich war. Eine Besonderheit im Bereich der Kunstgegenstände – die letztendlich ihren Niederschlag im Kunstrückgabegesetz gefunden hat – war
und ist das Ausfuhrverbotsgesetz.[9] Auch wenn die Kunstgegenstände entweder durch Entscheidung der Rückstellungskommission oder direkt rückgestellt worden sind, so bedeutete das keineswegs, dass die EigentümerInnen auch BesitzerInnen wurden. Kunstwerke,
die Gegenstand von Rückstellungen waren, wurden im Zuge von Verfahren nach dem
Ausfuhrverbotsgesetz unentgeltlich (als „Schenkung" oder „Widmung") zurückbehalten
und in die österreichischen Bundesmuseen und -sammlungen als Eigentum übernommen.

5　JABLONER u. a., Schlussbericht, S. 21ff.

6　Vgl. Michael PAMMER, Die Rückstellungskommission beim Landesgericht für Zivilrechtssachen Wien.
　Die Verfahren vor den österreichischen Rückstellungskommissionen. Wien-München 2002 (= Veröffentli-
　chungen der Österreichischen Historikerkommission. Vermögensentzug während der NS-Zeit sowie Rück-
　stellungen und Entschädigung seit 1945 in Österreich, Bd. 4/1), Wien-München 2002.

7　Dabei ist festzuhalten, dass der Großteil der Akten skartiert wurde und erst der Bestand ab 1956 vorhanden
　ist. Vgl. PAMMER, Die Rückstellungskommission beim Landesgericht für Zivilrechtssachen Wien, S. 24f.

8　PAMMER, Die Rückstellungskommission beim Landesgericht für Zivilrechtssachen Wien, S. 49.

9　Das Ausfuhrverbot ist derzeit im Denkmalschutzgesetz BGBl 1923/533, zuletzt geändert durch BGBl I
　1999/1970, im 3. Abschnitt Schutz vor widerrechtlicher Verbringung ins Ausland, gesetzlich geregelt. Dazu
　Christoph BAZIL, Reinhard BINDER-KRIEGLSTEIN, Nikolaus KRAFT, Das österreichische Denkmal-
　schutzrecht, Wien 2004.

Die Kunst- und Kulturgüter in Verwahrung des Bundesdenkmalamtes

Die Situation der Kunst- und Kulturgüter beschäftigte im August 1945 den Kabinetts-
rat, und es wird deutlich, wie einerseits verworren die Situation war. Andererseits war
aber durchaus teilweise bekannt, wem was gehörte, jedoch war zunächst nicht daran
gedacht, das entzogene Gut zurückzustellen.

Bericht

1. Nach Aussage eines berufenen Fachmannes beläuft sich der Besitz von Kunst- und Wertgegenständen
    des österreichischen Staates und seiner Angehörigen, auf mindestens über eine Milliarde Dollar.

2. Die Höhe des in den letzten drei bis vier Monaten ihren Besitzer gewechselten Vermögens wird fach-
    männische auf mind. 200,000.000.- RM geschätzt.

3. Millionenwerte sind an verschiedenen Provinzstellen verlagert. So hat zum Beisp. das Dorotheum
    Wien Kunstwerte um 35,000.000.- RM nach Oberösterreich verlagert, das durch „Sonderauftrag
    Linz" durch Hitler geschaffene Führermuseum repräsentiert einen Wert von RM 300,000.000.-, in
    Allentsteig lagern vom Kunsthistorischen und vom Heeresmuseum Werte in Höhe von 500,000.000.-
    RM […]

i) In der Orangerie des Belvedere befinden sich in zwei Räumen eine unbekannte Anzahl Kisten mit Bil-
    der, Porzellan und Möbel, als Reststücke aus seinerzeit beschlagnahmten privaten, meist jüdischen
    Kunstbesitz, wobei die Sicherung des Kunstgutes in keiner Weise entsprechend ist. Es handelt sich
    meist um Eigentum des Bondi, Gutmann und Pollak. […][10]

Viele der Berechtigten konnten nicht wissen, wo ihre Kunstsammlungen, ihre Kunstwerke oder ganz einfach auch ihre Wohnungseinrichtungen nach der Beschlagnahme
und Arisierung waren, konnten daher auch keine Rückstellungsanträge stellen. 1945
dachte die österreichische Bundesregierung noch daran, die Vielzahl der in Österreich
verbliebenen Kulturgüter „für den österreichischen Staat" zu „sichern und erhalten",
von Rückstellung war nicht die Rede:[11]

---

10 Bericht, Beilage 11 des Kabinettsratsprotokoll Nr. 26 vom 22. August 1945, in: Österreichische Gesellschaft
    für historische Quellenstudien (Hg., „Right or wrong-my country!" Protokolle des Kabinettsrates 17. Juli
    1945 bis 5. September 1945 der Provisorischen Regierung Karl Renner 1945, Bd. 2 Wien 1999,
    S. 328–336, hier S. 328–334. Richtig müsste es hier heißen Bondy und gemeint ist Oskar Bondy, weiters
    Rudolf von Gutmann. Bei Pollak könnte es sich um Henrik oder Albert [oder Ernst] Pollak handeln.

Um all diese großen Vermögenswerte für den österr. Staat sichern und erhalten zu können, bedarf es rascher Erlassung gesetzlicher nicht zu umgehender Vorschriften, der Errichtung einer dieses Kunstgut verwaltenden Stelle, die Ausstattung der das Kunstgut sichernden Organe mit allen erforderlichen Vollmachten und die Beistellung der erforderlichen Transportmittel und nicht zuletzt die Beistellung der erforderlichen Kraftfahrzeuge für den persönlichen Gebrauch der im Hause in dieser Angelegenheit tätigen Kriminalbeamten.[12]

Für Kunst- und Kulturgüter wurden in Österreich zusätzlich zu den Rückstellungsgesetzen rechtliche Maßnahmen ergriffen.[13] Nach dem endgültigen Ende der Antragsfristen der Rückstellungsgesetze – diese wurden oftmals verlängert – insbesondere des Dritten Rückstellungsgesetzes am 30. Juni 1954, blieben nach wie vor tausend Objekte in der Verwahrung und Verwaltung der Republik. Dazu kamen 1958 weitere Kunstwerke, die von der BRD aufgrund des Überleitungsvertrags[14] an die Republik Österreich zurückgegeben wurden. Diese konnten von den ehemaligen EigentümerInnen oder deren ErbInnen abermals beansprucht werden, doch auch in diesen Fällen waren bürokratische Hürden zu überwinden.

1966 wurden im Bundesdenkmalamt in verschiedenen Depots nach wie vor noch 8422 unbeanspruchte Objekte – Gemälde, Aquarelle, Zeichnungen, aber auch Reste von Münzsammlungen, Bücher und vieles mehr – verwahrt. Man wollte eine rasche Lösung, hatte jedoch das Problem, dass damit die Frage des nicht beanspruchten oder

---

11   Vgl. Bericht, Beilage in: Protokolle des Kabinettsrates, hier S. 336.
12   Bericht, Beilage in: Protokolle des Kabinettsrates, hier S. 336.
13   BAILER, Rückstellungsgesetzgebung, S. 557ff.; Theodor BRÜCKLER, Kunstwerke zwischen Kunstraub und Kunstbergung: 1938–1945, in: ders. (Hg.): Kunstraub, Kunstbergung und Restitution in Österreich 1938 bis heute (= Studien zu Denkmalschutz und Denkmalpflege, Bd. XIX) Wien-Köln-Weimar 1999. S. 13–30; Jonathan PETROPOULOS, Kunstraub und Sammelwahn. Kunst und Politik im Dritten Reich, Berlin 1999; Die Thematik der Collecting Points und der Zusammenhang mit Österreich bleiben hier aus Platzgründen unberücksichtigt; siehe dazu: Michael JOHN, Oberösterreichisches Landesmuseum 1938–1955. ‚Sonderauftrag Linz‘ und ‚Collecting Point‘. Aspekte des Vermögensentzugs von Kunstwerken (-gegenständen) und der Restitution in Oberösterreich. Endbericht, Linz 2007.
14   Nachdem sich abzeichnete, dass sich ein Friedensvertrag mit Gesamtdeutschland in absehbarer Zeit nicht verwirklichen lassen würde, schlossen die Westalliierten mit der Bundesrepublik Deutschland die Bonner und Pariser Abkommen von 1952/54 zur Beendigung des Besatzungsregimes. Deren wichtigster Bestandteil war der Vertrag zur Regelung aus Krieg und Besatzung entstandener Fragen (Überleitungsvertrag). Aus diesem Titel wurden Kunstwerke, die sich in der BRD befanden und aus Österreich stammten, zurückgegeben. Siehe dazu: Bruno SIMMA, Hans-Peter FOLZ, Restitution und Entschädigung im Völkerrecht (= Veröffentlichungen der Österreichischen Historikerkommission. Vermögensentzug während der NS-Zeit sowie Rückstellungen und Entschädigungen seit 1945 in Österreich, Bd. 6), Wien-München 2004.

erblosen Eigentums tangiert wurde. Für jene Vermögenswerte, die nicht zurückgefordert werden konnten bzw. wurden oder die erbenlos geblieben waren, wurden 1957 – aber erst in Erfüllung der Verpflichtung aus Art. 26 Abs. 2 des Staatsvertrages von Wien 1955 – die Sammelstellen eingerichtet. Ihre Aufgabe bestand darin, die Rückstellungsansprüche bezüglich derartiger Vermögen geltend zu machen, die rückgeforderten Vermögen zu verwerten und den Erlös schließlich an Opfer des Nationalsozialismus in Österreich zu verteilen. Insgesamt erzielten die Sammelstellen Einnahmen in der Höhe von öS 326,157.203,40. Damit übertraf der Wert des erblosen Vermögens um das mehr als Zehnfache jene 25 Millionen öS, die das Bundesministerium für Finanzen noch am Anfang der 1950er Jahre als Maximalwert angenommen hatte.[15] 1966 setzen dann in Zusammenhang mit den Verhandlungen über das Kunst- und Kulturgutbereinigungsgesetz die Bestrebungen der Sammelstellen ein, die in „Gewahrsame" des Bundesdenkmalamtes befindlichen Kunstgegenstände zu beanspruchen.[16] Schon während der Tätigkeit der Sammelstellen war durchaus klar, dass die Frage der Rückstellung von Kunstwerken oder simpel der Aufklärung, wo sich was befindet, auch an der fehlenden Kooperationsbereitschaft der Museen scheiterte:

Georg Weis[17] verfolgte eine klare Strategie gegen das Erste Kunst- und Kulturgutbereinigungsgesetz, als er seinen Mitarbeitern von der Rechtsabteilung im Herbst 1966 den Auftrag gab, anhand eines Ausstellungskataloges der Neuen Galerie des Kunsthistorischen Museums in Wien, der unter 138 Gemälden moderner Malerei auch 24 enthielt, die zwischen 1938 und 1945 erworben worden waren, deren Provenienz auf jüdische Voreigentümer zu prüfen. Neben diesen Recherchen, die mangels einer Auskunftspflicht der Museen nach Ablauf der Rückstellungsfristen nur sehr mühsam über noch vorhandene alte Werkskataloge vor sich gehen konnten, legte Weis Ordner mit abgewiesenen Rückstellungsverfahren an, die Kunstgegenstände betrafen.

Weis ließ danach eine Liste von jenen Personen erstellen, von denen Museen Kunstgegenstände erworben hatten. Er überreichte der FLD Wien diese Liste ohne Mitteilung der Hintergründe mit dem Ersuchen zu erheben, ob Rückstellungsanträge vorlägen. Bei positiven Ergebnissen verglich er darauf die Anmeldungen der Museen nach der VEAV.

Seine Absicht bestand darin, einen Nachweis zu erbringen, dass das Kunst- und Kulturgutbereinigungsgesetz nichts anderes als ein großes Ablenkungsmanöver sei: Während man ein großes ‚Tamtam' um

---

15 Vgl. JABLONER u. a., Schlussbericht, S. 371f.
16 Vgl. Margot WERNER, Michael WLADIKA, Die Tätigkeit der Sammelstellen (= Veröffentlichungen der Österreichischen Historikerkommission. Vermögensentzug während der NS-Zeit sowie Rückstellungen und Entschädigungen seit 1945 in Österreich, Bd. 28), Wien-München 2004.
17 Georg Weis war Geschäftsführer der beiden Sammelstellen.

,zerbrochene Bilderrahmen und Deckerl' mache, die wertlos seien, befänden sich die wirklich wertvollen Gemälde aus ehemals jüdischem Eigentum längst nicht mehr in ,Gewahrsam' des Bundes, sondern im ,Eigentum der Galerien'. Deren Direktoren hätten es unterlassen, eine Anmeldung entzogenen Vermögens zu erstatten und würden sich nunmehr auf den Erwerb von Kunsthändlern berufen, von denen sie gutgläubig gekauft hätten. Als er diese Vorwürfe im Juli 1968 auch an Bundeskanzler Josef Klaus herantrug, versprach dieser eine Aufklärung durch das BMF, welches am 25. Februar 1969 einen Bericht über lediglich 39 überprüfte Gemälde vorlegte: Die Prüfung sämtlicher Unterlagen hätte ein ,wenig befriedigendes Ergebnis' erbracht, da ,nur in einigen Fällen Hinweise auf Einzelheiten des Erwerbers beziehungsweise auf die Herkunft der Werke gefunden werden konnten". So stammten 25 der überprüften, zwischen 1938 und 1945 erworbenen Gemälde aus Deutschland und der Schweiz. Von den vierzehn in Österreich erworbenen stammten zwölf von Kunsthändlern, die zumeist nicht mehr tätig oder gestorben waren. Bei zwei von einer Privatperson erworbenen Gemälden war ein Rückstellungsverfahren abgewiesen worden.

Weis interpretierte diesen Bericht in einer vertraulichen Mitteilung an seine Rechtsabteilung als ,unglaubwürdig': Es wäre ,auffallend', dass in all jenen Fällen, in denen die Erwerbsakten auf eine nicht-jüdische Quelle zurückzuführen schienen, diese auch Aufzeichnungen über die Herkunft des Bildes enthielten, während ihnen dagegen in allen anderen zahlreichen Fällen nichts zu entnehmen wäre. Man könne daher ,vermuten, daß die Akten manipuliert' worden seien, ,wenn auch schon kurz nach 1945', wie er vorsichtigerweise hinzufügte.[18]

Das Finanzministerium entschloss sich 1966, einen eigenen Gesetzesentwurf vorzulegen, aufgrund dessen nochmals die Möglichkeit zur Erhebung von Rückstellungsansprüchen auf die 8422 verbliebenen Kunstgüter geschaffen werden sollte. Nach zahlreichen Debatten und Klärungsversuchen beschloss schließlich am 27. Juni 1969 der Nationalrat das Gesetz „über die Bereinigung der Eigentumsverhältnisse des im Gewahrsam des Bundesdenkmalamtes befindlichen Kunst- und Kulturgutes" (Kunst- und Kulturgutbereinigungsgesetz[19]), womit die Herausgabeverfahren an die rechtmäßigen EigentümerInnen geregelt wurden. Das Gesetz sah für nicht beanspruchte und herausgegebene Objekte eine Abschlagszahlung an die für erbenloses Vermögen zuständigen Sammelstellen in der Höhe von fünf Millionen Schilling vor.

Die nicht beanspruchten Kunst- und Kulturgüter sollten danach alle auf den Bund übergehen. Um mögliche Anspruchberechtigte zu informieren, wurde eine Liste aller

---

18 WERNER, WLADIKA, Die Tätigkeit der Sammelstellen, S. 217f.
19 BGBl 1969/294; zur juristischen Bewertung des Gesetzes siehe GRAF, Die österreichische Rückstellungs-gesetzgebung, Kapitel 13. Die Gesetzgebung bezüglich der in Gewahrsam des Bundes befindlichen Kunst und Kulturgüter, S. 475ff.

1969 vorhandenen Objekte in der Wiener Zeitung veröffentlicht.[20] Die Frist sollte ursprünglich am 31. Dezember 1970 auslaufen, wurde dann aber bis Ende 1972 verlängert. Dennoch wurden nur 270 Gegenstände zurückgegeben. Die restlichen Objekte wurden weiterhin in der Kartause Mauerbach verwahrt und gewissermaßen versteckt, waren sie doch nicht zu besichtigen. In regelmäßigen Abständen wurde sowohl national wie international Kritik daran laut, dass diese Objekte, die während des Nationalsozialismus entzogen worden waren, ins Eigentum der Republik Österreich übergegangen waren.

1979 dachte man daher erstmals daran, diese Objekte zu versteigern. Das Bundesdenkmalamt hielt eine Veräußerung der Kunstwerke bzw. deren Verteilung für problematisch. Bis 1984 wurde nichts in der Angelegenheit unternommen. Erst ein Artikel von Andrew Decker weckte 1984 neuerlich das internationale Interesse.[21] Im Dezember 1985 beschloss dann der Nationalrat das 2. Kunst- und Kulturgutbereinigungsgesetz.[22] Sinn des Gesetzes war es, dass jene Personen, die nach dem ersten Gesetz noch keine Ansprüche erhoben hatten, nun neuerlich die Möglichkeit haben sollten, dies zu tun. Die unbeanspruchten Exponate sollte der Bundesminister für Finanzen zugunsten bedürftiger ehemaliger Verfolgter versteigern lassen können. Nachdem auch dieses Mal nur ein geringer Teil tatsächlich beansprucht wurde, kam es dann 1996 zu einer Versteigerung der Gegenstände, jedoch nicht wie geplant durch den Finanzminister, sondern durch die Israelitische Kultusgemeinde. Sie erklärte sich bereit, die in Mauerbach lagernden Gegenstände zu übernehmen und der Versteigerung zuzuführen.[23] Die Auktion – durchgeführt vom Auktionshaus *Christie's* – fand schließlich am 29. und 30. Oktober 1996 im *MAK – Österreichisches Museum für angewandte Kunst* in Wien statt.[24] Der Erlös beträgt 150 Millionen Schilling (11 Millionen Euro). Nach der Aufteilung der Erlöse verblieb ein Viertel des Betrages, das in einen Fonds eingezahlt wurde, aus dem bis zum Jahr 2001 weitere 40 Millionen Schilling (rund drei Millionen Euro) an Zinsen anfielen.[25] Eine Zuwendung aus diesem *Mauerbach-Fonds* konnten bedürftige jüdi-

---

20 Vgl. dazu aus der Sicht des bis in die 2000er Jahre hinein zuständigen Beamten: Kurt HASLINGER, Mauerbach und der lange Weg bis zur Auktion: 1969–1996, in: BRÜCKLER, Kunstraub, S. 39–52.

21 Andrew DECKER, A Legacy of Shame. Nazi Art Loot in Austria, in: ART news, December 1984, S. 55–76.

22 BGBl 1986/2 vom 13.12.1985.

23 BGBl 1986/2 zuletzt geändert durch BGBl 1995/515.

24 Ausstellungskatalog Mauerbach. Versteigerung der von den Nationalsozialisten konfiszierten Kunstwerke zugunsten der Opfer des Holocaust, Wien 29. und 30. Oktober 1996; Auktionshaus Christie's (Hg.), Mauerbach benefit sale items seized by the National Socialists to be sold for the benefit of the victims of the Holocaust; MAK – Österreichisches Museum für angewandte Kunst, Vienna, 29 and 30 October 1996, Vienna 1996.

25 Nu – news über uns, Ausgabe 5, September 2001, Tischri 5762.

sche Holocaust-Überlebende aus Österreich mit gegenwärtigem Wohnsitz in Österreich bis 30. Juni 2003 beantragen. Mit Ende 2005 wurde die Mauerbach-Fonds Abrechnung dem Bundesministerium für Finanzen vorgelegt.

Das Bundesgesetz über die Rückgabe von Kunstgegenständen

In Österreich begann die neuerliche Diskussion um Arisierung, Vermögensentzug, Entschädigung und Restitution Ende 1997 mit der Beschlagnahme von Kunstwerken aus der Sammlung Leopold. Am 9. Oktober 1997 wurde im *Museum of Modern Art* in New York die größte Schiele-Ausstellung eröffnet, die je in den USA gezeigt wurde: *Egon Schiele: the Leopold Collection, Vienna*. 152 Werke aus der *Stiftung Leopold* waren bis zum 4. Januar 1998 zu sehen. Am 24. Dezember beschuldigt die *New York Times* den österreichischen Kunstsammler, in seiner Sammlung Bilder „mit schwieriger Vergangenheit" zu haben. Leopold sprach in einer ersten Reaktion von „Lügen von A bis Z". Er wies alle Vorwürfe zurück.[26] Am 7. Januar 1998 wurden die in der Ausstellung gezeigten Bilder *Bildnis Wally* und *Tote Stadt III* vom New Yorker Staatsanwalt Robert Morgenthau als „Diebsgut" beschlagnahmt. Henry Bondi und Rita Reif hatten als Erben der ursprünglichen Eigentümer Ansprüche auf die Bilder gestellt. Das Bild *Tote Stadt III* wurde am 21. September 1999 vom US-amerikanischen Justizministerium freigegeben. Das *Bildnis Wally* ist nach wie vor beschlagnahmt und Gegenstand eines Rechtsstreits. Derzeit ist nicht abzusehen, wann dieser Fall entschieden werden wird.

Ausgehend von dieser Beschlagnahme und der Diskussion in Österreich über nicht restituiertes, während des Nationalsozialismus entzogenen Eigentums beschloss der österreichische Nationalrat im Herbst 1998 das Bundesgesetz über die Rückgabe von Kunstgegenständen aus den Österreichischen Bundesmuseen und Sammlungen.[27]

Zur Auffindung der etwaigen Kunstgegenstände oder auch Bücher im Eigentum des Bundes war bereits im Februar 1998 die Kommission für Provenienzforschung[28]

---

26   Die Republik Österreich hat durch Zuwendungen zur Finanzierung des Erwerbs der Sammlung Leopold durch eine zu errichtende gemeinnützige Privatstiftung beigetragen. Die Stiftung Leopold ist die Grundlage des Museum Leopold im Wiener Museumsquartier. Siehe BGBl 1994/621 zuletzt geändert durch BGBl 2002/14.

27   BGBl I 1998/181.

28   Siehe dazu in diesem Band: Anneliese SCHALLMEINER, 1998 – die Kommission für Provenienzforschung und der Weg zum Kunstrückgabegesetz; Alexandra CARUSO, Lisa FRANK, Ulrike NIMETH, Anneliese SCHALLMEINER, Anita STELZL-GALLIAN, Zur Arbeitspraxis der Kommission für Provenienzforschung.

eingerichtet worden. Deren Ergebnisse werden dem im Bildungsministerium eingerichteten Kunstrückgabe-Beirat übermittelt, der gegebenenfalls eine Rückgabe an fest-
gestellte „Berechtigte" dem/r zuständigen BundesministerIn empfiehlt. Die Entscheidung liegt ausschließlich bei dem/r BundesministerIn, er/sie wird per Gesetz zur
Rückgabe ermächtigt. Es besteht kein Rechtsanspruch auf Herausgabe eines Kunstgegenstandes, ein Verwaltungsverfahren nach dem Allgemeinen Verwaltungsverfahrensgesetz findet nicht statt.[29] Die so genannten Berechtigten haben keine Rechte: keine
Parteistellung, keine Mitwirkungsrechte und somit nur die Möglichkeit, ihre Stellungnahme im Rahmen des Kunstrückgabe-Beirats abzugeben, wenn der Beirat ihnen das
gestattet.

Bis dato gab die Republik Österreich zwar zahlreiche Exponate aus den Bundesmuseen und der Nationalbibliothek an die ursprünglichen EigentümerInnen zurück.[30]
Der Restitutionsbericht 2001/2002 des Bundesministeriums für Bildung, Wissenschaft
und Kultur bestätigt jedoch, dass die viel zu niedrige Schätzung der Rückgabefälle um
ein Vielfaches übertroffen wurde: „Die Recherchen nach Kunstgegenständen, welche
im Zuge oder als Folge der NS-Gewaltherrschaft in das Eigentum des Bundes gelangt
sind, werden laufend fortgesetzt. Die ursprüngliche Schätzung der Anzahl der Rückgabefälle wurde um ein Vielfaches übertroffen."[31]

Fehleinschätzungen dieser Art sind ein Merkmal der Rückstellungen und Entschädigung in Österreich seit 1945. Für einzelne Museen und die Nationalbibliothek[32] liegen
zwar bereits Abschlussberichte vor, doch zeigt sich nicht zuletzt aufgrund von Anfragen
ehemaliger EigentümerInnen, dass es notwendig ist, weitere Recherchen durchzuführen.
Ein Ende der Provenienzforschung ist derzeit nicht absehbar.[33] Das Hauptproblem des
Gesetzes liegt jedoch in der Begrenzung des Anwendungsbereiches auf Kunstgegenstän-

---

29 Reinhard BINDER-KRIEGLSTEIN, Restitution und Entschädigung in Vergangenheit und Gegenwart, in:
    David, 52/2002, S. 24–32. http://david.juden.at/kulturzeitschrift/uebersicht-52.htm (abgerufen am
    7.5.2008); Eva BLIMLINGER, Und wenn sie nicht gestorben sind … Die Republik Österreich, die Rück-
    stellung und die Entschädigung, in: Verena PAWLOWSKY, Harald WENDELIN (Hg.), Die Republik und
    das NS-Erbe. Wien 2005, S. 186–206.

30 Isabella KROIS, Die Restitution von Kunst- und Kulturgütern am Fall der Familie Rothschild aus zeithis-
    torischer und rechtlicher Sicht. Wien 2000; Thomas TRENKLER, Der Fall Rothschild: Chronik einer Ent-
    eignung, Wien 1999; Sophie LILLIE, Was einmal war. Handbuch der enteigneten Kunstsammlungen Wiens
    (= Bibliothek des Raubes, Bd. VIII), Wien 2003.

31 Restitutionsbericht 2000/2001. 3. Bericht der Bundesministerin für Bildung, Wissenschaft und Kultur an
    den Nationalrat über die Rückgabe von Kunstgegenständen aus den Österreichischen Bundesmuseen und
    Sammlungen, S. 3.

32 Der Provenienzbericht kann auf CD-ROM in der Österreichischen Nationalbibliothek eingesehen werden.

33 Gabriele ANDERL, Alexandra CARUSO (Hg.), NS-Kunstraub in Österreich und die Folgen. Innsbruck-
    Wien-Bozen 2005.

de aus Museen und Sammlungen des Bundes, finden sich doch Kunstgegenstände in anderen Bereichen des Bundes, wie etwa das Gemälde von Albin Egger-Lienz „Der Flösser", welches sich im Finanzamt Hollabrunn befand.[34] Im Frühjahr 2008 wurde vom Bundesministerium für Unterricht, Kunst und Kultur eine Novelle des Kunstrückgabegesetzes vorgelegt und im Parlament eingebracht. Aufgrund der vorgezogenen Neuwahlen kam es leider nicht mehr zum Beschluss der Novelle des Kunstrückgabegesetzes.

Rückgabe von Kunstgegenständen durch Länder und Gemeinden

Mehrere österreichische Bundesländer – Steiermark[35], Oberösterreich[36], Kärnten[37] – trafen gesetzliche Regelungen, um Kunstwerke zurückzugeben, die während des Nationalsozialismus entzogen worden waren und nicht rückgestellt wurden.[38] Andere wiederum – Burgenland, Niederösterreich, Salzburg und Vorarlberg – regelten die Frage der Kunstrückgabe durch Beschlüsse der Landesregierungen: Im Beschluss der burgenländischen Landesregierung gibt es jedoch keinen expliziten Bezug auf die Rückgabe von Kunstwerken, die im Eigentum des Landes Burgenland stehen.[39] In Tirol erging bis heute weder eine gesetzliche Regelung noch ein Beschluss der Landesregierung. Der Wiener Gemeinderat beschloss am 29. April 1999, Kunst- und Kulturgegenstände, die während der NS-Zeit von Museen, Bibliotheken, Archiven und Sammlungen der Stadt Wien durch Ankauf oder Widmung erworben worden waren und als bedenkliche Erwerbungen (Raub, Beschlagnahme, Enteignung etc.) einzustufen sind, an die ursprünglichen EigentümerInnen oder deren RechtsnachfolgerInnen zurückzugeben.[40] In einem wichtigen Detail weichen die Wiener Variante und das 2000 beschlossene Steiermärkische Landesgesetz vom Bundesgesetz jedoch ab. Während die Bundesmi-

---

34 Sophie LILLIE, Österreich in Not! Wie die Republik ihre „kulturellen Interessen" vertritt, Der Standard, 22.1.2006.

35 Landesverfassungsgesetz vom 14. März 2000 über die Rückgabe oder Verwertung von Kunstgegenständen und Kulturgütern, die während der nationalsozialistischen Gewaltherrschaft ihren Eigentümern entzogen worden sind. LGBl 2000/46.

36 Landesgesetz über Restitutionsmaßnahmen für Opfer des Nationalsozialismus (Oö. Restitutionsgesetz) LGBl 20002/29.

37 Gesetz vom 16. Juni 2003 über Restitutionsmaßnahmen für Opfer des Nationalsozialismus (Kärntner Restitutionsgesetz) LGBl 2003/49.

38 JABLONER u. a., Schlussbericht, S. 436ff.

39 Beschluss der burgenländischen Landesregierung vom 12. November 2002, Zahl: LAD-VD-B718-10002-2003.

40 Siehe dazu in diesem Band: Michael WLADIKA, Zehn Jahre Provenienzforschung, Erbensuche und Restitution in den Museen der Stadt Wien – Eine vorläufige Bilanz.

nisterin lediglich zur Rückgabe ermächtigt wird, gibt es in Wien und der Steiermark den Auftrag zur Rückgabe. Städte und Gemeinden (mit Ausnahme von Wien) haben bis dato keine Regelungen erlassen und handeln wenn, nur im Einzelfall.

Die Entschädigung von Kunst- und Kulturgütern

Das erwähnte Kunstrückgabegesetz sowie die Regelungen der Länder und der Stadt Wien beziehen sich auf die Naturalrestitution von Kunst- und Kulturgütern im Eigentum dieser Körperschaften und standen am Anfang weiterer Schritte, die die Entschädigung von arisiertem Vermögen betreffen. Nach acht Monaten intensiver Verhandlungen schlossen im Januar 2001 die USA, Österreich sowie Opferorganisationen und Rechtsanwälte, die wichtige Sammelklagen vertraten, im so genannten Washingtoner Abkommen eine Vereinbarung über einschlägige Entschädigungsmaßnahmen. Eine Folge des Abkommens war die Einrichtung des Allgemeinen Entschädigungsfonds durch das Entschädigungsfondsgesetz.[41] Für den Fonds sind 210 Millionen US-Dollar vorgesehen. Nicht zuletzt die Historikerkommission der Republik Österreich hat nachgewiesen, dass gewisse Schäden und Verluste den Opfern des Nationalsozialismus nie oder nur unzulänglich entschädigt wurden. Dies gilt zum Beispiel für Kunstwerke, die nicht mehr auffindbar sind, daher nicht zurückgegeben werden konnten und bis dato auch nicht entschädigt wurden. Voraussetzung für die Antragstellung war, dass die Forderung niemals zuvor durch österreichische Gerichte oder Verwaltungsbehörden endgültig entschieden oder einvernehmlich geregelt worden war, oder dass eine derartige Entscheidung eine extreme Ungerechtigkeit dargestellt hatte.[42] Bis Anfang Mai 2008 – rund 5 Jahre nach Antragsende – wurden jedoch aufgrund der schleppenden Bearbeitung der 20.641 Anträge lediglich 10.504 Vorauszahlungen angewiesen.[43] Die für die Auszahlung notwendige Rechtssicherheit[44] wurde bereits am 17. Januar 2006 vom Ministerrat der Republik Österreich beschlossen. Bereits jetzt ist klar, dass nur

---

41 BGBl I 2001/12.

42 Zum Begriff „extreme Ungerechtigkeit" Georg GRAF, „Arisierung" und Restitution, Juristische Blätter 2001, S. 746–755.

43 Verfahrensstatistik, Stand der Antragsbearbeitung beim Antragskomitee des Allgemeinen Entschädigungsfonds, Stand 5.5.2008, http://www.de.nationalfonds.org/sites/dynamic.pl?id=news20060412145815005 (abgerufen am 12.5.2008).

44 Rechtssicherheit meint in diesem Zusammenhang die Zurückziehung bzw. Abweisung der in den USA gegen Österreich bzw. österreichische Betriebe bis zum 17.1.2001 eingebrachten Sammelklagen. Eva BLIMLINGER, Kein Grund zum Jubeln, Falter 48/2005, S. 10–11.

zehn bis 13% der vom Entschädigungsfonds errechneten Forderungen tatsächlich ausbezahlt werden. Von einer Entschädigung kann also angesichts der Beträge nicht die Rede sein. Bezüglich der Kunstrückgabe wurde durch eine Novelle des Entschädigungsfondsgesetzes sicher gestellt, dass Kunstwerke, die aufgrund des Kunstrückgabegesetzes zurückgegeben worden sind oder werden, nicht durch den Entschädigungsfonds entschädigt werden können:

(3) Soll an einen Antragsteller ein Kunstgegenstand gemäß den Bestimmungen des Bundes, der Länder und der Gemeinden über die Kunstrückgabe oder öffentliches Vermögen nach Teil 2 dieses Bundesgesetzes restituiert werden und hat er für diesen Vermögenswert bereits eine Zahlung nach den §§ 11a, 16 oder 20 erhalten, so hat der Antragsteller diesen Betrag an den Allgemeinen Entschädigungsfonds zurückzuzahlen. Eine derartige Rückabwicklung hat Zug um Zug zu erfolgen.[45]

Zu Unklarheiten und Verwirrung hat die Novelle des Nationalfondsgesetzes[46] geführt, in der durch das Washingtoner Abkommen die Entschädigung von Miet- und Pachtrechten geregelt wurde. Dort wurde auch normiert, dass der Hausrat mit dieser Pauschale abgegolten wird. Immer wieder wurden Ansuchen beim Entschädigungsfonds dahingehend abgelehnt, dass dies – z. B. Antiquitäten – bereits durch die Pauschale abgegolten wurden.

Provenienzforschung und Kunstrückgabe – international

In den 1990er begann vor allem in Europa die Debatte um Provenienzforschung und Kunstrückgabe, die bis heute anhält. Manche Historikerkommission – wie etwa die Bergier-Kommission in der Schweiz – integrierten die Thematik in ihre Forschungen.[47] In der Holocaust Konferenz in Washington wurden am 3. Dezember 1998 die *Grundsätze der Washingtoner Konferenz in Bezug auf Kunstwerke, die von den Nationalsozialisten beschlagnahmt wurden* von 44 inklusive aller EU Staaten unterzeichnet. In dieser 11 Punkte umfassende Übereinkunft werden die Museen aufgefordert, die Bestände

---

45 BGBl I 2001/12 geändert durch BGBl I 2007/20.
46 BGBl 1995/432 geändert durch BGBl I 2001/11.
47 Vgl. FRANCINI u. a., Fluchtgut – Raubgut. Später dann auch Esther Tisa FRANCINI, Liechtenstein und der internationale Kunstmarkt 1933–1945. Sammlungen und ihre Provenienzen im Spannungsfeld von Flucht, Raub und Restitution (= Veröffentlichungen der Unabhängigen Historikerkommission Liechtenstein Zweiter Weltkrieg, Studie 4), Vaduz-Zürich 2005.

bezüglich der Herkunft zu überprüfen und festzustellen, ob darunter Kunst- und Kulturgegenstände sind, die während des Nationalsozialismus entzogen wurden. Diese Grundsätze wurden in den Ländern mit unterschiedlichen Regelungen, manchmal auch gar nicht, umgesetzt.

Ein weiteres Dokument ist die Resolution 1205 der Parlamentarischen Versammlung des Europarates aus dem Jahre 1999 über geraubtes Kulturgut aus jüdischem Eigentum. Mit dieser Resolution wurde eine Harmonisierung der Rechtssysteme zur Wiedererlangung von entzogenen Kunstobjekten angestrebt, die, wie man jedoch konstatieren muss, bis heute wirkungslos blieb und als gescheitert zu betrachten ist.[48]

Leider fehlt bis heute eine einheitliche Vorgangsweise der Länder bei Provenienzrecherche und Provenienzforschung. Immer noch sind Datenbanken wie etwa die *Lost Art Internet Database*[49] dem Grund nach national ausgerichtet. Angesichts der Internationalität des Kunstmarkts wäre hier eine viel stärke Vernetzung, die nicht nur informell vor allem zwischen den einzelnen ForscherInnen besteht, anzustreben. Die Provenienzforschung findet in unterschiedlicher Weise statt, eine zentralisierte Vorgangsweise wie sie in Österreich durch die Kommission für Provenienzforschung gegeben ist, findet in anderen Ländern nur teilweise statt.

In den Niederlanden etwa wurde im April 1999 die Kommission Herkomst Gezocht (Herkunft gesucht) die nach ihrem Vorsitzenden Rudolf Ekkart auch Ekkart-Kommission genannt wurde, eingesetzt, um die NK-Sammlung *(Nederlands Kunstbezit)* zu untersuchen. Im Dezember 2004 wurde der abschließende Bericht und Empfehlungen veröffentlicht. Am 1. Februar 2002 wurde die *Adviescommissie cultuurgoederen en Tweese Wereldoorlog* (Beratende Kommission zu Restitutionsanträgen für Kulturgüter aus dem Zweiten Weltkrieg – Restitutionskommission) eingesetzt. Die Kommission beurteilt einzelne Ansprüche auf Kulturgüter aus staatlichen Sammlungen. Die Antragstellung an die Kommission war allerdings mit 4. April 2007 befristet. Befristung meint in diesem Sinne, dass zwar nach wie vor Anträge gestellt werden können, eine aktive Provenienzrecherche jedoch nicht mehr stattfindet.[50]

---

48 Vgl. Rechtsgutachten des Kompetenzzentrums für Kunst- und Kulturrecht im Auftrag des Bundesministeriums für Bildung, Wissenschaft und Kultur zu. Die Restitutionsgesetzgebung anderer europäischer Staaten im Vergleich zur Regelung in Österreich durch das 181. Bundesgesetz: Rückgabe von Kunstgegenständen aus den österreichischen Bundesmuseen und Sammlungen BGBl I 1998/181 vom 4. Dez. 1998, Graz 2004.

49 Diese Datenbank wird von der Koordinierungsstelle für Kulturgutverluste in Deutschland betrieben, die eine von allen Ländern und dem Bund finanzierte Einrichtung beim Kultusministerium des Landes Sachsen-Anhalt in Magdeburg ist.

50 Vgl. Kristina DIALL, Fair und gerecht. Restitutionspraxis europäischer Länder: Österreich und die Niederlande, in artnet – Die Welt der Kunst online, 12.12.2006; Evelien CAMPFENS, Annemarie MARCK, Eelke

In Frankreich wurde 1999 die *Commission pour l'indemnisation des Victimes de Spoliations intervenues du fait des législations antisémites en vigeur pendant l'Occupation* (CIVS, Kommission für die Opfer von Enteignungen aufgrund der antisemitischen Gesetzgebung während der Okkupationszeit) gegründet. Bearbeitet werden individuelle Anträge, die sich jedoch nicht auf den Kunstbereich beschränken, sondern alle Kategorien des Vermögensentzugs umfassen. Über die von der Kommission ausgesprochenen Empfehlungen entscheidet der Generalsekretär der Regierung. In Deutschland gibt es wie auch in den Niederlanden und Frankreich keine gesetzliche Regelung zur Kunstrückgabe. In Deutschland wird die Frage der so genannten Beutekunst[51] oft in Zusammenhang mit während dem Nationalsozialismus entzogener Kunst – dann als Raubkunst bezeichnet – diskutiert. 2003 wurde in Deutschland die Beratende Kommission zur Restitution von NS-Raubkunst, oft auch nach Jutta Limbach[52] Limbach-Kommission genannt, eingerichtet. Die Kommission hat die Aufgabe, in umstrittenen Rückgabefällen gewissermaßen als Mediatorin für einen fairen und gerechten Interessenausgleich zu sorgen. In Deutschland findet Provenienzforschung aber nicht nur in staatlichen Sammlungen statt, sondern etwa auch in der Henri-und-Eske-Nannen-Stiftung.[53]

Resümee

Die Provenienzforschung in den österreichischen staatlichen Museen und Sammlungen wird noch Jahre dauern, ganz zu schweigen von der Suche nach möglichen ErbInnen der entzogenen Kunstwerke, die sich in manchen Fällen als äußerst kompliziert herausstellt. Es zeichnet sich ab, dass wieder einmal, wie schon im Fall der Kunstwerke, die in der Kartause Mauerbach gelagert waren, erbenloses Gut übrig bleiben wird.

MULLER, Recht auf Umwegen. Die niederländische Restitutionskommission, in: Kunst im Konflikt. Kriegsfolgen und Kooperationsfelder in Europa, Osteuropa, 56. Jg./Heft 1–2/Januar – Februar 2006, S. 415–432.

51 Der Begriff Beutekunst wird vor allem in Zusammenhang mit jenen Kunst- und Kulturgütern verwendet, die von den Alliierten nach 1945 sichergestellt oder beschlagnahmt und dann zum Beispiel in die Sowjetunion verbracht wurden. Bei der Rückstellung von Beutekunst wird der Begriff Rückführung statt Rückgabe, wie bei durch die Nationalsozialisten entzogener Kunst, verwendet.

52 Jutta Limbach war bis 2002 Präsidentin des deutschen Bundesverfassungsgerichts. Von 2002 bis 2008 war sie Präsidentin des Goethe-Instituts.

53 Deutschland ruiniert sein Ansehen, Stern online, http://www.stern.de/unterhaltung/ausstellungen/ 581505. html?p=2&postid=2 (abgerufen am 14.7.2008).

Dieses soll, wie es das Kunstrückgabegesetz festlegt und auch im Gemeinderatsbeschluss von Wien zu lesen ist, in der Folge versteigert werden. Das erbenlose Gut soll dem Nationalfonds der Republik Österreich für Opfer des Nationalsozialismus[54] „zur Verwertung" übereignet werden. Der Erlös sollte – wie ich meine – vor allem den Überlebenden zu Gute kommen, doch angesichts der Dauer der Verfahren, der Klärung der Provenienz und der Suche nach ErbInnen ist nicht abzusehen, wann das sein wird. Sicher ist, dass dann nur mehr wenige leben werden, denen diese Unterstützung zuteil werden könnte.

---

54 BGBl 1995/432.

1998 – die Kommission für Provenienzforschung und der Weg zum Kunstrückgabegesetz

Anneliese Schallmeiner

In kurzen Abschnitten werden nachfolgend Ereignisse des Jahres 1998 aufgezeigt, die der Verfasserin für diesen Beitrag relevant erscheinen.

Mit der Mauerbachauktion am 29. und 30. Oktober 1996[1] schien das Kapitel der Rückstellung von Kunst und Kulturgut für alle direkt und indirekt daran Beteiligten abgeschlossen. Man glaubte mit der Versteigerung der als erblos geltenden Kunstobjekte, die sich bis 1995[2] noch in Verwahrung respektive im Besitz des Bundes befunden hatten, endlich einen Schlussstrich unter dieses Kapitel gezogen zu haben. Dem war nicht so:

Am 24. Dezember 1997 erscheint ein Artikel in der „New York Times", der sich gezielt mit den Vorprovenienzen von Gemälden aus der Stiftung Leopold beschäftigt[3], die sich zu diesem Zeitpunkt als Leihgabe des Leopold Museums in der Ausstellung *Egon Schiele: Collection Leopold, Vienna, October 12, 1997 – January 4, 1998* im Museum of Modern Art in New York befinden.

Nur wenige Tage nach dem Ende der Ausstellung, am 7. Jänner 1998, werden die Gemälde *Wally aus Krumau* und die *Tote Stadt III* von Egon Schiele beschlagnahmt. Anspruch auf Herausgabe der Bilder stellen die Erben bzw. die Rechtsnachfolger nach Lea Bondi-Jaray[4] und Franz Friedrich Grünbaum[5].

---

1. Mauerbach. Items seized by the National Socialists to be sold for the benefit of the victims of the Holocaust. MAK – Österreichisches Museum für angewandte Kunst. Vienna 29 and 30 October 1996.
2. Diese Auktion wurde aufgrund des 2. Kunst- und Kulturgutbereinigungsgesetz durchgeführt (BGBl 1986/2 in der Fassung BGBl 1995/515).
3. Judith H. DOBRZYNSKI, The zealous collector – A special report. A Singular Passion For Amassing Art, One Way or Another, The New York Times, 24.12.1997.
4. Tina WALZER, Stefan TEMPEL, Unser Wien. „Arisierung" auf österreichisch, Berlin 2001, S. 175. Lea Bondi-Jaray war die ehemalige Eigentümerin der Galerie Würthle in Wien 1, Weihburggasse 9, die von Friedrich Welz arisiert wurde.
5. Sophie LILLIE, Was einmal war. Handbuch der enteigneten Kunstsammlungen Wiens (= Bibliothek des Raubes, Bd. VIII), Wien 2003, S. 429–434. Franz Friedrich Grünbaum. Kabarettist, Schauspieler […] wurde

Während die Beschlagnahme für die *Tote Stadt III* im September 1999 aufgehoben wird und das Gemälde wieder an die Leopold Museum-Privatstiftung zurückgeht[6], lagert das Porträt in einem New Yorker Depot und wird sowohl von den Erben der ehemaligen Eigentümerin des Gemäldes als auch von der Leopold Museum-Privatstiftung beansprucht. Entgegen der New Yorker Schutzregelung für Leihgaben im „Art and Cultural Affairs Law" – wodurch dem Gemälde „freies Geleit" gewährt und es vor zivilrechtlichen Ansprüchen geschützt wäre, findet im Fall *Wally* nach dem Urteil des Appellationsgerichts im Herbst 1999 eine *zweite* Beschlagnahme nach Bundesrecht statt: Die Staatsanwaltschaft stützt sich auf den Tatbestand der wissentlichen Einfuhr gestohlenen Gutes. Der bundesgesetzlich begründeten Beschlagnahme kann die „Immunity from Seizure Act" nicht entgegengehalten werden, welche eines aufwendigen Anmeldeverfahrens bedurft hätte. Im Fall des *Bildnis Wally* und der anderen Leihgaben ist auf bundesrechtlicher Ebene eine Anmeldung der sachlichen Immunität von Seiten des Museums of Modern Art unterblieben, da man auf die Schutzregelung des Bundesstaates New York vertraute.[7]

Mittlerweile befindet sich das Verfahren zum *Bildnis Wally* im elften Jahr.

Am **12. Jänner 1998** wird die Bundesministerin für Unterricht und kulturelle Angelegenheiten, Elisabeth Gehrer, über die Situation und den Aufarbeitungsstand des Archivs des Bundesdenkmalamts in Zusammenhang mit den aktuellen Rückstellungsfragen informiert. In der Museumsdirektorenkonferenz[8] am 13. Jänner 1998 werden die dem Ministerium unterstehenden Museen, Sammlungen und Archive angewiesen, die gesichteten und schon bearbeiteten Materialien zugänglich zu machen: „Nach § 31 FOG (Forschungsorganisationsgesetz) sind die Bestände für die wissenschaftliche Bearbeitung zur Verfügung zu stellen und zwar sowohl den Angehörigen des Museums bzw. der Sammlung wie auch anderen legitimierten Forschern (lt. Art. 17 Staatsgrundgesetz) und Personen, die ein qualifiziertes Interesse nachweisen können [...]."[9]

---

im Juni 1938 nach Dachau, später nach Buchenwald und wieder nach Dachau deportiert, wo er am 14.1.1941 starb.

6 http://www.leopoldmuseum.org/, Provenienzdatenbank des Museums: Provenienzangabe zu Tote Stadt III von Egon Schiele (abgerufen am 11.8.2008).

7 Siehe dazu: Daphne FRANKL, Restitution von Kunst- und Kulturgütern. Die Restitution von Kunst- und Kulturgütern im nationalen, europäischen und internationalen Rechtsvergleich, Diplomarbeit Univ. Wien 2001. http://www.literature.at/elib/index.php5?title=Restitution_von_Kunst-_und_Kulturguertern_-_Daphne_Frankl_-_2001 (abgerufen am 7.7.2008).

8 Konferenz aller Direktoren der Museen, die dem damaligen Bundesministerium für Unterricht und kulturelle Angelegenheiten unterstehen.

9 BDA-Archiv, Restitutionsmaterialien, Gz. 1209/2/98 (= BMUK, Beilage zu GZ 28.700/15-IV/98): Infor-

Weiters ergeht der Auftrag, „die in der Okkupation Österreichs durch Hitler-Deutschland und der unmittelbaren Nachkriegszeit reichenden, Vermögensübertragungen von Kulturgut zum Gegenstand habenden Materialien nochmals zu sichten und für eine systematische Aufarbeitung der Unterlagen Sorge zu tragen sowie die bereits laufende Provenienzforschung, sofern sie nicht schon in Teilen abgeschlossen ist, zu intensivieren"[10]. Für die Provenienzforschung müssen in der Folge verantwortliche MitarbeiterInnen[11] namhaft gemacht werden. Mit der wissenschaftlichen Gesamtkoordination wird der Generalkonservator und interimistische Leiter des Bundesdenkmalamts, Univ. Prof. Dr. Ernst Bacher, betraut.

Die schließlich im Februar 1998 von Bundesministerin Elisabeth Gehrer eingesetzte Arbeitsgruppe zur Erforschung der Provenienzen[12] soll systematisch die Herkunft der Kunstwerke feststellen, „die zwischen 1938 und etwa 1960 in den Besitz der Österreichischen Bundesmuseen gelangt sind."[13] Von Seiten des Ministeriums wird versichert, dass man bemüht sein werde, „schon im Dienste des guten Rufes Österreichs als Land mit hervorragenden Wissenschaftlern und Forschern", eine optimale und objektive Aufarbeitung der Materialien zu erreichen.[14] Die für eine raschere Bearbeitung der Unterlagen des „in Diskussion stehenden Zeitraums", insbesondere der Provenienzen ab 1938, erforderlichen finanziellen Mittel, werden vom Bundesministerium für Unterricht und kulturelle Angelegenheiten gesondert zur Verfügung gestellt.[15]

---

mation an alle zuständigen Dienststellen: Stand der Provenienzforschung in den Museen, Sammlungen und Archiven des BMUK, Jänner 1998.

10 BDA-Archiv, Restitutionsmaterialien, Gz. 1209/2/1998 (= BMUK, GZ 28.700/15-IV/98): Dienstanweisung vom 5.2.1998; Information an alle zuständigen Dienststellen.

11 Für das Kunsthistorische Museum: HR Dr. Herbert Haupt; für das Naturhistorische Museum: Dr. Herbert Kritschner; für das Museum für Völkerkunde: Mag. Ildikó Cazan; für die Österreichische Galerie (heute Belvedere): Mag. Monika Mayer; für die Graphische Sammlung Albertina (heute Albertina): HR Dr. Veronika Birke; für das Österreichische Museum für angewandte Kunst (heute Museum für angewandte Kunst/Gegenwartskunst): HR Dr. Hanna Egger; für das Museum Moderner Kunst: Dr. Erwin Lachnit; für das Österreichische Theatermuseum: OR Dr. Peter Nics; für das Technische Museum: Mag. Manuela Fellner; für das Pathologisch-anatomische Museum: Dr. Beatrix Patzak; für die Österreichische Nationalbibliothek HR Dr. Eva Irblich.

12 Anfänglich auch Arbeitsgruppe zur Erforschung der Provenienzen und Kommission zur Erforschung der Provenienzen, schlussendlich Kommission für Provenienzforschung.

13 BDA-Archiv, Restitutionsmaterialien, GZ 31.923/3/1998 (= BMUK, Zl. 1331/98): Schreiben BM Elisabeth Gehrer an Senator Alfonse M. d'Amato vom 17.3.1998.

14 BDA-Archiv, Restitutionsmaterialien, GZ 31.923/3/1998 (= BMUK, Zl. 1331/98): Schreiben BM Elisabeth Gehrer an Senator Alfonse M. d'Amato vom 17.3.1998. In dem Schreiben begründet Elisabeth Gehrer u. a. auch, warum für die Arbeitsgruppe keine ausländischen Experten herangezogen wurden.

15 BDA-Archiv, Restitutionsmaterialien, GZ 1209/2/1998 (= BMUK, GZ 28.700/20-IV/98): Nachtrag vom 16.2.1998 zur Dienstanweisung GZ 28.700/15-IV/98 vom 5.2.1998.

An die Festlegung eines einheitlichen – für die MitarbeiterInnen in den Museen bindenden zu überprüfenden – Zeitrahmens ist bei Einsetzung der Kommission nicht gedacht. Während Bundesministerin Gehrer gegenüber den Medien im Februar noch den Zeitraum mit 1938 bis 1955 angibt[16], spricht sie in der oben zitierten Korrespondenz von den Jahren 1938 bis 1960.[17]

Anfang Mai berichtet Ernst Bacher gegenüber VertreterInnen der Presse, „daß nicht nur alle Erwerbungen […] 1938 bis 1945 untersucht werden, sondern auch der Zuwachs der Bundesmuseen bis zu den letzten Erwerbungen aus Rückstellung-Fällen [sic!], die aus 1965 bekannt sind."[18] Fakt ist, dass bis jetzt[19] weder die Kommission für Provenienzforschung noch der Beirat festgelegt haben, wie die systematische Überprüfung der Erwerbungen im Zeitraum von 1945 bis heute in die Praxis umzusetzen ist.[20] Im Zuge der Einsetzung der Kommission, deren Leitung im Bundesdenkmalamt Wien verortet ist, entsteht ebendort das vom Bundesdenkmalamt unabhängige Büro der Kommission für Provenienzforschung, das neben organisatorischen Aufgaben die Agenden der Bearbeitung von Anfragen wahrnimmt, sowie für die Fortführung der Aufarbeitung der Restitutionsmaterialien im Archiv des Bundesdenkmalamts zuständig ist.[21]

Während sich der Großteil der Medienberichterstattung zum Thema Kunst-Rückgabe seit der Beschlagnahme der Schiele Gemälde in New York fast ausschließlich auf den aktuellen Stand der Verhandlungen in diesem Fall konzentriert, initiiert Hubertus Czernin eine achtteilige Artikel-Serie zum Thema *Kunstraub. Das veruntreute Erbe*, die ab dem **21. Februar 1998** in der Tageszeitung *Der Standard* erscheint.[22] Diese Artikel lösen eine Dynamik parallel zu den Arbeiten innerhalb der Kommission für Provenienzforschung aus. Gemeinsam mit Gabriele Anderl und Ruth Pleyer greift Czernin Themen und Fälle auf, die teilweise direkt zur Intensivierung der Recherchen in den Museen

16 Wie z. B. Thomas TRENKLER, Ich bin für Großzügigkeit, Der Standard, 26.2.1998.

17 BDA-Archiv, Restitutionsmaterialien, Gz. 31.923/3/1998 (= BMUK, MZl. 1331/98): Kopie Schreiben BM Elisabeth Gehrer an Senator Alfonse M. d'Amato vom 17.3.1998.

18 Hans HAIDER, 1938 bis 1965: Die Republik erforscht ihr „bedenkliches Kulturgut", Die Presse, 6.5.1998.

19 Stand 27.5.2008.

20 Z. B. Belvedere: Überprüfung der Kunstgegenstände 1938 bis 1998, Albertina: Überprüfung 1938 bis 1965, KHM: Überprüfung 1938 bis 1955 (Stand 27.5.2008).

21 Anfänglich werden die Aufgaben vom Archivar des Bundesdenkmalamts, Dr. Theodor Brückler, und seiner Mitarbeiterin, Mag. Bernadette Reinhold (jetzt wissenschaftliche Leiterin des Oskar-Kokoschka-Archivs/ Universität für angewandte Kunst Wien), wahrgenommen. Siehe dazu in diesem Band: Alexandra CARU-SO, Lisa FRANK, Ulrike NIMETH, Anneliese SCHALLMEINER, Anita STELZL-GALLIAN, Zur Arbeitspraxis der Kommission für Provenienzforschung.

22 In den Ausgaben Der Standard, 21./22.2 bis 2.3.1998.

und Archiven führen, wenn diese nicht schon Gegenstand einer aktuellen Untersuchungen gewesen sind. Der Fall Ferdinand Bloch-Bauer wird exemplarisch „als eine Geschichte von Diebstahl durch die Nazis und anschließende Nötigung durch die Zweite Republik"[23] dargestellt. Ausgehend von der Beschlagnahme und Sicherstellung bedeutender Kunstsammlungen von Jüdinnen und Juden ab dem März 1938 analysiert Czernin treffend das fragwürdige Vorgehen der Behörden – darunter das Bundesdenkmalamt – bei Rückstellungen von Kunstgegenständen nach 1945 aufgrund der Rückstellungsgesetze.

Am 13. März 1998 findet die erste Sitzung aller „an der gegenständlichen Thematik" Beteiligten statt, um grundsätzliche organisatorische Fragen und ein weiteres Vorgehen zu besprechen.[24] Ein Ergebnis dieser Sitzung ist, dass die Aufarbeitung und die Beschaffenheit der Materialien in den jeweiligen Häusern sehr unterschiedlich sind. Es ist also notwendig, zusätzliche Fachkräfte für die noch umfangreiche Aufarbeitung einzusetzen.[25] Im April 1998 glaubt man innerhalb der Kommission, die Provenienzforschung in der Albertina, der Österreichischen Galerie und im Technischen Museum mit je einem zusätzlichen Werkvertrag für ein Jahr, im Museum für Völkerkunde mit einem Werkvertrag von einem halben bis ein Jahr, im Naturhistorischen Museum mit einem Werkvertrag über 16 Monate und im Museum für angewandte Kunst mit einem Werkvertrag über ein halbes Jahr abgeschlossen zu haben.[26]

Zusammenfassend wird im Protokoll der zweiten Arbeitsbesprechung der Kommission für Provenienzforschung vom 2. April 1998 festgehalten, dass eine Übersicht über die in der Zeit 1938–1945 bzw. bis 1965 erworbenen Bestände an Kunstwerken/Kulturgut in den österreichischen Sammlungen des Bundes nur zu einem sehr kleinen Teil soweit

---

23   Hubertus CZERNIN, „Aus taktischen Gründen bitte verzögern". Teil I Kunstraub. Das veruntreute Erbe, Der Standard, 21./22.2.1998.

24   BDA-Archiv, Restitutionsmaterialien, Gz. 31.923/1/1998 (= BMUK, GZ 28.700/25-IV/98): Einladung vom 24.2.1998 ergeht an die Direktoren und die Provenienzbeauftragten des Kunsthistorischen Museums, des Naturhistorischen Museums, des Museums für Völkerkunde, der Österreichischen Galerie, der Graphischen Sammlung Albertina, Direktion des Österr. Museums für angewandte Kunst, Direktion des Museums moderner Kunst Stiftung Ludwig, Direktion des Technischen Museums für Industrie und Gewerbe, Direktion des Pathologisch-anatomischen Bundesmuseums, Direktion des Österreichischen Theatermuseums, Generaldirektion der Österreichischen Nationalbibliothek, Präsidium des Bundesdenkmalamts.

25   Dass der anberaumte Zeitraum von etwa zwei Jahren, in dem die Provenienzforschung abgeschlossen sein sollte, auch durch Einbeziehen von zusätzlichen MitarbeiterInnen, nicht eingehalten werden konnte, zeigt nicht zuletzt diese Publikation.

26   BDA-Archiv, Restitutionsmaterialien, Gz. 31.923/1/1998: Protokoll der Arbeitsbesprechung der Kommission für Provenienzforschung am 2.4.1998.

aufbereitet vorhanden ist, dass bereits jetzt bzw. in Kürze verbindliche Antworten auf Fragen über die Provenienzen gegeben werden könnten. Im Hinblick auf die Erwartungshaltung der Öffentlichkeit empfiehlt sich, dort wo Unterlagen schon weitgehend aufgearbeitet vorliegen (als Beispiel dient die Aufarbeitung im KHM), in einem ersten Schritt exemplarische Fälle, die in weiterer Folge als Fallgruppenstudie[27] bezeichnet werden – wie die Sammlungen Rothschild –, herauszugreifen und zu behandeln. Für eine solche Konzeption ist jedoch die Erstellung eines die einzelnen Institutionen übergreifenden kurz- bzw. mittelfristigen Schwerpunktprogramms notwendig:[28] Also konzentriert man sich innerhalb der Kommission vorerst auf Fallgruppen wie die Sammlungen Louis Nathaniel und Alphonse Rothschild, Serena und Erich Lederer, Oskar Bondy, Rudolf Gutmann und Ferdinand Bloch-Bauer, um daran die generellen Perspektiven darzustellen, aber auch, um für eine legislative Regelung konkrete und quantitative Unterlagen vorlegen zu können.

Die am 15. April 1998 im Nationalrat eingebrachte „schriftliche Anfrage der Abgeordneten der Grünen Terezija Stoisits und Genossen an die Bundesministerin für Unterricht und kulturelle Angelegenheiten“ umfasst 4800 Fragen zu den Provenienzen von 241 Gemälden, Graphiken und Skulpturen.[29] Betroffen sind davon das Kunsthistorische Museum, die Albertina und die Österreichische Galerie. Einige Kunstgegenstände konnten schon anfänglich als „unbedenklich“ eingestuft werden (z. B. *Porträt Kitty Rothschild* von John Quincy Adams, 1975 Widmung von Eugène de Rothschild, Monte Carlo; *Dame im Profil mit Schleier und Nelke* von Heinrich Angeli, 1973 Schenkung von Karoline Gräfin Lanckoronska, Rom; *Weiher* von Wilhelm Bernatzik, 1981 Legat Hanna Spitzer[30]). Die Anfrage – an sich ist der laut der Geschäftsordnung des Parlaments eingeräumte Zeitraum zur Beantwortung schriftlicher Anfragen zwei Monate – wird schließlich am 17. Februar 1999 beantwortet.[31]

---

27 BDA-Archiv, Restitutionsmaterialien, Gz. 31.923/18/1998: Im Zuge der interministeriellen Sitzung des Verfassungsdienstes am 30.6.1998 gebrauchter Begriff für die sich in Vorbereitung befindlichen Fälle.

28 BDA-Archiv, Restitutionsmaterialien, Gz. 31.923/8/1998: Protokoll der Arbeitsbesprechung der Kommission für Provenienzforschung am 2.4.1998.

29 Schriftliche Anfragen der Abgeordneten Mag. Terezija Stoisits und Genossen an die Bundesministerin für Unterricht und kulturelle Angelegenheiten 4024/J XX. GP bis 4263/J XX. GP, http://www.parlinkom.gv.at/ PG/VHG/VHGNR/J_JPR_M/JMIN/AS/MP_01902/XX.shtml (abgerufen am 21.5.2008).

30 BDA-Archiv, Restitutionsmaterialien, o. Gz., Monika MAYER, Dokumentation zur Anfrage des Grünen Klubs im Parlament. „Kunstraub in Österreich“. 22.10.1998.

31 Anfragebeantwortung durch die Bundesministerin für Unterricht und kulturelle Angelegenheiten zu den Anfragen 4024/J bis 4263/J der Abgeordneten zum Nationalrat Mag. Terezija Stoisits und Genossen betreffend Kunstwerke im Besitz der Republik Österreich. http://www.parlinkom.gv.at/PG/DE/XX/AB/ AB_05184/pmh.shtml (abgerufen am 21.5.2008).

In der Sitzung des Nationalrates vom 17. Juni 1998 bringen die Abgeordneten der Grünen Madeleine Petrovic, Terezija Stoisits, Freundinnen und Freunde den Entschließungsantrag ein, demzufolge der Nationalrat beschließen wolle, dass die Bundesministerin für Unterricht und kulturelle Angelegenheiten eine Expertenrunde unter Beteiligung von internationalen Fachleuten einsetzt, die freien Zugang zu allen Archivmaterialien haben und wissenschaftlich und seriös erheben soll, wie und unter welchen Umständen Objekte während und nach 1945 in österreichische Museen gelangt sind. Die Ministerin wird weiters ersucht, eine Anlaufstelle für Anfragen einzurichten sowie alle Voraussetzungen zu schaffen, dass die zu unrecht in den Besitz der österreichischen Museen gelangten Gegenstände ihren rechtmäßigen EigentümerInnen zurückgegeben werden können.[32] Am 18. Juni wird der Antrag dem Kulturausschuss zugewiesen.[33] Zu einer Behandlung kommt es nicht, da in der Zeit zwischen dem 30. Juni 1998 und dem 29. Jänner 1999 einerseits kein Kulturausschusstermin angesetzt wird, andererseits der Antrag im Jänner 1999 aufgrund des schon in Kraft getretenen Kunstrückgabegesetzes als obsolet gilt.[34]

Am 30. Juni 1998 findet im Bundeskanzleramt auf Einladung des Verfassungsdienstes eine interministerielle Sitzung[35] statt, um Vorbereitungen für eine gesetzliche Regelung zu besprechen. Im Protokoll wird erläutert, dass es sich im Wesentlichen um zwei Gruppen von Kulturgut handelt:

[…]

• Kulturgut, bei dem die Voreigentümer unbekannt sind und das im Kunsthistorischen Museum und in der Österreichischen Galerie inventarisiert ist;

• Kulturgut, das nach 1945 an die Eigentümer zurückgegeben wurde und das sich auf Grund von Übertragungen bzw. Widmungen unterschiedlicher rechtlicher und moralischer Qualität (Ausfuhrverbotsgesetz) noch in Österreich befindet. […][36]

---

32 MMag. Dr. Madeleine Petrovic und Genossen betreffend Aufklärung über geraubte beziehungsweise abgepresste Kunstgegenstände in österreichischen Museen sowie deren Rückgabe (810/A) (E). http://www.parlament.gv.at/PG/DE/XX/A/A_A00810/frame_125pdf (abgerufen am 26.5.2008).

33 http://www.parlament.gv.at/PG/DE/XX/A/A_A00810/pmh.shtml (abgerufen am 26.5.2008).

34 Auskunft Mag. Thomas Geldmacher vom 30.6.2008.

35 TeilnehmerInnen: SC Dr. Kurt Haslinger (BMF), R Mag. Ingrid Oberleitner (BMF); MR Dr. Waltraud Kotschy (BKA-VD), Mag. Georg Lechner (BKA-VD), SC Dr. Wolf Okresek (BKA-VD), Dr. Ingrid Siess-Scherz (BKA-VD); SC Dr. Peter Mahringer (BMUK); Univ. Prof. Dr. Ernst Bacher (BDA); GA Dr. Peter Zetter (BMJ); Mag. Hannah Lessing (Nationalfonds der Republik Österreich); OR Dr. Johannes Schnizer (Klub der SPÖ); MR Dr. Harald Wögerbauer (Klub der ÖVP); GD Mag. Dr. Wilfried Seipel (KHM); Dir. HR Dr. Gerbert Frodl (ÖG).

36 BDA-Archiv, Restitutionsmaterialien, Gz. 31.923/18/1998 (= BKA GZ 603.665/3-VA/5/98): Protokoll der interministeriellen Sitzung vom 30.6.1998.

Die TeilnehmerInnen erachten es für notwendig, auf die – für die Woche vom 6. bis zum 10. Juli von der Kommission für Provenienzforschung in Aussicht gestellte Fallgruppenstudie unter Ausweisung typischer Einzelfälle zu warten. Erst dann soll eine Arbeitsgruppe von JuristInnen, später juristische Kommission genannt, die sich aus VertreterInnen des Bundesministeriums für Finanzen, des Bundesministeriums für Justiz, der Klubs von ÖVP und SPÖ sowie aus VertreterInnen des Verfassungsdienstes zusammensetzen wird, einberufen werden. Die Dringlichkeit konkreter weiterer Schritte ist klar, da spätestens bei der Washingtoner Konferenz Ende November 1998 – „Erklärungsbedarf" über die rechtliche und faktische Vorgangsweise Österreichs bestehen wird. Neben Raubgold werden entzogene Versicherungswerte und Vermögenswerte generell vor allem der NS-Kunstraub thematisiert. Darüber hinaus sollen Lösungsvorschläge erarbeitet werden.[37]

Ebenfalls am 30. Juni werden die Mitglieder der Kommission für Provenienzforschung in einem „Vorschlag zur weiteren Vorgangsweise über grundsätzliche Richtlinien zur Prüfung des bedenklichen Bestandes" wie folgt informiert:

[…]

2.1. Prüfung nach Willensmängeln (Furcht, List, Täuschung, Zwang, Irrtum) bezüglich der Republik rechtsgeschäftlich (Kauf, Schenkung, letztwillige Verfügung) überantworteter Kulturgüter (z. B. Bestände der österreichischen Museen und Sammlungen, die auf Grund des Ausfuhrverbotsgesetzes von den Eigentümern abverlangt wurden). Es handelt sich dabei insgesamt um ca. 400 bis 500[38] Werke der Malerei, Plastik und des Kunstgewerbes. Dies ist eine Größenordnung, die gemessen am Gesamtumfang der Inventare der Museen und Sammlungen nicht ins Gewicht fällt.

2.2. Suche nach der Herkunft von Kulturgütern, bezüglich derer niemand einen Anspruch erhebt (analog Mauerbach). Es handelt sich bei letzterem – soweit bisher bekannt – um etwa 320 Objekte (Bilder, Möbel, Zeichnungen, Kunstgewerbe) – die aus konservatorischen bzw. verwaltungstechnischen Gründen Museen und Dienststellen des Bundes treuhändig zur Aufbewahrung übergeben wurden, späterhin aus bisher unerfindlichen Gründen nicht mehr dem Restitutionsgut zugeführt wurden.[39]

---

37 BDA-Archiv, Restitutionsmaterialien, Gz. 31.923/18/1998 (= BKA GZ 603.665/3-VA/5/98): Protokoll der interministeriellen Sitzung vom 30.6.1998.

38 Diese Zahl bevorstehender Rückgaben werden von Elisabeth Gehrer noch in einem Interview für *Die Presse* vom 12.9.2008 genannt: „Es handelt sich nicht um riesige Sachen, aber um 400 bis 500 Katalognummern in allen Museen, da sind auch die Münzsammlungen dabei." Die Differenz zu den Ankäufen der Museen zwischen 1938 und 1945 (18.500 Ankäufe), den Rückgaben nach 1945 (13.000 Rückgaben) und den jetzt zurück zugebenden 500 Objekten wird pauschal als „herrenlos" bezeichnet. Andreas UNTERBERGER, Barbara PETSCH, „Die Schiele Gemälde müssen zurückkehren!", Die Presse, 12.9.1998.

39 Gemeint sind wohl daher Objekte, die im Zuge von Depotauflösungen bzw. aus konservatorischen Gründen den Bundesmuseen zugewiesen wurden und damit nicht mehr als entzogene Objekte aufscheinen.

2.3. Überprüfung seinerzeit abgewiesener Restitutionsanträge.
[…][40]

Am 7. Juli 1998 folgt der selbständige Antrag der Abgeordneten des Liberalen Forums
Heide Schmidt, Klara Motter und PartnerInnen betreffend ein Bundesgesetz über die
unentgeltliche Übertragung von beweglichem Bundesvermögen: Der Nationalrat wolle
das Bundesgesetz über die unentgeltliche Übereignung von beweglichem Bundesvermögen beschließen. Der Bundesminister für Finanzen soll ermächtigt werden, alle
Kunstgegenstände, die von der eingesetzten „Kommission zur Erforschung der Provenienzen in den Österreichischen Bundesmuseen" als unrechtmäßig oder aufgrund illegaler Praktiken in Bundesbesitz gelangt eingestuft werden, an die rechtmäßigen EigentümerInnen bzw. deren rechtmäßige ErbInnen unentgeltlich zu übereignen.[41] Am
8. Juli wird dieser Antrag dem Kulturausschuss des Nationalrates zugewiesen und am
selben Tag abgewiesen.[42]

Am 9. Juli 1998 tagt erstmals die vom Verfassungsdienst des Bundeskanzleramtes ein-
berufene juristische Kommission:[43] Hier werden die von der Provenienzforschung
erfassten Gegenstände/Fälle – die hier schon als „Rohfassung des Endberichts der Provenienzforschung" bezeichnet werden – in Fallgruppen eingeteilt und sollen als Grundlage zur Besprechung von rechtlichen Lösungsansätzen dienen. Die Gegenstände werden daraufhin in drei Gruppen unterteilt:

---

40 BDA-Archiv, Restitutionsmaterialien, Gz. 31.923/25/1998: Information der Arbeitsgruppe zur Erforschung
der Provenienzen. Restitution von Kulturgut. Vorschlag zur weiteren Vorgangsweise vom 23.6.1998. Punkte wurden in Besprechungen des BMUK, BKA-Verfassungsdienstes und dem BDA erstellt.

41 Antrag der Abgeordneten Schmidt, Motter und PartnerInnen betreffend ein Bundesgesetz über die unentgeltliche Übereignung von beweglichem Bundesvermögen (825/A). http://www.parlament.gv.at/PG/DE/
XX/A/A_00825/pmh.shtml (abgerufen am 26.5.2008).

42 Antrag der Abgeordneten Schmidt, Motter und PartnerInnen betreffend ein Bundesgesetz über die unentgeltliche Übereignung von beweglichem Bundesvermögen (unrechtmäßig oder aufgrund illegaler Praktiken
in Bundesbesitz gelangte Kunstschätze aus jüdischem Besitz). Der Antrag wurde im September 1998 als
877/A neu eingebracht (siehe dazu auch Fußnote 47). http://www.parlament.gv.at/PG/DE/XX/A/A_
00877/pmh.shtml (abgerufen am 27.5.1998).

43 Diese Kommission wird in der Einladung und im nachfolgenden Protokoll als „juristische Kommission"
bezeichnet. Teilnehmer: Univ. Prof. Dr. Ernst Bacher (BDA), MR Dr. Waltraud Balkanyi (BMF), R Mag.
Ingrid Oberleitner (BMF), SC Dr. Kurt Haslinger (BMF), SC Dr. Peter Mahringer (BMUK), SC Dr. Wolf
Okresek (BKA-VD), Dr. Ingrid Siess-Scherz (BKA-VD), OR Dr. Johannes Schnizer (Klub der SPÖ), MR
Dr. Harald Wögerbauer (Klub der ÖVP).

[…]

- Kategorie 1: Kulturgut, das nach 1945 den früheren Eigentümern zurückgestellt wurde und im Zusammenhang mit Verfahren nach dem Ausfuhrverbotsgesetz etwa als Widmung in das Eigentum des Bundes gelangt ist;
- Kategorie 2: Kulturgut, das im Zeitraum 1938 bis 1945 bzw. 1958 dem Bund zugekommen ist und bei dem die früheren Eigentümer auf Grund der vorhandenen Unterlagen nicht feststellbar sind;
- Kategorie 3: Kulturgut, das der Bund angekauft hat, dessen Herkunft jedoch im Hinblick auf in der NS-Zeit gelegene Umstände problematisiert werden könnte.

[…][44]

Am **29. Juli 1998** findet dann die zweite Sitzung statt. Zu den bedenklichen Widmungen und Schenkungen als Kategorie 1 wird festgestellt, „[…] dass etwa 90% des Bestands fünf Familien zugeordnet werden können". Hinsichtlich der Abwicklung der Eigentumsübertragung ergeben sich zwei angedachte Möglichkeiten: Erstens eine Übereignung an die Rechtsnachfolger/Erben nach einer Prüfung der Anspruchsberechtigung oder zweitens eine Übertragung an bekannte Anspruchswerber „vorbehaltlich besserer Rechte". Innerhalb der juristischen Kommission wird in diesem Zusammenhang die Frage aufgeworfen, ob nicht der Bund sein Eigentum an den Nationalfonds der Republik Österreich für Opfer des Nationalsozialismus übertragen könnte und im Rahmen eines privatrechtlichen Vertrages die Bedingungen und Modalitäten für weitere Eigentumsübertragungen festgelegt werden sollten. Bis Ende August sollen Formulierungsvorschläge für die Rechtsgrundlagen ausgearbeitet werden und eine entsprechende haushaltsrechtliche Ermächtigung durch das Bundesministerium für Finanzen sowie eine Ausnahmebestimmung für die zu restituierenden Objekte vom Ausfuhrverbotsgesetz[45] gegeben sein.[46]

Anfang September 1998 liegt der erste Entwurf des „Bundesgesetzes über die Rückgabe von Kunstgegenständen aus den Österreichischen Bundesmuseen und Sammlungen" vor, der auf der Grundlage der Forschungsergebnisse der ProvenienzforscherInnen

---

44 BDA-Archiv, Restitutionsmaterialien, Gz. 34.939/1/1998 (= BKA, GZ 603.665/4-VA/5/98; (BKA, GZ 603.665/7-VA/5/98): Einladung zur und Protokoll der ersten Sitzung der juristischen Kommission vom 3.7. bzw. 9.7. 1998.

45 Bundesgesetz über das Verbot der Ausfuhr von Gegenständen von geschichtlicher, künstlerischer oder kultureller Bedeutung, StGBl 1918/90, in der Fassung des Bundesgesetzes BGBl 1987/605. Aktuell: BGBl 1999/170 – Änderung des Denkmalschutzgesetzes; dazu http://www.bda.at/documents/261290404.doc (abgerufen am 28.5.2008).

46 BDA-Archiv, Restitutionsmaterialien, Gz. 31.923/39/1998 (= BKA, GZ 603.665/6-VA/5/98): Protokoll der zweiten Sitzung der juristischen Kommission vom 29.7.1998.

in den Bundesmuseen, dem Büro der Kommission und der juristischen Kommission ausgearbeitet worden ist. Neben einer Kategorieneinteilung sieht der Entwurf die Ermächtigung des Finanzministers, des Kulturministers, des Verteidigungsministers (für Rückgaben aus dem Heeresgeschichtlichen Museum) und des Bundesministers für wirtschaftliche Angelegenheiten (für Rückgaben aus dem Bundesmobiliendepot) zur Rückgabe von Kunstgegenständen vor. Weiters wird die Einrichtung eines Beirats vorgeschlagen, der sich aus VertreterInnen der Ministerien für Justiz, Unterricht, wirtschaftliche Angelegenheiten und Landesverteidigung, einer Vertretung der Finanzprokuratur und je einem Experten/einer Expertin auf dem Gebiet der Geschichte und der Kunstgeschichte zusammensetzen soll. Für jedes Mitglied soll ein Ersatzmitglied bestellt werden. Die Rückgaben sollen vom Ausfuhrverbotsgesetz und sonstigen Abgaben befreit werden.[47] Mit ersten Kunstrückgaben rechnet man bereits im November 1998.[48]

Am 10. September 1998 wird der Gesetzesentwurf im Ministerrat beschlossen und im Nationalrat eingebracht. Der Verfassungsausschuss des Nationalrates beschäftigt sich am 18. September mit der gegenständlichen Vorlage und einem neuen Antrag der Abgeordneten Heide Schmidt, Partnerinnen und Partner, da jener vom 7. Juli vom Kulturausschuss zurückgewiesen worden ist.[49] Die MitarbeiterInnen der Kommission für Provenienzforschung werden in der Sitzung am 2. Oktober davon in Kenntnis gesetzt, dass bis 19. Oktober 1998 die Möglichkeit besteht, Vorschläge und Kritik anzumerken sowie Fälle und Aspekte, die durch das Gesetz nicht geregelt scheinen, aufzuzeigen.[50]

Am 20. und 29. Oktober 1998 ist der dafür eingesetzte Unterausschuss des Verfassungsausschusses mit dem vom Ministerrat beschlossenen Entwurf befasst. Die Vorlage wird in

---

47   BMUK, Pressemappe o. Gz.: Vorlage Pressegespräch Elisabeth Gehrer vom 9.9.1998 zum Stand der Erforschung der Provenienzen. Rückgabe von Kunstgegenständen aus den Österreichischen Bundesmuseen und Sammlungen.

48   Z. B. Barbara PETSCH, Erste Kunstrückgaben bereits im November, Die Presse, 8.9.1998; Henriette HORNY, Schnelle Rückgabe von Raubkunst, Kurier 8.9.1998.

49   Antrag der Abgeordneten Mag. Dr. Heide Schmidt und Genossen betreffend ein Bundesgesetz über die unentgeltliche Übereignung von beweglichem Bundesvermögen (unrechtmäßig oder aufgrund illegaler Praktiken in Bundesbesitz gelangte Kunstschätze aus jüdischem Besitz). Der Antrag wurde im September 1998 als 877/A neu eingebracht. http://www.parlament.gv.at/PG/DE/XX/A/A_00877/pmh.shtml (abgerufen am 27.5.1998).

50   BDA-Archiv, Restitutionsmaterialien, Kt. Protokolle der Kommissionssitzungen: Protokoll der Sitzung der Kommission für Provenienzforschung vom 2.10.1998. Dr. Maren Gröning (Albertina) verweist auf eine mögliche Ergänzung zu § 1/1 des Gesetzeseinwurfs: Sie gibt zu bedenken, „dass damals *auch Verkaufsangebote* [Hervorhebung im Original. Anm. der Verf.] Teil der Bedingungen sein konnten, die das Bundesdenkmalamt in Abstimmung mit den Museen und Sammlungen den Ausfuhrwerbern gestellt hat […]." Als Bei-

Fassung eines Abänderungsantrages der Abgeordneten Dr. Andreas Khol und Dr. Peter Kostelka einstimmig angenommen und in weiterer Folge der Antrag gestellt, der Nationalrat wolle dem Gesetzesentwurf die verfassungsmäßige Zustimmung erteilen.[51]

Am 5. November 1998 wird das Bundesgesetz über die Rückgabe von Kunstgegenständen aus den Österreichischen Bundesmuseen und Sammlungen im Nationalrat beschlossen.[52] Kunst- und Kulturgut jeder Art ist unter dem Begriff Kunstgegenstände subsumiert.

Univ. Prof. Dr. Ernst Bacher vertritt Ministerin Gehrer bei der von 30. November bis 3. Dezember 1998 in Washington stattfindenden „Holocaust-Era Assets Conference".[53] In Plenarsitzungen und in verschiedenen Arbeitsgruppen werden die elf Prinzipien zum Thema Kunstrestitution, die schon vor der Konferenz ausgearbeitet worden sind, weiter in Richtung Unverbindlichkeit abgeschwächt. Diese fordern neben einer, sorgfältigen und umfangreichen Überprüfung der Bestände in den privaten und öffentlichen Museen, auch die sofortige Öffnung der Archive und die Erstellung einer zentralen umfassenden Datenbank. Die Grundsätze werden zum überwiegenden Teil schon durch das neu beschlossene Kunstrückgabegesetz erfüllt. Auch der Aufforderung „Alle Archive müssen geöffnet werden", versucht Österreich schon seit Februar 1998 nachzukommen. Ein Ziel der Konferenz ist, die Ergebnisse der in vielen europäischen Staaten angelaufenen Provenienzforschungen zu vernetzen. Von britischer Seite spricht man sich für eine „Satellitenkonferenz" über Kunstrestitution in Österreich wegen seiner Vorreiterrolle auf diesem Gebiet aus.[54] Diese kommt nie zustande.

---

spiele werden die Albertina-Erwerbung des Aquarells von Schindler aus der Slg. Bondy (Inv. Nr. 30857) und der ganze Fall des Verfahrens mit Erich Lederer herangezogen. (Faxnachricht Dr. Maren Gröning an Univ. Prof. Dr. Ernst Bacher vom 19.10.1998). Die Anmerkung Dr. Gröning wird in Folge nicht berücksichtigt.

51 1464 der Beilagen zu den Stenographischen Protokollen des Nationalrates (XX. GP.) Rückgabe von Kunstgegenständen aus den Österreichischen Bundesmuseen unentgeltliche Übereignung von beweglichem Bundesvermögen. Unrechtmäßig oder aufgrund illegaler Praktiken in Bundesbesitz gelangte Kunstschätze aus jüdischem Besitz. Bericht des Verfassungsausschusses über die Regierungsvorlage (1390 d. B.): Bundesgesetz über die Rückgabe von Kunstgegenständen aus den Österreichischen Bundesmuseen und Sammlungen und über den Antrag 877/A der Abgeordneten Mag. Dr. Heide Schmidt und Genossen betreffend ein Bundesgesetz über die unentgeltliche Übereignung von beweglichem Bundesvermögen: Siehe http://www.parlament.gv.at/PG/DE/XX/I/I_01464/fname_140395.pdf# (abgerufen am 27.5.2008).

52 Stenographisches Protokoll der 146/NRSITZ (XX. GP) am 5.11.1998. http://www.parlament.gv.at/PG/DE/XX/NRSITZ/NRSITZ_00146/fnameorig_000000.html (abgerufen am 27.5.2008).

53 BMUK, GZ 28.700/158-IV/98, Schreiben BM Gehrer an Stuart Eizenstat vom 17.11.1998.

54 BDA-Archiv, Restitutionsmaterialien, Gz. 31.923/8/1999: (= BMAA, o. GZ): Kurzbericht der Holocaust Konferenz in Washington von Dr. Hans Winklers/BMAA an Univ. Prof. Dr. Bacher vom 30.12.1998.

Die Initiative Österreichs, mit einem eigenen Gesetz die Rückgaben zu regeln und auch noch offene Fragen zu einer Lösung zu bringen, findet sowohl unter den Teilnehmern der Konferenz als auch mediales Interesse.[55]

Mit **5. Dezember 1998** tritt das Bundesgesetz zur Kunstrückgabe in Kraft (BGBl I 1998/ 181). Es betrifft ausschließlich Museen und Sammlungen des Bundes. Die Bundesländer und der österreichische Städte- und Gemeindebund werden ersucht, sich dem Gesetz anzuschließen – sofern sich in Museen und Sammlungen der Länder, Städte und Gemeinden Kulturgüter befinden, „die im Zuge oder in Folge der NS-Gewaltherrschaft dorthin gelangt sind. Sollte dies zutreffen, dann wird eine Rückgabe […] analog zur Vorgangsweise des Bundes […] angeregt. Es handelt sich um eine Sonderregelung, die ausschließlich dadurch motiviert ist, dass es bestimmten Menschen wegen der grauenhaften Geschehnisse in der Vergangenheit nicht zumutbar war, in Österreich zu bleiben. [!]"[56]

Der gemäß § 3 des Bundesgesetzes über die Rückgabe von Kunstgegenständen vorgesehene Beirat konstituiert sich in seiner ersten Sitzung am **9. Dezember 1998**.[57] Darin werden von Bundesministerin Gehrer die Aufgaben des Beirats skizziert und ein weiterer Termin festgelegt. Bis zum 10. Jänner 1999 müssen die Sachverhaltsdarstellungen der Kommission für Provenienzforschung zu den Fällen Louis Nathaniel, Clarice Adelaide und Alphonse Rothschild in Dossierform dem Beirat vorliegen. Bis Ende 1999 könnte der Großteil an die Eigentümer zurückgegeben sein, meint Beiratsvorsitzender Sektionschef Dr. Rudolf Wran[58]. Er erwartet bei der nächsten Sitzung erste grundlegende Entscheidungen. Zu einer Beschlussfassung kommt es in der zweiten Sitzung am 20. Jänner 1999 jedoch noch nicht. Interessanterweise wird im Unterschied zu den Fällen ab Ende 1999, bei denen die Erbrechtsgutachten erst nach der Empfehlung durch den Beirat eingeholt werden, im Fall Rothschild bereits zum Zeitpunkt der Beschlussfassung am 11. Februar 1999[59] festgestellt, an wen die Rückgabe zu erfolgen habe.

---

55 Z. B. Monica RIEDLER, Eine Kommission soll Holocaust-Restitution in Österreich lenken, Die Presse, 3.12.1998; Werner ROSENBERGER, Archive müssen geöffnet werden, Kurier, 5.12.1998.

56 BMUK, o. Gz.: Schreiben des BMUK an die Bundesländer sowie den österreichischen Städtebund und den österreichischen Gemeindebund vom 12.11.1998.

57 Vorsitzender: SC Dr. Rudolf Wran (BMUK), Geschäftsführer: MR Dr. Georg Freund (BMUK); GA Dr. Peter Zetter (für das BMJ); OR Dr. Ilsebill Barta-Fliedl (für das BMWA); Univ. Prof. Dr. Manfried Rauchensteiner (BMLV); Vizepräsident Dr. Manfred Kremser (für die Finanzprokuratur); von der österreichischen Rektorenkonferenz vorgeschlagene Mitglieder: o. Univ. Prof. Dr. Helmut Konrad (Bereich Geschichte); o. Univ. Prof. Dr. Artur Rosenauer (Bereich Kunstgeschichte).

58 SC Dr. Rudolf Wran war bis Juli 2000 Leiter der Sektion für Kultur im Bundesministerium für Unterricht und kulturelle Angelegenheiten.

Das Gesetz ist zu diesem Zeitpunkt auf einige wenige Fälle abgestimmt und soll nach den Vorstellungen der Ministerin exemplarisch vollzogen werden. Die Kommission für Provenienzforschung stellt 1998 ein Provisorium dar, das außer dem Kunstrückgabegesetz keine rechtlichen Grundlagen für ihren Arbeitsauftrag hat.

Durch die „Knappheit" der Gesetzesformulierung entsteht ein interpretatorischer Spielraum, der eine extensive Auslegung der Fälle sowohl in der Recherche als auch bei Entscheidungsfindung durch den Beirat ermöglicht.

Ebenso ist anfänglich nicht klar, dass aus einem Provisorium, wie es die Kommission im Jahr 1998 noch darstellt, eine inzwischen unersetzliche Organisation erwachsen würde. In vielerlei Hinsicht muss dies als Chance verstanden werden: Die österreichische Provenienzforschung und die Kommission sind als gemeinsames Projekt entstanden und gegenseitig bedingt gewachsen.

---

59   http://www.provenienzforschung.gv.at/index.aspx?ID=24&LID=1#R_S (abgerufen 28.5.2008).

P. b. b. Erscheinungsort Wien, Verlagspostamt 1030 Wien

2045

BUNDESGESETZBLATT

FÜR DIE REPUBLIK ÖSTERREICH

Jahrgang 1998	**Ausgegeben am 4. Dezember 1998**	**Teil I**

181. Bundesgesetz: Rückgabe von Kunstgegenständen aus den Österreichischen Bundesmuseen und Sammlungen
(NR: GP XX RV 1390 AB 1464 S. 146. BR: AB 5802 S. 646.)

181. Bundesgesetz über die Rückgabe von Kunstgegenständen aus den Österreichischen Bundesmuseen und Sammlungen

Der Nationalrat hat beschlossen:

§ 1. Der Bundesminister für Finanzen wird ermächtigt, jene Kunstgegenstände aus den österreichischen Bundesmuseen und Sammlungen, wozu auch die Sammlungen der Bundesmobilienverwaltung zählen, unentgeltlich an die ursprünglichen Eigentümer oder deren Rechtsnachfolger von Todes wegen zu übereignen, welche

1. Gegenstand von Rückstellungen an die ursprünglichen Eigentümer oder deren Rechtsnachfolger von Todes wegen waren und nach dem 8. Mai 1945 im Zuge eines daraus folgenden Verfahrens nach den Bestimmungen des Bundesgesetzes über das Verbot der Ausfuhr von Gegenständen von geschichtlicher, künstlerischer oder kultureller Bedeutung, StGBl. Nr. 90/1918, unentgeltlich in das Eigentum des Bundes übergegangen sind und sich noch im Eigentum des Bundes befinden;

2. zwar rechtmäßig in das Eigentum des Bundes übergegangen sind, jedoch zuvor Gegenstand eines Rechtsgeschäftes gemäß § 1 des Bundesgesetzes vom 15. Mai 1946 über die Nichtigerklärung von Rechtsgeschäften und sonstigen Rechtshandlungen, die während der deutschen Besetzung Österreichs erfolgt sind, in das Eigentum der Republik Österreich gelangt sind, BGBl. Nr. 106/1946, waren und sich noch im Eigentum des Bundes befinden;

3. nach Abschluß von Rückstellungsverfahren nicht an die ursprünglichen Eigentümer oder deren Rechtsnachfolger von Todes wegen zurückgegeben werden konnten, als herrenloses Gut unentgeltlich in das Eigentum des Bundes übergegangen sind und sich noch im Eigentum des Bundes befinden.

§ 2. (1) Der Bundesminister für Unterricht und kulturelle Angelegenheiten, der Bundesminister für wirtschaftliche Angelegenheiten und der Bundesminister für Landesverteidigung werden ermächtigt,

1. die ursprünglichen Eigentümer oder deren Rechtsnachfolger von Todes wegen festzustellen und die Kunstwerke an diese zu übereignen;

2. jene Kunstgegenstände gemäß § 1, welche nicht an die ursprünglichen Eigentümer oder deren Rechtsnachfolger von Todes wegen rückübereignet werden können, weil diese nicht festgestellt werden können, an den Nationalfonds der Republik Österreich für Opfer des Nationalsozialismus zur Verwertung zu übereignen, der den Verwertungserlös für die in § 2a des Bundesgesetzes über den Nationalfonds der Republik Österreich für Opfer des Nationalsozialismus, BGBl. Nr. 432/1995, genannten Zwecke zu verwenden hat.

(2) Die genannten Bundesminister haben vor der Übereignung den nach § 3 eingerichteten Beirat anzuhören. Durch die Bestimmungen dieses Bundesgesetzes wird keinerlei Anspruch auf Übereignung begründet.

(3) Der Bundesminister für Unterricht und kulturelle Angelegenheiten hat den Nationalrat über die erfolgte Übereignung von Kunstgegenständen in einem Bericht jährlich zu informieren.

§ 3. (1) Beim Bundesministerium für Unterricht und kulturelle Angelegenheiten wird ein Beirat eingerichtet, der die in § 2 genannten Bundesminister bei der Feststellung jener Personen, denen Kunstgegenstände zu übereignen sind, zu beraten hat.

(2) Mitglieder des Beirates sind:
1. je ein Vertreter des Bundesministeriums für wirtschaftliche Angelegenheiten, des Bundesministeriums für Justiz, des Bundesministeriums für Unterricht und kulturelle Angelegenheiten sowie des Bundesministeriums für Landesverteidigung;
2. ein Vertreter der Finanzprokuratur;
3. je ein von der Rektorenkonferenz zu nominierender Experte auf dem Gebiet der Geschichte sowie der Kunstgeschichte.

(3) Für jedes Mitglied ist ein Ersatzmitglied zu bestellen.

(4) Der Beirat kann weiters Sachverständige und geeignete Auskunftspersonen beiziehen.

(5) Die Bestellung und Abberufung des Vorsitzenden und dessen Stellvertreter aus dem Kreise der in Abs. 2 genannten Mitglieder sowie die Bestellung und Abberufung der weiteren in Abs. 2 genannten Mitglieder des Beirates obliegt dem Bundesminister für Unterricht und kulturelle Angelegenheiten. Die Bestellung erfolgt jeweils auf ein Jahr. Neuerliche Bestellungen sind zulässig.

(6) Der Bundesminister für Unterricht und kulturelle Angelegenheiten oder der Vorsitzende berufen den Beirat zu Sitzungen ein.

(7) Zu einem Beschluß des Beirates ist die Anwesenheit von mindestens der Hälfte der Mitglieder und die Mehrheit der abgegebenen Stimmen erforderlich.

(8) Der Beirat beschließt seine Geschäftsordnung, die vom Bundesminister für Unterricht und kulturelle Angelegenheiten zu genehmigen ist, mit einfacher Mehrheit. Die Geschäftsordnung hat unter Bedachtnahme auf Abs. 1 die Tätigkeit des Beirates möglichst zweckmäßig zu regeln. Die Geschäftsordnung ist zu genehmigen, wenn sie dieser Voraussetzung entspricht.

§ 4. Die Bestimmungen des Denkmalschutzgesetzes, BGBl. Nr. 533/1923, in der Fassung des Bundesgesetzes BGBl. Nr. 473/1990 über die freiwillige Veräußerung von Denkmalen, die sich im alleinigen Eigentum des Bundes befinden, sowie die Bestimmungen des Bundesgesetzes über das Verbot der Ausfuhr von Gegenständen von geschichtlicher, künstlerischer oder kultureller Bedeutung, StGBl. Nr. 90/1918, in der Fassung des Bundesgesetzes BGBl. Nr. 605/1987 finden auf die Übereignung sowie die Ausfuhr von Gegenständen, die nach den Bestimmungen dieses Bundesgesetzes ausgefolgt werden, auf die Dauer von 25 Jahren nach Inkrafttreten dieses Bundesgesetzes keine Anwendung.

§ 5. Die durch dieses Bundesgesetz unmittelbar veranlaßten Zuwendungen sind von allen Abgaben befreit.

§ 6. Mit der Vollziehung dieses Bundesgesetzes sind betraut:
1. hinsichtlich der §§ 1 und 5 der Bundesminister für Finanzen;
2. hinsichtlich der §§ 2 und 3 der Bundesminister für Unterricht und kulturelle Angelegenheiten, der Bundesminister für wirtschaftliche Angelegenheiten und der Bundesminister für Landesverteidigung, soweit ihr Wirkungsbereich betroffen ist;
3. hinsichtlich des § 4 der Bundesminister für Unterricht und kulturelle Angelegenheiten.

Klestil

Klima

Grundsätze der Washingtoner Konferenz in Bezug auf Kunstwerke, die von den Nationalsozialisten beschlagnahmt wurden [1]

Veröffentlicht im Zusammenhang mit der Washingtoner Konferenz über Vermögenswerte aus der Zeit des Holocaust, Washington, D.C., 3. Dezember 1998.

Im Bestreben, eine Einigung über nicht bindende Grundsätze herbeizuführen, die zur Lösung offener Fragen und Probleme im Zusammenhang mit den durch die Nationalsozialisten beschlagnahmten Kunstwerken beitragen sollen, anerkennt die Konferenz die Tatsache, dass die Teilnehmerstaaten unterschiedliche Rechtssysteme haben und dass die Länder im Rahmen ihrer eigenen Rechtsvorschriften handeln.

1. Kunstwerke, die von den Nationalsozialisten beschlagnahmt und in der Folge nicht zurückerstattet wurden, sollten identifiziert werden.

2. Einschlägige Unterlagen und Archive sollten der Forschung gemäß den Richtlinien des International Council on Archives zugänglich gemacht werden.

3. Es sollten Mittel und Personal zur Verfügung gestellt werden, um die Identifizierung aller Kunstwerke, die von den Nationalsozialisten beschlagnahmt und in der Folge nicht zurückerstattet wurden, zu erleichtern.

4. Bei dem Nachweis, dass ein Kunstwerk durch die Nationalsozialisten beschlagnahmt und in der Folge nicht zurückerstattet wurde, sollte berücksichtigt werden, dass aufgrund der verstrichenen Zeit und der besonderen Umstände des Holocaust Lücken und Unklarheiten in der Frage der Herkunft unvermeidlich sind.

5. Es sollten alle Anstrengungen unternommen werden, Kunstwerke, die als durch die Nationalsozialisten beschlagnahmt und in der Folge nicht zurückerstattet identifiziert wurden, zu veröffentlichen, um so die Vorkriegseigentümer oder ihre Erben ausfindig zu machen.

6. Es sollten Anstrengungen zur Einrichtung eines zentralen Registers aller diesbezüglichen Informationen unternommen werden.

---

1 Zitiert nach der Website der Koordinierungsstelle für Kulturgutverluste http://www.lostart.de/links/index.php3?lang=german (abgerufen am 25.7.2008).

7. Die Vorkriegseigentümer und ihre Erben sollten ermutigt werden, ihre Ansprüche auf Kunstwerke, die durch die Nationalsozialisten beschlagnahmt und in der Folge nicht zurückgegeben wurden, anzumelden.

8. Wenn die Vorkriegseigentümer von Kunstwerken, die durch die Nationalsozialisten beschlagnahmt und in der Folge nicht zurückgegeben wurden, oder ihre Erben ausfindig gemacht werden können, sollten rasch die nötigen Schritte unternommen werden, um eine gerechte und faire Lösung zu finden, wobei diese je nach den Gegebenheiten und Umständen des spezifischen Falls unterschiedlich ausfallen kann.

9. Wenn bei Kunstwerken, die nachweislich von den Nationalsozialisten beschlagnahmt und in der Folge nicht zurückgegeben wurden, die Vorkriegseigentümer oder deren Erben nicht ausfindig gemacht werden können, sollten rasch die nötigen Schritte unternommen werden, um eine gerechte und faire Lösung zu finden.

10. Kommissionen oder andere Gremien, welche die Identifizierung der durch die Nationalsozialisten beschlagnahmten Kunstwerke vornehmen und zur Klärung strittiger Eigentumsfragen beitragen, sollten eine ausgeglichene Zusammensetzung haben.

11. Die Staaten werden dazu aufgerufen, innerstaatliche Verfahren zur Umsetzung dieser Richtlinien zu entwickeln. Dies betrifft insbesondere die Einrichtung alternativer Mechanismen zur Klärung strittiger Eigentumsfragen.

Zur Arbeitspraxis der Kommission für Provenienzforschung

Alexandra Caruso, Lisa Frank, Ulrike Nimeth,
Anneliese Schallmeiner, Anita Stelzl-Gallian

Bereits ab Februar 1999, also nur wenige Monate nach Inkrafttreten des Kunstrückgabegesetzes im Dezember 1998, entschied der Kunstrückgabe-Beirat im Rahmen von fünf Sitzungen über eine Reihe von Fällen, die teils selbst Anlass für die konkrete Formulierung des Gesetzestextes gewesen waren, teils den Präzedenzfällen[1] inhaltlich folgten. Damit – so die Vorstellung der Beiratsmitglieder – sollten das Thema „Kunstraub" und die diesbezügliche Verantwortlichkeit Österreichs gegenüber den Opfern und deren Nachkommen zumindest in den wesentlichen Zügen erledigt sein.[2] Bei den Objekten, deren Rückgabe der Beirat empfahl, handelte es sich um jene, die im Sommer 1998 in der als „Fallgruppenstudie"[3] titulierten Aufstellung von Sachverhalten aufgelistet worden waren. Dabei ging es vorwiegend um Objekte, die gemäß § 1, Abs. 1 des Gesetzes als Ausfuhrwidmungen in das Eigentum des Bundes übergegangen waren.[4]

Mit dem in Absatz 2 formulierten Tatbestand desselben Paragraphen, der sich mit der Erwerbung von Objekten befasst, die während der Jahre 1938 bis 1945 Gegenstand eines nichtigen Rechtsgeschäftes[5] gewesen waren, hatte man – so der Eindruck, den u. a. der erste Restitutionsbericht hinterlässt – nur sehr eingeschränkt gerechnet.[6] Jedenfalls scheint

---

1 http://www.provenienzforschung.gv.at/index.aspx?ID=24&LID=1 (abgerufen am 29.5.2008).

2 Siehe dazu in diesem Band: Anneliese SCHALLMEINER, 1998 – die Kommission für Provenienzforschung und der Weg zum Kunstrückgabegesetz.

3 BDA-Archiv, Restitutionsmaterialien, Gz. 31.923/18/1998 (= BKA, GZ 603.665/3-V/A/5/98): Protokoll der interministeriellen Sitzung vom 30.6.1998. Siehe dazu in diesem Band: Anneliese SCHALLMEINER, 1998 – die Kommission für Provenienzforschung und der Weg zum Kunstrückgabegesetz.

4 Genau gesagt handelt es sich dabei um Objekte, die „Gegenstand von Rückstellungen an die ursprünglichen Eigentümer oder deren Rechtsnachfolger von Todes wegen waren und nach dem 8. Mai 1945 im Zuge eines daraus folgenden Verfahrens nach den Bestimmungen des Bundesgesetzes über das Verbot der Ausfuhr von Gegenständen von geschichtlicher, künstlerischer oder kultureller Bedeutung, StGBl. Nr. 90/1918, unentgeltlich in das Eigentum des Bundes übergegangen sind und sich noch im Eigentum des Bundes befinden".

5 Gegenstände, die „zwar rechtmäßig in das Eigentum des Bundes übergegangen sind, jedoch zuvor Gegenstand eines Rechtsgeschäftes gemäß § 1 des Bundesgesetzes vom 15. Mai 1946 über die Nichtigerklärung von Rechtsgeschäften und sonstigen Rechtshandlungen, die während der deutschen Besetzung Österreichs erfolgt sind, in das Eigentum der Republik Österreich gelangt sind, BGBl Nr. 106/1946, waren und sich noch im Eigentum des Bundes befinden".

6 Bericht der Bundesministerin für Unterricht und kulturelle Angelegenheiten an den Nationalrat über die

zu diesem Zeitpunkt keinem der Verantwortlichen klar gewesen sein, wie viele Fälle durch die Einsetzung der Provenienzforschung in den Bundesmuseen und -sammlungen in den nächsten Jahren zu recherchieren und behandeln sein würden.[7] Erst langsam begann sich die Erkenntnis durchzusetzen, dass im Zuge der NS-Vermögensentziehungen und mit den erpresserischen Widmungen nach dem Krieg wesentlich mehr Kunstgegenstände in die heutigen Bundesmuseen gelangt waren, als man anfänglich vermutet hatte.

Zwar waren die Unterlagen, die die Vorgänge belegten, wenn auch nicht lückenlos, so doch meistens in den Museen und öffentlichen Archiven vorhanden gewesen,[8] die Unwilligkeit, sich damit auseinanderzusetzen, hatte aber dazu geführt, dass viele Fälle wieder aufgegriffen, viele Zusammenhänge neu erforscht werden mussten. In der Nachkriegszeit hatte man sich der Probleme zwar zum Teil angenommen, war durch die erzwungenen Widmungen aber zu Lösungen gekommen, die durchaus als Verlängerung der NS-Vermögensentziehung bezeichnet werden können.[9]

Auch ohne das Ausmaß der anstehenden Arbeit abschätzen zu können, war sich das zuständige Ministerium darüber im Klaren, dass die Aufarbeitung des umfangreichen Archivmaterials und eine gründliche Überprüfung der Bestände nur durch Fachkräfte erfolgen könne. Bereits 1998 wurden in fast allen Museen zusätzliche MitarbeiterInnen aufgenommen, deren Zahl im Laufe der Jahre weiter anstieg. Dass für die Provenienzforschung im Allgemeinen wie auch für die Beschäftigungsmodalitäten im Besonderen keine einheitlichen Regelungen gefunden wurden, die den Status der ForscherInnen unter anderem hinsichtlich der Weisungsgebundenheit und des Arbeitsauftrages festgelegt hätten, kann als symptomatisch für den provisorischen Charakter der Kommission für Provenienzforschung angesehen werden. Konsequenzen dieser mangelnden Definition von Auftrags- und Arbeitsweise prägen bis heute die Arbeit der Provenienz-

---

Rückgabe von Kunstgegenständen aus den Österreichischen Bundesmuseen und Sammlungen gemäß § 2 Abs. 3 des Bundesgesetzes BGBl 181/1998. 1998/1999. S. 1.

7 Siehe 1390 der Beilagen zu den Stenographischen Protokollen des Nationalrates XX. GP, Regierungsvorlage, Bundesgesetz über die Rückgabe von Kunstgegenständen aus den Österreichischen Bundesmuseen und Sammlungen, insbesondere S. 4. http://www.parlament.gv.at/PG/DE/XX/I/I_01390/pmh.shtml (abgerufen am 7.7.2008).

8 Zur Archivsituation in den einzelnen Museen und Sammlungen siehe die jeweiligen Beiträge in diesem Band. Zu den Beständen in den öffentlichen Archiven siehe unter anderem die Bestandscharakteristik im Rechercheleitfaden der Anlaufstelle der Israelitischen Kultusgemeinde. http://www.restitution.or.at (abgerufen am 16.6.2008).

9 BDA-Archiv, Restitutionsmaterialien, Kt. 9, Slg. Lederer, M 4c, Zl. 4543/50, fol. 73. Den damaligen Verantwortlichen innerhalb der Denkmalbehörde war durchaus bewusst, dass diese als „Kuhhandel" bezeichneten Vorgänge moralisch fragwürdig waren.

forschung – etwa durch das Fehlen eines umfassenden Arbeitsprogramms einschließlich verbindlicher Richtlinien zur Provenienzforschung.[10]

Ausdruck der fehlenden gesetzlichen Verankerung der Kommission waren auch jeweils nur für wenige Monate abgeschlossene Verträge der ForscherInnen sowie die Tatsache, dass zweimal bereits im Ruhestand befindliche Beamte mit der Leitung der Kommission betraut wurden.[11] Entsprechend schildern die ProvenienzforscherInnen der ersten Stunde ihre Vorgehensweise in der Anfangsphase als assoziativ und anlassbezogen.[12] Die Herausforderungen, die die komplexen Zusammenhänge darstellten, führten jedoch dazu, dass sich die Kommission im Laufe der Jahre zu einer Gruppe von ExpertInnen entwickelt hat.

Neben den Vorgaben durch das Gesetz war für die Provenienzforschung von Anfang an die Einstellung der jeweiligen Museumsleitung bzw. der verschiedenen SammlungsleiterInnen bestimmend gewesen. In vielen Museen ist es in den letzten Jahren zu einem Leitungswechsel gekommen. NS-Vermögensentziehung und Provenienzforschung sind heute Themen breiter öffentlicher Diskussionen, denen sich auch die DirektorInnen der betroffenen Institutionen kaum entziehen können. Exemplarisch sei die Österreichische Nationalbibliothek genannt, in der unter Leitung der 2001 ernannten Generaldirektorin, Dr. Johanna Rachinger, eine zügige und gründliche Provenienzforschung statt gefunden hat bzw. noch immer stattfindet.[13] Einen Gegensatz dazu bildet das Naturhistorische Museum, in dem die ProvenienzforscherInnen sowie die zuständige Archivleitung noch nach zehn Jahren mit unverständlichen Widerständen seitens der Leitung des Hauses und der einzelnen Sammlungsleitungen zu kämpfen haben.[14]

---

10 Um einen Überblick über die Vorgangsweise an den einzelnen Museen und die bereits geleistete Arbeit zu erhalten, sowie zur sinnvollen Vereinheitlichung der Recherchen wurde von der Anlaufstelle der IKG und der Kommission im Jahr 2003 ein Fragenkatalog (Punktation) ausgearbeitet, durch den die Arbeit in den einzelnen Häusern statistisch erfasst werden sollte. Erst 2006/2007 ersuchte Dr. Fürnsinn als Leiter der Kommission die ProvenienzforscherInnen in den einzelnen Häusern, anhand der Punktation Berichte abzufassen. Die Auswertung dieser Punktation wurde 2007 von Alexandra Caruso in Angriff genommen. Siehe dazu in diesem Band: Ingo ZECHNER, Von der Etablierung einer Hilfswissenschaft. Provenienzforschung in den österreichischen Bundesmuseen und Sammlungen. Mit der Einsetzung von Mag. Eva Blimlinger als wissenschaftliche Koordinatorin wurde hier ein weiterer wichtiger Schritt gesetzt.

11 Univ. Prof. Dr. Ernst Bacher, der erste Leiter der Kommission, war zwar 1998 noch im BDA beschäftigt, trat aber im Jahr 2000 in den Ruhestand und war weiterhin mit einem Dienstvertrag als Leiter der Kommission beschäftigt.

12 Siehe dazu in diesem Band: Ingo ZECHNER, Von der Etablierung einer Hilfswissenschaft.

13 Siehe dazu in diesem Band: Margot WERNER, Raub und Restitution. Die Österreichische Nationalbibliothek stellt sich ihrer NS Vergangenheit.

14 Siehe dazu in diesem Band: Christa RIEDL-DORN, Von Leermeldungen zu achtzehn Dossiers. Zehn Jahre Provenienzforschung am Naturhistorischen Museum.

Mit der Kommission für Provenienzforschung, die ja ihrerseits keine Sammlungs-interessen verfolgt, will der Staat eine weitgehend unabhängige Überprüfung der Erwer-bungen seit 1938 gewährleisten.

Leitung und Auftrag der Kommission

Erster Leiter der Kommission für Provenienzforschung war der Kunsthistoriker und akademische Maler Univ. Prof. Dr. Ernst Bacher (1935–2005).[15] Neben seiner Funk-tion als Generalkonservator des Bundesdenkmalamtes, mit der er im Jahr 2000 in den Ruhestand ging, war Bacher 1998 mit der Aufgabe betraut worden, die Arbeit der Pro-venienzforschung innerhalb eines anfangs auf rund ein bis zwei Jahre bemessenen Zeit-raums zu einem Abschluss zu bringen.[16] Im Restitutionsbericht der zuständigen Bundesministerin Elisabeth Gehrer über die Jahre 1998/1999 wird der Auftrag an Bacher derart festgehalten, dass

[…] die in der Zeit zwischen 1938 und 1945 erworbenen Kunst- und Kulturgegenstände sowie die Res-titutionen nach dem Zweiten Weltkrieg systematisch zu katalogisieren [seien], um alle Fragen über die Besitzverhältnisse während der Zeit der NS-Herrschaft und der unmittelbaren Nachkriegszeit aufzuklären und auf der Basis des vorhandenen Archivmaterials in den Sammlungen des Bundes und im Bundes-denkmalamt den Rechtstitel der Republik Österreich an diesen Gegenstände zu überprüfen.[17]

So strukturiert dieser Auftrag klingen mag, war man sich zu diesem Zeitpunkt nicht des Arbeitsaufwandes bewusst, den die Erreichung dieses Zieles notwendig machen würde. Die MitarbeiterInnen der Kommission waren mit den bereits bekannten Fällen und dem laufenden Tagesgeschäft voll ausgelastet, nachhaltige Archivarbeiten konnten nur eingeschränkt durchgeführt werden und eine Erfassung aller Rückstellungen nach dem Zweiten Weltkrieg war vorerst nicht umsetzbar. Im Restitutionsbericht 2001/2002 heißt es dann zwar noch optimistisch, allerdings bereits zurückhaltender: „Die syste-matische Überprüfung der Erwerbungen während der NS-Herrschaft wird voraus-

---

15 Wilhelm Georg RIZZI, Ernst Bacher (1935–2005), ÖZKD Jg. LIX, 2005, Heft 1, S. 7–8.
16 Siehe dazu in diesem Band: Anneliese SCHALLMEINER, 1998 – die Kommission für Provenienzforschung und der Weg zum Kunstrückgabegesetz.
17 Bericht der Bundesministerin für Unterricht und kulturelle Angelegenheiten an den Nationalrat über die Rückgabe von Kunstgegenständen aus den Österreichischen Bundesmuseen und Sammlungen gemäß § 2 Abs. 3 des Bundesgesetzes BGBl 181/1998. 1998/1999. S. 1.

Ernst Bacher (1938–2005)
während einer Besprechung im Jahr 2001,
Zeichnung von Ulrike Nimeth

sichtlich innerhalb der nächsten beiden Jahre abgeschlossen sein".[18] Tatsächlich sollte
Bacher die Herausforderungen, die ihm die Organisation der Kommission für Provenienzforschung stellten, bis zu seinem Tod im Jahr 2005 begleiten. Von einem Ende
der Arbeit konnte zu diesem Zeitpunkt weniger denn je die Rede sein.

Bacher führte die Agenden der Kommission für Provenienzforschung mit einer
Ernsthaftigkeit und Gewissenhaftigkeit, die dem Thema gerecht wurden und nicht
zuletzt Ausdruck seines ausgeprägten Verantwortungsgefühls waren. Als erster Vorsitzender der Kommission für Provenienzforschung vollzog Bacher einen Balanceakt
zwischen damals noch scharf entgegen gesetzten Lagern, bei denen es vor allem den
SammlungsleiterInnen um die Erhaltung „ihrer" Bestände in den Museen und Sammlungen ging. Seine enormen Insider-Kenntnisse und persönlichen Kontakte zu den
Museen waren in den ersten Jahren der Kommissionsarbeit, als die Widerstände seitens
der einzelnen Häuser gegen die geplante Überprüfung der Bestände sowie gegen eine
mögliche Rückgabe von Objekten oft sehr groß waren, Voraussetzung, um die Provenienzforschung überhaupt zu etablieren. Auch konnte er als langjähriger Mitarbeiter
des Bundesdenkmalamtes die Verstrickungen des BDA sowie die der Bundesmuseen in
den nationalsozialistischen Vermögensentzug und dessen Behandlung nach dem Krieg
zumindest erahnen. Ohne sein aufrichtiges Engagement hätte die Provenienzforschung

---

18   4. Bericht der Bundesministerin für Bildung, Wissenschaft und Kultur an den Nationalrat über die Rückgabe von Kunstgegenständen aus den Österreichischen Bundesmuseen und Sammlungen. 2001/2002. S. 7.

nicht so schnell Fuß fassen können. Schließlich waren Bachers Stellung als General-konservator sowie die Rolle des Bundesdenkmalamts im Komplex des NS-Kunstraubs mit Grund dafür, das Büro der Kommission im direkten Umfeld des BDA anzusiedeln. In seine Ära fällt unter anderem die Causa um die *Goldene Adele* aus der Sammlung Bloch-Bauer, die allerdings erst im Jahr 2006, nach Bachers Tod, mit einer Schiedsge-richtentscheidung zu einem Ende geführt wurde.[19]

Nach dem Ableben Ernst Bachers im April 2005 und einer rund viermonatigen Lei-tungsvakanz übernahm Dr. Werner Fürnsinn, ehemaliger Senatspräsident des Verwal-tungsgerichtshofes, per 1. September 2005 die Leitung der Kommission für Provenienz-forschung. Die Entscheidung des Ministeriums, mit Fürnsinn abermals einem Beamten im Ruhestand die Leitung zu übertragen, erweckte bei Vielen den Eindruck, als wäre man selbst im Jahr 2005 von politischer Seite noch darum bemüht gewesen, einen zwar würdi-gen Repräsentanten zu finden, der jedoch aufgrund seines Alters und seiner beruflichen Distanz zur Thematik die Agenden eher großzügig verwalten als vorantreiben würde.

Werner Fürnsinn 2008

---

19 Am 16.2.2006 wurde der mehrjährige Rechtsstreit um fünf Gemälde aus der ehemaligen Sammlung Ferdi-nand Bloch-Bauer zu einem Abschluss gebracht. Per Spruch eines einvernehmlich bestellten Schiedsgerichts wurden die Gemälde von Gustav Klimt: *Adele Bloch Bauer I* (*Goldene Adele*), Adele *Bloch Bauer II, Apfel-baum, Birkenwald/Buchenwald* sowie *Häuser in Unterach am Attersee* zur Rückgabe an die ErbInnenge-meinschaft um Maria Altmann bestimmt.

Fürnsinn wandte sich mit großem Engagement den Fragen der Provenienzforschung zu. Er war um Offenheit bemüht, ebenso wie um Transparenz – Beiratsbeschlüsse wurden allgemein zugänglich gemacht und die Kommission ging endlich mit der Website www.provenienzforschung.gv.at online. Auch für die ProvenienzforscherInnen wurde es erstmals möglich, die Ergebnisse ihrer Forschungen aus abgeschlossenen Fällen zu publizieren.

Der Restitutionsbericht 2003/2004 ging über die bis dahin übliche Auflistung der bearbeiteten Fälle hinaus[20] und umriss einen neu verstandenen Arbeitsauftrag für die Kommission: Betont wurde die Notwendigkeit, einen umfassenden Gesamtbericht mit einer Darstellung der Forschung in den einzelnen Häusern zu erstellen, wie auch eine umfassende Objektdatenbank anzulegen. Auffallend ist, dass die hier formulierten Aufgaben der Provenienzforschung den Fokus nun deutlich auf Nachhaltigkeit richteten, anstatt wie bisher auf einen raschen Abschluss der Arbeiten zu zielen.

Fürnsinn stieß aber mit seiner direkten Vorgangsweise beim Bundesministerium und der dort zuständigen Abteilung oftmals auf demonstrative Gleichgültigkeit, die ihm schließlich auch den Entschluss zum Rücktritt Ende des Jahres 2007 erleichterte: Waren die Kontakte zum Bundesministerium für Unterricht, Kunst und Kultur für Fürnsinn nicht immer zufrieden stellend, so konnte dank seiner Vermittlung die Arbeit der Kommission für Provenienzforschung näher an jene des Kunstrückgabe-Beirats herangeführt werden. Als einer der prominentesten Fälle aus der Ära Fürnsinn kann der Fall Alma Mahler-Werfel genannt werden.[21]

Mit dem Ausscheiden Fürnsinns hat eine Phase der Umstrukturierung der Kommission für Provenienzforschung begonnen. War bisher die Eigenständigkeit der Kommission durch eine eigene Leitung zumindest formal gegeben, so wird durch die neue Leitung von Dr. Christoph Bazil, der zugleich auch der zuständigen Sektion IV Abteilung 1, Restitutionsangelegenheiten, im Bundesministerium für Unterricht, Kunst und Kultur vorsteht, die de facto schon bestehende Verbindung von Kommission und Ministerium nun auch praktisch vollzogen. Mit Frühjahr 2008 wurde Mag. Eva Blimlinger, von 1999 bis 2004 Forschungskoordinatorin der Historikerkommission der Republik Österreich, auf Anregung des Vorsitzenden des Kunstrückgabe-Beirats Univ.

---

20 Bericht der Bundesministerin für Bildung, Wissenschaft und Kultur an den Nationalrat über die Rückgabe von Kunstgegenständen aus den Österreichischen Bundesmuseen und Sammlungen gemäß § 2 Abs. 3 des Bundesgesetzes BGBl 181/1998. 2003/2004.

21 Siehe dazu in diesem Band: Werner FÜRNSINN, Der Zerrissene. Die Rolle des Wiener Malers Carl Moll in der Rückgabesache betreffend ein Gemälde von Edvard Munch an die Erbin nach Alma Mahler-Werfel – Eine Ehrenrettung?.

Prof. Dr. Dr. h. c. Clemens Jabloners und mit einstimmigem Beschluss des Kunstrück-gabe-Beirats durch die Bundesministerin Dr. Claudia Schmied mit der wissenschaft-lichen Koordination der Kommissionsarbeit betraut.

Aufgaben der Kommission für Provenienzforschung

Zur Umsetzung des Kunstrückgabegesetzes sind die einzelnen Bundesmuseen und -samm-lungen, die den Bundesministerien für Unterricht, Kunst und kulturelle Angelegen-heiten, für Landesverteidigung sowie für wirtschaftliche Angelegenheiten unterstehen,[22] in der Kommission durch einen oder mehrere Personen vertreten. Teils sind diese aus-schließlich für die Provenienzforschung tätig, teils ist die Überprüfung der Bestände nur ein Bereich ihres Arbeitsfeldes.[23] Die zentrale Aufgabe der ProvenienzforscherInnen in den Museen liegt in der lückenlosen Überprüfung der hauseigenen Samm-lungsbestände, wobei die dabei ermittelten Rückgabefälle in Form von sorgfältig erstell-ten Dokumentationen dem Kunstrückgabe-Beirat als Dossiers vorgelegt werden.[24] Zudem bearbeiten die ProvenienzforscherInnen in den Museen die Anfragen, die vom Büro der Kommission an sie weitergeleitet werden.

Kommunikation und Austausch innerhalb der Kommission finden im Rahmen der regelmäßig abgehaltenen Kommissionssitzungen statt. Im Laufe der Jahre hat sich die Zahl der offiziellen SitzungsteilnehmerInnen verdreifacht. In den rund vierteljährlich stattfindenden Sitzungen werden Arbeitspläne entworfen sowie Zwischenergebnisse kommuniziert. Ein- bis zweimal jährlich werden zudem die ProvenienzforscherInnen der Bundesländer zu den Sitzungen geladen, um den Austausch der ForscherInnen auf einer überregionalen Plattform zu fördern.

---

22 Seit 1999 werden die Bundesmuseen schrittweise von unselbständigen Bundeseinrichtungen mit einge-schränkter Rechtsfähigkeit (Teilrechtsfähigkeit gemäß § 31 FOG) zu vollrechtsfähigen, öffentlich-rechtlichen Anstalten des Bundes übergeführt, wobei das Kunsthistorische Museum den Anfang machte (noch ohne Theatermuseum und Museum für Völkerkunde). Mit 1.1.2000 wurden per Gesetz vier weitere Bundes-museen in die Vollrechtsfähigkeit überführt: Das MAK – Österreichisches Museum für angewandte Kunst, das Technische Museum Wien (noch ohne Mediathek), die Österreichische Galerie Belvedere sowie die Gra-phische Sammlung Albertina.

23 Ist durch eine/n von Außen hinzugezogene/n ProvenienzforscherIn eher der unabhängige Zugang zur For-schung gewährleistet, stellt ein/e gut in den Museumsablauf integrierte/r ProvenienzforscherIn andererseits die nachhaltige Verankerung der Provenienzforschung am jeweiligen Museum sicher.

24 Siehe dazu in diesem Band: Ingo ZECHNER, Von der Etablierung einer Hilfswissenschaft. Provenienzfor-schung in den österreichischen Bundesmuseen und Sammlungen; und die Beiträge der einzelnen Museen.

In der Zusammensetzung der Kommission machten sich von Beginn an gewisse Graubereiche bemerkbar:[25] War zum Beispiel das Pathologisch-anatomische Bundesmuseum im Narrenturm des Alten AKH in Wien durch das Gesetz zwar nicht zur Provenienzforschung verpflichtet, so nahm es in den ersten Jahren dennoch an Sitzungen der Kommission teil,[26] der Dienstanweisung vom 5. Februar 1998 entsprechend, mit der das Museum zur Überprüfung der Bestände aufgefordert worden war.[27]

Ständige Gäste im Rahmen der Kommission sind die Anlaufstelle der Israelitischen Kultusgemeinde Wien für jüdische NS-Verfolgte in und aus Österreich, der Nationalfonds der Republik Österreich[28] sowie die Jewish Claims Conference, die Museen der Stadt Wien und das Auktionshaus Dorotheum. Der Anlaufstelle kommt das besondere Verdienst zu, das Bundesministerium für Unterricht, Kunst und kulturelle Angelegenheiten bei der Erbensuche tatkräftig zu unterstützen.[29]

International gesehen gehören angesichts ähnlich gelagerter Arbeitsschwerpunkte die Koordinierungsstelle für Kulturgutverluste in Magdeburg[30] sowie das New York State Banking Department[31], das Art Loss Register[32] und die Commission for Looted Art in Europe[33] zu den wichtigsten Kontakten, aber auch zu regelmäßigen AnfragestellerInnen der Kommission.

---

25 Mit § 1 ist die Zuständigkeit des Gesetzes für die Bundesmuseen und Sammlungen, „wozu auch die Sammlungen der Bundesmobilienverwaltung zählen", festgelegt.

26 BDA-Archiv, Restitutionsmaterialien, Gz. 31923/19/1998: Schreiben Bacher an BMU mit Feststellung, dass „[d]er Aufarbeitung im Pathologisch-anatomischen Bundesmuseum […] nicht derselbe aktuelle Stellenwert zu[kommt], doch sollte man auch dort die nunmehr in Gang gekommene systematische Provenienzforschung fördern und mit der Bewilligung des Antrages [auf entsprechende Werkverträge, Anm. der Verf.] unterstützen".

27 BDA-Archiv, Restitutionsmaterialien, GZ 1209/2/1998 (= BMUK GZ 28.7000/15-IV/1998).

28 Siehe dazu in diesem Band: Michael R. SEIDINGER, Claire FRITSCH, Hannah M. LESSING, Die Tätigkeit des Nationalfonds der Republik Österreich für Opfer des Nationalsozialismus im Rahmen der Kunstrückgabe – Die Kunstdatenbank des Nationalfonds.

29 Siehe dazu in diesem Band: Ingo ZECHNER, Mobile Eingreiftruppe Kunstrestitution. Die Israelitische Kultusgemeinde Wien und ihre Anlaufstelle für jüdische NS-Verfolgte. Bisher lieferte für diese meist sehr zeitraubende Erbensuche die Anlaufstelle der IKG die grundlegenden Ergebnisse.

30 http://www.lostart.de.

31 http://www.banking.state.ny.us.

32 http://www.artloss.com.

33 http://www.lootedart.com.

PartnerInnen der Kommission für Provenienzforschung, wenn auch nicht formell in ihr verankert, sind außerdem die verschiedenen österreichischen Landesmuseen und im Besonderen die Museen der Stadt Wien.[34]

Das Büro der Kommission

Wurde die Zusammensetzung der Kommission in erwähnter Dienstanweisung vom 5. Februar 1998 festgelegt, der gemäß die Bundesmuseen und -sammlungen jeweils durch ForscherInnen in diesem Gremium vertreten zu sein hatten, so entstand gleichsam als „Nebenprodukt" im unmittelbaren Arbeitsumfeld von Ernst Bacher das Büro der Kommission für Provenienzforschung. Ihm gehörten zunächst – noch ohne klar definierten Arbeitsbereich – der Archivar des Bundesdenkmalamts, Prof. Dr. Theodor Brückler, und Mag. Bernadette Reinhold an, damals freiberufliche Mitarbeiterin bei der Aufarbeitung des BDA-Archivs. Erst nach und nach stießen weitere MitarbeiterInnen zum Büro der Kommission hinzu, die ausschließlich für den Bereich Provenienzforschung tätig waren. Reinhold war mit Unterbrechungen von Februar 1998 bis Februar 2008 für die Kommission tätig, Brückler blieb bis 2001 in der Kommission. Als ProvenienzforscherInnen kamen hinzu: Dr. Robert Holzbauer (Mai 1998 – Oktober 2003), Anneliese Schallmeiner (seit November 1998), Mag. Anita Stelzl-Gallian (seit März 1999), Mag. Ulrike Nimeth (seit April 2000), Marietta Behnoush (Juni 2003 – April 2005), Mag. Alexandra Caruso (seit Jänner 2006) und zuletzt Lisa Frank (seit Februar 2008). Für die Positionierung des Büros im organisatorischen Umfeld des Bundesdenkmalamts bzw. in benachbarten Räumlichkeiten waren mehrere Faktoren ausschlaggebend. Entscheidend war einerseits die Tatsache, dass das Bundesdenkmalamt bereits in der Vergangenheit eine zentrale Ansprechstelle in Sachen Kunstrückgabe gewesen ist und andererseits als lenkende Organisation im Kontext des Entzugs von Kunstgegenständen und der Ausfuhrwidmungen in und unmittelbar nach der NS-Zeit

---

34 Zur Darstellung der Arbeit der Kommissionsmitglieder sei an dieser Stelle auf die einzelnen Beiträge in diesem Band verwiesen. Das MUMOK ist in diesem Band nicht vertreten. Die Stiftung war eines der ersten Bundesmuseen, das bereits im Dezember 1998 einen „Abschlussbericht" über die Provenienzforschung abgegeben hatte. Eine erneute Überprüfung und Autopsie der Bestände ist nach den neuen, durch die Provenienzforschung entwickelten und angewandten Methoden vorgesehen. Aus den Beständen des Museums haben noch keine Rückgaben stattgefunden. Von Seiten der Familie des Malers George Grosz wurde eine Sachverhaltsdarstellung in Auftrag gegeben, die über die Kommission an den Beirat weitergeleitet wurde. Das Gemälde von George Grosz wurde vom Beirat nicht zur Rückgabe empfohlen. http://www.provenienzforschung.gv.at/index.aspx?ID=24&LID=1 (abgerufen am 29.5.2008).

eine zentrale Rolle gespielt hatte. Auch Bachers Stellung als Generalkonservator des Bundesdenkmalamts dürfte der Entscheidung zuträglich gewesen sein.[35] Das umfangreiche Aktenmaterial (heute als Restitutionsmaterialien bezeichnet), das der Rolle des Bundesdenkmalamtes während der NS-Zeit und der Zeit nach 1945 zuzuschreiben ist, bildete dann auch den wichtigsten Anhaltspunkt für die Nachforschungen durch das Büro.[36] Recherchen in externen Archiven waren unter dem ersten Leiter der Kommission für die MitarbeiterInnen des Büros nur sehr eingeschränkt vorgesehen.

Bereits zum Zeitpunkt der Aufnahme der Kommissionsarbeit war das relevante Aktenmaterial im BDA-Archiv weitgehend geordnet vorhanden[37], sodass unter anderem die Aufbereitung der Fälle Alphonse und Louis Rothschild, Serena und Erich Lederer sowie Oskar Bondy mit einer fast lückenlosen Darstellung des Sachverhalts – beginnend mit dem Entzug über die Rückgaben bis hin zu den erzwungenen Widmungen und Schenkungen nach 1945 – fast ausschließlich unter Heranziehung hausinterner Materialien bestritten hätte werden können.

Die Aufgaben des Büros waren – den Entstehungsumständen entsprechend – nicht von Anfang an klar definiert. Allerdings bildeten sich bald mehrere Kernbereiche heraus, zu denen neben der Koordinierung der Arbeit der ProvenienzforscherInnen die Endredaktion der von den Häusern vorgelegten Dossiers und Berichte, die Bearbeitung von einlaufenden Anfragen, die sich mit dem Verbleib von in der NS-Zeit entzogenem Kunst- und Kulturgut befassten, die Erschließung und Betreuung der so genannten Restitutionsmaterialien sowie die Organisation der Kommissionssitzungen gehörten. Einzelne Teilbereiche, vor allem die Behandlung von Anfragen, haben sich im Laufe der Zeit deutlich ausgeweitet, andere wie etwa die Gestaltung und Betreuung der Website sowie weitere Redaktionsarbeit sind neu hinzugekommen. Insgesamt ist das Büro als Schnittstelle und Sammelpunkt der staatlichen Provenienzforschung mit vielschichtiger Aufgabenstellung sowie als Kontaktstelle für diverse Anfragen den Komplex des NS-Kunstraubs und die Rückstellungen bis in die Gegenwart betreffend eine im europäischen Kontext wohl einmalige Einrichtung.

---

35 Die aus dem Bundesdenkmal kolportierte Kritik am Standort des Büros fürchtete eine Interessenkollision zwischen der Denkmalbehörde – als jener Instanz, der grundsätzlich an der Erhaltung von Sammlungsbeständen gelegen ist, – und der Kommissionsarbeit. Diese Befürchtungen haben sich jedoch als unbegründet erwiesen, da das Büro der Kommission und Bundesdenkmalamt zwar auf logistischer Ebene, betreffend die büro-technische Infrastruktur, jedoch nicht auf inhaltlicher Ebene miteinander verbunden sind.

36 Bestandsübersicht unter: http://www.provenienzforschung.gv.at/index.aspx?ID=40&LID=1 (abgerufen am 12.8.2008).

37 Der Bestand erfuhr seit den 1980er Jahren mehrere Neuordnungen. Die gegenwärtige Systematik baut auf der Vorarbeit von Mag. Martha Krocker auf.

Der Kunstrückgabe-Beirat hat seit seiner ersten Sitzung rund 10.000 Objekte für eine Rückgabe empfohlen. Per Stand 18. Juli 2008 wurden durch ihn 210 Fälle beschlossen. 52 Dossiers sind aufgrund verschiedener Faktoren bisher nicht an den Beirat weitergeleitet worden.[38] Zu ihnen zählen Dossiers, die sich mit Objekten befassen, deren Erwerb nicht unter das Kunstrückgabegesetz in seiner vorliegenden Form fällt,[39] bzw. Dossiers, die nicht auffindbare Objekte behandeln.[40]

Die Endredaktion der durch die Bundesmuseen und -sammlungen vorgelegten Dossiers wird im Büro der Kommission geleistet. Neben rein formalen Kriterien – wie Titelblatt, Inhaltsverzeichnis, Beilagenverzeichnis –, die ein Dossier zu erfüllen hat, werden vor allem die einzelnen Rechercheschritte überprüft. Im Allgemeinen sollte ein Dossier folgenden Vorgaben entsprechen: Angaben zur Identität des Objekts (Beschreibung einschließlich eines Autopsieberichts, Standort und Erwerbungsgeschichte, Literatur zum Objekt); Angaben zu den mutmaßlichen historischen EigentümerInnen (persönliche Daten, umfassende Verfolgungsgeschichte); eine Sachverhaltsdarstellung (Entzugsgeschichte, TäterInnendarstellung); Zusammenfassung und Schlussfolgerung (ohne Gesetzesauslegung); Hinweise zu den ErbInnen (wie sie sich aus den eingesehenen Materialien ergeben); Quellen und Literatur; Beilagen und Dokumente (im Auszug).

In einzelnen Fällen führen die MitarbeiterInnen des Büros Recherchen in in- und ausländischen Archiven durch.[41] Von Anfang an kristallisierte sich die Behandlung der Anfragen von Hinterbliebenen von Opfern bzw. deren RechtsvertreterInnen als eine der zentralen Aufgaben des Büros der Kommission heraus. Etliche dieser Eingaben, mit denen Erkundigungen nach dem Verbleib von Kunstwerken aus entzogenem Eigentum eingeleitet werden, gehen über den eigentlichen Gesetzesrahmen (der ausschließlich die heutigen Bundesmuseen und -sammlungen betrifft) hinaus und fallen dennoch inhaltlich in den Tätigkeitsbereich der Kommission für Provenienzforschung. Dem offenkundigen Bedarf nach einer Ansprechstelle für Fragen in Zusammenhang mit dem während der NS-Zeit entzogenen Kunst- und Kulturgut wird damit seit zehn Jahren – zumindest informell – auch von Seiten des Bundes Rechnung getragen.

Die unentgeltlichen Nachforschungen des Büros der Kommission erstrecken sich dabei sowohl auf die Bestände des BDA-Archivs als auch auf externe Archive. Etliche

---

38 Dazu zählen unter anderem Negativ-Dokumentationen; Eine Negativ-Dokumentation wird erforderlich, wenn die Überprüfungen der einschlägigen Archive zu einem Namen oder Objekt ergebnislos verläuft, also zu einer „Leermeldung" führt.
39 Z. B. Dossier Sandor Wolf, Albertina.
40 Z. B. Dossier Isidor Finkelstein, Völkerkundemuseum.
41 Z. B. Sachverhalt Sammlung Eissler-Morelli, Dossiers zu den Sammlungen Richard Neumann, Leo Heymann, Alfred Menziles.

dieser KlientInnen sind gleichzeitig AntragstellerInnen beim Nationalfonds der Republik Österreich und dem Allgemeinem Entschädigungsfonds bzw. entstehen viele Kontakte zum Büro der Kommission über zuvor gestellte Anträge bei diesen Einrichtungen: Sobald Anfragen an den Nationalfonds auch Angaben zu Kunstobjekten enthalten, werden diese Informationen an die Kommission für Provenienzforschung weitergeleitet. Leider führen die durch die MitarbeiterInnen des Büros und der einzelnen Häuser angestellten Recherchen für die Betroffenen oftmals zu keinem positiven Ergebnis. Meistens sind die Angaben in den Anfragen zu ungenau bzw. sind inzwischen zu viele Jahre vergangen, um eine Erfolg versprechende Recherche durchführen zu können. In diesen Fällen werden Negativdokumentationen erstellt. Sämtliche Anfragen – bisher rund 1500 an der Zahl (bezogen auf die AnfragenstellerInnen, nicht auf Objekte) – werden in einer Liste in Evidenz gehalten, um damit der laufenden Erweiterung der Recherchemöglichkeiten Rechnung zu tragen.

Daneben erhält das Büro der Kommission Anfragen von Medien, Interpol[42], diplomatischen Vertretungen[43] sowie vor allem von WissenschafterInnen und Forschungseinrichtungen.

Die Recherchestandards haben sich seit 1998 maßgeblich gewandelt.[44] Die Nachforschungen des Büros der Kommission konzentrierten sich – wie erwähnt – unter dem ersten Leiter der Kommission noch fast ausschließlich auf die Durchsicht der Bestände im Bundesdenkmalamt. Erst nach und nach, zumeist angeregt durch konkrete Fälle, wurden Recherchen in anderen österreichischen und zum Teil auch ausländischen Archiven im Rahmen der Kommission zur Praxis.[45]

---

42 BDA-Archiv, Restitutionsmaterialien, Gz. 31.923/192/2007. Die Kommission ist in Zusammenhang mit der Auffindung des Kreuzes aus Limoges 12./13. Jh. in Leogang/Salzburg seitens des BM für Inneres ersucht worden nachzuweisen, ob dieses Objekt, das früher der Familie Czartoryski in Warschau, Polen, gehört hatte, in Österreich beschlagnahmt worden war. Siehe dazu in diesem Band: Susanne ROLINEK, Missing Link. Provenienzforschung in Salzburg und die langwierige Suche nach verschwundenen Mosaiksteinchen.

43 Z. B. Anfrage der Österreichischen Botschaft in Paris zur sachlichen Immunität für Leihgaben (BGBl I 2003/133 i. d. F. I 2006/65).

44 Ein durch die Anlaufstelle der IKG erstellter Rechercheleitfaden http://www.restitution.or.at/modules.php?op=modload&name=Sections&file=index&req=viewarticle&artid=30&page=1 (abgerufen am 17.7.2008) dient als sinnvolle Arbeitsgrundlage. Gegebenenfalls werden ergänzende Recherchen angeregt.

45 Zum Beispiel in Zusammenhang mit den Nachforschungen zum Provenienzbericht des Egger-Lienz-Museums in Schloss Bruck. Zum Auftrag der Nachrecherchen siehe dazu in diesem Band: Sabine LOITFELLNER, „… dass das Museum in Lienz tatsächlich der geeignetste Platz zur Bewahrung von Werken Eggers ist." Provenienzforschung in der Albin Egger-Lienz Sammlung auf Schloss Bruck und der Umgang mit entzogenen Kunstwerken; zum Rechercheaufwand siehe den unveröffentlichten, bei der Kommission aufliegenden Bericht: Kommission für Provenienzforschung und Anlaufstelle der IKG, Abschließende Stellungnahme zum Endbericht „Sammlung Albin Egger-Lienz" im Museum Schloss Bruck bei Lienz, Wien 2006.

Das Vorgehen bei der Recherche hat sich nach dem Aufarbeitungsstand der jeweiligen Unterlagen zu richten. 1998 war erst ein Teil der Archivalien erschlossen, die heute standardmäßig bei jedem Fall überprüft werden. Die Anforderungen der Kommission für Provenienzforschung bewirkten, dass mittlerweile viele wichtige Aktenbestände digital erfasst sind.[46] In einigen der zu überprüfenden Sammlungen war die Provenienzforschung mit dem Problem konfrontiert, dass grundlegende Inventarisierungs- und Archivarbeiten noch nicht oder nur zum Teil geleistet und damit die Voraussetzungen für die eigentliche Aufgabe nicht gegeben waren. In einigen Fällen gab erst die Provenienzforschung den Anstoß zur Aufarbeitung von zentralen Archivbeständen, wobei die Bereitschaft der jeweiligen Museumsleitung, ihr Archiv systematisch zu erschließen und zugänglich zu machen, von Haus zu Haus stark variiert.

Ein weiterer Auftrag des Büros der Kommission war von 1998 an die objekt- wie die namensbezogene Erfassung des Aktenmaterials zur NS-Zeit und den Rückstellungen nach 1945 im Archiv des Bundesdenkmalamtes. Die Datenbank zu den Ausfuhransuchen aus den Jahren von 1938 bis 1977 mit ihren Informationen zu AusfuhrwerberInnen und ausgeführten bzw. für die Ausfuhr gesperrten Kunstgegenständen kann als Beispiel für den Paradigmenwechsel in der Provenienzforschung während der letzten zehn Jahre verstanden werden: Unter der Annahme, die Provenienzforschung wäre ein zeitlich wie inhaltlich begrenztes Aufgabenfeld, war das Ausfuhrmaterial vorerst nur selektiv aufgenommen worden (AntragstellerInnen, EmpfängerInnen, Sperren, Kunstobjekte sofern nähere Angaben vorhanden sind). Aktuell wird, mit Blick auf das ganze Ausmaß der Fragestellung, an einer vollständigen Erfassung der Ausfuhransuchen (insgesamt rund 19.000 Stück) gearbeitet.

Durch die Auswertung des Bestands der so genannten Personenmappen – Aktenkompendien zu einzelnen im BDA namentlich erfassten Fällen im Zusammenhang mit Entzug, Rückstellung und Bergung – konnten in den letzten zehn Jahren zahlreiche Fälle umfassend dokumentiert werden.

---

46 Besonders hervorzuheben ist, dass der wichtige, äußerst umfangreiche Findbehelf zu den Vermögensanmeldungen, erstellt durch Dr. Hubert Steiner und Christian Kucsera, praktisch seit Beginn der Provenienzforschung – zuerst in Papierform später dann digital – zur Verfügung stand. Hubert STEINER, Christian KUCSERA, Recht als Unrecht, Quellen zur wirtschaftlichen Entrechtung der Wiener Juden durch die NS-Vermögensverkehrsstelle, Wien 1993, unveröffentlichtes Manuskript. Die digitale Erfassung von Quellen wurde besonders von der Anlaufstelle der IKG durchgeführt. Siehe dazu in diesem Band: Ingo ZECHNER, Mobile Eingreiftruppe Kunstrestitution.

Mit einbezogen in die Auswertung wurden in den letzten beiden Jahren die Bestände des topographischen Archivs des BDA bis 1945, die für die Sammlungstätigkeit sowie für die Charakterisierung von Wiener Privatsammlungen der 1920er und 1930er Jahre von großer Bedeutung sind. Zu diesem Bestand zählen Ausfuhrakten, Wohnungsanforderungen und die so genannten Notariatsakte.[47]

Ein weiterer Bestand im Archiv des BDA, der in den letzten Jahren in Bezug auf Objekte und Personen bearbeitet wurde, ist die so genannte Posse-Korrespondenz – der Briefwechsel zwischen Hans Posse, dem Leiter des „Sonderauftrags Linz"[48], und der Wiener Zentralstelle für Denkmalschutz bzw. dem Institut für Denkmalschutz und Denkmalpflege, den Vorläuferorganisationen des heutigen Bundesdenkmalamtes.[49] Die Korrespondenzen mit den Nachfolgern von Hans Posse liegen wiederum im Deutschen Bundesarchiv in Koblenz. Ein Ziel ist es, für diese zwei Bestände ein gemeinsames digitales Regest zu erstellen.

Zur Entziehung von Kunstgegenständen liefern auch verschiedene Objektlisten wichtige Hinweise etwa zu beteiligten Personen, Gründen der Sicherstellung, Deponierungen vor und nach 1945 und zu Datum und Geschäftszahl, mit welcher die Gegenstände an die ursprünglichen EigentümerInnen oder deren RechtsnachfolgerInnen ausgefolgt wurden. Zahlreiche Transportlisten (Wien – Kremsmünster; Führerbau München – Kremsmünster) wurden und werden aufgenommen.[50] Eine weitere wichtige Quelle zu den Sicherstellungen und Beschlagnahmen einzelner Sammlungen bildet die Zentraldepotkartei.[51] Anhand der aufgenommen Property-Cards kann die ungefähre Anzahl der nach 1945 im Central Art Collecting Point in München zwischengelagerten Kunstobjekte festgestellt werden, die schließlich an die Republik Österreich übergeben wurden.[52]

---

47   Per Gesetz vom 21.7.1920, StGBl 1920/371, waren SammlerInnen bei Überschreitung eines Mindestwertes dazu verpflichtet Vermögensabgabe abzuliefern. Ausgenommen waren EigentümerInnen, die ihre Sammlungen auf einen bestimmten Zeitraum hin für die Öffentlichkeit (ca. einmal im Monat) zugänglich machten. Die Anmeldung über die Öffnungszeiten wie auch Angaben zum Sammlungsbestand wurden dem Staatsdenkmalamt (dem heutigen BDA) in Form von Notariatsakten zur Kenntnis gebracht. Der Bestand der Notariatsakten im BDA stellt eine wichtige Quelle zu Personen und Vermögensverteilung in den 1920er Jahren dar. (BDA-Archiv, Ausfuhrmaterialien, Kt. 69).

48   Siehe dazu Birgit SCHWARZ, Hitlers Museum. Die Fotoalben Gemäldegalerie Linz: Dokumente zum „Führermuseum", Wien-Köln-Weimar, 2004, besonders S. 40ff.

49   BDA-Archiv, Restitutionsmaterialien, Kt. 10 und 10/1.

50   BDA-Archiv, Restitutionsmaterialien, Kt. 13 bis Kt. 13/4.

51   BDA-Archiv, Restitutionsmaterialien. Die digitale Erfassung der Zentralkartei ist derzeit in Arbeit.

52   BDA-Archiv, Restitutionsmaterialien. Dabei handelt es sich um ungefähr 980 Objekte, die aus München nach Österreich überstellt worden sind.

Resümee und Ausblick

Ursprünglich zur Koordination der Recherchen in den Bundesmuseen und -sammlungen eingesetzt, hat sich die Kommission für Provenienzforschung in den letzten zehn Jahren zu einem Kompetenzzentrum entwickelt. Obwohl sich an den gesetzlichen Grundlagen für die Arbeit der Kommission seit 1998 nichts geändert hat, entstanden im Lauf der Jahre Strukturen, die die Überprüfung der enormen Zahl der staatlichen Erwerbungen an Kunst- und Kulturgütern seit 1938 ermöglichten und so die Voraussetzung für die Rückgabe von mehr als 10.000 Objekten[53] schufen.

Den Rahmen für diese Entwicklungen gaben die Leiter der Kommission, Prof. Ernst Bacher und Dr. Werner Fürnsinn, vor, zum Teil indem sie konkrete Initiativen setzten. So wurden unter Bacher in den Kommissionssitzungen Vorträge zu einzelnen für die Provenienzforschung relevanten Themen gehalten.[54] Zum Teil konzipierten aber auch Mitglieder der Kommission Projekte, die von der Leitung der Kommission nicht nur zugelassen, sondern besonders von Fürnsinn auch gefördert wurden, soweit es der eingeschränkte finanzielle Spielraum zuließ.

So konnte die Idee einer gemeinsamen digitalen Plattform für die Kommission im Jahr 2005 umgesetzt werden: Die Anlaufstelle der IKG richtete ein digitales Webforum ein, auf dem Dossiers, aber auch andere Dokumente, Texte und Verzeichnisse gesammelt werden. Mittlerweile hat des BMUKK dieses Modell aufgegriffen und mit der Erstellung einer erweiterten Plattform begonnen, die in das Computersystem des Ministeriums integriert sein wird.

Die Kommission für Provenienzforschung ist nicht nur deshalb als Kompetenzzentrum zu bezeichnen, weil ihre Mitglieder das interdisziplinäre Spektrum, das für die Provenienzforschung von Relevanz ist, abdecken – von Kunstgeschichte über Geschichte zu den Rechtswissenschaften bis hin zu digitalen Techniken. In den letzten zehn Jahren wurden in den Museen, Sammlungen und im Büro der Kommission hunderte Dossiers erstellt, die auf Recherchen in zahlreichen in- und ausländischen Archiven beruhen. Darüber hinaus wurden Erkenntnisse in internen Berichten und Datenbanken dokumentiert. Dieses gesammelte Wissen strukturiert zu archivieren, um es auch für

---

53 Konkrete Zahlenangaben zu Objekten können immer nur Orientierungswerte darstellen – Divergenzen ergeben sich z. B. bei Konvoluten, Möbelgarnituren, etc. In der Zahlangabe „mehr als 9.800" sind Konvolute weitgehend aufgeschlüsselt enthalten (u. a. die zuletzt für eine Rückgabe empfohlene Plakatsammlung Paul mit über 3000 Plakaten). Als *ein* Stück behandelt sind dahingegen Bestände wie das Briefkuvert-Konvolut aus dem ehem. Eigentum Familie Bunzl (1591 Einzelstücke).

54 Z. B. in der Sitzung am 29.1.1999 zum Dorotheum und in der Sitzung am 6.10.1999 zur Vugesta.

weitere wissenschaftliche Untersuchungen – auch über die Recherche zu Entziehungen in der NS-Zeit hinaus – verfügbar zu machen, ist eine der großen Herausforderungen für die Kommission für Provenienzforschung und im speziellen ihr Büro für die nächste Zeit.

Ebenso wichtig ist die Weiterentwicklung und Implementierung von Standards für die Kommission für Provenienzforschung. Ein System für die Kategorisierungen der zu überprüfenden Objekte liegt zwar bereits vor, ist aber noch zu adaptieren und vor allem zur Anwendung zu bringen. Auch sind Richtlinien zu erstellen, wie bei den Recherchen besonders zu den nach 1945 erworbenen Objekten vorzugehen ist.[55]

Wie bereits erwähnt, hat sich die Provenienzforschung im Lauf der letzten zehn Jahre aus ihrer anfänglichen Beschränkung auf die Archive des BDA und der Museen gelöst. So wie die Recherchen mittlerweile nicht mehr nur die „eigenen" Archive berücksichtigen, haben sich auch die wissenschaftlichen Fragestellungen auf Themenkomplexe ausgeweitet, die das Umfeld der NS-Entziehungen betreffen. Hunderte Objekte wurden von den Museen und Sammlungen in der NS-Zeit und auch danach über den Kunsthandel erworben, ihre früheren EigentümerInnen sind heute (noch) nicht bekannt und können ohne Kenntnis der historischen Strukturen auch nicht eruiert werden. Die Erforschung des Kunsthandels während der NS-Zeit und in der unmittelbaren Nachkriegszeit stellt also eine Notwendigkeit dar, zumal Österreich trotz seiner Vorreiterrolle bei Fragen der Rückgabe von entzogenem Kunstgut während des letzten Jahrzehnts in diesem Fall hinter Forschungsunternehmungen Deutschlands[56] und der Schweiz[57] hinterherhinkt.[58] Einen Teilaspekt des NS-Kunsthandels würde zwar das Projekt zur elektronischen Erfassung sämtlicher Wiener Auktionskataloge des Zeitraums von 1938 bis 1945 abdecken,[59] allerdings steht dafür die Finanzierung durch das Bundesministerium noch aus. Ein weiteres Desiderat stellt eine breite und umfas-

55 Siehe dazu in diesem Band: Ingo ZECHNER, Von der Etablierung einer Hilfswissenschaft.
56 Z. B. Angelika ENDERLEIN, Der Berliner Kunsthandel in der Weimarer Republik und im NS-Staat. Zum Schicksal der Sammlung Graetz, Berlin 2006; Vanessa-Maria VOIGT, Kunsthändler und Sammler der Moderne im Nationalsozialismus. Die Sammlung Sprengel 1934 bis 1945, Berlin 2007.
57 Z. B. Thomas BUOMBERGER, Raubkunst – Kunstraub. Die Schweiz und der Handel mit gestohlenen Kulturgütern zur Zeit des Zweiten Weltkrieges, Zürich 1998; Esther Tisa FRANCINI, Anja HEUSS, Georg KREIS, Fluchtgut – Raubgut. Der Transfer von Kulturgütern in und über die Schweiz 1933–1945 und die Frage der Restitution (= Unabhängige Expertenkommission Schweiz – Zweiter Weltkrieg – Commission Indépendante d'Experts Suisse – Seconde Guerre Mondiale, Bd. 1), Zürich 2001.
58 Seit November 2007 läuft das vom Zukunftsfonds der Republik Österreich finanzierte Projekt „Der Kunsthandel in Österreich während der NS-Zeit und seine Rolle im nationalsozialistischen Kunstraub". Das Projekt wird von Gabriele Anderl und Michael Wladika geleitet.
59 Siehe dazu in diesem Band: Felicitas THURN-VALSASSINA, Provenienzforschung im Dorotheum.

sende Aufarbeitung der österreichischen Sammlungslandschaft vor dem März 1938 dar, die wichtige Hinweise zu EigentümerInnen bis zum „Anschluss" liefern würde.

Seit 1998 erfüllt die Kommission für Provenienzforschung nun ihren primären Auftrag, dem Kunstrückgabe-Beirat in Form von Dossiers jene Informationen zu übermitteln, die dieser als Grundlage für seine Beschlüsse benötigt. Genauso lange stellt sie mit ihrem Büro die zentrale staatliche Ansprechstelle für Fragen zu in der NS-Zeit entzogenem Kunst- und Kulturgut. Zudem bietet die Kommission in einem im Wesentlichen neu entstandenen wissenschaftlichen Feld eine Plattform, die den WissenschafterInnen die Möglichkeit gibt, sowohl ihren gemeinsamen Arbeitsbereich sukzessive zu professionalisieren als auch ein Selbstverständnis als ProvenienzforscherInnen zu entwickeln.

Vor allem strukturell und organisatorisch gibt es in einigen Bereichen der Kommission durchaus Verbesserungspotential, um das in zehn Jahren akkumulierte Potential an Wissen und Erfahrungen noch besser nutzen zu können. Vorrangiges Ziel sollte es sein, die im Lauf der Jahre erarbeitete Funktion der Kommission als Drehscheibe der österreichischen Provenienzforschung, aber auch darüber hinaus, zu stärken und für die Bewältigung anstehender Aufgaben eine klare Richtung zu vorzugeben.

Von der Etablierung einer Hilfswissenschaft. Provenienzforschung in den österreichischen Bundesmuseen und Sammlungen

Ingo Zechner

Eine neue Hilfswissenschaft

Was lange ein Nebenaspekt der Kunstgeschichtsschreibung war, hat sich in Österreich seit 1998 als eigener Forschungsbereich etabliert: *Provenienzforschung* ist heute zwar in einer eigenen Kommission und in vielen öffentlichen Museen und Sammlungen verankert, für ihre Methoden, Quellen und Hilfsmittel konnten sich jedoch noch keine verbindlichen Standards durchsetzen. Vom wissenschaftstheoretischen Diskurs ignoriert, von der Geschichtswissenschaft zu Unrecht als eine Angelegenheit der Kunstgeschichte vernachlässigt und von der interessierten Öffentlichkeit als eine Art Geheimwissenschaft mit unaussprechlichem Namen zur Kenntnis genommen, wird Provenienzforschung nahezu automatisch mit ihren Folgen assoziiert: der Rückgabe oder Nichtrückgabe von Kunst- und Kulturgegenständen, die eine dunkle NS-Vergangenheit haben. Hie und da ist Kritik zu vernehmen, dass durch die Fokussierung auf die NS-Zeit eine Engführung der Provenienzforschung erfolgt sei, die sich mit der gesamten Geschichte eines Objektes zu beschäftigen habe – von seiner Entstehung bis in die Gegenwart.[1] Das und nichts anderes meint ja die gelehrte Wortbildung *Provenienz*, die sich vom lateinischen *provenire* ableitet und wörtlich übersetzt so viel wie „Herkunft" bedeutet: Provenienzforschung ist demnach nichts anderes als Herkunftsforschung.

Ganz im Sinne der Wortbedeutung haben Provenienzangaben in der kunsthistorischen Literatur in der Regel die Form eines Stammbaums ohne Verzweigungen, der die Reihe der Besitzerinnen und Besitzer eines Objektes anführt. Anders als bei genealogischen Stammbäumen werden Jahreszahlen nur selten genannt, und wenn, bleibt das genaue Datum eines Besitzwechsels in der Regel unklar. In Ausstellungen und Publikationen ist es nicht unüblich, zur Gänze auf Provenienzangaben zu verzichten: Selbst Künstlermonographien kommen meist ohne sie aus. Nur in Werkverzeichnissen und

---

1 Vgl. z. B. Standpunkt: Ist die Provenienzforschung eine Modeerscheinung?, Hamburger Abendblatt, 5.12.2008; http://www.abendblatt.de/daten/2006/12/05/648384.html (abgerufen am 20.7.2008).

Sammlungskatalogen gehören Provenienzangaben zum Standard. Quellennachweise zu den Angaben fehlen meist völlig, wer mehr wissen will, muss sich mit Querverweisen auf andere Literatur begnügen, die selten weiterführende Informationen enthält.

Aus dem sorglosen Umgang mit Provenienzangaben zu schließen, dass die Provenienz bei Kunst- und Kulturgegenständen für gewöhnlich keine Rolle spielt, wäre jedoch ein Fehler. Das Gegenteil ist der Fall: Dient doch die Provenienz von Kunstwerken zur Feststellung ihrer Authentizität, die sowohl für ihren kunsthistorischen Rang als auch für ihren Marktwert von entscheidender Bedeutung ist. Kann die Herkunft eines Werks bis zu seinem „Schöpfer" zurückverfolgt werden, ist der Nachweis seiner Echtheit erbracht. War ein Werk einmal Teil einer renommierten Sammlung, kann bei seiner Veräußerung in der Regel mit einer Wertsteigerung gerechnet werden. Die Provenienz kann auch Anhaltspunkte für eine Datierung des Werks bieten oder Hinweise zur Identifizierung des Dargestellten liefern – insbesondere bei Portraits. An diesen Punkten endet meist das Erkenntnisinteresse der traditionellen Provenienzforschung. Diskutiert werden sie in der Regel in Fachartikeln und da auch nur dann, wenn sie fraglich sind. Vom Gesichtspunkt der Konservierung und Restaurierung kommt noch das Interesse an früheren Aufbewahrungsorten und Präsentationsweisen hinzu, die Aufschluss über Schäden und andere Veränderungen des Werks geben können. Nur die Sammlungsgeschichte geht darüber hinaus, weil ihr Interesse weniger dem einzelnen Werk als den Sammlerinnen und Sammlern bzw. ihren Sammlungen gilt.

Ist Provenienzforschung traditioneller Weise eine Art *Hilfswissenschaft der Kunstgeschichte*, wird sie in Österreich mit der Einsetzung der *Kommission für Provenienzforschung* im Frühjahr 1998 zu einer *Hilfswissenschaft der Politik*.

Der Auftrag dieser Kommission besteht darin, die in der Zeit zwischen 1938 und 1945 erworbenen Kunst- und Kulturgegenstände sowie die Restitutionen nach dem Zweiten Weltkrieg systematisch zu katalogisieren, um alle Fragen über die Besitzverhältnisse während der Zeit der NS-Herrschaft und der unmittelbaren Nachkriegszeit aufzuklären und auf der Basis des vorhandenen Archivmaterials in den Sammlungen des Bundes und im Bundesdenkmalamt den Rechtstitel der Republik Österreich an diesen Gegenständen zu überprüfen.[2]

Die Etablierung der Provenienzforschung als eigener Forschungsbereich verfolgt keinen *theoretischen*, sondern einen *praktischen* Zweck: der Politik die Entscheidungs-

---

2 Restitutionsbericht 1998/1999. Bericht der Bundesministerin für Unterricht und kulturelle Angelegenheiten an den Nationalrat über die Rückgabe von Kunstgegenständen aus den Österreichischen Bundesmuseen und Sammlungen gemäß § 2 Abs. 3 des Bundesgesetzes BGBl. I 181/1998, S. 1.

grundlage für eventuelle Rückgaben zu liefern. Provenienzforschung ist nun primär politikrelevante Auftragsforschung. Die Charakterisierung des Forschungsauftrages der Kommission im zitierten ersten Restitutionsbericht der zuständigen Bundesministerin 1998–1999 enthält bereits den Anspruch auf *Systematik*, der die Forschung von ihrem unmittelbaren Anlass entkoppelt, aber auch eine Reihe von Missverständnissen, die der Erfüllung dieses Anspruchs bis heute im Wege stehen. Anhand dieser Missverständnisse und ihrer Korrektur lässt sich ein Teil der Entwicklung nachzeichnen, die die Provenienzforschung in den Jahren 1998–2008 durchlaufen hat.[3]

Missverständnisse im Forschungsauftrag

Zunächst ist da das Missverständnis des Untersuchungszeitraumes: Das Kunstrückgabegesetz enthält in seiner 1998 beschlossenen Fassung zwar eine Beschränkung auf Erwerbungen seit 1938, nicht aber auf den Zeitraum 1938–1945. Es umfasst Kunstgegenstände, die zwischen 1938 und 1945 entzogen wurden und im Zuge dieser Entziehung oder zu einem beliebigen Zeitpunkt nach ihrer Entziehung von Bundesmuseen und Sammlungen erworben wurden und nach wie vor im Eigentum des Bundes stehen. Der Untersuchungszeitraum müsste sich also bis in die jeweilige Gegenwart erstrecken.

Im KHM zum Beispiel hat sich die Provenienzforschung auf die Erwerbungen 1938–1965 beschränkt. Die Jahre 1945–1955 wurden einbezogen, um – ganz im Sinne des ursprünglichen Auftrages an die Kommission – auch Fragen über „Besitzverhältnisse" während „der unmittelbaren Nachkriegszeit" aufklären zu können. Die interne Ausdehnung des Untersuchungszeitraumes bis 1965 konnte daher bereits als Fleißaufgabe wahrgenommen werden. Im MVK und im ÖTM umfasst der Untersuchungszeitraum die Jahre 1938–1955, in der Albertina 1938–1960, im HGM 1938–1965.

Die Provenienzforschung blieb beim Untersuchungszeitraum generell hinter den Vorgaben des Kunstrückgabegesetzes zurück, wo sie über seine Einschränkungen hinausgehen hätte müssen: Wie der Regierungsvorlage zu entnehmen ist, beruhen die vom Gesetz umfassten Rückgabe-Tatbestände auf Erfahrungen der vor Beschluss des Gesetzes aufgenommenen Provenienzforschung.[4] Diesen im Gesetz festgeschriebenen

---

3   Zur Genese dieser Missverständnisse siehe in diesem Band: Anneliese SCHALLMEINER, 1998 – die Kommission für Provenienzforschung und der Weg zum Kunstrückgabegesetz.

4   Vgl. 1390 der Beilagen zu den Stenographischen Protokollen des Nationalrates XX. GP, insb. Erläuterungen S. 4 („Allgemeiner Teil") und 5 („Besonderer Teil") zu § 1.

Erkenntnisstand durch neue Erfahrungen zu korrigieren, wurde in der Provenienzforschung der Bundesmuseen und Sammlungen – zumindest hinsichtlich des Untersuchungszeitraumes – erst gar nicht versucht: In keinem Haus wurden die Erwerbungen des Zeitraumes 1933–1938 darauf hin überprüft, ob sie vielleicht Gegenstände umfassen, die im nationalsozialistischen Deutschland entzogen wurden.

Das zweite Missverständnis betrifft die Basis, auf die sich die Provenienzforschung stützt: Tatsächlich beruht sie auf der Auswertung vorhandenen Archivmaterials, jedoch bei weitem nicht nur von jenem, das sich „in den Sammlungen des Bundes und im Bundesdenkmalamt" befindet. Während die Provenienzforschung einzelner Bundesmuseen (etwa der ÖG und der Albertina) von Anfang an eine Vielzahl nationaler und internationaler Archive in die Recherche einbezogen hat, hat sie sich in anderen (etwa dem KHM) bis vor kurzem auf das im eigenen Haus und im Bundesdenkmalamt vorhandene Archivmaterial beschränkt und bestenfalls das Österreichische Staatsarchiv miteinbezogen, im HGM ist diese Beschränkung nach wie vor der Fall.

Das dritte Missverständnis steckt im Auftrag zur Katalogisierung und betrifft die Arbeitsteilung zwischen Provenienzforschung und sonstigen musealen Aufgaben. Die beschränkten personellen Ressourcen der Kommission legen es nahe, von ihren Mitgliedern diesbezüglich nicht mehr zu erwarten, als dass sie den bestehenden, in Datenbankform vorliegenden Sammlungskatalogen die Ergebnisse der Provenienzforschung hinzufügen. In Extremfällen wie dem HGM oder dem ÖTM sind jedoch große Teile der Bestände bis heute uninventarisiert, sodass die Provenienzforschung entweder ruht, bis der Inventarisierungsprozess irgendwann einmal abgeschlossen sein wird (HGM), oder selbst Inventarisierungsarbeit leisten muss (ÖTM).

Das vierte und gravierendste Missverständnis ist dem traditionellen Begriff von Provenienzforschung geschuldet und betrifft ihren Erkenntnisgegenstand: In Bezug auf die NS-Zeit geht es primär nicht um die *Besitz*-, sondern um die *Eigentumsverhältnisse*. Das berühmteste Beispiel ist der Fall Bloch-Bauer: Das eingesetzte Schiedsgericht kam letztlich zu dem Schluss, dass Adele Bloch-Bauer zwar die Besitzerin der Klimt-Bilder war, ihr Mann Ferdinand Bloch-Bauer aber deren Eigentümer. An der Einführung der juristischen Unterscheidung zwischen *Besitz* und *Eigentum*, die dem kunsthistorischen Diskurs in der Regel fremd ist, lässt sich der Transformationsprozess der Provenienzforschung ablesen: Statt zu einer Engführung der Provenienzforschung kam es vielmehr zu einer Erweiterung um neue Fragestellungen, mit der traditionellen Provenienzforschung hat diese neue, interdisziplinär zwischen Rechtswissenschaft, Geschichtswissenschaft und Kunstgeschichte pendelnde Hilfswissenschaft nur einzelne Themenfelder und den Namen gemein.

Da die wenigsten Provenienzforscherinnen und Provenienzforscher gleichzeitig Juristen, Historiker und Kunsthistoriker sind und da es für diese neuartige Kombination keine spezifische Ausbildung gibt, sind einige strukturelle Defizite der Provenienzforschung und deren Folgen bereits vorgezeichnet: Um der Politik als Grundlage für Rückgabeentscheidungen dienen zu können, müssen die Ergebnisse der Provenienzforschung erst unter die im Gesetz normierten Tatbestände subsumiert werden. Diese Subsumtion geschieht nicht in der Kommission, sondern im Beirat. Sie kann im Einzelfall daran scheitern, dass juristisch relevante Fragen in der Forschung nicht ausreichend berücksichtigt wurden.

Internationalität

Die Etablierung der Provenienzforschung als neuer Hilfswissenschaft der Politik ist keine spezifisch österreichische, sondern eine internationale Entwicklung, die ihren Angelpunkt in den ebenfalls 1998 beschlossenen *Washington Principles*[5] hat. Die österreichische Entwicklung verlief jedoch relativ autonom, was weniger auf die auffällige Isolation, als auf die besonderen Rahmenbedingungen der österreichischen Provenienzforschung zurückzuführen ist, die einen internationalen Vergleich nicht zu scheuen bräuchten. Die Isolation wird zu Recht beklagt: Während die Teilnahme an internationalen Symposien für die Provenienzforscherinnen der ÖG und der Albertina von Beginn an eine Selbstverständlichkeit war, ist sie für alle anderen bis heute eine Ausnahme geblieben. International besetzte Tagungen und Workshops zum Thema sind in Österreich eine Seltenheit. Hier mangelte es nicht unbedingt immer am Interesse und der Initiative der einzelnen Forscherinnen und Forscher, sondern vor allem am Verständnis des politischen Auftraggebers, der Kommissionsleitung und – mit wenigen Ausnahmen – der meisten Direktionen in den Bundesmuseen und Sammlungen für die Einbettung der Provenienzforschung in die Funktionsweisen eines wissenschaftlichen Diskurses und schließlich an der Finanzierung. Das ist umso bemerkenswerter, als es kein anderes Land gibt, in dem die öffentlichen Rechtsträger einen ähnlichen Anspruch auf eine aktive, systematische und vollständige Überprüfung ihrer Sammlungsbestände erhoben hätten und in dem die öffentliche Hand einen ähnlichen Aufwand zu seiner Umsetzung betriebe – insbesondere nicht Deutschland. In anderen Län-

---

5 Washington Conference Principles on Nazi-Confiscated Art, veröffentlicht in Zusammenhang mit der Washington Conference on Holocaust Era Assets, Washington D. C., 3.12.1998.

dern erfolgt Provenienzforschung meist anlass- und fallbezogen und ist vielfach der Initiative der jeweils betroffenen Museen und Sammlungen überlassen. Für die österreichische Provenienzforschung gäbe es trotz aller strukturellen Probleme im internationalen Austausch nicht nur einiges zu lernen, sondern vor allem auch viel zu zeigen.

Interne Quellen

Die Auswertung hausinterner Quellen ist in der Regel der erste Schritt in der Prüfung der Provenienz eines Objekts. Nicht nur *Art, Umfang, Zeiträume, Struktur* und *Vollständigkeit* der vorhandenen Quellen, auch ihre *Erschließung* und ihre *Zugänglichkeit* sind in den einzelnen Häusern von großen Unterschieden gekennzeichnet.

Nicht jedes Haus hat ein eigenes Archiv und in jenen Häusern, die eines haben, heißt das nicht automatisch, dass alle hausinternen Archivalien darin gesammelt und für die Provenienzforschung zugänglich sind. Das KHM hat zwar seit 1991 ein Zentralarchiv, nach wie vor verwahren einzelne Sammlungen des KHM jedoch eigene Archivbestände. Die meisten Abteilungen des NHM sind bis heute nicht bereit, ihre Archivmaterialien an das Archiv abzutreten, auch im ÖTM werden Archivalien von einzelnen Abteilungen zurückgehalten. Im MVK waren die Bestände des Archivs aufgrund des Umbaus des Hauses zeitweise in Kisten verpackt, die Benutzung war für die Provenienzforschung erschwert. Kein institutionalisiertes Archiv zu haben, bedeutet auch nicht überall dasselbe: So sind in der Albertina die Archivalien zwar unbetreut, aber uneingeschränkt zugänglich, während sie im MUMOK seit der Übersiedlung ins Museumsquartier 2001 großteils in einem Außendepot lagern und nicht zugänglich sind.

Der Erschließungsgrad der Bestände ist so unterschiedlich, dass in manchen Häusern nach wie vor keine Auskunft über die Vollständigkeit des Materials und allfällige Skartierungen gegeben werden kann. Zu den Vorbereitungsarbeiten einer systematischen Provenienzforschung hätte die möglichst vollständige Erfassung und Dokumentation der hauseigenen Quellen unter dem Gesichtspunkt darin enthaltener Provenienzhinweise zählen sollen. Das war aufgrund mangelnder Zugänglichkeit oder Erschließung in manchen Häusern bis heute nicht oder nur eingeschränkt möglich. Andererseits hat sich etwa die Provenienzforschung im NHM schon sehr früh trotz oder gerade wegen der schwierigen Archivsituation um eine möglichst weit reichende Erfassung der im Haus vorhandenen Quellen bemüht. Aus dem KHM, in dem die Provenienzforschung im Archiv angesiedelt war, liegt hingegen bis heute nur eine vage Beschreibung der Quellensituation vor. In exemplarischer und nahezu erschöpfender Weise hat nur die Provenienzforschung im MAK und im TMW die vorhandenen Quellen beschrieben, auch aus dem MVK gibt es eine relativ detaillierte Quellenbeschreibung.

Solange unklar bleibt, was überhaupt vorhanden ist (Inventare, Jahresberichte, Zugangsverzeichnisse, Karteien, Erwerbungsakten, Korrespondenzen, Rechnungsbelege etc.), welchen Umfang das vorhandene Material hat, welche Zeiträume es umfasst, welche Informationen es enthält (insbesondere Hinweise auf die Provenienz) und durch welche Findmittel es erschlossen ist (Indexbücher, elektronische Findmittel etc.), kann in den einzelnen Häusern nicht seriös beurteilt werden, wie weit die bisher erfolgten Schritte der Überprüfung die Möglichkeiten des hausinternen Quellenmaterials ausgeschöpft haben.

Datenbanken

Die so genannte *digitale Revolution* hat die Bundesmuseen und Sammlungen bereits vor der Provenienzforschung erreicht. Die digitale Erfassung und Dokumentation der gesamten Bestände, die zum Teil mit einer Neuinventarisierung einhergeht, wurde in manchen Häusern aber erst nach 1998 in Angriff genommen und ist in vielen weit davon entfernt, abgeschlossen zu sein – was zum Beispiel im ÖTM und im HGM dazu führt, dass die physische Existenz von Objekten, die in den internen Quellen dokumentiert sind, in vielen Fällen fraglich bleibt. Dennoch gehen Provenienzforschung und Digitalisierung selten Hand in Hand. Eine Ausnahme ist das TMW, wo eine ähnlich schwierige Situation wie im ÖTM und HGM durch ein von der Direktion aus koordiniertes paralleles Vorgehen bewältigt wurde.

In einzelnen Häusern wie dem NHM gibt es eine Vielzahl unterschiedlicher Datenbanken, die sich auf die verschiedenen Sammlungen verteilen. Wo es zentrale Datenbanken gibt, sind diese auf die Sammlungsverwaltung, insbesondere auf die Standortverwaltung und die Verwaltung des Leihverkehrs zugeschnitten und geben der Provenienzforschung wenig bis gar keinen Spielraum für ihre spezifischen Bedürfnisse. Das ist auch in Häusern nicht anders, in denen erst kürzlich eine Umstellung des Datenbanksystems erfolgt ist und eine Neuinventarisierung stattgefunden hat. So ging es in der Albertina und im MVK beim Umstieg auf das in vielen Häusern verwendete Datenbanksystem TMS (The Museum System) primär um eine Standorterfassung und Identifizierung der Objekte (die Inbetriebnahme eines vollautomatischen Lagersystems in der Albertina oder das Anbringen von Barcodes im MVK). In den Archivbeständen vorhandene Informationen wurden zu diesem Zweck nur äußerst rudimentär erfasst.

Die einzelnen Sammlungsobjekte der Albertina zum Beispiel sind durch Stammdaten-blätter (so genannte *Cahiers*) dokumentiert, die auch Provenienzangaben enthalten können. Diese Angaben wurden im neuen Datenbanksystem nicht miterfasst.

Adaptierungen bestehender und neu anzuschaffender Datenbanksysteme für spezifische Zwecke sollten in der Regel keine größeren technischen Schwierigkeiten verursachen, scheitern in der Praxis aber immer wieder an administrativen und organisatorischen Hürden: Zwischen technischem Know How und inhaltlicher Sachkenntnis klafft oft eine nicht überbrückbare Lücke. Wo die hausinterne EDV überlastet oder die Wartung von Datenbanken an externe Firmen ausgelagert ist, muss bei laufend nötigen Adaptierungen entweder mit der Überforderung vorhandener Kräfte oder mit Zusatzkosten gerechnet werden.

In der ÖG und im MAK wurden von der Provenienzforschung eigene Datenbanken erstellt, die flexibel zu handhaben und aufgrund ihrer Struktur relativ unkompliziert mit den hauseigenen Datenbanken zusammenzuführen sind. Im KHM hingegen wurde von der Provenienzforschung eine eigene Datenbank erstellt, die seit 1998 abgeschlossen ist, aber noch immer nicht mit dem TMS des Hauses vereinigt wurde. Das ÖTM wiederum hat eine Datenbank, die bereits eine eigene Eingabemaske für die Provenienzforschung enthält. Da Datenbankstruktur und Quellenstruktur derzeit nicht miteinander in Einklang zu bringen sind, muss jedoch parallel dazu eine eigene elektronische Liste der Provenienzforschung geführt werden, in der die Eingangsbücher der Jahre 1934–1955 mit ihren Provenienzangaben erfasst wurden: Während die Eingangsbücher Konvolute und sonstige Gegenstandsgruppen auflisten, die aus ein und derselben Erwerbungsquelle stammen, enthält das TMS einzelne Sammlungsobjekte. Viele Gegenstände einer Gruppe sind jedoch überhaupt noch nicht inventarisiert, sodass die Information aus den Eingangsbüchern nicht zugeordnet werden kann.

Typische Konzeptionsfehler behindern die Nutzung bestehender Datenbanken durch die Provenienzforschung: Je weniger Gestaltungsspielraum die Provenienzforschung bei der Adaptierung von Datenbanken hat, desto mehr müssen vorhandene Datenbankfelder für multifunktionale Zwecke verwendet werden, die eine systematische Abfrage erschweren (im Extremfall finden oder fänden Provenienzangaben nur als Text in einem einzigen Anmerkungsfeld Platz). Nicht nur in der Struktur, auch im Inhalt decken sich Datenbanken in der Regel nicht mit den vorhandenen Quellen. *Quellengetreue* und *quellenspezifische* Datenerfassungen sind bis heute nicht Standard: Weder kann man sich darauf verlassen, dass alle in einem Inventarbuch, einer Kartei oder einer sonstigen Quelle vorhandenen Informationen vollständig und ohne nachträgliche, unausgewiesene Korrekturen erfasst wurden, noch weiß man in vielen Fällen, aus welcher Quelle eine Information stammt. Mangels Quellennachweisen lässt sich etwa im TMS des ÖTM nicht erkennen, ob sich ein Datensatz aus einem Inventar, einer Kartei, aus sonstigen Quellen oder aus dem Wissen einer Sammlungsleiterin bzw. eines Sammlungsleiters speist. Vielfach wurden neue Inventarnummern vergeben und alte nicht übernommen.

In der Albertina und im MVK wurden die Ergebnisse der Provenienzforschung zwar schriftlich dokumentiert, aber noch nicht elektronisch in objektbezogenen Datenbanken zusammengefasst.

Autopsien

Autopsien, d. h. die Inaugenscheinnahme der einzelnen Sammlungsobjekte zum Zweck ihrer Erfassung, gehören zum Standardrepertoire des Bibliothekswesens. In der ÖNB wurde zum Mittel der *Generalautopsie* ganzer Bestandsgruppen gegriffen, um nach dem Neustart der Provenienzforschung 2002 Exlibris, handschriftliche oder gestempelte Sammlernamen und Widmungen in den Büchern zu erfassen. Abgesehen von der ÖNB können jedoch die wenigsten Bundesmuseen und Sammlungen Auskunft darüber geben, ob sich auf den Rückseiten von Gemälden und Graphiken bzw. auf den anderen Sammlungsobjekten Aufschriften, Aufkleber, signifikante Nummern oder sonstige mögliche Provenienzhinweise befinden.

Generalautopsien sind aufwendige Unternehmungen, die in vielen Fällen die Beteiligung von Fachpersonal aus dem Bereich der Konservierung und Restaurierung sowie zusätzliches Personal (Registra, Träger, Fotografen) erfordern und aufgrund knapper personeller Ressourcen oft nur im Zuge von Neuinventarisierungen durchgeführt werden können. Doch auch da wird nicht immer auf die Fragestellungen der Provenienzforschung Rücksicht genommen: So hat das TMW im Zuge der Neuinventarisierung seiner Bestände eine Generalautopsie durchgeführt und Provenienzhinweise erfasst, hingegen hat das MVK bei der Neuaufstellung und Neuinventarisierung seiner Sammlung nicht auf allfällige Provenienzhinweise geachtet.

Auch Teilautopsien sind kaum gängige Praxis: Im KHM ist es erst seit kurzem üblich, Gemälderückseiten im Zuge konservatorischer Maßnahmen routinemäßig zu dokumentieren, in der Albertina sind Autopsien erst für die Zukunft geplant, obwohl die Provenienzforscherin der Albertina schon vor Jahren eine Autopsie der Erwerbungen 1938–1945 vorgeschlagen hat, im MUMOK wurde nicht an eine Autopsie gedacht. In der ÖG hingegen ist die Digitalisierung der Bildrückseiten großteils abgeschlossen.

Externe Quellen

Interne Quellen enthalten manchmal mehr oder weniger eindeutige Hinweise auf einen Entziehungsvorgang: So konnte in der ÖNB das Kürzel „P 38" als „Polizei 1938" entziffert werden, als Provenienz ist in anderen Häusern gelegentlich die Vugesta genannt. Zum Teil gibt die hausintern dokumentierte Anmeldung entzogenen Vermögens oder die erhaltene Korrespondenz zu Restitutionsforderungen nach 1945 Aufschluss über vorangegangene Entziehungsvorgänge. In vielen Fällen lassen sich durch die Auswertung interner Quellen jedoch bestenfalls der Zeitpunkt der Erwerbung und der Name jener Person eruieren, von der das Sammlungsobjekt erworben wurde.

Zur Überprüfung der Namen und zur Ergänzung der intern dokumentierten Informationen ist die Provenienzforschung auf externe Quellen angewiesen. In keinem Bereich der Provenienzforschung hat es in den Jahren 1998–2008 nachhaltigere Veränderungen gegeben als in der Verfügbarkeit und Erschließung externer Quellen. So wurden die so genannten Restitutionsmaterialien im Archiv des Bundesdenkmalamtes nach Kriterien der Provenienzforschung neu geordnet, Fotobestände wurden elektronisch erfasst und digital verfügbar gemacht. Durch die Arbeit der Historikerkommission der Republik Österreich, der Kommission für Provenienzforschung und der Anlaufstelle der Israeltischen Kultusgemeinde Wien für jüdische NS-Verfolgte wurden vergessene oder verschollen geglaubte Quellenbestände wiederentdeckt (darunter die Akten der Finanzlandesdirektion Wien, die Karteien und Akten zum Ersten und Zweiten Kunst- und Kulturgutbereinigungsgesetz und umfangreiche Archivbestände der Israelitischen Kultusgemeinde Wien). Zahlreiche Quellenbestände wurden durch elektronische Namensindizes erschlossen (darunter die Ausfuhrkartei im Archiv des Bundesdenkmalamtes, die Vugesta-Kartei, die Kartei des Abgeltungsfonds, die Restitutionsmaterialien im Archiv des Bundesdenkmalamtes, die Karteien zum Ersten und Zweiten Kunst- und Kulturgutbereinigungsgesetz, die Auswanderungskartei der Israelitischen Kultusgemeinde Wien und die § 14-Kartei oder so genannte „Dorotheumskartei"), die den Mitgliedern der Kommission für Provenienzforschung seit 2006 gemeinsam mit bereits vorhandenen Indizes (darunter jener der Vermögensanmeldungen) sukzessive auf einer von der Anlaufstelle der Israelitischen Kultusgemeinde Wien eingerichteten geschützten Onlineplattform zur Verfügung gestellt wurden. Das Dokumentationsarchiv des österreichischen Widerstandes hat seine *Namentliche Erfassung der österreichischen Holocaustopfer*, die auf den Deportationslisten und zahlreichen anderen Quellen beruht, im Internet zugänglich gemacht, ebenso seine Erfassung von Gestapo-Opfern, die sich auf die erkennungsdienstliche Kartei der Gestapo Wien stützt. Die Israelitische Kultusgemeinde Wien hat ihre Friedhofsdatenbank ins Internet gestellt.

Die Quellenerschließung war und ist immer wieder eng mit der Entwicklung neuer Methoden der Provenienzforschung verbunden: So können die auf manchen Sammlungsobjekten erhaltenen Nummern seit der Entzifferung der Vugesta-Geschäftsbücher und der elektronischen Erschließung der Vugesta-Kartei immer wieder als Vugesta-Nummern identifiziert und den jeweiligen Speditionen sowie den Eigentümerinnen und Eigentümern der Umzugslifts zugeordnet werden. Ähnliche Identifizierungen sind mit Hilfe der § 14-Kartei möglich. Mit der vom Provenienzforscher im MAK, Mag. Leonhard Weidinger, initiierten Digitalisierung von Auktionskatalogen der Jahre 1938–1945 wird in Zukunft eine Identifizierung von Objekten anhand unterschiedlicher Objekteigenschaften möglich sein, die nicht mehr die bei jedem Verdachtsfall erneuerte Durchsicht hunderter oder tausender Druckseiten voraussetzt.

Systematische versus assoziative Vorgangsweise

In den Bundesmuseen und Sammlungen sind die Defizite bei Datenbanken und Autopsien nicht nur Folgen der Missverständnisse des Forschungsauftrages, auch mit den Problemen musealer Arbeitsteilung sind sie nur zum Teil zu erklären. Vieles ist auf die *Vorgangsweise* zurückzuführen, die am Beginn der Provenienzforschung in vielen Häusern gewählt wurde: Ausgangspunkt war oft eine sich ständig erweiternde Liste mit Namen jüdischer Sammlerinnen und Sammler, die sich aus verschiedenen Informationsquellen speiste. Mit diesen Namen „im Kopf" wurden die internen Quellen gesichtet. Da man in vielen Häusern rasch fündig wurde und die vertiefende Recherche der Fälle über Jahre hinweg die vorhandenen Kräfte band, konnte die Frage nach den dadurch entstehenden Überprüfungslücken lange Zeit aufgeschoben werden. Dominant war anfangs das Prinzip der *Prominenz*, das durch jenes der *Auffälligkeit* ergänzt wurde. Übersehen oder vernachlässigt wurde dabei, dass sich die Personen, die in der NS-Zeit als Jüdinnen und Juden verfolgt wurden, weder durch Prominenz noch durch Auffälligkeit ihrer Namen (etwa die 1938 verordneten Zusatznamen *Israel* und *Sara* oder vermeintlich typische „jüdische Namen") auszeichnen müssen. Zwar wurden in einzelnen Häusern (z. B. in der ÖG und in der Albertina) schon von Beginn an die Namen mit zahlreichen externen Quellen in nationalen und internationalen Archiven abgeglichen, die verfügbaren Bestände und die sie erschließenden Datenbanken haben sich in den Jahren seit 1998 jedoch vervielfältigt. Eine verlässliche Überprüfung erfordert den Abgleich jedes einzelnen fraglichen Namens mit jedem einzelnen verfügbaren Archivbestand. Um das heute und auch in Zukunft in effizienter Weise tun zu können, ist es nötig, alle in internen Quellen und im Zuge von Autopsien eruierbaren Namen elektronisch zu erfassen und alle erfolgten Überprüfungsschritte samt ihrer positiven und negativen Ergebnisse mitzudokumentieren. Die tatsächliche Vorgangsweise war jedoch weniger eine *systematische* als eine *assoziative*.

Eine systematische Vorgangsweise setzt voraus, dass komplementär zur systematischen Erfassung und Überprüfung von Personennamen eine *Kategorisierung* der zu überprüfenden und überprüften Sammlungsobjekte im Hinblick auf ihre Bedenklichkeit oder Unbedenklichkeit erfolgt. Im KHM wurde bereits zu Beginn der Provenienzforschung eine Kategorisierung versucht, die jedoch problematische Kategorien („unklar, vermutlich unbedenklich", „moralisch bedenklich") und unscharfe Abgrenzungen („unklar, vermutlich bedenklich", „unklar, vielleicht bedenklich") enthält.

Auf Initiative von Dr. Oliver Kühschelm (TMW) wurde im März 2007 von Mag. Thomas Geldmacher (ÖG), Dr. Christian Klösch (TMW), Dr. Oliver Kühschelm (TMW), Mag. Monika Mayer (ÖG) sowie Mag. Leonhard Weidinger (MAK) im TMW ein Workshop für die Mitglieder der Kommission organisiert. Ziel der Veranstaltung war es unter anderem, einen einheitlichen Standard für die Kategorisierung zu entwickeln. Basierend auf den Ergebnissen dieses Workshops liegt nun seit Mitte 2007 eine Kategorisierung vor, die jene beiden Eigenschaften besitzt, die für brauchbare Kategorisierungen unerlässlich sind: *Exklusivität* und *Vollständigkeit* der verwendeten Kategorien und Subkategorien, d. h. dass sie sich untereinander nicht überschneiden und dass auf jedes mögliche Objekt eine der vorhandenen Kategorien zutreffen muss. Durch die Unterscheidung von *bedenklichen*, *unbedenklichen* und *offenen* Fällen in der Kategorie „Bewertung" ist das gewährleistet, wobei für die Einstufung als bedenklicher oder unbedenklicher Fall eine Reihe streng formulierter Kriterien erfüllt sein muss. Dieses nur auf den ersten Blick formalistische Verfahren erlaubt in Kombination mit der elektronischen Erfassung von Personennamen so wichtige Schritte wie die Auswahl jener Objekte, die zwar bedenklicher Herkunft sind (z. B. Erwerbungen von der Vugesta oder von NS-Dienststellen), aber mangels weiterführender Personenangaben nicht ihren früheren Eigentümerinnen und Eigentümern zugeordnet werden können und in weiterer Folge mit der Bitte um sachdienliche Hinweise publiziert werden sollten (etwa in der Kunstdatenbank des Nationalfonds oder auf der hauseigenen Website). Es ermöglicht aber auch erst die Quantifizierung jener Objekte, die noch näher zu überprüfen sind oder bei denen eine weitere Überprüfung unterbleiben kann, weil sie zum Beispiel vor 1933 erworben wurden oder erst nach 1945 entstanden sind – ein Wissen, das für die Planung der Provenienzforschung und die Einschätzung ihres Aufwandes sehr hilfreich wäre.

Die Notwendigkeit einer systematischen Vorgangsweise hat sich zuerst dort gezeigt, wo ohne sie kaum Ergebnisse zu erzielen gewesen wären: in jenen Sammlungen, die es weniger mit *Unikaten* als mit *Serienprodukten* und *Massenprodukten* zu tun haben, wie die ÖNB in ihrer Druckschriftensammlung. In einzelnen Häusern wurde diese systematische Vorgangsweise in der Zwischenzeit nachgeholt (wie im TMW), in anderen ist sie noch in Arbeit (wie im MAK und in der ÖG), in wieder anderen bleibt sie zukünftigen Arbeiten vorbehalten (wie in der Albertina und im KHM), in manchen fehlt für sie aus unterschiedlichen Gründen jegliches Konzept (im NHM und HGM). Auch Häuser, die es primär mit Unikaten zu tun haben, verfügen in der Regel über Serien- und Massenprodukte, die erst spät oder gar nicht als zu überprüfende Sammlungsbestandteile entdeckt wurden: Jedes Haus hat eine Bibliothek, die nur im TMW vollständig, im MAK mit Ausnahme der zu ihr gehörenden Kunstblättersammlung und neu aufgetauchter Bibliotheksakten vollständig, im NHM hingegen nur stichprobenartig, im KHM nach fraglichen Kriterien sowie in der Albertina, im MVK, MUMOK und HGM noch gar nicht überprüft wurde. Auch andere Sammlungsteile wären von Fall zu Fall noch in die Provenienzforschung einzubeziehen, etwa die Archivbestände, sofern sie selbst Zugänge von außen aufweisen (wie in der Albertina, wo sie z. B. Nachlässe umfassen).

Der Übergang zu einer systematischen Vorgangsweise ist seit 2003 Gegenstand einer noch nicht abgeschlossenen Diskussion in der Kommission für Provenienzforschung, die noch im selben Jahr zum Entwurf eines Fragebogens geführt hat, der als Leitfaden für einen zukünftigen, nach einheitlichen Kriterien verfassten Gesamtbericht der Provenienzforschung in den Bundesmuseen und Sammlungen dienen sollte. Vom damaligen Leiter der Kommission Univ.-Prof. Dr. Ernst Bacher zu einer so genannten Punktation zusammengefasst und von ihm sowie dann nochmals von seinem Nachfolger Dr. Werner Fürnsinn als verbindliche Vorgabe den einzelnen Häusern übermittelt, wurden die darin enthaltenen Punkte großteils erst im Jahr 2007 beantwortet. Diese Antworten und die seit 1998 vorgelegten, mit zwei Ausnahmen (Bundesmobiliendepot und ÖNB) unpublizierten Zwischen- und Endberichte zur Provenienzforschung in den einzelnen Häusern bildeten die Grundlage für eine Serie von Evaluierungsgesprächen mit den jeweiligen Provenienzforscherinnen und Provenienzforschern, die in der ersten Jahreshälfte 2008 in Zusammenarbeit zwischen dem Büro der Kommission für Provenienzforschung, der Geschäftsstelle im Bundesministerium für Unterricht, Kunst und Kultur und der Anlaufstelle der Israelitischen Kultusgemeinde Wien durchgeführt wurden. Die im vorliegenden Beitrag gezogene Zwischenbilanz zu zehn Jahren Provenienzforschung ist ein kurzes, weniger um Vollständigkeit als um Beispielhaftigkeit bemühtes Resümee der Ergebnisse.

Perspektiven

Bei der Umsetzung einer systematischen Vorgangsweise ist die Provenienzforschung in vielen Punkten auf die Unterstützung der Direktionen der einzelnen Häuser angewiesen. Die Arbeitsteilung zwischen Provenienzforschung und herkömmlichen musealen Aufgaben, die Bereitstellung von personellen Ressourcen, die Koordination zeitgleicher und zeitversetzter Tätigkeiten sowie die Formulierung klarer Unterstützungsaufträge an das Stammpersonal der Häuser sind für die Zugänglichkeit und Erschließung interner Quellen, die Erstellung und Adaptierung von Datenbanken und die Durchführung von Autopsien von entscheidender Bedeutung. An diesen logistischen Fragen, nicht an Lippenbekenntnissen ist das Engagement der Direktionen für oder gegen die Provenienzforschung im eigenen Haus zu messen. Mit Ausnahme des Bundesmobiliendepots und der ÖNB hat bisher keine einzige Direktion der Bundesmuseen und Sammlungen Wert auf die Publikation eines eigenständigen Berichts über die Provenienzforschung ihres Hauses gelegt, allenfalls wurden auf den Websites der einzelnen Häuser Kurzdarstellungen der Provenienzforschung veröffentlicht. Auch bei Neuerwerbungen wird nur in den seltensten Fällen die Expertise der Provenienzforschung herangezogen, wodurch entzogene Kunst- und Kulturgegenstände auch weiterhin in die Bundesmuseen und Sammlungen gelangen können.

Als weitere wichtige Faktoren für die Erfüllung des Anspruchs auf Systematik kommen der Informationsfluss innerhalb der Kommission, die zentrale Koordination durch deren Büro, die personelle Verstärkung der Provenienzforschung in einzelnen Häusern (wie dem KHM, der Albertina) bzw. ihre Wiederaufnahme (wie im MUMOK und im HGM), die Einforderung der bereits erreichten, aber nicht überall implementierten Standards durch die Leitung der Kommission und die einheitliche Dokumentation der Forschungsergebnisse einschließlich der Negativevidenzen hinzu. Erst seit 2005 sind die Beiratsbeschlüsse, die Dossiers und die Zwischenberichte aus den einzelnen Häusern für alle Mitglieder der Kommission allgemein zugänglich. Das Büro der Kommission konnte die langjährige Erfahrung und das Know How seiner Mitarbeiterinnen nicht ausreichend einbringen und musste allzu lange die Doppelrolle eines Sekretariats der Kommissionsleitung und einer Assistenz für das Archiv des Bundesdenkmalamtes spielen. Die Leistung der Kommission wurde zu sehr am Output an Dossiers und zu wenig am Gesamtergebnis gemessen, das auch die Darstellung des Wegs zu den Dossiers und die Dokumentation der Forschungsergebnisse in jenen Fällen einschließen muss, die als unbedenklich oder als offen eingestuft werden. Nicht zuletzt muss die Grundlagenforschung als integraler Bestandteil einer institutionalisierten Provenienzforschung betrachtet werden, die ihre Methoden, Quellen und Hilfsmittel ebenso wie ihre Forschungsergebnisse im internationalen wissenschaftlichen Diskurs, aber auch in der breiten Öffentlichkeit zur Debatte stellt.

Provenienzforschung in der Albertina auf der Grundlage des österreichischen Kunstrückgabegesetzes von 1998

Maren Gröning

Wie in den anderen großen Bundesmuseen begann die Provenienzforschung der Albertina 1998 bereits im Vorfeld des im Dezember des Jahres 1998 beschlossenen Kunstrückgabegesetzes. Die ersten Dossiers zu den Erwerbungen aus den Sammlungen Rothschild und Bloch-Bauer waren im vorangehenden August fertiggestellt.

Die folgenden Ausführungen werden sich in erster Linie auf die Zeit der aktiven Recherchen bis 2001 beziehen, in der ich ausschließlich und Vollzeit für die Kommission für Provenienzforschung tätig war. Danach bekam ich eine Anstellung als Kuratorin in der neuen Fotosammlung der Albertina. In Absprache mit der Kommission habe ich die Provenienzforschung seitdem nur noch nebenbei bzw. auf Anfrage weitergeführt.

Ich möchte zunächst einige Bemerkungen zur Materialgrundlage und zur Recherchemethode meiner Untersuchungen machen. Danach gebe ich einen Überblick über die Arbeitsergebnisse. Zum Schluss werde ich kurz auf die Zukunft der Provenienzforschung in der Albertina im Rahmen der jüngst erfolgten Reorganisation der Kommission für Provenienzforschung und eines neuen Arbeitsprogramms für 2009 bis 2012 eingehen.

Geschichtliches

Die Praxis der Vermögensentziehung als Teil der Judenverfolgung durch den NS-Staat war in Österreich seit 1938 allgemein, und vielleicht noch mehr im Bereich der Kunstsammlungen, derartig systematisiert, verrechtlicht und vernetzt, dass man fast von automatischen Abläufen sprechen könnte. Diese Situation spiegelt sich auch in dem außerordentlich umfangreichen Aktenbestand, auf den sich die Provenienzforschung heute stützen kann, wider. Es war dadurch möglich, sehr viele Einzelvorgänge mit sehr großer Präzision konkret zu rekonstruieren, ohne den historischen, vor allem natürlich auch personellen Kontext der jeweiligen Institutionen besonders analysieren zu müssen. So weist die Geschichte der Albertina während der NS-Zeit immer noch eine große

Lücke auf, die gewiss einmal geschlossen werden sollte, für den primären Zweck der Provenienzforschung auf der Grundlage des Kunstrückgabegesetzes von 1998 aber zunächst nicht wirklich erheblich erschien.[1] Um die Daten jedoch einigermaßen zu kontextualisieren, möchte ich zumindest einige Personen anführen, die für den Betrieb der Albertina zwischen 1938 und 1945 sowie nach dem Zweiten Weltkrieg verantwortlich waren.

Josef Bick (1880–1952), der seit 1926 amtierende Generaldirektor der Österreichischen Nationalbibliothek, der seit 1934 zugleich Direktor der Albertina war, wurde am 16. März 1938 verhaftet und in das KZ Dachau deportiert.[2] An seiner Stelle berief man Anton Reichel (1877–1945) zunächst zum kommissarischen Leiter, 1942–1945 auch zum Direktor. Reichel gehörte schon seit 1918 zum Kuratorenstab der Sammlung. Kurz vor dem „Anschluss", am 10. März 1938, hatte er eine schwere Herzkrankheit bekannt gegeben, nicht unbedingt ungewöhnlich für einen damals 63-jährigen. Er war dadurch oft über längere Zeit abwesend und ließ sich in diesen Fällen von Heinrich Leporini (1875–1964), seinem noch etwas dienstälteren Kollegen (seit 1914 Kustos der Albertina), vertreten.[3] Obwohl Reichel später meinte, sich nicht kompromittiert zu haben[4], wurde ihm 1939 anlässlich eines Beförderungsansuchens durchaus politische Zuverlässigkeit bescheinigt.[5] Auf der anderen Seite kann die Albertina insgesamt als eine für NS-Verhältnisse relativ ambivalente Stelle gelten, indem hier in den 1940er Jahren z. B. mehrere Ausstellungen stattfanden, auf denen moderne und sogar teilweise „entartete" Kunst gezeigt wurde.[6]

Am 24. März 1938 fand die Vereidigung der gesamten Belegschaft der Albertina auf den neuen Staat und den „Führer" Adolf Hitler durch Unterrichtsminister Leodegar Petrin statt. Nicht alle der dafür vorgesehenen Beamten und Angestellten waren anwesend. Direktor Reichel und die wissenschaftliche Mitarbeiterin Eva Benesch hatten sich krank gemeldet. Für Eva Benesch als Jüdin wurde wenig später die Entlassung festgestellt. Dasselbe geschah mit 1. November 1938 ihrem Mann Otto Benesch, der seit 1934 zur wissenschaftlichen Belegschaft der Albertina gehört hatte. Die Beneschs emigrierten zunächst nach Frankreich und England und lebten seit 1940 in den USA. Entlassen wurde als „Mischling zweiten Grades" 1939 auch der seit 1936 in der Albertina

---

1   Vgl. Barbara DOSSI, Albertina. Sammlungsgeschichte und Meisterwerke, München-New York 1998.
2   DOSSI, Albertina, S. 168, Fußnote 288.
3   DOSSI, Albertina, S. 168, Fußnote 261, S. 169, Fußnote 289.
4   DOSSI, Albertina, S. 168, Fußnote 261, S. 169, Fußnote 289.
5   Albertina-Akten Zl. 492/1939.
6   Vgl. Maren GRÖNING, Fluchtpunkte der „entarteten Kunst" in Wien, in: Gabriele ANDERL, Alexandra CARUSO (Hg.), NS-Kunstraub und die Folgen, Innsbruck-Wien-Bozen, 2005, S. 80–89.

tätige Kunsthistoriker Benno Fleischmann. Er konnte 1945 wieder eintreten. Benesch kam im März 1947 nach Wien zurück und wurde im Mai desselben Jahres Leiter, im Dezember bis 1961 Direktor der Albertina.[7] Schließlich seien von den AkademikerInnen noch Anna Spitzmüller und George Saiko genannt, wobei Saiko erst 1939 hierher dienstzugeteilt wurde, nachdem er als Schriftsteller mit einem Arbeitsverbot belegt worden war.[8]

Materialgrundlage und Recherchemethode

Materielle Basis der Untersuchung von 1998 bis 2001 bildeten alle Erwerbungen der Albertina in der Zeit von 1938 bis 1960. Es handelt sich um ca. 5000 Handzeichnungen und ca. 3750 Druckgrafiken. Davon wurden ca. 2300 Handzeichnungen und 1250 Druckgrafiken zwischen 1938 und 1945 erworben.

Von den insgesamt ca. 8750 oben erwähnten Objekten konnten ca. 1000 Stück aufgrund einschlägiger Kriterien (direkte Erwähnung von jüdischen Vorbesitzern als solchen; Namen aus den Registraturen der Vermögensverkehrsstelle, der Rückstellungsakten der Finanzlandesdirektion für Wien, NÖ u. Bgld. sowie der Rückstellungs- und Ausfuhrakten des Bundesdenkmalamtes; Zuweisungen der Gestapo oder aus den zunächst im Kunsthistorischen Museum gesammelten beschlagnahmten Kunstbeständen; Erwerbungen von der Vugesta u. a.) als näher zu prüfende Kandidaten gelten. Eingeschlossen wurden im Sinne einer vollständigen Revision auch alle Objekte, die bereits im Zuge früherer Rückgabeverfahren an ihre rechtmäßigen Eigentümer restituiert worden bzw. Gegenstand eines Rückstellungsvergleichs gewesen waren. Die Grunddaten der ca. 1000 „bedenklichen" Erwerbungen der Albertina zwischen 1938 und 1960 wurden in einer Datenbank digital registriert, dazu wurden Schritt für Schritt alle für einen aussagefähigen Provenienznachweis relevanten Informationen gesammelt.

Außer aus dem hauseigenen Archiv der Albertina wurden vor allem Dokumente aus folgenden Beständen ausgewertet:

---

7 Die Autorin plant eine Studie über Otto Benesch und über das Denkmalamt in Wien 1938 bzw. nach dem Krieg laufende Vorgänge der zwangsweisen und erpresserischen Erwerbung von Kunstwerken für die österreichischen Bundesmuseen und Sammlungen, die in der Winterausgabe von „Kunstgeschichte aktuell" 2008 erscheinen soll.
8 Vgl. DOSSI, Albertina, S. 170, Fußnote 301.

- Rückstellungs- und Ausfuhrakten des Bundesdenkmalamtes
- Akten des Österreichischen Staatsarchivs (Unterricht/Museen, Albertina; Finanzen/ehem. Vermögensverkehrsstelle, Rückstellungsakten der Finanzlandesdirektion für Wien, NÖ u. Bgld., BM für Vermögenssicherung und Wirtschaftsplanung, Sammlung Arisierungsakten, Rechnungsbücher der Vugesta)
- Rückstellungsakten des Wiener Stadt- und Landesarchivs
- Dokumentationsarchiv des Österreichischen Widerstandes
- Akten der Treuhandverwaltung für Kulturgut im deutschen Bundesarchiv Koblenz
- Akten im Bundesarchiv Berlin
- Akten im Berliner Landesarchiv

Zu diesem Stand der Untersuchungen in der Albertina sind zwei Anmerkungen notwendig. Zum einen ist die Erschließung bzw. die Zugänglichkeit der für die Provenienzforschung relevanten Quellen inzwischen wesentlich vorangeschritten. Dies betrifft vor allem die zentralen Akten zur Geschichte der Vermögensentziehung und zur Rückstellung nach 1945 im Österreichischen Staatsarchiv. Auf Initiative der Anlaufstelle der Israelitischen Kultusgemeinde Wien wurde eine ganze Anzahl von Registraturen und Findmitteln zu diesen Akten sowie zahlreiche weitere Datenbestände für die Mitglieder der Kommission für Provenienzforschung online verfügbar gemacht. Dadurch steht heute ein Abfrage-Raster bereit, in dem sich bei einer erneuten Revision des Materials in der Albertina wahrscheinlich noch der ein oder andere Hinweis verfangen würde. Zum anderen ist zu sagen, dass vermutlich auch durch die gesteigerte Aktivität des Nationalfonds der Republik Österreich für Opfer des Nationalsozialismus und seiner Kunst-Datenbank[9] in den letzten zwei Jahren wieder spürbar mehr Anfragen an die Albertina herangetragen worden sind. Umfangreichere Recherchen waren dabei erforderlich und sind es noch zur Klärung von tatsächlichen oder vermutlichen Erwerbungen der Albertina aus den Sammlungen von Gaston Albert Belf („Plakatsammlung Paul"), Berta Anna Morelli, Karl Mayländer, Armin Reichmann oder auch Fritz Grünbaum. Eine hinreichende Sachverhaltsdarstellung zu diesen Fällen konnte bisher nur für die von der Albertina 1939 über den Kunsthandel angekaufte Plakatsammlung von Gaston Albert Belf abgeschlossen werden.

---

9 Siehe dazu in diesem Band: Michael R. SEIDINGER, Claire FRITSCH, Hannah M. LESSING, Die Tätigkeit des Nationalfonds der Republik Österreich für Opfer des Nationalsozialismus im Rahmen der Kunstrückgabe – Die Kunst-Datenbank des Nationalfonds.

Bearbeitete Fälle 1998–2006

Zwischen August 1998 und September 2006 wurden der Kommission für Provenienz-forschung insgesamt 45 einzelne Berichte vorgelegt.

Hinzu kamen zwei Berichte, betreffend eine Zuweisung von ca. 30 Objekten an die Albertina durch die Gestapo im Jahr 1940 und eine Zuweisung von Bücherbeständen „unbekannter Herkunft" (ca. 40 Objekte) durch das Bundesministerium für Unterricht in den Jahren 1950 und 1951.[10]

Gegenstand der abgeschlossenen Dossiers waren insgesamt 317 Erwerbungen, die die Albertina im Wesentlichen im Zeitraum 1938–1960 getätigt hatte. Bei 19 Fällen (68 Objekten) geschah die Erwerbung im Zusammenhang mit der Behörde des Bundesdenkmalamtes bzw. mit einem Ausfuhrverfahren. In drei Fällen (einer zugleich kombiniert mit Ausfuhrverfahren) war die Erwerbung mit einem mehr oder weniger korrekten Restitutionsausgleich, in dem den Restitutionswerbern mehr oder weniger adäquate Kompensations- oder Ersatzobjekte angeboten wurden, verbunden. In 27 Fäl-len handelte es sich um Erwerbungen, die das wahrscheinlich oder sicher entzogene Eigentum von durch den Nationalsozialismus verfolgten oder diskriminierten Perso-nen betrafen und noch nicht Gegenstand einer vollzogenen Rückstellung gewesen waren. In zwei Fällen davon kamen die (21 bzw. 48) Objekte zwischen 1938 und 1945 unentgeltlich in die Albertina, ebenso ca. 30 Objekte unbekannter Herkunft durch die Gestapo 1940. Nach 1945 erfolgten an unentgeltlichen Zuwächsen dann 1950/51 zunächst Depots von „herrenlosen" Bücherbeständen (ca. 40 Objekte), schließlich 1963 und 1964 noch die Übergaben aus dem ehemaligen Bestand des „Sonderauftrags Linz" und dem ehemaligen Besitz von Joachim von Ribbentrop (28 bzw. 15 Objekte). Die übrigen Fälle betreffen Erwerbungen durch Ankäufe, davon geschahen zwei Ankäufe nach 1945, der letzte 1989.

Zusätzlich wurden sechs Berichte verfasst, die im Ganzen das Ergebnis einer Anzahl unbedenklicher Erwerbungen aus der Provenienz von anderweitig durchaus betroffe-nen Personen beinhalteten. Solche Ergebnisse waren aber zum Teil auch Inhalt von Berichten, die zugleich definitiv bedenkliche Stücke aus der jeweils selben Provenienz behandelten.

---

10 Vgl. Erlass BMfF VS 166.615-3/1950 vom 9.6.1950.

Rückgaben

160 Objekte wurden bisher gemäß Erlässen des Bundesministeriums für Bildung, Wissenschaft und Kultur/Unterricht, Kunst und Kultur zurückgegeben: Alphonse und Clarisse Rothschild, Louis Rothschild, Ferdinand Bloch-Bauer, Serena Lederer, Ehepaar Czeczowiczka, Siegfried Kantor, Gertrud Schüller, Claire und Gustav Kirstein, Edith Oser-Braun, Livia und Otto Brill, Heinrich Rothberger, Rudolf Gutmann, Gottlieb Kraus, Josef bzw. Luise Simon, Valerie Eisler, Siegfried Laemmle, Bruno Jellinek.

Die Rückgabe von 37 weiteren Objekten wurde vom Beirat gemäß dem Kunstrückgabegesetz empfohlen: Josefine Winter, Michael Berolzheimer, Ignatz Pick, Rudolf Bittmann, Richard Weinstock, Henri und Pauline Grünzweig, Albert Pollak.

Reorganisation

Es wurde bereits erwähnt, dass seit einiger Zeit wieder verstärkte Bemühungen um die Provenienzforschung in der Albertina notwendig geworden sind, nachdem ihre durchgehende Aktivität 2001 bis 2006 bedeutend gesunken war. Hinzu kommt, dass die Kommission für Provenienzforschung im Auftrag des Bundesministeriums für Unterricht, Kunst und Kultur beabsichtigt, einen neuen Anlauf zu nehmen und für 2009 bis 2012 ein umfassendes Arbeitprogramm zu formulieren. Bevor ich die Rechercheprojekte vorstelle, mit denen sich die Albertina an diesem neuen Programm beteiligen könnte, möchte ich aber einige grundsätzliche Probleme ansprechen, die sich aus der Frage der Begrenzung der Arbeit ergeben.

Zum einen geht es um Sachverhaltskomplexe von möglicherweise fragwürdigen Erwerbungen, die aber im Einzelnen aufgrund mangelnder Quellenlage nicht näher spezifiziert werden konnten. Dazu gehört eine beträchtliche Anzahl von Erwerbungen, die die Albertina zwischen 1938 und 1945 auf Auktionen des Wiener Dorotheums getätigt hat, deren Vorprovenienz aber in den Ankaufs- bzw. Inventarisationsunterlagen der Albertina selbst in der Regel nicht namhaft wurde. Wie heute noch und wie andere Versteigerungshäuser war das Dorotheum auch zwischen 1938 und 1945 nicht verpflichtet, den TeilnehmerInnen seiner Auktionen die EinbringerInnen der zur Versteigerung gebotenen Stücke bekannt zu geben. Es ist allerdings aus anderen Quellen, insbesondere aus der Tätigkeit des „Sonderauftrags Linz" („Führermuseum", „Linzer Kunstmuseum") bzw. der Zentralstelle für Denkmalschutz/dem Institut für Denkmalpflege im Zusammenhang mit dem so genannten „Führervorbehalt" sowie schließlich aus der Geschichte der Rückstellungsverfahren nach 1945 zur Genüge bekannt, dass das Dorotheum während der Zeit des Nationalsozialismus systematisch Kunstgegenstände aus beschlagnahmtem Eigentum verwertete. Dabei hatte sich ab 1940 vor allem die Vugesta als Einbringerin hervorgetan. Es wird aus den erhaltenen Quellen auch unmissverständlich deutlich, dass noch lange Zeit nach 1945 im Dorotheum selbst nahezu vollständige und denkbar detaillierte Aufzeichnungen über solche Vorgänge der Verauktionierung von entzogenem Kunsteigentum vorlagen, aufgrund derer das Dorotheum selbstständig Auskunft über vermisste Werte geben bzw. auch offiziellen Stellen bei der Beantwortung von Rückstellungsansuchen behilflich sein konnte. Diese Unterlagen sind aber heute offenbar unwiederbringlich verloren.[11] Die Albertina kaufte 1938 bis 1945 auch mehrfach auf Versteigerungen des Auktionshauses Adolph Weinmüller, das ebenfalls als Verwerter von entzogenem Kunstgut berüchtigt war. Stammsitz des Unternehmens war München. Durch Arisierung des Auktionshauses S. Kende in der Rotenturmstraße hatte Weinmüller aber auch eine Dependence in Wien.[12] Die Auskunftsbereitschaft der heutigen Eigentümer der Firma, Neumeister Münchner Kunstauktionshaus KG, erwies sich bisher als völlig unzureichend. Es sei noch bemerkt, dass durch eine Studie des Salzburger Historikers Gert Kerschbaumer im Jahr 2000 noch einmal der Galerist Friedrich Welz als zwielichtige Gestalt in der Geschichte des österreichischen Kunsthandels während des Nationalsozialismus herausgestellt werden konnte.[13] In der Korrespondenz mit Gert Kerschbaumer, der so freundlich war, eine vollständige Liste der Erwerbungen der Albertina über und von Welz von 1938 bis heute zu begutachten, konnten aus dieser jedoch, leider auch vor allem letztlich mangels genauer Belege, keine rückgabepflichtigen Objekte identifiziert werden.

Eine ganz andere Frage stellt sich, wenn man bedenkt, dass mit Bezug auf § 1 (2) des Kunstrückgabegesetzes von 1998 die Erwerbungen der Albertina seit 1938 theoretisch bis heute zu recherchieren wären. Um eine solche Untersuchung systematisch realisieren zu können, fehlen allerdings nach 1960, d. h. grosso modo nach Ablauf der Gültigkeitsfristen der verschiedenen österreichischen Rückstellungsgesetze zwischen 1945 und 1955[14], im Wesentlichen einschlägige Quellen. Diese Quellen waren für die

11 Vgl. Stefan August LÜTGENAU, Alexander SCHRÖCK, Sonja NIEDERACHER, Zwischen Staat und Wirtschaft. Das Dorotheum im Nationalsozialismus, Wien-München 2006, besonders S. 353ff.

12 Siehe dazu in diesem Band: Felicitas THURN-VALSASSINA, Provenienzforschung im Dorotheum.

13 Gert KERSCHBAUMER, Meister des Verwirrens. Die Geschäfte des Kunsthändlers Friedrich Welz, (= Bibliothek des Raubes, Bd. V) Wien 2000.

14 Die beiden Kunst- und Kulturgüterbereinigungsgesetze mit ihren Novellen betrafen den listenmäßig und physisch genau umgrenzten so genannten Mauerbach-Bestand, der auf der „Mauerbachauktion" 1996 versteigert wurde.

Zeit bis 1960 vielmehr gerade in den verschiedenen Rückstellungsakten des Bundesdenkmalamtes, des Österreichischen Staatsarchivs und des Wiener Stadt- und Landesarchivs wie nicht zuletzt in den Akten der Treuhandverwaltung für Kulturgut im
Koblenzer deutschen Bundesarchiv vorhanden und bildeten ein präzises Raster, durch
das sich auch aus den hauseigenen Unterlagen der Albertina über direkte Hinweise hinaus die bewussten Vorgänge herausfiltern ließen. Planmäßige Recherchen zu jenen
Erwerbungen der Albertina, die dann ja noch einmal in die Tausende gehen, sind für
die Zeit nach 1960 ohne weiteres kaum mehr möglich. Es fehlen durchgehende
Anhaltspunkte, um die Wahrscheinlichkeit der Erwerbung eines Stückes aus im Sinne
des Kunstrückgabegesetzes bzw. des Nichtigkeitsgesetzes ehemals entzogenem Kulturgut, das überdies mittlerweile durch die verschiedensten Hände gegangen sein kann,
beurteilen zu können.

All dies hindert natürlich nicht, die Recherchen im Beobachtungszeitraum von
1938 bis 1960 noch einmal zu intensivieren bzw. auch gezielt zu ergänzen. Die Provenienzforschung der Albertina von 1998 bis 2001 (fallweise bis 2006) bestand vorwiegend aus Einzelstudien, die schnell abgeschlossen werden konnten. Nun bieten sich
umfangreichere Materialsammlungen und Untersuchungen an, mit denen die Albertina, wie oben angedeutet, in das Arbeitsprogramm der Kommission für Provenienzforschung von 2009 bis 2012 einsteigen kann. Ins Auge werden Arbeiten unterschiedlichen Umfangs und verschiedener Bestimmung gefasst, darunter: Eine Übertragung
aller Provenienzdaten aus den Inventaren der Albertina in die elektronische Objektdatenbank (The Museum System, TMS) der Albertina; die Erstellung einer Namens-
liste zu den Vorprovenienzen der Erwerbungen der Albertina ab 1938; eine Autopsie
aller Erwerbungen der Albertina zwischen 1938 und 1945 im Hinblick auf eine Präzi-
sierung der physischen Merkmale der betreffenden Stücke sowie aller darauf ange-
brachten Beschriftungen[15]; eine systematische Revision des gesamten Bestandes an
Werken von Egon Schiele und Gustav Klimt in der Albertina im Hinblick auf kritische
Vorprovenienzen (Einarbeitung der neuesten Forschungsliteratur); eine Untersuchung
der Zusammensetzung und der Vorprovenienzen des Bestandes des Egon-Schiele-
Archivs in der Albertina (Legat Stadtrat Max Wagner, gest. 1954), der Bibliothekser-
werbungen der Albertina 1938–1945 und der Erwerbungen der Albertina aus dem
deutschen Kunsthandel 1933 (1934) bis 1937.

---

15 Dieses Projekt wurde schon einmal Ende 2004 der Kommission für Provenienzforschung vorgelegt, konnte aber wegen der zeitweiligen Unzugänglichkeit des Depots der Albertina länger nicht realisiert werden.

Jenseits von Klimt. Zur Provenienzforschung in der Österreichischen Galerie Belvedere [1]

Monika Mayer

Am 8. November 2006 wurden bei Christie's in New York vier Gemälde Gustav Klimts aus der ehemaligen Sammlung von Adele und Ferdinand Bloch-Bauer [2] versteigert. Die insgesamt fünf Klimt-Bilder waren nach einem mehr als sechsjährigen Rechtsstreit durch die Entscheidung eines Schiedsgerichtes im Jänner 2006 an die Erben Bloch-Bauers zurückgegeben worden. [3] Das berühmteste der fünf Bilder, das *Goldene Porträt der Adele Bloch-Bauer* aus dem Jahr 1907, war im Juni 2006 von Ronald Lauder um den Rekordpreis von 135 Mio $ für die Neue Galerie in New York angekauft worden. Auch in einem zweiten das Belvedere betreffenden prominenten Fall kam es zu einer Revision der ursprünglich negativen Empfehlung des Kunstrückgabe-Beirats aus dem Jahr 1999. [4] Edvard Munchs Gemälde *Sommerabend am Strand* aus der Sammlung Alma Mahler-Werfel wurde am 9. Mai 2007 aufgrund eines positiven Beschlusses des Kunstrückgabe-Beirats vom 8. November 2006 im Oberen Belvedere an deren Enkelin Marina Fistoulari-Mahler übergeben. [5]

---

1 Die Bezeichnung des Museums Österreichische Galerie Belvedere wurde Anfang des Jahres 2007 durch die amtierende Direktorin Dr. Agnes Husslein-Arco durch Belvedere ersetzt. Im Folgenden wird der aktuelle Name auch retrospektiv verwendet.

2 Siehe Hubertus CZERNIN, Die Fälschung. Der Fall Bloch-Bauer und das Werk Gustav Klimts, 2 Bde. (= Bibliothek des Raubes, Bd. III), Wien 1999; Sophie LILLIE, Georg GAUGUSCH, Portrait of Adele Bloch-Bauer, New York 2006; Stephan KOJA, Andreas KUGLER, „Ich glaube aber, es dem Andenken meines treuen Freundes Klimt schuldig zu sein …". Die beiden Portraits der Adele Bloch von Gustav Klimt, in: Belvedere. Zeitschrift für bildende Kunst, Sonderband Gustav Klimt, Wien 2007, S. 168–191.

3 In seiner Sitzung vom 28.6.1999 hatte sich der Kunstrückgabe-Beirat mit Verweis auf „die letztwillige Verfügung der bereits im Jahre 1925 verstorbenen Adele Bloch-Bauer, von der die in Rede stehenden Gemälde der damaligen österreichischen Staatsgalerie vermacht worden sind" gegen die Rückgabe an die Rechtsnachfolger Ferdinand Bloch-Bauers ausgesprochen. Siehe Restitutionsbericht 2000/2001. 3. Bericht der Bundesministerin für Bildung, Wissenschaft und Kultur an den Nationalrat über die Rückgabe von Kunstgegenständen aus den Österreichischen Bundesmuseen und Sammlungen, S. 11.

4 „Am 28. Juni 1999 konnte der Beirat die Übereignung des Gemäldes von Edward Munch *Meereslandschaft mit Mond* aus der Österreichischen Galerie an die Erben nach Alma Mahler-Werfel nicht empfehlen." Siehe Restitutionsbericht 2000/2001, S. 11.

5 Siehe dazu in diesem Band: Werner FÜRNSINN, Der Zerrissene. Die Rolle des Wiener Malers Carl Moll in der Rückgabesache betreffend ein Gemälde von Edvard Munch an die Erbin nach Alma Mahler – Eine Ehrenrettung?

Bundesministerin Claudia Schmied, Marina Fistoulari-Mahler und Agnes Husslein-Arco, die Direktorin des Belvedere, im Marmorsaal des Oberen Belvedere am 9. Mai 2007.

Der politische und öffentliche Diskurs um die Restitutionsfälle Bloch-Bauer und Mahler-Werfel hat die Provenienzforschung nicht nur in der Österreichischen Galerie Belvedere in den vergangenen Jahren überschattet und medial in den Hintergrund gedrängt.

Im Folgenden wird versucht, einen Überblick über zehn Jahre Provenienzforschung am Belvedere zu geben.[6]

Bereits am 4. Mai 1945, nur wenige Tage nach der Konstituierung der provisorischen österreichischen Regierung unter Karl Renner, erschien in der Tageszeitung *Neues Österreich* unter dem Titel *Raub und Zerstörung an Wiener Kunstbesitz* ein Artikel, in dem das Schicksal der Wiener Museen in der NS-Zeit thematisiert wurde: Nicht nur „durch die kriegerischen Ereignisse", sondern auch durch Bergungsmaßnahmen und „richtige Verschleppungen" habe „der repräsentative Kern der Wiener Kunstsammlungen Schweres zu erleiden gehabt."[7]

In einer Stellungnahme gab der Direktor des Belvedere, Bruno Grimschitz[8], die Verluste des Museums mit nur „3 Gemälden von untergeordnetem künstlerischem Wert" an und er führte weiter aus: „Sonst verlor die Österreichische Galerie kein Kunstwerk,

6 Siehe Monika MAYER, Zur Provenienzforschung am Beispiel der Österreichischen Galerie Belvedere, in: Hadwig KRÄUTLER, Gerbert FRODL (Hg.), Das Museum. Spiegel und Motor kulturpolitischer Visionen. 1903–2003. 100 Jahre Österreichische Galerie Belvedere, Wien 2004, S. 255–274.

7 Raub und Zerstörung an Wiener Kunstbesitz, Neues Österreich. Unabhängiges Wiener Tagblatt, 4.5.1945, S. 3.

8 Dr. Bruno Grimschitz (1892–1964), wissenschaftlicher Mitarbeiter der Österreichischen Galerie seit 1919, Leiter des Museums seit August 1938 (Ernennung zum Direktor mit 1.10.1939), wurde als ehemaliges NSDAP-Mitglied im Oktober 1945 vom Dienstposten als Direktor enthoben und mit 31.10.1947 in den dauernden Ruhestand versetzt. Siehe ÖStA AdR, BMU, Personalakt Bruno Grimschitz.

dagegen konnten in einer ungewöhnlich reichen und weitgehend den nationalsozialistischen Richtlinien ganz entgegengesetzten Erwerbungstätigkeit" für das Museum „in den Jahren 1938–1945 mehr als zweihundert Kunstwerke von Rang erworben werden."[9]

Unerwähnt bleiben der Raub und die Zerstörung zahlreicher Kunstsammlungen von Juden und Jüdinnen in Österreich; unreflektiert bleibt aber auch die Involvierung der österreichischen Museal- und Denkmalpflege-Bürokratie in den NS-Kunstraub.

Dank der Ergebnisse der aktuellen Provenienzforschung sind das besondere Ausmaß und die Planmäßigkeit des NS-Kunstraubes in Österreich bzw. die unsensible Haltung in der Erwerbungspolitik der Museen auch nach 1945 belegbar. Fragen nach der Provenienz der Kunstwerke und damit die Möglichkeit eines vorangegangenen Vermögensentzuges blieben bis 1998 meist vollständig ausgeblendet.

Zur Geschichte und Struktur der Österreichischen Galerie Belvedere

Mit der Eröffnung der Modernen Galerie im Mai 1903 im Unteren Belvedere wurde der Grundstein für die heutige Sammlung des Belvedere gelegt. In seiner mehr als 100-jährigen Geschichte konnte sich das Belvedere als das bedeutendste Museum österreichischer Kunst etablieren, das entsprechend der Gründungsintention das österreichische Kunstschaffen im internationalen Kontext präsentiert. 1911 wurde die Moderne Galerie in k. k. Österreichische Staatsgalerie umbenannt, die bereits einen repräsentativen Querschnitt durch das österreichische Kunstschaffen vom Mittelalter bis zur Gegenwart zeigte und die grundsätzliche Struktur des heutigen Museumskomplexes vorgab. Von 1915 an bis zu seiner Amtsenthebung durch das NS-Regime im April 1938 leitete Franz Martin Haberditzl das Belvedere und legte mit seiner Ankaufspolitik den Grundstein für die Sammlung von Hauptwerken der klassischen Moderne. In seine Amtszeit fiel die Erweiterung der Staatsgalerie auf beide Schlösser und die Neuordnung der Sammlungen nach dem Ende des Ersten Weltkrieges durch Hans Tietze. 1923 wurde das Barockmuseum im Unteren Belvedere eröffnet. Im Oberen Belvedere wurde 1924 die Galerie des XIX. Jahrhunderts mit Werken internationaler und österreichischer Künstler eingerichtet, die Moderne Galerie wurde in der Orangerie untergebracht.

---

9 Schreiben Bruno Grimschitz an die Verwaltung der Staatlichen Theater, Kunstanstalten und Museen vom 9.5.1945, Archiv des Belvedere Wien, Zl. 36/45.

Nach dem „Anschluss" Österreichs an das Deutsche Reich im März 1938 setzte mit Direktor Bruno Grimschitz unter aktiver Ausnützung der geänderten Machtverhältnisse eine offensive Erwerbungspolitik ein. Insgesamt wurden in den Jahren 1938 bis 1945 mehr als 600 Kunstwerke erworben. Hubertus Czernin charakterisiert Bruno Grimschitz als „einen der Hauptakteure bei der `Arisierung´ der Wiener Kunstsammlungen und einen der größten Profiteure der Enteignung jüdischer Kunstsammlungen."[10]

Die Moderne Galerie wurde von Grimschitz im Sinne des NS-Regimes bereits am 20. März 1938 geschlossen; der Bestand an so genannten „entarteten" Werken blieb allerdings unangetastet.[11]

Aufgrund der mit 17. September 1946 in Kraft getretenen Vermögensentziehungs-Anmeldungsverordnung[12], die der Erfassung arisierter und anderer entzogener Vermögen dienen sollte, übermittelte der interimistische Leiter der Österreichischen Galerie, Fritz Novotny, an das zuständige Magistratische Bezirksamt im Herbst 1946 eine Aufstellung von 26 Kunstwerken, „die im Lauf der Jahre der nationalsozialistischen Herrschaft in Österreich aus jüdischem Besitz für die Österreichische Galerie erworben wurden."[13]

Die angeführten 26 Werke stammen aus acht namentlich genannten Sammlungen – Josef Blauhorn, Viktor Ephrussi, Wilhelm Freund[14], Gertrud Felsóványi[15], Irma Götzl, Robert Mendelssohn, Robert Pollak, Leopold Weinstein – bzw. hatten eine unbekannte Provenienz: Darunter waren Ankäufe aus dem Dorotheum und von der

10 CZERNIN, Die Fälschung, Bd. 2, S. 309f.
11 Zur Geschichte des Belvedere 1938 bis 1945 bzw. zur Erwerbungspolitik Bruno Grimschitz' in der NS-Zeit siehe Monika MAYER, Bruno Grimschitz und die Österreichische Galerie 1938–1945. Eine biographische Annäherung im Kontext der aktuellen Provenienzforschung, in: Gabriele ANDERL, Alexandra CARUSO (Hg.), NS-Kunstraub in Österreich und die Folgen, Innsbruck-Wien-Bozen 2005, S. 59–79.
12 Verordnung des Bundesministeriums für Vermögenssicherung und Wirtschaftsplanung im Einvernehmen mit den beteiligten Bundesministerien vom 15. September 1946 zur Durchführung des Gesetzes über die Erfassung arisierter und anderer im Zusammenhange mit der nationalsozialistischen Machtübernahme entzogener Vermögenschaften vom 10. Mai 1945, StGBl 1945/10 (Vermögensentziehungs-Anmeldungsverordnung).
13 Schreiben Fritz Novotny an das Magistratische Bezirksamt für den 1. Bezirk vom 14.11.1946 und Nachtrag vom 3.12.1946, Archiv des Belvedere Wien, Zl. 318/46.
14 Die Rückgabe zweier Gemälde von Anselm Feuerbach, *Medea an der Urne*, und Anton Romako, *Ungarischer Bauernhof*, an die Erben nach Wilhelm Freund wurde vom Beirat in seiner Sitzung vom 10.10.2002 empfohlen.
15 Im Fall von zwei Waldmüllerporträts aus der Sammlung Gertrud Felsóványi wurde die Ablehnung einer Rückgabeempfehlung des Beirats im Jänner 2001 mit dem Hinweis auf eine „rechtskräftige Gerichtsentscheidung" aus dem Jahr 1952 begründet. Siehe Restitutionsbericht 2000/2001, S. 10f.

Vugesta[16], der Verwaltungsstelle für jüdisches Umzugsgut der Gestapo, bzw. Überweisungen der Reichsstatthalterei.

Von den 26 Objekten wurden in der Nachkriegszeit zehn an die ehemaligen EigentümerInnen bzw. deren RechtsnachfolgerInnen restituiert[17]; das Gemälde *Meeralgen* von Gustav Klimt wurde 1963 im Tausch abgegeben. Die restlichen 15 Kunstwerke befinden sich nach wie vor im Bestand des Museums und sind bzw. waren Gegenstand der aktuellen Provenienzforschung. Von diesen waren bereits neun Werke aus den Sammlungen Blauhorn, Felsöványi und Mendelssohn in der Nachkriegszeit in Rückstellungsverfahren involviert gewesen.

Der Museumsbetrieb der Zeit nach dem Zweiten Weltkrieg ist durch zahlreiche Neuerwerbungen, Erweiterungen und Modernisierungsmaßnahmen gekennzeichnet. Die von 1953 bis 2006 in der Orangerie untergebrachte Sammlung mittelalterlicher Kunst und die Bestände des Barockmuseums im Unteren Belvedere sind seit Sommer 2007 bzw. Frühjahr 2008 im Oberen Belvedere zu sehen.

Neben den Meisterwerken gotischer und barocker Kunst seien als Schwerpunkte der Sammlungsbestände des Belvedere jene des Biedermeier (u. a. eine Kollektion von knapp achtzig Gemälden Ferdinand Georg Waldmüllers), des Historismus (mit Hauptwerken Hans Makarts und Anton Romakos) und die Kunst der Wiener Jahrhundertwende um 1900 hervorgehoben. Das Belvedere besitzt – auch nach der erfolgten Rückgabe von insgesamt zehn Werken Gustav Klimts – nach wie vor die weltgrößte Sammlung von Klimt-Gemälden und einen hervorragenden Bestand an Werken Egon Schieles. Unter den prominent in der Sammlung des 20. Jahrhunderts vertretenen Künstlern seien exemplarisch Richard Gerstl, Oskar Kokoschka oder Herbert Boeckl angeführt.

---

16 Zur Vugesta siehe: „Arisierung" von Mobilien mit Beiträgen von Gabriele ANDERL, Edith BLASCHITZ, Sabine LOITFELLNER, Mirjam TRIENDL, Niko WAHL (= Veröffentlichungen der Österreichischen Historikerkommission Vermögensentzug während der NS-Zeit sowie Rückstellungen und Entschädigungen seit 1945 in Österreich, Bd. 15) Wien-München, 2004, S. 11–249.

17 Insgesamt sind in der Zeit von 1945 bis 1998 die Rückstellungen der folgenden zwölf Objekte aus dem Bestand des Belvedere an die rechtmäßigen Eigentümer bzw. deren Rechtsnachfolger nachweisbar: Viktor von Ephrussi (Franz Adam, *Lagerndes österreichisches Militär in italienischer Landschaft*; Ferdinand Kobell, *Waldlandschaft mit Kühen*; August von Pettenkofen, *Lagernde Soldaten im Herbstwald*; restituiert 1948); Französische Militärregierung (Johann Georg Platzer, *Mythologische Szene*; restituiert 1947); Irma Götzl (Franz Anton Maulbertsch, *Taufe Christi*; restituiert 1973); Alma Mahler-Werfel (Emil Jakob Schindler, *Ragusa* und *Pappelallee*; restituiert 1954); Robert Pollak (Carl Markò, *Ideale Landschaft mit Auffindung des Moses*; restituiert 1949); Gustav Senders (Friedrich Loos, *Ansicht von Graz*; restituiert 1962); Leopold Weinstein (Rudolf von Alt, *Der Vestatempel in Rom*; Ferdinand Georg Waldmüller, *Wienerwaldlandschaft mit Schloss Wildegg*; restituiert 1946); Paul G. Wexberg (August von Pettenkofen, *Bildnisstudie*; restituiert 1957).

Zur Provenienzforschung

Im Sinne des Bundesgesetzes über die Rückgabe von Kunstgegenständen aus den Österreichischen Bundesmuseen und Sammlungen werden in der Österreichischen Galerie Belvedere sämtliche Erwerbungen des Museums seit dem März 1938 systematisch auf ihre Provenienz überprüft.

Die Recherchen werden durch die Museumsarchivarin Monika Mayer als Mitglied der Kommission für Provenienzforschung seit April 1998 (seit Jänner 2003 teilzeitbeschäftigt) durchgeführt. Im Auftrag der Kommission waren bzw. sind seit Juli 2002 ergänzend die folgenden WissenschafterInnen jeweils in Teilzeitbeschäftigung tätig: Dagmar Sachsenhofer (Juli 2002 bis Februar 2005), Thomas Geldmacher (Februar 2005 bis April 2007) und Katinka Gratzer (seit Mai 2007).

Grundsätzlich muss festgehalten werden, dass in Hinblick auf die aktuelle Provenienzforschung auf keine wesentlichen wissenschaftlichen Vorarbeiten zurückgegriffen werden konnte.

Nachdem der ursprünglich von Bundesministerin Elisabeth Gehrer vorgegebene Zeitrahmen (Erfassung aller Erwerbungen von 1938 bis 1955) aufgrund der sammlungsspezifischen Situation des Belvedere zunächst bis 1963 ausgedehnt wurde (Überweisung jener für das „Führermuseum" in Linz bestimmten Kunstwerke[18]), ergaben die Recherchen, dass entsprechend dem Kunstrückgabegesetz auch rezente Erwerbungen auf ihre Provenienz zu untersuchen sind. In diesem Kontext sei exemplarisch Klimts Gemälde *Landhaus am Attersee* angeführt, das 1994 als Legat aus Wiener Privateigentum an das Museum gelangt war und als entzogenes Vermögen im Dezember 2001 an die Rechtsnachfolger nach Jenny Steiner zurückgegeben wurde.

1998 war man davon ausgegangen, dass Erwerbungen im Rahmen der restriktiven Ausfuhrgesetzgebung nach 1945 quantitativ im Mittelpunkt der Provenienzforschung stehen würden. Diese „Widmungen" belegen die erpresserische Praxis nach dem Zweiten Weltkrieg, die Erteilung von Ausfuhrbewilligungen an Vertriebene mit der Schenkung

---

18   Kunstwerke aus dem Sammlungsbestand des so genannten Sonderauftrag Linz mit dem Herkunftsnachweis, dass sie sich mit Stichtag 13.3.1938 in Österreich befanden, gelangten im Sinne der „äußeren Restitution" in das Eigentum der Republik Österreich. Mit Erlass des Unterrichtsministeriums vom 29.6.1963 wurden die Kunstwerke verschiedenen Bundesmuseen zur „treuhändigen Verwahrung" übergeben; per Erlass vom 25.3.1965 wurde verfügt, die Objekte „definitiv in die Inventare" aufzunehmen. Siehe Archiv des Belvedere Wien, Zl. 702/63, Zl. 466/65.

von Kunstwerken an Museen zu junktimieren. Im Belvedere wurden diesbezügliche Recherchen zu Kunstwerken aus den Sammlungen Oskar Bondy, Ferdinand Bloch-Bauer, Rudolf Gutmann, Anton Graf Lanckoronski, Erich Lederer, Alphonse und Louis Rothschild, Jenny Steiner und Mary Wooster durchgeführt. Bedenkliche Erwerbungen im Sinne des 1. Tatbestandes des Gesetzes ergaben sich, abgesehen von der bereits genannten Causa Bloch-Bauer, nur in zwei Fällen und hatten die Rückgabe von insgesamt elf Werken aus dem ehemaligen Eigentum von Alphonse und Louis Rothschild bzw. die Rückgabeempfehlung des Beirats zu einem Raffalt-Gemälde aus der Sammlung Mary Wooster zur Folge.

Aufgrund der laufenden Recherchen kristallisierte sich zunehmend heraus, dass zahlreiche während der NS-Herrschaft entzogene Kunstwerke erst nach dem Zweiten Weltkrieg „bona fide" bzw. ohne einen möglichen Entziehungskontext in Betracht zu ziehen, in die Museen gelangt waren.

Bezug nehmend auf die Kriterien des Kunstrückgabegesetzes werden die Erwerbungen des Museums seit dem März 1938 (ca. 6300 Neuerwerbungen bzw. Neuinventarisierungen abzüglich jener 978 Werke, die aus dem Inventar wieder ausgetragen wurden) systematisch und lückenlos überprüft.

Um den Anforderungen einer wissenschaftlich seriösen und transparenten Aufarbeitung entsprechend internationaler Standards der Provenienzforschung gerecht zu werden, wurde eine museumsinterne Filemaker-Datenbank erstellt. Die Datenbank enthält jene knapp 5000 Objekte, die das Belvedere seit März 1938 erworben hat und die vor 1945 entstanden sind.

Die umfassende Datenbank ermöglicht objektbezogen die Nachvollziehung der jeweiligen Archiv- bzw. Literaturrecherchen und beinhaltet eine qualifizierende Klassifizierung der Kunstwerke im Sinne des Kunstrückgabegesetzes. Drei Kategorisierungen wurden eingeführt: „bedenklich", „unbedenklich", „offen".

„Unbedenklich" bedeutet, dass die Provenienzkette lückenlos nachweisbar ist. Selbst wenn das Kunstwerk in den Jahren 1938 bis 1945 aus jüdischem Eigentum bzw. von politisch Verfolgten entzogen wurde, wurde es nach dem Krieg an die ursprünglichen EigentümerInnen zurückgegeben und in der Folge vom Belvedere ordnungsgemäß erworben.

Als „bedenklich" bezeichnet die Provenienzforschung des Belvedere Erwerbungen im Sinne von § 1 Kunstrückgabegesetz.

„Offen" bedeutet, dass beim aktuellen Recherchestand noch zu wenige Informationen vorliegen, um die Provenienz des Kunstwerkes lückenlos zu klären. Es existieren weder Hinweise, die auf eine Bedenklichkeit eines Rechtsgeschäftes hindeuten, noch Indizien auf Unbedenklichkeit. Dies betrifft vor allem Erwerbungen aus dem Kunsthandel sowohl aus den Jahren 1938 bis 1945 als auch aus der Nachkriegszeit.

Mit Stand April 2008 enthält die Datenbank insgesamt 546 Gemälde und Skulpturen, deren Status als „offen" eingestuft wird. Diese Objekte sind Gegenstand weiterer intensiver Recherchen.

Weitgehend abgeschlossen werden konnte die Digitalisierung der Bildrückseiten möglicher „bedenklicher" Erwerbungen: Bis dato wurden ca. 650 Bildrückseiten digital erfasst, die damit als Quelle für die Provenienzforschung nutzbar sind.

Bis 1. April 2008 wurden der Kommission für Provenienzforschung 62 Dossiers zu insgesamt 128 Kunstwerken vorgelegt; zusätzlich wurde eine Dokumentation zu den 84 Objekten, die aus der Sammlung des ehemaligen deutschen Reichsaußenministers Joachim von Ribbentrop stammen, erarbeitet. Der Bogen spannt sich dabei von einer gotischen Tafel des Meisters der Veitslegende über Hauptwerke der österreichischen und deutschen Malerei des 19. Jahrhunderts von Waldmüller, Romako oder Feuerbach bis hin zur Wiener Kunst der Jahrhundertwende von Klimt oder Schiele.

Um auszuschließen, dass Erwerbungen des Belvedere aus den Jahren 1933 bis 1937 Gegenstand eines verfolgungsbedingten Rechtsgeschäftes in Folge der Machtergreifung der Nationalsozialisten im Deutschen Reich nach dem Jänner 1933 waren, wurde der entsprechende inventarische Bestand einer grundsätzlichen Sichtung unterzogen. Nach derzeitigem Stand kann davon ausgegangen werden, dass keiner der insgesamt 147 erfolgten Neuzugänge (inklusive jener 48 Kunstwerke, die in der Folge aus dem Inventar wieder ausgetragen wurden) als Konsequenz einer Entziehung durch das NS-Regime vor dem „Anschluss" Österreichs im März 1938 in das Museum gelangt ist.

Von den 147 Neuerwerbungen bzw. Neuinventarisierungen sind mehr als ein Drittel entweder Inventarisierungen von Kunstwerken, die im Zuge der Tietze'schen Museumsreform nach dem Ersten Weltkrieg vom Kunsthistorischen Museum durch das Belvedere übernommen worden waren (41 Objekte) oder Widmungen von Kunstwerken zeitgenössischer österreichischer Künstler (u. a. Josef Dobrowsky, Albert Paris Gütersloh, Franz Lerch) durch die Julius Reich-Künstlerstiftung (13 Objekte).

Besonderes Anliegen der Erwerbungspolitik jener Jahre war die Akquirierung wichtiger Werke der österreichischen Moderne (exemplarisch sei Oskar Kokoschkas Gemälde *Prager Hafen* von 1936 genannt, das 1937 vom Künstler erworben werden konnte, der zum Erwerbszeitpunkt im Deutschen Reich bereits als „entarteter" Künstler verfemt war).

Erwähnt sei an dieser Stelle auch die Übergabe des Gustav Klimt Gemäldes *Schloss Kammer am Attersee III* durch Ferdinand Bloch-Bauer als „Widmung von Adele und Ferdinand Bloch-Bauer" an das Belvedere im November 1936.[19]

Zur Quellenlage

Als für die Provenienzforschung relevante Unterlagen des Museums können neben dem Kunstwerkeinventar die so genannten Grundbuchblätter und der Bestand des historischen Archivs angeführt werden.

In das handschriftliche Kunstwerkeinventar, das seit den frühen 1990er Jahren auch in einer elektronischen Version (als Filemaker- bzw. TMS-Datenbank) vorliegt, sind, versehen mit einer fortlaufenden Inventarnummer, die Kunstwerke chronologisch nach dem Datum der Erwerbung eingetragen (meist versehen mit einem Hinweis auf die jeweils rezente Provenienz bzw. mit der Angabe der Aktenzahl des Erwerbungsaktes).

Als objektbezogene Quelle sind die Grundbuchblätter wichtig. Diese Dossiers zu jedem Kunstwerk, die meist zur Erwerbungszeit angelegt wurden und laufend aktualisiert werden, können durch eventuelle Einträge in der Rubrik „Ältere Besitznachrichten" bzw. durch historische Ausstellungs- und Literaturangaben wesentliche Informationen zur jeweiligen Provenienz beinhalten.

Der historische Aktenbestand im Archiv des Belvedere zeichnet sich durch eine nahezu komplette Überlieferung seit 1903 aus. Abgesehen von einer Skartierungsaktion Mitte der 1990er Jahre, die Akten der Jahre 1955–1967 betraf, gibt es nur einzelne Aktenverluste. Die Akten sind durch Findmittel (jährliche Index- und Protokollbände) gut erschlossen. Die alphabetisch strukturierten Indexbände ermöglichen eine einfache objekt- bzw. personenbezogene Recherche.

Der Aktenbestand im historischen Archiv des Belvedere wurde ab 1938 auf für die Provenienzforschung relevante Dokumente überprüft.

Abgesehen von objektbezogenen Daten, die elektronisch in der Provenienzdatenbank erfasst sind, wurden Aktenkompilationen zu diversen Themen zusammengestellt (Ausfuhr, Restituierungen, Suche nach entzogenen Kunstwerken etc.).

Grundsätzlich muss darauf hingewiesen werden, dass für eine seriöse wissenschaftliche Aufarbeitung der jeweiligen Sammlungsbestände, abgesehen von der Heranziehung der

---

19   Schreiben Franz Martin Haberditzl an Ferdinand Bloch-Bauer vom 25.11.1936, Archiv des Belvedere Wien, Zl. 483/36.

museumseigenen Akten, die Benutzung externer Archive unabdingbar ist. Regelmäßige Recherchen auch in Kontakt mit in- und ausländischen ExpertInnen wurden unter anderem in folgenden Archiven durchgeführt: Archiv des Bundesdenkmalamtes, Österreichisches Staatsarchiv, Wiener Stadt- und Landesarchiv, Dokumentationsarchiv des österreichischen Widerstandes, Archiv des Wiener Künstlerhauses, diverse österreichische Landesarchive, Kunstsammlungen der Stadt Augsburg (Haberstock-Archiv), Bundesarchiv Berlin, Berliner Landesarchiv, Zentralarchiv der Stiftung Preußischer Kulturbesitz Berlin, Bundesarchiv Koblenz, Bayerisches Staatsarchiv München, Brandenburgisches Landeshauptarchiv Potsdam, Prager Staatsarchiv, Archiv des Kunsthauses Zürich.

Als wissenschaftlich befruchtend erwiesen sich der Besuch internationaler Fachtagungen u. a. in Köln, Hamburg, London und Washington[20] bzw. die regelmäßige Teilnahme an den Treffen des deutschen Arbeitskreises Provenienzforschung, dessen Mitglied die Archivarin des Belvedere, Monika Mayer, seit 2001 ist. In Kooperation von Belvedere, Leopold Museum Privatstiftung und Dorotheum wurde die Herbsttagung des Arbeitskreises im Oktober 2004 in Wien durchgeführt.

Grundsätzlich besteht seit 1998 ein intensiver fachlicher Austausch und eine kollegiale Kooperation mit den Mitgliedern der Kommission für Provenienzforschung, aber auch zu den KollegInnen im Wien Museum, in den Landesmuseen in Linz, Salzburg, Innsbruck und Graz, der Anlaufstelle der IKG Wien, des Wiener Dorotheums und des Nationalfonds der Republik Österreich.

Regelmäßige persönliche Kontakte bestehen auch zu den MitarbeiterInnen des Bundesamtes für zentrale Dienste und offene Vermögensfragen Berlin (ehem. Oberfinanzdirektion Berlin), zur Koordinierungsstelle für Kulturgutverluste Magdeburg, The Art Loss Register in London, The Commission for Looted Art in London, aber auch zu den Provenienzforschungsabteilungen der Auktionshäuser Sotheby's und Christie's.

---

20 Wallraf-Richartz-Museum Köln, Dezember 2001, Kolloquium „Museen im Zwielicht. Ankaufspolitik 1933–1945"; Hamburger Kunsthalle, Februar 2002, Tagung „die eigene Geschichte. Provenienzforschung an deutschen Museen im internationalen Vergleich" (Vortrag Monika Mayer: Provenienzforschung in Österreich, publiziert in: „Museen im Zwielicht. Ankaufspolitik 1933–1945" und „die eigene Geschichte. Provenienzforschung an deutschen Museen im internationalen Vergleich" (= Veröffentlichungen der Koordinierungsstelle für Kulturgutverluste Magdeburg Bd. 2), Magdeburg 2002, S. 381–393); Washington D. C., November 2004, International Provenance Research Colloquium der American Association of Museums; Sotheby's London, Oktober 2006, International Symposium on Restitution and Provenance Research (Vortrag Monika Mayer: Provenance Research at the Österreichische Galerie Belvedere Vienna).

Zur Rückgabe von Kunstwerken der Österreichischen Galerie Belvedere seit 1998

Wie erwähnt wurden bis 1. April 2008 durch die ProvenienzforscherInnen des Belvedere zu insgesamt 128 Kunstwerken 62 Dossiers erstellt und der Kommission für Provenienzforschung übermittelt.[21]

Der Kunstrückgabe-Beirat hat bislang 50 dieser Dossiers, betreffend 103 Kunstwerke, behandelt.

29 Kunstwerke aus zwölf Sammlungen (Bernhard Altmann, Ferdinand Bloch-Bauer, Moriz und Otto Eisler, Gottlieb Kraus, Hermine Lasus, Alma Mahler-Werfel, Dr. Heinrich Rieger, Alphonse Rothschild, Louis Rothschild, Leo und Elise Smoschewer, Jenny Steiner, Nora Stiasny) wurden bereits an die rechtmäßigen Erben bzw. deren Rechtsnachfolger zurückgegeben.

Für 14 Kunstwerke aus weiteren 13 Sammlungen (Alice und Carl Bach, Rudolf Bittmann, Franz Erlach, Wilhelm Freund, Ernst Gotthilf-Miskolzy, Vally Honig-Roeren, Otto Klein, Wally Kulka, Max Roden, Alice und Hans Rubinstein, Friedrich Spiegler, Josefine Winter, Mary Wooster) empfahl der Beirat die Rückgabe; diese ist aufgrund der laufenden Erbenfeststellung bis dato nicht erfolgt.

In acht Fällen[22] betreffend 17 Kunstwerke konnte der Beirat die Rückgabe nicht empfehlen. Zwei negative Empfehlungen (Edvard Munchs Gemälde *Sommerabend am Strand* aus der Sammlung Alma Mahler-Werfel und zwei Skulpturen von Georges Minne aus der Sammlung Bloch-Bauer) wurden in der Folge revidiert. Fünf Gemälde Gustav Klimts wurden 2006 wie ausgeführt aufgrund einer Schiedsgerichtsentscheidung an die Erben nach Ferdinand Bloch-Bauer rückgestellt.

Hinsichtlich des Gemäldes *Amalie Zuckerkandl* von Gustav Klimt (ehemals Sammlung Ferdinand Bloch-Bauer respektive Sammlung Amalie Zuckerkandl / Hermine Müller-Hoffmann) liegt eine Entscheidung des 2005 eingesetzten dreiköpfigen Schiedsgerichts vor, die die Restitution des Bildes nicht empfiehlt und von beiden Erbenvertretern beeinsprucht wurde.[23]

---

21 Zur Provenienzforschung des Belvedere und zur Rückgabe von Kunstwerken aus dem Bestand des Museums siehe die Homepage http://www.belvedere.at.

22 Betroffen sind Kunstwerke aus den Sammlungen Malvine und Hugo Blitz, Gertrud Felsöványi, Wilhelm Viktor Krausz, Camilla und Wilhelm Kuffner (?), Jenny Steiner, Paul Wittgenstein bzw. Ferdinand Bloch-Bauer und Alma Mahler-Werfel.

23 Der Oberste Gerichtshof hat im April 2008 die von den Erben angestrebten außerordentlichen Revisionen eines Urteils des Oberlandesgerichts Wien zurückgewiesen.

52 Werke aus 18 Sammlungen fallen nach Ansicht des Beirats bzw. der Kommission für Provenienzforschung nicht unter die Bestimmungen des Kunstrückgabegesetzes. Weitere zwölf Dossiers zu insgesamt 22 Kunstwerken wurden an die Kommission für Provenienzforschung übermittelt, dem Beirat bis dato aber noch nicht zur Beratung vorgelegt; dies betrifft u. a. Kunstwerke von Ferdinand Georg Waldmüller und Leopold Kupelwieser aus den Sammlungen Josef Blauhorn[24] und Eissler-Morelli.

Fallbeispiele

Auch um die Komplexität der Provenienzforschung zu illustrieren werden im Folgenden der Erwerbungskontext bzw. die jeweils vorangegangene NS-Entziehung exemplarischer Kunstwerke aus den Sammlungen Gotthilf und Lasus, deren Rückgabe vom Beirat empfohlen wurde bzw. die bereits an die rechtmäßigen EigentümerInnen zurückgegeben wurden, in aller gebotenen Kürze skizziert:

Sammlung Hermine Lasus

Der Verkauf der beiden Klimt-Gemälde *Bauernhaus mit Birken* und *Dame mit Hut und Federboa* im November 1939, dessen Erlös der Versorgung der Familie Lasus-Danilowatz während des 2. Weltkrieges diente, wurde als „Notverkauf" klassifiziert.

Nach dem „Anschluss" im März 1938 waren Hermine Lasus, ihre Tochter Maria Danilowatz und deren Ehemann Josef Danilowatz den Repressionen des NS-Regimes in Österreich ausgesetzt.

Bedingt durch die erzwungene Leistung von Judenvermögensabgaben für Hermine Lasus und Maria Danilowatz ergab sich eine prekäre finanzielle Situation. Verschärft wurde die materielle Zwangslage durch das offizielle Arbeitsverbot für Josef Danilowatz, dem als regimekritischen Karikaturisten und aufgrund seiner Ehe mit der „Jüdin" Maria Danilowatz die Mitgliedschaft in der Reichskammer der bildenden Künste per Schreiben vom 24. November 1938 verwehrt wurde.

Zur Aufrechterhaltung des Lebensunterhaltes der Familie erfolgte im November 1939 der Verkauf der beiden Klimt-Bilder an die Galerie Sanct Lucas in Wien.[25]

---

24 Siehe dazu in diesem Band: Anita STELZL-GALLIAN, Der Fall Blauhorn: Das Schicksal einer Sammlung.
25 1950 erwarb die Österreichische Galerie im Tausch von Herbert Barth von Wehrenalp Klimts *Dame mit*

Friedrich Amerling, *Mädchen mit Strohhut*.

Sammlung Ernst Gotthilf-Miskolzy

1939 erwarb die Österreichische Galerie Friedrich Amerlings Gemälde *Mädchen mit Strohhut*[26], das aus der Sammlung des Wiener Architekten Ernst Gotthilf stammt.

Der 1865 in Temesvár geborene Architekt Ernst von Gotthilf-Miskolczy[27] arbeitete zunächst im Atelier von Hellmer & Fellner und machte sich 1892 selbständig. Er war führend am Ausbau Wiens beteiligt: neben zahlreichen Wohnbauten, Schulen und monumentalen Bankgebäuden zählen das Haus der Kaufmannschaft am Schwarzenbergplatz und das Gebäude der Creditanstalt in der Wiener Schottengasse zu seinen Hauptwerken.

1939 wurde er mit seiner Familie aus rassistischen Gründen durch das NS-Regime nach England vertrieben und war verfolgungsbedingt zur Verwertung von Teilen seiner Kunstsammlung gezwungen. Nach der erfolglosen Übernahme des Bildes zum kommissionsweisen Verkauf durch die Neue Galerie in Wien im November 1938 wurde das Gemälde im März 1939 bei einer Versteigerung des Auktionshauses Weinmüller in Wien von der Österreichischen Galerie erworben.

Hut und Federboa; 1961 übernahm das Museum aus dem Nachlass von Gustav Ucicky das Landschaftsbild *Bauernhaus mit Birken*.

26 Der Beirat empfahl die Rückgabe des Gemäldes in seiner Sitzung vom 1.6.2007.

27 Ernst Gotthilf verstarb 1950 im englischen Exil in Oxford. Zur Biographie siehe auch Architektenlexikon Wien 1880–1945; http://www.architektenlexikon.at (abgerufen am 25.4.2008).

Zusammenfassung und Ausblick

Abgesehen von den bis 1. April 2008 erstellten 62 Dossiers wurden zu knapp 120 Anfragen, die von der Kommission für Provenienzforschung bzw. dem Nationalfonds der
Republik Österreich für Opfer des Nationalsozialismus an das Museum zur Identifizierung von Kunstwerken weitergeleitet wurden, Recherchen durchgeführt.

Zur Zukunft der Provenienzforschung in Österreich hatte die damalige Bundesministerin Elisabeth Gehrer im 3. Restitutionsbericht 2000/01 festgestellt:

„Die Bearbeitung der Anfragen nach entzogenen Kunstgegenständen wird in den
nächsten Jahren aktuell bleiben […]. Endziel der Provenienzforschung ist die Klarstellung aller Erwerbungen und Zugänge in den Bundesmuseen und Sammlungen zwischen 1938–1945 sowie nach dem Zweiten Weltkrieg hinsichtlich nachweisbarer oder
vermuteter bedenklicher Provenienzen."[28]

Um diesem Anspruch gerecht zu werden, wird im Mittelpunkt der weiteren wissenschaftlichen Arbeit der Provenienzforschung im Belvedere die Überprüfung jener
Erwerbungen des Museums stehen, die während der NS-Zeit oder auch in der Nachkriegszeit von der Vugesta, aus dem österreichischen und deutschen Kunsthandel und
aus dem Wiener Dorotheum getätigt worden sind.[29] In Bezug auf die allgemeine
Grundlagenforschung und die Verfügbarkeit von entsprechenden Quellenbeständen
bestehen Desiderata für die Provenienzforschung nicht nur in Österreich.

---

28 Siehe Restitutionsbericht 2000/2001, S. 6.
29 Wie erwähnt enthält die Provenienzforschungsdatenbank des Belvedere mit Stand April 2008 insgesamt 546
    Gemälde und Skulpturen, deren Status als „offen" eingestuft wird. Diese Objekte sind Gegenstand weiterer
    intensiver Recherchen.

InventARISIERT. Provenienzforschung und Restitution arisierter Wohnungseinrichtungen in den Sammlungen der Bundesmobilienverwaltung

Ilsebill Barta, Herbert Posch

Zwischen den kaiserlichen Möbeln, die von der Bundesmobilienverwaltung aufbewahrt, ausgestellt und verliehen werden, befanden sich von 1938 bis 1998 auch rund 600 arisierte Einrichtungsgegenstände aus Beschlagnahmungen von acht Wohnungen.

Phasen der Provenienzforschung

Die Mobilienverwaltung hat sich erstmals bereits 1993[1] und dann 1997–2000 systematisch mit dieser Seite ihrer langen Vergangenheit auseinandergesetzt und sich bemüht, ihre Geschichte aufzuarbeiten. Nach Kontaktaufnahme mit dem Jüdischen Museum der Stadt Wien wegen eventueller Rückstellung aller sukzessiv aufgefundenen Objekte übergab die Bundesmobilienverwaltung im Herbst 1997 ein Gemälde[2] aus dem Bestand des alten zerstörten Wiener Jüdischen Museums – aus der arisierten Wohnung von Emil Stiaßny[3] – an das Jüdische Museum Wien[4]. Ab 1998/99 gab es auch intensive Versuche, die ErbInnen der ehemaligen EigentümerInnen zu finden und die Objekte zurückzugeben.

Mit der Erforschung und visuellen Umsetzung der Geschichte der Mobilienverwaltung im 20. Jahrhundert in der neuaufzustellenden Schausammlung wurde 1997

---

1 Ilsebill BARTA-FLIEDL, Die Zukunft des Bundesmobiliendepots, in: Peter PARENZAN u. dies. (Hg.), Lust und Last des Erbens. Die Sammlungen der Bundesmobilienverwaltung Wien. Wien 1993, S. 66; 1993/94 wurde auch Ulrike Scholda mit einer ersten Provenienzforschung zu arisierten Gemälden beauftragt.

2 Ölgemälde des Präsidenten der Israelitischen Kultusgemeinde Ignatz Kurranda (1812–1884) mit der Inventarnummer J.M. 5.115 des alten Jüdischen Museums, vgl. Newsletter des Jüdischen Museums Wien, 17/Frühjahr 1998, S. 1.

3 Emil Stiaßny war verwandt mit Sigmund Stiaßny, dem letzten geschäftsführenden Vorsitzenden der „Gesellschaft für Sammlung und Konservierung von Kunst- und historischen Denkmälern des Judentums", vgl. Bernhard PURIN, Beschlagnahmt. Die Sammlung des Wiener Jüdischen Museums nach 1938, Wien 1995, S. 8 u. S. 24.

4 Es wurde als Abschlussobjekt in der Ausstellung „Papier ist doch weiß? Eine Spurensuche im Archiv des Jüdischen Museums Wien" 1998 gezeigt.

Herbert Posch beauftragt, das Thema Arisierungen in der im Oktober 1998 eröffneten Schausammlung durch die Präsentation von schriftlichen Quellen, Originaldokumenten und einer Diaschau zu thematisieren.

VertreterInnen des Wirtschaftsministeriums[5] reklamierten sich 1998 aktiv in den Wirkungskreis des Kunstrückgabegesetzes[6] hinein. Das Gesetz war in den ersten Entwürfen lediglich auf die „Bundesmuseen", d. h. die Sammlungen des Unterrichtsministeriums, und auf Kunstgegenstände hin konzipiert worden. Erst mit dem Hinweis darauf, dass unter den arisierten Objekten in den Sammlungen der Bundesmobilienverwaltung auch Gemälde wären, konnte das Gesetz auch auf diese Sammlungen angewandt werden. Damit war das zuständige Ministerium auch in der Kommission für Provenienzforschung und im Kunstrückgabe-Beirat vertreten.

Die Provenienzforschung wurde von den beiden AutorInnen des Beitrages durchgeführt. 1999/2000 wurde der Endbericht der Kommission für Provenienzforschung und dem Kunstrückgabe-Beirat vorgelegt. Fünf Arisierungsfälle der Bundesmobilienverwaltung wurden am 22. November 1999 vom Kunstrückgabe-Beirat einstimmig zur Rückgabe empfohlen[7], die anderen Objekte folgten am 27. März 2000.

Parallel dazu liefen seit Ende 1998 auch verschiedene Initiativen zur Suche nach möglichen Überlebenden oder ErbInnen der Vertriebenen, die – u. a. Dank des Engagements und der Unterstützung der Anlaufstelle der Israelitischen Kultusgemeinde Wien[8] – größtenteils bald abgeschlossen werden konnten. Die ersten Restitutionen erfolgten noch 1999. In zwei Fällen konnten die ErbInnen erst 2007 gefunden werden. Damit sind seit 2008 alle arisierten Objekte restituiert.

Die gesamte Thematik wurde im Herbst 2000 auch im Rahmen der Ausstellung „inventARISIERT – Raub und Verwertung ‚arisierter' Wohnungseinrichtungen im Mobiliendepot" im „Museum Kaiserliches Hofmobiliendepot" als Teil der eigenen

---

5 Die Bundesmobilienverwaltung untersteht mit ihren musealen Sammlungen seit 1919/1923 dem Wirtschaftsressort und nicht – wie die meisten anderen staatlichen Museen – dem Unterrichtsressort.

6 Bundesgesetz über die Rückgabe von Kunstgegenständen aus den Österreichischen Bundesmuseen und Sammlungen, BGBl I 1998/181 vom 4.12.1998.

7 Der Entscheidung war eine längere Diskussion darüber vorangegangen, ob die beschlagnahmten Wohnungseinrichtungsgegenstände unter dem Begriff „Kunstwerke" fallen und ob daher das Rückgabegesetz auf die Objekte des Mobiliendepots überhaupt Anwendung finden sollte. Dies wurde in der Entscheidung des Kunstrückgabe-Beirats vom 22.11.1999 betreffend Rückgabe der Einrichtungsgegenstände von Wilhelm Goldenberg, wie folgt entschieden: „Das Bundesgesetz vom 4. Dezember 1998, BGBl Nr. I/181 bezieht sich ausdrücklich nur auf ‚Kunstgegenstände', bei extensivster Auslegung dieses Begriffes wurden vom Beirat aber auch die gegenständlichen Objekte unter diesem Begriff subsummiert".

8 Herzlichen Dank an Ruth Pleyer, Sophie Lillie sowie Monika Wulz für ihre intensiven Bemühungen und aktive Unterstützung bei dieser Suche.

Plakat Ausstellung inventARISIERT 2000
(Liege, aus der arisierten Wohnung
von Hedwig Schwarz).

Geschichte öffentlich präsentiert und zur Diskussion gestellt. Die Ausstellung – mit einer Fotoinstallation des international bekannten Fotokünstlers Arno Gisinger – wurde auch in einer ausführlichen Publikation[9] dokumentiert und war darüber hinaus auch ein erfolgreicher Versuch, die damals stockende ErbInnensuche durch Bekanntmachung einer breiteren Öffentlichkeit doch noch bald abschließen zu können.

Die Mobilienverwaltung und ihre Sammlungen

Das Mobiliendepot wurde in der Monarchie gegründet, um die Einrichtungsgegenstände, die zur Ausstattung des Habsburgerhofes und der diversen Schlösser gebraucht wurden, anzuschaffen, zu restaurieren und zu verteilen. In der neugegründete Republik wurden ab 1918 Ministerien und andere Ämter mit diesen kaiserlichen Möbeln ausgestattet, und die ehemals kaiserlichen Schlösser museal bespielt. In der Ersten Republik gelangten fallweise auch Möbel in den Bestand, die nicht aus kaiserlichem Besitz stammten. So wurden in den späten 1920er und den 1930er Jahren Büroeinrichtungen von insolventen Banken und Firmen erworben[10], um dem wachsenden Ausstat-

---

9 Ilsebill BARTA-FLIEDL, Herbert POSCH, inventARISIERT. Enteignung von Möbeln aus jüdischem Besitz. Wien 2000.
10 Z. B. im September 1927, nach dem Justizpalast-Brand, wurde zur raschen Wiedereinrichtung des teilweise

tungsbedarf staatlicher Büros nachkommen zu können. 1935 und 1936 wurden für den selben Zweck auch die „in treuhändischer Verwaltung stehenden Einrichtungsgegenstände" der damals vom austrofaschistischen Regime verbotenen NSDAP angekauft[11]. Und seit 1938/39 verwaltete das Mobiliendepot neben dem kaiserlichen Erbe auch ein anderes Erbe der österreichischen Geschichte: das von Arisierungen.

1923 wurden mit den Beständen auch öffentliche Schausammlungen in der Hoftafel- und Silberkammer und im Mobiliendepot eingerichtet („Bundessammlung alter Stilmöbel"). Letztere wurde 1993 geschlossen und nach einer Neukonzeption und einer bedeutenden Vergrößerung 1998 als „Museum Kaiserliches Hofmobiliendepot" (heute „Hofmobiliendepot | Möbel Museum Wien") – auf über 4000 m² mit rund 4500 Objekten wiedereröffnet.

Der Betrieb der musealen Schauräume der Silberkammer und des Hofmobiliendepots wurde seit ihrer Wiedereröffnung von der Republik Österreich an die Schloss Schönbrunn Kultur- und Betriebsges.m.b.H. verpachtet, die ausgestellten Objekte verblieben aber im Eigentum der Republik Österreich und werden von der Bundesmobilienverwaltung im Bundesministerium für Wirtschaft und Arbeit verwaltet und wissenschaftlich betreut.

Im Bestand der Bundesmobilienverwaltung befinden sich heute rund 175.000 Objekte.

Umfang der arisierten Bestände der Bundesmobilienverwaltung

1938 wurden unter Beteiligung des Mobiliendepots insgesamt über 5000[12] arisierte Objekte in Form von Listen aufgenommen. Sie stammten aus acht Wohnungsbeschlagnahmungen in Wien und Umgebung, die von der Gestapo durchgeführt wurden[13]. Später kamen keine weiteren arisierten Bestände mehr ins Mobiliendepot u. a. da es 1942 als eigenständige Institution aufgelöst wurde und in der staatlichen Verwal-

---

ausgebrannten Gebäudes von liquidierenden Banken gebrauchtes Kanzleimobiliar angekauft und instandgesetzt. Archiv MMD Fasz. 1035/1, Zl. 79/29-IB; 1936 wurden große Möbelmengen von liquidierenden Firmen wie z. B. Phönix ersteigert „zu sehr günstigen Preisen, wodurch dem Bund große Neuanschaffungen erspart bleiben." Archiv MMD Fasz. 1043 Zl. 123/37.

11 Archiv MMD Fasz. 1043 Zl. 123/37. Teilweise gelangten nach dem Verbot der NSDAP 1945 einige Einrichtungsgegenstände aufgrund des Vermögensverfallsgesetzes § 1 wiederum ins Mobiliendepot. Archiv MMD Fasz. 1056 Zl. 291/52-IB vom 5.11.1952.

12 4372 nichtinventarisierte Objekte sowie 575 inventarisierte Objekte.

13 Vgl. Georg GRAF, Arisierung und Rückstellung von Wohnungen in Wien, in: „Arisierung" und Rückstellung von Wohnungen in Wien. Mit Beiträgen von Georg GRAF, Brigitte BAILER-GALANDA, Eva BLIM-

tung der Schlösser und Gärten aufging[14], und nach der Wiedererrichtung 1945 generell jahrelang keine Ankäufe mehr erfolgten.

Von den 1938 aufgelisteten Objekten wurden 575 vom Mobiliendepot übernommen und inventarisiert und rund 930[15] weitere vom Mobiliendepot zwar übernommen, aber nicht inventarisiert. Sie sind nur in Form dieser Listen dokumentiert. Rund 1000[16] Objekte – großteils Wäsche, Haushalts- und Gebrauchsgegenstände u. ä. – wurden bei der Aufnahme als „wertlos" eingeschätzt und unmittelbar weitergegeben, z. B. an die NS-Volkswohlfahrt. Zum Teil sind diese Objekte nur noch in den mit Bleistift vor Ort handgeschriebenen Aufnahme-Listen, die bis heute in den Akten des Mobiliendepots liegen, vermerkt und somit benennbar. Später wurden die ebenfalls aufgenommenen und übernommenen 343 Bücher an die Nationalbibliothek und 179 Bilder und Kunstgegenstände an andere Museen abgegeben[17]. 1969 wurden dann noch rund 1300 nicht-inventarisierte arisierte Objekte – Geschirrservice, Gläser, Silberbestecke und Tischwäsche – im staatlichen Wiener Auktionshaus Dorotheum „zugunsten der politisch oder rassisch Verfolgten" versteigert.[18]

Aufgrund inventartechnischer Umstellungen sind aus den 575 inventarisierten Objekten bis heute 638 Inventareinträge geworden. Die 63 „neuen" Nummern entstanden durch nachträgliche getrennte Inventarisierung von Gemälden in jeweils Bild und Rahmen, oder aber durch das Zerschneiden von großen Teppichen in mehrere kleinere mit je eigener Inventarnummer. Anfang 2000 gab es physisch in den Magazinen des Mobiliendepots noch 179 inventarisierte Gegenstände, die aus den Arisierungen von 1938 stammten, sie wurden seit Ende 1998 recherchiert und zur Rückstellung zusammengetragen.

LINGER, Susanne KOWARC (= Veröffentlichungen der Österreichischen Historikerkommission, Bd. 14) Wien-München 2004, S. 11–89.

14 Anfang 1941 wird das Mobiliendepot als Dienststelle aufgelöst und die Bestände werden gemeinsam mit den „ehemals kaiserlichen Schlössern und Gärten" direkt dem Reichsminister für Wissenschaft, Erziehung und Volksbildung in Berlin unterstellt. Archiv MMD, Fasz. 1047, Zl. 81/41-IB.

15 134 Objekte aus dem Eigentum von Hugo Breitner, 107 Objekte aus dem Eigentum von Viktor Ephrussi, 12 Objekte von Wilhelm Goldenberg, 10 Objekte von Oskar Pöller, 154 von Hedwig Schwarz, rund 500 von Emil Stiaßny und 14 von Fritz Weiß.

16 127 Objekte aus dem Eigentum von Hugo Breitner, 250 Objekte aus dem Eigentum von Hedwig Schwarz, 547 Gegenstände aus dem Besitz von Emil Stiaßny.

17 Herbert POSCH, inventARISIERT. Raub und Verwertung – „arisierte" Wohnungseinrichtungen im Mobiliendepot, in: BARTA-FLIEDL, POSCH, inventARISIERT, S. 10–43.

18 Archiv MMD Zl. 282/69-IB.

Die hier behandelten Arisierungen erstreckten sich meist auf das gesamte Eigentum der Verfolgten – Geld, Aktien, Wertpapiere, Versicherungspolizzen, Grundstücke, Häuser, Wohnungen, Autos, Firmen, Geschäftslokale, Schmuck, Haushaltsgegenstände, Möbel, Teppiche, Bücher, Geschirr, Kleidung, … bis zum Kochlöffel in der Lade und den Erinnerungsfotos an den Wänden[19]. Das Eigentum wurde „zugunsten des Landes Österreich eingezogen". Im Folgenden können lediglich Aussagen über jene Teile getroffen werden, die über die Verwaltung des Mobiliendepots liefen: das sind hauptsächlich Haus-, Büro- und Wohnungseinrichtungen, also Mobilien – Möbel, Teppiche, Gemälde, Porzellan- und Silbergeschirr sowie andere Ausstattungsgegenstände.

Im Zeitraum vom 27. April bis 22. Oktober 1938 war das Mobiliendepot an folgenden acht[20] Arisierungen beteiligt:[21]

Name	Beruf, Adresse	Beschlagnahmedatum
Hugo Breitner,	ehem. Wiener Finanzstadtrat, Kritzendorf, Feldstr. 5	[11. Juni 1938]
Viktor Ephrussi,	Bankier, Wien 1, Dr. Karl Lueger-Ring 14	[27. April 1938]
Wilhelm Goldenberg,	Textilgroßhändler, Wien 18, Scheibenbergstr.27	[13. Juni 1938]
Moritz König,	Textilgroßhändler, Wien 1, Spiegelgasse 19	[22. Oktober 1938]
Oskar Pöller,	Geschäftsmann, Wien 4, Operngasse 20	[15. Juli 1938]
Hedwig Schwarz,	Tullnerbach, Lawieserstraße 14	[27. Mai 1938]
Emil Stiaßny,	Hotelier, Wien 2, Heinestraße 2	[19. Juni 1938]
Paul Weiß,	Portugiesischer Vize-Konsul, Wien 13, Ghelengasse 13	[15. Oktober 1938]

Ungeklärt ist nach wie vor die Frage, warum gerade in diesen acht Fällen das Mobiliendepot beteiligt war bzw. sich beteiligt hat. Verglichen mit der Zahl von insgesamt rund 63.000[22] arisierten Wiener Wohnungen ist das eine sehr kleine Zahl. Weder wur-

19 Vgl. „Arisierung" von Mobilien mit Beiträgen von Gabriele ANDERL, Edith BLASCHITZ, Sabine LOIT-FELLNER, Mirjam TRIENDL, Niko WAHL, (= Veröffentlichungen der Österreichischen Historikerkommission Vermögensentzug während der NS-Zeit sowie Rückstellungen und Entschädigungen seit 1945 in Österreich, Bd. 15) Wien-München, 2004.

20 Aus den Akten der Bundesmobilienverwaltung sind noch 6 weitere Fälle rekonstruierbar – in diesen Fällen wurden aber physisch keine Gegenstände in das Mobiliendepot eingegliedert, da andere Stellen – Gestapo, Gericht, Steuerbehörde – diese bereits an sich genommen und verwertet hatten, bevor das Mobiliendepot auftragsgemäß aktiv werden konnte.

21 Zu den einzelnen Personen, zum chronologischen Ablauf und zum Umfang der acht Arisierungen vgl. Herbert POSCH, Acht Arisierungen. Ein Überblick, in: BARTA-FLIEDL, POSCH, inventARISIERT, S. 124–157.

22 Vgl. zur Zahl Brigitte BAILER-GALANDA, Eva BLIMLINGER u. Susanne KOWARC, „Arisierung" und Rückstellung von Wohnungen in Wien. Die Vertreibung der jüdischen Mieter und Mieterinnen aus ihren Wohnungen und das verhinderte Wohnungsrückstellungsgesetz, in: „Arisierung" und Rückstellung von Wohnungen in Wien, S. 91–240, S. 109f.

den generell alle von der Gestapo beschlagnahmten Wohnungseinrichtungen über das Mobiliendepot inventarisiert, noch wurde der gesamte Mobilien-Besitz der acht Arisierungen im Mobiliendepot verwaltet. Es wurden gleichzeitig von den hier behandelten Geschädigten auch noch andere Wohnungseinrichtungen, Wohnungen und Häuser „zu Gunsten des Landes Österreich" eingezogen, die aber weder dem Mobiliendepot zur weiteren Bearbeitung übergeben wurden, noch von diesem eingelagert oder angeeignet wurden.

Teilweise hatten vor dem Mobiliendepot bereits andere Akteure eine Vorauswahl getroffen: Als Mitarbeiter des Mobiliendepots für das Finanzministerium den Wert der beschlagnahmten Wohnungseinrichtung von Emil Stiaßny schätzen sollten, merkten sie zu ihrer Schätzung an: „Nicht inbegriffen sind die bereits früher durch die Gestapo eingezogenen Wertsachen über deren Umfang das Inventursbüro nicht unterrichtet ist."[23] In der ebenfalls noch vorhandenen handschriftlichen Zusammenstellung und Berechnung – Objekt für Objekt, Zimmer für Zimmer – mündet dies in einem offenen Fragezeichen: „Silber- und sonstige von der Gestapo weggeschleppte Wertgegenstände = ?"[24]

Durch Kriegsereignisse wurden laut Aktenlage 143 Objekte vernichtet, 4 wurden an die Kriegsmetallsammlung zum Einschmelzen abgegeben, 78 Objekte wurden verkauft, 38 wurden aufgebraucht und aus dem Inventar gelöscht, und bei 84 Objekten ist der Verbleib unbekannt.

Involvierung in die Arisierungen und Deponierung der Objekte

Die leitenden Mitarbeiter der Mobilienverwaltung während der NS-Zeit waren Hans Paul Pfund[25], Leiter des Mobiliendepots ab Anfang 1938 und ohne Unterbrechung bis zu seiner Pensionierung 1956 (ihm folgte 1957 Dr. Herbert Buchsbaum) und Oberinspektor Franz Huber. Er leitete ab 1938 das Inventursbüro.[26] Entlassungen von MitarbeiterInnen aus „rassischen" Gründen gab es keine.

---

23   Archiv MMD Zl. 407/39-IB.
24   Archiv MMD Zl. 407/39-IB.
25   Hans Paul Pfund, geb. 1891, Hauptmann i. R.; ab 1924 im Ministerium für Handel und Verkehr, vorerst Mobiliarverteilungsausschuss, später Mobiliendepot bzw. Inventursbüro, pragmatisiert 1.7.1929, Leiter seit Anfang 1938–1956, Archiv MMD, Fasz. 1031, Zl. 471/25-IB, Fasz. 1035 Zl. 773/29-IB, Personalakt.
26   Franz Huber war ab März 1938 NSDAP-Anwärter, ab 1942 NSDAP-Mitglied, wurde – aus Altersgründen – im November 1947 bei vollen Bezügen in den dauernden Ruhestand versetzt, aufgrund seiner Kenntnisse aber bis Anfang 1949 weiter im Bundesdienst verwendet. Archiv MMD, Ordner „Pensionisten", Personalakt

Wie war das Mobiliendepot an den Arisierungen beteiligt? Wo Beteiligung anfängt und wo sie aufhört, ist schwer zu beantworten: Sind es nur die Personen, die eine Wohnungstür aufbrechen und die Möbel hinaustragen, oder auch „bystander", Menschen die „nur" zusehen, oder solche, die „nur" Listen führen?

Die Häuser und Grundstücke wurden von der Gestapo „zu Gunsten des Landes Österreich" (ab 1940: „zu Gunsten des Deutschen Reiches") arisiert und in die Verwaltung des Oberfinanzpräsidenten für Niederdonau übernommen. Das Amt des Reichsstatthalters beauftragte daraufhin – über den Mobiliarverteilungsausschuss[27] im Ministerium für Wirtschaft und Arbeit bzw. über die Burghauptmannschaft – das Mobiliendepot, „alle in dem beschlagnahmten Haus befindlichen Einrichtungsgegenstände inventarmäßig aufzunehmen."[28] Zwischen der Beschlagnahme durch die Gestapo und dem Auftrag der Inventarisierung und Übernahme an das Mobiliendepot lag ein Zeitraum von vier Wochen bis zu zwei Jahren. Neben der Aufnahme des Eigentums vor Ort – es wurde alles Vorhandene bis hin zum Inhalt jeder einzelnen Schublade aufgenommen und Listen davon angefertigt – bestand die Beteiligung des Mobiliendepots anfangs in der vorläufigen Einlagerung und später in der inventarmäßigen Aneignung und Eingliederung in seine Bestände. Eine weitere Form der Beteiligung stellt dann die Verwertung der Gegenstände dar: durch Entlehnen an NS-Dienststellen, langfristiges Vermieten an „vertrauenswürdige" PrivatmieterInnen, durch kurzfristiges Ausleihen, oder schlicht durch Verkauf. An den Arisierungen, als unmittelbarer Akt der Enteignung vor Ort, waren Leitung und die MitarbeiterInnen des Mobiliendepots nicht direkt beteiligt. Ihre Beteiligung liegt darin, für eine effiziente Abwicklung der Verwertung der arisierten Gegenstände gesorgt zu haben, bzw. nach 1945 eine Rückstellung nahezu verunmöglicht zu haben, nämlich durch die Nichtbefolgung der 1946 gesetzlich vorgeschriebenen Anmeldepflicht aller im Bundesbesitz befindlicher arisierter Vermögenswerte.

Die als wertlos bzw. für staatliche Ausstattungszwecke nicht brauchbar betrachteten Gegenstände (vor allem Kleider, Wäsche, Geschirr und Kleinmöbel) wurden aufgelistet, aber direkt vor Ort lokalen NS-Wohlfahrtseinrichtungen überlassen.

Huber (Zl. P51030), Rechtfertigung über Zugehörigkeit bzw. Einstellung zur NSDAP vom 10.7.1945 und 7.11.1945 vor dem Senat VIII der Sonderkommission I. Instanz beim Magistrat der Stadt Wien.

27 Das Mobiliendepot und das Inventursbüro waren nachgeordnete Dienststellen des Mobiliarverteilungsausschusses. Dieser wurde 1920 errichtet (StGBl 1920/166), als zentrale interministerielle Koordinationsstelle für die Bedarfserhebung und Verteilung der Büroausstattung, war im Wirtschaftsministerium angesiedelt und wurde nach 1941 aufgelöst.

28 Archiv MMD Zl. 755/38-IB = 90249/38-MA, hier zitiert Zl. R. St. III/3/R vom 8.10.1938 für den Fall Hugo Breitner.

Von allen verbleibenden Objekten wurden ebenfalls Verzeichnisse angelegt, in die später die Inventarnummern des Mobiliendepots eingetragen wurden. Ein Teil der Einrichtungsgegenstände wurde den in die beschlagnahmten Räumlichkeiten einziehenden NS-Gliederungen oder staatlichen Einrichtungen belassen, alle anderen Einrichtungsgegenstände wurden in das Mobiliendepot in Wien 7, Mariahilferstraße 88 abtransportiert, und dort vorerst gesondert als Fremdbestände deponiert, aber noch nicht in den Bestand eingegliedert. Im April 1939 beantragte das Mobiliendepot „nachdem bisher von keiner Seite eine Anforderung dieser Vermögenschaften erfolgte und eine solche auch in Zukunft nicht zu erwarten ist"[29] dann die Eingliederung der Fremdbestände in das Inventar, die bislang zwar schon im Besitz (im Sinne von „volle Verfügungsgewalt über die Sache haben"), aber noch nicht im Eigentum (im Sinne von „das Recht an der Sache haben") des Staates waren. Begründet wurde dieser Antrag auf Inventarisierung, ohne irgendeine Bezugnahme auf Verordnungen oder Gesetze, zum einen mit Aspekten der Sicherung – vor Wertverlust durch Mottenfraß – sowie mit der Steigerung der Verwertungseffizienz, da erst damit „die Gegenstände für die weitere Verwendung frei"[30] seien.

Neben anderen Motiven lässt das oben zitierte Schreiben auch die Vermutung zu, dass die Institution bei der bevorstehenden Reorganisation der öffentlichen Verwaltung durch die Nationalsozialisten um die Erhaltung ihres Wirkungs- und Aufgabenbereichs sowie ihrer Eigenständigkeit bemüht war.

InventARISIERung – Karteien, Bücher, Datenbanken

Die Inventarisierung[31] war (und ist) die Aufnahme der Objekte in das Inventar – das Bestandsverzeichnis mit Urkundencharakter –, die Vollziehung eines Rechtsaktes, nämlich die endgültige Übernahme einer Sache in das Eigentum des Staates, verwaltet von einer Institution, äußerlich markiert durch die Anbringung einer „MD-Inventarnummer". Das Inventar bestand einerseits aus handgeschriebenen, nach fortlaufenden Nummern organisierten großen Folianten, die zweifach geführt wurden, und aus einer zentralen Kartothek, wo für jedes einzelne Objekt eine eigene Karteikarte angelegt wurde.

---

29 Archiv MMD, Zl. 245/39-IB Schreiben der Burghauptmannschaft/Inventursbüro an das Ministerium für Wirtschaft und Arbeit/Mobiliarverteilungsausschuss vom 27.4.1939.

30 Archiv MMD, Zl. 245/39-IB.

31 Archiv MMD, Zl. 245/39-IB, Schreiben des Ministeriums für Wirtschaft und Arbeit/Mobiliarverteilungsausschuss an das Inventursbüro vom 16.5.1939 betr. Übernahme der eingelagerten arisierten Gegenstände ins Inventar.

Es gab allerdings kein Standortinventar. Wurde ein Objekt längerfristig außer Haus entlehnt oder vermietet, wurden die EntlehnerInnen mit Bleistift auf der jeweiligen Karteikarte und im Inventarbuch vermerkt. Nach Rückstellung des Objekts wurde diese Anmerkung wieder ausradiert.

„Aus dem beschlagnahmten Vermögen des Juden …"

Was sich dem äußeren Anschein nach in der Masse der Möbel aufzulösen schien, die Provenienz, wurde hingegen in den schriftlichen Inventaraufzeichnungen sorgfältig in Erinnerung gehalten. Auf jeder der Karteikarten – zwei Drittel der arisierten Möbel hatten eine MD-Signatur zwischen 21.000 und 21.999 – gab und gibt es einen klar deklarierten Herkunftsvermerk. In jener Rubrik, in der Aufzeichnungen zum aktuellen Status des Objekts verzeichnet wurden – verliehen, vermietet, zurückgestellt, restauriert u. ä. – stand und steht der Eingangsvermerk des Objekts: „aus dem beschlagnahmten Vermögen des Juden …".

Mit diesen Karteikarten wurde bis etwa 1998 gearbeitet. Im Zuge der 1993 angelaufenen Umstellung auf ein EDV-gestütztes Inventar verschwinden sie ab 1998 zunehmend aus der täglichen Arbeit der InventarbeamtInnen. Im Zuge der Aufarbeitung der arisierten Bestände wurde dafür Sorge getragen, dass diese Informationen trotz Übertragung auf digitale Medien als Teil der Objektgeschichte weiterhin erhalten und abfragbar bleiben.

Zur Archivlage

Für die Recherchen zu den Arisierungen, an denen das Mobiliendepot beteiligt war, wurden die diesbezüglichen Akten aus dem Archiv der Bundesmobilienverwaltung ausgewertet, die seit 1904 in unterschiedlicher Überlieferungsdichte im Haus aufbewahrt werden.

Im Zuge der Umbauarbeiten von Mobiliendepot und Museum 1993–1998 erfolgte eine Generalrevision. Es wurden alle Depotbestände auf ihr physisches Vorhandensein überprüft und samt Standort in eine EDV-Inventardatenbank aufgenommen. Alle arisierten Objekte, die eine Inventarnummer haben, wurden ebenfalls in das Computer-Inventar aufgenommen, unabhängig davon, ob die Objekte heute noch im Bestand vorhanden sind. Die Einträge wurden nach und nach mit den alten Inventarbüchern und Inventarkarteikarten abgeglichen. Diese erste vollständige physische Generalrevision seit den 1930er Jahren war auch die Grundlage dafür, dass einige „verloren" geglaubte – auch arisierte – Objekte wieder gefunden und identifiziert werden konnten. Das Fehlen eines Standortinventars hat bis zu diesem Zeitpunkt das Auffinden der gesuchten arisierten Objekte erschwert bis verunmöglicht.

Die Provenienzforschung und ErbInnensuche wurden von den AutorInnen durchgeführt – Herbert Posch als Historiker und externer Mitarbeiter und Ilsebill Barta als stellvertretende Leiterin. Neben der Auswertung der Kartothek, aller Inventarbücher und der Akten der Bundesmobilienverwaltung wurden auch die folgenden Archivbestände herangezogen: Die Grundbücher der Katastralgemeinden der arisierten Liegenschaften (Aufschlüsse über Ariseure, Rückstellungsverfahren sowie über spätere Wohnanschriften von RechtsnachfolgerInnen); die Bestände des Dokumentationsarchivs des Österreichischen Widerstandes (enteignete EigentümerInnen); die Bestände der Vermögensentzugs-/ Vermögensentziehungsanmeldungsakten im Wiener Stadt- und Landesarchiv (Auswertung der Namen der Geschädigten wie auch der grundbücherlich bekannten ErwerberInnen aus der NS-Zeit, Akten der Rückstellungskommission beim Landesgericht für Zivilrechtssachen Wien); die Restitutionsakten im Bundesdenkmalamt (Auswertung nach Namen der Geschädigten); die Meldeunterlagen des Meldearchivs des Wiener Stadt- und Landesarchivs, des zentralen Meldearchivs der Bundespolizeidirektion Wien sowie des Matrikelamtes der Gemeinde Wien/MA61 und die Unterlagen des Familiy Record Centre in London (Index of Marriages in England and Wales since 1837, Index of Deaths in England and Wales since 1837).

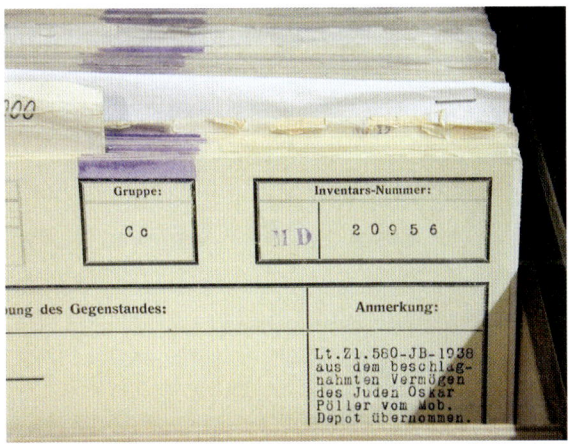

Inventarkarte eines arisierten Objektes aus dem Mobiliendepot.

Verwertung der arisierten Objekte im Nationalsozialismus

Die angeeigneten arisierten Gegenstände wurden vom Mobiliendepot wie die ehemals kaiserlichen und alle anderen Bestände nunmehr zur Befriedigung der Einrichtungsbedürfnisse diverser öffentlicher Stellen, Ämter und Parteigliederungen der NSDAP verwendet.

Weiters wurden die Bestände zur Repräsentationsausstattung hoher NS-Funktionäre verwendet, wie etwa des Gauleiters und Reichsstatthalters Joseph Bürckel[32] – Büro und Villa -, und später Baldur von Schirachs[33] oder seines Stellvertreters, des Regierungspräsidenten Hans Dellbrügge.

Die Möbel wurden vom Innenarchitekten nach mehreren Besichtigungen in den Depots nach ästhetischen Gesichtspunkten zusammengestellt. Die arisierten Möbel waren äußerlich unerkennbar zwischen den kaiserlichen Möbeln deponiert und wurden daher scheinbar nicht aufgrund ihrer allfälligen Eigenschaft als „Beutegut" ausgesucht. Die Auswahl dürfte sich eher nach ihrer gefälligen Wirkung gerichtet haben.

Neben dieser Verwertung der arisierten Objekte kam es aber auch weiterhin zu langfristigen Vermietungen an „vertrauenswürdige" Privatpersonen („Gefolgschaftsmitglieder", linientreue Parteiangehörige im Staatsdienst). Ebenso wurden die Bestände auch weiterhin an Filmproduktionen kurzfristig verliehen, hauptsächlich an die Wien-Film Gesellschaft[34], sowie an Theaterproduktionen. Es kam auch zu Verkäufen von nicht mehr benötigten oder desolaten Möbeln an Privatpersonen[35] und zu Verkäufen über das staatliche Auktionshaus Dorotheum.

---

32 Die prunkvolle Ausstattung der Villa des Gauleiters Josef Bürckel in Wien 19, Hohe Warte 52 (arisiert, ehem. Villa Spitzer, in der NS-Zeit im Eigentum der Gemeinde Wien) bestand primär aus kaiserlichen Möbeln, lediglich ein weißer Sessel, 2 Polster und 1 Tuchent wurden aus den arisierten Beständen des Mobiliendepots verwendet.

33 Archiv MMD Faszikel 1047, Zl. 102/1941 vom 11.9.1940. Insgesamt wurden 2 arisierte Objekte – Perserteppiche – zur Ausstattung der Villa von Baldur von Schirach, Wien 19, Hohe Warte 52 verwendet.

34 Die Film-Ausstattungsfirma Schmiedl hatte in der NS-Zeit ein Monopol für die Entlehnungen von Objekten aus dem Mobiliendepot an Filmproduktionen und konnte trotz genereller Ausgabesperre an Filmgesellschaften vom 10.1.1940 weiterhin Gegenstände für Filmproduktionen ausleihen. Archiv MMD Fasz. 1047, Zl. 37/41-IB.

35 Aufgrund einer bei den Recherchen wiedergefundenen „Käuferkartei" konnte festgestellt werden, wer, wie oft und wie viele Möbel aus dem Mobiliendepot erwarb und ob sie – zufällig oder nicht – nur arisierte Möbel kauften, oder auch zum Verkauf freigegebene ehemals kaiserliche Möbel. Kartothekblätter Möbelverkauf (laut Beschriftung, sollte diese Kartei insgesamt „383 Parteien, 10. Oktober 1934 begonnen, Endsumme RM 66.578,50" umfassen; real vorhanden und durchgesehen sind noch 262 Blätter, dabei sind keine Einträge von vor 1942 erhalten).

Im Nationalsozialismus wurde die Funktion des Mobiliendepots zur Ausstattung der Schlösser als seine eigentliche Kernaufgabe betont.[36] In zumindest einem Fall kann auch belegt werden, dass neben den „Hofmobilien" auch arisierte Objekte zur Ausstattung der Schauräume der ehemals kaiserlichen Schlösser verwendet wurden: Ein Perserteppich aus dem Eigentum von Moritz König wurde zur Ausstattung der Schauräume im Schloss Schönbrunn, im so genannten „Millionenzimmer", verwendet.[37]

Zahlreiche arisierte Gegenstände gingen bis zum Ende des Zweiten Weltkrieges 1945 verloren bzw. wurden zerstört. Die größtenteils vermieteten oder entlehnten Objekte waren räumlich sehr weiträumig verteilt, befanden sich zum Teil zur Repräsentation der „Ostmark" im „Altreich" (Ostmarkhaus in Berlin) oder in ehemals österreichischen Botschaften im europäischen Ausland, oder aber in den verschiedensten Ämtern oder Privatwohnungen in und um Wien. Sie wurden teilweise durch Bombentreffer an den verschiedenen Entlehnorten vernichtet, teilweise verschwanden Objekte im Zuge von Bergeaktionen bzw. der Rückholung von Bergeorten[38] oder aber im Zuge von Kampfhandlungen. Der Wahrheitsgehalt von Zuschreibungen der Nachkriegszeit wie „durch Kriegsereignisse vernichtet" oder „an die Kriegsmetallsammlung zum Einschmelzen

Sessel aus der arisierten Wohnung
von Wilhelm Goldenberg,
Installation „inventARISIERT" (2000).

36 Archiv MMD Fasz. 1047, Zl. 46/41-IB vom 10.1.1941.
37 Perserteppich, Standort laut Möbelrevision Schloss Schönbrunn 1942, Karteikarte BA 859, Archiv MMD.
38 Insg. 7 Objekte „Bergung Magazin Hofburg Wien", Gelöscht 1971 mit Zl. 185/71, Archiv MMD.

abgegeben"[39] oder „Verkauft vor 1945"[40] als Begründung für das Nicht-mehr-Vorhandensein ist in manchen Fällen fragwürdig.[41]

Verwertung der arisierten Objekte nach 1945

Nach 1945 veränderte sich der Objektbestand des Mobiliendepots wieder leicht, wobei der Kern des Bestandes immer derselbe blieb: die ehemals kaiserlichen Möbel. Neben den mittlerweile – und weiterhin – hier gelagerten und verwerteten arisierten Möbeln wurden nun wiederum die Möbel nationalsozialistischer Parteiorganisationen, die gemäß Vermögensverfallsgesetz[42] der Republik Österreich zufielen, dem Mobiliendepot übergeben. Auch vom Finanzministerium/Sektion Vermögenssicherung wurden die Möbel jener NationalsozialistInnen, die nach dem Verbotsgesetz oder Kriegsverbrechergesetz verurteilt und mit Vermögensverfall bestraft wurden, dem Mobiliendepot zur Verwertung überantwortet. Letztere wurden allerdings rasch, spätestens nach dem Vermögensverfallsamnestiegesetz von 1958[43] den ehemaligen NationalsozialistInnen oder ihren ErbInnen wieder rückerstattet.

Neben der Einrichtung der Schlösser wurde auch nach 1945 vor allem die Ausstattung von höheren Dienststellen des Staates besorgt, die auch eine staatliche Repräsentationsfunktion miterfüllen. Einige besonders bemerkenswerte Beispiele von Verwertungen arisierter Objekte nach 1945 sollen hier kurz vorgestellt werden. Bemerkenswert vor allem dahingehend, als es sich um Dienststellen bzw. Standorte handelt, die in einem hohen Ausmaß auch Repräsentationsfunktionen für das offizielle Österreich haben und so auch eine Lesart als Subtext der Geschichte der Zweiten Republik zulassen. Zur Klarstellung sei an dieser Stelle angemerkt, dass die EntlehnerInnen bis zum

---

39   4 Bronzeskulpturen „Der Kriegsmetallsammlung zum einschmelzen übergeben", Gelöscht mit Zl. 153/40-IB. Archiv MMD.

40   Insg. 78 Objekte, Gelöscht mit Zl. 89/42-IB. In diesem Akt wurden generell Objekt-Verkäufe ab 1942 verzeichnet, die ersten Verkäufe arisierter Objekte sind im Dezember 1942, die letzten im April 1944 verzeichnet. Archiv MMD Fasz. 1048, Zl. 89/42-IB.

41   Von den heute insgesamt 116 „durch Bomben vernichtete[n]" Objekten wurden neben den 61 Objekten, die schon 1946 gelöscht worden waren, 1981 nochmals 31 Objekte mit Zl. 403/81 und 21 Objekte mit Zl. 575/81 und je 1 Objekt mit Zl. 831/81, Zl. 934/81, Zl. 935/81 gelöscht. 44 dieser bereits früher gelöschten Objekte wurden 1987 mit Zl. 20.109/14/87 nochmals endgültig aus den Inventaren gelöscht. Alle Akten: Archiv MMD.

42   BGBl 1945/177, Verfassungsgesetz vom 19.9.1945 über das Verfahren vor dem Volksgericht und den Verfall des Vermögens (Volksgerichtsverfahrens- und Vermögensverfallsgesetz).

43   BGBl 1956/155.

Beginn der Rückholung 1998 nicht offiziell über die Provenienz der von ihnen entlehnten Gegenstände informiert waren. Dass es dennoch „passiert" ist, dass ausgerechnet Möbel, die den als Juden verfolgten ÖsterreicherInnen geraubt wurden, zur Ausstattung von Orten repräsentativer Selbstdarstellung verwendet wurden, erscheint nachträglich unfreiwillig aussagekräftig. Österreich, damals bemüht ausschließlich als erstes Opfer Hitlers anerkannt zu werden, stattete seine politischen Vertretungen im Ausland vermeintlich „typisch österreichisch" mit imperialen Möbeln aus, darunter aber, mindestens ebenso „typisch österreichisch" auch mit arisierten Möbeln, die als solche aber nicht zu erkennen waren: So wurde die Ausstattung der Botschaften in Washington (1950[44]), Moskau (1951[45]), Bonn (1952[46]) und Beirut (1955[47]) unsichtbar aber doch, zu einer ehrlicheren Selbstdarstellung, als man es bewusst angestrebt hätte. Ein anderer symbolträchtiger Ort der Verwendung von arisierten Einrichtungsgegenständen ist die Präsidentschaftskanzlei in der Wiener Hofburg, der Amtssitz des Bundespräsidenten der Republik Österreich. Dies meint nicht die Arbeits- und Repräsentationsräume der jeweiligen Bundespräsidenten selbst, sondern die Büroräumlichkeiten der Präsidentschaftskanzlei[48], die 1947 aus dem Bundeskanzleramt am Ballhausplatz in die benachbarte Hofburg verlegt wurde[49]. Zum anderen wurde die Amtsvilla[50] der Bundespräsidenten vom Mobiliendepot mit ehemals kaiserlichen Möbeln ausgestattet – und vereinzelt auch mit arisierten Möbeln.

Auch andere Räumlichkeiten des offiziellen Österreich, Ministerien, Ämter, Universitätsinstitute u. a. wurden neben den ehemals kaiserlichen auch mit arisierten Ein-

---

44 Antike Wanduhr aus Bronze, seit 1950 an die Österreichische Botschaft in Washington entlehnt, dort bei einer Revision nicht mehr auffindbar und daher 1988 abgeschrieben und aus dem Inventar gelöscht.

45 Zwei biedermeierliche Kirschholzschränke, 1951–1985.

46 Ein intarsierter barocker Nussholz-Schrank mit Messingbeschlägen war 1952–1999 entlehnt.

47 Ein Tisch, Neo-Barock, weiß-gold und 2 Sessel, Neo-Barock, weiß-gold waren 1955–1987 entlehnt an die Österreichische Gesandtschaft in Beirut. Im Sommer 1955 wurden im Mobiliendepot 3 Möbel-Garnituren von der österreichischen Gesandtschaft in Beirut für deren Ausstattung ausgesucht. Alle Möbel wurden bis 21.7.1955 von der Fa. Leitner neu tapeziert und an die Gesandtschaft überstellt (Gegenschein vom 28.7.1955) Archiv MMD Zl. 296/55.

48 Drei Teppiche 1986/7–1998, ein Kokosläufer ab 1957, ein herzförmiger Mahagoniholz-Biedermeier-Nähtisch 1969–1998 entlehnt.

49 Die Präsidentschaftskanzlei bezog die ehemaligen Appartements der Kaiserin Maria Theresia im Leopoldinischen Trakt der Hofburg, die während der Ersten Republik als Schauräume genutzt und öffentlich zugänglich waren.

50 Ein Teppich, eine Messing-Vase, zwei Birkenholz-Sessel mit Mahagoniintarsierung und ein weiß lackierter Thonet-Sessel waren bis 1957 an Bundespräsident Theodor Körner, Wien 19, Himmelstraße, entlehnt; ein weiß lackiertes Tischchen war vor 1969 und eine barocke Nussholz-Eckvitrine war 1987–1999 an die Amtsvilla, Wien 19, Hohe Warte entlehnt.

richtungsgegenständen ausgestattet, so z. B.: Bundeskanzleramt[51], Rechnungshof[52], ausländische Botschaften in Wien[53], Bundesministerium für Justiz[54], Verwaltungsgerichtshof am Judenplatz[55], Bundespolizeipräsidium[56], Bauten- bzw. Handels- bzw. Wirtschaftsministerium[57], Unterrichtsministerium[58], Institut für Zeitgeschichte der Universität Wien.[59]

Schreibmaschine aus der arisierten Wohnung von Oskar Pöller, Installation „inventARISIERT" (2000).

51 Ein Stahlrohrbett war 1946–1987 und ein Rollkastel war 1969–1990 entlehnt.
52 Ölgemälde, *Marktszene*, breiter, reich ornamentierter Goldrahmen, 1983–1999 entlehnt.
53 Zwei Landschafts-Ölgemälde samt Rahmen waren spätestens seit 1985,sowie acht ledertapezierte Eichenholz-Sessel mit Ziernägel waren spätestens seit 1969 bis zur Rückholung 1998 an die Brasilianische Botschaft in Wien entlehnt.
54 Ölgemälde, *Fluss in hügeliger Landschaft*, 2. Hälfte 18. Jh., mit breitem, gekehltem Goldrahmen, mindestens seit 1994 bis 1999, an das Bundesministerium für Justiz/Palais Trautson entlehnt, davor an das Oberlandesgericht, Wien 7, Museumsstraße.
55 Ölgemälde um 1700, holländisch, *Druschszene*, sowie Braun-gold Barockrahmen entlehnt 1996–1997 an den Verwaltungsgerichtshof als kurzfristiger Ersatz für ein für Ausstellungszwecke benötigtes Exponat.
56 Spiegel mit gekehltem Nussrahmen, ging unmittelbar nach Arisierung an das Polizeipräsidium, später an das Kommando der Schutzpolizei, Wien 1, Schottenring 11, Rahmen (heute mit Spiegel; das ursprüngliche Ölgemälde ging verloren), entlehnt an die Bundespolizeidirektion/Dienstkundeabt., Wien 1, Schottenring 11, davor war der Entlehner das Kommando der Schutzpolizei an derselben Adresse.
57 Ölgemälde um 1700, holländisch, *Druschszene*, sowie Braun-gold Barockrahmen, 1985–1990 entlehnt an das Bauten-, später Wirtschaftsministerium.
58 Tisch, nach 1939, Kanapee, Armsessel, Fauteuil, 2 Sessel, bis 1969 entlehnt an die Verwaltung des Reichsgaues Wien, Abt. II: Erziehung und Volksbildung, später: Unterrichtsministerium, Wien 1, Minoritenplatz 5.
59 Ein mahagonifarben gebeizter Buchenholz-Sessel war 1966–1978, ein Schreibmaschinentischerl, mit Rollverschluss war spätestens seit 1988 bis 1993 an das Institut für Zeitgeschichte der Universität Wien entlehnt.

Zehn Bilder sowie ein Teppich-Fell aus den arisierten Beständen wurden ab der Wiedereröffnung 1949 auch für die Ausgestaltung der Schausammlung des Mobiliendepots verwendet. Nach der Vergrößerung und grundlegenden Neugestaltung ab 1993 wurden die arisierten Gemälde nach der Wiedereröffnung 1998 nicht mehr ausgestellt, sondern vielmehr die Arisierung der Objekte als Teil der Museumsgeschichte in der Schausammlung anhand von Dokumenten, Fotografien und Diaprojektionen zum Thema gemacht.

Restitutionen nach 1945 – Ambivalenz zwischen Realisierung und Verhinderung

Nach 1945 wurden verschiedene Gesetze zur Regelung der Rückstellung entzogenen Eigentums erlassen[60]. Das erste dieser Gesetze, und Grundlage aller weiteren, die sich u. a. auch auf die im staatlichen Einflussbereich befindlichen Werte bezogen, war die gesetzliche Anmeldepflicht vom Mai 1945 (modifiziert 1946), die „Erfassung der Vermögenschaften […], die nach dem 13. März 1938 […] den Eigentümern im Zusammenhang mit der nationalsozialistischen Machtübernahme entzogen worden" waren (§ 1), wobei bei Unterlassung ein bis fünf Jahre Kerker drohten (§ 6) und jede schuldhafte Minderung des Vermögens ab der Verlautbarung des Gesetzes strafbar war (§ 4).[61]

Das Mobiliendepot kam dieser Pflicht, trotz einer ministeriellen Mahnung samt Strafandrohung 1957, nie nach[62], nicht zuletzt, da ein Mitarbeiter des Mobiliendepots das Finanzministerium überzeugen konnte, dass eine solche Feststellung der arisierten Objekte sehr schwierig, und erst nach Abschluss einer physischen Generalinventur „nach Jahren"[63] möglich sei. Das Finanzministerium räumte daraufhin ein, dass die „Anmeldepflicht erst befolgt werden soll, wenn tatsächlich alle erfassten Möbel zur Rückübertragung vorhanden sind, damit eine Bedrängung der Verwaltung vermieden werde."[64] Heute wissen wir, dass dieser Zustand erst im Frühjahr 1999, also über vierzig Jahre

---

60 Siehe dazu in diesem Band: Eva BLIMLINGER, Rückstellungen und Entschädigungen in Österreich 1945 bis 2008 – Ein Überblick.

61 Gesetz über die Erfassung arisierter und anderer im Zusammenhang mit der nationalsozialistischen Machtübernahme entzogener Vermögenschaften vom 10.5.1945; StGBl 1945/10.

62 Archiv MMD Zl. 320/57-IB, Schreiben des Bundesministeriums für Finanzen (Dr. Klein, Zl. 212.988-34/57) an die Bundesmobilienverwaltung vom 20.7.1957, vgl. dazu ausführlich POSCH, 2000, S. 33–34.

63 Archiv MMD Zl. 320/57, OAR Painsi, Aktenvermerk vom 24.4.1958.

64 Archiv MMD Zl. 320/57, OAR Painsi, Aktenvermerk vom 24.4.1958.

später und annähernd zeitgleich mit dem Beginn der Provenienzforschung erreicht war. In Bezug auf die Bestände des Mobiliendepots kam es nach 1945 nur zu zwei Rückstellungsanträgen, denen 1948 und 1951 – teilweise – entsprochen wurde: von den ErbInnen nach Viktor Ephrussi (1946)[65] und nach Hedwig Schwarz (1948)[66].

Nach 1945 leiteten in allen acht Fällen, die im Mobiliendepot aktenkundig waren, die ursprünglichen EigentümerInnen Rückstellungsverfahren betreffend ihrer arisierten Liegenschaften, also der Immobilien, ein. Hier waren die „neuen" Eigentümer aus den Grundbüchern klar ersichtlich. Anders als bei den Liegenschaften waren die „neuen" Eigentümer der Mobilien, also der Möbel etc. den ursprünglichen EigentümerInnen nicht bekannt. Sie konnten daher kein Rückstellungsverfahren gegen das Mobiliendepot eröffnen. Da die gesamte Rückstellungsgesetzgebung auf Naturalrestitution abzielte, musste nur zurückgegeben werden, was noch vorhanden war und nur im jeweiligen Erhaltungszustand. Es war weder Schadenersatz noch Abgeltung für nicht mehr vorhandenes, entzogenes Eigentum vorgesehen.

Im Zuge der 1969 angestrebten Abschließung der Auseinandersetzung mit arisiertem Eigentum im Besitz der Republik Österreich rund um das 1. Kunst- und Kulturbereinigungsgesetz [67] wurden im Oktober 1969 die seit 1938 vom Mobiliendepot in der Silberkammer aufbewahrten Hausratsgegenstände aus den beschlagnahmten Vermögen von Emil Stiaßny, Wilhelm Goldenberg und Hugo Breitner für die „Sammelstellen A und B zugunsten rassisch und politisch Verfolgter"[68] dem Wiener Dorotheum übergeben und im Rahmen der „Weihnachts-Auktion" versteigert[69]. Dieser Schritt erfolgte ohne Berücksichtigung der ursprünglichen EigentümerInnen bzw. deren ErbInnen, obwohl sie den Behörden bekannt und ihre Namen und Anschriften teil-

---

65   Archiv MMD: 98/48-IB vom 27.5.1948, Rückstellung der Gegenstände aus dem Eigentum von Viktor Ephrussi und Löschung der Einträge aus den Inventaren – rund 80 Objekte (Möbel, Teppiche, Gemälde).

66   Archiv MMD Zl. 131/51-IB, Löschakt-Rückstellung an Hedwig Schwarz; gem. Verfügung Finanzlandesdirektion Zl. VR-V-6395-7/1950 vom 22.2.1951 im Wege des Rechtsanwalt Rudolf Skrein, Zl. 7527/51-MD Rückgestellt wurden: 15 Gemälde, zwei Skulpturen, acht Teppiche und Wäschestücke, keine Möbel.

67   1. Kunst- und Kulturbereinigungsgesetz, Bundesgesetz vom 27.6.1969 über die Bereinigung der Eigentumsverhältnisse des im Gewahrsam des Bundesdenkmalamtes befindlichen Kunst- und Kulturgutes; BGBl 1969/294.

68   Mit dem „Auffangorganisationsgesetz" vom 13.3.1957 (BGBl 1957/73) wurde die Schaffung von Auffangorganisationen gem. Artikel 26 § 2 des Staatsvertrages (BGBl 1955/152) verfügt: die Sammelstellen „A" und „B". „Sammelstelle A" war für alle Ansprüche auf Vermögen, Rechte und Interessen von Personen zuständig, die am 31.12.1937 der israelitischen Religionsgemeinschaft angehört hatten. Die „Sammelstelle B" war für alle übrigen Opfer zuständig, die ebenfalls um Entschädigung ansuchen konnten.

69   Aufgrund des § 3a Abs. 2 des Bundesgesetzes vom 16.12.1958, BGBl 1958/285.

weise sogar in den Bescheiden angeführt waren.[70] Da sie nicht in der gesetzten Frist Rückstellungsanträge gestellt hatten, bzw. nicht stellen konnten, galten sie nicht mehr als rechtmäßige EigentümerInnen, weshalb sie in diesen Bescheiden zwar benannt, davon aber nicht verständigt wurden.

Im Mobiliendepot wurde bereits im Februar 1969 eine Liste aller inventarmäßig noch vorhandenen arisierten Möbel erstellt. Sie war gegliedert nach den ursprünglichen EigentümerInnen und jedes Objekt war mit dem damaligen Standort verzeichnet – und zwar im expliziten Bewusstsein der Tatsache, dass es sich dabei um arisiertes Vermögen handelte. Übertitelt wurde diese Liste mit: „Judenmöbel". Ob diese Liste im Kontext allfälliger Rückgabeabsichten oder allfälliger Versteigerungsabsichten entstanden ist, lässt sich aktenmäßig nicht belegen. Was sich aber belegen lässt, ist die Tatsache, dass aufgrund dieser Auflistung keine Rückholung von den damaligen MieterInnen oder Bundesdienststellen eingeleitet wurde. Weder wurden die Möbel dem zuständigen Bundesdenkmalamt, noch den seit 1955/1957 zuständigen „Sammelstellen A und B zugunsten rassisch und politisch Verfolgter" überstellt, oder auch nur gemeldet. Vielmehr waren zahlreiche Objekte bis zur Aufarbeitung 1998/99 an diesen Standorten in Verwendung.[71]

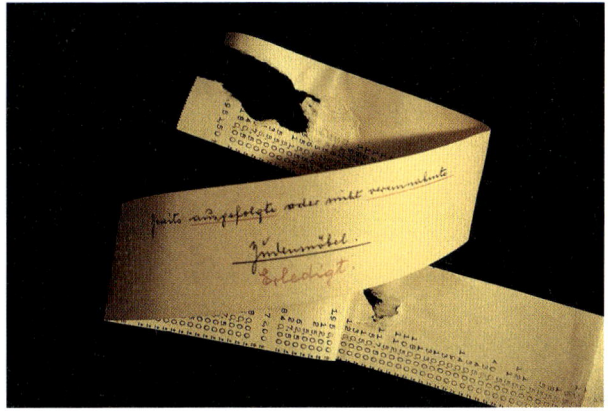

Aktenschleife „Judenmöbel" aus der Bundesmobilienverwaltung Wien (1969).

70 Feststellungsbescheide der Finanzlandesdirektion für Wien, NÖ und das Burgenland vom 26.3.1969 [GA XV-5/43.003/69, Fall Emil Stiaßny] Archiv MMD Zl. 229/38-IB vom 26.3.1969 [GA XV-5/43.004/69, Fall Wilhelm Goldenberg] Archiv MMD 230/69 vom 23.4.1969 [GA XV-5/43.005/69, Fall Hugo Breitner,] Archiv MMD Zl. 282/69-IB.

71 Aktenbestand „arisierte Möbel" im Archiv MMD.

Die arisierten Objekte heute

Von den 638 inventarisierten arisierten Objekten des Mobiliendepots wurden 102 Gegenstände zwischen 1948 und 1965 an die ehemaligen EigentümerInnen oder deren ErbInnen zurückgestellt.

Alle übrigen noch vorhandenen arisierten Objekte konnten mittlerweile den ursprünglichen EigentümerInnen bzw. deren Nachfahren zurückgegeben werden.

Heute befinden sich wieder 85 dieser Objekte[72] im Bestand der Bundesmobilien-verwaltung. Es sind jene Objekte, die von den ErbInnen gekauft wurden, wenn diese die Objekte nicht übernehmen konnten oder wollten oder diese wegen mangelndem Handelswert auch nicht zu ihren Gunsten versteigert werden konnten. Diese Objekte bleiben damit weiterhin ein Teil der Geschichte der Sammlung.

---

72 85 Objekte, davon 16 Bilder mit eigens inventarisierten Rahmen, daher 101 Inventarnummern.

„Sich stets der Vergangenheit stellen" – Provenienzforschung im Heeresgeschichtlichen Museum

Christoph Hatschek

Neben den so oft zitierten „Eckpfeilern" der Museumsarbeit des Sammelns, Bewahrens und Präsentierens haben die österreichischen Museen und Sammlungen aktuell den unmittelbaren Auftrag, verstärkt der eigentlichen Provenienz der jeweiligen Erwerbungen nachzugehen und diese auch im Fall des Falles zu „deakquirieren", d. h. an die rechtmäßigen Eigentümer zurückzugeben. Es ist leider eine traurige, aber dennoch eine Tatsache, dass „Kunstraub" an sich keine neue Erfindung des 20. oder 21. Jahrhunderts sein oder bleiben sollte. Dennoch spielt dieser gerade in der Diskussion um Kunstgegenstände, die im Zuge oder als Folge der NS-Gewaltherrschaft auf dem Gebiet des heutigen Österreichs „entzogen" wurden und/oder sich hier noch in den hiesigen Sammlungen bzw. Museen befinden, eine wesentliche Rolle.

SammlerInnen, vor allem aber auch zahlreiche Auktionshäuser und PrivathändlerInnen kümmerten sich lange Zeit nicht – und teilweise auch nach wie vor nur bedingt – um die tatsächliche Herkunft („Provenienz") der sich im „Handel" befindlichen verschiedenen musealen Kunst- und Kulturgüter. Museen kommt und kam daher – im Grunde genommen seit je her – beim Erwerb der jeweiligen Stücke für ihre Sammlungen stets eine besondere – mitunter auch durchaus heikle und delikate – Aufgabe zu. Museen können und durften sich eigentlich nie wirklich darauf verlassen, Erwerbungen „im guten Glauben" durchgeführt zu haben.

Gestohlenes, Entzogenes bzw. „Aufgefundenes" galt es seither festzustellen, gegebenenfalls abzulehnen und/oder auch wieder abzugeben. Die systematische Aufarbeitung der Sammlungsbestände ist somit eine der wohl wichtigsten Aufgaben eines Museums. War es auch schon vor Einsetzung der Kommission für Provenienzforschung 1998 für Museen durchaus zielführend, genauestens Bescheid zu wissen, aus welchen Sammlungen bzw. Vorbesitz das eine oder andere Stück stammte, so eröffnete die durch die Beschlagnahmung von zwei Bildern Egon Schieles aus der Sammlung Leopold in New York unmittelbar ausgelöste Diskussion zu Beginn des Jahres 1998 – ein bis zu diesem Zeitpunkt kaum wirklich in der breiten Öffentlichkeit je wahrgenommenes Kapitel österreichischer Kultur- und Museumsgeschichte. Wobei es hier – und dies sollte sich allerdings erst im Verlauf des letzten Dezenniums mehr und mehr heraus kristallieren – nicht nur um das tatsächliche Schicksal jener Objekte ging, die in der Zeit von März 1938 bis zum Ende des Zweiten Weltkrieges unrechtmäßig entzogen worden waren, sondern vielmehr gleichzeitig und vor allem auch um die Rolle einzelner Museen und der österreichischen Behörden in der Rückstellungsfrage nach 1945.[1] Wie viele „Kunstwerke" in der Zeit von 1938 bis 1945 von den Behörden bzw. jeweiligen Parteiorganisationen auf dem Gebiet des heutigen Österreichs tatsächlich beschlagnahmt wurden, kann man heute kaum mehr in seiner absoluten Gesamtheit erfassen. Es ist daher auch zwangsläufig unmöglich, mit absoluter Gewissheit festzustellen, wie viele davon den Zweiten Weltkrieg tatsächlich unbeschadet überdauerten.

Auch das seinerzeitige Heeresmuseum[2] hatte zwischen 1938 und 1945 von Zuweisungen aus beschlagnahmten Vermögen profitiert. Das Museum selbst mit seinen damals rund siebzig MitarbeiterInnen war unmittelbar mit dem Einmarsch der Deutschen Wehrmacht in die selbige überführt und in den Verband der deutschen Heeresmuseen eingegliedert worden, blieb jedoch in seinem Handeln und seiner Organisation – gegenüber den vorgesetzten Dienststellen in Berlin – weitgehend autonom. Im Museum waren damals insgesamt 69 MitarbeiterInnen beschäftigt, die sich überwiegend auf die damals vorhandenen drei Museumsabteilungen sowie Werkstätten/Ateliers und die Bibliothek aufteilten.[3] Daneben gab es für den Verwaltungsbereich eine Kanzlei, einen Rechnungsführer, eine Schreibstelle, sowie eine Fernsprechvermittlung.[4] Das Heeresmuseum selbst wurde mit dem „Anschluss" Österreichs an das Deutsche Reich

1   Thomas TRENKLER, „Als das Wünschen der Nazis auch im Frieden geholfen hat", Der Standard, 14.2.1998. Der Artikel stützt sich zum Teil auf Vorarbeiten des Archivdirektors des KHM, Dr. Herbert Haupt, der sich bereits Anfang der 1990er Jahre mit der Geschichte des Museums während des Zweiten Weltkrieges beschäftigt hatte. Siehe dazu Herbert HAUPT, Jahre der Gefährdung. Das Kunsthistorische Museum 1938–1945, Wien 1995.

2   Als das Museum am 21.1.1946 (bis 1955) dem Bundesministerium für Unterricht unterstellt wurde, änderte man auch die Bezeichnung von *Heeresmuseum* in *Heeresgeschichtliches Museum* ab.

3   Diese wurden noch während des Krieges um zwei weitere Abteilungen ergänzt: Die 1. kulturhistorische Abteilung umfasste primär militärhistorische Erinnerungsgegenstände, die 2. kunsthistorische Abteilung sämtliche Bilder und Plastiken, die 3. Reproduktionsabteilung das gesamte photographische Material, die 4. Abteilung widmete sich der Technischen Geschichte und die 5. Abteilung war für Rüstung und Uniformen „neuerer" Art bestimmt. Siehe Manfried RAUCHENSTEINER, Phönix aus der Asche. Zerstörung und Wiederaufbau des Heeresgeschichtlichen Museums 1944–1955, Wien 2005, 119ff.

4   Lothar HÖLBLING, „Diese Stätte ist geweiht für immer". Zur Geschichte des Heeresmuseums 1938–1945, in: Heeresgeschichtliches Museum Wien (Hg.), Viribus Unitis. Jahresbericht des Heeresgeschichtlichen Museums 1999, Wien 2000, 11f.

unmittelbar dem Chef der Heeresmuseen unterstellt, wobei man naturgemäß auch an die Weisungen der jeweiligen vorgesetzten militärischen Dienststellen im neu geschaffenen Wehrkreis XVII gebunden war. Gemäß der gültigen Dienstanweisung, oblag es dem Museum, primär die in seinem „Besitz befindlichen Museumstücke zu erhalten, die Sammlungen zu vervollständigen und dem gesamtem Volke nahezubringen."[5]

Aber gerade hinsichtlich der Erwerbungen war der seinerzeitige Direktor, General-Kustos Dr. Alfred Mell ab dem März 1938 nunmehr weitestgehend an die Entscheidungen seiner Vorgesetzten gebunden. So musste er bei musealen Ankäufen mit einem Wert von über RM 2.000 den Chef der Heeresmuseen kontaktieren und eine entsprechende Genehmigung einholen. Bei Erwerbungen über RM 5.000 schließlich musste ein entsprechendes Einverständnis beim Oberkommando des Heeres eingeholt werden.[6] Insgesamt konnten in der Zeit von März 1938 bis Mai 1945 schätzungsweise rund 11.345 Objekte durch Ankauf, Schenkungen oder Zuweisungen in die Sammlungen des Heeresmuseums aufgenommen werden.[7] Diese wurden in den jeweiligen Inventarbüchern (Bilderinventar, Allgemeines Inventar, Bücherinventar) handschriftlich aufgenommen und mit entsprechendem Eingangsdatum, Provenienz, Kaufpreis, Lagerungsort versehen.

Im Verlaufe der ab 1998 im Heeresgeschichtlichen Museum einsetzenden Provenienzforschung musste festgestellt werden, dass auch die seinerzeitige Direktion sich den damaligen „Gepflogenheiten" in der Wiener Museumswelt anpasste, um entsprechende Erwerbungen aus seitens der Nationalsozialisten beschlagnahmten Sammlungen zu erhalten. So ersuchte Direktor Mell bereits im Oktober 1938 den Leiter des Instituts für Denkmalpflege, gegebenenfalls zu veranlassen, dass beim etwaigen Verkauf von aus dem Besitz von Juden stammenden Objekten mit militärhistorischen Darstellungen das Heeresmuseum in erster Linie kontaktiert werden sollte.[8] Doch fanden sich viel-

5 HGM Zl. 20/1940, Dienstanweisung des OKH für den Chef der Heeresmuseen vom 22.6.1940.
6 HGM Zl. 20/1940, Dienstanweisung des OKH für den Chef der Heeresmuseen vom 22.6.1940.
7 Diese Zahlen beruhen auf den noch vorhandenen Inventarbüchern (IN, NIN, BI, BÜ) im Zeitraum vom März 1938 bis Mai 1945. Allein bei der Rekonstruktion taten sich dokumentarische Lücken auf, da im so genannten NIN (Nachtragsinventar) viele Objekte aufgrund wichtiger Datenverluste nur noch teilweise aus dem Gedächtnis überaus mangelhaft rekonstruiert werden konnten. Es fehlen zum Teil ganze Nummernstöcke, da die jeweiligen Inventarbücher im Verlauf der letzten Kriegsjahre durch Brand, Plünderung oder sonstiger Kriegseinwirkung in Verlust geraten waren und die MitarbeiterInnen nach dem Krieg erst mühsam wieder versuchen mussten, der Objekte des Museums wieder habhaft zu werden. Insgesamt mussten 11 der 32 Bände als Verlust bezeichnet werden. RAUCHENSTEINER, Phönix aus der Asche, S. 37.
8 HGM Zl. 660/1938.

fach einfach gar keine Objekte von „militärhistorischem Interesse" und auch bei jenen „historischen" Stücken, bei denen das Heeresmuseum zwangsläufig in einen Interessenskonflikt mit anderen Wiener (v. a. Kunst-)Museen geriet, blieb man zumeist ebenso in seinen Erwerbungswünschen erfolglos. Das Museum im Arsenal sollte letztendlich offensichtlich nur jene Objekte erhalten, die von den beschlagnahmten Sammlungen „übrig" blieben. So umfassten beispielsweise die Erwerbungswünsche des Heeresmuseums aus der beschlagnahmten Sammlung Alphonse Rothschild allein 48 Positionen[9], von denen schließlich im Juni 1943 tatsächlich aber nur neun Objekte dem Museum seitens des Instituts für Denkmalpflege übergeben werden sollten.[10]

Aufgrund der bisherigen Rechercheergebnisse konnten von den im Zeitraum von 1938 bis 1945 erworbenen musealen Gegenständen 52 Objekte (u. a. Pokalgläser, Standarten, Bücher, Miniaturen) aus von Seiten des nationalsozialistischen Regimes beschlagnahmten Sammlungen festgestellt werden. Es handelte sich dabei um die Sammlungen: Oskar Bondy, Viktor Ephrussi, Emilio Hofmannsthal, Albert sowie Ernst und Gisela Pollak, Alphonse Rothschild und Franz Ruhmann. Im Zuge der fortgesetzten Untersuchungen im Rahmen der Provenienzforschung wurde aber auch versucht, jene Erwerbungen aus dem (Privat-)Handel und – soweit möglich – auch Ankäufe bei den jeweiligen Auktionshäusern zu recherchieren, bei denen das Heeresmuseum im fraglichen Zeitraum Objekte erwarb, die möglicherweise aus arisiertem bzw. vom NS-Regime entzogenem Besitz stammten, aber als solche seinerzeit nicht konkret ausgewiesen wurden. Diese Arbeiten sind jedoch noch nicht abgeschlossen und werden zur Zeit ebenso noch fortgesetzt wie die Forschungen zu vier noch an den Beirat vorzulegenden Rückgabefälle, bei denen sich handschriftliche Namenszusätze („Israel") bei den Eintragungen zu den Verkäufern finden ließen.[11] Als offizielle Wehrmachtsdienststelle war das Heeresmuseum Wien zwar seinerzeit besonders dazu angehalten worden, keinerlei „Verkehr mit Juden" mehr durchzuführen, doch wurden in diesen vier Fällen dennoch Ankäufe seitens des Heeresmuseums getätigt. In jenen Fällen, wo das jeweilige Objekt aus arisiertem Vermögen bzw. einer beschlagnahmten Sammlung stammte, wurde dies

---

9   HGM Zl. 264/1942/X.

10 HGM Zl. 360/1943; BDA, Kt. 53, Mappe 3 fol 37r; BDA Kt. 53a Mappe 14a. Diese Objekte wurden mit Ausnahme von zwei Kriegsverlusten an Clarice Rothschild im Jahre 1947 zurückgestellt, die davon dem Museum wiederum acht Objekte widmen sollte. Diese wiederum wurden Gegenstand von Rückstellungen im Jahre 1999 bzw. 2000 gemäß den Beschlüssen des Beirats über die Rückgabe von Kunstgegenständen aus den österreichischen Bundesmuseen und Sammlungen.

11 Diese waren zumeist auch schon vor dem März 1938 in hinreichender Geschäftsverbindung mit dem Museum gestanden.

bereits seinerzeit in den jeweiligen Inventarbüchern handschriftlich vermerkt. Das seinerzeitige Heeresmuseum erhielt so unter anderem auch Zuweisungen seitens der Gestapo Wien (insgesamt 58 Objekte „Unbekannter Herkunft").[12]

Die Mehrzahl der genannten Objekte verblieb während des Krieges mit den Sammlungen im Bereich des Arsenals selbst verwahrt.[13] Als die unmittelbare Gefahr einer Zerstörung durch alliierte Bomberangriffe ab dem Jahr 1943 stetig zunahm, wurde ein Großteil der Objekte „vorsorglich" in die jeweiligen Bergungsorte des Heeresmuseums (z. B. nach Feldsberg (Valtice), Nikolsburg (Mikulov), Eisgrub (Ledice), alle drei in Südmähren, aber auch in die Kartause Gaming, Burg Ottenstein bei Rastenfeld, Schloss Stiebar bei Gresten, sowie in das Salzbergwerk von Alt-Aussee u. v. m.) ausgelagert. Ganze Sammlungen wurden damals buchstäblich auseinander gerissen und oft regional sehr weit verstreut untergebracht. Hinzu kamen noch zahlreiche Umlagerungen während des Krieges selbst, sodass sich eine lückenlose Aufklärung des Verbleibs der jeweiligen einzelnen musealen Objekte teilweise bis heute nicht vollständig ermöglichen lässt.[14] Hinzu kam, dass trotz der nun getroffenen „Schutzmaßnahmen" immer wieder museales Gut durch Kriegseinwirkungen in den verschiedenen Bergeorten vernichtet wurde, zum Teil auch auf „rätselhafte Weise" (d. h. Diebstahl) vor Ort verschwand bzw. im Zuge der letzten Kampfhandlungen durch Plünderungen und Beschlagnahmungen – sowohl durch durchziehende deutsche als auch alliierte Verbände – „verschwand" und somit letztendlich auch „in Verlust" geriet.[15] Selbst bei den unmittelbar nach dem Krieg durchgeführten Berge- bzw. Rückholaktionen gingen Objekte unwiederbringlich verloren.[16]

---

12 HGM Zl. 514/ 1940 [Akt fehlt].

13 Zwei Objekte (Pokalglas und Deckelpokal) aus der beschlagnahmten Sammlung Franz Ruhmann und ein Pokalglas aus der Sammlung von Oscar Bondy wurde 1940 bzw. 1941 an das Zeughaus in Berlin abgegeben. HGM Zl. 14/1940-XIV, HGM Zl. 14/1940-XVI HGM Zl. 104/1941.

14 Durch die verschiedenen Bergungsstellen wollte man einerseits einen Totalverlust der Sammlungen des Heeresmuseum verhindern, gleichzeitig war man mit der Problematik konfrontiert, einen entsprechenden Überblick behalten zu können. Die Sicherstellung einer kontinuierlichen Beaufsichtigung der Objekte brachte ebenso immer wieder Probleme mit sich, da kaum ausreichend Personal hierfür zur Verfügung stand. Christoph HATSCHEK, „Ein solches Verhalten wäre sehr zu verurteilen…". Das Schicksal der Sammlungen des Heeresgeschichtlichen Museums im Verlauf und nach Ende des Zweiten Weltkriegs, in: Heeresgeschichtliches Museum Wien (Hg.), Viribus Unitis. Jahresbericht des Heeresgeschichtlichen Museums 2000, Wien 2001, S. 9–40.

15 Die genaue Rekonstruktion der Geschehnisse von damals ist heute leider allerdings nur mehr sehr schwer durchführbar, da viele der damaligen Bergungs- und Rückbergungsverzeichnisse nicht mehr in ihrer Gesamtheit erhalten sind und genau geführte Listen einfach fehlen. Tatsache ist jedoch, dass kaum ausreichende Transportkapazitäten für die Rückführung zur Verfügung standen und auch bei den Transporten immer wieder Beschlagnahmungen bzw. Plünderungen oder Diebstahl vorkamen. Siehe ebenda, S. 26ff.

16 1991 bezifferte man nach einer groben Schätzung den kriegsbedingten Verlust des Heeresmuseums im

Dies war einer der Gründe, warum sich die Rückgabe jener Objekte, die nachweislich aus arisiertem Vermögen stammten und im Zuge der Rückstellungsverfahren an die vormaligen Besitzer bzw. deren Erben auszuhändigen waren, bereits unmittelbar nach 1945 für die seinerzeitige Direktion des Heeresmuseums im Arsenal sich äußert schwierig gestaltete. Eines der Hautprobleme für die damalige Leitung war, dass man nicht genau wusste, ob die Objekte den Krieg tatsächlich überdauert hatten oder – durch Zerstörung, Diebstahl oder Beschlagnahmung – als Kriegsverlust zu verzeichnen waren.[17] Man verfügte damals vor allem über keine genauen Listen der verlagerten musealen Gegenstände und musste diese erst mühsam zusammensuchen. Gleichzeitig gestaltete sich die Rückholung der Objekte aus den zahlreichen Bergungsorten zurück nach Wien überaus schwierig.[18] Trotzdem setzte man seitens der damaligen Direktion des Museums alles daran, jene Objekte ausfindig zu machen, um sie an die vormaligen, rechtmäßigen Besitzer rückerstatten zu können. So wurden beispielsweise ab dem Jahre 1947 sukzessive Rückstellungen von Objekten aus seinerzeit beschlagnahmten Sammlungen (Alphonse Rothschild[19], Albert Pollak[20], Franz Ruhmann[21] Oscar Bondy[22]) seitens des Museums durchgeführt. Vielfach waren aber auch bei diesen Sammlungen entsprechende „Kriegsverluste" zu verzeichnen gewesen, da sie mit den jeweiligen Sammlungen auf die verschiedenen Bergungsorte aufgeteilt worden waren und dort gleichsam mit großen Teilen der musealen Bestände in Verlust geraten waren.[23]

Aufgrund der Initiative des seinerzeitigen Direktors, Hofrat Univ. Prof. Dr. Manfried Rauchensteiner, wurde zu Beginn des Jahres 1998 auch das Heeresgeschichtliche Museum seitens seines damaligen Ressortleiters, des Bundesministers für Landesver-

---

Bereich der Sammlung von Handfeuerwaffen auf etwa 80%, die Einbußen in der Modellsammlung auf rund 95% sowie die Schäden in der Uniform- und Kunstsammlung auf je etwa 30%. Heeresgeschichtliches Museum Wien (Hg.), 100 Jahre Heeresgeschichtliches Museum. Bekanntes und Unbekanntes zu seiner Geschichte, Wien 1991, S. 18.

17 Lothar HÖLBLING, „Diese Stätte ist geweiht für immer", S. 54f.

18 Mit dem Aussetzen von so genannten „Bergeprämien" versuchte man damals sogar relativ verzweifelt, die Bevölkerung dazu zu animieren, zumindest vereinzelt noch „aufgefundenes" (sprich geplündertes) Musealgut wieder für das Museum zurück zu erhalten. Meistens jedoch ohne Erfolg. Siehe dazu auch ÖStA AdR, BMfU, Sammelkarton 15 „Heeresgeschichtliches Museum", Zl. 17.711/48.

19 HGM Zl. 192/1947.

20 HGM Zl. 183/1947und HGM Zl. 147/1950.

21 HGM Zl. 136/1951.

22 HGM Zl. 116/1946-II, 138/1947, 138/1947-I.

23 RAUCHENSTEINER, Phönix aus der Asche, S. 30.

24 Siehe dazu die Weisung des Bundesministers für Landesverteidigung an die Direktion des Heeresgeschichtlichen Museums Nr. 154 vom 15.4.1998.

teidigung Dr. Werner Fasslabend, damit beauftragt, Nachforschungen hinsichtlich des redlichen Erwerbs von Kulturgütern in der Zeit von 1938 bis 1960 durchzuführen.[24] Analog zu den anderen Bundesmuseen sollten noch in den Sammlungen des Museums vorhandene Objekte gesucht werden, „deren Provenienz den Schluss zulassen, dass sie im Wege von Enteignung, Konfiskation, zwangsweisem Verkauf oder so zustande kamen, dass an der Redlichkeit der Übertragung bzw. des Erwerbs Zweifel bestehen." Dabei waren insbesondere solche Kulturgüter zur berücksichtigen, die aus jüdischem Eigentum stammten. Die notwendigen Recherche-Arbeiten sollten zunächst im Bereich der hauseigenen Forschungsabteilung übernommen werden, wo zunächst der Verfasser selbst als Mitarbeiter mit diesen Agenden betraut wurde. Damals standen primär zunächst Nachforschungen im Zusammenhang mit Objekten aus den entzogenen (Kunst-)Sammlungen von Alphonse Rothschild und Oskar Bondy im Vordergrund. Zur besseren Koordinierung der durchzuführenden Arbeiten, vor allem aber auch im Hinblick auf die Aktenaufarbeitung im Bereich des Bundesdenkmalamtes, des Österreichischen Staatsarchivs und der Dokumentation im Bereich der jeweiligen Auktionshäuser, wurde ab April 1998 auch ein Vertreter des Heeresgeschichtlichen Museums/ Militärhistorisches Institut zu den Sitzungen der Kommission für Provenienzforschung entsandt. Im Laufe der Arbeiten wurde versucht, sich ein entsprechendes Bild über das Ausmaß der Forschungsarbeit zu machen, wobei man zwangsläufig auf die Problematik stieß, dass seit dem Wiederaufbau des Museums[25] keine entsprechende Gesamtdurchsicht der Bestände erfolgt war.[26] Auch hinsichtlich der Aktenlage taten sich entsprechende Lücken auf, da im hauseigenen Direktionsarchiv ein Großteil der Dokumente während des Zweiten Weltkrieges aufgrund von Kriegseinwirkungen verloren gegangen war.[27] Im weiteren Verlauf der Recherchen im Heeresgeschichtlichen Museum wurde ein Werkvertrag mit dem Historiker Mag. Lothar Hölbling abgeschlossen, der ab Mai 1998 als externer Mitarbeiter das Provenienzforschungs-Projekt übernehmen sollte. Er führte neben der Provenienzforschung weitere Untersuchungen hinsichtlich der Kriegsverluste des Heeresgeschichtlichen Museums an den seinerzeiti-

25 RAUCHENSTEINER, Phönix aus der Asche, 32ff.
26 HÖLBLING, „Diese Stätte ist geweiht für immer", S. 55.
27 1972 war bereits der Versuch einer Aufarbeitung der Aktenbestände der Direktion unternommen worden, wobei der hierfür zuständige Sachbearbeiter Dr. Leopold Auer damals sehr „ernüchternd" feststellen musste: „Der Erhaltungszustand des Archivs […] ist kein günstiger. 1945 wurde das Archiv zusammen mit der Bibliothek geplündert und in völlige Unordnung gebracht." Dr. Leopold Auer führte diese Arbeiten im Zuge seines Grundwehrdienstes durch. Das von ihm verfasste Manuskript befindet sich heute in der Bibliothek des HGM/MHI. Leopold AUER, Das Direktionsarchiv des Heeresgeschichtlichen Museums, unveröffentlichtes Manuskript, Wien 1972, S. 4.

gen Verlagerungsorten während und vor allem auch nach dem Ende des Zweiten Welt-krieges durch – nicht zuletzt dabei auch vor allem im Hinblick auf Objekte aus vormals entzogenem jüdischen Eigentum. Mit März 1999 übernahm schließlich erneut der Ver-fasser die Betreuung der Provenienz- und Kriegsverlustforschungsuntersuchungen, der sie bislang auch weiterhin koordinierend begleitet.

Zur Überprüfung sämtlicher in Frage kommender Fälle wurden im Rahmen der ab 1998/99 durchgeführten Nachforschungen die Akten des Direktionsarchivs aus der Zeit von 1938 bis 1960, sowie sämtliche Inventarbücher und Sammlungskarteikarten auf weitere Hinweise überprüft. Im Zusammenhang mit diesen Ordnungsarbeiten wur-den auch jene Unterlagen des Museums, die im Zusammenhang mit nach 1945 ein-geleiteten Rückstellungsverfahren standen, erstmals zusammengefasst.

Insgesamt wurden bis zum aktuellen Zeitpunkt acht Dossiers (Oskar Bondy, Viktor Ephrussi, Dr. Emilio Hofmannsthal, Albert Pollak, Ernst und Gisela Pollak, Alphonse Rothschild, Franz Ruhmann sowie Objekte unbekannter Herkunft) für die Kommis-sion für Provenienzforschung vorbereitet, die in den Fällen Oskar Bondy, Dr. Emilio Hofmannsthal, Alphonse Rothschild zu positiven Entscheidungen des Beirats führten und inzwischen bereits restituiert wurden bzw. gerade aktuell werden.[28] Im Fall der musealen Objekte aus den seinerzeit beschlagnahmten Sammlung von Franz Ruh-mann[29] und Albert Pollak[30] waren die Objekte bereits 1947/1950 bzw. 1951 restitu-iert worden. Im Fall der Sammlungen von Ernst und Gisela Pollak musste das beschlag-nahmte Objekt als Kriegsverlust verzeichnet werden.[31]

Die aktuell noch unter dem Begriff des „herrenlosen Guts" zusammengefassten neun Objekte wurden inzwischen in der Kunstdatenbank des Österreichischen Natio-nalfonds publiziert – in der Hoffnung, auf diesem Weg neue Hinweise über die frühe-ren EigentümerInnen bzw. deren Nachkommen zu erhalten.

Die im Forschungszeitraum seitens des Museums erworbenen Objekte wurden zwischenzeitlich anhand der noch vorhandenen Inventarbücher und Sammlungskar-teien von den jeweiligen Sammlungen – vor allem auch auf ihre physische Existenz hin – überprüft, wobei dieser Bereich speziell den allgemeinen Inventarisierungsarbeiten

---

28 Die Suche nach den ErbInnen nach Dr. Emilio Hofmannsthal gestaltete sich sehr schwierig, doch konnte diese inzwischen ebenso abgeschlossen werden. Eine entsprechende Rückgabe wird nach Absprache mit den Erben noch in der ersten Hälfte des Jahres 2008 erwartet.
29 HGM Zl. 136/1951.
30 HGM Zl. 147/1950.
31 HGM Zl. 70/1947 und HGM Zl. 362/1947.

vorgezogen wurde bzw. dazu parallel verlief. Hierbei wurden auch jene Objekte festgestellt, die seinerzeit unmittelbar nach dem Krieg als vermeintlicher „Kriegsverlust" geführt worden waren, aber dennoch sich noch Ende der 1990er Jahre in den Sammlungen des Museums befunden hatten. Diese wurden wie im Fall Alphonse Rothschild ebenfalls in Dossiers zusammengefasst und über die Kommission für Provenienzforschung schließlich dem Beirat zur Entscheidung vorgelegt.[32]

Aktuell werden seitens des Heeresgeschichtliches Museums/Militärhistorisches Institut sämtliche Sammlungsbestände geprüft, um ein entsprechendes elektronisches Gesamtinventar zu erstellen, wobei der gesamte Erwerbungszeitraum seit Eröffnung des Museums in Betracht gezogen wird – d. h. auch die Zeit vor 1938 und nach 1960. Diesbezüglich wurden zusätzlich neue personelle Ressourcen geschaffen, um das Inventarisierungsprojekt möglichst rasch fortschreiten zu lassen. Im Rahmen dieser Tätigkeiten werden sämtliche musealen Objekte des Museums aus den Bereichen Uniformen, Rüstzeug, Insignien, Kunst, Waffen & Technik, Archivmaterial etc. hinsichtlich ihrer tatsächlichen physischen Existenz, ihres Erhaltungszustandes und nicht zuletzt auch hinsichtlich ihrer Provenienz überprüft. Die bildliche Erfassung der Bestände verläuft dazu parallel. Der derzeitigen Leitung des Heeresgeschichtlichen Museum ist es ein entsprechendes Anliegen diese Recherchen zügig durchzuführen, doch werden diese Arbeiten aufgrund der geschätzten Größen der Bestände vor 2015 nicht zu einem Abschluss zu bringen sein.

---

32 Hier ist das Auffinden der Degentasche und des Degenbandeliers aus der Sammlung Alphonse Rothschild zu erwähnen, die zwischenzeitlich bereits ebenfalls an die Erben nach Rothschild gemäß Beiratsbeschluss zurückgegeben wurden.

Zehn Jahre Provenienzforschung im Kunsthistorischen Museum

Herbert Haupt, Franz Pichorner

Geschichte des Kunsthistorischen Museums im Überblick

Die Verwaltung und die Bestände des Kunsthistorischen Museums in seiner heutigen Form blicken auf eine lange, bewegte Vergangenheit zurück. Die ehemals habsburgischen Privatsammlungen sind ein Abbild der Sammelinteressen, ja teilweise Sammelleidenschaft einzelner Mitglieder des Herrscherhauses. Die Kaiser Maximilian I., Karl V. und Rudolf II., um nur einige Namen anzuführen, haben die Bestände ebenso vermehrt wie einzelne Erzherzöge, für die stellvertretend die Erzherzöge Ernst und Leopold Wilhelm genannt sein sollen. Das Spektrum der Sammlungen war von Anfang an dementsprechend breit: Gemälde, Graphiken, Statuen, Erinnerungsstücke und Insignien wurden ebenso aufbewahrt wie Kunstgegenstände aus edlem Metall, Bergkristall, Holz und Elfenbein, Münzen und Medaillen waren in der barocken Kunst- und Wunderkammer neben Curiosa aller Art zu finden, Uhren und Automaten neben antiken Kunstgegenständen. Vieles wurde gezielt angekauft, anderes als Geschenk übernommen.[1]

Für das Verständnis von Aufbau und Gliederung des heutigen Kunsthistorischen Museums ist die Regierungszeit Kaiser Franz Josephs von grundlegender Bedeutung. Schon vor Baubeginn des als Teil des Kaiserforums geplanten Kunsthistorischen Hofmuseums[2] wurde der gesamte habsburgische Kunst- und Kulturbesitz im Auftrag des Kaisers 1875 einer Generalinventur unterzogen. Das Ziel dieser Revision war die Trennung von staatlichem und privatem Kulturgut. Letzteres bildete den so genannten

---

1 Das wichtigste Werk zur Geschichte der habsburgischen Kunstsammlungen bis 1918 ist nach wie vor Alphons LHOTSKY, Die Geschichte der Sammlungen (Festschrift des Kunsthistorischen Museums zur Feier des fünfzigjährigen Bestandes. Zweiter Teil, Bd. 1–2) Wien 1941–1945. Das aus Anlass des 100-jährigen Bestehens des Kunsthistorischen Museums 1991 erschienene Buch von Herbert HAUPT, Das Kunsthistorische Museum. Die Geschichte des Hauses am Ring. Hundert Jahre im Spiegel historischer Ereignisse, Wien 1991, bietet einen Überblick über die Geschichte des Kunsthistorischen Museums von 1891 bis 1991 mit Angaben weiterer Literatur zu diesem Thema.
2 Beatrix KRILLER und Georg KUGLER, Das Kunsthistorische Museum. Die Architektur und Ausstattung. Idee und Wirklichkeit des Gesamtkunstwerks, Wien 1992.

Primogeniturfideikommiß. Ihre Verwaltung sollte wie bisher von den zuständigen Hofstäben vorgenommen werden. Diese Vorläufer eines großen Teiles der heutigen Bestände des Kunsthistorischen Museums wurden auf der Basis des 1876 erlassenen Generalprogramms neu organisiert. Es bildete in Theorie und Praxis die Grundlage für das Zusammenleben der im neuen Museumsgebäude zu vereinigenden Kunstsammlungen des allerhöchsten Kaiserhauses. Demnach teilte sich das kaiserliche Kunsteigentum in vier Gruppen. Die I. Gruppe umfasste die ägyptischen Altertümer sowie das Münz- und Antikenkabinett. In der II. Gruppe war die Sammlung von kunstindustriellen Gegenständen und Waffen zusammengefasst. Die III. Gruppe bestand aus der Gemäldegalerie, und die IV. Gruppe war der Bibliothek vorbehalten. An der Spitze standen weitgehend selbständige Gruppendirektoren, die dem jeweiligen Oberstkämmerer direkt unterstanden. Nach der Eröffnung des Kunsthistorischen Hofmuseums durch den Besuch Kaiser Franz Josephs am 17. Oktober 1891 trat eine neue „Eintheilung der kunsthistorischen Sammlungen des Allerhöchsten Kaiserhauses" in Kraft, die bis 1918 unverändert bestehen blieb. Sie sah sechs Spezialsammlungen vor, die ihrerseits wieder in drei Direktionen zusammengefasst waren, und die Bibliothek: 1. Die ägyptische Sammlung; 2. die Antiken-Sammlung und 3. die Münzen- und Medaillen-Sammlung. Sie bildeten gemeinsam die Direktion der Münzen-, Medaillen- und Antiken-Sammlung. 4. Die Sammlung kunstindustrieller Gegenstände und 5. die Waffensammlung waren in der Direktion der Sammlung von Waffen und kunstindustriellen Gegenständen zusammengefasst. 6. Die Gemäldegalerie mit der angeschlossenen Sammlung von Aquarellen, Handzeichnungen, Skizzen etc. und die Restaurier-Anstalt bildeten für sich die Direktion der Gemäldegalerie. 7. Die Bibliothek. Sie war 1889 durch die Zusammenfassung der ehemaligen Kabinettsbibliotheken für den gemeinsamen Gebrauch aller Sammlungen entstanden. Zusätzlich sahen die „Bestimmungen" des Jahres 1891 eine eigene Administrations-Kanzlei vor. Sie hatte jene Verwaltungsgeschäfte zu besorgen, deren Vereinigung in eine Hand der geordnete gemeinsame Dienstbetrieb erforderte.

Nach der offiziellen Übernahme der Kunsthistorischen Sammlungen des Allerhöchsten Kaiserhauses in das Eigentum der Republik Deutschösterreich traten am 4. Juli 1919 die vom zuständigen Unterrichtsamt erlassenen „Provisorischen Bestimmungen für die Kunstsammlungen" in Kraft. Sie stellten die Existenz von sieben Sammlungen fest. Es waren dies: 1. Die Ägyptisch-orientalische Sammlung mit den orientalischen Münzen, 2. die Antikensammlung, 3. die Sammlung antiker Münzen, 4. die Sammlung von Medaillen und modernen Münzen, 5. die Waffensammlung, 6. die Sammlung für Plas-

tik und Kunstgewerbe mit der Sammlung alter Musikinstrumente und 7. die Gemäldegalerie. Die Sammlungen wurden von nach wie vor weitgehend selbständigen Direktoren geleitet, aus deren Kreis das Kollegium der wissenschaftlichen Beamten auf jeweils
zwei Jahre einen Vorsitzenden wählte, der die Vertretung des Museums nach außen
wahrnahm. Mit der Einführung der Direktorenkonferenzen 1925 wurde der Titel des
Vorsitzenden des Kollegiums der wissenschaftlichen Beamten durch den Titel eines
Ersten Direktors ersetzt. Dieser führte das Haus neben seiner Tätigkeit als Samm-
lungsdirektor als primus inter pares.

Durch die Auflösung des habsburgischen Kunsteigentums erfuhr der Sammlungsbestand des Kunsthistorischen Museums in den Jahren 1919 bis 1922 eine wesentliche
inhaltliche Erweiterung. Als ersten großen Sammlungskomplex übernahm das Kunsthistorische Museum 1920 die Weltliche Schatzkammer, der 1921 die Geistliche Schatzkammer folgte. Als weitere Zuweisungen aus dem ehemals kaiserlichen Kunst- und
Kulturbesitz gelangten 1921 die Tapisseriensammlung, sowie 1922 die Wagenburg, das
Monturdepot und die in den Folgejahren unter den Sammlungen des Kunsthistorischen Museums aufgeteilte Estensische Sammlung in die Verwaltung des Kunsthistorischen Museums.[3] 1940 verselbständigte sich die um die Leihgaben der Gesellschaft
der Musikfreunde erweiterte Sammlung alter Musikinstrumente aus dem Verband der
Sammlung für Plastik und Kunstgewerbe. Die Wagenburg und das Monturdepot wurden 1947 aus der Verwaltung der Waffensammlung gelöst und 1950 schließlich als ach-
te selbständige Sammlung des Kunsthistorischen Museums etabliert.[4] Diese Gliederung
blieb im Wesentlichen unverändert bis zur neuen, aus Anlass der Ausgliederung des
Kunsthistorischen Museums aus der Bundesbetreuung erlassenen Museumsordnung
unverändert. Die mit Wirksamkeit vom 1. Jänner 1999 Inkrafttretende Museumsordnung bestimmte durch die Erhebung von Schloss Ambras, der Bibliothek und des 1983
neu gegründeten Archivs[5] in den Rang selbständiger Sammlungen nunmehr die Existenz von elf Sammlungen. Die Eingliederung des Österreichischen Theatermuseums
und des Museums für Völkerkunde in das Kunsthistorische Museum im Jahr 2001 hatte auf die hier betriebene Provenienzforschung keine Auswirkung, da sie auch weiterhin von den dort genannten Personen bzw. Einrichtungen wahrgenommen wird.

---

3 Vgl. Ernst HEFEL, Die Estensischen Sammlungen des Hauses Österreich-Este, Wien 1919.
4 Georg Johannes KUGLER, Die Wagenburg in Schönbrunn. Hofwagenburg, Reiche Sattel- und Geschirrkammer der Kaiser von Österreich, Graz 1977.
5 Herbert HAUPT, Das Archiv des Kunsthistorischen Museums. Eine neue Abteilung stellt sich vor, in: Mitteilungsblatt der Museen Österreichs, Neue Folge V (1986) S. 54–56.

Beschlagnahmen in der NS-Zeit, Errichtung des Zentraldepots und Zuweisungen an das Kunsthistorische Museum

Nur wenige Tage nach dem Einmarsch deutscher Truppen in Wien begannen Aktionen zur Sicherstellung und Beschlagnahmung des Eigentums von Juden, Jüdinnen und anderer als staatsfeindlich eingestufter Personen und Institutionen.[6] Die von den Landesämtern, in Wien vom Magistrat ausgesprochenen Entscheide zur Beschlagnahme bedeuteten zwar noch nicht den Verlust des Eigentumsrechts, kamen in der Praxis aber in den meisten Fällen der Enteignung gleich. Von der Möglichkeit der Sicherstellung machte die Zentralstelle für Denkmalschutz in Eigeninitiative oder oft auch auf Antrag des Kunsthistorischen Museums Gebrauch.

Die erste und umfangreichste Sicherstellung erfolgte über Antrag von Dr. Fritz Dworschak, dem damaligen kommissarischen Leiter des Kunsthistorischen Museums, schon am 17. März 1938. Die Maßnahme betraf den umfangreichen Kunstbesitz des jüdischen Industriellen Oskar Bondy, aus dessen berühmter Sammlung „alles Wesentliche […] sichergestellt und in das Kunsthistorische Museum verbracht" wurde.[7]

Die Mitarbeit des Museums bei der Beschlagnahme bekannter jüdischer Kunstsammlungen wie Rudolf Gutmann, David Goldmann, Serena Lederer und Viktor Ephrussi – um nur einige im Archiv des Kunsthistorischen Museums dokumentierte Beispiele anzuführen – war von der Gestapo erwünscht. Immer wieder begutachteten Kustoden des Kunsthistorischen Museums im Auftrag der Zentralstelle für Denkmalschutz vor Ort die Kunstwerke vertriebener jüdischer SammlerInnen. Sie schlugen dabei vor, welche Kunstwerke für die Ausfuhr zu sperren wären. Entsprechende Berichte von Dr. Ernst Buschbeck sind für die Sammlungen Julius Priester, Dr. Richard Neumann, Carl Askonas und Dr. Luise Berl vor. Der Zugang zu den Sammlungen von Louis und Alphonse Rothschild blieb dem Kunsthistorischen Museum zunächst verwehrt. Dies änderte sich, als der Bevollmächtigte aller Institutionen für bildende Kunst Prof. Leopold Blauensteiner der Eingabe Dworschaks entsprach und ihn am 9. Mai 1938 zum „Unterbevollmächtigten für die Bewachung der Sammlung beider Rothschilds" bestellte.[8] Während die Brüder Alphonse und Eugène Rothschild sich und ihre

---

6 Der folgende Text orientiert sich an Herbert HAUPT, Jahre der Gefährdung. Das Kunsthistorische Museum 1938–1945, Wien 1995.

7 Dieses und das folgende Zitat aus Archiv des Kunsthistorischen Museums (in Hinkunft: AKM), Zl. 302/KL/39, Dworschak an ÖUM, Wien, 12.12.1939, Beilage.

8 AKM, Zl. 25/KL/40, Beilage, Pro Memoria Dworschaks, Wien, 11.7.1939.

Familien noch rechtzeitig dem Zugriff der Nazis durch Flucht entziehen konnten, wurde Louis Nathaniel Rothschild am 13. März 1938 am Flughafen Aspern aufgegriffen
und verbrachte ein Jahr in Gestapo-Haft. Nur einen Tag später versiegelte die Gestapo
das Palais von Alphonse Rothschild in der Theresianumgasse und das Palais seines Bruders Louis Nathaniel in der Prinz-Eugen-Straße. Der Abtransport der berühmten
Kunstsammlungen aus beiden Palais dauerte Wochen. Dworschak hob hervor, dass das
„zielbewusste und umsichtige Vorgehen der Gestapo […] dem Reiche bedeutende Werte gesichert" habe.[9] Das Kunsthistorische Museum half dabei fleißig mit. Dworschaks
vorrangiges Ziel war die Schaffung einer zentralen Sammelstelle, mit der man die Zersplitterung und unkontrollierte Aufteilung der beschlagnahmten bzw. sichergestellten
Kunstgegenstände zu verhindern hoffte. Nach mehreren Eingaben und unter politischem Druck gab der Chef der Wiener Gestapo, SS-Oberführer Stahlecker, endlich die
Einwilligung zur Schaffung eines Zentraldepots für die beschlagnahmten Kunstgegenstände aus jüdischem Eigentum. Es wurde im Herbst 1938 in den Sälen im ersten
Stockwerk der Neuen Hofburg eingerichtet. Das Zentraldepot unterstand dem Kunsthistorischen Museum, das die Verwaltung und konservatorische Arbeiten leistete.[10]
Den gründlich katalogisierten, fotografierten und sachgemäß aufgestellten Kunstwerken aus jüdischem Eigentum galt auch das Hauptinteresse Adolf Hitlers bei seinem
ersten Besuch in der Neuen Hofburg am 25. Oktober 1938. Das Inventar des Zentraldepots umfasste (ohne Medaillen und Münzen) fast zehntausend Kunstwerke verschiedenster Art. Das Interesse Dworschaks an der zentralen Aufbewahrung des sichergestellten und beschlagnahmten Kunsteigentums unter musealer und damit staatlicher
Aufsicht war freilich nicht uneigennützig. Das Kunsthistorische Museum erhoffte und
erwartete die Zuweisung ausgewählter einschlägiger Werke aus dem beschlagnahmten
Kunstgut für die eigenen Sammlungen. Im Besonderen galt dies für die Gemäldegalerie und die Sammlung für Plastik und Kunstgewerbe (heute: Kunstkammer). Vor allem
sollte die Lücke im Bestand der französischen und englischen Malerei des 18. und
19. Jahrhunderts durch entsprechende Zuweisungen aus den Sammlungen Louis
Nathaniel und Alphonse Rothschild sowie aus der Sammlung Dr. Alphonse Thorsch
geschlossen werden.[11]

---

 9   AKM, Zl. 63/KL/39, Bericht Dworschaks an Bürckel, Wien, 9.2.1939.
10   Zum „Zentraldepot" vgl. HAUPT, Jahre der Gefährdung, S. 16–20.
11   Tatsächlich erhielt das Kunsthistorische Museum durch die Vermittlung von Hans Posse am 10.9.1940 die
     erbetenen 16 erstrangigen Gemälde französischer und englischer Meister; vgl. AKM, Zl. 180/KL/40 und
     Institut für Denkmalpflege, Zl. 2269/K/1940, Seiberl an Dworschak, Wien, 10.9.1940.

Seit Frühsommer 1939 stand Dworschak in engem Kontakt mit Dr. Hans Posse, dem Sonderbeauftragten für das geplante Führermuseum in Linz. Hauptthemen der bis 1942 fortgeführten Korrespondenz waren der Kunstmarkt in den besetzten Gebieten (Niederlande, Belgien, Frankreich), die Aufteilung des beschlagnahmten jüdischen Kunsteigentums und die Abwehr der Ambraser Forderungen des Tiroler Gauleiters Franz Hofer. Der „Führervorbehalt", der dem Linzer Museum das erste Zugriffsrecht auf die Kunstwerke im Zentraldepot sicherte, machte die Sichtung des beschlagnahmten Kunstgutes notwendig, wozu Posse im Spätsommer und Herbst 1939 mehrmals nach Wien reiste. Aus Sorge, dass durch unkontrollierte Entnahmen aus dem beschlagnahmten Kunsteigentum der Führersammlung wertvolle Kunstwerke verloren gehen könnten, verfügte Hitler am 10. August 1939 ein striktes Verbot der „Herausnahme von Gegenständen aus Sammlungen, Museen und ähnlichen Einrichtungen zu Geschenkzwecken"[12] und behielt sich die Erwerbung einzelner auserlesener Kunstwerke aus ehemals jüdischem oder staatsfeindlichem Eigentum ausdrücklich vor. Nachdem Posse die Reservierungen für die Führersammlung vorgenommen hatte, setzte ein Wettlauf um das noch immer überaus reiche und qualitativ wertvolle Beutegut ein. Alle wollten beteilt werden, niemand widerstand der Versuchung. Alte Rivalitäten zwischen den Landesmuseen und den staatlichen Wiener Sammlungen brachen wieder auf. Tatsächlich zogen sich Aufteilungen und Zuweisungen bis in die Vierzigerjahre hin.

Insgesamt erhielt das Kunsthistorische Museum – in fast allen Fällen auf eigenen Antrag – Zuweisungen aus folgenden jüdischen Sammlungen (alphabetisch):
Carl Askonas (Gemäldegalerie); Oskar Bondy (Antikensammlung, Kunstkammer, Sammlung alter Musikinstrumente); Viktor Ephrussi (Gemäldegalerie, Kunstkammer); Leo Fürst (Münzkabinett); Rudolf Gutmann (Kunstkammer); Dr. Wilhelm Gutmann (Sammlung alter Musikinstrumente); Alexander Hauser-Zdaril (Münzkabinett); N. Heymann (Münzkabinett); Bruno Jellinek (Gemäldegalerie); Emil Kominik (Münzkabinett); Moritz Kuffner (Antikensammlung); Alfred Menziles (Münzkabinett); Dr. Richard Neumann (Gemäldegalerie, Kunstkammer); Albert Pollak (Antikensammlung); Ernst und Gisela Pollak (Gemäldegalerie, Kunstkammer); Alphonse Rothschild (Gemäldegalerie, Hofjagd- und Rüstkammer, Kunstkammer, Münzkabinett, Sammlung alter Musikinstrumente); Louis Nathaniel Rothschild (Gemäldegalerie, Hofjagd- und Rüstkammer, Münzkabinett); Arthur Schostal (Kunstkammer); Valentine Springer, geb. Rothschild (Gemäldegalerie); Dr. Alphonse Thorsch (Gemäldegalerie); Dr.

---

12   AKM, Zl. 327/KL/349, Abschrift, RMi Lammers an RSt. Wien, Berlin, 10.8.1939.

Friedrich Unger (Gemäldegalerie); Paul und Friedrich Zsolnay (Antikensammlung). Die Zuweisungen aus dem Zentraldepot erfolgten entweder kostenlos oder, wie bei den Gemälden aus dem Eigentum von Valentine Springer, gegen Bezahlung eines geringen Kostenbeitrags. Weitere Ankäufe aus jüdischem Eigentum von der Vugesta betrafen Gemälde aus den Sammlungen Bruno Jellinek und Ernst Pollak. In einigen wenigen Fällen wurden dem Kunsthistorischen Museum von der Gestapo arisierte Kunstwerke direkt und kostenfrei übergeben. Dazu zählten eine um 1500 datierte Silberstatuette „Maria mit dem Kinde" (habsburgischer Besitz?) sowie Münzen, Medaillen und Ordenszeichen unbekannter Provenienz. Käufliche Erwerbungen über Treuhänder (Bernhard Witke) oder einschlägig bekannte Kunsthändler, wie Dr. Johannes Jantzen brachten das Kunsthistorische Museum in den Besitz von Kunstwerken aus den jüdischen Sammlungen Andy und Paul Zsolnay sowie von zwei Gemälden von Januarius Zick.

Provenienzforschung im Kunsthistorischen Museum 1998–2008: Durchführung und Ergebnisse

Die Provenienzforschung im Sinne des Gesetzes über die Rückgabe von Kunstgegenständen aus den Österreichischen Bundesmuseen und Sammlungen vom 5. Dezember 1998 begann im Kunsthistorischen Museum im Jänner 1998. Der Verfasser wurde als sachlich zuständiger Haushistoriker und Direktor des Hausarchivs von Herrn Generaldirektor HR Dr. Wilfried Seipel beauftragt, alle im Zeitraum von 1938 bis 1945 vom Kunsthistorischen Museum erworbenen Objekte auf ihre Provenienz und die Art der Erwerbung zu überprüfen. Gleiches galt, wie oben erwähnt, für die von 1945 bis 1955 durch Widmungen in den Inventarbestand des Kunsthistorischen Museums gelangten Kunstwerke. Parallel dazu nahm der Verfasser als Vertreter des Kunsthistorischen Museums von nun an an allen Sitzungen der neu eingerichteten Kommission für Provenienzforschung teil. Anders als in den meisten anderen damaligen Bundesmuseen existierte im Kunsthistorischen Museum seit 1983 ein eigenes, von einem ausgebildeten Historiker seit 1991 hauptamtlich geleitetes Zentralarchiv mit erfreulich umfangreichen Beständen für den Zeitraum von 1891 bis zur Gegenwart. Die in den einzelnen Sammlungen vorhandenen Akten und Archive gelangten erst 1999 in die Verwaltung des Archivs, verblieben lokal aber sinnvollerweise im jeweiligen Sammlungsbereich. Gemeinsam mit der Historikerin Dr. Lydia Gröbl, die für diesen Zweck auf Werkvertragsbasis bis Mitte Juni 1998 ganztags aufgenommen wurde, wurden zusätzlich zu den relevanten Beständen des Hausarchivs auch alle Inventare und der komplette Aktenbestand folgender Sammlungen des Kunsthistorischen Museums unter dem Blickwinkel des Forschungsauftrags Blatt für Blatt durchgearbeitet: Gemäldegalerie, Kunstkammer, Münzkabinett, Antikensammlung, Ägyptisch-orientalische Sammlung, Bibliothek, Hofjagd- und Rüstkammer, die Sammlung alter Musikinstrumente sowie Wagenburg/Monturdepot. Aus der Vielzahl der Sammlungen, die schon allein aufgrund ihrer Größe, von der Qualität der Objekte zu schweigen, für sich durchaus auch als selbständige Museen reüssieren könnten, lässt sich der Umfang der notwendigen Forschungsarbeit ermessen: allein die Zahl der bearbeiteten Sammlungsakten liegt bei mehr als 10.000 Einheiten. Tausende Kopien von Originaldokumenten wurden angefertigt und die Ergebnisse EDV-mäßig ausgewertet. Zusätzlich zu den Sammlungsakten wurden folgende für die Fragestellung relevanten Bestände des Hausarchivs des Kunsthistorischen Museums herangezogen: Kommissarischer Leiter, Erster Direktor, Verwaltungskanzlei, Beschlagnahmungen, Bergung, Rückführungen, Generaldirektor, Korrespondenz und andere kleinere Sonderbestände. Im Rahmen dieser systematischen Durchforschung wurden auch detaillierte Archivbehelfe für die Bestände Sammlungsakten, Akten der zentralen Verwaltung beziehungsweise des Dienststellenleiters, Beschlagnahme und Rückführung sowie eine derzeit ca. 1500 Datensätze umfassende Datenbank von Namen angelegt, die für die Provenienzforschung von Bedeutung sind (Opfer, Täter, Anwälte, Namen von Kunstwerken, Preise etc.). Die im Programm FileMaker Pro erstellte und in die Felder Name, Adresse, Beruf, Funktion, Nennungsjahr, Sammlung, Konnex, Bezugszahlen und Sonstiges gegliederte Datenbank wird fortlaufend ergänzt. Ein Ende dieser Arbeit ist angesichts der Fülle des vorhandenen Quellenmaterials derzeit freilich nicht absehbar. Ein weiterer Grund dafür besteht darin, dass die Provenienzforschung grundsätzlich ja nur eine von vielen Aufgaben des Hausarchivs des Kunsthistorischen Museums ist und kein/e qualifizierte/r Mitarbeiter/in allein für die Provenienzforschung freigestellt ist.

Zusätzlich existieren von den meisten im Zeitraum von 1938 bis 1945 ins Kunsthistorische Museum gelangten Neuerwerbungen Schwarz-Weiß-Fotos, die vom hauseigenen Fotoatelier aufgenommen worden sind. Die im Hausarchiv aufbewahrten Fotoinventarbücher ermöglichen den Zugriff auf die im Fotoatelier vorhandenen Glasnegative und sind zudem eine wichtige Quelle für die Provenienzforschung. Die nach der Abgabe des Fotomaterials an das Institut für Denkmalpflege 1939/1940 verbliebenen und nunmehr im Archiv im Kunsthistorischen Museum aufbewahrten Restbestände der umfangreichen Fotothek des Zentraldepots wurden in digitaler Form an das Archiv des Bundesdenkmalamtes weitergeleitet. Jedes einzelne, als echte Neuerwerbung einzustufende Gemälde erhielt einen eigenen Ordner mit allen zur Erwerbungsgeschichte und für die Provenienz relevanten Daten und wurde in Form einer umfangreichen Hängeregistratur archiviert.

Für die abschließende Aus- und Bewertung wurden die Bestände im Archiv des Bundesdenkmalamtes und, wo nötig und Erfolg versprechend, in anderen Bundes- und Landesmuseen eingesehen. Überhaupt standen die im Kunsthistorischen Museums mit der Provenienzforschung beauftragten HistorikerInnen über die Mitarbeit in der Kommission für Provenienzforschung hinaus ständig in regem Kontakt zu ProvenienzforscherInnen aus dem In- und Ausland. Aufgrund der schon für frühere Publikationen[13] vorgenommenen intensiven Archivstudien auch für den in Frage stehenden Zeitraum konnte die Provenienzforschung im Kunsthistorischen Museum rasch und zügig vorgenommen werden, und das unbeschadet der anfangs „atmosphärisch" nicht immer leichten Arbeit, die sich freilich stets auf die Unterstützung seitens des Generaldirektors und schon bald auch der SammlungsdirektorInnen stützen konnte. Als erstes Ergebnis der Provenienzforschung im Kunsthistorischen Museum lag Ende Juni 1998 das knapp 630 Seiten starke Typoskript „Die Veränderungen im Inventarbestand des Kunsthistorischen Museums während der Nazizeit und in den Jahren bis zum Staatsvertrag 1955 (Widmungen). Eine Sachverhaltsdarstellung" vor. Darin wird, wo dies die Überlieferungslage zuließ, die Erwerbungsgeschichte jedes einzelnen zwischen 1938 und 1945 vom Kunsthistorischen Museum erworbenen Objekts im Detail beschrieben und auf seine eventuelle Bedenklichkeit eingegangen. Eine Ausnahme bildete das Münzkabinett, bei dem wegen des unverhältnismäßig hohen Umfangs der Erwerbungen die Überprüfung nach einzelnen Inventargruppen erfolgen musste. Eine zusätzliche Schwierigkeit ergab sich dabei noch aus dem Umstand, dass Dr. Fritz Dworschak neben seiner Eigenschaft als Direktor des Münzkabinetts und des Kunsthistorischen Museums auch für den Aufbau der Münz- und Medaillensammlung des Linzer Führermuseums zuständig war.

Als Resümee ist festzustellen: In den Jahren 1938 bis 1945 weist das Kunsthistorische Museum einen inventarischen Gesamtzuwachs von 19.651 Objekten auf. Davon entfielen auf die auf Ägyptisch-orientalische Sammlung 51, Antikensammlung 1068, Gemäldegalerie 2062, Hofjagd- und Rüstkammer 59, Kunstkammer 1053, Münzkabinett 15.137 und Sammlung alter Musikinstrumente 221 Neuinventarisierungen.

---

13   Die vom Verfasser stammenden Bücher „Die Geschichte des Hauses am Ring" von 1991 (zit. Fußnote 1) und „Jahre der Gefährdung" von 1995 (zit. Fußnote 5).

Diese Neuinventarisierungen sind aber nicht immer mit echten Neuerwerbungen gleichzusetzen. So übernahm etwa die Gemäldegalerie 1938 Ausstattungsbilder aus dem Inventar der Burghauptmannschaft und des Schlosskommissars. Von diesen fast 20.000 Objekten wurden nach 1945 auf der Basis der Rückstellungsgesetze mehr als ein Drittel (exakt 7188 Objekte) an die früheren EigentümerInnen restituiert. Im Detail betraf dies die Ägyptisch-orientalische Sammlung mit einem, die Antikensammlung mit 31, die Gemäldegalerie mit 61, die Hofjagd- und Rüstkammer mit 5, die Kunstkammer mit 16, das Münzkabinett mit 7060 und die Sammlung alter Musikinstrumente mit 14 Objekten. Weitere knapp 1000 Gegenstände stehen als sonstige Abgänge, wie Kriegsverluste, Verkäufe und Abgaben an andere Museen zu Buche. Von den in den einzelnen Sammlungen verbliebenen ca. 12.000 Objekten aus der Zeit von 1938 bis 1945 waren 772 mit eindeutig bedenklicher Provenienz einzustufen, wozu noch 126 gewidmete Kunstwerke aus der Zeit nach 1945 kamen, die unter das Kunstrückgabegesetz fallen.

Die Sachverhaltsdarstellung bildete auch die Grundlage für die in der Folge erarbeiteten, mit Beilagen und Annotationen versehenen Dossiers. Sie wurden vom jeweiligen Vorsitzenden der Kommission für Provenienzforschung an den im Gesetz über die Rückgabe von Kunstgegenständen aus den Österreichischen Bundesmuseen und Sammlungen vorgesehenen Beirat als Entscheidungshilfe weitergeleitet. Bis 2008 wurden vom Kunsthistorischen Museum Dossiers zu folgenden Rückgabefällen erstellt (alphabetische Reihenfolge):

Oskar Bondy – Jagdhorn von Adam Ferber, Wien 1745 (SAM): restituiert 2002

Leo Fürst – Münzsammlung: restituiert 2000

Jacques Goudstikker – Gemälde von Philips Koninck (GG): restituiert 2008

Rudolf von Gutmann – Gemälde von Barthel Bruyn, restituiert 2008

Leo Heymann – Münzsammlung: die Objekte liegen zur Restitution bereit

Bruno Jellinek – Gemälde von Adriaen van Ostade (GG): restituiert 2008

Moritz Kuffner – Römischer Portraitkopf (AS): das Objekt liegt zur Restitution bereit

Anton Lanckoronski – Gemälde von Dosso Dossi (GG) und antike Objekte (AS): restituiert 2000

Erich Lederer – Gentile Bellini (GG): restituiert 2000

Albert Pollak – antiker Henkelbecher (AS): das Objekt liegt zur Restitution bereit

Moritz Rothberger – zwei syrische Glasgefäße (AS): die Objekte liegen zur Restitution bereit

Alphonse Rothschild – Gemälde: restituiert 1999

Louis Rothschild – Gemälde, Münzen/Medaillen, Musikinstrumente, Schusswaffen/Hellebarden: restituiert 1999

Auf der Grundlage dieser Dossiers hat das Bundesministerium für Bildung, Wissenschaft und Kunst auf Empfehlung des Beirats bisher in 12 Fällen auf Rückgaben entschieden: Bondy, Fürst, Heymann, Bruno Jellinek, Kuffner, Lanckoronski, Lederer, Albert Pollak, Rothberger, Alphonse und Louis Rothschild.

Abschlägig beschieden wurden vom Beirat die Causa Menziles und die Causa Neumann. Keine Reaktionen des Beirats erfolgten nach der Kenntnislage des Verfassers bisher auf die Dossiers Kominik und Zsolnay.

Insgesamt hatte das Kunsthistorische Museum damit seit 1998 772 Objekte zu restituieren, die sich wie folgt verteilen: Antikensammlung 5, Gemäldegalerie 16, Hof-, Jagd- und Rüstkammer 36, Kunstkammer 42, Münzkabinett 668 und Sammlung alter Musikinstrumente 5 Objekte.[14]

Bei dem oft schwierigen Bemühen, die RechtsnachfolgerInnen für die zur Rückstellung bestimmten Objekte ausfindig zu machen, ist die enge Kooperation mit der Anlaufstelle der Israelitischen Kultusgemeinde Wien für jüdische NS-Verfolgte in und aus Österreich und dem Österreichischen Nationalfonds für Opfer des Nationalsozialismus zu erwähnen. Erst diese enge Zusammenarbeit machte etwa die Ausforschung und die Rückgabe der umfangreichen Münzsammlung Leo Fürst an den rechtmäßigen Erben im Jahr 2000 möglich. Auch der Internet-Auftritt des Kunsthistorischen Museums im Rahmen der Bilddatenbank war 2007 von einem ersten Erfolg begleitet: Das schon in der Sachverhaltsdarstellung vom Juli 1998 als eindeutig bedenklich eingestufte Gemälde Adriaen van Ostade, *Besuch in der Bauernstube*, konnte als Teil der arisierten Kunstsammlung Bruno Jellinek identifiziert und in der Folge den rechtmäßigen Erben zugesprochen und im Jänner 2008 ausgefolgt werden.

Zusätzlich wurden aufgrund von Anfragen der Kommission für Provenienzforschung in mehr als hundert Fällen ausführliche historische Recherchen durchgeführt und deren Ergebnis schriftlich übermittelt.

---

14 Um den Beitrag nicht mit Fußnoten zu „überfrachten" verweise ich an dieser Stelle auf die vom Bundesministerium für Bildung, Wissenschaft und Kultur, seit 2007 vom Bundesministerium für Unterricht, Kunst und Kultur seit 1999 jährlich herausgegebenen Restitutionsberichte, denen Details zu den Rückgaben zu entnehmen sind, sowie auf die Homepage der Kommission für Provenienzforschung – abrufbar unter http://www.provenienzforschung.gv.at mit ausführlichen Angaben zu themenbezogenen Bereichen.

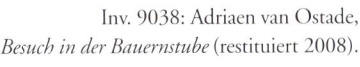

Inv. 9038: Adriaen van Ostade,
Besuch in der Bauernstube (restituiert 2008).

Resümee

Die systematische Aufarbeitung der im Kunsthistorischen Museum vorhandenen Archivalien unter den Aspekten Raubgut und bedenkliche Widmungen kann für den Zeitraum von 1938 bis 1955 als weitgehend abgeschlossen gelten. Ergänzende Forschungen wurden und werden vom Archiv aus gegebenem Anlass durchgeführt.[15] Die Ausdehnung des Forschungszeitraumes bis zur Gegenwart ist ohne Zweifel das vorrangigste Ziel der Zukunft. Für die Jahre 1955 bis 1965 ist diese Arbeit vom Archiv des Kunsthistorischen Museums im Rahmen des genannten Forschungsauftrags als eigenständige Erweiterung bereits vorgenommen und in die Dossier eingearbeitet worden. Ähnliches gilt stichprobenartig auch für jene vielen Fälle, die aus jeweils gegebenem Anlass zu Forschungsgegenständen wurden. Eine ähnlich genaue systematische Vorgangsweise für den Zeitraum von 1965 bis heute wie dies für die Jahre 1938–1945 erfolgte, übersteigt aber die Kapazität des Archivs des Kunsthistorischen Museums bei Weitem und zeigt seine personellen, zeitlichen und inhaltlichen Grenzen auf. Bis zur zufrieden stellenden Lösung dieses Problems wird das Archiv des Kunsthistorischen Museums auch weiterhin eng mit allen mit der Provenienzforschung betrauten Personen und Einrichtungen kooperieren und ergänzende Forschungen durchführen. Vermehrt wird zudem darauf Bedacht zu nehmen sein, dass in Zusammenarbeit mit dem Archiv Provenienzforschung auch in den einzelnen Sammlungen selbst vorgenommen

---

15 Als Beispiel dafür sei die Causa Neumann angeführt.

wird, und dies um so mehr als die Sammlungen des Kunsthistorischen Museums, wie schon erwähnt, in ihrem Umfang ja eigenen Museen gleichkommen. Als weitere konkrete Aufgabenstellung im Rahmen der Provenienzforschung im Kunsthistorischen Museum soll die detaillierte EDV-mäßige Erfassung von Personen, Kunstwerken und Ereignissen, zunächst für den Zeitraum von 1933 bis 1945, in die oben angeführte akkumulierende und vielseitig abrufbare Datenbank nach Maßgabe der Möglichkeit intensiviert fortgesetzt und abgeschlossen werden und in der Folge selbstverständlich allen qualifizierten ProvenienzforscherInnen und am Thema interessierten HistorikerInnen zur Benutzung zugänglich gemacht werden.

Ausblick

So sehr die Sachverhaltsdarstellung von Dr. Herbert Haupt aus dem Jahr 1998 als eine unbestrittene und verdienstvolle Pionierleistung zu bewerten ist, so ist auch klar, dass nach 10 Jahren Provenienzforschung heute eine wesentlich breitere Archivzugänglichkeit und Kenntnis verschiedenster Problemfälle vorhanden sind. Eine Provenienzforschung im KHM kann sich daher nicht auf die Hausquellen allein beziehen, sie muss selbstverständlich weit darüber hinausgehen.

Einen neuen Impuls hat die Provenienzforschung im KHM bereits mit der Kunst-Datenbank des Nationalfonds, seit 2006 im Internet verfügbar, erfahren. Diese hat auch zahlreiche Objekte des KHM, deren Provenienz bisher nicht geklärt werden konnte, aufgenommen.

Diese Kunst-Datenbank war daher auch Anlass, noch einmal in den einzelnen Sammlungen über die Sachverhaltsdarstellung Haupts hinausgehende Recherchen von den zuständigen SammlungskuratorInnen durchführen zu lassen. In diesem Zusammenhang ist die Forschungsarbeit der Kuratorin in der Gemäldegalerie, Sabine Penot, besonders hervorzuheben, die die 24 unklaren Fälle der Gemäldegalerie, die in der Kunst-Datenbank publiziert sind, recherchiert. Penot hat in Zusammenarbeit mit der Anlaufstelle der Israelitischen Kultusgemeinde, dem Nationalfonds und in Archivrecherchen bei GaleristInnen, dem Dorotheum sowie ausländischen Archiven (z. B. Bundesarchiv Koblenz) wichtige Ergebnisse erzielt, die bereits in Dossiers zusammengefasst worden sind, mit denen sich der Beirat befasst hat (z. B. Dossier Dr. Marianne Hamburger-Loew, Gemälde von Salomon van Ruysdael und die daraus folgende Empfehlung der Rückgabe[16]).

---

16 Siehe dazu den Beschluss des Kunstrückgabe-Beirats vom 9.5.2008.

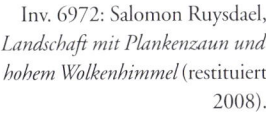

Inv. 6972: Salomon Ruysdael, *Landschaft mit Plankenzaun und hohem Wolkenhimmel* (restituiert 2008).

Was die weitere Perspektive der Provenienzforschung im KHM betrifft, so sind eine Ausdehnung des Forschungszeitraumes bis zur Gegenwart und über das KHM hinausgehende Archivrecherchen das vorrangigste Ziel. Dies übersteigt jedoch die personelle Kapazität des KHM-Archivs. Daher soll mit Hilfe von zwei externen ForscherInnen, die von der Kommission für Provenienzforschung zur Verfügung gestellt werden könnten, für die nächsten drei Jahre in den einzelnen Sammlungen des KHM weiterführende Recherchen durchgeführt werden.

Diese ForscherInnen sollen basierend auf der Sachverhaltsdarstellung Haupts, dem Informationsstand der Kommission für Provenienzforschung sowie der Anlaufstelle der Israelitischen Kultusgemeinde mit der Bearbeitung der bereits bekannten Problemfälle ihre Tätigkeit beginnen (z. B. Zuweisungen an das KHM in den 1960er Jahren etc.).

Ein besonderes Augenmerk wird in nächster Zeit auf die Bilddatenbank TMS (The Museum's System) gerichtet werden, die in den Sammlungen des KHM, MVK und ÖTM sowie in anderen wichtigen Wiener Museen verwendet wird. Eine sinnvolle Verknüpfung der Provenienzdaten mit TMS ist unumgänglich.

Was die Autopsie von Objekten betrifft, so soll hier mit den betreffenden KuratorInnen, RestauratorInnen und dem hauseigenen Fotoatelier erhöhte Sensibilität entwickelt werden (Aufnahme der Rückseite von Gemälden etc.).

Die Provenienzforschung im KHM steht – auch durch den bevorstehenden Direktionswechsel im Archiv mit 1. Dezember 2008 – derzeit vor einem Neubeginn.

„… dass sich in der Sammlung auch kunstgewerbliche Objekte befunden haben."[1] Provenienzforschung im MAK

Rainald Franz, Leonhard Weidinger

Einen qualitativ äußerst bedeutenden, wenn auch moralisch fragwürdigen Zuwachs bildete 1948 die Sammlung Rothschild mit bis dahin im Museum nicht vertretenem französischem Kunstgewerbe des 18. Jahrhunderts; erinnert sie uns doch bis heute an alle jene geistigen und materiellen Werte, die wir durch eigene Schuld verloren haben und die nicht durch Gesetze, die den Export von Kulturgut regeln, künstlich gehalten werden können.[2]

Das konzedierte im Jahr 1988 Christian Witt-Dörring, der damalige Leiter der Möbelsammlung im MAK, dem Österreichischen Museum für angewandte Kunst/Gegenwartskunst. Vor zwanzig Jahren war im Haus am Stubenring durchaus das Bewusstsein vorhanden, dass es sowohl Kunstgegenstände verwahrte, die deren ehemaligen EigentümerInnen in der Zeit des Nationalsozialismus entzogen worden waren, als auch solche, die im Zuge der Rückstellungen nach 1945 als „Gegenleistung" für Ausfuhrgenehmigungen über Widmung und Tausch in die Sammlungen gelangt waren. Für die konsequente Aufarbeitung des oft verdrängten Erbes der NS-Zeit in den Bundesmuseen fehlte aber (noch) der politische und gesellschaftliche Wille.

1996 stellte Direktor Peter Noever das MAK für die so genannte Mauerbachauktion zur Verfügung. Im Rahmen der Auktion fand das Symposion „Wie Mauerbach zu ‚Mauerbach' wurde" statt – ein wichtiger Schritt im Diskurs um die Aufarbeitung der Entziehung von Kunst- und Kulturgütern während des Nationalsozialismus. In der Kartause Mauerbach westlich von Wien waren jene Kunstgegenstände eingelagert gewesen, die während der NS-Zeit entzogen worden, deren frühere EigentümerInnen aber nicht mehr bekannt waren. Während und nach der vom Auktionshaus Christie's für die Israelitische Kultusgemeinde abgewickelten Versteigerung stellte sich allerdings heraus, dass für einige dieser „herrenlosen" Objekte sehr wohl die ehemaligen EigentümerInnen zu ermitteln gewesen wären. Die Forderung nach der Überprüfung der Pro-

---

1 Anfrage der Kommission für Provenienzforschung an das MAK, 13.9.2005, MAK-Archiv Zl. 369-2005.
2 Christian WITT-DÖRRING, Die Lust am Objekt. Sammeln für das Österreichische Museum, in: Peter NOEVER (Hg.), Tradition und Experiment. Das Österreichische Museum für angewandte Kunst, Wien. Salzburg-Wien 1988, S. 48–54, hier S. 52.

venienzen von seit 1938 in das Eigentum staatlicher Sammlungen übergegangenen Kunstgegenständen wurde also immer lauter und fand schließlich 1998 in der Einrichtung der Kommission für Provenienzforschung und im Kunstrückgabegesetz ihre Entsprechung.[3]

Zu Beginn der Recherchen im März 1998 lag der Fokus im MAK ebenso wie in den anderen Bundesmuseen auf „prominenten" Sammlungen – auf der im Eingangszitat erwähnten Sammlung Rothschild, und in der Folge auf den Sammlungen Bloch-Bauer, Ernst Pollak und Heinrich Rothberger. Parallel dazu wurde mit der systematischen Aufarbeitung aller Erwerbungen seit 1938 begonnen. Bald war zu erkennen, dass diese Arbeit nicht, wie ursprünglich prognostiziert, binnen weniger Jahre abgeschlossen sein würde. Seit zehn Jahren wird nun im MAK Provenienzforschung betrieben, im Durchschnitt zirka 30 Stunden pro Woche. Zuständig im Auftrag der Kommission war dafür von Juli 1998 bis 31. März 2005 Mag. Julia König, mit 15. März 2005 übernahm diese Aufgabe Mag. Leonhard Weidinger. Von Seiten des MAK war zu Beginn des Jahres 1998 Dr. Hanna Egger von Direktor Peter Noever als Provenienzforschungsbeauftragte eingesetzt worden, nach ihrem Tod Mitte 2000 wurde diese Aufgabe an Dr. Rainald Franz übertragen.

Wie in jeder Institution, die die Provenienzforschung hinsichtlich in der NS-Zeit entzogener Objekte überprüft, fand die Provenienzforschung im MAK Gegebenheiten vor, die für dieses Haus spezifisch sind: Bereits mit seiner Gründung im Jahr 1864 war für das k. k. Österreichische Museum für Kunst und Industrie vorgegeben, welche Objekte es vorrangig in seine Sammlungen aufzunehmen hatte: nicht nur „Kunstwerke", sondern auch kunstgewerbliche Erzeugnisse, die aufgrund des eingesetzten Materials und der Technik, nach der sie hergestellt worden waren, von kulturellem und (kunst)historischem Interesse waren und als Vorbilder für KünstlerInnen und ProduzentInnen dienen sollten. Dies spiegelt sich bis heute unter anderem in der Aufteilung der Sammlungen nach Materialien – Holz, Textil, Keramik, Glas, Metall – wider. Zum einen Teil sind die Objekte einzigartig im eigentlichen Sinn des Wortes, das heißt, sie wurden als Unikate hergestellt. Zum anderen Teil stammen die Gegenstände aus kleineren oder größeren Produktionsserien. Es ist also oftmals schwierig, ein Objekt eindeutig zu identifizieren, wenn zum Erwerb keine Einträge in den Inventaren oder in anderen Quellen des MAK vorliegen.

---

3 Siehe dazu in diesem Band: Eva BLIMLINGER, Rückstellungen und Entschädigungen in Österreich 1945 bis 2008. Ein Überblick; Anneliese SCHALLMEINER, 1998 – die Kommission für Provenienzforschung und der Weg zum Kunstrückgabegesetz.

Eine weitere Besonderheit ergibt sich aus der personellen Situation im Museum vor, während und nach der NS-Zeit. Geprägt wurden diese Jahre durch Dr. Richard Ernst, der von 1932 bis 1950 Direktor war.[4] Diese personelle Kontinuität, die sich auch nach 1950 fortsetzte – die folgenden Direktoren waren langjährige Mitarbeiter des MAK –, bringt für die Provenienzforschung insofern Vorteile, als die Praxis der Aktenablage ebenso stringent verlief. Erwerb und Inventarisierung von in der NS-Zeit enteigneten Objekten wurden genauso pragmatisch dokumentiert wie die Restitutionen und die erzwungenen Widmungen nach 1945.

Mitte der 1990er Jahre wurde das MAK-Archiv an seinen jetzigen Standort übersiedelt. Bei dieser Gelegenheit wurden alle Akten durchgesehen, auf ihre Vollständigkeit überprüft und in neuen Listen festgehalten. Seit 1998 erfolgt der sukzessive Aufbau einer Datenbank zum MAK-Archiv, die bisher vollständig die Jahre 1863 bis 1907 und 1938 bis 1965 enthält und laufend erweitert und vervollständigt wird. Zirka 95% der Aktennummern sind als Akten des MAK-Archivs vorhanden und einsehbar. Die nicht auffindbaren rund fünf Prozent der Aktennummern sind zum Teil falsch eingeordnet – das zeigt sich in zeitweiligen, zufälligen Funden von als „nicht vorhanden" bezeichneten Aktennummern bei der Aktendurchsicht –, zum Teil müssen sie als verloren betrachtet werden. Dies trifft auch für die Jahre 1938 bis 1945 zu. Nach der Sichtung der Bestände aus der NS-Zeit durch die Provenienzforschung kann eine breite Skartierung von Akten, etwa zu NS-Parteimitgliedschaften oder zu Erwerbungen aus beschlagnahmten Sammlungen, nicht konstatiert werden.

Julia König konnte nachweisen, dass die Korrespondenz der MAK-Bibliothek unter anderem in den Jahren von 1932 bis 1956 in einem unabhängig von der Direktion des MAK geführten Bibliotheksarchiv abgelegt wurde. Zu der für die Provenienzforschung relevanten Zeit ab 1938 waren nur noch ein Indexbuch für die Jahre 1932 bis 1944 und zwei Protokollbücher für die Jahre 1939 bis 1948 und 1948 bis 1956 erhalten. Im Jahr 2007 fanden zwei Mitarbeiter der Bibliothek[5] im Zuge einer Revision des Depots die Akten aus den Jahren 1942 bis 1956. Die Aufarbeitung und Auswertung dieser Bestände steht noch aus, nach einer ersten Sichtung ist davon auszugehen, dass viele Informationslücken zu Erwerbungen der Bibliothek und der Kunstblättersammlung von 1942 bis 1956 geschlossen werden können.

Neben den Objekten selbst und den Aktenbeständen des Archivs bilden die Inventarbücher den dritten wichtigen internen Quellenbestand für die Provenienzforschung.

---

4   Siehe dazu in diesem Band: Rainald FRANZ, Leonhard WEIDINGER, Die Direktion Richard Ernst. Vom Österreichischen Museum für Kunst und Industrie zum Österreichischen Museum für angewandte Kunst.
5   Vielen Dank an Branislav Djordjevic und Thomas Wilfert.

Gelangt ein Objekt ins MAK, wird es inventarisiert, wobei sich Form und Ablauf der Inventarisierung seit den frühen Jahren des Museums kaum verändert haben. Für Kunstgegenstände erfolgen in der Regel zwei Einträge: einer ins Hauptinventarbuch, einer in das entsprechende Spezialinventar. Die Spezialinventare sind über Materialien definiert bzw. für einige Gruppen wie Bijouterie, Malerei und Kleinplastiken über die Form. Dazu wurden für einige Sammlungen, die in ihrer Gesamtheit oder zumindest als größere Einheiten ins MAK gelangten, eigene Inventare angelegt, z. B. für die Bestände des Handelsmuseums. Bücher, Kunstblätter und Plakate fallen in die Zuständigkeit der MAK-Bibliothek und werden hier gesondert inventarisiert. In den Inventarbüchern sind also – mit wenigen Ausnahmen – sämtliche Objekte des MAK aufgelistet, meist unter Angabe der Herkunft, also der Provenienz. Seit rund zehn Jahren sind die Objekte des MAK auch in den Sammlungsdatenbanken digital erfasst. Korrelierend über die Inventarnummern hat die Provenienzforschung im MAK eine Datenbank angelegt, die alle Erwerbungen des Museums seit 1938 beinhaltet und die Recherchen zu den Objekten dokumentiert.

Aus der Praxis hat sich für die Überprüfung der über 120.000 betroffenen Objekte eine Aufteilung in drei zu untersuchende Inventarisierungszeiträume als sinnvoll erwiesen: Der erste Zeitraum beginnt mit dem 11. März 1938, dem Tag, an dem auf Druck Adolf Hitlers der Nationalsozialist Arthur Seiß-Inquart als österreichischer Bundeskanzler eingesetzt wurde und in einigen österreichischen Gemeinden illegale Nationalsozialisten die Macht übernahmen – an diesem Tag setzten bereits die ersten „wilden Arisierungen" ein. Dieser Zeitraum endet mit dem 8. Mai 1945, der endgültigen Kapitulation des nationalsozialistischen Deutschen Reiches.[6] Zu den MAK-Inventarisierungen in den Jahren der nationalsozialistischen Herrschaft in Österreich wurden sämtliche Inventare und alle vorhandenen MAK-Akten gesichtet, jedes Objekt analysiert, und jede angegebene Herkunft wurde bzw. wird noch überprüft.

Der Beginn des zweiten Untersuchungszeitraums ist mit dem 9. Mai 1945 angesetzt, sein Ende mit dem Jahresende 1965. In diese 20 Jahre fallen die Rückstellungen nach der Rückstellungsgesetzgebung, aber auch staatliche Zuweisungen von Objekten, die in der NS-Zeit enteignet, nach 1945 von den Alliierten der Republik Österreich übergeben worden und deren frühere EigentümerInnen nicht bekannt waren. 1964 weisen die MAK-Akten die letzte Rückgabe entzogenen Eigentums vor dem Beginn der Provenienzforschung aus. Die Recherchen in den Akten und Inventaren für die Zeit

---

6 Zwar wurde die Zweite Republik bereits am 27.4.1945 gegründet, in den zehn Tagen, die sich daher mit dem NS-Regime überschneiden, wurden im MAK – soweit bisher bekannt – keine Objekte inventarisiert.

von 1945 bis 1965 ergaben, dass das Museum in diesen zwanzig Jahren fast 500 während der NS-Zeit entzogene Objekte, die aus den Sammlungen Oskar Bondy, Paul Cahn-Speyer, Caroline Czeczowiczka, Ernst Dub, Nathan Eidinger, Rudolf Gutmann, Maximilian Kulka, Albert Pollak, Ernst Pollak, Anton Redlich, Heinrich Rothberger, Alphonse und Clarice Rothschild, Louis Rothschild, Franz Ruhmann, Karl Ruhmann, Gertrude Schüller, Familie Schwarzenberg, Klara Steiner und Richard Weiss stammten, an die früheren EigentümerInnen oder deren ErbInnen zurückgestellt hatte. Ebenso wurden abgelehnte Rückstellungsansuchen sowie Widmungen und Tauschaktionen, die als Gegenleistungen für Ausfuhrgenehmigungen erzwungen worden waren, in Dossiers dokumentiert und dem Büro der Kommission übermittelt. Sämtliche Herkunftseinträge wurden unter besonderer Berücksichtigung von Zuweisungen staatlicher Stellen gesichtet.

Zu den 1966 bis heute im MAK inventarisierten Objekten wurden die in den Sammlungsdatenbanken aufgelisteten Informationen im Zuge der Provenienzforschung aufgenommen. Die Akten des MAK-Archivs und einzelne Objekte wurden und werden nur genau überprüft, wenn sich Hinweise auf eine bedenkliche Herkunft ergeben.

Ziel der Provenienzforschung ist es, die Geschichte eines Objektes und seiner Eigentumsverhältnisse nachzuzeichnen. In den Inventaren des MAK finden sich oftmals Herkunftseinträge wie „Aus dem Depot" oder „Nachträglich inventarisiert" ohne jede weitere Information. Die Zuordnung und Bewertung dieser Objekte muss offen bleiben, es sei denn, der Zufall bringt neue Hinweise zutage. Ebenso schwierig stellt sich die Lage für Erwerbungen aus dem Kunsthandel dar: auch wenn im MAK dokumentiert ist, von welchem Händler oder Auktionshaus ein Gegenstand erworben wurde, sagt dies noch nichts über die früheren Eigentumsverhältnisse aus. Die besondere Problematik besteht nun darin, dass in der NS-Zeit und der frühen Nachkriegszeit ein bedeutender Teil der enteigneten Objekte über den Kunsthandel verkauft wurde. Ein in dieser Zeit erworbener Kunstgegenstand wird also, solange die früheren EigentümerInnen nicht ermittelt werden konnten, immer im durchaus berechtigten Verdacht stehen, möglicherweise aus einer entzogenen Sammlung zu stammen. Es ist daher dringend notwendig, diesen Bereich, der in der bisherigen Forschung noch kaum bearbeitet wurde, in den Blick zu nehmen.

Einen Versuch in diese Richtung unternahm die Provenienzforschung im MAK, als sie in Kooperation mit dem Dorotheum und der Anlaufstelle der IKG das Projekt zur Digitalisierung der Kataloge von Wiener Auktionshäusern aus der NS-Zeit lancierte. Die Testversion einer Datenbank, die vorerst einen großen Teil der Wiener Auktionskataloge des Jahres 1938 abdeckt, steht den Mitgliedern der Kommission bereits zur Verfügung. Eine Weiterführung bzw. Fertigstellung des Projekts scheiterte bisher an den fehlenden finanziellen Mitteln.[7]

Ein ähnliches Projekt, die Digitalisierung der so genannten § 14-Kartei, in der die Zwangsablieferungen von Edelmetall, Perlen und Edelsteinen verzeichnet sind, wurde vom Dorotheum und von der Anlaufstelle der IKG erfolgreich umgesetzt und ermöglichte in der Folge die Ermittlung der früheren EigentümerInnen von Silberobjekten, die das MAK um 1942 erworben hatte.

Seit Sommer 2007 werden auf der Homepage www.MAK.at die durch Entscheidung des Beirats und Rückgabe an die ErbInnen abgeschlossenen Fälle der Provenienzforschung im MAK publiziert. Die Seite dient als Informationsplattform für die ErbInnen nach Opfern des Holocaust und ProvenienzforscherInnen und wird laufend erweitert.

Ein Ende der Provenienzforschung im MAK ist vorerst nicht absehbar, zu viele Objekte sind noch genauer zu untersuchen und neue Erkenntnisse auf bereits untersuchte Fälle in Anwendung zu bringen. Hier seien noch einige Zahlen zur bisher geleisteten Arbeit genannt: In den zehn Jahren seit 1998 beantwortete die Provenienzforschung im MAK über 100 Anfragen und erstellte über 40 Dossiers. Seit 1998 wurden auf Basis der Ergebnisse der Provenienzforschung im MAK über 400 Objekte restituiert, die Übergaben erfolgten an die Erbberechtigten nach Ferdinand Bloch-Bauer, Ernst Pollak, Anton Redlich, Heinrich Rothberger, Alphonse und Clarice Rothschild, Louis Rothschild, Emma Schiff-Suvero und Jaques Ziegler. In den Fällen von Siegfried Fuchs, Friederike und Siegfried Herzel, Wilhelm Müller-Hofmann, Siegfried Radin sowie den Dossiers zu so genannten § 14-Silberobjekten von Erny und Richard Gombrich, Elise und Dr. Erich Müller und Hermine Schütz hat sich der Beirat bereits für die Rückgabe der betreffenden Kunstgegenstände ausgesprochen. Hier werden von der Anlaufstelle der IKG die Erbberechtigten gesucht bzw. vom Bundesministerium für Unterricht, Kunst und Kultur die rechtlichen Voraussetzungen abgeklärt.

Von 3. Dezember 2008 bis 15. Februar 2009 findet im MAK die von Alexandra Reininghaus kuratierte Ausstellung „ReCollecting. Raub und Restitution" statt: Sie zeigt neben einer historischen Dokumentation der behandelten Rückgabefälle Arbeiten internationaler zeitgenössischer KünstlerInnen, die neue Perspektiven und Einsichten zu diesem Themenkomplex entwickeln. Die Überprüfung der eigenen Sammlungen durch die Kommission für Provenienzforschung ist für das MAK selbstverständlich.

---

7   Siehe dazu in diesem Band: Felicitas THURN-VALSASSINA, Provenienzforschung im Dorotheum.

Darüber hinaus will das MAK einen Anstoß zur Auseinandersetzung mit der NS-Zeit und ihrer Aufarbeitung in der Zweiten Republik liefern.

Abschließend soll anhand der Porzellan-Objekte aus der Sammlung Heinrich Rothberger, die seit 1938 ins heutige MAK gelangten, die vielschichtigen Praktiken des Umgangs mit in der NS-Zeit entzogenen Objekten des Kunstgewerbes dargestellt werden:

Am 13. September 1868 kam Heinrich Rothberger als eines von acht Kindern von Jakob Rothberger und Rosalia Welisch zur Welt. Jakob Rothberger war 1853 als Schneidergeselle nach Wien gekommen, hatte 1861 am Stephansplatz ein Geschäft für Herrenkleidung eröffnet und war 1867 zum Hoflieferanten ernannt worden. Nach dem Tod des Vaters 1899 übernahm Heinrich Rothberger gemeinsam mit seinen Brüdern Alfred, der 1932 verstarb, und Moriz[8] die Leitung des Geschäftes. Nach dem „Anschluss" 1938 wurde die Firma arisiert, Heinrich Rothberger und seine Frau Ella flüchteten schließlich über Kuba nach Kanada. Ihr Sohn Johann Jakob Rothberger wurde im Herbst 1938 von der Gestapo verhaftet und in das KZ Buchenwald deportiert. Im Februar 1939 konnte seine Freilassung erwirkt werden.[9]

Die neben einigen Bildern vor allem aus erlesenen Porzellanstücken bestehende Kunstsammlung Heinrich Rothbergers verblieb vorerst in der Wohnung am Stephansplatz. Mit Hilfe seines Rechtsanwaltes Dr. Camillo Limpens-Doenraedt versuchte Heinrich Rothberger – offenbar um die Flucht seiner Familie zu finanzieren –, Stücke aus seiner Sammlung zu verkaufen. Im August 1938 beantragte er bei der Zentralstelle für Denkmalschutz die Ausfuhrerlaubnis für 95 Porzellan-Objekte, die an das Berliner Auktionshaus Hans W. Lange, das arisierte Auktionshaus Graupe, gehen sollten.[10] Im Zuge dieses Ausfuhransuchens schenkte die Firma Lange dem Staatlichen Kunstgewerbemuseum in Wien, dem heutigen MAK, zwei Statuetten,[11] dazu schenkte Heinrich Rothberger dem Museum eine Komödiengruppe.[12] Diese drei Objekte waren offenbar der „Preis" für die Erteilung der Ausfuhrgenehmigung, die übrigen Objekte

8 Moriz Rothberger verstarb 1944 79-jährig im ehemaligen Rothschild-Spital in Wien. Siehe Sophie LILLIE, Was einmal war. Handbuch der enteigneten Kunstsammlungen Wiens (= Bibliothek des Raubes, Bd. VIII), Wien 2003, S. 999f.
9 LILLIE, Was einmal war, S. 991f.
10 BDA-Archiv, Ausfuhr Zl. 4479/1938.
11 MAK-Archiv Zl. 793-1938 aus 793-1938: Schreiben des Staatlichen Kunstgewerbemuseums an die Zentralstelle für Denkmalschutz, 12.8.1938. Auf diesem Brief findet sich in der Handschrift von Direktor Ernst der Vermerk: „aus der Slg Rothberger".
12 MAK-Hauptinventar, MAK-Spezialinventar Keramik.

wurden in der Lange-Auktion in Berlin am 18. und 19. November 1938 zur Versteigerung gebracht.[13]

Im Frühjahr 1939 erwarb das Staatliche Kunstgewerbemuseum über das Auktionshaus Weinmüller, das die Firma Samuel Kende in der Wiener Rotenturmstraße arisiert hatte, elf Porzellan-Objekte aus der Sammlung Heinrich Rothbergers.[14] Obwohl die noch verbliebenen Teile der Sammlung am 17. Juni 1939 in der Wohnung Ella und Heinrich Rothbergers sichergestellt worden waren, wurden einzelne Objekte zum Verkauf freigegeben.[15] Eine Statuette erwarb das Staatliche Kunstgewerbemuseum im Oktober 1939 über das Auktionshaus Weinmüller, 38 weitere Porzellanstücke über Dr. Limpens-Doenraedt im Oktober 1940.

Nach dem Ende des Zweiten Weltkriegs versuchte Heinrich Rothberger wiederum mit Hilfe von Limpens-Doenraedt, seine Sammlung zurückzubekommen. Am 29. Oktober 1947 schlossen die beiden mit dem nunmehrigen Österreichischen Museum für angewandte Kunst einen Vergleich, der die 50 in den Jahren 1939 und 1940 vom Museum erworbenen Objekte umfasste, nicht aber die drei Schenkungen aus dem Jahr 1938.[16] 32 Objekte wurden an Heinrich Rothberger restituiert, 18 Objekte widmete Heinrich Rothberger dem Museum – auch wenn das nicht schriftlich festgehalten wurde – als Gegenleistung dafür, dass die anderen Objekte für die Ausfuhr freigegeben wurden. Am selben Tag wurde ein Tausch vereinbart: Heinrich Rothberger übergab dem Museum zwei Porzellanschüsseln mit Schwarzlotmalerei und erhielt dafür sechs ostasiatische Schüsseln.[17] Die zwei Schüsseln mit Schwarzlotmalerei stammten aus jenem Teil der Sammlung von Heinrich Rothberger, der in der NS-Zeit nicht verkauft und daraufhin von Limpens-Doenraedt in Verwahrung genommen worden war. 1947 wollte Heinrich Rothberger diese Objekte ausführen. Das genehmigte das Bundesdenkmalamt auch – mit Ausnahme der zwei Porzellanschüsseln, gegen deren Ausfuhr sich das Museum für angewandte Kunst ausgesprochen hatte.[18]

Das erste Dossier zur Sammlung Heinrich Rothberger, das Julia König als Provenienzforscherin im MAK 1999 erstellte, behandelte die 18 Widmungen des Jahres 1947, die drei Schenkungen aus dem Jahr 1938 und die zwei 1947 abgetauschten

13 Katalog Hans W. Lange, Berlin, Auktion „Sammlung B., Wien – Die Bestände der Firma Ziffer i. L., Berlin – Porzellan aus Sammlung R., Wien – Frankfurter und anderer Privatbesitz", 18. und 19.11.1938.

14 MAK-Archiv Zl. 548-1939 aus 548-1939, Schreiben des Staatlichen Kunstgewerbemuseums an das Auktionshaus Weinmüller Wien, 3.4.1939.

15 BDA-Archiv, Personenmappen-Nachtrag, Heinrich Rothberger.

16 MAK-Archiv Zl. 1116-1947 aus 104-1947, Vergleich, 29.10.1947.

17 MAK-Archiv Zl. 1145-1947 aus 104-1947, Tauschaktion, 29.10.1947.

18 MAK-Archiv Zl. 104-1947 aus 104-1947, Schreiben des MAK an das BDA, 25.1.1947.

Schüsseln. Am 26. Juni 2000 empfahl der Kunstrückgabe-Beirat aufgrund dieses Dossiers die Rückgabe der 18 Objekte, die Heinrich Rothberger 1947 dem MAK gewidmet hatte. Bezüglich der beiden 1947 abgetauschten Schüsseln sprach sich der Beirat gegen die Rückgabe aus. Am 20. November 2003 empfahl der Beirat die Rückgabe der drei Schenkungen von 1938. Die Kunstgegenstände wurden am 24. Oktober 2003 und am 22. Juli 2004 an die Vertreterin der Erbin übergeben.

Die Recherchen in diesem Fall brachten auch die Erkenntnis, dass einige der Objekte aus der Sammlung Rothberger während der NS-Zeit verkauft worden waren, also über den Kunsthandel – oder in der Folge auch über Private – ins MAK gelangt sein konnten, ohne dass die Provenienz Rothberger bekannt war. Julia König gelang der Nachweis, dass zwei Erwerbungen über das Auktionshaus Weinmüller im Oktober 1939 ebenfalls aus der Sammlung Heinrich Rothberger stammten. Dem entsprechenden Dossier folgend empfahl der Kunstrückgabe-Beirat am 14. Dezember 2005 die Rückgabe.

Zu dieser Zeit war die Provenienzforschung im MAK bereits im laufenden Kontakt mit der Erbin nach Heinrich Rothberger und wurde daher auch darüber informiert, wie trotz mehrmaliger Urgenz seitens der Erbin der Übergabe-Bescheid des Ministeriums, für den alle rechtlichen Voraussetzungen durch die vorangegangen Rückgaben vorlagen, erst sieben Monate nach der Empfehlung des Beirats ausgestellt wurde.[19]

Der Kontakt mit den Nachkommen Heinrich Rothbergers war und ist nicht nur eine persönliche Bereicherung, er brachte für die Provenienzforschung auch neues Material und damit Anknüpfungspunkte für weitere Recherchen.[20] Denn nach wie vor besteht die Möglichkeit, dass sich Objekte aus der ehemaligen Sammlung von Heinrich Rothberger im MAK oder einer anderen Sammlung befinden, die bisher nicht identifiziert werden konnten.

---

19 MAK-Archiv Zl. 81-2006, Schreiben der Erbin nach Heinrich Rothberger an Leonhard Weidinger, 8.2.2006; o. Zl.-2006, Schreiben der Erbin nach Heinrich Rothberger an Leonhard Weidinger, 12.6.2006, o. Zl.-2006, Schreiben der Erbin nach Heinrich Rothberger an Leonhard Weidinger, 26.6.2006. Die lange Dauer zwischen Beiratsempfehlung und Übergabe eines Objektes war in den vergangenen zehn Jahren kein Einzelfall und nur zum Teil durch nachvollziehbare Ursachen wie Schwierigkeiten bei der Suche nach ErbInnen bedingt.

20 Siehe auch: Christina GSCHIEL, Sammlung Heinrich Rothberger aus Sicht der Restitution, Diplomarbeit, Graz 2008 [in Vorbereitung]. Gschiel versucht, die Sammlung Heinrich Rothberger vor 1938 zu rekonstruieren und die Geschichte der Objekte ab der NS-Zeit nachzuzeichnen.

Auch nach zehn Jahren Provenienzforschung finden sich in den Sammlungen des MAK immer noch Objekte, die in der NS-Zeit enteignet wurden. Dies liegt zum einen daran, dass eine große Zahl von Erwerbungen seit 1938 – es wird von über 120.000 Objekten ausgegangen – zu überprüfen sind. Zum anderen können mit Hilfe neuer Erkenntnisse, Aktenbestände und Datenbanken Recherchen zu Fällen wieder aufgenommen und oft auch erfolgreich abgeschlossen werden, für die die Provenienzforschung vor einigen Jahren noch feststellen musste, sie seien nicht zu klären. Vertiefung und Optimierung der Recherchemethoden bringen ständig neue Erkenntnisse – die Provenienzforschung im MAK ist also noch lange nicht abgeschlossen.

Das Museum für Völkerkunde in Wien[1]

Gabriele Anderl, Ildiko Cazan

Unter den Erwerbungen, die im Museum für Völkerkunde in Wien 1943 verzeichnet worden sind, befindet sich eine silberne Gewandnadel aus Bolivien – eine Spende von „Ing. agr. Otto Braun, Grüne[n]torgasse 18, Wien IX". Dieser Gegenstand war, wie bei der Übernahme festgehalten wurde, „in einem Schachthockergrab in Culpina, Provinz Cinti, Department Chuquisaca", gefunden worden. Er wurde als Post V/1943 aufgenommen und später unter der Nummer 130.420 inventarisiert.

Der Fall Otto Braun[2] soll hier etwas ausführlicher dargestellt werden, weil er gut dafür geeignet ist, die Schwierigkeiten und Unwägbarkeiten der Provenienzforschung im Museum für Völkerkunde vor Augen zu führen.

In der Sammlermappe zu Otto Braun im hausinternen Archiv finden sich zu dieser Erwerbung keine weiteren Angaben. Es liegt dem Akt jedoch eine Postkarte aus dem Jahr 1938 bei, deren Text der damalige Leiter des Hauses, Fritz Röck[3], verfasst und an eine Gisela Braun, ebenfalls in der Grünentorgasse 18 im 9. Bezirk wohnhaft, adressiert hat: „Sehr geehrte gnädige Frau! Die von Ihnen rückerbetenen Leihgaben (Ethnographische Gegenstände aus Bolivien) samt Listen liegen zum Abholen bereit. Für die freundliche leihweise Überlassung auf längere Zeit bestens dankend zeichnet hochachtungsvoll Dr. Fritz Röck." Mit Bleistift war von einem Museumsmitarbeiter noch ein Vermerk hinzugefügt worden: „Sammlg. u. Liste richtig übernommen, 20./6. 1938."

Eine Aufstellung der übernommenen Objekte fehlt – sowohl auf der Postkarte, die offenbar nie abgeschickt worden ist, als auch in den übrigen Akten des Archivs. Auch sonst finden sich in den Unterlagen des Museums keine weiteren Informationen zu den erwähnten Transaktionen. Es war somit zu Beginn der Recherchen weder klar, ob Otto

---

1 Siehe dazu: Kunsthistorisches Museum – Museum für Völkerkunde – Österreichisches Theatermuseum (Hg.), Jahresbericht 2006, Wien 2006; Museum für Völkerkunde in Wien (Hg.), Das Museum für Völkerkunde in Wien, Salzburg-Wien 1980; Archiv für Völkerkunde 32 (1978), Sonderdruck: 50 Jahre Museum für Völkerkunde Wien. Für seine Hilfsbereitschaft und die kompetenten Auskünfte auch im Hinblick auf diesen Beitrag danken wir dem Leiter des Depots im Museum für Völkerkunde, Manfred Kaufmann.
2 Ein Dossier zum Fall Otto und Gisela Braun wird 2008 fertig gestellt.
3 Fritz Röck (1879–1953), der mit Unterbrechungen bereits seit 1914 an der Anthropologisch-ethnographischen Abteilung des Naturhistorischen Museums tätig gewesen war, war 1928–1945 Direktor des Museums für Völkerkunde (MVK).

Braun das 1943 gespendete Objekt in Bolivien selbst gefunden, noch ob es sich bei ihm und Gisela Braun um in der NS-Zeit verfolgte Personen gehandelt hatte. Dem Sammlerakt beigelegt waren jedoch auch Listen mit Objekten aus dem Eigentum von Otto Braun, die in den Jahren 1932 und 1935 ins Haus gekommen waren Auf einer der Listen fand sich ein handschriftlicher Zusatzvermerk von Otto Braun, datiert mit dem 24. September 1932: „Obige Gegenstände sind Leihgaben auf die Dauer eines Jahres (– 15. Sept. 1933)." Eine viel später, im Jahr 1975, vom damaligen Leiter der Südamerikaabteilung, Peter Kann,[4] angebrachte Notiz – „Inventarisiert im Nachtrag: 97.595 – 97.617" – wies jedoch darauf hin, dass die Objekte in den Nachkriegsjahren in den festen Bestand des Museums übernommen worden waren. Bei einer Überprüfung im elektronischen Inventar hat sich bestätigt, dass im Haus noch rund 30 Objekte aus dem früheren Eigentum von Otto Braun vorhanden sind, wobei als Zeitpunkt der Übernahme die Jahre 1932 und 1935 angegeben sind. Weder in den Museumsakten noch in den Bänden mit den Nachinventarisierungen findet sich jedoch ein Hinweis darauf, dass es tatsächlich zu einem Ankauf oder einer Schenkung gekommen wäre – was normalerweise die Voraussetzung für die Inventarisierung ist.

Für die Klärung der Identität von Otto und Gisela Braun und ihres verwandtschaftlichen Verhältnisses mussten externe Akten herangezogen werden. Unter den Vermögensanmeldungen im Österreichischen Staatsarchiv fanden sich unter dem Namen Gisela Braun zwei und unter Otto Braun vier Anmeldungen – eine Übereinstimmung mit der im Museum angegebenen Wohnadresse konnte jedoch in keinem Fall festgestellt werden. Auch eine erste Meldeanfrage im Wiener Stadt- und Landesarchiv brachte zunächst nur begrenzt brauchbare Ergebnisse. Gemäß der erhaltenen Auskunft war ein Otto Braun, geboren am 17. April 1901 in Wien, unter der besagten Adresse lediglich einige Monate, und zwar vom 18. Juni bis zum 28. September 1932, gemeldet gewesen, er war jedoch anschließend nach „Camargo, Bolivien", verzogen. Eine Gisela Braun hatte, wie es hieß, „in den Meldezettelbeständen nicht ermittelt werden" können.[5]

Nachforschungen beim Matrikenamt der Israelitischen Kultusgemeinde (IKG) Wien brachten mehr Licht in die Angelegenheit. Es konnte festgestellt werden, dass ein Otto Braun am 17. April 1901 als Sohn des Rechtsanwaltes Jonas Braun und der Gisela Braun, geborene Zirner, in der Grünentorgasse 18 zur Welt gekommen war. Gisela

---

4 Peter Kann, geboren 1944, war seit 1970 am MVK tätig, seit 1976 als Beamter. Von 1971 bis 2002 war er Leiter der Südamerikaabteilung, von 1994 bis 2002 Direktor des MVK.

5 Meldeauskunft der MA 8 (Wiener Stadt- und Landesarchiv) betr. Otto und Gisela Braun, Grünentorgasse 18, 14.2.2008.

Braun war laut Auskunft der IKG am 23. Februar 1878 in Fünfkirchen [Pécs/Ungarn] geboren, Jonas Braun 1925 gestorben.[6] Aufgrund dieser Auskunft war klar, dass die Familie jüdisch war und einmal unter der besagten Adresse gewohnt hatte.

Eine nochmalige Anfrage beim Meldearchiv, diesmal mit den genauen Geburtsdaten, ergab dann doch, dass eine Gisela Braun, geboren am 11. Februar 1878 in Pecs, von 1927 bis zum 30. Juni 1938 in der Grünentorgasse gemeldet gewesen war. Bis zum September des Jahres hatte sie anschließend in der Thurngasse 11 im 9. Bezirk gewohnt, zuletzt für wenige Tage in der Bibergasse 9 [heute Biberstraße] in der Wiener Innenstadt. Am 28. September 1938 hatte sie sich nach Südamerika abgemeldet.

Anhand der Geburtsdaten konnte nun auch festgestellt werden, dass eine der beiden im Staatsarchiv vorhandenen Vermögensanmeldungen zum Namen Gisela Braun tatsächlich von der gesuchten Person stammte[7] – wobei jedoch anzumerken ist, dass es beim Geburtsdatum in den verschiedenen Quellen eine Differenz von mehreren Tagen gibt.[8] Die Anmeldung von Gisela Braun enthält allerdings keinerlei Hinweise auf eine ethnographische Sammlung.[9]

Aus dem nur aus wenigen Seiten bestehenden Akt der Finanzlandesdirektion (FLD) zu Gisela Braun geht hervor, dass ihr Umzugsgut durch die Vugesta verwertet worden ist. Welche Objekte von dieser Maßnahme betroffen gewesen sind, bleibt jedoch unklar.[10] Zu einem Otto Braun mit dem beim Matrikenamt der IKG bzw. durch die Meldeanfrage eruierten Geburtsdatum fanden sich bei den für die Provenienzforschung relevanten Aktenbeständen im Österreichischen Staatsarchiv keine Dokumente.

In den im Museum sowie in den externen Archiven vorhandenen Akten findet sich kein Anhaltspunkt dafür, dass Otto oder Gisela Braun nach ihrer Emigration weitere Verfügungen über die im Museum für Völkerkunde vorhandenen Objekte getroffen hätten. Unklar bleibt auch, ob Otto Braun nach 1932 noch einmal nach Wien zurückgekehrt ist. Fest steht jedoch, dass im Museum für Völkerkunde in der Nachkriegszeit

---

6 Auskunft des Matrikenamtes der IKG Wien betr. Otto und Gisela Braun. Jonas Braun und Gisela Zirner hatten am 24.6.1900 im Seitenstettentempel in Wien geheiratet.

7 ÖStA AdR 06, VVSt, VA 12.384, Gisela Braun, ausgefüllt am 6.7.1938. Die Angaben beziehen sich auf eine Gisela Braun, Witwe, Private, geboren am 17.2.1878 in Pécs, Ungarn. Die in der VA angeführte Wohnadresse lautet: Wien 9., Thurngasse 11/I/II/18.

8 In der Vermögensanmeldung ist der 17.2.1878 angegeben, in den Büchern des Matrikenamtes der IKG der 23.2. desselben Jahres, in der Meldeauskunft wiederum der 11.2.

9 ÖStA AdR 06, VVSt, VA 12.384, Gisela Braun. Als Vermögen wurden lediglich einige wenige Schmuckstücke sowie Gold- und Silbergegenstände angeführt, Hinweise auf eine silberne Gewandnadel finden sich dort nicht.

10 ÖStA AdR 06, FLD, Zl. 9526, Gisela Braun, geb. Zirner (geboren am 17.2.1878 in Pécs, Ungarn, letzte inländische Wohnadresse: 1., Biberstraße 9/IV/10).

immer wieder auch Leihgaben inventarisiert worden sind (siehe unten). Allem Anschein nach war dies auch das Schicksal der Objekte aus dem Eigentum von Otto bzw. Gisela Braun. Ungeklärt ist nach wie vor, wie es zu der angeblichen Spende der Gewandnadel im Jahr 1943 gekommen ist – zu einem Zeitpunkt, an dem sich sowohl Otto als auch Gisela Braun mit an Sicherheit grenzender Wahrscheinlichkeit nicht mehr in Österreich aufgehalten haben.

Das Fallbeispiel Braun eignet sich nicht nur dazu, die bei der Provenienzforschung im Museums für Völkerkunde auftretenden Probleme zu illustrieren; es ist auch charakteristisch für viele der Erwerbungen, die das Haus, besonders in den Zwischenkriegszeit und in den Jahren der NS-Herrschaft, verzeichnet hat. Wie bei Otto Braun handelte es sich bei den Spendern oder Verkäufern häufig nicht um Ethnologen oder Sammler im engeren Sinn, sondern vielmehr um Menschen, die sich aus beruflichen Gründen längere Zeit in außereuropäischen Ländern aufgehalten oder etwa von Weltreisen Objekte als Souvenirs nach Hause mitgebracht hatten. Die in den hauseigenen Quellen vorhandenen Angaben zu diesen Personen sind vielfach – wie im Fall Braun – minimal, sodass bereits die Klärung der Identität für die Provenienzforschung oft eine große Herausforderung darstellt.

Ethnographische Gegenstände außereuropäischer Herkunft stellten zumindest bis zur Mitte des 20. Jahrhunderts keinen Schwerpunkt der bürgerlichen Sammlertätigkeit in Österreich dar. So finden sich in Sophie Lillies Buch „Was einmal war"[11], in dem die Autorin mehr als 150 große Sammlungen von Jüdinnen und Juden in Wien porträtiert hat, nur ganz vereinzelt Hinweise auf derartige Ethnographika. Eine Ausnahme stellte der Sammler Friedrich Wolff-Knize dar, der neben einer umfangreichen Kollektion europäischer Gemälde auch eine beachtliche Afrikasammlung besessen hatte.[12]

Auch im Wetteifern der österreichischen Museen um die sichergestellten bzw. beschlagnahmten Sammlungen von Jüdinnen und Juden spielte das Museum für Völkerkunde als Akteur eine untergeordnete Rolle. Dies lag jedoch ohne Zweifel nicht am fehlenden Willen zur Bereicherung, sondern einfach an der Tatsache, dass es in diesem Kontext für das Haus wenig zu holen gab. Dass es bei sich bietenden Gelegenheiten sehr wohl mit Nachdruck darum bemüht war, Eigentum von Verfolgten in den Griff zu bekommen, belegen die Korrespondenzen zur Sammlung des im März 1942 verstorbenen Afrikaforschers Ludwig Höhnel. Dessen Witwe, Valeska Höhnel, galt gemäß

---

11 Sophie LILLIE, Was einmal war. Handbuch der enteigneten Kunstsammlungen Wiens (= Bibliothek des Raubes, Bd. VIII), Wien 2003.

12 LILLIE, Was einmal war, S. 1340–1345.

den Nürnberger Gesetzen als Jüdin. Die Bemühungen des Museums um eine Zuteilung der Sammlung erwiesen sich allerdings als vergeblich, allerdings nur, weil es letztlich zu keiner Beschlagnahmung kam.

Am Rande sei bemerkt, dass die ideologische Gleichschaltung auf der Führungsebene des Museums offenbar reibungslos funktioniert hat. So wurde etwa 1939 eine Ausstellung über „Das Hakenkreuz in Ostasien" ausgerichtet. Auch rassekundliche Demonstrationen wurden, wie ein Aktenvorgang aus dem Jahr 1942 zeigt, offenbar als Normalität betrachtet: Der damalige Museumsdirektor, Fritz Röck, stellte ohne weiteren Kommentar einen Berechtigungsschein für die Verleihung mehrerer Objekte – Schild, Speer, Trommel sowie Pfeil und Bogen – an den Reichskolonialbund[13] aus. Sie wurden an einen „Neger Koehler aus Kamerun" übergeben, von dem für Propagandazwecke Photographien angefertigt werden sollten.[14]

Obwohl Österreich im Unterschied zu anderen europäischen Ländern keine überseeischen Kolonien besessen hat, zählt das Museum für Völkerkunde in Wien zu den bedeutendsten ethnologischen Museen der Welt. Seine Ursprünge reichen in das Jahr 1806 zurück: Damals wurde auf einer Auktion in London ein Teil jener Objekte erworben, die im Rahmen von James Cooks Weltreisen zwischen 1768 und 1780 in Ozeanien und Nordamerika gesammelt worden waren.[15] Sie bildeten die Grundlage einer eigenen „k. k. Ethnographischen Sammlung" im kaiserlichen Hofnaturalienkabinett. Seit 1876 gehörten die stark angewachsenen Bestände zur Anthropologisch-Ethnographischen Abteilung des k. k. Naturhistorischen Hofmuseums. 1928 kam es schließlich zur Gründung eines eigenen Museums für Völkerkunde im Ringstraßentrakt der Neuen Burg und dadurch zu einer Trennung der Sammlungen. Die Verbindung mit dem Naturhistorischen Museums blieb auf verwaltungstechnischer Ebene allerdings noch bis in die Zeit unmittelbar nach dem Zweiten Weltkrieg bestehen. Seit 2001 ist das Museum für Völkerkunde Teil der wissenschaftlichen Anstalt „Kunsthistorisches Museum mit Museum für Völkerkunde und Österreichisches Theatermuseum".

---

13 Der Reichskolonialbund war die Dachorganisation, in der zwischen 1936 und 1943 alle Kolonialorganisationen im Deutschen Reich, die eine Wiedererlangung der früheren deutschen Kolonien anstrebten, zusammengefasst waren. Spätestens mit Beginn des Zweiten Weltkrieges standen für die Staatsführung jedoch die europäischen Eroberungen im Vordergrund. Der Reichskolonialbund wurde 1943 auf Weisung Martin Bormanns aufgelöst.

14 MVK, Archiv, D 42/284, Berechtigungsschein, ausgestellt von Direktor Fritz Röck, 28.8.1942. Zum Museum für Völkerkunde in der NS-Zeit siehe Peter LINIMAYR, Wiener Völkerkunde im Nationalsozialismus. Europäische Hochschulschriften, Reihe XIX, Bd. 42, Frankfurt/M.-Berlin-Bern-New York-Paris-Wien 1994, S. 75–116.

15 James Cook selbst wurde bereits 1779 auf Hawaii getötet.

Das Museum für Völkerkunde Wien verwahrt heute über 200.000 ethnographische Gegenstände, 25.000 Photographien und 136.000 Druckwerke zur Kultur und Geschichte vorwiegend außereuropäischer Völker. Zu den wertvollsten Beständen zählen neben der Cookschen Sammlung altmexikanische Federarbeiten und andere Objekte aus Amerika, die sich bereits 1596 in der Sammlung des Erzherzogs Ferdinand von Tirol auf Schloss Ambras befunden hatten, sowie eine Kollektion von Bronzen aus dem westafrikanischen Königreich Benin. Mit rund 14.000 Gegenständen ist die Sammlung, die Erzherzog Franz Ferdinand von Österreich-Este auf seiner Weltreise 1892/93 zusammengetragen hat, der größte Einzelbestand des Museums. Das Museum für Völkerkunde umfasst mehrere Abteilungen entsprechend unterschiedlichen regionalen Zuständigkeiten[16].

Bei den Sammlungsobjekten handelt es sich zu einem wesentlichen Teil um häufig vorkommende Alltags- und Gebrauchsgegenstände, es befinden sich aber, wie bereits erwähnt, auch sehr wertvolle Kunst- und Kulturgüter im Haus. Kunsthistorisch bedeutende Gegenstände, besonders aus Asien, gelangten allerdings viel häufiger an das Österreichische Museum für Kunst und Industrie (später Kunstgewerbemuseum, heute MAK) in Wien.[17] Ethnographische Objekte aus europäischen Ländern, die sich verschiedentlich in privaten Sammlungen befanden, tangierten wiederum eher die Interessen des Museums für Volkskunde. In den ersten Nachkriegsjahrzehnten kam es im Zuge einer genauen Trennung der jeweiligen regionalen Zuständigkeiten immer wieder zum Transfer von Objekten zwischen dem Museum für Völkerkunde und dem Museum für Volkskunde. So wurden wiederholt ethnographische Objekte, vor allem aus osteuropäischen Ländern, an das Museum für Volkskunde abgetreten – zum Teil als Dauerleihgaben an das administrativ dem Volkskundemuseum unterstehende Ethnographische Museum Kittsee (Burgenland).[18]

Anders als etwa in Gemäldegalerien im Allgemeinen üblich, wurde im Museum für Völkerkunde der Provenienz der ethnographischen Objekte, zumindest bis in die Mitte des 20. Jahrhunderts, keine allzu große Aufmerksamkeit geschenkt. Für die Forschung ging es primär darum, die Gegenstände als Zeugnisse der materiellen Kultur außereuro-

---

16 Es sind dies: Afrika südlich der Sahara/Nordafrika, Vorder- und Zentralasien, Sibirien/Ostasien/Süd- und Südostasien, Himalaja/Insulares Südostasien/Ozeanien – Australien/Nord- und Mittelamerika/Südamerika.

17 Die Frage der jeweiligen Zuständigkeiten führte bis heute immer wieder zu Konflikten zwischen den Museen bzw. zwischen verschiedenen in ihrem Umfeld agierenden Personen. Vgl. dazu etwa Barbara PLANKEN-STEINER, „Völlige Fühllosigkeit dem Künstlerischen gegenüber …" Der Streit um den „asiatischen Kunstsaal" anlässlich der Neueröffnung des Museums für Völkerkunde in Wien im Jahre 1928, in: Archiv für Völkerkunde (Hg.: Verein „Freunde der Völkerkunde"/Museum für Völkerkunde Wien), 53 (2003), S. 1–26.

18 Das Ethnographische Museum wurde im Herbst 2008 geschlossen.

päischer Völker zu analysieren, weshalb für die Kustoden die Frage, wann und wo die
jeweiligen Objekte im Feld gesammelt worden waren, von vorrangiger Bedeutung war.
Es ging also primär um die möglichst präzise regionale und ethnische Zuordnung sowie
die Bestimmung des ursprünglichen Verwendungszwecks bzw. der ursprünglichen Art
der Verwendung. Häufig finden sich in den Akten Hinweise auf Reisen und Expeditionen, von denen die jeweiligen Objekte mitgebracht worden sind, doch nur in den
seltensten Fällen genauere Angaben über die Umstände des Erwerbs. Wenn das Haus
die Objekte nicht originär von der ursprünglichen Erwerberin oder dem ursprünglichen Erwerber übernahm, wurde vielfach nicht genauer nach Vorprovenienzen
geforscht. Die Angaben beschränkten sich, besonders in der NS-Zeit und den unmittelbaren Nachkriegsjahren, in einem großen Teil der Fälle auf die Namen der Personen,
die dem Museum Gegenstände verkauft, geschenkt oder im Tausch überlassen hatten.
Bisweilen fehlt sogar eine Adresse, manchmal ist der Vorname abgekürzt oder es wird
überhaupt nur der Familienname genannt. Erst in den letzten Jahrzehnten wird der Frage der Provenienzen verstärkte Bedeutung zugemessen. Dies hat vor allem auch mit
einer kritischen Reflexion der eigenen Geschichte durch die Völkerkunde als historische Wissenschaft zu tun[19], im Zuge derer nun auch den genauen Umständen der
Erwerbungen im Feld größere Aufmerksamkeit zuteil wird.

Insgesamt wurden in den Jahren 1938 bis 1945 vom Museum für Völkerkunde rund
4100 Objekte erworben und inventarisiert, zwischen 1938 und 1955 waren es rund
10.000. Präzise Angaben sind nicht möglich, vor allem auch deshalb, weil unter einer
Inventarnummer häufig mehrere Einzelobjekte (etwa Einzelteile eines Gerätes oder
paarweise vorhandene Objekte) erfasst worden sind. Die Inventarisierung der Objekte
erfolgte zum Teil erst Jahre oder gar Jahrzehnte nach der Übernahme.

   Die Vielzahl der Gegenstände und die Tatsache, dass es sich häufig um Massenware und alltägliche Objekte handelt, sind Faktoren, die die Provenienzforschung extrem
erschweren. Hinzu kommt die Problematik der Aktenlage: Zum einen weisen die
Bestände große Lücken auf, zum anderen sind viele Vorgänge angesichts der oft viel
später durchgeführten Nachinventarisierungen kaum noch nachzuvollziehen. Diese
Situation ließ bereits 1960 einen Museumsmitarbeiter, Karl Anton Nowotny[20], Alarm
schlagen. In einem von ihm verfassten hausinternen Vermerk heißt es:

---

19   Siehe dazu etwa Barbara PLANKENSTEINER, Endstation Museum. Österreichische Afrikareisende sam-
     meln Ethnographika, in: Walter SAUER (Hg.), k. u. k. kolonial. Habsburgermonarchie und europäische
     Herrschaft in Afrika, Wien 2001, S. 257–288.
20   Nowotnys Frau, Fausta, war bis 1945 an der Ostasiensammlung des Museums tätig gewesen. Wegen ihrer

Die Erwerbungen der Jahre 1918 – 1946 sind in Aktenumschlägen für jeden Posten festgehalten (die im Hause sogenannten ‚Postnummern-Akten') und teilweise auf Karteiblättern inventarisiert. Diese Kartei ist somit ein <u>Inventar</u> [Unterstreichung im Original] und nicht eine für irgendeinen Zweck angelegte Kartei. Sie muß also beisammen bleiben. Entnahmen sollten nur gegen Bestätigung gemacht werden und die entnommenen Blätter sollten so rasch als möglich wieder zurückgestellt werden. Man muß dieser Kartei das Schicksal der übrigen im Hause angelegten Karteien nach Kräften ersparen. Ich bitte alle Kollegen, […] diese Kartei mit allen Mitteln zu beschützen.[21]

De facto waren bereits 1918 zwei große Karteien zerstört beziehungsweise die Karteiblätter in den folgenden Jahrzehnten als Notizzettel verbraucht worden – unter anderem auch jene gedruckten Karteiblätter, die für jeden der im gebundenen Inventar verbuchten Gegenstände angelegt worden waren. Wie Nowotny feststellte, bestand somit

[…] die größte Gefahr, dass jede Kartei beim Ausscheiden des sie anlegenden Beamten in gleicher Weise behandelt wird, zumal, wenn sie sowieso nur ein Torso ist. […] Bezüglich des fragmentarischen Charakters des Inventares auf Karteiblättern für die Jahre 1918 – 1946 ist folgendes zu sagen: Es wurde inventarisiert, was auffindbar war. Die Ergänzung ist erst möglich, wenn die Magazine des Hauses geordnet sind und wenn für die Sammlungen auch fixe Standorte in entsprechenden Depotkästen bestimmt sind. Dann erst kann man darangehen, eine Generalinventur zu machen. Erst nach dieser Generalinventur wird man aus den anfallenden nummernlosen Gegenständen die bei der Inventarisierung noch nicht erfaßten Gegenstände aus den Jahren 1918 – 1946 herausfinden können, falls man nämlich dieses Ziel während der ganzen Generalinventur fest im Auge behält. […] Dazu wäre die Mitwirkung sämtlicher Kollegen notwendig. Es wäre ferner notwendig, daß sämtliche Kollegen die Lage der reichlich verworrenen Angelegenheit genau kennen und bereit sind, mit allen Kräften mitzuarbeiten.

Bis dahin bitte ich dringendst, das unvollständige Inventar der Erwerbungen zwischen 1918 und 1946 als unantastbares Dokument zu betrachten. Diese Grundlage der endgültigen Bereinigung der Versäumnisse des erwähnten Zeitraumes darf nicht in anderen Karteien aufgehen, sonst ist mit Sicherheit zu erwarten, daß sich schon nach wenigen Jahren niemand mehr zurechtfindet.[22]

Erst in den 1960er Jahren wurden auf Basis der nur noch rudimentär vorhandenen Akten das Archiv des Museums begründet[23] – unter Mitwirkung des heutigen

---

NS-Vergangenheit musste sie nach Kriegsende aus dem Museumsdienst ausscheiden. An ihrer Stelle wurde ihr Mann, der als unbelastet galt, eingestellt.

21 MVK, Archiv, o. Zl., K. A. Nowotny, Vermerk betreffend die Inventarisierung der Erwerbungen zwischen 1918 und 1946, 24.3.1960.

22 Ebenda.

Museumsdirektors, Christian Feest, der 1963 in den Dienst des Museums eintrat. Feest wurde im Zuge der Provenienzforschung gewissermaßen als Zeitzeuge befragt, womit etwas mehr Licht in diese Vorgänge gebracht werden konnte. Die Altbestände der Akten hatten sich zu Beginn seiner Tätigkeit im Museum in einem sehr chaotischen Zustand befunden, was Feest nicht zuletzt auf die Übersiedlung aus dem Naturhistorischen Museum ab1928 und die damit verbundene Trennung der Abteilung zurückführt.[24] Feest hatte in Schränken im „Kanonengang" und auf einer dort befindlichen Galerie größere Aktenkonvolute vorgefunden und in der Folge nach und nach aufgearbeitet. Darunter befanden sich u. a. Posteingänge und -ausgänge (heute als „Direktionsakten" bezeichnet), die ursprünglich in chronologischer Reihenfolge abgelegt und entsprechend mit durchlaufenden Eingangsnummern versehen worden waren. Die Direktionsakten umfassten allerdings auch Dokumente über hausinterne Agenden.

Der erhalten gebliebene Bestand an Direktionsakten aus den Jahren 1938 bis 1945 sowie den unmittelbaren Nachkriegsjahren ist äußerst lückenhaft.[25] Feest hält eine gezielte Vernichtung von Aktenmaterial jedoch für unwahrscheinlich. Er geht vielmehr davon aus, dass im Laufe der Jahre als unwesentlich betrachtetes Material entsorgt worden ist. Für diese Sichtweise spricht unter anderem die Tatsache, dass ein großer Teil der Museumsräumlichkeiten noch Jahre nach Ende des Zweiten Weltkriegs zweckentfremdet (als Lazarett bzw. Spital) genutzt worden ist und deshalb extreme Raumnot geherrscht hat.

Die aufgefundenen Direktionsakten wurden zum Teil nicht in der ursprünglichen chronologischen Reihenfolge belassen, sondern, unter Mitwirkung von Feest, nach Themen neu geordnet. So wurden Schriftstücke, die sich auf Sammlungsankäufe bezogen, zu den Sammlerakten gelegt, um auf diese Weise alle im Haus vorhandenen Informationen zu Personen oder auch Institutionen (Kunsthandlungen, Auktionshäusern etc.), die dem Museum Objekte überlassen hatten, sowie auch zur Herkunft der Objekte zusammenzuführen.

Anfang der 1970er Jahre wurde zudem der Versuch unternommen, das Problem der nicht zurückgestellten Leihgaben vor allem jener Personen zu bereinigen, die während

---

23   Die Informationen stammen aus mehreren Gesprächen mit Museumsdirektor Christian Feest im MVK in Wien. Das ausführlichste Gespräch fand am 16.4.2007 statt. Eine Audiokassette und ein Transkript befinden sich bei Gabriele Anderl.

24   Ein Teil der alten Akten verblieb bei der Trennung im Naturhistorischen Museum.

25   So fehlen etwa bei den Direktionsakten die für die Provenienzforschung besonders wichtigen Jahrgänge 1947 und 1948 zur Gänze.

der NS-Zeit aus politischen oder rassischen Gründen verfolgt worden waren. Zu diesem Zweck wurde in intensiver Zusammenarbeit mit den Sammelstellen (bei denen auch Feests Mutter, Herta Feest, tätig war[26]), dem Hilfsfonds und dem Abgeltungsfonds nach Erben gesucht. Ein großer Teil der Fälle konnte auf diese Weise geklärt und nach erfolgter Rückgabe oder aber einem Ankauf ad acta gelegt werden.[27] Bei einer Reihe von Leihgaben ergaben sich jedoch keine Anhaltspunkte bezüglich der Eigentümerinnen und Eigentümer bzw. Erbinnen und Erben. Weil die Sammelstellen 1972 ihre Tätigkeit einstellten, verblieben diese Objekte letztendlich im Museum. Es werden nun im Zuge der Provenienzforschung auch zu diesen Fällen Dossiers erstellt, und die Suche nach Erbinnen und Erben wird mit Hilfe der Anlaufstelle der Israelitischen Kultusgemeinde wieder aufgenommen.

Nicht behandelt wurden in den 1960er Jahren jene Leihgaben, die inventarisiert und damit in den Bestand des Museums übernommen worden waren. Festzuhalten ist in diesem Zusammenhang, dass auch bei der Vergabe der Postnummern in der Zwischenkriegszeit und der NS-Zeit nicht immer genau zwischen Leihgaben und Erwerbungen unterschieden worden ist. So lässt sich heute bei einer Anzahl von Erwerbungen nicht mit Sicherheit feststellen, ob es sich um eine Leihgabe, einen Ankauf oder ein Geschenk gehandelt hat. Wie der eingangs dargestellte Fall Braun zeigt, wurden gelegentlich auch noch in den 1970er Jahren Leihgaben inventarisiert. Erst später wurden konsequent nur noch für Ankäufe und Schenkungen Postnummern vergeben. Ein weiteres Problem für die Provenienzforschung ergibt sich aus dem Umstand, dass die Leihgaben in den bei der Übernahme angelegten Listen meist nur sehr ungenau beschrieben sind, weshalb die Abgleichung mit später inventarisierten Objekten vielfach zu keinen verlässlichen Resultaten führt.

In der Zwischenkriegszeit und auch während der NS-Zeit waren kaum Inventarisierungen durchgeführt worden. So war auch die äußerst umfangreiche von Erzherzog Franz Ferdinand auf seiner Weltreise zusammengetragene Sammlung, die so genannte „Este-Sammlung", die um 1920 ins Haus gekommen war, noch nicht inventarisiert. Erst längere Zeit nach Kriegsende, frühestens in den 1950er Jahren, wurde mit einer

---

26 Georg Weis trat Mitte 1969 als Geschäftsführer der Sammelstellen zurück. Seine Nachfolgerin wurde Herta Feest, eine langjährige Mitarbeiterin der Sammelstellen, die gleichzeitig auch die Leitung des Hilfsfonds übernahm. Siehe Margot WERNER, Michael WLADIKA, Die Tätigkeit der Sammelstellen (= Veröffentlichungen der Österreichischen Historikerkommission. Vermögensentzug während der NS-Zeit sowie Rückstellungen und Entschädigungen seit 1945 in Österreich, Bd. 28), Wien-München 2004, S. 362, Fußnote 1371.

27 Im Archiv des MVK gibt es dazu einen Ordner „Leihgaben (bereinigt)" sowie mehrere Namenslisten (jeweils o. Zl.). Auch im ÖStA AdR 06, findet sich im Bestand der Sammelstellen ein Ordner (o. Zl.) zu Leihgaben im MVK.

Rekonstruktion der Erwerbungsvorgänge begonnen. Von Nowotny wurden „Hilfsjour-
nale" angelegt, um aufgrund der alten verfügbaren Daten die Chronologie der Samm-
lungseingänge zu rekonstruieren. Als Grundlage dienten ihm dabei vor allem Listen mit
Postnummern (Nummern, die bei jeder Übernahme einer Sammlung oder eines
Objekts vergeben werden – laufende Nummern für jedes Jahr in der Reihenfolge der
Eingänge, etwa Post I/1963, Post II/1963 etc.).[28] Es waren bei der Übernahme zwar
die Namen der Sammlerinnen und Sammler und die regionale Herkunft der Objekte
vermerkt, jedoch keine Beschreibungen der Objekte vorgenommen worden. Dies
geschah erst im Zuge der oft viel später durchgeführten Inventarisierung durch den
regional zuständigen Kustos.

Bis zum Ersten Weltkrieg reichten die Inventarnummern des Museumsbestandes
bis in die unteren 90.000. Nach Kriegsende wurde im Zusammenhang mit der Übernahme der sehr umfangreichen Este-Sammlung beschlossen, die Aufnahmen der Ein-
fachheit halber bei 100.000 fortzusetzen, wodurch die ursprünglichen Nummern dieser Sammlung noch vor deren Inventarisierung beibehalten werden konnten. Für die
weiteren Neuerwerbungen wurden dann entsprechend die fortlaufenden Nummern
vergeben, und die Lücke blieb offen.

Erst Jahre nach dem Zweiten Weltkrieg, als man verschiedene nicht inventarisierte
Altbestände auffand, wurde dieser Leerblock von Nummern für die Nachinventarisierung herangezogen und somit die Lücke aufgefüllt. Dies erklärt, warum viele Erwerbungen aus der NS-Zeit 90.000er-Nummern und nicht die eigentlichen fortlaufenden
Nummern tragen.

Das Museum besitzt neben seiner Objektsammlung auch eine „Bildersammlung", die
hauptsächlich aus Ölgemälden, Zeichnungen und Drucken besteht, etwa tausend Posten von zumeist geringem materiellem Wert. In vielen Fällen handelt es sich lediglich
um Skizzen ethnographischer Objekte oder etwa um aus Büchern herausgeschnittene
Bilder. Prinzipiell wurden in diesen Bestand nur von Europäerinnen und Europäern
angefertigte Arbeiten aufgenommen, Werke von Angehörigen außereuropäischer Kul-
turen hingegen als Objekte inventarisiert. In der Praxis gab es allerdings immer wieder
Abweichungen von dieser Regel. Die Bildersammlung wird nun ebenso wie die Objektsammlung elektronisch erfasst und neu verstandortet, wobei auch Eintragungen auf
den Bildrückseiten vermerkt werden. Als Basis dient ein Inventarbuch, das jedoch nur

---

28 Bereits Nowotny hatte bei dieser Tätigkeit Schwierigkeiten, zwischen Leihgaben und Erwerbungen unter-
    scheiden zu können.

spärliche und zum Teil schwer interpretierbare Informationen zur Provenienz der Werke enthält.

Die Photosammlung umfasst in erster Linie Photographien (Negative, Positive, Dias etc.), aber auch einzelne Drucke. Zum Teil handelte es sich dabei um Aufnahmen ethnographischer Objekte, die sich in den Beständen des Museums befinden[29], zum Teil um Photographien, die auf Reisen durch außereuropäische Länder oder auf Expeditionen angefertigt worden sind, andererseits auch um professionelle Arbeiten lokaler Photographen.

Zur Photosammlung existiert ein Inventarbuch, das aber ebenfalls nur in sehr bescheidenem Ausmaß Aufschluss über die Umstände und die Herkunft der Erwerbungen gibt. Der Zeitpunkt der Inventarisierung sagt zudem nichts über den Zeitpunkt des tatsächlichen Erwerbes durch das Museum aus. Oft erfolgten Nachinventarisierungen erst Jahrzehnte später. Auch Angaben über die Photographen fehlen häufig. Eine konsequentere Inventarisierung begann erst in den 1980er Jahren. Bis heute wurden über 72.000 Inventarnummern vergeben. 2006 wurde die neue Bilddatenbank The Museum System eingeführt und mit der systematischen Digitalisierung des historischen Photobestandes begonnen.

Wie bei der Photo- und Bildersammlung ist auch im Bereich der Bibliothek die Dokumentation der Herkunftsquellen – zumal für den für die Provenienzforschung besonders relevanten Zeitraum – sehr ungenau und lückenhaft. In den Jahren 1938 bis 1945 wurden gemäß den hausinternen Aufzeichnungen insgesamt 1583 Druckwerke (unter Einrechnung von Alben und Zeitschriften) erworben; in den Jahren 1945 bis 1955 waren es 1729.

Eine in der Anfangsphase der Provenienzforschung durchgeführte Autopsie der Bucherwerbungen der Jahre 1938 bis 1945, bei der nach Widmungen, fremden Signaturen, Stempeln und Nameneinträgen gesucht wurde, brachte keine relevanten Hinweise auf verdächtige Bestände. Diese Untersuchung soll nun – angesichts des inzwischen viel größeren Wissenstandes auf dem Gebiet der Rückgabe von Büchern – wiederholt werden.

Die Provenienzforschung im Museum für Völkerkunde hatte wie in den übrigen Bundesmuseen mit dem Jahr 1998 begonnen. Sie wurde bis 2001 von Ildiko Cazan, der Archivarin des Museums, durchgeführt, wobei Cazan eine Zeitlang von Monika

---

29 Es handelt sich dabei jedoch keinesfalls um eine systematische photographische Dokumentation der Museumsobjekte.

Löscher, einer externen, auf Werkvertragsbasis beschäftigten Historikerin, unterstützt wurde. In diesen Jahren wurden erste Dossiers erstellt und die Direktionsakten von 1938 bis 1955 geordnet und aufgenommen. Zwischen 2001 und 2005 übernahm Margit Krpata als Karenzvertreterin die Leitung des Archivs. Sie war – zumindest theoretisch – auch für die Provenienzforschung zuständig, konnte sich jedoch aufgrund ihres begrenzten Zeitbudgets nur in sehr beschränktem Maße diesem Arbeitsbereich widmen. Seit 2005 ist Gabriele Anderl auf Werkvertragsbasis in geringem Ausmaß als Provenienzforscherin am Haus beschäftigt.

Im Zuge der Provenienzforschung wurden im Wiener Stadt- und Landesarchiv auch die VEAV-Akten mit Bezug auf das Museum für Völkerkunde durchgearbeitet. De facto waren nach dem Krieg von diesem Museum nur einige wenige Anmeldungen vorgenommen worden. Eine Anmeldung betraf Objekte aus dem alten Jüdischen Museum in Wien und aus Synagogen in Wien, Niederösterreich und dem Burgenland (Oberwart, Eisenstadt, Waidhofen an der Thaya sowie Laa an der Thaya) – Karten, Bücher, Museums- und Kultgegenstände, insgesamt 569 Posten mit ca. 911 Objekten. Sie waren laut Angaben des ersten Nachkriegsdirektors, Robert Bleichsteiner[30], während der NS-Zeit über die Gestapo ans Haus gekommen. Als Adresse der Gestapo wurde allerdings statt dem Morzinplatz das „Palais Rothschild" in der Prinz-Eugen-Straße angegeben, wo ab August 1938 die „Zentralstelle für jüdische Auswanderung" ihren Sitz gehabt hatte. Die Gegenstände waren vom Museum „zu treuen Handen" übernommen, allerdings nie inventarisiert worden. Nach dem Krieg wurden sie der Israelitischen Kultusgemeinde Wien übergeben. Infolge wiederholter Verlagerungen gerieten zahlreiche Gegenstände in Verlust. Heute befindet sich ein Teil der Objekte im Jüdischen Museum der Stadt Wien.[31]

Eine weitere Anmeldung betraf eine Sammlung ethnographischer Gegenstände aus dem Vorderen Orient, die dem Museum 1939 von der Nationalsozialistischen Volkswohlfahrt (NSV), Kreisleitung Hernals, zugewiesen worden war und deren ursprüngliche Provenienz unbekannt ist. Auf der VEAV-Meldung findet sich lediglich der Ver-

---

30 Robert Bleichsteiner (1891–1954) war seit 1925 zuerst an der Ethnographischen Abteilung des Naturhistorischen Museums und ab 1928 am MVK tätig. 1945–1953 war er Leiter des Hauses.

31 WrStLA, M.Abt. 119, A 41, VEAV, MBA 1, 1702, Museum für Völkerkunde. Siehe zu diesen Vorgängen auch: Bernhard PURIN (Hg.), Beschlagnahmt. Die Sammlung des Wiener Jüdischen Museums nach 1938. Katalog zu einer Ausstellung des Jüdischen Museums der Stadt Wien, Wien 1995. In den letzten Jahren durchgeführte Recherchen seitens der Anlaufstelle der IKG Wien brachten in der Angelegenheit keine neuen Erkenntnisse.

merk: „Wahrscheinlich anlässlich verschiedener Wohnungsräumungen entzogen."[32] Zu dieser Erwerbung wurde ein Dossier angelegt, das jedoch wegen der fehlenden Hinweise auf Voreigentümerinnen und Voreigentümer noch nicht vom Kunstrückgabe-Beirat behandelt wurde.

Angemeldet wurde des Weiteren eine Sammlung von Stickereien und Textilien, die großteils aus einem Museum in Simferopol auf der Krim (damals Sowjetunion, heute Ukraine) stammen. Fritz Manns, der damalige Kustos der Münzsammlung im Kunsthistorischen Museum in Wien, hatte sie während seines Einsatzes an der Ostfront unter nicht genau rekonstruierbaren Umständen akquiriert und dann dem Museum für Völkerkunde zur „treuhändigen Verwahrung" übergeben. Die Objekte stammen von Karäern und Krimtataren – zwei religiösen bzw. ethnischen Minderheiten auf der Krim. Es wurde ein ausführliches Dossier zu diesem Fall erstellt, der jedoch nicht unter das Kunstrückgabegesetz fällt. In der Folge wurde eine Rückgabe im Rahmen einer zwischenstaatlichen Lösung ins Auge gefasst.[33]

Fälle von Abpressungen von nach 1945 rückgestellten Objekten, wie sie aus anderen Bundesmuseen belegt sind, konnten von den Provenienzforscherinnen für das Museum für Völkerkunde bisher nicht nachgewiesen werden. Dies hat wohl auch mit dem Umstand zu tun, dass es an diesem Haus nach 1945 kaum zur Rückstellung von inventarisierten Objekten gekommen ist. Belegt ist eine solche Rückstellung für die Sammlung Friedrich Wolff-Knize. Die Objekte wurden wenig später wieder vom Museum erworben, doch gibt es bislang keine Hinweise auf einen in diesem Zusammenhang ausgeübten Druck. Nach dem Krieg bestand eine sehr freundschaftliche Beziehung zwischen dem Sammler und der späteren Museumsdirektorin, Etta Becker-Donner, deren Mann, Hans Becker, während der NS-Zeit im Widerstand tätig gewesen war.[34] Auch der Sohn des Sammlers, Peter Knize, hat wiederholt betont, dass die Übergabe dem ausdrücklichen Wunsch seines Vaters entsprochen habe.

Rückgestellt wurden neben den erwähnten Objekten aus dem alten Jüdischen Museum und verschiedenen Synagogen auch eine große Anzahl von ethnographischen Gegenständen aus dem von den Nationalsozialisten aufgelösten Missions-Ethnographischen Museum St. Gabriel in Mödling, die 1941 beschlagnahmt und dem Museum für Völkerkunde übergeben worden waren. Auch dieser Bestand war im Museum für

---

32 WrStLA, M.Abt. 119, A 41, VEAV, MBA 1, 1594, Museum für Völkerkunde.

33 Siehe dazu in diesem Band: Gabriele ANDERL, „Sichergestellt" in Simferopol: Die Geschenke des Fritz Manns an das Museum für Völkerkunde in Wien.

34 Etta Becker-Donner (1911–1975) war 1938–1942 als Hilfskraft, 1942–1947 als Angestellte und 1947–1955 als Beamtin am MVK tätig. 1955–1963 war sie Leiterin, 1964–1975 Direktorin des Hauses.

Völkerkunde nicht inventarisiert worden. Im Zuge der Provenienzforschung haben sich bislang keine Hinweise darauf ergeben, dass Objekte aus St. Gabriel im Haus zurückgeblieben sind.

Ein Spezialkapitel stellt die Sammlung Anton und Walter Exner dar. Seit den 1920er Jahren bis in die jüngere Vergangenheit erwarb das Museum von Vater und Sohn Exner, zwei professionellen, auf Ostasiatika spezialisierten Händlern, zahlreiche Objekte durch Ankäufe, Tauschgeschäfte und Schenkungen (heute befinden sich rund 200 Objekte aus dieser Quelle im MVK, im MAK circa 3.500). Die Provenienzforschung gestaltet sich in diesem Zusammenhang, wie bei den meisten Erwerbungen aus dem Kunsthandel, besonders schwierig. Aufzeichnungen über die Umstände der Erwerbungen durch Anton und Walter Exner existieren nicht. Die NS-Vergangenheit der beiden Sammler und Hinweise auf zum Teil dubiose Erwerbspraktiken legen jedoch die Vermutung nahe, dass ein Teil der Objekte in die Kategorie der bedenklichen Erwerbungen fallen könnte.[35]

Zwischen 2001 und 2007 wurden in folgenden Fällen Rückgabeempfehlungen des Beirats ausgesprochen: Julius Kien/Stefanie Demeter/Gertrude und Hanns Fischl/Gertrude Marlé/Hans Abels/Maria und Michael Ottokar Popper. Eine Reihe weiterer Dossiers wurde erstellt, aber bis dato nicht vom Beirat behandelt, weil es entweder keine Hinweise auf die Voreigentümerinnen und Voreigentümer gibt oder aber die Frage, ob es sich tatsächlich um während der NS-Zeit entzogene Objekte handelt, bislang nicht mit Sicherheit geklärt werden konnte. Dies betrifft auch einige Erwerbungen aus dem Kunsthandel (Dorotheum, Kunstauktionshaus Schmerschneider), die während bzw. in den ersten Jahren nach Ende der NS-Zeit erfolgt sind. Insgesamt ist jedoch anzumerken, dass im besagten Zeitraum Ankäufe über Auktionshäuser im Vergleich zu anderen Museen sehr selten gewesen sind.

Wegen der Generalsanierung und der baulichen Erweiterung des Museums, von denen sämtliche Schauräume, die Objektmagazine, die Bibliothek, die Archive, die Büros und Werkstätten betroffen waren, wurde das Haus 2004 für mehrere Jahre für die Öffentlichkeit geschlossen. Die Neueröffnung ist nun für das Jahr 2009 vorgesehen. Die Bauarbeiten und die hausinterne Übersiedlung sowohl der Archivalien als auch der Objekte brachten für die Provenienzforschung immense Erschwernisse mit sich. Die vorhandenen Archivalien waren in den letzten Jahren nur in beschränktem

---

35 2009 erscheint im Czernin-Verlag das Buch „Chronik einer Obsession. Die Sammlung Exner" von Gabriele Anderl. Es beleuchtet vor allem die Entstehungsgeschichte der Sammlung und die Biographien von Anton und Walter Exner.

Zurückgegeben und vom Museum wieder angekauft:
Sung-Begräbnisvasen aus China aus der Sammlung
Julius Kien.

Umfang benutzbar, und auch die neue Verstandortung der Objekte und die damit verbundene elektronische Erfassung und Ausstattung mit Barcodes sind noch nicht beendet.

Erst nach dem Ende dieser Arbeiten werden verschiedene noch offene Fälle endgültig abgeschlossen werden können. Wegen der Problematik der inventarisierten Leihgaben müssen auch ältere Erwerbungen, zumindest ab der Zeit nach dem Ersten Weltkrieg, einer genaueren Prüfung unterzogen werden. Die Überprüfung der Erwerbungen
aus den Jahren nach 1960 ist insofern einfacher, als seitdem die Dokumentation der
Erwerbungsvorgänge und die Inventarisierungen wesentlich sorgfältiger gehandhabt
worden sind als in früheren Jahren. Das hat auch damit zu tun, dass es sich bei den
Ankäufen der letzten Jahrzehnte vielfach um Sammlungen handelt, die von professionellen Ethnologen während ihrer Feldforschungen nach wissenschaftlichen Kriterien
angelegt worden sind.

Angesichts der großen Anzahl von Objekten, die zu untersuchen wäre, ist derzeit
noch ungewiss, ob im Rahmen der Provenienzforschung auch eine Generalautopsie
durchzuführen ist. Dazu ist anzumerken, dass sich auf ethnographischen Objekten –
im Gegensatz zu Bildern – nur selten Vermerke finden, die Hinweise auf frühere Eigentümerinnen und Eigentümer geben könnten.

Von Leermeldungen zu achtzehn Dossiers – Zehn Jahre Provenienzforschung am Naturhistorischen Museum[1]

Christa Riedl-Dorn

Mit weit mehr als 20 Millionen Sammelobjekten gehört das Naturhistorische Museum zu den größten Museen der Welt. Neben Belegen zu Tieren, Pflanzen, Mineralien, Gesteinsproben, Fossilien werden auch Daten sowie Objekte zur Anthropologie, Prähistorie, Ökologie und Wissenschaftsgeschichte gesammelt, aufbewahrt sowie wissenschaftlich erschlossen und der Öffentlichkeit vermittelt.

Von den 14 Abteilungen sind die Prähistorische, die Geologisch-Paläontologische, die Mineralogisch-Petrographische, die 1. Zoologische, die Botanische und die Anthropologische Abteilung sowie die Abteilung Archiv und Wissenschaftsgeschichte und Bibliotheken im Zusammenhang mit der Provenienzforschung zu nennen. Die Dreiteilung der Zoologischen Abteilungen erfolgte erst 1972. Die Abteilung Karst- und Höhlenkunde gelangte 1987 an das Museum. Im selben Jahr erfolgte die Gründung der Abteilung für Ausstellung und Bildung. Die Abteilung Ökologie existiert erst seit 1994. Mit der neuen Museumsordnung Ende 2002 wurde die Abteilung Public Relations und Marketing ins Leben gerufen.

Zur Geschichte des Hauses, besonders seit 1938

Um 1750 kaufte Kaiser Franz I. Stefan die berühmte 30.000 Objekte umfassende Naturaliensammlung des florentinischen Chevaliers Jean de Baillou, die den Grundstock des heutigen Naturhistorischen Museums in Wien bildet. Zu den zwischen 1851 bis 1876 existierenden Zoologischen, Botanischen und Mineralogischen Hof-Kabinetten, denen jeweils ein Direktor vorstand, erfolgte 1876 durch den ersten Intendanten Ferdinand von Hochstetter (1829–1884) eine Erweiterung um zwei Abteilungen:

---

1 Für die Unterstützung bei der Provenienzforschung am Naturhistorischen Museum sei an dieser Stelle allen MitarbeiterInnen an diesem Projekt, allen voran Dr. Dieter Hecht, und der Kommission für Provenienzforschung für das Aufbringen der finanziellen Mittel für die Forschung gedankt.

der Geologisch-Paläontologischen und der Anthropologisch-Ethnographischen Abteilung. Formal wurde die Teilung des nunmehrigen k. k. Naturhistorischen Hofmuseums in fünf Abteilungen 1876 durchgeführt. Aber erst 1885 wurden die drei Kabinette mit der Übersiedlung in das neue Gebäude am Ring, das 1889 eröffnet wurde, geschlossen. Die Zahl der Objekte innerhalb der Anthropologisch-Ethnographischen Abteilung war bereits 1882 so groß, dass eine eigene prähistorische Sammlung eingerichtet wurde. 1924 kam es zur Trennung der Anthropologisch-Ethnographischen Abteilung in eine Anthropologisch-Prähistorische Abteilung und eine Ethnographische Abteilung, letztere wurde ab 1927 als Museum für Völkerkunde bezeichnet, unterstand jedoch bis nach dem Ende des Zweiten Weltkriegs dem Naturhistorischen Museum. 1931 erfolgte die Teilung der Anthropologisch-Prähistorischen Abteilung in jeweils eigene Abteilungen.

Die Darstellung des Naturhistorischen Museums in der Zeit von 1938 bis 1945 gestaltet sich schwierig, da eine umfangreiche Bearbeitung bisher fehlt.[2] Die 1948 in den Annalen des Naturhistorischen Museum erschienene Veröffentlichung „Das Naturhistorische Museum im Kriege" behandelt nur die Bergemaßnahmen und Kriegsschäden.[3] In der Abteilung Archiv und Wissenschaftsgeschichte selbst befinden sich nur wenige Unterlagen zu jenen Jahren.

Bereits fünf Tage nach der Anfrage wurde am 19. Oktober 1938 vom Naturhistorischen Museum an den Staatskommissar beim Reichsstatthalter SS Standartenführer Dr. Otto Wächter gemeldet, dass in „der Angestelltenschaft des Naturh. Museums keine Juden bzw. jüdische Mischlinge 1. und 2. Grades vorhanden sind, an welche Gehälter ausbezahlt würden"[4].

---

2 Christa RIEDL-DORN, Die Jahre der nationalsozialistischen Herrschaft (1938–1945), in: Christa RIEDL-DORN, Das Haus der Wunder. Zur Geschichte des Naturhistorischen Museums in Wien, Wien 1998, S. 219–225. Eine weitere Publikation ist in Vorbereitung. Von den Anthropologinnen wurden in verschiedenen Projekten Publikationen zu ihrer Wissenschaft und Erwerbungstätigkeit in jener Zeit in eigenen Berichten publiziert: Maria TESCHLER-NICOLA, Margit BERNER, Die Anthropologische Abteilung des Naturhistorischen Museums in der NS-Zeit. Berichte und Dokumentation von Forschungs- und Sammlungsaktivitäten 1938–1945, in: Senatsprojekt der Universität Wien. Untersuchungen zur Anatomischen Wissenschaft in Wien 1938–1945, Wien 1998. Verena PAWLOWSKY, Erweiterung der Bestände. Die Anthropologische Abteilung des Naturhistorischen Museums 1938–1945, in: zeitgeschichte 32. Jg., Heft 2, 2005, S. 69–90.

3 Das Naturhistorische Museum im Kriege, in: Annalen des Naturhistorischen Museums in Wien Bd. 56, 1948, S. 1–17.

4 Archiv und Wissenschaftsgeschichte (AuW) Naturhistorisches Museum (NHM), Direktionsakten 1938–1948, AMD Inv. Nr. 60. Adm. Z: 507 1938, Beantworten der Anfrage von Wächter vom 14.10.1928.

1938 wurde der Crustaceenspezialist[5] Otto Pesta (1885–1974), seit 1937 Mitglied der damals illegalen NSDAP, an Stelle des bisherigen Ersten Direktors, des Mineralogen Hermann Michel[6] (1888–1965), mit der Leitung des Museums betraut. Er wurde aber bereits am 1. Juni 1939 durch den aus Dresden berufenen Ornithologen Hans Kummerlöwe[7] (1903–1995), der bereits 1926 der NSDAP beigetreten war, abgelöst. Von Kummerlöwe stammt ein programmatischer Entwurf „zur Neugestaltung der Wiener wissenschaftlichen Staatsmuseen", die ihm in ihrer Gesamtheit unterstellt waren. Es waren dies das Naturhistorische Museum mit seinen sechs Abteilungen – nunmehr genannt Museen – samt dem dazugehörigen Museum für Völkerkunde, das Museum für Volkskunde und das Technische Museum für Industrie und Gewerbe. Als die drei wichtigsten Aufgaben der Museen führte Kummerlöwe Sammeln, Auswertung des gesammelten Materials und Ausstellung des Sammelgutes an. Die Grundlage jeder weiteren Tätigkeit sah er im Sammeln. „[I]n kluger Vorschau und richtiger Auswahl zu sammeln, ist nationale Pflicht, ist Ausdruck der Verantwortung gegenüber dem unserem Volke innewohnenden Forschungstrieb"[8].

Auch hierbei dürfen unsere Staatsmuseen und ihre verantwortlichen Männer niemals außer acht lassen, daß sie keineswegs Selbstzweck sind, sondern stets nur Diener an der Größe und Zukunft unseres Volkes. Sie werden dieser Aufgabe um so eher gerecht werden, je mehr sie nach innen und außen den kompromißlos kämpferischen Geist höchst völkischer Verantwortung ausstrahlen, ohne den das Deutschtum der Ostmark und insbesondere Wiens hätte die letzten schweren Jahre niemals bestehen können und ohne den auch alle weitere Entwicklung nicht gewährleistet werden könnte. Und deshalb muß künftig auch über diesen Museen und ihrer ganzen Tätigkeit stets die verpflichtende Widmung und Mahnung stehen: Die Wissenschaft und Wahrheit! Darüber aber: Dem Vaterland, der Nation, unserem Ewigen Großdeutschland,[9]

sagte er bei der Jubiläumsschau aus Anlass des 50-jährigen Bestehens des Museums im Sommer 1939. Im Mai desselben Jahres hatte die Anthropologische Abteilung eine große Sonderschau unter dem Titel „Das körperliche und seelische Erscheinungsbild der Juden" gestaltet.

---

5 Crustaceen sind Krebstiere.
6 Mai 1938 NSDAP Anwärter, AuW NHM, Direktionsakten 1938–1945, Inv. Nr. 65, Nr. 39.835.
7 Seit 1946 Hans Kumerloeve, vgl. Eugeniusz NOWAK, Wissenschaftler in turbulenten Zeiten. Erinnerungen an Ornithologen, Naturschützer und andere Naturkundler, Schwerin 2005, S. 88ff und 92.
8 Hans KUMMERLÖWE, Zur Neugestaltung der Wiener wissenschaftlichen Sammlungen, in: Annalen des Naturhistorischen Museums Wien, 50 (1940) XXVII.
9 Hans KUMMERLÖWE, Zur Neugestaltung, XXXIX.

Schon 1934 gründete der „Alte Kämpfer"[10] und Anthropologe Dr. Josef Wastl (1892–1968), ab 1938 Leiter und von 1941 bis 1945 Direktor der Anthropologischen Abteilung, eine illegale „Betriebszelle" der NSDAP im Naturhistorischen Museum. Der Entomologe[11] Franz Maidl (1887–1951) musste 1939 das Museum verlassen, da er mit einer Jüdin verheiratet war. Immer wieder versuchte er, eine Anstellung zu bekommen, aber der nunmehrige Direktor blieb unerbittlich, wie aus dem Protokoll Kummerlöwes vom 22. Jänner 1940 hervorgeht: „3) Eine Wiederbeschäftigung Dr. Maidls nach § 5 ist, seiner jüdischen Versippung wegen, unmöglich, allerhöchstens kämen Inventarisierungsmittel von Fall zu Fall in Frage"[12]. Maidl, der während des Krieges unentgeltlich half, die Bestände in geschützte Depots zu verlagern, wurde erst 1946 wieder in den Dienst des Museums gestellt.

Mitarbeiter des Naturhistorischen Museums nahmen während des Zweiten Weltkrieges an Exkursionen der Deutschen Wehrmacht teil und waren u. a. Mitglieder der Waffen-SS. Durch diese Mitarbeiter gelangten während des Zweiten Weltkrieges viele Objekte z. B. aus Polen, aus Griechenland und aus der Sowjetunion in die Sammlungen des Naturhistorischen Museums. Der Zoologe Günther Niethammer[13] (1908–1974) arbeitete bis 1940 am zoologischen Museum Alexander König in Bonn. Er war seit 1937 Mitglied der NSDAP[14]. Mit 1. April 1940 wurde er von seinem ehemaligen Studienkollegen, dem Direktor Hans Kummerlöwe als Abteilungsleiter im Naturhistorischen Museum nach Wien berufen. Niethammer nahm als Mitglied der Waffen-SS an mehreren Exkursionen der Deutschen Wehrmacht teil. Von Oktober 1940 an war er ein Jahr lang als Aufseher im Konzentrationslager Auschwitz/Birkenau tätig. Nachdem er in Polen und Griechenland tätig war, kehrte er im September 1942 abermals in das Konzentrationslager zurück. Aus Auschwitz brachte er 74 Objekte für die Vogelsammlung und 19 für die Säugetiersammlung mit. Im Akquisitionsbuch der Vogelsammlung 1941 ist u. a. zu lesen: „Vom Lokalmuseum in Auschwitz b/Kattowitz durch Dr. Günther Niethammer, für die Waffen-SS gesammelt 63 Vögel aus der Umgebung von Auschwitz", ergänzt mit dem Vermerk „defacto f. d. KZ!" in anderer Handschrift.[15]

---

10 Mitglied der NSDAP seit 24.9.1932.

11 Entomologie = Insektenkunde.

12 AuW NHM, Direktions-Akten 1938–1948, Inv. Nr. 72; Kümmerlöwe Protokoll 22.1.1940.

13 Zur Person von Günther Niethammer vgl. NOWAK, Wissenschafter in turbulenten Zeiten, S. 75–79.

14 Mitgliedsnummer 5.613.683. ÖStA AdR, Unterricht, 15, B2a, NHM 1940–1960; AuW NHM, Direktionsakten 1938–1945, Inv. Nr. 65, Nr. 39.840.

15 Im Akquisitionsbuch der Vogelsammlung (NHM) findet sich der Hinweis, dass für die gesammelten Tiere aus Auschwitz fünf aufgestellte Vögel aus der Reservesammlung, (zwei Krickenten, eine Knäckente, eine gr. Rohrdommel, ein Schwarzhalsstraucher) abgegeben wurden und dass 36 Vögel und eine Wasserspitzmaus

Der damals provisorische Leiter der Botanischen Abteilung Karl Heinz Rechinger[16] (1906–1998) nahm an Reisen der Wehrmacht in verschiedene Länder teil und sammelte Pflanzen. Aus einer Bestätigung des Oberkommandos der Wehrmacht von 1944 geht hervor, dass der Botaniker dem OKW-Forschungstrupp „F" angehörte.[17]

Der Zoologe Otto Wettstein[18] war im Frühjahr 1942 Mitglied der Kreta-Expedition eines biologischen Forschungstrupps der Deutschen Wehrmacht. Einige dieser Objekte kamen erst viele Jahre später in der Nachkriegszeit als Geschenke ans Museum.

Von den 114 Bediensteten des Naturhistorischen Museum wurden nach dem Ende des Nationalsozialismus 59 P[artei]g[enossen] eine aktive nationalsozialistische Betätigung, etwa als „Alte Kämpfer", Ortsgruppenleiter, SA, SS, NSKK, Zellenwalterin, Sturmwart, Illegale, Block-, Sprengel- und Sprengelgruppenleiter, Ortsgruppenleiter, Politischer Leiter (Amt für Rassenpolitik)[19], Oberscharführer, HJ-Gauführerstellvertreter, NS-Frauenschaftsleiterin, etc. nachgewiesen. Aufgrund der Untersuchungen durch Liquidator (zur Entnazifizierung eingesetzt, Verfahren unter Ausschluss der Öffentlichkeit) oder Sonderkommission (Aufgabe Amtspersonen bezüglich ihrer Haltung gegenüber Österreich zu durchleuchten) mussten 35 Bedienstete das Museum 1946 aus diesem Grund verlassen.[20] In einer Liste von 1939 werden folgende Akademiker als illegale Nazis angeführt: Adensamer, Baier, Beninger, Graf, Holly, Koller, Pesta, Pietschmann, Wastl, Wettstein.[21]

Erst am 14. November 1946 erfolgte vom Naturhistorischen Museum aufgrund einer Mahnung[22] vom Bundesministerium für Unterricht die Meldung[23] nach der Ver-

---

aus der Umgebung von Auschwitz im Zoologischen Laboratorium von Präparator F. Wald und Wallig für das Auschwitzer Museum aufgestellt wurden. Nach NOWAK, Wissenschaftler in turbulenten Zeiten, S. 77 präparierte Niethammer u. a. Vögel für die örtliche deutsche Schule in Oswiecim (Auschwitz). Häftlinge präparierten im Konzentrationslager in seinem Auftrag Vögel (vgl. NOWAK, Wissenschaftler in turbulenten Zeiten, S. 81). Laut Telefonat (11.6.2008) sagte der Leiter des internationalen Bildungszentrums über Auschwitz und den Holocaust des staatlichen Museums Auschwitz-Birkenau, Andrzej Kacorzyk, dass sich im KZ eine Art Museumsdepot befunden hatte, in dem die Deutschen geraubtes Gut lagerten, dies könnte unter „Lokalmuseum" verstanden worden sein.

16 Rechinger wurde mit der provisorischen Leitung der Botanische Abteilung ab 1.5.1938 betraut, 1950 wurde er rückwirkend mit 1.5.1945 vom Bundesministerium für Unterricht zum Leiter der Botanischen Abteilung bestellt, von 1963 bis 1971 war er zudem auch Erster Direktor des Museums.

17 AuW NHM, Personalakt Karl Heinz Rechinger.

18 Otto Wettstein war NSDAP Mitglied 7.6.1933/1.5.1938, Nr. 6,202.456. ÖStA AdR, Unterricht, 15, B2a, NHM 1940 – 1960; AuW NHM, Direktionsakten 1938–1945, Inv. Nr. 65, Nr. 43.190.

19 Viktor Pietschmann.

20 Vgl. AuW NHM, Direktionsakten 1938–1945, Inv. Nr. 65.

21 1. Zoologische Abteilung, NHM, Herpetologische Sammlung Korrespondenz Wettstein, Brief ohne Unterschrift an das Präsidialbüro der Stadt Wien vom 10.1.1939.

22 Verwaltung NHM, Nr. 687/14.11.1946, Thomasberger an den Ersten Direktor 13.11.1946 (Zl. 31 898-II-6/46).

mögensentziehungs-Anmeldungsverordnung (VEAV). „Die in treuhändige Verwahrung übernommenen Bestände der Sammlungen des Missionshauses St. Gabriel in Mödling und eine der geol. Paläont. Abteilung schenkungsweise überlassene Sammlung des Georg Rosenberg" kamen für das Museum nach „der Bestimmung der VEAV in Betracht".[24]

Zurückgegeben wurden jedoch die bereits 62 Jahre zuvor gemeldeten Gegenstände des Missionshauses St. Gabriel erst am 29. Februar 2008.

Objekte der Familie Jan und Eugenie Friess dürften mittels Rückstellungsbescheid vom 3. April 1947 rückgestellt worden sein.[25] Louise Lambert erhielt als Erbin 1948 für einen kleinen Teil der Sammlung Wadler öS 3.000.[26]

Das Ehepaar Univ.-Doz. Dr. Theodor – er war Dozent für pathologische Anatomie – und Frieda Bauer ermächtigte die Rechtsanwältin Maria Gieler, für sie sämtliche Rückstellungsansprüche geltend zu machen. Aus einem Schreiben der Anwältin aus dem Jahr 1947 geht hervor, dass die Spedition Victor Jobi, Linke Wienzeile 124, Wien 6, neun Kisten mit Präparaten und Gläser an die zoologische Abteilung des NHM zu Handen von Dr. Viktor Pietschmann geliefert hatte und die leeren Kisten wieder zurückgestellt wurden.[27] Da nähere Angaben zu den Objekten fehlen, waren sie bis dato nicht auffindbar.[28]

Laut eines Briefes von Frieda Bauer an den Hilfsfond wurde auch ihr „Umzugsgut" für die USA von der Spedition Jobi verpackt und laut der Spedition durch Einbruch in die Lagerhäuser geraubt.[29]

Zur allgemeinen Archivlage

Die erhaltenen Akten aus den Jahren 1938 bis 1948 haben zusammengenommen einen geringeren Umfang als bis dahin jene eines Jahres. Die Überprüfung der Bestände war und ist also mit einer schwierigen Aktenlage konfrontiert. Das Aktenmaterial ist weiter-

---

23 Verwaltung NHM, Zl. 612/46 vom 14.11.1946.

24 Meldung auch an das Magistratische Bezirksamt für den I. Bezirk (WrStLa, Meldung nach der VEAV Zl. 612/46 (Rosenberg)).

25 Brief von Albert Weiss-Tessbach, Anwalt der Familie Friess, an die Finanzlandesdirektion in Wien 8.10.1947, ÖStA AdR, FLD, Reg. 16951.

26 Siehe dazu in diesem Band: Dieter HECHT, Archäologe und Numismatiker. Die Arisierung der prähistorischen Sammlung von Robert Wadler durch das Naturhistorische Museum Wien.

27 AuW NHM, Gerda Gahleithner an das NHM, Zoologische Abteilung, 30.12.1947. Korrespondenz Franz Maidl – Gerda Gahleithner, Inv. Nr. 199.

28 Die Angaben zu den Gläsern befinden sich nur in der oben erwähnten Korrespondenz Maidls (AuW NHM), Näheres konnte nicht gefunden werden.

29 Frieda Bauer an Hilfsfond, 24.4.1963. ÖStA AdR, BMF, NHF, Frieda Bauer, Kt. 2427.

hin nach nicht nachvollziehbaren Kriterien auf die nunmehr 14 verschiedenen Abteilungen des Museums aufgeteilt, die in der Vergangenheit eigenständig Erwerbungsaktivitäten setzten. Es existieren keine Register, das Material ist oft ungeordnet. Eine Zusammenführung aller Bestände im Archiv des Hauses war bis dato nicht möglich. Die im Zuge der Provenienzforschung gesichteten Akten aus den Jahren 1938 bis 1945 zeugen, dass Belege nur fragmentarisch erhalten sind. Erwerbungen wurden unter Umgehung der NS-Bürokratie getätigt, im heutigen Bundesdenkmalamt sind sie nicht dokumentiert. 1945 wurden viele Akten und Inventare skartiert. Aus den vorhandenen Akten gehen oft zwar die Fundorte der Objekte hervor, nicht jedoch die früheren EigentümerInnen. Die genannten Objekte sind vielfach nicht identifizierbar, weil Inventarnummern fehlen. Allem Anschein nach wurde außerdem schon in der Zeit zwischen 1938 und 1945, besonders 1945, versucht, den Erwerb entzogener Gegenstände zu verschleiern. Die heute in der Abteilung Archiv und Wissenschaft befindlichen Direktionsakten aus dem Zeitraum 1938 bis 1945 haben einen geringeren Umfang als vor und nach jener Zeit der Aktenbestand eines Jahres. Auffällig ist, dass viele Dokumente fehlen. Aus manchen der Akten wurden Passagen herausgeschnitten, etc.

Der Biologie kam ein großer Stellenwert in jener Zeit zu, da versucht wurde, mit ihrer Hilfe die NS-Ideologie pseudowissenschaftlich zu untermauern.[30] Viele Naturwissenschafter folgten dem Zug der Zeit und fungierten im gewünschten Sinn als „Volkserzieher".[31] Gerade das Museum wurde von den Nationalsozialisten als Hilfsmittel zur „biologischen Volkserziehung" eingesetzt. Die Ideologie schlug sich auch in den Forschungsprojekten der Wissenschafter am Museum nieder.[32] Das sollte 1945 aus nahe liegenden Gründen vertuscht werden.

Weitere Schwierigkeiten ergaben sich daraus, dass der spätere Direktor der Mineralogisch-Petrographischen Abteilung Prof. Dr. Hubert Scholler[33] in den 1950er Jahren für das Archiv, das damals noch als Referat geführt wurde, zuständig war und er von allen Abteilungen die Archivalien sowie historischen Geräte für eine „Katalogisierung" sowie die Aufarbeitung einer Geschichte des Naturhistorischen Museums verlangte. Als er in den Ruhestand übergetreten war, führte er diese historische Sammlung weiter.

---

30 Vgl. weiterführend dazu etwa Anne BÄUMER-SCHLEINKOFER, Nazi Biology and Schools, Frankfurt/M.-Berlin-Bern-New York-Paris-Wien 1995 und Anne BÄUMER, NS-Biologie, Stuttgart 1990.
31 Anne BÄUMER, NS-Biologie, 216.
32 Neben Untersuchungen zur „Rassenkunde" wurden etwa fischwirtschaftliche Studien („Schiffe als Fabriken, Deutschlands schwimmende Kolonien") in Polen von Viktor Pietschmann angestellt.
33 Mit der Leitung des neu gegründeten Edelsteininstitutes und der Erforschung der Geschichte des Museums 1954 betraut, Ernennung zum Professor 1962 (Verleihung des Professorentitels), Betrauung zum Leiter der Abteilung mit 7.9.1962, Direktor der Abteilung 1964–1966. AuW NHM, Personalakt Scholler.

Scholler hatte am 10. Oktober 1966 an das Bundesministerium für Unterricht den Antrag gerichtet „eine neue Form" für seine weitere Beschäftigung zu finden, was ihm auch unter anderem für „Die Erforschung und Publizierung der Geschichte des Naturhistorischen Museums" bewilligt wurde. Als „Entschädigung [wurde] der Differenzbetrag zwischen einem fiktiven Aktivitätsbezug der Verwendungsgruppe A, Dienstklasse VII, Gehaltsstufe 3 und seinem jeweiligen Ruhegenuß zuerkannt"[34]. Dieser Auftrag wurde bis zu seinem Tode 1968 jährlich verlängert. Nach dem plötzlichen Ableben Schollers wurden von seinem Nachfolger, dem 1969 zum Direktor der Mineralogischen-Petrographischen Abteilung ernannten Dr. Gero Kurat, sehr viele der historischen Dokumente und Geräte in der von ihm geleiteten Abteilung zurückbehalten und nicht dem nun wieder von dieser Abteilung losgelösten Archiv übergeben. Selbst nachdem das als Referat geführte Archiv 1987 den Abteilungsstatus erhalten hatte[35] und die nunmehrige Abteilung ab 1998 mit der Provenienzforschung offiziell betraut wurde, wurden am 25. Juni 1999 von „Prof. G. Kurat Mineralogisch-Petr. Abt als Geschenk an die II. Zoolog. Abteilung im Haus Korrespondenz von [Entomologen] Maidl 1937–1938, sowie 1939–1944 und Emigrations-Korrespondenz"[36] übergeben, ohne die Abteilung Archiv und Wissenschaftsgeschichte davon in Kenntnis zu setzen. Bereits 1989 war im Zuge der Rechnungshofüberprüfung angeregt worden, sämtliche Archivalien aller Abteilungen im Archiv zusammen zuführen.[37] Die Erfüllung dieser Anregung hätte sicher auch die Recherchen für die Provenienzforschung erleichtert.[38]

Die Provenienzforschung am Naturhistorischen Museum

In Beantwortung der Dienstanweisung[39] vom 5. Februar 1998 von Bundesministerin Elisabeth Gehrer betreffend den Stand der Provenienzforschung in den Museen,

---

34 AuW NHM, Personalakt Scholler: Dr. Piffl, 25.12.1966 Bundesministerium für Unterricht Zl. 123.084-II/2/66.
35 Seit 1998 wurde es in Archiv für Wissenschaftsgeschichte und nach Verordnung der Bundesministerin Gehrer 2002 in Abteilung Archiv und Wissenschaftsgeschichte umbenannt. Bundesgesetzblatt Jg. 2002 vom 20.12.2002 Teil II. 488. Verordnung Museumsordnung für das NHM § 9.
36 AuW NHM, Übernahmeschein, Dr. Stefan Schödl, II. Zoologische Abteilung, 19.6.1999.
37 AuW NHM, Rechnungshof Zl. 0321/2-I/4/89 vom 14.4.1989, S. 38.
38 In der 488. Verordnung des Bundesministeriums für Bildung, Wissenschaft und Kultur betreffend die Museumsordnung für das Naturhistorische Museum von 2002 wird nun unter § 9 darauf hingewiesen, dass der Abteilung Archiv und Wissenschaftsgeschichte u. a. die archivische Bewertung, etc. der schriftlichen, bildlichen und sonstigen Unterlagen aus allen Abteilungen obliegt.
39 AuW NHM, GZ 28.700/15-IV/98 vom 5.2.1998.

Sammlungen und Archiven erfolgten mit Ausnahme der Abteilungen Archiv und Wissenschaftsgeschichte, Anthropologie, Prähistorie sowie Geologie und Paläontologie „Leermeldungen" aufgrund gesichteter Akquisitions- und Inventarbücher oder fehlender Unterlagen. Aus der Prähistorischen Abteilung wurde mit dem Hinweis auf private Ankäufe des damaligen Abteilungsdirektors Dr. Eduard Beninger (1897–1963) von der Existenz einiger Funde mit noch nicht völlig geklärter Provenienz berichtet[40]. Der Leiter der Geologisch-Paläontologischen Abteilung meldete eine 1938 von Georg Rosenberg (1897–1969) „vor seiner Emigration nach Israel übergebene Gesteinssammlung"[41]. Mit der Einbindung der Anthropologischen Abteilung in das Senatsprojekt „Untersuchungen zur Anatomischen Wissenschaft in Wien 1938–1945", in dessen Zusammenhang Recherchen zu der Provenienz der Sammlungsobjekte angestellt wurden, und der Vorbereitung der Rückgabe von Skelettresten von in Posen hingerichteten polnischen WiderstandskämpferInnen sowie der Einbindung zahlreicher ForscherInnen und Institutionen, wie etwa dem Jüdischen Museum, an der Erforschung der Geschichte dieses Faches mitzuwirken, wurde die Abteilung von der allgemeinen Provenienzforschung des Naturhistorischen Museums ausgeklammert. Bereits 1991 waren akquirierte Skelettreste von Juden und Jüdinnen an die Israelitische Kultusgemeinde zurückgegeben worden.[42] Die Anthropologen sollten einen eigenen Bericht erstellen, der bereits 1998 kurz vor seinem Abschluss stand.

Mit der Provenienzforschung im Naturhistorischen Museum ist seit 1998 Prof. Mag. Christa Riedl-Dorn betraut, die zwischen 1998 und 2000 von fünf MitarbeiterInnen (Mag. Stefan Wagner, Edith Reinwald, Gerhard Straßgschwandtner, Dr. Katharina Zwiauer, Mag. Franz Gutsch), die mittels Sonderdotation – auf Vermittlung des Leiters der Kommission für Provenienzforschung Prof. Dr. Ernst Bacher – aus dem Bundesministerium für Unterricht und kulturelle Angelegenheiten für ihre Tätigkeit bezahlt wurden, sowie 2003 für ein halbes Jahr von Robert Pils, finanziert von der Kommission für Provenienzforschung, unterstützt wurde. Seit 2005 ist ihr Dr. Dieter J. Hecht, der von der Kommission für Provenienzforschung bezahlt wird, zur Seite gestellt.

40 Vgl. AuW NHM, Provenienzforschung Beantwortung Zl. 28.700/15-IV798 Barth, Prähistor. Abt. 23.3.1998.
41 AuW NHM, Provenienzforschung Beantwortung Zl. 28.700/15-IV798 Kollmann, Geol.-Pal. Abt. 18.2.1998. Rosenberg flüchtete über die Schweiz nach Palästina.
42 Vgl. AuW NHM, Provenienzforschung Beantwortung Zl. 28.700/15-IV798 Teschler-Nicola, Anthrop. Abt. 29.3.1998.

Begonnen wurde mit der Sichtung und EDV-Erfassung von den in der Abteilung Archiv und Wissenschaftsgeschichte befindlichen Direktionsakten (1938–1950), Luftschutzakten, Akten aus verschiedenen Abteilungen sowie Nachlässen und Akten von Personen, die in dem Zeitraum 1938–1945 mit dem Naturhistorischen Museum zu tun hatten, wie etwa Adensamer, Beninger, Klemm, Kummerlöwe, Michel, Maidl, Pia, Pesta, Pietschmann, Rechinger, Ronniger, Sassi, Strouhal. Daneben wurden Recherchen in den einzelnen Sammlungen angestellt. Sammlungs- und Abteilungsleiter wurden ersucht, Korrespondenzen, Karteien, Rechnungsbelege, Akquisitions- und Inventarbücher, Jahresberichte, Notizen, Briefe u. a. Dokumente aus dem Zeitraum 1938–1950 vorzulegen. Anfangs wirkten sich die mangelnde Kooperation und das ungeordnete Aktenmaterial erschwerend auf die Forschung aus. Die Nachforschungen gestalteten sich auch deshalb schwierig, da über Personen, die in den Inventaren als SpenderInnen, SammlerInnen oder VerkäuferInnen aufscheinen, mit wenigen Ausnahmen keine biografischen Daten, oft nicht einmal vollständige Namen, vorlagen. Da die Sammlungsstücke oft erst Jahre nach dem Erwerb und manchmal auch gar nicht inventarisiert wurden und häufig keine Angaben zu ihrer Herkunft aufscheinen, ist es überaus schwierig, arisierte Objekte festzustellen. Objekte, die weder inventarisiert noch mit einer Herkunftsangabe versehen in die Sammlungen eingegliedert wurden, sind meist nicht mehr auffindbar. Die Bestände der Prähistorischen, Geologisch-Paläontologischen, Mineralogisch-Petrographischen, Botanischen, 1. Zoologischen Abteilung – mit Ausnahme der Vogelsammlung – sowie der Abteilung Archiv und Wissenschaftsgeschichte sind teilweise digitalisiert. In den drei erstgenannten Abteilungen standen als Quellen Eingangsbücher und Inventarbücher zur Verfügung. Daneben sind in der Prähistorischen Abteilung Korrespondenzen und Fundakten vorhanden. Da alle Akten aus den Jahren 1938–1945 mit Ausnahme des Eingangsbuches fehlen, wurden die Personen, die hier als VerkäuferInnen oder SpenderInnen aufscheinen, und die in zehn Ordnern befindliche Korrespondenz überprüft. Aufgrund der im Eingangsbuch vorgefundenen Namen konnten Dossiers über Arisierungen von Objekten aus dem Besitz von Moriz Rothberger (1865–1944), Robert (1879–1938) und Margarete Piowaty-Lang (1895–1972) sowie von Robert Wadler (1906–1938) erstellt werden.

In der Geologischen Abteilung standen zusätzlich Jahresberichte und in der Mineralogischen Abteilung Korrespondenzen und Karteikarten zur Verfügung. Aus den Objektlisten[43] der Mineralogisch-Petrographischen Abteilung geht hervor, dass der Firma Berger aus Mödling in den Jahren 1938–1945 die bedeutendste Bezugsquelle

---

43 Vgl. Objektliste der Mineralogisch-Petrographischen Abteilung des NHM von der Firma Berger 1938–1950.

für Mineralien war, z. B. stammten die gesamten Erwerbungen aus dem Jahr 1940 von der Firma Berger. Die Firma Berger erwarb von der Vugesta 1942 Bestände aus der Mineralienhandlung „Julius Böhm". Der Inhaber dieser Firma, Elias Gabriel (1886–1942), musste am 28. Dezember 1938 die Gewerberücklegung anmelden, drei Tage später wurde die bedeutende Fachhandlung für Mineralien aus dem Handelsregister gelöscht.[44] Da die Firma Berger das Eigentum von als Juden und Jüdinnen verfolgten Personen besaß, kann nicht ausgeschlossen werden, dass es sich bei den vom Museum angekauften Objekten aus dem Zeitraum 1942–1950 um ehemals entzogenes Vermögen handelt.

In der 2. Zoologischen Abteilung existieren keinerlei Unterlagen aus der Zeit 1938–1945.

Mehrere Akquisitionsbücher, Korrespondenzen, der Splitternachlass Hans Strouhal (1897–1969) und ein Mobilieninventarbuch (1938, 1942 und 1943) waren in der 3. Zoologischen Abteilung zu finden.

Die 1. Zoologische Abteilung ist in fünf Sammlungen gegliedert. Sind die Bestände der Säugetiersammlung teilweise digitalisiert und standen als Quelle nur eine Datenbank und eine biografische Kartei zur Verfügung, so sind in der Vogelsammlung Eingangs- und Inventarbücher, sowie Korrespondenzen und eine biografische Kartei vorhanden. In der Herpetologischen Sammlung sind mehrere in Schachteln und Kisten befindliche ungeordnete Nachlässe, Akten sowie die Korrespondenz von Otto Wettstein (1892–1967) aufbewahrt. Neben einer Datenbank der teilweise digitalisierten Bestände verfügt die Fischsammlung über Karteikarten, Jahresberichte, Fotos und Aktenmaterial in Schachteln.

In der Botanischen Abteilung – deren Bestände teilweise digitalisiert sind – existieren keine Akten aus dem Zeitraum 1938–1945. Obwohl sowohl in der Abteilung Archiv und Wissenschaftsgeschichte sowie in der Verwaltung befindliche Unterlagen eindeutig auf eine Entziehung von Herbarien aus dem Eigentum des Missionshaus St. Gabriel, dem Stift Göttweig bzw. Herzogenburg hinweisen, konnten keine Objekte gefunden werden. Offenbar wurden diese Pflanzenbelege als Tauschmaterial mit anderen Instituten verwendet.[45]

Der Bestand an Büchern wird in der Bibliothek EDV-mäßig nun auch retrospektiv erfasst. In allen Abteilungen und auch Sammlungen befinden sich in Größe und Aufstellung unterschiedliche Bibliotheken. Die Zoologische Hauptbibliothek ist die größte

---

44   WrStLA, Handelsgericht, Julius Böhm, A 5, 158/6; ÖStA AdR, BMF, VVSt, VA 23632, Julius Böhm.

45   1965 und 1967 wurde ein großes Konvolut an Herbarbelegen, darunter das Herbar von Herzogenburg, an das 1963 gegründete Herbarium Jutlandicum an der Universität Aarhus, Dänemark gesandt.

Teilbibliothek. Die Bücher werden nach AutorInnen und Titel aufgenommen. Einige Bibliotheken besitzen Einlaufjournale und Karteien. Dokumente oder Briefverkehr zur Erwerbung hingegen existieren in keiner der Bibliotheken. Es wurde mit der stichprobenartigen Durchsicht der einzelnen Bücher begonnen. In der Anthropologischen Abteilung, die ihre Bestände selbst überprüft, konnte aus der Korrespondenz mit der Bücherverwertungsstelle[46] der Hinweis auf 31 nicht näher angeführte Bücher, die auch in Inventaren nicht verzeichnet sind, gefunden werden.[47] Aufgrund von Exlibris und Namenseintragungen, die auf jüdische EigentümerInnen schließen lassen, sind bisher elf Bände ausfindig gemacht worden.

Parallel zu den Ermittlungen in den einzelnen Abteilungen des Museums wurden Nachforschungen in externen Archiven, Dokumentationszentren und Instituten angestellt, um über die Erwerbungen in den Jahren ab 1938 informiert zu werden, da im Museum selbst die Sammlung der Jahresberichte, in denen ein Sammlungszuwachs dokumentiert wurde, aus dieser Zeit fehlt. 10.000e Seiten wurden während den Recherchen in der Akademie der Wissenschaften, dem Archiv des Bezirksmuseums Hernals, dem Archiv der Bundesgärten Schönbrunn, dem Archiv des Bundesdenkmalamtes (Restitutionsmaterialen), dem Archiv und der Datenbank des Dokumentationsarchivs des österreichischen Widerstandes, dem Archiv der Geologischen Bundesanstalt, dem Archiv des Instituts für Zeitgeschichte, Universität Wien (Nachlass Hermann Michel), dem Archiv der Israelitischen Kultusgemeinde (Matrikenamt, Friedhofsdatenbank und Materialen der Anlaufstelle), dem Archiv des Missionshauses St. Gabriel in Mödling, dem Archiv des Museum Carolino Augusteum, dem Archiv der Stadt Salzburg, dem Archiv der Technischen Universität Wien, dem Archiv der Universität Wien (Personalakten), dem Archiv des Museums für Völkerkunde, den Bezirksgerichten Wien (Grundbuchamt, Verlassenschaften), dem Handelsgericht Wien, dem Institut für Geschichte der Universität Salzburg, dem Institut für Ur- und Frühgeschichte der Universität Wien, der Österreichische Nationalbibliothek, dem Österreichischen Staatsarchiv (Archiv der Republik, BMfF, Vermögensanmeldungen, Akten der Finanzlandesdirektion, Rechnungsbücher der Vugesta, Alter und Neuer Hilfsfonds, Abgeltungsfonds; AdR, Inneres/Justiz, Gauakten, Akten der Präsidentschaftskanzlei bzgl. Sühnefolgen nach dem Verbotsgesetz 1947; AVA, BMfU, Unterricht, NHM und Personalakten; Allgemeines Verwaltungsarchiv), dem Stadtarchiv Celle, dem Universi-

---

46 Die bis 1940 existierende Bücherverwertungsstelle des Amtes für Reichspropaganda in Wien war in der ehemaligen Großloge „Humanitas" in der Dorotheergasse eingerichtet worden.
47 Anthropologische Abteilung, Archiv, NHM, Brief von Josef Wastl, 24.10.1939.

tätsarchiv Salzburg, Wiener Stadt- und Landesarchiv (Meldeunterlagen, Verlassenschaften, VEAV, Handelsgericht), Zentralmeldeamt, etc., ergänzt durch umfangreiche
Internet- und Literaturrecherchen[48], durchgesehen. Zahlreiche Bücher konnten aus
den Mitteln des Museums angeschafft werden.

Seit 1998 wurden vom Naturhistorischen Museum 18 Dossiers vorbereitet:[49]

Prähistorisches
Antennenschwert
um 800 v. Chr.,
Moritz Rothberger.

Bereits 2003 wurde der Bericht über das aus der Zeit um 800 v. Chr. stammende Antennenschwert von Moritz Rothberger vorgelegt. Die Kunstsammlung des Herrenschnei-
ders, die auch prähistorische Objekte enthielt, wurde im Zuge der Vermögensanmeldung
1938 auf RM 20.000 geschätzt. Im Zuge der Ausfuhr einiger Objekte nach Berlin durch
den Kunsthändler Hans W. Lange wurde das bronzezeitliche Schwert gesperrt und dem
Naturhistorischen Museum übergeben, wo es in der Prähistorischen Sammlung eingegliedert und später im Schaubereich präsentiert wurde. Im Eingangsbuch der Prähistorischen Abteilung ist als Preis für das Schwert von „M. Rothberger" RM 100 am 21. Ok-

---

48   Wie etwa http://www.ssdi.genealogy.rootsweb.com, (abgerufen am 12.8.2008), Social Security Death Index;
     Institut Theresienstädter Initiative, Dokumentationsarchiv des österreichischen Widerstandes (Hg.), The-
     resienstädter Gedenkbuch. Österreichische Jüdinnen und Juden in Theresienstadt 1942–1945. Prag 2005;
     etc.
49   Neben den angeführten Dossiers wurden folgende Forschungs- und Zwischenberichte erstellt: Forschungs-
     bericht von Christa Riedl-Dorn „Auflistung des bearbeiteten Aktenmaterials im Rahmen der Provenienz-
     forschung im Naturhistorischen Museum", Februar 2000. Interner Forschungsbericht zur Provenienzfor-
     schung im Naturhistorischen Museum von Gerhard Strassgschwandtner, 1999. Interner Forschungsbericht
     zur Provenienzforschung im Naturhistorischen Museum von Katharina Zwiauer, Februar 2001. Weitere
     Zwischenberichte von Christa Riedl-Dorn und Dieter Hecht über den Stand der Provenienzforschung an
     die Kommission für Provenienzforschung, wie etwa auch „Punktation zur Erstellung eines Gesamtberichtes
     Provenienzforschung in den Bundesmuseen/Sammlungen 1998–2005 im Zusammenhang mit dem Kunst-
     rückgabegesetz 1998".

tober 1938 angegeben. Im Jänner 2008 erhielt das NHM das Schreiben zur Ausfolgung des Objekts an die Rechtsnachfolger nach Moritz Rothberger.[50] Mit Hilfe der Anlaufstelle der IKG konnte der Erbenvertreter eruiert und Verhandlungen über einen etwaigen Kauf des Objekts begonnen werden.

2005 wurden fünf Dossiers, je zwei zu geologischen und zu prähistorischen sowie eines zu zoologischen Objekten, erstellt, nämlich zu Robert Wadler (prähistorische Objekte), Irma Bondy (geologische Objekte), Martha Schlesinger (fossile Fische), Robert und Margarete Piowaty-Lang (prähistorische Objekte) sowie zu Siegfried Roubicek (Vogelbälge).

Fossiler Fisch,
Martha Schlesinger.

Die Geologisch-Paläontologische Abteilung am Naturhistorischen Museum erwarb am 16. August 1938 zwei fossile Fische[51] aus den USA von Marta Schlesinger, geb. Loebl (1887-?) um RM 40. Im Einlaufbuch der geologischen Abteilung handelt es sich um die Nummer E 23. Die Objekte erhielten die Inventarnummern 86 und 87.[52] Zu diesem Zeitpunkt wurden Marta und Eugen Schlesinger als Juden verfolgt. Die Familie Schlesinger wohnte in Favoriten, Anfang Oktober 1940 musste sie in eine Sammelwohnung übersiedeln, wo sie zwei Jahre blieb. Mit dem Vermerk „mit Gattin Theresienstadt"[53] vom 10. Juli 1942 wurden sie abgemeldet und deportiert. Eugen Schle-

---

50 AuW NHM: BMUKK Geschäftszahl: BMUKK-16.616/0167-IV/2007 vom 11.1.2008: Restitution der Sammlung Moritz Rothberger Ausfolgung. Für die Bundesministerin Dr. Ch. Bazil.

51 Copeichthys dentatus aus Cope, Rocky Mountains, Wyoming, U.S.A. und Priscacara, aus Green River Shales, Rocky Mountains, Wyoming, U.S.A.

52 NHM, Einlaufbuch und Inventarbuch der Geologischen Abteilung.

53 WrStLA, Meldeauskunft der Stadt Wien.

singer wurde von Theresienstadt am 15. Mai 1944 nach Auschwitz deportiert.[54] Das
Ehepaar hatte einen in Sarajevo 1914 geborenen Sohn.

Arisierter Kolibri,
Firma Roubicek und Purm.

Die als „Waren Kommissionshandel" am 29. April 1893 gegründet Firma „Roubicek &
Purm" handelte mit überseeischen Rohprodukten, wie Schmuckfedern und Elfenbein.[55]
Siegfried (Fritz) Roubicek (1890–1939) trat mit Jahresbeginn 1920 als Gesellschafter in
die Firma ein. Nach dem Ausscheiden seines Vaters Ignatz (1931) und dessen Partners
Hans Purm (1929) übernahm Siegfried Roubicek als Alleininhaber die Firma. Im Jahr
1938 befand sich die Firma in der Königseggasse 11 im 6. Bezirk.[56] Nach dem
„Anschluss" führte er die Firma weiter. Mit 31. Dezember 1938 musste die Firma „Roubicek & Purm" ihre Geschäftstätigkeit einstellen und wurde einen Monat später aus dem
Handelregister gelöscht.[57] Der als Jude verfolgte Siegfried Roubicek flüchtete am 11. Mai
1939 nach London, wo er fünf Monate später starb. Die Vogelsammlung des NHM
erwarb 1938 von Siegfried Roubicek, dem Alleininhaber der Firma „Roubicek & Purm",
54 Kolibris (Vogelbälge) aus Kolumbien[58]. Im Einlaufbuch der Vogelsammlung handelt
es sich hierbei um die Rubrik IV. „Kauf" Nr. 4 „Roubicek & Purm, Federnhändler, Wien
VII. 54 Kolibris".[59] In den schriftlichen Unterlagen der Vogelsammlung sind weder der
genaue Kaufpreis noch das genaue Datum des „Ankaufs" vermerkt. Der „Ankauf" von
„Roubicek & Purm" im Jahr 1938 ist aber die Nr. 4 von insgesamt fünf „Ankäufen". Am

54   Institut Theresienstädter Initiative, DÖW (Hg.), Theresienstädter Gedenkbuch.
55   ÖStA AdR, BMF, VVSt, VA, Siegfried Roubicek.
56   WrStLA, HG, Roubicek & Purm, A 43/214; ÖStA AdR, BMF, VVSt, VA 3146, Siegfried Roubicek.
57   WrStLA, HG, Roubicek & Purm, A 43/214.
58   1. Zoo. Abt., NHM, Vogelsammlung, Inventarbuch Invent. Nr. 32415–32468.
59   1. Zoo. Abt., NHM, Vogelsammlung, Einlaufbuch.

14. Jänner 1957 wurde der Vogelbalg mit der Inventarnummer 32456 an das Völkerkundemuseum abgetreten.[60]

2006 folgten vier Berichte ausschließlich zu Objekten aus der Geologisch-Paläontologischen Abteilung: Martin Glaessner (1906–1989, geologische Objekte), Georg Rosenberg (geologische Objekte), Gertrude Zarfl (geborene Botstiber, 1901–1970, Fossilien) und Walter Hersch[61] (1918–?, geologische Objekte).

Sieben Dossiers wurden 2007 vorgelegt: Theodor Bauer (1885–1946, Gläser mit zoologischen Präparaten), Mineralienhandlung Julius Böhm (Anton Berger; geologische und mineralogische Objekte), Jan und Eugenie Friess; Missionshaus St. Gabriel, (Mineralogische, geologische, zoologische, botanische Objekte und ein Sammlungskasten), Ernst Moritz Kronfeld (Ankauf von Teilen der Bildersammlung von Kronfeld über den Kunsthandel im Jahr 1988); Bericht über Erwerbungen von Objekten durch Mitarbeiter des Naturhistorischen Museums im Rahmen von Exkursionen der Deutschen Wehrmacht und der Waffen-SS in der Zoologischen Abteilung – Säugetiersammlung; und 63 Vögel aus Auschwitz bzw. dem dortigen Lokalmuseum Oswiecim – durch Dr. Günther Niethammer (1908–1974), Kustos des NHM, 1941 für die Waffen-SS „gesammelt".

2008 folgten die beiden Dossiers „11 Bücher der Anthropologischen Abteilung aus der Bücherverwertungsstelle" und der „Bericht über Erwerbungen von Objekten durch Mitarbeiter des Naturhistorischen Museums im Rahmen von Exkursionen der Deutschen Wehrmacht und der Waffen-SS in der Botanischen Abteilung".

Folgende Dossiers wurden vom Kunstrückgabe-Beirat behandelt:

Eine Rückgabe befürwortet wurde in den Fällen Moritz Rothberger (derzeit wird mit Erben über einen Ankauf verhandelt), Martha Schlesinger, Robert und Margarete Piowaty-Lang, Missionshaus St. Gabriel (die Objekte wurden bereits zurückgegeben) und Siegfried Roubicek.

---

60 1. Zoo. Abt., NHM, Inventarbuch der Vogelsammlung.
61 Geboren 1918.

Hingegen wurde vom Beirat eine Rückgabe in den Fällen Robert Wadler[62], Martin Glaessner[63] und Georg Rosenberg[64] abgelehnt.

Bei folgenden Dossiers konnte die Identität der VoreigentümerInnen bzw. die Objekte im NHM nicht ermittelt werden:

Irma Bondy (Identität): Laut Inventarbuch der Geologisch-Paläontologischen Abteilung wurden am 13. Juni 1938 um RM 20 ein Inoceranus sp.[65], zwei Gaudryceras sp.[66] sowie ein Pachydiscus sp.[67] von Frau Bondy „angekauft".[68] Als Wohnsitz 1938 konnte die Adresse in der Mariahilferstraße 51, Wien 6, eruiert werden. Jedoch fehlen alle weiteren Informationen über eine Irma Bondy.

Sowohl bei Gertrude Zarfl als auch bei Walter Hersch sind die in den Dossiers erwähnten geologischen Exponate nicht auffindbar, da sie nicht inventarisiert wurden. Die ungenauen Angaben „Gläser mit Präparaten" bei Theodor Bauer erschweren die Nachforschungen nach den Objekten.

Objekte, die im Bergungsgutachten[69] von 1944 über die Kunstgegenstände angeführt sind, die zu dem Dossier Jan und Eugenie Friess führten, dürften nicht ins Naturhistorische Museum gelangt sein.

Bisher wurden nur die Sammlungsgegenstände des Missionshaus St. Gabriel, das heißt aus der Säugetiersammlung zwei Objekte[70], aus der Herpetologischen Sammlung ein

---

62 AuW NHM, Rückgaben, Beiratsentscheidungen: Die Ausfolgung der Sammlung prähistorischer Objekte von Robert Wadler an dessen Rechtsnachfolger wurde im Beirat vom 14.12.2005 „in Hinblick auf den Vergleich mit der Witwe in der Nachkriegszeit und anderseits unter Hinweis darauf, dass diese Objekte weitgehend als Schatzfunde von vornherein zur Hälfte im Eigentum des Bundes und zur anderen Hälfte im Eigentum unbekannter Grundeigentümer standen" nicht empfohlen.

63 AuW NHM, Rückgaben, Beiratsentscheidungen: nicht empfohlen, „Weil hier von einer Sanierung der an sich anfechtbaren Zuwendung durch das Verhalten Glaessners nach dem 2. Weltkrieg auszugehen sein." 29.6.2006.

64 AuW NHM, Rückgaben, Beiratsentscheidungen: Sitzung vom 8.11.2006 da R. nach 1945 keine Rückgabeansprüche stellte, weiterhin für das Museum arbeitete und ihm weitere Geschenke machte. Sanierung der ursprünglich anfechtbaren Zuwendung zu würdigen.

65 Obere Kreide, ca. 38 km. S. von der Schwarzmeer-Küste, Vilajet Kastanumi, Anatolien, aufgesammelt von Ing. Fritz Illner.

66 Von derselben Fundstelle.

67 Von derselben Fundstelle.

68 Geologisch-Paläontologische Abt., NHM, Inventarbuch der Geologischen Abteilung, 1938 I und Einlaufjournal der Geologischen Abteilung, 1938, mit den Signaturen 75–78 (Einlaufjournal Nr. 17).

69 Bergungsgutachten 1944, BDA, Restitutionsmaterialien, K 30/2.

70 7489 Tapirus terrestris; 1 Ex. St. Gabriel No. 11, 7505 Cervus elaphus; 1 Ex St. Gabriel No. 12.

Skelett eines Alligators[71], aus der Vogelsammlung sieben Bälge[72] und ein Stopfpräparat einer Auerhenne[73], aus der Geologisch-Paläontologischen Abteilung ein Sammlungskasten und 175 Objekte sowie 48 Mineralstufen[74] aus der Mineralogisch-Petrographischen, zurückgegeben. Die Abholung der Objekte erfolgte am 29. Februar 2008.

Eine Auswahl aus den Exponaten – zwei Schädelskelette, ein Stopfpräparat einer Auerhenne und 48 Mineralstufen wurden in das Stiftsgymnasium St. Rupert übernommen. Die restlichen Objekte wurden vom Missionshaus St. Gabriel dem Naturhistorischen Museum überlassen.

Ausblick auf die weitere Arbeit

Wie das Beispiel Kronfeld zeigte, werden auch weitere Anschaffungen bis 1998 und vor 1938 überprüft werden müssen.

Am 20. September 1988 bot das Antiquariat Walter Krieg in der Kärntnerstraße 4/3 durch Walter Drews zwei Posten aus der Sammlung des Journalisten, Botanik- und Gartenbauhistorikers Ernst Moritz Kronfeld[75] (1865–1942) an. Kronfeld besaß die „größte auf die Geschichte des Schönbrunner Gartens bezügliche Sammlung von Büchern, Bildern, Urkunden und Plänen".[76]

Der Posten Nr. 1, bestehend aus insgesamt 184 Blatt Pflanzendarstellungen (u. a. Gouachen, Aquarelle, Tuschzeichnungen) und einem Manuskript (Pflanzenverzeichnis), wurde für öS 495.000 und der Posten Nr. 2, vier Manuskriptbände (einer von

---

71 2063 Aligator mississippionsis, zerlegtes Skelett, USA; 1 Ex. St. Gabriel No. 6.

72 46357 Phaisanus colchicus, 1943; 46358 Phaisanus colchicus, 1943; 46359 Phaisanus colchicus, 1943; 46360 Phaisanus colchicus, 1943; 46399 Synthliboramphus anti., Beringsee, 1943; 46400 Synthliboramphus anti., Beringsee, 1943; 46401 Synthliboramphus anti., Beringsee, 1943.

73 47191 Tetrao tetrix, Stopfpräparat, 1942.

74 Darunter: Albit, Andalusit, Aragonit, Azurit, Baryt, Bergkristall, Bleiglanz, Breunneri, Cerussit, Diopsid, Dolomit, Eisenspat, Feuerstein, Gips, Granat, Graphit, Kaliglimmer, Kalkspat, Magnetkies, Molybdänit, Orthoklas, Plagioklas, Pyrolusit, Rauchquarz, Rosenquarz, Rotnickelkies, Schalenblende, Schwefel, Serpentin-Asbest, Tremolit, Wolframit.

75 Er arbeitete als Journalist und Redakteur bei Wiener Tageszeitungen und war Vorstandsmitglied des Wiener Journalisten- und Schriftstellerverbandes „Concordia", seit seiner Jugend interessiert für Botanik. Vgl. Österreichisches Biographisches Lexikon 1815–1950, Bd. 4, Wien-Köln-Graz 1969, S. 295. Kronfelds Frau, Schwiegertochter und Schwägerin wurden nach seinem Tod nach Theresienstadt und dann nach Treblinka, bzw. nach Maly Trostinec deportiert und 1942 ermordet. Vgl. die Einträge für Rosalie Kronfeld, Marianne Kronfeld und Agnes Schneider in: Datenbank Namentliche Erfassung der österreichischen Holocaustopfer, http://www.doew.at/ausstellung/shoahopferdb.html (abgerufen am 9.3.2008).

76 ÖStA AdR, BMF, VVSt, VA, Zl. 18.977, Ernst Moritz Kronfeld.

Franz Boos und drei Richard von der Schot), für öS 192.500 angeboten.[77] Die Botanische Abteilung des Naturhistorischen Museums suchte daraufhin beim Bundesministerium für Wissenschaft und Forschung Abt. III/2 um Genehmigung des Ankaufes und dessen Finanzierung an. Besonderes Gewicht wurde auf den Erwerb von Posten Nr. 1, die Bildersammlung, gelegt.[78]

Die Manuskripte, die unter dem Posten Nr. 2 aufgelistet waren, wurden vom NHM nicht erworben.

Erst durch die Kenntnisnahme der von der Wiener Restitutionskommission in der Sitzung vom 7. September 2004 zur Rückgabe empfohlenen Objekte Kronfelds, die von den Sammlungen der Stadt Wien angekauft worden waren,[79] und des Ergänzungsberichtes[80] von 2006 wurde der Erwerb der botanischen Abteilung von 1988 näher durchleuchtet.

An mindestens fünf weiteren Fällen von „bedenklichen" Erwerbungen, vor allem die 1. Zoologische Abteilung betreffenden, wird zurzeit noch weiter recherchiert, da derzeit noch zu wenige ausreichende Belege vorliegen.

Im Sinne einer vollständigen Erfassung wäre auch eine Überführung sämtlicher noch in den Abteilungen befindlichen Archivalien in die für die Provenienzforschung zuständige Abteilung äußerst wünschenswert.

Die Erwerbungen des Naturhistorischen Museums von 1938 bis zur Gegenwart betragen mehrere Millionen Objekte, die bei gegenwärtiger Quellenlage nicht überprüfbar sind. So sind etwa die Insekten bzw. Muscheln nicht einzeln inventarisiert. Auch in anderen Abteilungen ist nur ein Teil der Objekte inventarisiert. Die Überprüfung aller Objekte kann nur nach einer Gesamtinventur des Naturhistorischen Museums erfolgen.

---

77 AuW NHM, Anbot des Antiquariats Krieg an das NHM, 20.9.1988.

78 AuW NHM, Ansuchen der Botanischen Abteilung des NHM beim Bundesministerium, 2.10.1988.

79 Fünfter Bericht des amtsführenden Stadtrats für Kultur und Wissenschaft über die gemäß dem Gemeinderatsbeschluss vom 29.4.1999 erfolgte Übereignung von Kunst- und Kulturgegenständen aus den Sammlungen der Museen der Stadt Wien sowie der Wiener Stadt- und Landesbibliothek. Wien 22.11.2002. http://www.wienmuseum.at/pdf/Restitutionsbericht_2006.pdf (abgerufen am 16.6.2008, Kopien in AuW NHM).

80 Vgl. Ergänzungsbericht (Siebenter Bericht des amtsführenden Stadtrates für Kultur und Wissenschaft […] Wien, 1. Dezember 2006) betreffend den Erwerb von Objekten aus der Sammlung Ernst Moritz Kronfeld durch die Städtischen Sammlungen Wien, 1.6.2007. http://www.wienmuseum.at/pdf/Restitutionsbericht_2006.pdf (abgerufen am 16.6.2008).

Raub und Restitution. Die Österreichische Nationalbibliothek stellt sich ihrer NS Vergangenheit

Margot Werner

In den letzten Jahren wurde die öffentliche Aufmerksamkeit verstärkt auf das Thema der Restitution von in der NS-Zeit enteigneten Kunstobjekten gelenkt. Kaum jemand würde jedoch vermuten, dass auch in österreichischen Bibliotheken nach wie vor geraubtes Eigentum meist jüdischer Verfolgter verwahrt wird. Die Rede ist nicht von einigen wenigen prominenten Objekten, sondern einer Unmenge an Druckschriften, Handschriften, Autographen und Fotografien höchst unterschiedlicher Qualität und höchst unterschiedlichen Werts.

Dieser Beitrag soll einen Überblick über die Bemühungen der Österreichischen Nationalbibliothek (ÖNB) zur Ausforschung und Rückgabe dieser Objekte sowie die damit verbundenen Schwierigkeiten geben.

Das Projekt zur Erfassung von in der NS-Zeit geraubten Bibliotheks- und Sammlungsbestände wird an der ÖNB seit dem Jahr 2002 durchgeführt. Im vorliegenden Artikel wird der Bogen von den Rückstellungen der Nachkriegszeit bis hin zur aktuellen Provenienzforschung und schließlich der Rückgabe an die Erben der Verfolgten gespannt und anhand von zwei markanten Fallbeispielen der typische Verlauf der Entziehung skizziert.

Um einen Eindruck von der Größenordnung dieses Projekts der ÖNB zu vermitteln, scheint es geboten, zu allererst die Rechercheergebnisse zu nennen: 52.403 Einzelobjekte – Bücher, Fotos, Negative, Autographen, Handschriften, Karten und Musikalien – mussten nach Abschluss der Erhebungsarbeiten als bedenkliche Erwerbungen der NS-Zeit, oder deutlicher gesagt, als geraubt, eingestuft werden.

Im Fall der Nationalbibliothek, die zweifellos als „Staatsbibliothek" der damaligen Ostmark und drittgrößte Bibliothek des Deutschen Reiches eine Sonderstellung einnahm, kann die Aufnahme von beschlagnahmten Bibliotheken als eine Form der gezielten „Erwerbungspolitik" bezeichnet werden: Mit Kriegsbeginn waren Handel und Tausch mit dem Ausland weitgehend unterbrochen, diese Lücke wurde durch die Aufnahme von beschlagnahmten Beständen kompensiert. In Zahlen ausgedrückt bedeutet dies, dass zum Beispiel alleine in der Druckschriftenabteilung von 70.000 in der NS-Zeit vergebenen Signaturen über 10.000 mit beschlagnahmten Bänden belegt wurden. Federführend für diese Form des Zuwachses verantwortlich zeichnete mit dem 1938 berufenen Generaldirektor Paul Heigl ein hochrangiger und überzeugter Nationalsozialist, der sich persönlich um die Beschlagnahme und Zuweisung berühmter Bibliotheken und Sammlungen vornehmlich jüdischer SammlerInnen bemühte. Prominente Beispiele sind die Bibliothek Arthur Schnitzlers, die Bibliothek der Familie Kuffner – Moritz Kuffner war Begründer der Sternwarte am Wiener Gallitzinberg und besser bekannt als Eigentümer der Ottakringer Brauerei – und die Privatbibliothek von Alphonse Rothschild.

Beschlagnahmt und in die Nationalbibliothek eingebracht wurden aber auch die Bibliotheken von der nationalsozialistischen Ideologie entgegenstehenden Vereinen und politischen Organisationen wie die Bibliothek der Großloge der Freimaurer und die beschlagnahmten Bibliotheken von kulturellen Institutionen und staatlichen Einrichtungen der vom Deutschen Reich besetzten Gebiete.

Wie ging nun die Nationalbibliothek mit diesen Massen an beschlagnahmten Büchern und Sammlungsobjekten um? Sie wurden teils in ihre Bestände aufgenommen (etwa 15.000 Bücher und mehrere tausend Sammlungsobjekte), teils aber aus Zeitmangel in den Magazinen gelagert oder auch als Dubletten an Bibliotheken des Deutschen Reichs abgegeben.

Nun zur heutigen Provenienzforschung: Jene beschlagnahmten Objekte, die in die Bestände des Hauses aufgenommen wurden, wurden mit einem markanten Kürzel gekennzeichnet – das die heutigen ForscherInnen erst in die Lage versetzt, beschlagnahmtes bzw. entzogenes von rechtmäßig erworbenem Eigentum zu unterscheiden. Als Provenienzangabe, die geeignet war, die Herkunft der Bestände zu verschleiern – denn das war die Vorgabe der damaligen Leitung[1] –, wurde die Sigle „P 38" als Abkürzung für „Polizei 1938" gewählt. Dieses Kürzel wurde entsprechend der in der Nationalbibliothek üblichen bibliothekarischen Aufnahme eines Werkes sowohl in die beschlagnahmten Bücher selbst, als auch in die jeweiligen Inventare als Provenienzangabe eingetragen.

Besagte Kennzeichnung gewinnt heute auch insofern an Bedeutung, als ja bei weitem nicht nur Bibliotheken prominenter Verfolgter von der Nationalbibliothek beansprucht

---

1 GD Bick an Literaturinstitut Last & Co., 7.1.1947, ÖNB, GD, Zl. 1020/1154.

Stempel „P (-olizei 19)38".

P 38

wurden – die Mehrzahl der anonymen, von der Gestapo abgelieferten Bücher stammte aus kleinen Privatbibliotheken vertriebener oder deportierter Verfolgter. Diese Bücher, die nicht mit Exlibris ihrer ehemaligen EigentümerInnen gekennzeichnet sind, die auch ohne weitere Formalitäten und ohne Übergabeverzeichnisse per LKW in der Nationalbibliothek abgeladen wurden, sind ausschließlich über das in Inventaren und Büchern eingetragene Kürzel als entzogenes Gut identifizierbar.

Immer wieder stellen JournalistInnen und AusstellungsbesucherInnen der Österreichischen Nationalbibliothek die Frage, wie hoch die Zahl der in die Nationalbibliothek eingebrachten geraubten Bücher und Sammlungsgegenstände insgesamt anzusetzen ist. Diese Frage ist leider nicht in absoluten Zahlen zu beantworten. Nur so viel: Allein jene Fälle namentlich bekannter vormaliger EigentümerInnen, zu welchen auch Akten nachweisbar sind, umfassen mindestens 150.000 Druckschriften und 45.000 Sammlungsobjekte. Rechnet man nun die anonym von der Gestapo eingebrachten Objekte hinzu, so erhöht sich diese Zahl – vorsichtig geschätzt – auf das Doppelte. Das heißt also, wir können zwischen 1938 und 1945 von einem Zuwachs von 400.000 bis 500.000 beschlagnahmten Objekten ausgehen.

Ein Großteil dieser niemals bearbeiteten und inventarisierten Objekte wurde bald nach Kriegsende restituiert. Rückgestellt wurden in erster Linie die umfangreichen Bibliotheken bekannter SammlerInnen und Institutionen. Die bereits inventarisierten Objekte aus der großen Masse der von der Gestapo anonym zugelieferten privaten Klein- und Kleinstbibliotheken blieben aber in der Nationalbibliothek, wie das unerwartet hohe Ergebnis der heutigen Provenienzforschung zeigt.[2]

Im Jahr 1950 wurden die Restitutionen aus der ÖNB eingestellt. Ungeachtet der Tatsache, dass noch zahlreiche unrechtmäßig erworbene Bücher und auch Sammlungsobjekte in den Magazinen lagerten, wurde die Rückstellung als abgeschlossen betrachtet.

---

2 Margot WERNER, Provenienzbericht der Österreichischen Nationalbibliothek an die Kommission für Provenienzforschung, Wien 2003.

Provenienzforschung heute

Die ÖNB hat seit Beschluss des Kunstrückgabegesetzes 1998 umfangreiche Recherchen zur Ermittlung von nach wie vor innerhalb der Bestände befindlichem Raubgut angestellt. Vor allem wurde nachgeholt, was in der Nachkriegszeit verabsäumt wurde: eine Durchsicht aller fraglichen Bestände („Generalautopsie") in den Magazinen der Druckschriftenabteilung und der Sammlungen; dabei wurden alleine in der Druckschriftenabteilung weit über 150.000 Bände geprüft.

Als unschätzbare Quelle erwies sich das weitgehend vollständige Archiv der Generaldirektion der ÖNB. Zuweisungen größerer und wertvoller Bibliotheken und Sammlungen sind gut dokumentiert. Schlecht bis überhaupt nicht dokumentiert ist hingegen die Zulieferung jener Unzahl an Druckschriften und Sammlungsobjekten, die aus den schon erwähnten kleinen Sammlungen vertriebener oder deportierter Verfolgter stammt. Übergabelisten sind leider nur in den seltensten Fällen erhalten. War einem Akt dennoch ein Verzeichnis beigelegt, so wurde gezielt nach den einzelnen Objekten gesucht.

Als großer Vorteil erwies sich die in der Druckschriftenabteilung vorgenommene Aufstellung nach dem Numerus-Currens-System. Die Vergabe der Signaturen entspricht mit geringen Abweichungen dem Datum der Inventarisierung. Demzufolge war es möglich, einen eingegrenzten Signaturenbereich von 70.000 Signaturen, etwa 100.000 Bänden, den Jahren 1938–1945 zuzuordnen.

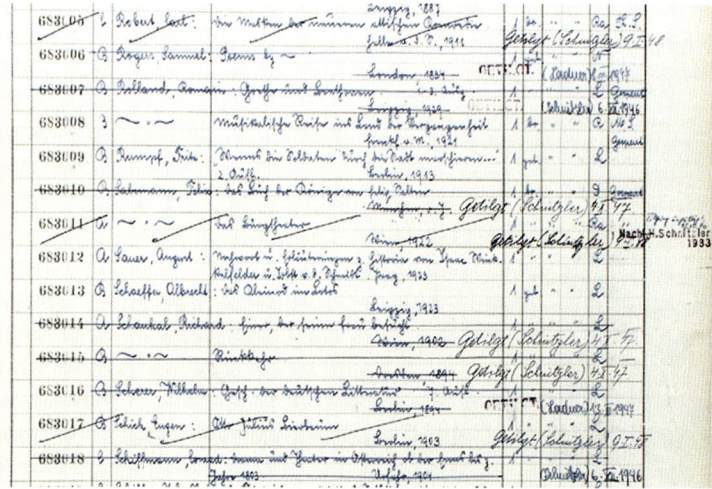

Für beschlagnahmte Zuwächse („Provenienz P 38") reserviertes Inventar der Druckschriftensammlung.

Die Einlaufbücher der Druckschriftenabteilung geben aber keinen Hinweis auf eine/n eventuelle/n VorbesitzerIn, alle aus beschlagnahmten Bibliotheken stammenden Werke sind durch die schon erwähnte einheitliche Provenienzangabe „P 38" gekennzeichnet. Ein Hauptziel der Buchautopsie war daher die Erfassung von Eigentümerzeichen in Form von Exlibris und handschriftlichen oder gestempelten Namenseinträgen und Widmungen.

Auch in den Sondersammlungen der ÖNB mussten vorerst die unterschiedlichen Ordnungsprinzipien unterworfenen Inventare und Zuwachsbücher der Jahre 1938–1945 überprüft werden. Im Anschluss daran wurden jene Objekte einer Autopsie unterzogen, die im Verdacht standen, aus in der NS-Zeit entzogenen Bibliotheken zu stammen. In allen Sammlungen wurde zudem darauf geachtet, ob aufgrund von Bearbeitungsrückständen aus der NS-Zeit Objekte erst nach 1945 inventarisiert worden waren.

Ein spezielles Problem stellte in diesem Zusammenhang der so genannte „Altbestand" dar. Der Altbestand präsentiert sich als eine durch Bearbeitungsrückstände seit dem Ende der Monarchie entstandene Ansammlung von unterschiedlichsten Druckwerken, deren genaue Herkunft heute nicht mehr restlos geklärt werden kann. Dieser Bestand, der alleine 52.500 Bände umfasst und von dem angenommen werden musste, dass sich darunter auch in der NS-Zeit geraubte Bände befinden, wurde im Zuge der jetzt durchgeführten Provenienzforschung vollständig, ebenfalls Buch für Buch, überprüft.

Als Gesamtergebnis der Forschungen in allen Abteilungen des Hauses lag nicht nur eine Liste der eingangs erwähnten 52.403 vermutlich entzogenen Objekte, sondern auch ein Verzeichnis von etwa 450 verschiedenen Eigentumszeichen von Privatpersonen und Institutionen vor, das als Grundlage der weiteren Recherchen benutzt wurde. Alle erfassten Namen wurden sowohl in diversen Archivbeständen wie im Österreichischen Staatsarchiv, im Archiv der Israelitischen Kultusgemeinde Wien, im Archiv des Bundesdenkmalamtes als auch in der Sekundärliteratur recherchiert.

In 72 Fällen ist es gelungen, die Entziehungsgeschichte sowie Anhaltspunkte zu möglichen ErbInnen zu ermitteln. Jene Eigentumsvermerke, die nicht identifiziert werden konnten, da sie zum Teil nur aus Namensfragmenten bestehen bzw. eindeutig ausländischer Herkunft sind, werden in einer vom Nationalfonds der Republik Österreich für Opfer des Nationalsozialismus initiierten Kunstdatenbank im Internet publiziert. So sollen eventuelle vormalige EigentümerInnen bzw. deren ErbInnen gefunden werden.

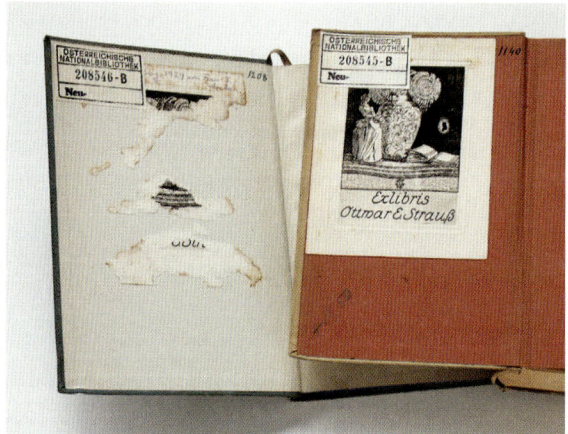

Druckschriften aus der
beschlagnahmten Bibliothek
Ottmar Strauss.
Vielfach wurden in der NS-Zeit
Eigentumszeichen entfernt –
eine Zuordnung ist heute nur
noch selten möglich.

Die ÖNB hat sich mit tatkräftiger Unterstützung der Israelitischen Kultusgemeinde Wien und des Nationalfonds der Republik Österreich zudem der sehr schwierigen Aufgabe der Suche nach den ErbInnen gestellt. Mit teils enormem Rechercheaufwand wurde und wird versucht, ErbInnen auf der ganzen Welt ausfindig zu machen. Es ist bislang gelungen 50 Einzelfälle abzuwickeln und zusammen 32.937 Objekte an ihre rechtmäßigen EigentümerInnen zu restituieren (Stand Frühjahr 2008).

Fallbeispiele

Wie angekündigt, möchte ich nun beispielhaft zwei der bereits abgeschlossenen Restitutionsfälle noch einmal kurz aufrollen: Einer dieser Fälle betrifft eine prominente Person, der zweite eine jener anonymen Zulieferungen durch die Gestapo, hinter denen aber oftmals ein weit tragischeres Schicksal der Betroffenen steht.

Fall Arthur Schnitzler

Einer der prominentesten Fälle in der ÖNB ist wahrscheinlich die Beschlagnahme der Bibliothek des Schriftstellers Arthur Schnitzler: Im Inventar des Bildarchivs der ÖNB wurden im Zuge der Arbeiten zur Provenienzforschung 84 Signaturen Negative und 27 Fotografien entdeckt, die 1941 unter dem vorerst ungeklärten Inventareintrag „H. Schnitzler via Gen. Dir. Heigl" verzeichnet worden waren. Wie eine erste Sichtung

ergab, waren es in erster Linie Aufnahmen aus dem privaten Bereich: Erinnerungsaufnahmen von einer Urlaubsreise nach Italien und in die Schweiz, Arthur Schnitzler in
Wanderadjustierung mit Spazierstock, Schnitzler bei einem Spaziergang und – eine der
fröhlichsten Aufnahmen – Arthur Schnitzler lachend vor seinem ersten Auto.

Weitere Recherchen zu diesen Fotos führten zu einem Entziehungsfall, der vermutlich alleine auf das Betreiben der Nationalbibliothek zurückzuführen ist. Die Nationalbibliothek bekundete schon lange vor dem „Anschluss" ihr Interesse am literarischen Nachlass und an der Autographensammlung des 1931 verstorbenen Arthur Schnitzler. Am
30. April 1939 schien dann die Gelegenheit zur Aneignung dieser Sammlung gekommen:
Die Wiener Zeitung vermeldete an diesem Tag die Beschlagnahme des gesamten Eigentums von Arthur Schnitzlers Sohn Heinrich. Bereits am nächsten Tag setzte Generaldirektor Heigl ein entsprechendes Bittschreiben an das zuständige Ministerium auf.

Um der sich zögerlich dahinschleppenden Angelegenheit den nötigen Nachdruck zu
verleihen, wurden seitens der Nationalbibliothek schließlich die Zentralstelle für Denkmalschutz (heute Bundesdenkmalamt) und die Gestapo eingeschaltet – mit Erfolg:
1940 konnte die Bibliothek im Umfang von etwa 12.000 Bänden, die einen damaligen Wert von etwa RM 30.000 bis 40.000 repräsentierte, sowie zwei Kisten mit diversen Schriften und privaten Fotografien der Familie von der Nationalbibliothek unentgeltlich übernommen werden.

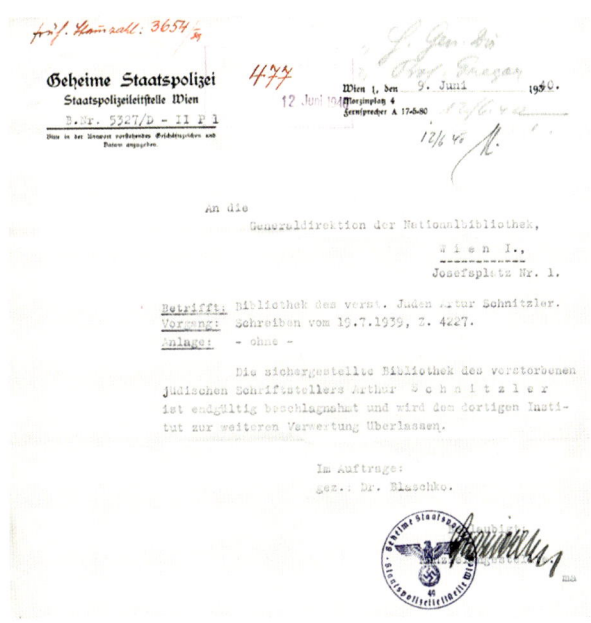

Bescheid der Gestapo 1940:
Zuweisung der beschlagnahmten
Bibliothek Arthur Schnitzlers.

Nun kommen die bereits erwähnten Fotografien ins Spiel: Die Nationalbibliothek musste feststellen, dass die eigentlich beanspruchte Autographensammlung sich nicht unter den übernommenen Bibliotheksbeständen befand, sondern bereits 1938 von der Familie Schnitzler außer Landes gebracht worden war. Nun sah die Nationalbibliothek die Gelegenheit gekommen, diese privaten Aufnahmen, um deren Rückgabe die Familie dringend ersuchte, gegen die wertvolle Autographensammlung einzutauschen.[3] Verständlicherweise ging der Anwalt der Familie Schnitzler nicht auf diesen Handel ein. So blieben die Aufnahmen bis zuletzt in der Nationalbibliothek und wurden erst kürzlich wieder aufgefunden.

1946 wandte sich Heinrich Schnitzler mit einem Rückstellungsantrag an die ÖNB. Da die Schnitzler-Bibliothek aber im Zuge ihrer Bearbeitung völlig zerrissen worden war, sollte es dreieinhalb Jahre dauern, bis die Recherchearbeiten halbwegs abgeschlossen waren, und Heinrich Schnitzler mitteilen konnte, etwa zwei Drittel seiner Bibliothek wiedererhalten zu haben.[4]

Erst im Jahr 2005, nach Abschluss des Projekts Provenienzforschung, gab die ÖNB sowohl die erwähnten Fotografien als auch einige Bücher und Sammlungsobjekte, die in der Nachkriegszeit übersehen worden waren, an die EnkelInnen und die Schwiegertochter Arthur Schnitzlers zurück.

Fall Hugo Friedmann

Der Fall des jüdischen Wäschefabrikbesitzers Hugo Friedmann ist hingegen einer jener zahlreichen Restitutionsfälle, die keinerlei Niederschlag in den Aktenbeständen des Hauses gefunden haben. Dementsprechend schwierig gestaltete sich die Recherche, an deren Beginn lediglich ein sehr markantes, schmuckloses schwarzes Exlibris mit der Aufschrift „Hugo Friedmann Vindobonensis" stand.

Zu Beginn der Recherchen war nicht einmal klar, ob die so gekennzeichneten insgesamt neun Handschriften und Inkunabeln überhaupt als bedenkliche Erwerbungen im Sinne des Kunstrückgabegesetzes zu bewerten sind, wurden sie doch erst lange nach 1945 in den Bestand der Handschriftensammlung aufgenommen und gaben keinerlei Hinweis auf eine Beschlagnahme.

---

3 ÖNB Zl. 477/1153/1940.
4 ÖNB Archiv Zl. 43/1947.

Exlibris des Sammlers
Hugo Friedmann.

Alleine aufgrund des Namens „Hugo Friedmann" wurden Nachforschungen in verschiedenen österreichischen Archiven angestellt. Im Zuge der Recherchen offenbarte sich Stück für Stück das Schicksal des Sammlers.

In Vorbereitung seiner Flucht beauftragte Friedmann eine Wiener Spedition, sein gesamtes Umzugsgut – darunter eine wertvolle Bibliothek und eine Kunstsammlung – nach Triest zu transportieren, von wo aus die Verschiffung erfolgen sollte.

Das Umzugsgut wurde allerdings, wie jenes tausender anderer Vertriebener, im Hafen von Triest zurückgehalten und schließlich im Jahr 1944 durch die Dienststelle des Obersten Kommissars für das Adriatische Küstenland beschlagnahmt. Die Bücher aus dem Umzugsgut wurden in der Triester Synagoge gesammelt und von dort ins ganze Deutsche Reich verteilt.[5]

Maßgeblich an dieser Verteilung beteiligt war der zum Spezialsachverständigen für Bücherkunde ernannte Generaldirektor Heigl, nachgewiesen ist ebenso, dass auch die Nationalbibliothek sich aus diesen in Triest gesammelten geraubten Büchermassen bediente. Es ist daher sehr wahrscheinlich, dass zumindest ein Teil von Friedmanns Bibliothek auf diesem Weg Eingang in die Bestände der Nationalbibliothek fand.

Friedmanns Bemühungen, die Flucht seiner Familie zu organisieren, schlugen fehl: Hugo, seine Ehefrau Hilde und die beiden Kinder – Hans-Georg, damals 14, und Liselotte, zehn Jahre alt – wurden im Oktober 1942 gemeinsam in das Ghetto Theresienstadt deportiert und 1944 in Auschwitz bzw. Dachau ermordet.[6]

Die wenigen nun aufgefundenen Stücke aus der Bibliothek von Friedmann wurden 2005 an seine Neffen zurückgegeben.

---

5 August WALZL, Die Juden in Kärnten und das Dritte Reich, Klagenfurt 1987, S. 298.
6 BDA, Restitutionsmaterialien, Kt. 35, Mappe 1, „Hugo Friedmann".

Von Handschrift bis Haarlocke. Zur Provenienzforschung im Österreichischen Theatermuseum

Karin Neuwirth

Seit den ersten Aktivitäten zum Aufbau einer Sammlung von Objekten aus dem Bereich von Bühne und Schauspiel in den 1920er Jahren bis zum heutigen Status des im Verbund des Kunsthistorischen Museums eingegliederten Österreichischen Theatermuseums wurde für die so genannte „Theatersammlung" eine beträchtliche Zahl von Objekten zusammen getragen. Die Sammlung blickt auf eine bewegte Vergangenheit zurück, die jedoch aufgrund der lückenhaften Aufzeichnungen bislang nicht zur Gänze rekonstruiert werden konnte. Aus der Geschichte der Sammlung und ihren unterschiedlichen Zugehörigkeiten zu anderen Institutionen ergeben sich auch für die Provenienzforschung zu den im Österreichischen Theatermuseum befindlichen Objekten besondere Herausforderungen.

Historische Entwicklung

Erste Überlegungen zur Gründung einer Theatersammlung gab es bereits im Jahr 1921. Wie der damalige Direktor der Nationalbibliothek Josef Donabaum notierte,

> war die unterfertigte Direktion zu der Überzeugung gelangt, daß eine Vereinigung der reichen und zum großen Teil nicht oder nur wenig bekannten Bestände an sogenannten Theatralia zu einer eigenen Sammlung im Rahmen der Nationalbibliothek äußerst wünschenswert sei und für die Inszenierungs- und Regiekunst des modernen Theaters sehr fruchtbringend wirken könne.[1]

Bereits wenige Monate später ging der Voranschlag für die Administrationsauslagen und die sachlichen Erfordernisse der National-Bibliothek[2] für das Jahr 1922 an das Bundesministerium für Inneres und Unterricht. In diesem wurden unter Punkt 6 für

---

1 Notiz von Josef Donabaum vom 18.3.1921, Archiv der Österreichische Nationalbibliothek Zl. 197/1921.
2 ÖStA AdR Unterrichtsamt Nr. 12.315/10.6.1921.

die Theatersammlung 20.000 Kronen veranschlagt. Am 15. Juni 1923 schrieb der nunmehrige Generaldirektor Josef Bick in einer Aktennotiz an das Bundesministerium:

Im Zuge der Ausgestaltung der Theatersammlung an der Nationalbibliothek fasst die unterzeichnete Direktion den Entschluss, die in Wien, tunlichst aber in ganz Österreich befindlichen Theaterarchive zu sammeln und unter einheitlicher Verwaltung zur Aufstellung und öffentlichen Benützung zu bringen.[3]

Mit der Leitung der Theatersammlung wurde Joseph Gregor, bereits seit 1918[4] Mitarbeiter der Nationalbibliothek, beauftragt.[5] Er blieb deren Leiter bis zu seiner Pensionierung 1953.[6]

Laut Josef Stummvolls Geschichte der Österreichischen Nationalbibliothek[7] existierte in den Jahren 1931 bis 1938 im linken Flügel des Wiener Burgtheaters ein „Bundestheatermuseum"[8] mit einer Sammlung, die von Josef Gregor eingerichtet und betreut wurde. Über diese Sammlung und deren Bestände und Erwerbungen sind derzeit allerdings nahezu keine Aufzeichnungen vorhanden oder bekannt.[9] Im Personalakt von Josef Gregor findet sich in der Rubrik „ehrenamtliche Tätigkeiten" auch der Eintrag „Direktor des Staatstheatermuseums".[10]

Die Theatersammlung der Österreichischen Nationalbibliothek wurde mit 1. Jänner 1991 dem seit 1975 im Gebäude des Bundestheaterverbandes in Wien 1, Hanuschgasse 3, untergebrachten Österreichischen Theatermuseum[11] angegliedert.[12] Am 26. Oktober

---

3 Schreiben von Josef Bick an das Bundesministerium für Inneres und Unterricht 10838/1-Abt. 1/1923.

4 Personalnachrichten über den Oberstaatsbibliothekar I. Kl. Josef Gregor vom 10.5.1940, Archiv der Österreichischen Nationalbibliothek, o. Zl.

5 Christiane MÜHLEGGER-HENHAPEL, Die Sammlung als Denkmal: Joseph Gregor und das Österreichische Theatermuseum. in: Christiane MÜHLEGGER-HENHAPEL (Hg.), Joseph Gregor. Gelehrter – Dichter – Sammler. Schriftenreihe des Österreichischen Theatermuseums Bd. 1, Frankfurt/M. 2006, S. 33–45.

6 Bundesministerium für Unterricht Zl. 15510/III-12a/B/1953, Archiv der Österreichischen Nationalbibliothek P 751/53.

7 Ernst TRENKLER, Jahre des Ausbaues und Wege zu neuen Lösungen (1949–1967), in: ders., Die Nationalbibliothek (1923–1967), (= Josef STUMMVOLL, Rudolf FIEDLER (Hg.), Geschichte der Österreichischen Nationalbibliothek (2 Bde., Wien 1968–1973, Bd. 2) (= Museion, Veröffentlichungen der Österreichischen Nationalbibliothek, N.F. Reihe 2, Bd. 3, Teil 2), Wien 1973, S. 230–238.

8 TRENKLER 1973, S. 23–238. Josef Gregor sind zahlreiche Publikationen gewidmet; besondere Aufmerksamkeit gilt seiner Tätigkeit in den Jahren 1938 bis 1945. Siehe u. a. MÜHLEGGER-HENHAPEL 2006.

9 Im ÖTM befinden sich Inventarbücher eines „Museums der Staatstheater".

10 Personalnachrichten über den Oberstaatsbibliothekar I. Kl. Josef Gregor vom 10.5.1940, Archiv der Österreichischen Nationalbibliothek, o. Zl.

11 Rede von Josef Mayerhöfer anlässlich der Eröffnung der ersten Ausstellung im Österreichischen Theatermuseum in der Hanuschgasse, Archiv ÖTM o. Zl.

12 Erlass des BM für Wissenschaft und Forschung, GZ 31.421/78-32/90, Archiv der Österreichischen Nationalbibliothek, Zl. 133/133.

1991 wurde das neue Österreichische Theatermuseum am Lobkowitzplatz 2 in den renovierten Räumlichkeiten des Palais Lobkowitz eröffnet. 10 Jahre später wurde das Österreichische Theatermuseum dem Kunsthistorischen Museum angegliedert.[13]

Das Österreichische Theatermuseum umfasst derzeit acht Teilsammlungen, in denen insgesamt über 2,4 Millionen Objekte verwahrt werden, die folgendermaßen aufgeteilt sind:

Fotosammlung: ca. 1.000.000 Objekte

Sammlung Druckgrafik und Theaterplakate: ca. 19.000 Objekte

Sammlung Autographen und Nachlässe: ca. 1.000.000 Objekte

Sammlung Handzeichnungen: ca. 80.000 Objekte

Sammlung Theaterzettel und Programmhefte: ca. 300.000 Objekte

Sammlung Quisquilien und Gemälde: ca. 3000 Objekte

Sammlung Puppen- und Papiertheater: ca. 10.400 Objekte

Sammlung Kostüme und Bühnenmodelle: ca. 2500 Objekte

Zur Lage der Inventarisierungen und Quellen

Seit dem Bestehen der Theatersammlung wurde die Art der Inventarisierung und Ordnung der Objekte immer wieder verändert und neuen Systemen angepasst.

Für die Theatersammlung sind ab den 1930er Jahren Inventarbücher vorhanden, so genannte Akzessionsjournale.[14] In diesen wurde der Erwerb von neuen Objekten verzeichnet, sie bekamen Inventarnummern zugewiesen und wurden je nach Art auf die einzelnen Sammlungen aufgeteilt. Die Nummern im Inventarbuch weisen allerdings immer wieder Ziffernstürze auf. Teilweise wurden diese Fehler korrigiert, teilweise wurde die falsche Nummerierung aber auch über mehrere Seiten im Inventarverzeichnis fortgeführt. Meist wurden Ankäufe als ganze Objektpakete in ihrer Gesamtheit in das Inventarbuch eingetragen, nicht jedoch die einzelnen Stücke angeführt. Zudem wurden unter dem Begriff „Gattung" nicht immer eindeutige Zuordnungen getroffen. So kann etwa ein Foto mit Autogramm sowohl in der Fotosammlung als auch in der Autographensammlung untergebracht sein; ein Zeitungsausschnitt mit Bild kann bei

---

13   BGBl II 2001/2.

14   Joseph GREGOR, Die Theatersammlung der Nationalbibliothek in den Jahren 1922–1932, in: Franz HADAMOWSKY, Das Theater in der Wiener Leopoldstadt 1781–1860 (Museion, Veröffentlichungen der Österreichischen Nationalbibliothek in Wien, N. F.), Wien 1934, S. 20–21. Im Akzessionsjournal wird jede Erwerbung mit einer fortlaufenden Nummer eingetragen.

der Sammlung Druckgrafik, bei den Fotos oder bei den Zeitungsausschnitten liegen. Dies bedeutet, dass nahezu jede Inventarnummer, die in der angegebenen Sammlung nicht auffindbar ist, in möglichen anderen Beständen zu suchen ist.

Erschwerend kommt hinzu, dass innerhalb der einzelnen Teilsammlungen unterschiedlichen Ordnungsprinzipien gefolgt wird. So wurden beispielsweise in den Bereichen „Druckgrafik", „Handzeichnungen" und „Fotosammlung" die Objekte nach Formaten und innerhalb der Formate alphabetisch nach den Namen der betroffenen Kategorien – KünstlerInnen, Theaterobjekte oder Bühnenwerken – abgelegt und die Informationen teilweise in Zettelkatalogen verzeichnet. Die Inventarnummern des Inventarbuches sind jedoch in den so genannten Zettelkatalogen, den Karteien der Sammlungen, wiederum meist nicht aufgeführt. Eine Auffindung von Objekten in diesen Sammlungen anhand der Inventarnummern aus den Jahren 1938 bis 1955 ist demnach zum gegenwärtigen Zeitpunkt kaum möglich. Eine Ausnahme bilden Einzelobjekte, die mit einem konkreten Verweis auf eine das Objekt betreffende Person oder Sache versehen sind.[15]

Die Sammlungen „Kostüme und Bühnenmodelle" sowie „Quisquilien und Gemälde" sind in Zettelkatalogen beziehungsweise in der Datenbank TMS (The Museum System) weitgehend erschlossen. In der Sammlung „Programmhefte und Theaterzettel" wurde bislang ein Teil der Objekte, die so genannten „Raritäten", aufgenommen und in der aktuellen Datenbank verzeichnet. Bei diesen Datensätzen sind jedoch nicht immer Verweise zum Inventarbuch und den entsprechenden Inventarnummern angegeben. Der gesamte Bestand an Theaterzetteln und Programmheften umfasst ca. 300.000 Objekte und ist größtenteils nach Theatern oder Städten sortiert. Die Autographen in der Sammlung „Autographen und Nachlässe" sind oftmals einzeln alphabetisch nach Autor abgelegt. Sie tragen meist keine Erwerbungs- oder Inventarnummern, weshalb eine Zuordnung zum ursprünglichen Bestand kaum festzustellen ist. Darüber hinaus gibt es in dieser Sammlung eine Reihe von Nachlässen, die unterschiedlich erschlossen sind. In der Sammlung Puppen- und Papiertheater befinden sich schließlich zwei komplett erfasste Konvolute von Marionetten beziehungsweise Stabpuppen sowie einzeln aufgenommene Objekte. Im Bereich Papiertheater können vorhandene Bühnen zugeordnet werden, Herkunft und Eingang von Figuren, Versatzstücken und Kulissen sind jedoch nicht nachvollziehbar.

---

15 Auszug aus dem Inventarverzeichnis mit eindeutigen Angaben: Verkäufer Dermota Anton, Verkaufsdatum 7.2.1939, Anzahl 1, Titel Anton Dermota, Gattung Foto, Inv. Nr. 130.175. Dieses Objekt ist aufgrund der Angaben eindeutig zuzuordnen.

Zeitungsausschnitte, die als Bestände in den Inventarbüchern aufscheinen, konnten bis zum gegenwärtigen Zeitpunkt großteils nicht aufgefunden werden.

Bisher letzter Schritt in der Inventarisierung war die Implementierung der digitalen Datenbank TMS zur elektronischen Erfassung der Bestände des Österreichischen Theatermuseums im Zuge der Zusammenlegung mit dem Kunsthistorischen Museum. Das bis zu diesem Zeitpunkt verwendete System M-Box wurde nicht weiter verwendet und die Datenübertragung führte zu einem erheblichen Datenverlust. Aus diesem Grund verfügt die aktuelle Ordnungslogik der für die Provenienzforschung relevanten Objekte aus den Eingangsjahren 1938 bis 1955 über keinerlei Kompatibilität mit jener aus den Inventarbüchern der betreffenden Jahre. Bisher konnte – vor allem wegen der großen Zahl der Objekte – aber erst ein Teil der Daten eingebunden werden.

Der Provenienzforschung stehen also relativ geringe elektronisch erfasste Informationen zu den Beständen zur Verfügung. Eine Rückfrage in der EDV-Abteilung im Jänner 2008 ergab einen Eingabestand von 120.758 Objekten; im Zeitraum Jänner bis März 2008 wurden weitere 2640 Objekte erfasst.

Die im Österreichischen Theatermuseum derzeit vorhandenen Personalressourcen sind nicht auf die Aufarbeitung der großen Zahl vorhandener Objekte ausgerichtet.

Erschwerend für Recherchen im Österreichischen Theatermuseum ist auch der Umstand, dass das Haus über kein zentrales Archiv verfügt. Im Archiv des Theatermuseums befindet sich ausschließlich der sammlungsinterne Schriftverkehr der ehemaligen Theatersammlung. Sämtliche Unterlagen zu Erwerbungen – soweit noch vorhanden – liegen im Archiv der Österreichischen Nationalbibliothek beziehungsweise im Staatsarchiv, die Einsichtnahme in diese Bestände ist also mit einigem Zeitaufwand verbunden.

Zum Stand der Provenienzforschung im Österreichischen Theatermuseum

Bisherige Arbeiten

Mit der Provenienzforschung im Österreichischen Theatermuseum wurde Dr. Peter Nics beauftragt, ihm folgte kurzfristig Dr. Christiane Mühlegger-Henhapel. Im Jahr 2001 wurde die Provenienzforschung des Österreichischen Theatermuseums von der Autorin übernommen. In den Jahren 2005/2006 unterstützte Dr. Elisabeth Strömmer, anschließend Mag. Ilse Eichberger und ab 2007 zusätzlich Mag. (FH) Martina Jäger und Mag. Stefan Lütgenau jeweils mit 20 Wochenstunden die Arbeiten im Österreichischen Theatermuseum. Bis zu diesem Zeitpunkt waren hauptsächlich die handschriftlich geführten Inventarbücher übertragen und Objektanfragen beantwortet worden. Den Anfang machte der Entzugsfall Roda-Roda, der in Zusammenarbeit mit der Österreichischen Nationalbibliothek abgewickelt wurde. Die Objekte aus dem Eigentum von Roda-Roda wurden am 11. Juli 2001 an die Kanzlei Dr. Zanger in Vertretung der ErbInnen übergeben[16]. Im Mai 2002 wurden die Objekte der Familie Rothschild an die ErbInnen zurückgegeben; diese verblieben jedoch in der Folge im Österreichischen Theatermuseum, da die ErbInnen die Objekte dem Museum schenkten.[17]

Sarah Bernhardt als Theodora, 1904,
Schenkung nach Rückgabe Rothschild.

Die Dossiers „Heinrich Schnitzler" und „Fa. Foto-Atelier Wilhelm Willinger & Co." wurden der Kommission für Provenienzforschung 2005 vorgelegt, allerdings entsprechend der Beiratsbeschlüsse aus dem Jahr 2004[18] nicht weiter bearbeitet. Im Sommer 2007 wurden die Objekte aus der Sammlung Heinrich Schnitzlers an dessen Sohn Dr. Michael Schnitzler (in Vertretung seiner Mutter) übergeben.

In einem weiteren Schritt wurden Ankäufe beziehungsweise Schenkungen jener Personen überprüft, die bereits in den Personendossiers der Österreichischen National-

---

16 Übernahmebestätigung und Auflistung der übergebenen Objekte, Archiv ÖTM, o. Zl.

17 Schreiben von Bettina Looram vom 22.5.2002, Archiv ÖTM o. Zl.

18 Schreiben der Kommission für Provenienzforschung vom 7.3.2007, Zl. 31.923/54/2007, Archiv ÖTM o. Zl.

bibliothek bearbeitet wurden. Dahinter stand die Annahme, dass Bestände bestimmter Personen auf die Abteilungen der Nationalbibliothek aufgeteilt wurden und diese Objekte heute aufgrund der früheren Zugehörigkeit der Theatersammlung zur Österreichischen Nationalbibliothek daher auch im Theatermuseum zu finden sind.[19] Bei den im Österreichischen Theatermuseum befindlichen Anteilen dieser bereits bearbeiteten Personendossiers handelt es sich bisher meist um eindeutig identifizierbare Bestände von relativ geringem Umfang. In den Jahren 2005 und 2006 wurden folgende Dossiers erstellt: „Brüder Salomon Kohn, Postkartenverlag", „Helene und Dr. Elise Richter", „Dr. Valentin Viktor Rosenfeld", „Dr. Hans Fischl".

Aufgrund weiterer Objektfunde im Jahr 2007 zu den Fällen Kohn und Richter wurden nach der Abgabe der Personendossiers diesbezügliche Nachtragsdossiers vorgelegt. Die Objekte aus den Sammlungen Richter, Fischl und Kohn wurden in der Beiratssitzung vom 29. März 2006 zur Rückgabe empfohlen.[20] Bezüglich der Nachtragsdossiers Kohn und Richter wurde die Rückgabe ebenfalls befürwortet.[21] Am 9. Jänner 2008 erhielt die Generaldirektion des Kunsthistorischen Museums mit Museum für Völkerkunde und Österreichischem Theatermuseum vom Bundesministerium für Unterricht, Kunst und Kultur den Auftrag zur Ausfolgung der Gegenstände im Fall Dr. Hans Fischl.[22] Die Abwicklung wurde bereits durchgeführt.[23]

Bühnenbildentwurf
Entführung aus dem Serail,
Georg Janny, 1894,
Ankauf nach Rückgabe
Dr. Hans Fischl.

19   Beispielsweise der Fall Raoul Korty. Siehe dazu in diesem Band: Margot WERNER, Raoul Korty – Das Wunderkind der Sammelwut.

20   Schreiben der Kommission für Provenienzforschung vom 30.3.2006, Zl. 31.923/91/2006, Archiv ÖTM o. Zl. Die Beiratsbeschlüsse sind auch auf der Website der Kommission für Provenienzforschung (http://www.provenienzforschung.gv.at) abrufbar.

21   Schreiben der Kommission für Provenienzforschung vom 1.10.2007, Zl. 31.923/232/2007, Archiv ÖTM o. Zl.

22   Schreiben vom 9.1.2008, BMUKK-16.616/0002-IV/2008, Archiv ÖTM o. Zl.

23   Die Objekte des Dossiers Fischl wurden vom Kunsthistorischen Museum angekauft.

Aufarbeitung von Informationsdefiziten

Nach Abschluss der Bearbeitung der oben genannten Dossiers wurde festgestellt, dass zur effizienten Fortführung der Provenienzforschung der Zugriff auf Informationen notwendig ist, die für die einzelnen Sammlungen bislang nicht erfasst sind. Dazu gehören beispielsweise Angaben über Erwerbungsdaten, -preise oder -quellen. Als erster Schritt wurde daher eine Handlungsanleitung für die Erforschung und Erfassung dieser notwendigen Daten (auch im Hinblick auf zukünftige Erwerbungen) für die MitarbeiterInnen entwickelt.[24] Die bereits bestehende Datenbank musste dazu adaptiert werden, da in der bisher verwendeten Version notwendige Erfassungsfelder nicht vorgesehen waren. Zwischen Jänner und April 2007 wurde eine spezielle Eingabemaske entwickelt, mit der erstmals die Voraussetzungen geschaffen wurden, sämtliche notwendige Daten systematisch in einem elektronischen System zu erfassen.

Zug um Zug wurde mit der Registrierung von Objekten begonnen, die von den Sammlungen bisher noch nicht elektronisch erfasst worden waren, jedoch für die Bearbeitung innerhalb der Provenienzforschung von Bedeutung waren. Im neuen System wurde in einem ersten Schritt der gesamte Bestand Oskar Strnad aufgenommen und ebenso wie der bereits erfasste Adolf von Sonnenthal zu einem Dossier zusammengefasst.

Mit Februar 2008 wurde damit begonnen, die Grafiksammlung in tabellarischer Form zu erfassen um festzustellen, welche im Inventarbuch mit Inventarnummern verzeichneten Objekte tatsächlich ihre Deckung in der Sammlung finden. Um eine Verbindung zwischen den Inventarbüchern und den Objekten herstellen zu können, muss jedes Objekt einer Sammlung gesichtet und die entsprechende Inventarnummer im Inventarbuch ermittelt werden. Alle notwendigen Angaben – beispielsweise Inventarnummern, Format und Objektbezeichnung – werden in einer Datenbank erfasst. Anschließend kann festgestellt werden, welche Objekte den zu erforschenden Zeitraum betreffen und welche davon vorhanden sind. Erst dann kann die eigentliche Tätigkeit der Provenienzforschung beginnen.

Es besteht leider nicht die Möglichkeit, jede Sammlung einzeln zu bearbeiten und zu überprüfen, da zumeist die Hälfte der relevanten Eingänge aus mehreren Objektarten besteht und daher mehrere Sammlungen betroffen sind. Erst nach der elektronischen

---

24   Siehe „Erläuterungen für die Erfassung von Herkunftsdaten“ – internes Dokument des ÖTM.

Erfassung aller Sammlungsbestände (siehe oben) ist eine zügige Überprüfung der Provenienzen möglich. Die archivarische Aufarbeitung und Zusammenführung der unterschiedlichen Inventarisierungslogiken macht bei der Größenordung von mehr als 2,4 Millionen Objekten zudem enorme personelle Ressourcen notwendig.

Notwendige Ressourcen zur Aufarbeitung

Um die Problematik der oben angeführten Umstände für das Österreichische Theatermuseum zu veranschaulichen sei folgendes Beispiel angeführt: Der Bestand Oskar Strnad – 3732 Objekte – musste für die weitere Bearbeitung in das TMS aufgenommen werden. Die erste Eingabe erfolgte am 10. April 2007, die abschließende am 26. November 2007. An 95 Tagen wurde an der TMS-Eingabe gearbeitet, das ergibt pro Tag im Durchschnitt 39 Eingaben. Die relativ geringe Zahl täglicher Eingaben ist bedingt durch die Recherche zu den Objekten, welche einzeln untersucht werden müssen, von unterschiedlicher Qualität sind (z. B. Lesbarkeit der Schrift) und sich zudem an verschiedenen Standorten befinden. Geht man davon aus, dass insgesamt ca. die Hälfte des Bestandes (etwa 1,2 Millionen Objekte) diesbezüglich aufzuarbeiten ist, werden zur lückenlosen Erfassung innerhalb eines Zeitraumes von 5 Jahren durchgängig 32 Vollarbeitskräfte benötigt. Derzeit sind drei MitarbeiterInnen der Kommission für Provenienzforschung zu je 20 Wochenstunden sowie teilweise die Autorin selbst mit den notwendigen Tätigkeiten betraut.

Eingrenzung der zu untersuchenden Objekte

Als Grundlage der Forschungstätigkeit im Österreichischen Theatermuseum dienen die Inventarbücher der Theatersammlung sowie das Verzeichnis der Bestände des Museums der Staatstheater. In den Inventarbüchern sind jeweils der/die VerkäuferIn, das Verkaufsdatum, der Preis, die Anzahl der Objekte pro Erwerbung, der Titel, die Gattung und die Inventarnummer angegeben. Für die Provenienzforschung im Österreichischen Theatermuseum sind die Inventarnummern 117.312 bis 315.509 relevant. Es handelt sich dabei um die Erwerbungen zwischen dem 28. April 1938 (die letzte Eintragung davor erfolgte am 27. Februar 1938) und dem 31. Dezember 1955. Insgesamt sind demnach 198.197 Objekte auf ihre Provenienz hin zu überprüfen. Ab dem Jahr 1955 wurden so genannte „E-Nummern" – Erwerbungsnummern – vergeben; in dieses Jahr fallen weitere 6954 zu überprüfende Objekte. Insgesamt ergibt das eine Summe von 205.151 Objekten (Die Zahlen sind als Richtwerte anzusehen, da die im E-Buch verzeichneten Zahlen nicht immer mit den Aufzeichnungen der Sammlungen übereinstimmen). Im Verzeichnis der Bestände des Museums der Staatstheater sind numerisch die einzelnen Objekte und die Namen der KünstlerInnen verzeichnet. Ein Großteil dieser Objekte wurde im Zettelkatalog der Devotionaliensammlung erfasst.

Die Fotosammlung wurde nach Formaten und innerhalb der Formate alphabetisch geordnet. Einige Ankäufe bzw. Schenkungen sind gesondert aufgestellt. Von den 1,000.000 Fotos der Fotosammlung können aufgrund der eindeutigen Provenienz ca. 400.000 Fotos zugeordnet werden. Bei dem verbleibenden Bestand von 600.000 Fotos muss, wie oben erwähnt, die Inventarnummer jedes einzelnen Fotos mit den Eintragungen in den Inventarbüchern verglichen werden, da die Rubrik „Titel" im Inventarbuch nur unkonkrete Angaben enthält.

In den Sammlungen Druckgrafik und Handzeichnungen, sind insgesamt etwa 52.000 Objekte zu überprüfen.

Die Autographen und Nachlässe sind großteils nach Personen alphabetisch geordnet, wobei die einzelnen Konvolute unterschiedlich erschlossen sind. Einige Nachlässe wurden bearbeitet und einsigniert (vor allem Korrespondenzen), bei den übrigen erfolgte keine Bearbeitung, d. h. in diesen Nachlässen können durchaus Bestände anderer Sammlungen enthalten sein. Rund die Hälfte des Bestandes (ca. 500.000 Objekte) ist noch zu überprüfen.

Schlussbemerkungen

Die Menge an unaufgearbeiteten Objekten in den einzelnen Sammlungen in Verbindung mit derzeit geringen personellen Ressourcen im Österreichischen Theatermuseum führt dazu, dass in der Arbeit der Provenienzforschung nur langsame Fortschritte zu erzielen sind. Derzeit können ausschließlich einzelne Ankäufe bzw. als „Schenkungen" definierte Eingänge überprüft werden, da die Gesamterfassung der Sammlungsbestände sowohl die Kapazitäten des Hauses als auch der Provenienzforschung übersteigt. Die Erfassung aller Objekte stellt für die Ermöglichung effizienter Provenienzforschung eine Grundvoraussetzung dar, welche nur durch Einsatz erhöhter personeller Ressourcen möglich wird.

Technik, Massenware, Alltagsobjekte – Die Provenienzforschung am Technischen Museum Wien mit Österreichischer Mediathek

Christian Klösch, Oliver Kühschelm

Das Technische Museum und seine Bestände

Das Technische Museum Wien (TMW) wurde auf Initiative von Wilhelm Franz Exner (1840–1931) unter Beteiligung des Staates, der Stadt Wien sowie von Industrie und Gewerbe 1908 gegründet. Das noch vor Kriegsende im Mai 1918 eröffnete Museum wurde 1922 verstaatlicht. Es sollte „die Entwicklung von Industrie und Gewerbe anschaulich darstellen, den technischen Fortschritt fördern und eine Bildungsstätte für das ganze Volk sein" (Satzungen 1926). Das TMW übernahm bei seiner Gründung umfangreiche Objektbestände aus staatlichem Eigentum (Technologisches Kabinett der Technischen Hochschule Wien, Museum der österreichischen Arbeit etc.), die den Grundstock seiner Sammlung bildeten.[1]

Viele Jahrzehnte existierten im Gebäude des TMW zwei von diesem unabhängige Museen, die erst 1980 eingegliedert wurden: das Historische Museum der österreichischen Eisenbahnen, gegründet 1885, und das Österreichische Post- und Telegraphenmuseum, gegründet 1889. 2001 erfolgte außerdem die Integration der 1960 gegründeten Österreichischen Mediathek.

Die Sammlungen des TMW bestehen aus einer Bibliothek (ca. 100.000 Bände), einem Archiv (ca. 2000 Regalmeter) und dem Objekt-Inventar. Die Inventarverwaltung hat im Zuge der seit 2003 stattfindenden Depotinventur bisher ca. 85.000 Objekte in einer Datenbank erfasst.

---

1 2009 wird im Ueberreuter-Verlag anlässlich des 100-jährigen Jubiläums des TMW eine Publikation über die Geschichte des Hauses und seiner Vorgängerinstitutionen erscheinen.

Die Provenienzforschung

In einer ersten Phase, die von Oktober 1998 bis Februar 2000 dauerte, wurden die hauseigenen Bestände des TMW (Archiv, Inventar) erschlossen und dokumentiert. Der von Mag. Manuela Fellner und Mag. Barbara Pilz erstellte Bericht wurde der Kommission für Provenienzforschung im Februar 2000 übermittelt.

Eine zweite Phase der Provenienzforschung begann 2005, als die beiden Historiker Dr. Christian Klösch (seit April 2005) und Dr. Oliver Kühschelm (Dezember 2005 – Oktober 2007) im Auftrag der Kommission für Provenienzforschung ihre Arbeit aufnahmen. Seither werden die einzelnen historisch gewachsenen Sammlungen des TMW systematisch untersucht sowie in externen Archivbeständen recherchiert. Mit Stichtag 31. März 2008 hält die Provenienzforschung am TMW bei folgendem Stand:

Abgeschlossen sind Forschungen betreffend
• Objekt-Inventar, Bibliothek und Archiv (Christian Klösch)
• Österreichische Mediathek (Oliver Kühschelm)
• Objekt-Inventar und Archiv des Post- und Telegraphenmuseums
  (Oliver Kühschelm)

Ausstehend sind Forschungen zu den Bereichen:
• Österreichisches Eisenbahnmuseum: Bei der Übernahme 1980 umfasste die Bibliothek ca. 1000 Bände, das Archiv ca. 1000 Regalmeter mit mehreren 10.000 Archivalien sowie ca. 80.000–100.000 Fotos. Hinzu kam das Inventar mit ca. 2000 Objekten. Der überwiegende Teil der Objekte stammt von den Österreichischen Bundesbahnen. Allerdings sind auch private Bestände aufgenommen worden. Bisher ergaben sich Hinweise auf zwei bedenkliche Erwerbungen.
• Bibliothek des Post- und Telegraphenmuseums: Der historische Bestand der Bibliothek, die als Amtsbibliothek geführt wurde, umfasst ca. 11.176 Bände.

Das Technische Museum in der NS-Zeit

Das Technische Museum wurde von 1930 bis 1949 ohne Unterbrechung von Direktor Viktor Schützenhofer geleitet. Während der Jahre 1938 bis 1945 setzte das TMW abgesehen von Objekten zu „Kriegstechnik" und „Kriegswirtschaft" keine neuen Sammlungsschwerpunkte. Nach dem „Anschluss" im März 1938 häuften sich allerdings Widmungen von technischen Objekten, Büchern und Archivalien von jüdischen

EigentümerInnen. Bis zum Herbst 1938 kamen durch vom NS-Regime verfolgte Personen insgesamt 84 Bücher, ca. 500 Fotos und Glasdias sowie elf technische Gegenstände als Widmungen ins Technische Museum.

Das Logo des Technischen Museum Wien, 1940.

In einem Erlass vom 8. November 1938 wies das Ministerium für innere und kulturelle Angelegenheiten die Museen darauf hin, dass „es mit den rassischen Grundsätzen eines nationalsozialistischen Staates nicht vereinbar [sei], dass Körperschaften des öffentlichen Rechts oder sonstige öffentliche Einrichtungen Schenkungen oder letztwillige Zuwendungen von Juden annehmen."[2] Tatsächlich lehnte das TMW in der Folge einige Schenkungen von Juden und Jüdinnen ab. So wurde das Angebot von Emil Ehrenfest, dem Museum ein historisches Hochrad zu überlassen, mit dem Vermerk „Jude! Ablegen! D.S." ad acta gelegt.[3] In anderen Fällen wiederum wurden Geschenke von bekannten jüdischen Familien auch später noch angenommen, wie z. B. 1941 von Regine Ehrenfest-Egger.

Insgesamt weisen rund 7% der zwischen 1938 und 1945 inventarisierten Objekte eine bedenkliche Provenienz auf: Entweder stammten sie von jüdischen VoreigentümerInnen, von „Ariseuren" oder von Institutionen (wie z. B. dem Dorotheum), die in großem Stil geraubtes Gut für den nationalsozialistischen Staat verwerteten. Aber auch nach 1945 gelangten durch Schenkungen ehemals arisierte Objekte ins TMW, so 1952 ein PKW der Marke Fiat als Geschenk der Bundesgärten Schönbrunn.

Mit Ausnahme des „Marcus-Wagen" und zweier Kutschen, die nach Rückstellungsverfahren in den 1950er bzw. 1960er Jahren rückgestellt wurden, sind erst im Zuge des Kunstrückgabegesetzes von 1998 Bestrebungen in Gang gesetzt worden, entzogene Objekte an die ursprünglichen EigentümerInnen bzw. deren ErbInnen zurückzugeben.

---

2   TMW Archiv, Direktion, PZ 1871/1938.
3   TMW Archiv, Gruppe 11, PZ 1669/1939.

Die Praxis der Inventarisierung

So unterschiedlich wie die Geschichte der einzelnen Teilsammlungen des heutigen TMW ist auch die Materialgrundlage für die Provenienzforschung. Durch Findmittel (Inventarbücher, Karteien) und durch Quellenbestände (z. B. Verwaltungsakten) lässt sich die Herkunft der Objekte des TMW – mit Ausnahme des Archivs – sehr gut dokumentieren. Seit 2003 wird eine Inventur der Bestände des TMW durchgeführt. Dabei werden alle Depots gesichtet und die dort aufgefundenen Objekte neu erfasst und zusammen mit den schriftlich vorhandenen Quellen (Karteien, Inventarbücher, Korrespondenzen) in eine Objektdatenbank eingetragen.

Im Rahmen der Provenienzforschung wurden folgende Bestände der Bibliothek des Technischen Museums untersucht und elektronisch erfasst:
- 692 Erwerbungen zwischen 12. März 1938 und 8. Mai 1945.
- 4914 Bücher und Zeitschriften, mit einem Druck- bzw. Erscheinungsjahr bis 1945, die zwischen 9. Mai 1945 und 1. April 2005 inventarisiert bzw. nachinventarisiert wurden.

Bücher- und Zeitschriftenbestände mit einem Erscheinungsjahr vor 1945, deren Provenienz sich durch Auswertung der Quellen nicht feststellen ließ, wurden nach handschriftlichen Hinweisen bzw. Exlibris untersucht und die vorgefundenen Angaben ergänzt. In einem weiteren Schritt wurden jene Buchbestände der Bibliothek des Technischen Museums, die nicht Teil der regulären Bibliothek bilden, wie Dubletten (93 Laufmeter) und nicht inventarisierte Bücher (102 Laufmeter = 10.748 Bücher) nach Herkunftsvermerken untersucht. Insgesamt wurden ca. 25.000 Bücher und Zeitschriftenbände überprüft und davon 184 Bücher als Rückgabefälle erkannt.

Seit Gründung des Technischen Museums existiert eine eigene Inventarverwaltung, deren Bestände lückenlos dokumentiert sind. Im Rahmen der Provenienzforschung wurden alle inventarisierten Erwerbungen des Zeitraums 11. März 1938 bis 31. Dezember 2005 untersucht. Alle hausinternen Quellen (Inventarbücher, Anmeldescheine sowie die Anlagen zu den Objekten) wurden mit Blick auf zusätzliche Angaben zur Herkunft der Objekte durchgesehen. Besonderes Augenmerk lag auf der Auswertung der Korrespondenz zu den einzelnen Sammlungsgruppen im Archiv des TMW. Mit Hilfe der hausinternen Quellen ließen sich bis auf elf Fälle alle Namen von ehemaligen EigentümerInnen der 1016 Erwerbungen der Jahre 1938–1945 feststellen. Diese Namen dienten als Grundlage für die Recherche in externen Quellenbeständen.

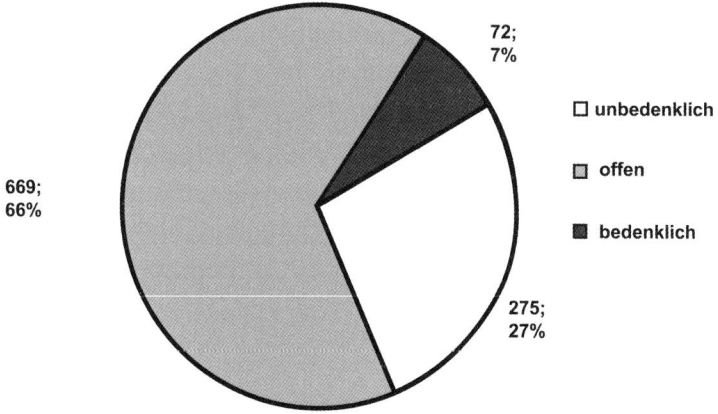

Grafik 1: Bewertung der Inventar-Erwerbungen 1938–1945
(Absolute Zahlen und Prozent)

Die Erwerbungen des TMW der Jahre 1945–2005 wurden ebenfalls im Zuge der Provenienzforschung untersucht. Aufgrund der hohen Zahl an Erwerbungen bzw. Nachinventarisierungen konnte nicht jedes Objekt im Detail überprüft werden. Die Recherche musste sich auf die Angaben zur Provenienz in der Datenbank und in den Inventarbüchern sowie auf die Verwaltungsakten stützen.

Der überwiegende Teil der Objekte des TMW stammt aus industrieller Massenproduktion. Für die Provenienzforschung erhebt sich die Frage nach den ursprünglichen EigentümerInnen, die jedoch bei Massenerzeugnissen selten dokumentiert sind. Prestigeträchtige und teure Güter wie Radios und vor allem Kraftfahrzeuge stellen eine Ausnahme von dieser Regel dar. In seltenen Fällen wurden die Produktionsnummern von Radioapparaten bei Beschlagnahme durch die Gestapo aufgenommen. Kraftfahrzeuge können durch Motornummern und Fahrgestellnummern bzw. im Fall der Überlieferung alter Kennzeichen eindeutig ihren ursprünglichen EigentümerInnen zugeordnet werden. Für die Kraftfahrzeugesammlung des TMW, die aus 134 Kraftfahrzeugen bzw. Kraftfahrzeugmotoren besteht, wurde daher ein eigener Bericht verfasst.

Einen Sonderfall stellt das ca. 1800 Objekte umfassende Elektropathologische Museum – Sammlung Dr. Stefan Jellinek dar, das im Mai 2005 als Schenkung der Allgemeinen Unfallversicherungsanstalt (AUVA) übernommen wurde. Das Elektropathologische Museum wurde von Dr. Stefan Jellinek, Professor an der Universität Wien, in der Zeit von 1898 bis 1938 aufgebaut. Stefan Jellinek wurde aufgrund seiner jüdischen Herkunft 1938 zwangspensioniert und seine Sammlung von der Gestapo beschlagnahmt. Er floh mit seiner Familie nach Großbritannien. Die Recherchen ergaben, dass das Elektropathologische Museum 1946 an Stefan Jellinek zurückgegeben wurde. Jellinek vermachte die Sammlung nach seinem Tod 1968 seinem Sohn, der sie wiederum der AUVA übergab.

Tabelle : Bedenkliche/unbedenkliche Erwerbungen der Inventarverwaltung des TMW			
Jahr	*unbedenklich*	*offen*[4]	*bedenklich*	*Summe*
1938–1945	275	669	85	1.029
1945–1955	1.388	962	7	2.357
1956–1965	503	2.476	0	2.979
1966–1975	562	1.864	1	2.427
1976–1985	3.570	3.761	1	7.332
1986–1995	163	689	0	852
1996–1999	599	3.396	0	3.995
2000–2002	1.023	2.885	0	3.908
2003	1.337	5.178	0	6.515
2004	1.505	6.222	0	7.727
2005	5.387	7.586	10	12.983
Summe	16.312	35.688	104	52.103

Seit der Gründung des TMW wurde ein so genanntes „Mappenarchiv" mit Dokumenten zur Wirtschafts- und Technikgeschichte aufgebaut, das derzeit einen Umfang von 2000 Regalmetern aufweist. Es besteht aus einer breiten Palette an Archivalien unterschiedlicher Art wie Handschriften, technischen Zeichnungen, Gemälden, Fotografien, Drucken, Urkunden und Aktenbeständen, die durch eine Vielzahl unter-

4   Zu diesen Objekten lassen sich aufgrund der Quellenlage bzw. des derzeitigen Standes der Provenienzforschung keine gesicherten Aussagen über die Herkunft treffen.

schiedlicher Karteien, Inventare und die dazugehörenden Quellen teilweise erschlossen sind. Hinweise auf VoreigentümerInnen wurden aber nur selten vermerkt, sodass sich die Provenienzforschung sehr schwierig gestaltet.

Rückgabe von Objekten des Technischen Museums seit 1998

Seit 1998 hat der Kunstrückgabe-Beirat in zwölf Fällen die Rückgabe der Gegenstände an die rechtmäßigen ErbInnen empfohlen. Insgesamt konnten bisher nur vier Fälle (Dossiers Horwitz, Ehrenfest-Egger, Fischl, Glückselig) durch Übergabe an die ErbInnen abgeschlossen werden.

Tabelle : Ergebnis der Provenienzforschung zu den Beständen des Technischen Museums 1998–2008			
„bedenkliche Erwerbungen" *(abgeschlossen)*	*Inventar*	*Archiv*	*Bibliothek*
zur Rückgabe empfohlen	14 Objekte	550 Fotografien, 2 Diabücher 36 Mappen mit Manuskripten, Briefen, etc. 1 Grafik	184 Bücher und Zeitschriften- bände
„bedenkliche Erwerbungen" (offen)	*Inventar*	*Archiv*	*Bibliothek*
Im Depot noch nicht gefunden	19 Objekte	4 Glasdias 3 Abbildungen	–
Dubiose Widmungen von „Ariseuren" oder Gliederungen der NSDAP (1938–1945)	10 Objekte	–	–
Dubiose Erwerbungen 1938–1945 (Dorotheum etc.)	50 Objekte	–	21 Bücher
„Raubgut" 1938–1945 (z. B. durch Deutsche Wehrmacht)	11 Objekte	–	–

Dossier Emil Stiassny: Der Kunstrückgabe-Beirat empfahl im Juni 2003 die Rückgabe eines Segelschiffmodells. Das Modell wurde der Bundesmobilienverwaltung als Verwahrerin rückzugebender Objekte aus dem Eigentum Emil Stiassny übergeben. Mittlerweile konnten die ErbInnen gefunden werden.

Dossier Dr. Ing. Hugo Horwitz: Der Kunstrückgabe-Beirat empfahl im Dezember 2005 sowie im Juni 2007 die Rückgabe des Nachlasses des Technikhistorikers Dr. Ing. Hugo Horwitz. Hugo Horwitz galt nach den Nürnberger Gesetzen als Jude und wurde mit seiner Frau im Dezember 1941 von Wien aus nach Minsk/Weißrussland deportiert und dort ermordet. Der Nachlass besteht aus 36 Mappen mit Manuskripten und Briefen sowie insgesamt 97 Büchern und kam 1942 als Schenkung der neuen Eigentümer der Wohnung ans Technische Museum.

Seinem Sohn Anselm gelang im April 1939 die Flucht nach Irland. Er lebt heute in Kanada. Mit Hilfe der Israelitischen Kultusgemeinde Wien gelang die Kontaktaufnahme. Anselm, der im Exil den Namen Barnet annahm, besuchte das TMW im Oktober 2006. Bei dieser Gelegenheit wurden ihm die Manuskripte und die Bücher aus dem Nachlass seines Vaters übergeben.

Die Familie Barnet zu Besuch
im TMW, Oktober 2006:
Oliver Kühschelm, Helmut Lackner,
Anselm Barnet umgeben von seinen
Kindern Adrian, Jop und Brendan
sowie Christian Klösch.

Mit Ausnahme von Familiendokumenten schenkte Anselm Barnet jedoch den Nachlass seines Vaters zur wissenschaftlichen Aufarbeitung dem TMW. Die Bibliothek seines Vaters wurde durch das TMW angekauft. Im Februar und April 2007 übergab Anselm Barnet weitere wertvolle Objekte aus dem Nachlass seines Vaters.

Dossier Dr. Max Leopold Baczewski: Der Beirat empfahl im März 2006 die Rückgabe von 15 Büchern und drei Zeitschriftenbänden aus dem Eigentum des ehemaligen Wiener Patentanwaltes Dr. Max Leopold Baczewski (1873–1938). Dr. Max Leopold Baczewski fiel unter die Bestimmungen der Nürnberger Gesetze. Als er im September 1938 seine Patentanwaltskanzlei räumen musste, übergab er einen Teil seiner Bücher dem Technischen Museum. Zurzeit läuft das Erbfolgeverfahren, um die Objekte an die in Deutschland und den USA lebenden Erben übergeben zu können.

Dossier Ing. Ernst Egger: Der Kunstrückgabe-Beirat empfahl im Juni 2006 die Rückgabe einer Büro-Briefwaage aus Messing aus dem ehemaligen Eigentum von Baurat Ing. Ernst Egger (1866–1944). Ernst Egger, der aus einer der bedeutendsten österreichischen Industriellenfamilien stammt, war ab 1934 Vorstandmitglied der Österreichischen Industriekredit AG und Mitglied der Leitung des Vereins zur Förderung des Technischen Museums und dessen angegliederter Institute. Nachdem er seine Position in der Österreichischen Industriekredit AG aufgrund seiner jüdischen Herkunft verloren hatte, übergab er dem TMW verschiedene Objekte, von denen bis jetzt nur die Büro-Briefwaage in den Depots gefunden werden konnte. Ernst Egger wurde mit seiner Frau Fanny (Franziska) im Juni 1944 in Wien verhaftet. Seine Frau starb im Polizeigefängnis an der Rossauerlände, Ernst Egger wurde im Dezember 1944 im KZ Theresienstadt ermordet. Zurzeit läuft ein Erbfolgeverfahren zur Rückgabe der Objekte.

Dossier Regine Ehrenfest-Egger: Der Kunstrückgabe-Beirat empfahl im Dezember 2007 die Rückgabe eines Salon Radio Apparats aus dem Jahr 1924 und eines Crosby Dampf-Indikators aus dem ehemaligen Eigentum von Regine Ehrenfest-Egger (1866–1944). Ein ebenfalls aus dem Eigentum von Regine Ehrenfest-Egger stammender Edison Phonograph konnte bisher nicht im Depot aufgefunden werden. Regine Ehrenfest-Egger war die Schwester von Ernst Egger und übergab dem Technischen Museum 1941 die angeführten Objekte. Regine Ehrenfest-Egger wurde wegen ihrer jüdischen Abstammung vom NS-Regime verfolgt und 1944 ins KZ Theresienstadt deportiert, wo sie am 9. Februar 1945 starb. Die Objekte wurden 2008 durch das TMW von den Nachkommen der Familie Ehrenfest-Egger angekauft.

Das Salon-Radio (1930) aus dem Eigentum von Regine Ehrenfest-Egger (1866–1944).

Dossier Dr. Hans Fischl: Der Kunstrückgabe-Beirat empfahl im Juni 2006 die Rückgabe der Abbildung eines Pferdeautos aus dem ehemaligen Eigentum von Dr. Hans Fischl (1883–1943). Insgesamt übergab Dr. Hans Fischl im April 1938 zwei Abbildungen und zwei Zeitungsausschnitte dem Archiv des TMW. Im NS-Regime wurde er nach den Nürnberger Gesetzen als Jude verfolgt und ermordet. Im Februar 2008 wurde mit der Erbin ein Ankauf des Objekts durch das TMW vereinbart.

Dossier Dipl. Ing. Siegfried Gerstl: Der Kunstrückgabe-Beirat empfahl im Juni 2006 die Rückgabe eines Sonderdruckes aus dem ehemaligen Eigentum von Dipl. Ing. Siegfried Gerstl (1862–1938). Im August 1938 bot Kommerzialrat Siegfried Gerstl dem Technischen Museum in einem Schreiben seine Sammlung von Büchern, Zeitschriften und Glasdias zu landwirtschaftlichen Maschinen als Geschenk an. Im Zuge der Provenienzforschung konnten ein Buch und an die 550 Glasdias aus dem Eigentum von Gerstl aufgefunden werden. Siegfried Gerstl starb 1938, seine Frau wurde im März 1943 im KZ Theresienstadt ermordet. Da das Paar keine Kinder hatte, gestaltet sich die Erbensuche schwierig.

Dossier Rosa Glückselig: Der Kunstrückgabe-Beirat empfahl im Juni 2007 die Rückgabe eines Turiner Fiat 522C mit Reserverad an die Erben nach Rosa Glückselig (1896–1972).[5]

Dossier Theodor Sternberg: Der Kunstrückgabe-Beirat empfahl im Juni 2007 die Rückgabe einer Mandoline, einer Laute, einer Oboe, sowie von zwei Geigen aus dem Besitz von Theodor Sternberg (1892–1979) an dessen Erben. 1936 wurden insgesamt 16 Instrumente sowie fünf Geigenbögen als Leihgaben der Europa-Musikinstrumenten-Gesellschaft, Theodor Sternberg, Gumpendorferstraße 109, Wien 6, im Inventarbuch des Technischen Museums verzeichnet. 1938 wurde die Firma arisiert und der kommissarische Verwalter verkaufte die Leihgaben an das Technische Museum um weniger als ein Drittel ihres tatsächlichen Wertes. Theodor Sternberg konnte als ungarischer Staatsbürger 1938 nach Budapest flüchten und emigrierte später in die USA. Nach dem Krieg bemühte er sich erfolgreich um die Rückstellung seiner Wiener Musikalienhandlung. Hinsichtlich der vom Technischen Museum erworbenen Instrumente ist

---

5 Siehe dazu in diesem Band: Christian KLÖSCH, Die Provenienzforschung zu arisierten Kraftfahrzeugen am Beispiel des Kraftfahrzeugbestands des Technischen Museums Wien.

jedoch kein Rückstellungsbegehren dokumentiert. Er starb 1979 in Norfolk, Virginia, USA. Eine Suche nach Erben blieb bis jetzt erfolglos.

Dossier Otto und Marianne Zels: Der Kunstrückgabe-Beirat empfahl im November 2006 die Rückgabe von insgesamt 30 Büchern und Broschüren, 24 Zeitschriftenbänden, 13 Broschüren und einer Grafik aus dem ehemaligen Eigentum von Louis Zels (1846–1921), dem ehemaligen Direktors der 1. Österreichischen Canalschiffahrt-Gesellschaft. Seine Kinder Otto und Marianne Zels mussten aufgrund ihrer jüdischen Herkunft Österreich 1938 verlassen und übergaben deshalb einen Teil des Nachlasses ihres Vaters dem Technischen Museum. Zurzeit läuft das Erbfolgeverfahren, nach dessen Abschluss die Objekte an die rechtmäßigen Erben übergeben werden können.

Die Werft von Cäsar Wollheim bei Breslau (Radierung) aus dem Eigentum der Familie Louis Zels.

Dossier Hofrat Dr. Theodor Wolf: Der Kunstrückgabe-Beirat empfahl im Juni 2007 die Rückgabe von zwei Alkoholmetern sowie eines Stempels mit automatischem Zählwerk aus dem ehemaligen Eigentum von Hofrat Dr. Theodor Wolf (1865–1941). Eine Münzwaage, die Hofrat Dr. Theodor Wolf gemeinsam mit den anderen Gegenständen im Mai 1938 dem Technischen Museum übergeben hatte, konnte bisher nicht im Depot gefunden werden. Theodor Wolf galt aufgrund der Nürnberger Gesetze als Jude und war bis zu seinem Tod am 10. November 1941 der Verfolgung durch das nationalsozialistische Regime ausgesetzt. Eine Suche nach Erben blieb bis jetzt erfolglos.

Das ehemalige Post- und Telegraphenmuseum

1889 wurde per Erlass des Handelsministeriums die Einrichtung eines Postmuseums verfügt und zunächst in der Rotunde im Prater untergebracht. 1913 begann die Übersiedlung in das Gebäude des TMW, wo es – verzögert durch den Ersten Weltkrieg – 1923 wiedereröffnet wurde. Anfang 1930 wurde die Institution in Post- und Telegraphen-Museum (PTM) umbenannt, um der Erweiterung der Bestände auf Telegraf, Telefon und Radio (letzteres seit 1927) dem Publikum kenntlich zu machen.

Das Museum war eine Dienststelle der Österreichischen Post- und Telegraphenverwaltung, bis es mit Stichtag 1. Jänner 1980 in das TMW eingegliedert wurde. Es bewahrte noch längere Zeit ein Eigenleben, das Inventar wurde unabhängig vom übrigen TMW geführt. Heute existiert das PTM indes nicht mehr als Abteilung oder Sammlungsgruppe. Die stärksten Überschneidungen bestehen zum Sammlungsbereich Informations- und Kommunikationstechnik, die Bibliothek des PTM wurde in jene des TMW integriert.

Aufgrund einer Aufstellung von 13. Oktober 1983 hatte die vom TMW übernommene Sammlung des PTM folgenden Umfang:
- Inventar: Postgeschichtliche Objekte (22.000) und Objekte der Fernmeldetechnik und Funktechnik (ca. 13.500)
- Bibliothek: ca. 9000–10.000 Bände (exklusive 5000–6000 nicht inventarisierte Dubletten)

Das Postmuseum in der NS-Zeit

Nach dem „Anschluss" wurde das PTM wie die analogen Sammlungen in Nürnberg, Stuttgart und Dresden als Abteilung dem Reichspostmuseum Berlin eingegliedert und war in grundsätzlichen Fragen von diesem abhängig. Für den laufenden Geschäftsbetrieb, insbesondere in personeller Hinsicht, unterstand es aber der Reichspostdirektion Wien.

Den größten Teil seiner Objekte bezog das Museum seit jeher aus der Postverwaltung bzw. von deren aktiven oder ehemaligen Mitarbeitern. Das PTM orientierte sich also in seiner Erwerbungspolitik kaum am Markt, wenngleich es gelegentlich Ankäufe aus dem Kunst- und Antiquitätenhandel tätigte. Die Philatelie, ein Bereich, in dem private Sammeltätigkeit eine große Rolle spielte, bildete keinen Schwerpunkt des Museums, verdächtige Erwerbungen in der NS-Zeit sind nicht überliefert. Das PTM avancierte mithin nicht zu einem der großen institutionellen Profiteure der Raubzüge gegen die jüdische Bevölkerung.

Parallel zu den Eroberungen des Dritten Reichs konnte sich das Museum allerdings eine größere Zahl von Beutestücken sichern. Als erstes gelangten Objekte aus den Anfang Oktober 1938 an Niederdonau angeschlossenen „Sudetengebieten" ans Museum. Schon am 20. Oktober sandte das Postamt in Lundenburg (Břeclav) an der ehemaligen Staatsgrenze zu Österreich Siegel, Stempel, Bücher und Urkunden. Nach der Besetzung Polens erhielt das Museum Briefkästen, Kappen, Postbeutel etc. der polnischen Post. 1941/42 folgten Artefakte der Postverwaltung aus Jugoslawien und Korrespondenzstücke aus der Sowjetunion.

Überprüfung der Erwerbungen

Schwerpunkte der Provenienzforschung zu den Beständen des ehemaligen PTM:
- Einige Erwerbungen über den Kunsthandel ab 1938,
- Erwerbungen von Artefakten des laufenden Postbetriebs (von Briefkästen bis zu Korrespondenzstücken) in den vom Deutschen Reich besetzten Ländern,
- Ein philatelistischer Bestand, den die Finanzlandesdirektion Wien 1967 an das PTM übergab.

Seit der Museumsgründung waren mehrere Inventarverzeichnisse in Verwendung. Im Zuge einer groß angelegten Reorganisation begann 1956 eine Neuinventarisierung der Bestände. Die Objekte wurden in eine Vielzahl von Gruppen eingeteilt und mit einer neuen Signatur innerhalb der einzelnen Gruppe versehen. Die Angaben aus den zuvor angelegten Verzeichnissen wurden in die neuen Listen großenteils übernommen.

Die 1956 bis 1980 erstellten Inventarverzeichnisse bildeten den Ausgangspunkt der Überprüfung. Für die Gruppe der postgeschichtlichen Objekte wurde zusätzlich zu den 1956 bis 1980 erstellten Inventarverzeichnissen das älteste vorhandene, 1888 angelegte Inventar A herangezogen. Objekte, die bereits in diesem Verzeichnis aufscheinen, wurden – mit Ausnahme der Eintragungen auf dessen letzter beschriebener Seite – vor 1938 erworben und sind deshalb als unbedenklich zu betrachten. Auch für die fernmeldetechnischen Objekte existieren zum Teil ältere, vor 1956 angelegte Inventarverzeichnisse, die jedoch nur selten Hinweise auf die Provenienz enthalten. Bei Erwerbungen nach 1945 wurden die Eintragungen im Zugangsprotokoll konsultiert, in einigen Fällen auch die – wenig aufschlussreichen – Verzeichnisse der (PTM-)Aktennummern.

Generell ist die Herkunft der postgeschichtlichen Objekte besser dokumentiert als die der fernmeldetechnischen. Hinsichtlich jener Gegenstände, die als Erinnerungsstücke musealisiert wurden, scheint ein schärferes Bewusstsein für den Wert der Einbettung in einen historisch-gesellschaftlichen Zusammenhang geherrscht zu haben, zu dem auch der Zeitpunkt der Erwerbung und die Herkunft des Objekts gehören. Die erhaltenen, vor 1956 entstandenen Inventarverzeichnisse zu Objekten der Kommunikationstechnik (Radio, Telegrafie, Rohrpost) fokussieren hingegen auf eine technische Bestandsaufnahme und gehen kaum auf die Provenienz ein.

Jedes einzelne Objekt in den fernmeldetechnischen und postgeschichtlichen Gruppen wurde hinsichtlich seiner Provenienz als bedenklich oder unbedenklich eingestuft bzw., wenn sich aufgrund der Quellenlage keine eindeutige Aussage treffen ließ, als offen, d. h. ungeklärt bewertet.

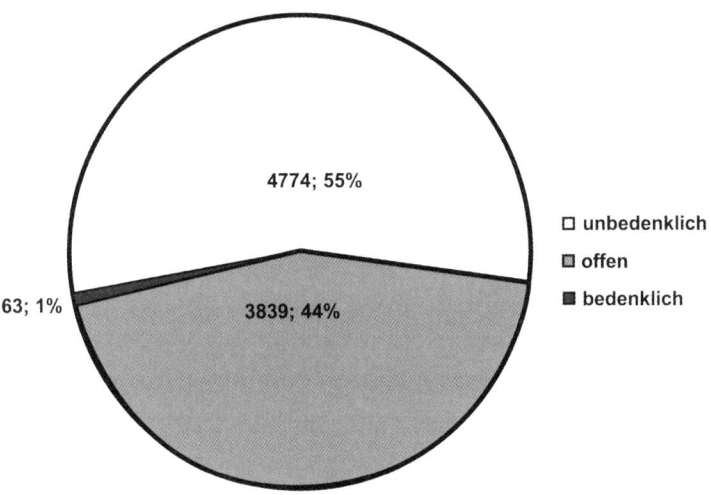

Grafik 2: Bewertung der Provenienz von postgeschichtlichen und
fernmeldetechnischen Objekten

Dossiers zu bedenklichen Erwerbungen

Im April 2007 wurde der Kommission eine Reihe von Dossiers bezüglich eines umfangreichen philatelistischen Bestands übermittelt, der 1967 von der Finanzlandesdirektion Wien als „Vermögen unbekannter Herkunft" an das PTM übergeben wurde. Der Bestand umfasst rund 10.800 Briefmarken, Alben, ca. 2200 Postanweisungen, ca.

4500 Korrespondenzkarten etc. Aufgrund der schlechten Aktenlage gelang die Zuordnung zu Voreigentümern nur bei einer kleinen Zahl von Objekten. Es handelt sich ausschließlich um Korrespondenzstücke. Abgesehen von einem Überblicksdossier über den großen, ungeklärten Rest an philatelistischen Objekten wurden neun personenbezogene Dossiers vorgelegt, außerdem auch eines über einen weiteren Bestand von ca. 1600 Briefumschlägen, die auf die Firma Bunzl & Biach zurückgehen. Der Beirat hat in seiner Sitzung am 4. Dezember 2007 die Rückgabe an die Rechtsnachfolger der in den Dossiers ersichtlichen Personen empfohlen.

Im Juli 2007 wurde ein Dossier zu rund 1000 als „Russenbriefe" bezeichneten, 1942 in der Ukraine geraubten Korrespondenzstücken vorgelegt[6].

Ausblick

Die Überprüfung des Inventars wurde durch Oliver Kühschelm weitestgehend abgeschlossen. Noch unbearbeitet sind die Bestände der Bibliothek. Außerdem gilt es, vorliegende Rechercheergebnisse in weitere Dossiers umzusetzen, z. B. zu den Artefakten der Postverwaltung (Briefkästen, Dienstkappen etc.), die in von NS-Deutschland eroberten Ländern geraubt wurden. Jedoch lässt sich ein Teil der als bedenklich bewerteten Objekte derzeit nicht in den Depots des TMW lokalisieren. Erst die noch mehrere Jahre laufende Generalinventur wird hier Klarheit bringen.

Österreichische Mediathek

1959/60 wurde vom Bundesministerium für Unterricht die *Österreichische Phonothek* gegründet, deren Aufgabe es war, ein Archiv von Tondokumenten mit dem Fokus Österreich aufzubauen. 1997 übernahm sie Bestände des *Österreichischen Instituts für den Wissenschaftlichen Film* (ÖWF). 2001 erfolgte die Umbenennung in *Österreichische Mediathek* und die Umwandlung in eine Anstalt öffentlichen Rechts, die organisatorisch als Abteilung dem TMW angegliedert ist.

Zu den Sammlungen der Mediathek gehören neben Eigenaufnahmen, Radio- und Fernsehmitschnitten publizierte Ton- und Videodokumente (Schallplatten, CDs) mit

---

6   Siehe dazu in diesem Band: Oliver KÜHSCHELM, „Russenbriefe" – verschleppte Privatkorrespondenz aus der Ukraine.

Schwerpunkt Österreich. Die Bestände des historischen Ton- und Filmarchivs der Mediathek reichen bis weit vor die Zeit ihrer Gründung zurück.

Für die Provenienzforschung sind drei Teilbestände relevant, soweit die Objekte vor 1945 hergestellt wurden:

1. Filme aus dem Eigentum des ÖWF
2. Rund 84.000 historische Tonträger (Phonographenwalzen, Notenrollen, Selbstschnittfolien und Decelith-Platten, Schellacks)
3. Historische Rundfunkempfänger und Grammophone

Ein gravierendes Problem ist die lückenhafte Aktenüberlieferung. Günstiger stellt sich die Lage nur im Fall der Filme des ÖWF dar, während zu den Objekten aus dem Eigentum der ehemaligen Phonothek kaum Akten vorhanden sind. Es liegen keine Eingangsbücher oder Inventarverzeichnisse vor, die Auskunft über die Herkunft der Objekte geben könnten. Viele Erwerbungen haben vermutlich keinen Niederschlag in schriftlicher Korrespondenz gefunden, sondern wurden mündlich abgewickelt. Jedenfalls ist keine Korrespondenz erhalten. Ab den 1990er Jahren verbessert sich zwar die Überlieferungssituation, doch erst in jüngster Zeit wird die Übernahme von Tonträgern systematisch dokumentiert.

Beim Großteil des Bestandes ist es nicht möglich, seine Herkunft bis zu dem Zeitraum von 1938 bis 1945 zurückzuverfolgen. Somit lässt sich weder die Unbedenklichkeit der Provenienz noch das Gegenteil mit Sicherheit festhalten – so lautete das Resümee des Endberichts, der im September 2006 vorgelegt wurde.

Erst ein nachträglicher Hinweis führte zur Erarbeitung eines Dossiers: 1993 hatte das *Phonogrammarchiv der Österreichischen Akademie der Wissenschaften* einen umfangreichen Bestand von Schallplatten an die Mediathek übertragen, darunter auch zwölf Sprechplatten, aufgenommen während des Ersten Weltkriegs zugunsten des k. k. österreichischen Militär-Witwen- und Waisenfonds. Die Platten wurden 1942 vom Dorotheum über Veranlassung der Vugesta dem Phonogrammarchiv übergeben. Der Kunstrückgabe-Beirat empfahl in seiner Sitzung von 4. Dezember 2007 die Rückgabe an die Rechtsnachfolger von Paul Herzfeld, der 1942 nach Izbica deportiert und ermordet worden war.

Mobile Eingreiftruppe Kunstrestitution. Die Israelitische Kultusgemeinde Wien und ihre Anlaufstelle für jüdische NS-Verfolgte

Ingo Zechner

Die Entziehung und Rückgabe von Kunstgegenständen ist ein Randphänomen im gesamten Komplex von Vermögensentzug und Rückstellung. Dennoch bildet Kunstrückgabe neben der Naturalrestitution von Liegenschaften gleichsam einen von zwei Brennpunkten zahlreicher Aktivitäten der Israelitischen Kultusgemeinde Wien. Dafür gibt es mehrere Gründe, deren Verständnis einige Differenzierungen und einen Rückblick voraussetzt.

Nur wenige vom NS-Regime als Jüdinnen und Juden verfolgte Personen waren in der Lage, sich eine Kunstsammlung leisten zu können. Diejenigen, die es konnten, hatten zum Teil andere Interessen. Zum Teil waren unter ihnen allerdings auch solche, die historische und zeitgenössische Sammlungen von erlesener Qualität aufgebaut hatten. In mehreren Fällen hatten sie mit ihrer Sammlungstätigkeit und ihren Privataufträgen die künstlerischen Produktionsbedingungen ihrer Zeitgenossen mitgestaltet und zur Entstehung der Kunst ihrer Epoche – des Fin de Siècle und der Moderne der Zwischenkriegszeit – Entscheidendes beigetragen. Viele sammelten, was zum bildungsbürgerlichen Kanon gehörte, andere, was ihrer ganz persönlichen Obsession entsprach und wofür sie eine besondere Expertise entwickelt hatten.

Der auch unter den Bedingungen nationalsozialistischen Kunst- und Kulturverständnisses unbestrittene kulturhistorische Rang vieler Sammlungsobjekte machte diese zum Gegenstand zahlreicher Begehrlichkeiten und bot zugleich den scheinlegalen Deckmantel für den Zugriff auf sie: Das geltende Verbot der Ausfuhr von Gegenständen von geschichtlicher, künstlerischer oder kultureller Bedeutung des Jahres 1918[1] wurde im Zuge der Massenvertreibungen der jüdischen Bevölkerung Österreichs in den Jahren 1938 und 1939 zu einem wichtigen Instrument der Vermögensentziehung. Mit der Ausfuhrsperre wurde eine Veräußerung der gesperrten Objekte erzwungen und – in vielen Fällen – deren Erwerbung durch öffentliche Sammlungen in die Wege gelei-

---

1 StGBl 1918/90 in der Fassung des Bundesgesetzes vom 24.1.1923 (BGBl 1923/80).

tet: eine Vergemeinschaftung von Privateigentum auf Kosten der jüdischen Sammlerinnen und Sammler, die mit Hilfe der seit Mai 1938 auch in Österreich geltenden Nürnberger Gesetze sowie zahlreicher Sondergesetze und -verordnungen für Juden[2] nicht nur aus der „arischen" Volksgemeinschaft, sondern aus dem Gemeinwesen und dem gesamten öffentlichen Leben ausgeschlossen wurden.

Der steigende ökonomische Druck durch Berufsverbote[3], Arisierungen und Liquidierungen von Betrieben[4], Verfügungsbeschränkungen über verschiedenste Vermögenswerte sowie diskriminierende Steuern und Abgaben[5] zwang zahlreiche von ihnen dazu, sich unabhängig von den Ausfuhrbeschränkungen von ihren Sammlungsobjekten zu trennen, die an öffentliche Sammlungen veräußert, von Privat an Privat verkauft oder am Kunstmarkt in Auktionshäusern, Galerien, Kunsthandlungen, Antiquitätenläden und Antiquariaten angeboten wurden, von denen viele bereits arisiert waren. Die österreichische Moderne stand zwar großteils nicht im Fokus der Denkmalbehörde, fand jedoch am Kunstmarkt ihre Abnehmer, unter ihnen Galeristen und Museumsdirektoren. Im nationalsozialistischen Österreich galt die lokale Moderne – mit wenigen Ausnahmen wie die Werke Oskar Kokoschkas – nicht als „entartete Kunst".[6]

Von Anfang an waren sowohl die Entziehung als auch die Erwerbung entzogener Gegenstände durch öffentliche Museen und Sammlungen nicht auf Kunstgegenstände im engeren Sinne beschränkt: Ausfuhrsperren und Zwangsverkäufe aufgrund wirtschaftlichen Drucks betrafen Kulturgüter verschiedenster Art. Mit der staatlich angeordneten Ablieferung von Wertgegenständen aus Gold, Platin und Silber sowie von

---

2 Vgl. Joseph WALK (Hg.), Das Sonderrecht für die Juden im NS-Staat. Eine Sammlung der gesetzlichen Maßnahmen und Richtlinien – Inhalt und Bedeutung, Heidelberg 1996.

3 Vgl. Alexander MEJSTRIK, Therese GARSTENAUER, Peter MELICHAR, Alexander PRENNINGER, Christa PUTZ, Sigrid WADAUER, Berufsschädigungen in der nationalsozialistischen Neuordnung der Arbeit. Vom österreichischen Berufsleben 1934 zum völkischen Schaffen 1938–1940 (= Veröffentlichungen der Österreichischen Historikerkommission. Vermögensentzug während der NS-Zeit sowie Rückstellungen und Entschädigungen seit 1945 in Österreich, Bd. 16), Wien-München 2004.

4 Vgl. Ulrike FELBER, Peter MELICHAR, Markus PRILLER, Berthold UNFRIED, Fritz WEBER, Ökonomie der Arisierung (= Veröffentlichungen der Österreichischen Historikerkommission. Vermögensentzug während der NS-Zeit sowie Rückstellungen und Entschädigungen seit 1945 in Österreich, Bde. 10-1 und 10-2), Wien-München 2004.

5 Vgl. Ronald FABER, Franz-Stefan MEISSEL, Nationalsozialistisches Steuerrecht und Restitution, Wien 2006.

6 Zur Unterrepräsentation der internationalen Moderne und zum Umgang mit „entarteter Kunst" in Wien vgl. Maren GRÖNING, Fluchtpunkte der „entarteten Kunst" in Wien, in: Gabriele ANDERL, Alexandra CARUSO (Hg.), NS-Kunstraub in Österreich und die Folgen, Innsbruck-Wien-Bozen 2005, S. 80–89.

Edelsteinen und Perlen im Dorotheum und in anderen öffentlichen Ankaufsstellen seit Anfang 1939,[7] mit den schon früh einsetzenden Wohnungsversteigerungen sowie mit den Veräußerungen ganzer Umzugslifts durch die Vugesta und kompletter Wohnungseinrichtungen durch die eng mit der Vugesta verflochtene Möbelverwertungsstelle Krummbaumgasse in Folge von Vertreibung und Deportation gab es praktisch nichts, das vor einer Entziehung sicher gewesen wäre. Hinzu kamen all jene Gegenstände, die im Zuge „wilder Arisierungen" – insbesondere im März und November 1938 – durch Parteigenossen und sonstige Nutznießer des antisemitischen Terrors entzogen oder von Organen der Partei oder der Polizei teils mit, teils ohne Rechtsgrundlage beschlagnahmt und in weiterer Folge eingezogen worden waren, darunter zahlreiche Bibliotheken.[8]

Die Gruppe der durch die Entziehung von Kulturgütern Geschädigten ist also weit größer als der Kreis der Kunstsammlerinnen und -sammler, denen ein Großteil der öffentlichen Aufmerksamkeit gilt. Die ihnen entzogenen Gegenstände umfassen Kunstgegenstände im engeren Sinn wie Gemälde, Zeichnungen, Druckgraphiken und Skulpturen ebenso wie Porzellan, Textilien und andere kunstgewerbliche Gegenstände, Münzen, Uhren, Waffen, Judaica und andere Objekte besonderen Interesses ebenso wie Handschriften, Bücher und sonstiges Schriftgut, aber auch Möbel, Kleidung und andere Gebrauchsgegenstände (vom Fahrzeug bis zum Bettvorleger), nicht zuletzt Schmuck und persönliche Wertgegenstände. Es ist nicht einmal zweckmäßig, zwischen musealen und nicht musealen Gegenständen zu unterscheiden: zum einen, weil es letztlich vom Museum, nicht vom Objekt abhängt, was Eingang in Museen und Sammlungen findet, zum anderen, weil auch Gegenstände in privater Hand jederzeit in Museen auftauchen können – als spätere Erwerbungen oder als Leihgaben. Die Israelitische Kultusgemeinde Wien hat daher stets die pragmatische Definition begrüßt, mit der die Regierungsvorlage zum Kunstrückgabegesetz 1998[9] der Heterogenität der entzogenen Gegenstände gerecht zu werden versucht: „Kunstgegenstände" im Sinne dieses Bundesgesetzes seien „Kunst- und Kulturgut jeder Art", wie es von den im Gesetz genannten Museen und Sammlungen gesammelt wird, heißt es im besonderen Teil der Erläute-

---

7 Verordnung über den Einsatz des Jüdischen Vermögens, 3. Dezember 1938 (RGBl I 1939, S. 1709–1712), Artikel IV, § 14 und Dritte Anordnung aufgrund der Verordnung über die Anmeldung des Vermögens von Juden, 21. Februar 1939 (RGBl I 1939, S. 282). Vgl. zusätzlich GBfdLÖ 1939/96 und GBfdLÖ 1939/254.

8 Zur Beschlagnahmung von Bibliotheken, bei denen die Österreichische Nationalbibliothek eine wichtige Rolle spielte, vgl. Murray G. HALL, Christina KÖSTNER, „… allerlei für die Nationalbibliothek zu ergattern …" Eine österreichische Institution in der NS-Zeit, Wien-Köln-Weimar 2006.

9 1390 der Beilagen zu den Stenographischen Protokollen des Nationalrates XX. GP.

rungen zu § 1, denen der Kunstrückgabe-Beirat in seiner Spruchpraxis gefolgt ist. Für die praktische Arbeit entscheidend ist nur, ob sich solche Gegenstände in öffentlichem oder privatem Eigentum befinden und wenn ersteres, ob es sich um Bundeseigentum, Landeseigentum oder sonstiges öffentliches Eigentum handelt, weil davon die Chancen einer Rückgabe abhängen.

Mauerbach-Fonds

Mit entzogenen Kunstwerken in Bundeseigentum war die Israelitische Kultusgemeinde Wien bereits seit der Mauerbach-Diskussion der 1990er Jahre befasst, damals jedoch noch nicht aus der Perspektive einer individuellen Rückgabe. Im Jahr 1995 wurden dem Bundesverband der Israelitischen Kultusgemeinden Österreichs nach langem politischem Tauziehen jene Kunst- und Kulturgüter ins Eigentum übertragen, die jahrzehntelang in der Kartause Mauerbach lagerten und bereits 1969 und 1986 Gegenstand zweier gesetzlicher Regelungen gewesen waren.[10] Diese hatten – nach völlig unzureichenden Antragsverfahren – einen formellen Verfall des vermeintlich „herrenlosen" oder erblosen Guts an die Republik Österreich vorgesehen, das den österreichischen Behörden von den Alliierten zur Rückgabe an die ursprünglichen Eigentümerinnen und Eigentümer oder deren Rechtsnachfolger übergeben worden war.

In Erfüllung des gesetzlichen Auftrags[11] hat der Bundesverband diese Gegenstände im Herbst 1996 in einer groß angelegten Auktion des Auktionshauses Christie's im MAK – Museum für Angewandte Kunst versteigern lassen und mit dem Erlös – nach Auszahlung eines bestimmten Prozentsatzes an andere Opferverbände – den eigens begründeten Mauerbach-Fonds gespeist, der die Gelder an bedürftige jüdische NS-Verfolgte in und aus Österreich zur Auszahlung brachte. Für viele von ihnen war es nach Jahrzehnten der erste Kontakt mit der Israelitischen Kultusgemeinde Wien, der sich in den folgenden Jahren vertiefen sollte.

---

10 Erstes und Zweites Kunst- und Kulturgutbereinigungsgesetz (BGBl 1969/294 und BGBl 1986/2).
11 Bundesgesetz, mit dem das 2. Kunst- und Kulturgutbereinigungsgesetz geändert wird (BGBl 1995/515).

Anlaufstelle für jüdische NS-Verfolgte

1998 waren es entzogene Kunstwerke, die eine Debatte über Vermögensentzug und Restitution in Gang brachten, die sich schon bald nicht mehr nur auf Kunst- und Kulturgut beschränkte. Die Beschlagnahmung zweier Egon Schiele Bilder aus der Sammlung Leopold in New York und der Fall Rothschild standen an ihrem Beginn. Für viele Holocaust-Überlebende und Nachkommen, die selbst oder deren Familien in den wenigsten Fällen Kunstwerke besessen hatten, waren die öffentliche Auseinandersetzung um die Kunstrückgabe und die von der damaligen Unterrichtsministerin Elisabeth Gehrer angekündigte Öffnung der Archive der Anlass, sich Hilfe suchend an die Israelitische Kultusgemeinde Wien zu wenden und Fragen nach der eigenen Familiengeschichte und der Entziehung verschiedenster Vermögenswerte zu stellen, die zum damaligen Zeitpunkt kaum beantwortet werden konnten.

Die 1998 neugewählte Leitung der Israelitischen Kultusgemeinde Wien entschloss sich daher gemeinsam mit anderen jüdischen Organisationen zur Gründung eines Büros für Restitutions- und Entschädigungsangelegenheiten, das im Juli 1999 als *Anlaufstelle für jüdische NS-Verfolgte in und aus Österreich* eröffnet wurde. Anfangs ein eigenständiger Verein, wurde die Anlaufstelle 2003 in eine Abteilung der Israelitischen Kultusgemeinde Wien umgewandelt. Bis dahin hatte sie bereits drei Tätigkeitsphasen mit unterschiedlichen Arbeitsschwerpunkten durchlaufen: Auf eine erste Phase des Zuhörens, Sammelns und elektronischen Erfassens von Informationen, die meist von den Betroffenen selbst zur Verfügung gestellt und durch Recherchen in öffentlichen Archiven ergänzt wurden, folgte eine zweite Phase der Auswertung und Aufbereitung dieser Informationen für die Entschädigungsverhandlungen des Jahres 2000, die schließlich in das Washingtoner Abkommen vom Jänner 2001 mündeten. Nach dem Beschluss des Entschädigungsfondsgesetzes (BGBl I 2001/12) und der Einrichtung eines Allgemeinen Entschädigungsfonds verschob sich der Tätigkeitsschwerpunkt auf die Information, Beratung und Unterstützung von Anspruchsberechtigten sowie auf die Evaluierung der beschlossenen Restitutions-, Entschädigungs- und Sozialleistungen. Diese Phase dauert leider noch an.

Die Anlaufstelle steht heute mit rund 13.700 Klientinnen und Klienten in aller Welt in Kontakt. Rund 8100 von ihnen sind Holocaust-Überlebende, die anderen Nachkommen in erster oder zweiter Generation. Die Anlaufstelle informiert sie mit Hilfe von zahlreichen, an gezielt ausgewählte Gruppen gerichteten Aussendungen über aktuelle Entschädigungs- und Sozialleistungen, in einem wechselnden Schwerpunkten gewidmeten Newsletter und seit 2003 auf einer eigenen Website (www.restitution. or.at). Diejenigen, die sich an die Anlaufstelle wenden, werden individuell betreut. Die Sozialarbeiterinnen der Anlaufstelle prüfen die Möglichkeit auf Rückstellung, Entschädigungen und Sozialleistungen in jedem einzelnen Fall. Sie informieren über die Rechtsgrundlagen, geben Recherchetipps, helfen bei der Antragstellung und der Ergänzung von Anträgen, urgieren bei Fonds und Behörden. Jeder Kontakt wird sorgfältig dokumentiert. Die so gesammelten Erfahrungen bilden die Grundlage für zahlreiche Verbesserungsvorschläge, die entweder direkt bei den zuständigen Stellen deponiert oder vom Präsidium der Israelitischen Kultusgemeinde Wien in die politische Debatte eingebracht werden.

Kunst- und Kulturgegenstände

Kunst- und Kulturgegenstände gaben den Anstoß zur Kontaktaufnahme zwischen Holocaust-Überlebenden und der Israelitischen Kultusgemeinde Wien im Rahmen des Mauerbach-Fonds und sie standen am Beginn der Rückgabedebatte der späten 1990er Jahre, sie standen und stehen jedoch nicht im Mittelpunkt jener Anliegen, mit denen sich Überlebende und Nachkommen seit 1999 an die Anlaufstelle wenden. Das hängt zunächst mit ihrer Eigenart zusammen.

Im Unterschied zu anderen Vermögenswerten sind die Besitz- und Eigentumsverhältnisse von Kunst- und Kulturgegenständen relativ schlecht dokumentiert: Liegenschaften sind im öffentlichen Grundbuch registriert, das Eigentumsverhältnisse und -änderungen offenlegt; Betriebe und ihre Eigentümer sind im Firmenbuch und ggf. im Handels- und Gewerberegister verzeichnet sowie in einschlägigen Publikationen dokumentiert (etwa in den Compass Jahrbüchern); Bankkonten und Versicherungspolizzen hatten Nummern, die bei manchen Banken und Versicherungsunternehmen nachverfolgt werden können. All diese Vermögenswerte im In- und im Ausland sowie ihre Veränderungen mussten aufgrund der Verordnung über die Anmeldung des Vermögens von Juden vom 26. April 1938[12] bei der in Folge der nationalsozialistischen Machtergreifung eingerichteten Vermögensverkehrsstelle angemeldet werden, nur kleinere Gesamtvermögen (unter RM 5.000) waren davon ausgenommen. Dank eines bereits in den frühen 1990er Jahren erstellten Gesamtverzeichnisses der über 49.000 im Öster-

---

12   RGBl I 1938/63.

reichischen Staatsarchiv erhaltenen Vermögensverzeichnisse[13] waren diese oft mit detaillierten Angaben versehenen so genannten Vermögensanmeldungen in der Regel die ersten Dokumente, auf die sich Geschädigte stützen konnten. Mit professioneller Hilfe durch die Anlaufstelle oder später durch den Allgemeinen Entschädigungsfonds konnten für die einzelnen Betroffenen in vielen Fällen weitere Dokumente ausfindig gemacht und die Entziehung sowie auch die allfällige Restitution oder Entschädigung dieser Vermögenswerte belegt werden: durch die Karteien und Akten der für die Arisierungen von Liegenschaften und Betrieben zuständigen Abteilungen der Vermögensverkehrsstelle, der in die Entziehung involvierten und für die Rückstellungen auf Basis der ersten beiden Rückstellungsgesetze zuständigen Finanzlandesdirektionen, der zum Teil erhaltenen Anmeldungen entzogener Vermögenswerte durch deren Inhaber oder die Geschädigten bei den Bezirkshauptmannschaften (Vermögensentziehungs-Anmeldungsverordnung), der für die Entschädigung von nicht mehr physisch vorhandenen Vermögenswerten und für erbloses Vermögen zuständigen Institutionen (Abgeltungsfonds und Sammelstellen) sowie zahlreicher anderer Archivbestände und Dokumente.

Das vorgefertigte vierseitige Formular der Vermögensanmeldungen enthält zwar in der Rubrik „IV. Sonstiges Vermögen, insbesondere Kapitalvermögen" einen eigenen Punkt „g) Gegenstände aus edlem Metall, Schmuck und Luxusgegenstände, Kunstgegenstände und Sammlungen". Anders als etwa Wertpapiere und Schuldforderungen waren diese Gegenstände im Formular jedoch nicht detailliert anzugeben, sondern mit einer Gesamtsumme zu bewerten, für deren Nachweis ein eigenes Schätzgutachten erforderlich war. Diese Schätzgutachten sind in manchen Fällen noch als Beilage zur Vermögensanmeldung vorhanden, oft fehlen sie jedoch. Teilweise liegen in den Vermögensanmeldungen auch Belege über die § 14-Ablieferungen an das Dorotheum ein. Eine eventuelle Rekonstruktion dieser Sammlungen anhand anderer Quellen übersteigt in der Regel die Möglichkeiten der Betroffenen, die dabei auf die Arbeit professioneller Provenienzforschung angewiesen sind. Die Geschädigten konnten also in vielen Fällen bei Kunst- und Kulturgegenständen nicht genau benennen, was entzogen worden war.

Ist das Schätzgutachten vorhanden, sind die darin enthaltenen Angaben zu den Objekten oft zu vage, um diese eindeutig zu identifizieren. Künstlername und Titel sind vielfach nicht spezifisch genug (etwa: „Pettenkofen: Landschaft"), Maßangaben können

---

13 Hubert STEINER, Christian KUCSERA, „Recht als Unrecht". Quellen zur wirtschaftlichen Entrechtung der Wiener Juden durch die NS-Vermögensverkehrsstelle, unveröffentlicher Bericht, Wien 1993.

fehlen oder unzuverlässig sein, insbesondere wenn man nicht weiß, ob mit oder ohne Rahmen gemessen wurde. Zudem können Maße, vor allem aber auch Titel im Lauf der Zeit verändert werden. Handelt es sich nicht um Unikate, die zudem relativ eindeutig bezeichnet und beschrieben oder durch Werkverzeichnisse, frühe Ausstellungskataloge oder andere Publikationen dokumentiert sind, bedarf die Identifizierung zusätzlicher Quellen und Hilfsmittel. Mit dem Tod der früheren Eigentümerinnen und Eigentümer und all derjenigen, die mit den Gegenständen gelebt haben, ist auch die persönliche Erinnerung verloren, Fotos und Dokumente im Familienbesitz gibt es nur in wenigen Fällen. Handelt es sich um Serienprodukte (etwa Druckgraphik, Möbel, Porzellan, etc.) oder Massenprodukte (etwa Bücher), ist deren Zuordnung zu ihren früheren Eigentümerinnen und Eigentümern überhaupt nur anhand von Hinweisen am Objekt (Exlibris, Stempel und sonstige Eigentümervermerke sowie Nummern und andere Angaben) oder aufgrund von Aufzeichnungen der Erwerber (Sammlungsinventare, Erwerbungsakten etc.), der Händler (Auktionskataloge mit Notizen etc.) sowie der involvierten NS-Behörden einschließlich der Denkmalbehörde möglich.

Grundlagenforschung

Die Erschließung von Karteien und Akten zur Entziehung und Rückgabe von Kunst- und Kulturgegenständen durch elektronische Namensindizes bildet daher eine wichtige Voraussetzung der Provenienzforschung, die sich wie ein roter Faden durch die verschiedenen Tätigkeitsphasen der Anlaufstelle zieht. Unter den von der Anlaufstelle aufbereiteten Beständen finden sich etwa die Kartei der Vugesta, die Karteien und Akten zum Ersten und Zweiten Kunst- und Kulturgutbereinigungsgesetz, Fotoinventare im Bundesdenkmalamt oder die erst kürzlich für die Provenienzforschung entdeckte „§ 14-Kartei" oder so genannte „Dorotheumskartei", die die bereits mehrfach erwähnten Ablieferungen von Wertgegenständen aus Gold, Platin und Silber sowie von Edelsteinen und Perlen dokumentiert[14]. Zuletzt hat sich die Anlaufstelle an einer Initiative von Mag. Leonhard Weidinger – dem Provenienzforscher im MAK – Museum für angewandte Kunst/Gegenwartskunst – zur Digitalisierung von Auktionskatalogen 1938–1945 beteiligt. In zahlreichen Einzelquellen fanden sich in diesen Quellen bereits entscheidende Hinweise, die eine Klärung der Provenienz bestimmter Gegenstände und ihre Einstufung als mögliches Rückgabeobjekt erlaubten. Zur Quellenerschließung hin-

---

14   Siehe dazu in diesem Band: Felicitas THURN-VALSASSINA, Provenienzforschung im Dorotheum.

zu kommen größere Rechercheprojekte, die meist aus aktuellem Anlass entstanden, aber ganze Themenfelder abzudecken versuchten, darunter Recherchen zum Dorotheum in der NS-Zeit oder zu Ehescheidungen in so genannten „Mischehen".

Im Unterschied zu anderen Vermögenswerten führt der Weg bei Kunst- und Kulturgegenständen in der Regel nicht von den früheren Eigentümerinnen und Eigentümern oder deren Rechtsnachfolgern zum Objekt, sondern umgekehrt. Genau hier kommt die Anlaufstelle ins Spiel.

Bundesmuseen und Sammlungen

Eine Besonderheit des Rückgabegesetzes ist es, dass es eine Rückgabe von Amts wegen vorsieht, die keinen Antrag erfordert. Allerdings ist dieses amtswegige Rückgabeverfahren nur zum Teil im Gesetz geregelt, zum Teil hat es sich aus langjähriger Praxis ergeben.

Erbensuche

Was in der Praxis nicht funktioniert, ist die amtswegige Feststellung der Rechtsnachfolger früherer Eigentümerinnen und Eigentümer. Diese sind nur in den wenigsten Fällen bereits bekannt, wenn der Kunstrückgabe-Beirat eine Rückgabe empfiehlt. Laut Gesetz wäre es Aufgabe des Beirats, den zuständigen Bundesminister bzw. die zuständige Bundesministerin bei dieser Feststellung zu beraten. De facto hat der Beirat – bis 2008 – diese gesetzliche Aufgabe nicht wahrgenommen. Stattdessen wurden vom zuständigen Bundesministerium mit Ausnahme der meisten Fälle der Österreichischen Nationalbibliothek externe Rechtsgutachten über die Rechtsnachfolge in Auftrag gegeben, die sich jedoch nur selten auf Rechercheergebnisse der Kommission für Provenienzforschung stützen können. Deren Selbstverständnis war es bisher, dass ihre Tätigkeit mit der Klärung der Provenienz eines Objekts endet. Die Rechercheergebnisse, die zu Einzelfalldossiers zusammengefasst und dem Beirat zur Beurteilung vorgelegt werden, enthalten mit wenigen Ausnahmen keine Hinweise auf die heutigen Rechtsnachfolger.

Nachdem eine Rückgabe beschlossen wurde, wendet sich das jetzige Bundesministerium für Unterricht, Kunst und Kultur regelmäßig an die Anlaufstelle, um nach möglichen Rechtsnachfolgern zu fragen, die nur noch selten mit jenen Personen identisch sind, die sich bereits in den späten 1940er und in den 1950er Jahren um eine Rückgabe bemüht haben und etwa in den Restitutionsmaterialien im Archiv des Bundesdenkmalamtes dokumentiert sind. Während sich die Anlaufstelle in ihrer Unterstützung des Ministeriums bei der Feststellung von Rechtsnachfolgern zu Beginn – mit Ausnahme weniger Fälle – auf allfällige, in ihren eigenen Datenbanken und Aktenbeständen vorhandene Angaben zur Familie der früheren Eigentümerinnen und Eigentümer beschränkte, führt sie seit 2003 in jedem einzelnen Fall eine systematische Erbensuche durch. Entscheidend ist die Frage, ob ein Testament vorliegt oder vielmehr die gesetzliche Erbfolge eingetreten ist, da die Verfügungen in Testamenten oft erheblich von der gesetzlichen Erbfolge abweichen. Kenntnis der Verwandtschaftsverhältnisse hilft also oft nicht weiter, solange unklar bleibt, ob es ein Testament gibt.

Ziel der Suche ist zunächst die Ermittlung des Sterbedatums und des Sterbeortes der früheren Eigentümerin bzw. des früheren Eigentümers. Wenn die eigenen Datenbanken und Aktenbestände keine weiteren Hinweise ergeben, führt der Weg über Meldeanfragen und allfällige Anfragen bei den Staatsbürgerschaftsbehörden sowie die Auswertung von Passagierlisten (nach Übersee) und die Abfrage einschlägiger Datenbanken (vom Social Security Death Index in den USA bis JewishGen). Die einzelnen Rechercheschritte hängen zudem davon ab, welche Informationen über die frühere Eigentümerin oder den früheren Eigentümer im Zuge der Provenienzforschung eruiert wurden. Sind diese Informationen nur rudimentär, ist oft der Umweg über das hauseigene Archiv der Israelitischen Kultusgemeinde Wien und über das Matrikenamt sowie über nicht berücksichtigte Bestände in öffentlichen Archiven nötig, um Grunddaten zur Person zu ermitteln. Stehen Sterbeort und Sterbedatum einmal fest, geht es in weiterer Folge um die Einholung von Verlassenschaftsdokumenten (Einantwortungsurkunde in Österreich, Testamente und Probate Files bzw. deren Äquivalente in anderen Ländern), bei der die Anlaufstelle nach Möglichkeit die Unterstützung österreichischer Auslandsvertretungen in Anspruch nimmt. Sind Rechtsnachfolger in der Zwischenzeit ebenfalls verstorben, beginnt für die Ermittlung von deren Rechtsnachfolgern der Weg an einem bestimmten Punkt wieder von vorne. Die Eruierung von Rechtsnachfolgern anhand von Verlassenschaftsdokumenten bedeutet nicht automatisch, dass man ihren aktuellen Aufenthaltsort kennt. Für ihre Lokalisierung gibt es in den verschiedenen Ländern unterschiedliche Möglichkeiten, die sich nicht verallgemeinern lassen. Generell sind die Chancen der Erbensuche von Land zu Land verschieden (von exzellent bzw. sehr gut in Österreich und den USA, über gut in Großbritannien, Australien, Deutschland und in der Schweiz bis relativ schlecht in Israel, Frankreich, im französischen Teil Kanadas, in Lateinamerika und in Ländern Osteuropas wie Tschechien oder Ungarn). Am Ende steht eine von der Anlaufstelle erstellte, möglichst komplette Erbfolgedokumentation, die neben einer Zusammenfassung der Ergebnisse auch Kopien aller relevanten Dokumente enthält und dem Ministerium sowie dem externen Rechtsgutachter zur Prüfung und formellen Feststellung der Rechtsnachfolger übermittelt wird.

In den insgesamt 156 Rückgabefällen aufgrund des Rückgabegesetzes (Stichtag Beiratssitzung vom 20. Juni 2008, gezählt nach Fallnamen, nicht nach Beiratsempfehlungen und nicht nach Objekten) hat die Anlaufstelle

in 65 Fällen Erbfolgedokumentationen erstellt und 151 Rechtsnachfolger gefunden,
in 40 Fällen Hinweise auf 63 Rechtsnachfolger gegeben,
in 28 Fällen die Erbensuche aufgenommen, aber noch nicht abgeschlossen.

Seit einigen Jahren stützt sich das Ministerium auch beim komplizierten Ausfolgungsprocedere auf Vorarbeiten der Anlaufstelle, die in vielen Fällen die erforderlichen Haftungserklärungen und Vollmachten einholt. Dabei wurde sie immer wieder mit der Frage konfrontiert, wer denn die Kosten für einen sachgerechten Transport von Rückgabeobjekten übernimmt – eine Frage, deren Beantwortung zugunsten oder zuungunsten der Restitutionsempfänger in der Regel den einzelnen Bundesmuseen und Sammlungen überlassen wurde.

Die Israelitische Kultusgemeinde Wien hat sich also nicht zuletzt aus pragmatischen Gründen dafür entschieden, Kunstrückgabe zu einem Schwerpunkt zu machen, da andernfalls zwar viele Rückgabeentscheidungen getroffen, aber nur wenige Objekte tatsächlich zurückgegeben worden wären.

Mitarbeit in der Kommission

Von den rund ein Dutzend ständigen Mitarbeiterinnen und Mitarbeitern der Anlaufstelle war und ist nur ein kleiner Teil mit Kunstrückgabe befasst und auch dieser nicht ausschließlich. Seit Oktober 1999 ist die Anlaufstelle durch diese Mitarbeiterinnen und Mitarbeiter als beobachtende Mitglieder in der Kommission für Provenienzforschung vertreten: 1999 bis Mitte 2001 durch Sophie Lillie und zusätzlich bis Frühjahr 2002 durch Ruth Pleyer, seit 2002 bis heute durch Dr. Ingo Zechner, seit 2002 bis Herbst 2003 zusätzlich durch Dr. Peter Melichar und seit Ende 2002 bzw. Anfang 2003 bis heute zusätzlich durch Mag.ª Sabine Loitfellner und Dr. Monika Wulz.

Im direkten Kontakt mit jenen Mitgliedern der Kommission, die in den Bundesmuseen und Sammlungen die Provenienzforschung durchführen sowie mit den Mitarbeiterinnen des Büros der Kommission hat sich sehr schnell herausgestellt, dass bei vielen Fallrecherchen bereits in einem frühen Stadium Unterstützung von außen gefragt ist. Das Spektrum reicht von der Überprüfung einzelner Personennamen anhand von internen Datenbanken und Aktenbeständen über Recherchetipps sowie eigene Zusatzrecherchen in öffentlichen Archiven und im Archiv der Israelitischen Kultusgemeinde Wien bis zur Erörterung von methodischen Fragen und möglichen Beurteilungen des Falles. Der Umfang dieser Unterstützung war und ist von der Intensität des persönlichen Kontakts zwischen den Beteiligten abhängig und von Haus zu Haus verschieden.

Seit 2003 hat sich die Anlaufstelle mit verschiedenen Mitteln um eine Systematisierung der Provenienzforschung in den Bundesmuseen und Sammlungen und um eine Verbesserung des Informationsflusses innerhalb der Kommission bemüht. Im Frühjahr 2003 hat die Anlaufstelle auf Einladung des damaligen Kommissionsvorsitzenden Univ.-Prof. Dr. Ernst Bacher einen Fragebogen zur Provenienzforschung in den Bundesmuseen und Sammlungen entworfen, der als Checklist für die Vollständigkeit und Systematik der Überprüfung sowie als Leitfaden für die Abfassung eines zukünftigen Gesamtberichtes dienen sollte und Eingang in die so genannte Punktation gefunden hat. Die Punktation wurde in einzelnen Häusern aktiv aufgegriffen und als Orientierung für die Erstellung von Provenienzforschungsberichten verwendet – etwa im MAK und im TMW. Sie bildete schließlich die Grundlage einer in der ersten Jahreshälfte 2008 durchgeführten Evaluierung der Provenienzforschung in den Bundesmuseen und Sammlungen.[15] Die auf Ersuchen der Anlaufstelle erhöhte Sitzungsfrequenz, die Wiedereinführung von Referaten und Diskussionen zum Forschungsstand in den einzelnen Häusern, die Zugänglichmachung der schriftlichen Zwischenberichte der Bundesmuseen und Sammlungen, der Einzelfalldossiers und der ursprünglich unter Verschluss gehaltenen Beiratsbeschlüsse für alle Mitglieder der Kommission, die Übermittlung von Dossiers zur allfälligen Ergänzung durch die Anlaufstelle vor ihrer Vorlage

---

15 Siehe dazu in diesem Band: Ingo ZECHNER, Von der Etablierung einer Hilfswissenschaft. Provenienzforschung in den österreichischen Bundesmuseen und Sammlungen.

an den Beirat, eine Serie von Einzelgesprächen mit den Forscherinnen und Forschern in
den Jahren 2004 und 2005 sowie die personelle Verstärkung der Provenienzforschung
in einzelnen Museen waren weitere Schritte, die durch den Tod Ernst Bachers 2005 und
die darauffolgende monatelange Vakanz des Vorsitzes einen Rückschlag erlitten.

Seither hat die Anlaufstelle zur Verbesserung des Informationsflusses verstärkt auf die
Möglichkeiten neuer Medien gesetzt und auf Anregung von Mag. Leonhard Weidinger
im Sommer 2005 ein internes Webforum eingerichtet, das den Mitgliedern der Kommission in einem geschützten Bereich Rechtsgrundlagen, Zwischenberichte, Dossiers,
Beiratsbeschlüsse und andere Informationen in elektronischer Form zum Download
anbietet und sie zur aktiven Beteiligung am Informationsaustausch über das Forum ein-
lädt. Das Hosting des Webforums wurde im Sommer 2008 dem Bundesministerium
für Unterricht, Kunst und Kultur übergeben. Seit 2006 steht den Mitgliedern der
Kommission darüber hinaus eine von der Anlaufstelle eingerichtete geschützte Onlineplattform zur Verfügung, auf der die bereits erwähnten, von der Anlaufstelle erstellten
elektronischen Namensindizes sowie weitere für die Provenienzforschung relevante
Datenbanken abfragbar sind. Mit den Mitarbeiterinnen des Büros der Kommission
wurde die Einrichtung einer eigenen Website der Kommission für Provenienzforschung
vorangetrieben, die schließlich 2007 online gegangen ist, wenngleich nur ein Teil des
gemeinsam entworfenen Konzepts verwirklicht wurde.

Ernst Bachers Nachfolger Dr. Werner Fürnsinn hat die Bemühungen um mehr Transparenz nach Kräften unterstützt. Im Restitutionsbericht 2003/2004 sind erstmals die
Inhalte der Beiratsbeschlüsse in Kurzform wiedergegeben und auch die Ablehnungen
dargestellt. Mit der jahrelang geforderten Veröffentlichung der Beiratsbeschlüsse, die
seit Oktober 2007 auf der Website der Kommission abrufbar sind, wurde in der Infor-
mationspolitik ein Durchbruch erzielt.

Zur Vorbereitung eines zukünftigen Arbeitsprogramms der Kommission nach dem
Ausscheiden Werner Fürnsinns hat sich die Anlaufstelle im Frühjahr 2008 an der Evaluierung der Provenienzforschung in sämtlichen Bundesmuseen und Sammlungen
beteiligt.

Landes- und Gemeindemuseen und Sammlungen

Als Interessensvertretung jüdischer Geschädigter ist die Israelitische Kultusgemeinde Wien im Bereich Kunstrückgabe nicht nur auf Bundesebene tätig.

Seit September 2003 ist sie mit beobachtenden Mitgliedern in der Wiener Restitutionskommission vertreten (durch Dr. Ingo Zechner und abwechselnd durch Mag. Sabine Loitfellner sowie Dr. Monika Wulz), die als Äquivalent zum Beirat des Bundes jeden einzelnen möglichen Rückgabefall der Stadt Wien beurteilt und Empfehlungen abgibt. Anders als im Bund betreibt das Wien Museum selbständige Erbensuche, sodass hier nur in Einzelfällen bzw. in Einzelfragen die Unterstützung der Anlaufstelle erforderlich ist. Für die Stadt Wien hat die Anlaufstelle u. a. einen Maßnahmenkatalog zum Umgang mit sogenanntem „herrenlosem" oder „erblosem" Gut erstellt, der eine Ausschöpfung aller möglichen Mittel zur Identifizierung der früheren Eigentümerinnen und Eigentümer gewährleisten soll. Eine langjährige Kooperation gibt es auch mit dem Landesmuseum Joanneum in der Steiermark und mit dem Museum der Moderne Salzburg. Beim Tiroler Landesmuseum Ferdinandeum gestaltet sich die Zusammenarbeit schwierig, weil über Jahre hinweg nur Absichtsbekundungen gegeben wurden, denen aber keine konkreten Schritte zur Rückgabe folgten.

Während die Stadt Wien und das Bundesland Steiermark bereits 1999 bzw. 2000 eigene Regelungen zur Kunstrestitution beschlossen hatten, war das in anderen Bundesländern nicht der Fall. Die Bundesländer konnte die Israelitische Kultusgemeinde Wien erst im Rahmen von Restitutionsverhandlungen im Herbst 2001 und einer mit ihnen geschlossenen Vereinbarung verpflichten, eigene Regelungen zu treffen,[16] was teils durch Landesgesetze (Oberösterreich, Kärnten), teils durch Regierungsbeschlüsse (Niederösterreich, Burgenland, Salzburg, Vorarlberg) und teils unzureichend (Tirol) umgesetzt wurde. Bei diesen Regelungen geht es zunächst um die Theorie, in der Praxis fehlt es hier oft ohnedies noch an Vielem.

In allen Städten und Gemeinden außerhalb Wiens fehlen vergleichbare Regelungen noch immer zur Gänze. Hier versucht die Kultusgemeinde, Einzelbeschlüsse des jewei-

---

16 Gegenstand dieser Vereinbarung war die Entschädigung zerstörten und entzogenen Vermögens der Israelitischen Kultusgemeinden Österreichs sowie der jüdischen Vereine und Stiftungen. Die Bereinigung und der Vergleich sämtlicher Ansprüche wurden darin zusätzlich an die Schaffung rechtlicher Grundlagen für die Rückgabe entzogener Liegenschaften und Kunstgegenstände im Landeseigentum geknüpft.

ligen Gemeinderates zu erwirken (wie in Fällen des Lentos Kunstmuseum Linz) oder an Bemühungen zur Klärung der Provenienz ganzer Sammlungen mitzuwirken (wie im Fall der Egger-Lienz Sammlung im Schloss Bruck Museum der Stadt Lienz[17]).

Sind es auf Bundesebene Mängel der rechtlichen Regelung und der Rückgabepraxis, die aus Sicht der Israelitischen Kultusgemeinde Wien ein Eingreifen erfordern, war und ist es auf Landes- und Gemeindeebene – mit wenigen Ausnahmen – ihr gänzliches Fehlen.

Kunstmarkt und Leopold Museum

Durch ein solches Fehlen ist auch die Situation am Kunstmarkt gekennzeichnet, wo insbesondere in Auktionshäusern immer wieder Kunstwerke auftauchen, die mit den heute zur Verfügung stehenden Mitteln und dem Know How der Provenienzforschung als entzogene Gegenstände identifiziert werden können. Hier versucht die Israelitische Kultusgemeinde Wien auf Grundlage von Einzelfalldokumentationen der Anlaufstelle die Auktionshäuser zu überzeugen, von einer Versteigerung abzusehen, die Fälle restlos zu klären und nach Möglichkeit an einer einvernehmlichen Lösung mit den Einbringern mitzuwirken. Bestimmte Auktionshäuser haben sich hier äußerst kooperativ gezeigt (wie das Dorotheum, das u. a. eine eigene Provenienzforschung installiert und weitere Vorkehrungen getroffen hat), andere äußerst unkooperativ (wie das Auktionshaus im Kinsky[18]), wieder andere tun so, als ob sie kooperativ wären, obwohl das Gegenteil der Fall ist (wie Sotheby's).

Dass die Sammlung jenes Museums, das die Rückgabedebatte ausgelöst hat, selbst nicht unter das Kunstrückgabegesetz fällt, ist eine besondere Ironie der geltenden Rechtslage. Bevor im Leopold Museum eine unabhängige Provenienzforschung installiert wurde, hat die Anlaufstelle mehrere Fälle entzogener Kunstwerke in der Sammlung Leopold dokumentiert, die die Grundlage für ein im März 2008 öffentlich präsentiertes Rechtsgutachten von Univ. Prof. Dr. Georg Graf[19] bildeten. Aus Sicht der

---

17 Siehe dazu in diesem Band: Sabine LOITFELLNER, „… dass das Museum in Lienz tatsächlich der geeignetste Platz zur Bewahrung von Werken Eggers ist." Provenienzforschung in der Albin Egger-Lienz Sammlung auf Schloss Bruck und der Umgang mit entzogenen Kunstwerken.

18 Vgl. Thomas TRENKLER, Wem gehörte Schieles „Sitzende"? Im Kinsky wurde eine Grafik mit fragwürdiger Provenienz versteigert, Der Standard, 23.11.2006; Otto Hans RESSLER, Unverständlicher Auktionseklat, Der Standard, 27.11.2006; Ingo ZECHNER und Erika JAKUBOVITS, Kommentar der anderen zur Causa Schiele im Kinsky: Ein provozierter Eklat, Der Standard, 30.11.2006.

19 Georg GRAF, Rechtsgutachten zu Rechtsfragen im Zusammenhang mit Bildern im Eigentum bzw der Inne-

Israelitischen Kultusgemeinde Wien ist es inakzeptabel, dass die Sammlung Leopold, die mit Bundesmitteln und Mitteln der Österreichischen Nationalbank erworben wurde und in einem mit Bundesmitteln errichteten und betriebenen Museum untergebracht ist, nur aufgrund ihrer Rechtsform einer Privatstiftung keine Rückgaben vornimmt. Daher wurde Anfang 2008 ein weiteres Rechtsgutachten von o. Univ. Prof. Dr. Walter Berka[20] vorgelegt, das sich mit verfassungsrechtlichen Fragen einer vom Gutachter befürworteten Einbeziehung der Leopold Museum Privatstiftung in das Kunstrückgabegesetz befasst.

Conclusio

Das Engagement der Israelitischen Kultusgemeinde Wien im Bereich Kunstrückgabe wurde durch den besonderen Verlauf der österreichischen Rückgabedebatte initiiert und ist in vielen Bereichen durch strukturelle Mängel der rechtlichen Regelungen und der Rückgabepraxis begründet, die nicht nur benennbar, sondern auch behebbar sind. Dass sich die Israelitische Kultusgemeinde Wien und ihre Anlaufstelle hier immer wieder mit Hinweisen, Vorschlägen und Forderungen, aber auch mit Unterstützungsangeboten einbringen, ist dadurch motiviert, dass Kunst- und Kulturgegenstände neben Liegenschaften die einzigen Vermögenswerte sind, die heute noch in natura zurückgegeben werden und dass sich an ihnen in besonderer Weise individuelle Geschichte und kollektive Identität kristallisieren, die für die gesamte Rückgabedebatte eine wichtige Rolle spielen.

---

habung der Leopold Museum Privatstiftung, erstattet im Auftrag der Israelitischen Kultusgemeinde Wien, Salzburg, Februar 2008.

20 Walter BERKA, Kunstgegenstände-Rückgabegesetz und Leopold Museum-Privatstiftung. Zu einzelnen Verfassungsfragen einer Erweiterung des Anwendungsbereichs des Kunstgegenstände-Rückgabegesetzes auf die Leopold Museum-Privatstiftung, Rechtsgutachten im Auftrag der Israelitischen Kultusgemeinde, Wien, Dezember 2007.

Die Tätigkeit des Nationalfonds der Republik Österreich für Opfer des Nationalsozialismus im Rahmen der Kunstrückgabe
– Die Kunst-Datenbank des Nationalfonds

Michael R. Seidinger, Claire Fritsch, Hannah M. Lessing

Auftrag

Im Zuge der Schaffung des Bundesgesetzes über die Rückgabe von Kunstgegenständen aus den österreichischen Bundesmuseen und Sammlungen (Kunstrückgabegesetz)[1] erhielt im Dezember 1998 auch das Nationalfondsgesetz eine Novelle[2]. In dieser wurde dem Nationalfonds der Republik Österreich für Opfer des Nationalsozialismus die Aufgabe zuteil, erblose Kunstobjekte iSd § 2 Abs. 1 Z 2 Kunstrückgabegesetz zu verwerten und den Erlös Opfern des Nationalsozialismus zuzuwenden. Ein Jahr später beschloss auch die Stadt Wien, bedenkliche Kunstgegenstände aus ihren Museen und Sammlungen, die nicht an die ursprünglichen EigentümerInnen oder deren ErbInnen zurückgegeben werden können, an den Nationalfonds zu übereignen, um diese einer Verwertung zuzuführen.[3] In den folgenden Jahren wurden in den Bundesländern ähnliche zum Teil gesetzliche Regelungen zur Kunstrückgabe beschlossen. VertreterInnen des Nationalfonds ebenso wie VertreterInnen der Israelitischen Kultusgemeinde wurden als BeobachterInnen in die Kommission für Provenienzforschung sowie in die Wiener Restitutionskommission geladen.

Der Erlös aus der Verwertung der erblosen Kunstobjekte soll gemäß § 2a Nationalfondsgesetz verwendet werden. Nach dieser Bestimmung sind die AdressatInnen von Leistungen Personen mit Schäden oder Verlusten aufgrund direkter Verfolgung durch das NS-Regime, sofern ein Österreich-Bezug vorliegt. Der Verwertungserlös kann darüber hinaus für Projekte verwendet werden, die mit Hilfeleistungen und Unterstützungen an Opfer der nationalsozialistischen Verfolgung zusammenhängen, insbeson-

---

1 Bundesgesetz über die Rückgabe von Kunstgegenständen aus den österreichischen Bundesmuseen und Sammlungen, BGBl I 1998/181.
2 Bundesgesetz, mit dem das Bundesgesetz über den Nationalfonds der Republik Österreich für Opfer des Nationalsozialismus geändert wird, BGBl I 1998/183.
3 Art. II Z 2 Wiener Gemeinderatsbeschluss zur Kunstrückgabe 1999.

dere für solche Projekte, die der Hilfe für durch nationalsozialistische Verfolgung schwer betroffene Gemeinschaften dienen.

Gemäß den gesetzlichen Regelungen hat die Naturalrestitution der Kunstgegenstände an ihre ehemaligen EigentümerInnen bzw. deren RechtsnachfolgerInnen Priorität gegenüber einer monetären Zuwendung aus dem Erlös dieser Objekte an Verfolgte des NS-Regimes. Dabei aber ist zu bedenken, dass individuelle Leistungen aus dem Verwertungserlös gem. § 2a Abs. 1 Z 2 Nationalfondsgesetz nur an unmittelbar durch den Nationalsozialismus geschädigte Personen erbracht werden und sich dieser Personenkreis täglich verringert.

Angesichts des Umstandes, dass keine gesetzliche Frist für einen Abschluss der Provenienzforschung vorgesehen ist und kein Zeitpunkt für die Übereignung erblos gebliebener Objekte an den Nationalfonds festgesetzt wurde, hat der Nationalfonds die Initiative ergriffen, den gesetzlichen Verwertungsauftrag ehest- und bestmöglich vorzubereiten.

Mit der Konzeption und Realisierung einer Kunst-Datenbank, die erblose Kunstgegenstände für Berechtigte im Internet zugänglich macht, versucht der Nationalfonds den Brückenschlag zwischen den bisherigen Ergebnissen der Provenienzforschung einerseits und den möglichen RückgabeadressatInnen andererseits. Zur Wahrung der Interessen von möglichen Betroffenen sowie aus Gründen der geordneten Umsetzung des gesetzlichen Verwertungsauftrages soll vermieden werden, dass die ehemaligen EigentümerInnen bzw. deren ErbInnen erst bei oder nach der Verwertung der Gegenstände von diesen erblosen Kunstgegenständen Kenntnis erlangen. Diese Objekte sollen möglichst lange publik sein, ohne gleichzeitig den Zeitpunkt der Versteigerung länger als nötig hinauszögern zu müssen.

In Kooperation mit dem nunmehrigen Bundesministerium für Unterricht, Kunst und Kultur[4], Museen des Bundes[5] und der Stadt Wien[6], der Kommission für Provenienzforschung, der Wiener Restitutionskommission sowie der Anlaufstelle der Israelitischen Kultusgemeinde Wien entwickelte die im Nationalfonds eingerichtete Kunstrestitutions-Arbeitsgruppe ein Online-Register zur Publikation herkunftsbedenklicher Kunstobjekte in öffentlichem Eigentum: die Kunst-Datenbank des Nationalfonds.

---

4 Bis Februar 2007 Bundesministerium für Bildung, Wissenschaft und Kultur.
5 Albertina, Heeresgeschichtliches Museum, Kunsthistorisches Museum (mit dem Museum für Völkerkunde und dem Österreichischen Theatermuseum), Naturhistorisches Museum Wien, Österreichische Nationalbibliothek, MAK – Österreichisches Museum für angewandte Kunst/Gegenwartskunst, Belvedere, Technisches Museum Wien, Universität Wien (Bibliothek).
6 Museen der Stadt Wien und Wienbibliothek im Rathaus.

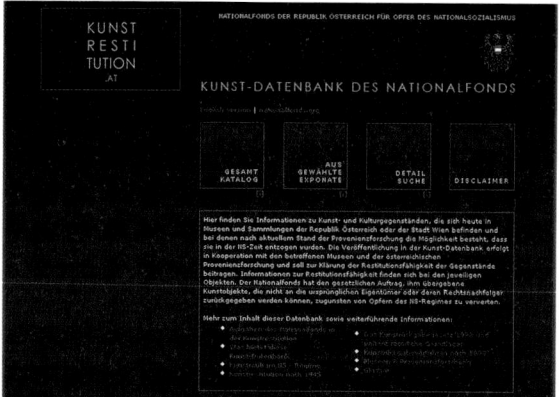

Startseite der Kunst-Datenbank
des Nationalfonds.

Kunst-Datenbank

Seit Oktober 2006 betreibt der Nationalfonds in Zusammenarbeit mit den kooperie-
renden Museen des Bundes und der Stadt Wien die Kunst-Datenbank unter
www.kunstrestitution.at. Diese ermöglicht Opfern des NS-Kunstraubes auf der ganzen
Welt, gezielt nach entzogenen und zur Rückgabe geeigneten Kunstobjekten zu suchen.
Nach Übersetzung der Einträge zu den in der Zwischenzeit fast 9000 enthaltenen
Objekten ist seit Juli 2007 auch die englische Fassung unter www.artrestitution.at verfügbar.

Die Kunst-Datenbank beinhaltet einen Katalog von mehreren tausend Kunst- und
Kulturgegenständen, die sich heute in Museen und Sammlungen der Republik Österreich oder der Stadt Wien befinden. Bei einem Teil der Gegenstände konnte die Provenienzforschung feststellen, dass diese zwischen 1938 und 1945 entzogen wurden. Die
ehemaligen EigentümerInnen dieser Werke oder deren RechtsnachfolgerInnen werden
jedoch noch gesucht. Hinsichtlich anderer Gegenstände in der Datenbank ist noch zu
klären, ob die Gegenstände überhaupt bedenklich im Sinne des Kunstrückgabegesetzes bzw. des Wiener Gemeinderatsbeschlusses sind. Auch zur Klärung dieser Fragen soll
die Veröffentlichung im Internet mit Hilfe entsprechender Rückmeldungen der BenützerInnen beitragen.

Die in der Datenbank präsentierten Gegenstände sind nach Kategorien geordnet,
die beispielsweise Druckwerke, Fotografien, Kunsthandwerk, Kleidung, Malerei, aber
auch Waffen, technische Geräte und paläontologische Funde umfassen. Überwiegend
handelt es sich um kunsthandwerkliche und bibliophile Sammlungs- und Gebrauchs-
stücke sowie Reproduktionswerke. Zu jedem Objekt finden sich Angaben zu Standort,
Beschaffenheit und Provenienz des Werkes sowie Informationen zum Stand des Kunst-

rückgabeverfahrens. Diese Informationen stammen vor allem aus den Recherchen der ProvenienzforscherInnen der einzelnen Museen und wurden von diesen an den Nationalfonds übermittelt.

Dank der Kooperation mit den genannten, mit Provenienzforschung und Kunstrückgabe befassten Einrichtungen, vor allem aber mit den MitarbeiterInnen des Büros der Kommission für Provenienzforschung, kann der Inhalt der Kunst-Datenbank laufend ergänzt und an den Stand der Forschung angepasst werden. Insbesondere kann auf diese Weise auch bei jedem Objekt vermerkt werden, ob die mit der Rückgabe betrauten Gremien eine Entscheidung getroffen haben, gegebenenfalls, welchen Inhalts diese ist, und ob die Objekte bereits ausgefolgt wurden.

In den Berichten und Dossiers der verschiedenen ProvenienzforscherInnen findet sich bisher keine einheitliche Terminologie. Bei der Konzeption der Kunst-Datenbank galt es daher unter anderem, eine Struktur zu finden, die den unterschiedlichen Klassifizierungen der untersuchten Objekte (z. B. bedenklich, offen, nicht unbedenklich, fragwürdig oder sehr bedenklich etc.) Raum gibt und dennoch die Ergebnisse der Untersuchungen in einem einheitlichen System erfasst.

Zudem waren diesbezügliche Entscheidungen der Rückgabegremien zu berücksichtigen: So kennt etwa die Wiener Restitutionskommission in ihren Beschlüssen spezifische Abstufungen der Rückgabefähigkeit von Objekten. Sie hat für Erwerbungen zwischen 1938 und 1945, sei es über das Auktionshaus Dorotheum, den Kunsthandel oder durch Zuweisung öffentlicher Stellen, ausgesprochen, dass diese zwar nicht schon „restitutionsfähig", aber auch „nicht unbedenklich" seien. Das bedeutet, dass bei diesen Objekten ein Generalverdacht besteht und weitere Indizien für einen NS-bedingten Entzug gesucht werden müssen.[7] Hingegen sind laut Wiener Restitutionskommission alle über die Vugesta oder den Schätzmeister der Vugesta, Julius Fargel, an die Museen gelangten Objekte „restitutionsfähig", was ihre Rückgabe oder Übereignung an den Nationalfonds indiziert.[8]

In der Kunst-Datenbank finden sich die Forschungsresultate und rechtlichen Qualifikationen zur Provenienz pro Objekt in einer von 15 Provenienzkategorien, die nach Art des Erwerbes durch das Museum unterscheiden und in den Feldern *Provenienz laut Museum* und *Anmerkungen* weiter ausgeführt werden. Demzufolge wurde der Großteil der sich derzeit in der Kunst-Datenbank befindlichen Objekte zwischen 1938 und 1945 als Spende, Schenkung oder Widmung von privater Hand erworben (2379 Objekte) oder gelangte in diesem Zeitraum über das Auktionshaus Dorotheum an die

---

7   Sechster Restitutionsbericht Wien, 15.11.2005, S. 273.

Museen (1130 Objekte). Ebenfalls einen großen Teil bilden Erwerbungen über die Vugesta (1980 Objekte).

Die Kunst-Datenbank beinhaltet derzeit 8923 Datensätze, die dem Nationalfonds insbesondere von den Bundesmuseen (4867 Datensätze) und den Sammlungen der Stadt Wien (4042 Datensätze) zur Veröffentlichung übermittelt wurden. Die für die Kunst-Datenbank aufbereiteten Daten wurden nach Rücksprache mit den jeweiligen Museen und der Kommission für Provenienzforschung bzw. der Wiener Restitutionskommission in die Datenbank eingespielt. Weitere 14 Datensätze der Kunst-Datenbank wurden dem Fonds vom Tiroler Landesmuseum Ferdinandeum bereitgestellt. Datenübermittlungen aus dem steirischen Landesmuseum Joanneum sowie der Universitätsbibliothek Wien befinden sich in Vorbereitung, mit weiteren Landesmuseen werden zur Zeit Gespräche geführt. Ziel ist eine möglichst vollständige Erfassung und Publikation von Objekten in öffentlichen Sammlungen und Museen, die NS-bedingt enteignet wurden und deren ursprüngliche EigentümerInnen bzw. deren ErbInnen gesucht werden.[9]

Für die meisten Gegenstände (7520) ist die Prüfung der Bedenklichkeit seitens der ProvenienzforscherInnen so weit abgeschlossen, dass als nächster Schritt eine rechtliche Prüfung durch den Kunstrückgabe-Beirat oder die Wiener Restitutionskommission erfolgen kann. Auf Wunsch einiger Museen und nach Rücksprache mit der Kommission für Provenienzforschung wurden auch Objekte in die Kunst-Datenbank aufgenommen, zu denen bereits eine positive Beiratsentscheidung vorliegt, die aber noch nicht an ErbInnen ausgefolgt werden konnten. In der Datenbank sind weiters auch Objekte erfasst, bei denen die Provenienzforschungsergebnisse für sich allein noch keine ausreichende Grundlage für die Entscheidung der Rückgabegremien bilden (1389 Objekte). Auch hier sollen die Untersuchungen durch Hinweise der BenützerInnen der Kunst-Datenbank ergänzt werden.

Die Objektbestände können von den BesucherInnen der Kunst-Datenbank auf unterschiedliche Weise durchsucht werden: entweder entlang der vorgegebenen Katalogkategorien oder über eine Volltext-Suche, die mit zusätzlichen Kategorien kombiniert werden kann. Bei der Eingabe von Suchbegriffen in die Volltext-Suche können die Felder *Titel des Objekts, Name des Künstlers/Autors, Provenienz, Beschreibung, Anmerkungen, Impressum* und *Voreigentümer laut Museum/Sammlung* durchsucht werden. Dabei werden auch Wortteile gefunden. Dies soll auch eine Suche ohne genaues Vor-

---

8   Sechster Restitutionsbericht Wien, 15.11.2005, S. 236.
9   Bei der Washington Conference on Holocaust Era Assets 1998 einigten sich die teilnehmenden RegierungsvertreterInnen, Anstrengungen zur Etablierung und Veröffentlichung eines zentralen Registers für Informationen zu unter dem Nationalsozialismus geraubten Kunstwerken zu unternehmen.

wissen zu einem bestimmten Objekt oder bei nur bruchstückhaften Kenntnissen – etwa zu VoreigentümerInnen, Motiv eines Gemäldes oder Größe des Werkes – ermöglichen. Erinnern sich die BenützerInnen etwa nur an das Motiv, die ungefähren Maße und den Stil eines Bildes, können sie Suchbegriffe wie beispielsweise *Platz* als Teil des Gemäldetitels eingeben und mit den Kriterien *Epoche* und *Größe* die Ergebnisliste eingrenzen. Es kann aber auch gezielt nach KünstlerInnen, Titel und Provenienz des Werkes, VoreigentümerInnen und/oder Objektbeschreibung etc. gesucht werden.

BenützerInnen können sich mit ihren Anfragen direkt an die zuständigen ProvenienzforscherInnen wenden. Zusätzlich zu diesen Anfragen langen regelmäßig direkt an den Nationalfonds gerichtete Bitten um Auskunfterteilung ein, die vom Fonds betreut werden. Die Rückstellungsinteressierten sind oft Kinder oder Enkelkinder jener Personen, denen die Gegenstände entzogen wurden. Meist können diese nur fragmentarische Angaben zu den gesuchten Familienstücken, insbesondere den Eigentumsverhältnissen und Entziehungshintergründen machen. In allen Fällen versucht der Nationalfonds mit Hilfe seiner Aktenbestände unter Wahrung der Datenschutzbestimmungen Beiträge zu den Nachforschungen zu leisten.

Die Kunst-Datenbank leitet die BenützerInnen per Link zur Kontaktaufnahme mit den jeweils entsprechenden Einrichtungen, wie z. B. zum Büro der Kommission für Provenienzforschung als zentrale Forschungsstelle oder zu den jeweils zuständigen ProvenienzforscherInnen. BenützerInnen finden auch Verlinkungen zu anderen einschlägigen internationalen Datenbanken und relevanten Einrichtungen.[10] Links zu den Restitutionsberichten des Bundesministeriums für Unterricht, Kunst und Kultur und der Stadt Wien ermöglichen ein rasches Auffinden relevanter Informationen.

Darüber hinaus ist die Kunst-Datenbank als zentrale Informationsstelle für Rückgabeinteressierte konzipiert und enthält zusätzlich zu den konkreten Objektinformationen auch einen Überblick über Rückgabemöglichkeiten in den österreichischen Bundesländern. Ergänzend findet sich ein Abriss zu den Mechanismen des NS-Kunstraubes in Österreich sowie zu den Rückstellungsverfahren nach 1945. Ebenfalls ausgestattet wurde die Kunst-Datenbank mit einem Glossar zur Erklärung kunsthistorischer Fachbegriffe und Herstellungstechniken, aus dem Sprachgebrauch gekommener Objektbezeichnungen und museumsspezifischer Termini.

---

10 Lost Art Internet Database, The Central Registry of Information on Looted Cultural Property 1933–1945, Trace Looted Art, Claims Conference – Conference on Jewish Material Claims Against Germany, Simon Wiesenthal Center Los Angeles, United States Holocaust Memorial Museum Washington D. C. etc.

Resümee

Die Kunst-Datenbank wird in der Praxis in die Nachforschungen der Provenienzfor-scherInnen miteinbezogen, auch wenn sie ursprünglich nicht als Recherche-Instrument konzipiert wurde, sondern Vermittlerin zwischen den möglichen EigentümerInnen und den mit Rückgabe betrauten Institutionen sein sollte. Erfreulich ist, dass in einem kon-kreten Fall ein Werk zurückgegeben werden konnte (Bild von Adriaen van Ostade, *Bauernbesuch/In der Bauernstube*), dessen Bedenklichkeit schon seit neun Jahren fest-stand, dessen VorcigentümerIn jedoch nicht bekannt war. Durch die Veröffentlichung in der Kunst-Datenbank konnte es von der Commission for Looted Art in Europe der ehemaligen Sammlung Bruno Jellinek zugeordnet werden, worauf eine Mitarbeiterin des Büros der Kommission für Provenienzforschung ein entsprechendes Dossier ver-fasste. Der Beirat empfahl im September 2007 die Rückgabe des Gemäldes. Dieses konnte zu Jahresbeginn 2008 restituiert werden. Zu erwarten, dass es aufgrund der Publikation von erblosen Objekten im Internet zu umfangreichen Rückgaben kommen würde, wäre unrealistisch. Die Kunst-Datenbank des Nationalfonds der Republik Österreich für Opfer des Nationalsozialismus ist jedoch ein zusätzliches Forum und ein weiterer Schritt zur transparenten Gestaltung und Vernetzung von Informationen im Bereich der Kunstrückgabe in Österreich.

Provenienzforschung im Dorotheum

Felicitas Thurn-Valsassina

Aufgrund seiner Rechtsstruktur spiegelt das 1707[1] als „Versatz- und Fragamt" durch Kaiser Joseph I. gegründete Unternehmen wie kaum ein anderes die wechselvolle Geschichte Österreichs von der Monarchie bis ins 21. Jahrhundert wieder, in der die Aktivitäten des Hauses während des nationalsozialistischen Regimes die dunkelsten Jahre waren. Nachdem sich das Dorotheum vom Pfandleihhaus mit gelegentlichen Auktionen zum führenden Auktionshaus und Versatzunternehmen der Ersten Republik entwickelt hatte, war das unter nationalsozialistische Leitung gestellte[2] staatliche Unternehmen Dorotheum ab 1938 erfolgreich um Kooperation mit den NS-Behörden bemüht. In Folge dessen war das Dorotheum maßgeblich an dem Verkauf entzogenen jüdischen Eigentums und an der Verwertung von Gold- und Silbergegenständen sowie Schmuck durch das Deutsche Reich beteiligt.[3] Nach dem Zweiten Weltkrieg standen das Unternehmen und seine Geschäftstätigkeit unter Kontrolle des Bundesministeriums für Inneres und später des Finanzministeriums; während es seine Stellung

---

1 Gegründet am 14.3.1707 als „Versatz- und Fragamt" durch Kaiser Joseph I., im Jahr 2001 privatisiert, seitdem Dorotheum GmbH & Co KG. Das Unternehmen ist Auktionshaus, Pfandleihhaus und Handelsunternehmen.

2 Der Generaldirektor des Dorotheum, Dr. Felix Gunkel, der Generalsekretär, Dr. Friedrich Dauber, und andere Mitglieder der Führungsspitze wurden kurz nach dem „Anschluss" verhaftet. Als kommissarischer Verwalter wurde NSDAP-Parteimitglied Dr. Franz Hofbauer eingesetzt, kommissarischer geschäftsführender Direktor und später Generaldirektor wurde Anton Jennewein, ebenfalls langjähriges Parteimitglied.

3 „Das Dorotheum hat sich nicht direkt am Kunstraub beteiligt oder einen solchen betrieben, vielmehr konzentrierte es seine Aktivitäten auf die Verwertung von durch das Regime entzogenen Mobilien zugunsten des Reiches bzw. der entziehenden staatlichen Stellen. Damit hielt das Dorotheum formal Distanz zu den Opfern und konnte Einbringungen von Raubgut wie die bereits vor 1938 üblichen rechtmäßigen Einbringungen von Konkursmassen, Beschlagnahmungen etc. behandeln. Aufgrund seiner hohen Erfahrung, der Infrastruktur, der Größe und nicht zuletzt aufgrund der Bereitschaft der Geschäftsführung zur Kooperation mit dem NS-Regime avancierte das Wiener Auktionshaus in kürzester Zeit zu einer zentralen Drehscheibe in der Veräußerung von geraubtem Gut jüdischer Eigentümer. […] Die Geschäftsleitung des Dorotheum im Nationalsozialismus sah in der Veräußerung von Raubkunst einen zentralen Bestandteil zur Wahrung der Interessen eines Unternehmens. Diese bestanden vorrangig in der Abwicklung von Geschäften und Realisierung von Gewinnen. In der Kooperation mit den erwähnten NS-Institutionen agierte das Dorotheum äußerst erfolgreich und effizient, wenngleich ohne jegliches Unrechtsbewusstsein einerseits aber auch ohne ideologische Identifikation mit dem NS-Regime andererseits". Alexander SCHRÖCK, Stefan August LÜTGENAU, Das Dorotheum und der NS-Kunstraub, unveröffentlichtes Manuskript, undatiert [2004].

als größtes Versteigerungshaus behaupten konnte, gab es wenige Bemühungen, zu den Aktivitäten des Hauses in der NS-Zeit Stellung zu beziehen. Als das Dorotheum im Jahr 2001 von der ÖIAG, der Österreichischen Industrie Holding AG,[4] verkauft wurde und in Privateigentum überging, übernahmen die neuen Eigentümer damit eine Institution mit wechselhafter Vergangenheit,[5] die sich ihrer geschichtlichen Verantwortung bis zu diesem Zeitpunkt nur bedingt gestellt hatte. Dies sollte sich nun ändern: Während aus dem Verkaufserlös des Dorotheum insgesamt 32 Millionen Dollar von der ÖIAG in den Entschädigungsfonds der Republik Österreich[6] einbezahlt wurden, veröffentlichte die neue Geschäftsleitung Anfang des Jahres 2006 den historischen Grundlagenbericht[7] „Zwischen Staat und Wirtschaft. Das Dorotheum im Nationalsozialismus“[8]. Mit der Herausgabe des Buches wurde ein wichtiger Beitrag zur Erforschung der Geschichte des Kunstmarktes geleistet und gleichzeitig die erste derartige Publikation eines am Kunstmarkt tätigen Unternehmens vorgestellt. Parallel dazu wurden sämtliche noch vorhandene Archivalien aus den Jahren 1933–1965 dem Österreichischen Staatsarchiv (ÖStA) übergeben, um allen ForscherInnen uneingeschränkten Zutritt zu den Akten zu ermöglichen.[9]

Die Auseinandersetzung mit der eigenen Geschichte sollte aber nicht nur die Vergangenheit betreffen. Die Frage, wie heute mit Raub- und Beutekunst umzugehen ist, die auf den Kunstmarkt gelangt, ist in den letzten zehn Jahren seit der *Washington Conference* von 1998 zu einer heiß diskutierten Angelegenheit geworden. Die rechtlichen Zusammenhänge sind komplex, hat doch jedes Land unterschiedliche gesetzliche Bestimmungen zu relevanten juristischen Begriffen wie gutgläubiger Erwerb, Verjäh-

---

4 Die ÖIAG ist die Beteiligungs- und Privatisierungsagentur der Republik Österreich.

5 Vgl. Daniela GREGORI, Catherine STUKHARD, Dorotheum. Die ersten 300 Jahre, Wien 2007.

6 Nationalfonds der Republik Österreich, Allgemeiner Entschädigungsfonds für Opfer des Nationalsozialismus, siehe http://www.nationalfonds.org.

7 Zur Entstehung dieses Berichts siehe auch Clemens JABLONER, Brigitte BAILER-GALANDA, Eva BLIMLINGER, Georg GRAF, Robert KNIGHT, Lorenz MIKOLETZKY, Bertrand PERZ, Roman SANDGRUBER, Karl STUHLPFARRER und Alice TEICHOVA, Schlussbericht der Historikerkommission der Republik Österreich (= Veröffentlichungen der Österreichischen Historikerkommission. Vermögensentzug während der NS-Zeit sowie Rückstellungen und Entschädigungen seit 1945 in Österreich, Bd. 1), Wien-München 2003, S. 119, Fußnote 200.

8 Stefan August LÜTGENAU, Alexander SCHRÖCK, Sonja NIEDERACHER, Zwischen Staat und Wirtschaft. Das Dorotheum im Nationalsozialismus, Wien-München 2006.

9 Bereits im Gründungsjahr der Kommission für Provenienzforschung wurde den ForscherInnen Zutritt und Einsicht zu den damals noch ungeordneten historischen Beständen des Dorotheum ermöglicht. Die erste Archiv-Führung im Dorotheum für die Mitglieder der Kommission für Provenienzforschung fand am 30.6.1998 statt. Siehe Protokoll der Sitzung der Kommission für Provenienzforschung vom 30.6.1998, BDA-Archiv, Restitutionsmaterialien, Gz. 31923/25/1998.

rung, Ersitzung etc. Gleichzeitig geht das Thema weit über die gesetzlichen Bestimmungen hinaus, hin zu Fragen professioneller Ethik. Solche Fragen haben auch dazu geführt, dass heute weltweit Museen ihre Bestände überprüfen, um die Provenienz ihrer Werke zu klären, und dass HändlerInnen und Auktionshäuser sich mit ihren eigenen Sorgfaltspflichten auseinandersetzen müssen. Das nunmehr private Dorotheum war im Jahr 2003 das erste kontinentaleuropäische Auktionshaus, das sich freiwillig ein strenges Sorgfaltspflichtprogramm auferlegt hat, um den Verkauf von Objekten mit fragwürdiger Provenienz zu vermeiden und im täglichen Umgang mit Kunst und Antiquitäten Verantwortung an den Tag zu legen. Zur Umsetzung und Durchführung dieser Sorgfaltspflichten wurde die Abteilung für Provenienzforschung gegründet[10]. Seitdem werden alle Objekte[11], die dem Dorotheum zur Versteigerung angeboten werden, darauf hin untersucht, ob sie möglicherweise Gegenstand einer Entziehung während der NS-Zeit waren. Außerdem wurde die Zusammenarbeit und der Austausch mit den in Österreich tätigen ProvenienzforscherInnen, der Kommission für Provenienzforschung, der Anlaufstelle der Israelitischen Kultusgemeinde (IKG) und vielen anderen Institutionen verstärkt und ein Ansprechpartner für Anfragen von Opfern des nationalsozialistischen Regimes und deren Erben eingesetzt. Der Kontaktaufbau und die Kontaktpflege zu ausländischen KollegInnen, die Betreuung des Katalogarchivs und die Erweiterung des Wissens um die Geschichte des eigenen Hauses stellen weitere wesentliche Aufgaben der Abteilung dar.

Provenienzforschung im Dorotheum in Bezug auf Entziehungen in der NS-Zeit und auf Verluste während des 2. Weltkriegs

Während der NS-Zeit gab es unterschiedliche Formen der Entziehung von Kunst: durch Diebstahl, Raub, durch so genannte Zwangsverkäufe, Verluste aufgrund der Ästhetik der Zeit (Stichwort entartete Kunst) oder wilde Arisierungen. Die Werke, die entzogen wurden, waren in den wenigsten Fällen museumswürdige Stücke; ganze Haushalte wurden geplündert und arisiert und damit auch eine Fülle an Objekten, die massenweise produziert wurden und daher nicht identifizierbar sind. Unzählige dieser Gegenstände wurden über den Kunsthandel weiter verkauft, allerdings nur in den seltensten Fällen unter den Namen ihrer ehemaligen EigentümerInnen. Vielfach wurden

---

10 Im Wiener Büro arbeiten zwei Vollzeitangestellte unbefristet als ProvenienzforscherInnen, unterstützt durch externe ExpertInnen.

11 Sofern diese eindeutig identifizierbar sind.

die Objekte unter einer bestimmten Nummer von NS-Dienststellen in Versteige-
rungshäusern eingebracht, zur Identifizierung ihrer Herkunft fehlt damit zunächst jeder
Hinweis.

Jedes Jahr werden tausende Kunstobjekte über Auktionen des Dorotheum versteigert und in keinem Fall ist das Dorotheum Eigentümer dieser Werke, sondern agiert
ausschließlich als Kommissionär. Das Dorotheum bemüht sich aktiv, keine Kunstwerke
über eine seiner Auktionen zu versteigern, die möglicherweise während der NS-Zeit
bzw. des Zweiten Weltkrieges entzogen wurden und bis heute nicht zurückgegeben
worden sind. Um eine mögliche Entziehung auszuschließen, muss die Herkunft des
jeweiligen Objektes überprüft werden. Eine vorhandene und gar bedeutende Provenienz bedeutet grundsätzlich auch viel für den Wert eines Kunstwerks: durch sie kann
beispielsweise ausgeschlossen werden, dass es sich um eine spätere Fälschung handelt,
sie kann einem Objekt den Glanz des früheren Eigentümernamens verleihen und spielt
wirtschaftlich eine große Rolle. Im Zusammenhang mit den Entziehungen während
des Dritten Reiches soll die Provenienz darüber hinaus Auskunft über die konkrete
Geschichte eines Objektes zwischen den Jahren 1933 und 1945 geben. Da Unterlagen
zu Verkäufen am Kunstmarkt oder unter Privaten oft nur unvollständig bis überhaupt
nicht vorhanden sind, müssen die Provenienzen vielfach über Sekundärmaterialien
abgeklärt werden, über Ausstellungs- und Auktionskataloge, Monographien, Werkverzeichnisse und andere Publikationen. Problematisch wird es bei den Werken, die in keiner Publikation aufscheinen oder deren Identifizierung anhand von Reproduktionen
unmöglich ist. Zwar wird bei einer Einbringung ins Dorotheum die Provenienz vom
Einbringer erfragt, oft ist diese freilich auch diesem nicht zur Gänze bekannt. Aufgrund
des Modus der öffentlichen Versteigerung sowie der internationalen Verbreitung der
Kataloge des Dorotheum haben grundsätzlich aber sowohl potentielle Anspruchsberechtigte, als auch mit der Thematik befasste Organisationen und Personen die
Möglichkeit, Kunstwerke zu identifizieren, die möglicherweise enteignet oder sonst ab-
handen gekommen sind. Um zusätzlich das Risiko einer rechtlich oder ethisch problematischen Versteigerung zu minimieren, werden alle Kataloge systematisch vom *Art
Loss Register*, der weltweit größten Datenbank für gestohlene Kunst, überprüft. Die
Abteilung für Provenienzforschung klärt ihrerseits ab, ob konkrete Verlustmeldungen
bezüglich eines Objektes vorliegen: Anhand von Datenbanken werden die über das
Dorotheum angebotenen Objekte mit Verlustlisten von institutioneller und privater
Seite abgeglichen. Dazu zählen über das Internet abrufbaren Dokumentationsbanken
wie z. B. *Lostart (Koordinierungsstelle für Kulturgutverluste in Magdeburg), Lootedart* oder
Trace sowie intern gesammelte Daten. Die Kataloge des Dorotheum und anderer

Kunstversteigerungshäuser der Jahre 1933 bis 1945 werden daraufhin überprüft, ob ein heute eingebrachtes Objekt bereits damals angeboten wurde. Obwohl die Kataloge meist keine Hinweise[12] zu EinbringerInnen oder KäuferInnen geben, wäre das Auftauchen eines Werkes auf dem Kunstmarkt während des Nationalsozialismus doch ein Grund, diesem besondere Aufmerksamkeit zu widmen. Über die letzten Jahre hinweg wurden zudem von der Abteilung für Provenienzforschung des Dorotheum Namenslisten von Opfern, Tätern und Kollaborateuren des NS-Regimes angelegt, die viele tausend Namen umfassen. Sollte einer dieser Namen in Zusammenhang mit einem eingebrachten Objekt auftauchen, wäre auch dies Anlass für weitergehende Recherchen. Elektronisch erfasste Daten externer Archivalien, wie beispielsweise die Auflistung der im Österreichischen Staatsarchiv vorhandenen Vermögensanmeldungen, namentliche Aufzeichnungen von Vugesta-Lifts, Telefonbücher, Opferlisten des nationalsozialistischen Regimes, die Ausfuhrdatenbank des Bundesdenkmalamtes oder die Fotodatenbank der Kommission für Provenienzforschung sind weitere wichtige Hilfsmittel bei diesen Recherchen. In Expertenschulungen, die auch in Zusammenarbeit mit der Anlaufstelle der IKG abgehalten werden, werden die Sachverständigen des Dorotheum ausgebildet, problematische Provenienzen bereits bei Einbringung eines Objektes zu erkennen[13] und Werkrückseiten richtig zu „lesen". Bei Verdachtsmomenten werden die Objekte von den ProvenienzforscherInnen physisch auf Spuren von Beschriftungen, Stempeln oder sonstigen Markierungen untersucht, die Hinweise auf eine Beschlagnahme oder Entziehung in der NS-Zeit, auf ehemalige EigentümerInnen, die aus rassischen oder anderen Gründen verfolgt waren, oder auf einstigen Museumsbesitz geben.

Wird ein Werk mit problematischer Provenienz identifiziert und reicht die Zeit vor einer Auktion nicht zur Abklärung der Sachlage aus, wird das Werk in Absprache mit dem/der EinbringerIn zunächst von der Auktion zurückgezogen, um durch weitere Recherchen die Geschichte des Objekts genau zu klären. Folgt daraus eine Entwarnung, wird das Kunstwerk in die nächste gleichwertige Auktion eingeteilt. Sollte sich allerdings herausstellen, dass der Verdacht gerechtfertigt war, und es sich tatsächlich um ein entzogenes oder kriegsbedingt verbrachtes und nicht restituiertes Werk handeln, wird es für jede Auktion gesperrt. In Folge würde versucht werden, den/die EinbringerIn zu einem Dialog mit dem/der ehemaligen EigentümerIn oder seinen/ihren ErbInnen zu

---

12 Mit Ausnahme der so genannten Hausversteigerungen, bei denen sich anhand der Adresse in vielen Fällen die Wohnungs- bzw. HauseigentümerInnen eruieren lassen.
13 Einlieferer sind verpflichtet, eine schriftliche Bestätigung ihres Eigentums an dem eingelieferten Werk abzugeben und dem Haus alle Informationen bezüglich der Provenienz des eingelieferten Werks zugänglich zu machen.

bewegen, um die Sache außergerichtlich zu lösen.[14] In den meisten Fällen klafft die rechtliche und die moralische Position auseinander; oft verfügt der/die EinbringerIn über einen einwandfreien Rechtstitel und ist ethisch doch im Unrecht. Zwar kann der/die EinbringerIn die Position vertreten, dass er/sie, da nicht direkt in den Kunstraub involviert, auch moralisch nicht antastbar sei, jedoch ist zumindest das Kunstwerk mit einem solchen Makel belegt, dass es schwer ist, es über eine öffentliche Versteigerung zu verkaufen. Das Dorotheum ermuntert die Parteien daher immer in eine Mediation einzutreten; gerichtliche Verfahren sollten nach Möglichkeit vermieden werden, da so mehr Flexibilität gegeben ist. Die Ergebnisse der Gespräche zwischen den Parteien fallen immer sehr individuell aus, es gibt keine Standardlösung: In einigen Fällen wird es zu einer Rückgabe des Objektes an den/die ehemalige/n EigentümerIn oder seine/ihre ErbInnen kommen, es könnte aber auch Kompensationszahlungen geben, oder eine gemeinsame Versteigerung, wenn beispielsweise eine größere Gruppe von ErbInnen involviert ist. Das Dorotheum konnte in den letzten Jahren durch diese aktiven Recherchen und die Durchführung der Verhandlungen dazu beitragen, Kunstwerke von ihrem moralischen Makel zu befreien und damit wieder offen handelbar zu machen und faire und gerechte Lösungen für alle Parteien zu finden.

Vernetzung und Kommunikation

Ohne Kontakte zu KollegInnen im In- und Ausland, den ständigen Austausch und die gegenseitige Information über laufenden Projekte, anstehende Rückgabeentscheidungen, Archivfunde oder Standorte von Akten wäre eine Arbeit als ProvenienzforscherIn nicht denkbar. Prof. Ernst Bacher (†) war es zu verdanken, dass MitarbeiterInnen der Abteilung für Provenienzforschung des Dorotheum in die Sitzungen der österreichischen Kommission für Provenienzforschung eingeladen wurden. Bis heute nehmen VertreterInnen des Dorotheum an den Sitzungen teil, so ist das Dorotheum auch als privates Unternehmen über die Aktivitäten des Bundes (und der Länder) in Bezug auf laufende Forschungen, Projekte, personelle Änderungen etc. informiert. Da die Prove-

---

14   Ohne Zustimmung des Einbringers/der Einbringerin, (der/die vor der Auktion unser einzige/r VertragspartnerIn ist) wäre es allerdings nicht möglich, die oben genannten Schritte zu setzen. Damals wie heute – mit Ausnahme der frühen 1940er Jahre, in denen das Dorotheum einige Kunstwerke in Frankreich und den Benelux-Staaten ankaufte – ist das Dorotheum ausschließlich Kommissionär, nie Eigentümer der angebotenen Werke. Das Dorotheum als Auktionshaus hat ohne gerichtliche oder sicherheitsbehördliche Anordnung keine eigenständige Sicherstellungsbefugnis, und das Kunstrückgabegesetz von 1998 findet keine Anwendung auf private EigentümerInnen.

nienzforschung kein isoliertes österreichisches Aufgabenfeld darstellt, ist eine internationale Vernetzung ebenso unerlässlich, um auf Erfahrungen und Informationen aus anderen Ländern zurückgreifen zu können. Im November 2000 wurde in Deutschland der Arbeitskreis Provenienzforschung gegründet, dem MitarbeiterInnen der Museen und verschiedener Institutionen angehören. Bei zwei jährlichen Treffen können sich die ForscherInnen über konkrete Problemfälle und Fragen austauschen und den Wissensstand der jeweiligen Länder weitergeben. Aktuelle Debatten, Führungen durch Archive und Vorträge externer ExpertInnen stehen ebenso auf der Tagesordnung. Durch einen regen Emailverkehr während der restlichen Monate, können gesuchte Quellen und Informationen sowie benötigte Literatur schneller gefunden und effektiver ausgewertet werden.[15] Für das Dorotheum stellt dieses Wissensnetzwerk eine unerlässliche Quelle der Information zu Sammlern und Sammlungen, Archivalien sowie zur Identifikation von Rückseitenaufschriften dar. Eine solche Kooperation ist unentbehrlich und auch das Dorotheum seinerseits steht ausländischen ForscherInnen mit jedweder Hilfestellung und Information – solange diese nicht vertraulich sind – zur Seite.

Projekte und Forschungen

Die historischen Archivalien des Dorotheum für die Zeit von 1933 bis 1965 umfassen knapp 80 Archivkartons. Hauptbestände sind die Rumpfakten der Buchhaltung, wobei fast der komplette Schriftverkehr der Abteilung verloren ist. Die Unterlagen der Geschäftsleitung und alle Korrespondenzen, Personalakten, die Akten der einzelnen Geschäftsabteilungen aus dem Pfand- und Auktionsgeschäft, sowie Unterlagen zu Einlieferung und KäuferInnen fehlen völlig. Es lässt sich anhand der vorhandenen Papiere nicht mehr eruieren, welche Behörde oder Privatperson welche Posten zur Auktion eingebracht hat. Alle Unterlagen – die bereits seit 1998 der Kommission für Provenienzforschung offen lagen – befinden sich seit nunmehr über zwei Jahren, erschlossen durch ein Findbuch, im Österreichischen Staatsarchiv. Die Archivalien der anderen Auktionshäuser in Wien, die während der NS-Zeit aktiv waren, fehlen vollständig. Auch Dokumente der während des Nationalsozialismus tätigen KunsthändlerInnen finden sich nur bedingt, Akten der Vugesta, der Finanzbehörden oder Gemeinden in Bezug auf Sicherstellungen und Zwangsverkäufe sind gleichfalls nur auszugsweise ent-

---

15 Vgl. Ute HAUG, Schicksale von Kunstwerken – Provenienzforschung an der Hamburger Kunsthalle, in: Im Blickfeld. Die Jahre 2001/2002 in der Hamburger Kunsthalle, Hamburg 2003, S. 20–23.

deckt worden. Bedingt durch die Fehlstellen in der Aktenlage wurden verschiedene Projekte entwickelt, die das Dorotheum in Kooperation mit der Israelitischen Kultusgemeinde und der Kommission für Provenienzforschung durchgeführt hat, bzw. die sich noch in Bearbeitung befinden. So konnte im Herbst letzten Jahres ein wichtiges Vorhaben abgeschlossen werden, das gemeinsam mit der Anlaufstelle der Israelitischen Kultusgemeinde durchgeführt wurde: Es handelt sich um die elektronische Erfassung eines Datenbestandes aus dem Österreichischen Staatsarchiv, der nie näher in Forschungen einbezogen worden war. Diese so genannte § 14-Kartei umfasst 18.537 Karteikarten, die Informationen betreffend der Zwangsablieferungen von Gegenständen aus Edelmetallen sowie Perlen und Juwelen gemäß der *Verordnung über den Einsatz des jüdischen Vermögens* enthalten.[16] Das ursprünglich wohl aus der Vermögensverkehrsstelle stammende Konvolut enthält Name und Adresse des/der VoreigentümerIn, Aufzählung bzw. Benennung der Gegenstände, „Ankaufspreis", Zahl der „Rechnungsnummer"[17], Datum des „Ankaufs", sowie Vermerke in Form eines Stempels „D erledigt" und „B erledigt". Ohne elektronische Erfassung des Bestandes ist es Museen und Sammlungen aber nur schwer möglich, die verzeichneten Nummern mit den teilweise vorhandenen „Ankaufsbestätigungen" abzugleichen, und so Rückschlüsse auf den ehemaligen Eigentümer zu ziehen. Ziel der Arbeit war, durch eine Digitalisierung der Kartei tausenden Antragstellern die Möglichkeit zu geben, den Nachweis ihrer Entschädigungsansprüche in der Kategorie „bewegliches Vermögen" beim Allgemeinen Entschädigungsfonds zu erbringen, sowie die Provenienzforschung in den Museen zu erleichtern. Mit Hilfe der digitalisierten Kartei gelang der Provenienzforschung im MAK, zu einigen um 1942 erworbenen Silbergegenständen die ursprünglichen EigentümerInnen zu ermitteln.[18]

Ein weiteres Projekt, welches das Dorotheum gemeinsam mit der Provenienzforschung im MAK, der Anlaufstelle der Israelitischen Kultusgemeinde und der Kommission für Provenienzforschung initiiert hat[19], ist die Digitalisierung von Auktionskatalogen aus der NS-Zeit.

---

16 Gesetzesblatt für das Land Österreich, Jahrgang 1938, Nr. 633.

17 Diese Rechnungsnummer korrespondiert mit den „Ankaufsbestätigungen", die in manchen Vermögensanmeldungen einliegen.

18 Siehe dazu in diesem Band: Rainald FRANZ, Leonhard WEIDINGER, „… dass sich in der Sammlung auch kunstgewerbliche Objekte befunden haben." Provenienzforschung im MAK.

19 Die Leitung und Koordination des Projekts hat Leonhard Weidinger, Provenienzforscher im MAK, übernommen.

In Wien waren einige Auktionshäuser, darunter das von *Weinmüller München* arisierte Haus *S. Kende* in der Rotenturmstraße[20] sowie die Kunsthandlung *Albert Kende*, die nach der Arisierung in *Kunst- und Auktionshaus „Kärntnerstraße"* umbenannt wurde, ebenso wie das Dorotheum in den Handel mit Raubkunst involviert. Im „Altreich" ist die Zahl der Auktionshäuser, die von Zwangsverkäufen und Einbringungen der Behörden von beschlagnahmtem Eigentum verfolgter Personen profitierten, noch größer. Die Auktionskataloge dieser Häuser stellen aufgrund der fehlenden Geschäftsunterlagen der Firmen aus der relevanten Zeit die vollständigsten Auflistungen zu den versteigerten Objekten dar. Anfragen von Opfern des NS-Regimes und deren ErbInnen zum Verkauf entzogener Objekte, könnten nach einer Digitalisierung von der Kommission für Provenienzforschung zielgerichteter und schneller als bisher beantwortet werden. Durch die Finanzierung von Personal durch das Dorotheum und die Israelitische Kultusgemeinde konnten bis dato Kataloge zu fast 300 Wiener Auktionen zwischen 1938 und 1945 eruiert und erste Arbeitsschritte unternommen werden. Ziel ist es, alle Kataloge der in Wien aktiven Häuser zu digitalisieren und damit elektronisch durchsuchbar zu machen.[21] Alle Bundesmuseen und Sammlungen waren zu diesem Zweck aufgefordert Bestandslisten der bei ihnen aufliegenden Kataloge zu verfassen, um Lücken zu vermeiden und nach Möglichkeit solche Exemplare in die Arbeit mit einzubeziehen, die über Zusatzinformationen wie Meistbote oder Käufernamen verfügen. Um das Projekt, das ohne Zweifel eines der wichtigsten Vorhaben für die Provenienzforschung seit 1998 darstellt, zu verwirklichen, bedarf es neben einer gesicherten Finanzierung, die nicht von einzelnen Institutionen getragen werden kann, ebenso der Zusammenarbeit mit Bibliotheken, Sammlungen und Archiven.

Ausblick

Durch die Einsetzung von ProvenienzforscherInnen an den Bundesmuseen, den nationalen und internationalen Austausch, die Öffnung der Archive und die kontinuierliche Debatte über Raub- und Beutekunst sowie die Auseinandersetzung mit der eigenen Geschichte hat sich in Österreich in den letzten zehn Jahren einiges bewegt. Deutlich ist aber, dass gerade in Bezug auf die Erforschung der Mechanismen des NS-

---

20 Dazu siehe Gabriele ANDERL, Die „Arisierung" des Kunstantiquariats und Auktionshauses S. Kende durch Adolph Weinmüller in David. Jüdische Kulturzeitschrift, Heft Nr. 69, Juni 2006.
21 Es ist geplant, in einer zweiten Ausbaustufe auch die Kataloge der Auktionshäuser aus dem Altreich in das Projekt einzubeziehen.

Regimes in Österreich, der Abläufe zwischen den Verwaltungsebenen sowohl untereinander als auch mit dem „Altreich" hoher Nachholdbedarf besteht. Der Wissensaus-
tausch über Personen und Sammlungen funktioniert dank der Kommission für Prove-
nienzforschung in Österreich und des Arbeitskreises Provenienzforschung in
Deutschland lokal sehr gut, es sollte aber ein grenzüberschreitender Austausch nicht
nur in Rahmen großer Tagungen und Symposien unterstützt und gesucht werden. Die
Provenienzforschung des Dorotheum profitiert in hohem Maß von dem Austausch der
ForscherInnen und der fruchtbaren Zusammenarbeit mit Archiven, Institutionen und
Einzelpersonen. Gleichzeitig hat das Dorotheum durch die Einrichtung einer eigenen
Abteilung für Provenienzforschung im deutschsprachigen Raum Maßstäbe für andere
Auktionshäuser gesetzt. Eine kontinuierliche, langfristige und systematische Prove-
nienzforschung sollte zukünftig sowohl an allen Museen und Sammlungen sowie im
Handel gewährleistet werden, wobei neue Finanzierungsmodelle anzudenken sind.
Dringend notwendig für eine erfolgsorientierte Arbeit ist eine Forschungs- und Infor-
mations-Datenbank mit der systematischen Erfassung von Daten zu Sammlern und
Sammlungen, Kunsthändler und Auktionshäusern, Museumspersonal, Quellenbeständen, Auktionskatalogen, Sammlungskatalogen, Rückseitenbefunden, Kunstpreis-
entwicklung, Speditionen, Kunstversicherungen, Pfandleihhäusern und vielem mehr.
Klarheit und Transparenz in der Darstellung von Provenienzen in Katalogen und Ausstellungen sowie begründete und zu veröffentlichende Entscheide der zuständigen Institution über die Rückgabe eines Objekts sollten zum Standard werden. Eine fundierte
Forschung ist hierfür die Grundlage.

Zehn Jahre Provenienzforschung, Erbensuche und Restitution in den Museen der Stadt Wien – Eine vorläufige Bilanz

Michael Wladika

Bereits im Jahre 1998 begann auf Initiative des damaligen Kulturstadtrates Dr. Peter Marboe und unter der Leitung des Restitutionsbeauftragten der Museen der Stadt Wien, Dr. Peter Eppel, die Provenienzforschung in den Museen der Stadt Wien. Am 29. April 1999 beschloss der Gemeinderat der Bundeshauptstadt Wien analog zum „Bundesgesetz über die Rückgabe von Kunstgegenständen aus den Österreichischen Bundesmuseen und Sammlungen" vom 4. Dezember 1998[1] die „Rückgabe von Kunst- und Kulturgegenständen aus den Museen, Bibliotheken, Archiven, Sammlungen und sonstigen Beständen der Stadt Wien"[2]. Wien war damit das erste Bundesland, das diesbezügliche Regelungen erließ. Trotz der relativ kurzen Zeitspanne von Anfang Dezember 1998 bis Ende April 1999 lassen die Bestimmungen der Stadt Wien gegenüber jenen des Bundes bereits wesentliche Unterschiede sowie Anpassungen an die Praxis erkennen, wenngleich die drei für die Rückstellung maßgeblichen Tatbestände bis auf die Reihung der beiden ersten Tatbestände im Wortlaut fast ident sind.

So verpflichtete sich die Stadt Wien in Punkt I, jene Kunst- und Kulturgegenstände aus ihren Museen, Bibliotheken, Archiven, Sammlungen und sonstigen Beständen unentgeltlich an die ursprünglichen EigentümerInnen oder deren RechtsnachfolgerInnen von Todes wegen zu übereignen, welche:

1. zwar rechtmäßig in das Eigentum der Stadt Wien übergegangen sind, jedoch zuvor Gegenstand eines Rechtsgeschäfts gemäß § 1 des Bundesgesetzes vom 15. Mai 1946 über die Nichtigerklärung von Rechtsgeschäften und sonstigen Rechtshandlungen, die während der deutschen Besetzung Österreichs erfolgt sind (BGBl 1946/106), waren und sich noch im Eigentum der Stadt Wien befinden;
2. Gegenstand von Rückstellungen an die ursprünglichen Eigentümer oder deren Rechtsnachfolger von Todes wegen waren und nach dem 8. Mai 1945 im Zuge

---

1 BGBl I 1998/181.
2 Beschluss des Gemeinderates der Bundeshauptstadt Wien vom 29. April 1999, veröffentlicht im Amtsblatt der Stadt Wien, Nr. 30/1999.

eines daraus folgenden Verfahrens nach den Bestimmungen des Bundesgesetzes über das Verbot der Ausfuhr von Gegenständen von geschichtlicher, künstlerischer und kultureller Bedeutung, StGBl. 90/1918, unentgeltlich in das Eigentum der Stadt Wien übergegangen sind und sich noch im Eigentum der Stadt Wien befinden;

3. nach Abschluss von Rückstellungsverfahren nicht an die ursprünglichen Eigentümer oder deren Rechtsnachfolger von Todes wegen zurückgegeben werden konnten, als herrenloses Gut in das Eigentum der Stadt Wien übergegangen sind und sich noch im Eigentum der Stadt Wien befinden.

Der Magistrat wurde in Punkt II ermächtigt, nach Vorliegen der Empfehlung der einzurichtenden Wiener Restitutionskommission

1. die ursprünglichen Eigentümer oder deren Rechtsnachfolger von Todes wegen festzustellen und die Kunst- und Kulturgegenständen an diese zu übereignen;

2. jene Kunstgegenstände gemäß Punkt I, welche nicht an die ursprünglichen Eigentümer oder deren Rechtsnachfolger übereignet werden können, weil diese nicht festgestellt werden können, an den Nationalfonds der Republik Österreich für Opfer des Nationalsozialismus zur Verwertung zu übereignen.

In Punkt III wurde der Modus der Rückgabeentscheidung festgelegt, der jenem des Bundes nachempfunden ist. Die „Vorschläge für eine Übereignung", nämlich die aufgrund der Provenienzforschung entstandenen zusammenfassenden Darstellungen der einzelnen Rückstellungsfälle, die von den Museen der Stadt Wien bzw. von der Wienbibliothek im Rathaus für die gemeinsamen Kommissionssitzungen erstellt worden sind, werden im Wege des zuständigen amtsführenden Stadtrats für Kultur und Wissenschaft an das beratende Gremium, die Wiener Restitutionskommission, herangetragen. Eine ähnliche Funktion wie der beim Bund eingerichteten Kommission für Provenienzforschung kommt der in der Geschäftsordnung der Wiener Restitutionskommission ausdrücklich erwähnten Geschäftstelle zu, nämlich unter anderem die Übernahme der Vorschläge und Akten, die Verwaltung und Organisation sowie die Vorbereitung der Kommissionssitzungen. Die Geschäftsstelle wird von der Kanzlei der Museen der Stadt Wien mitbetreut, ist aber in ihrer Tätigkeit für die Kommission ausdrücklich nur an die Anordnungen des Vorsitzenden gebunden. Nicht explizit im Gemeinderatsbeschluss erwähnt wird, dass auch Exemplare dieser „Vorschläge" an den Restitutionsbeauftragten der Stadt Wien übermittelt werden, der ebenfalls an den Sitzungen teilnimmt. Die Kommission richtet ihre Empfehlungen, welche Objekte an welche konkreten Personen auszufolgen seien, wiederum an den Stadtrat, dem die politische Entscheidung obliegt und der letztendlich die Museen der Stadt Wien bzw. die Wienbibliothek im Rathaus anweist, die Gegenstände auszufolgen.

Die Zusammensetzung der Wiener Restitutionskommission weicht von jener des Beirats ab, der sich nach dem Kunstrückgabegesetz konstituiert hat. Zu einer neutralen und offenen Herangehensweise trägt der Umstand bei, dass die Stimmrechte der fünf Mitglieder auf nur eine/n VertreterIn der Magistratsdirektion/Zivil- und Strafrechtsangelegenheiten als EigentümervertreterIn der betroffenen Sammlungen und auf vier unabhängige ExpertInnen, nämlich auf eine/n VertreterIn aus dem Aktivstand der RichterInnen als Vorsitzende/n, eine/n VertreterIn aus dem Stand der NotarInnen, eine/n Experten/in auf dem Gebiet der Stadt- und Kunstgeschichte Wiens und eine/n Experten/in auf dem Gebiet der Zeitgeschichte, verteilt sind. Für jedes Mitglied wurde auch ein Ersatzmitglied aus demselben Tätigkeitsbereich bestellt.[3] Zwar legt die Geschäftsordnung, welche die Kommission in der Sitzung vom 24. Juni 1999 beschlossen hat, fest, dass die Sitzungen „grundsätzlich" nicht öffentlich sind. Es hat sich jedoch als unerlässlich erwiesen, dass auch die ProvenienzforscherInnen bzw. VerfasserInnen der jeweiligen zusammenfassenden Darstellungen der Fälle an den Sitzungen teilnehmen, um den Kommissionsmitgliedern „Rede und Antwort" zu stehen. Außerdem nehmen seit dem 2. September 2003 VertreterInnen der IKG-Wien und seit dem 11. Mai 2004 VertreterInnen des Nationalfonds der Republik Österreich für Opfer des Nationalsozialismus an den Kommissionssitzungen teil.

Die Wiener Restitutionskommission hat in ihrer bisherigen Praxis den Gemeinderatsbeschluss weit ausgelegt und in Zweifelsfällen eine rückstellungsfreundliche Haltung eingenommen. So hat sie in mehreren Fällen, wie etwa in jenem Fall, dem keine typische Entziehungshandlung während der Jahre 1938 bis 1945 zugrunde lag, sondern ein

3 Die in der Sitzung vom 24.6.1999 beschlossene „Geschäftsordnung der beim Magistrat der Stadt Wien eingerichteten ‚Restitutionskommission'" nennt die Namen der fünf Mitglieder sowie der Ersatzmitglieder, die bis heute (Stand April 2008) nahezu unverändert geblieben sind: Vorsitz Mag. Walter Hellmich, Senatspräsident des Oberlandesgerichtes Wien (Ersatzmitglied Dr. Eduard Strauss, Senatspräsident des Oberlandesgerichtes Wien), Notar Dr. Harald Wimmer (Ersatzmitglied Notar Dr. Michael Lunzer), Hofrätin Dr. Eva-Maria Höhle, Bundesdenkmalamt (Ersatzmitglied bis September 2002 Ing. Walther Brauneis, ab 2003 Hofrat Dr. Friedrich Dahm, Bundesdenkmalamt), Univ. Prof. Dr. Siegfried Beer, Karl-Franzens-Universität Graz, Institut für Geschichte (Ersatzmitglied Univ. Prof. Dr. Dieter Binder, Karl-Franzens-Universität Graz, Institut für Kirchenrecht), Obersenatsrat Dr. Franz Zörner, MD-Zivil- und Strafrechtsangelegenheiten (Ersatzmitglied bis 31.7.2002 Mag. Elisabeth Miksch, seit 26.9.2002 Mag. Rainer Wendel, MD-Zivil- und Strafrechtsangelegenheiten).

Gewahrsamsbruch, weil eine Person ein ihr von einem NS-Opfer anvertrautes Gemälde 1952 den Museen der Stadt Wien verkauft hatte, eine Rückstellung aus moralischen Gründen für angebracht gehalten, da die Museen der Stadt Wien ohne die nationalsozialistische Machtergreifung in Österreich wohl niemals in den Besitz des Kunstgegenstandes gekommen wären. In diesem Zusammenhang ist auch zu erwähnen, dass die Wiener Restitutionskommission noch vor dem Beirat des Bundes zu Problemfeldern, die weder im Kunstrückgabegesetz noch im Gemeinderatsbeschluss explizit erwähnt werden, wie etwa zum so genannten „Gutglaubenserwerb" und zu bereits rechtskräftigen Entscheidungen der Rückstellungskommissionen der 1940er und 1950er Jahre, grundlegende Empfehlungen abgegeben hat, die auch bestimmend für die weitere Praxis waren. So erklärte die Kommission die Berufung auf den Gutglaubenserwerb im Rahmen des Gemeinderatsbeschlusses für obsolet, was vor allem für die Rückstellung der in der NS-Zeit im Dorotheum oder im Kunsthandel erworbenen Kunstgegenstände Auswirkung hat. In einem Rückstellungsfall empfahl die Wiener Restitutionskommission im September 2004 trotz Vorliegen eines rechtskräftigen Erkenntnisses der Obersten Rückstellungskommission, mit dem das ursprüngliche Rückstellungsbegehren endgültig abgewiesen worden war, die Rückstellung des betreffenden Kunstgegenstandes an die Rechtsnachfolger des durch das NS-Regime Verfolgten. Wie in einem anderen Fall fand der Umstand, dass der Kaufpreis zur freien Verfügung des Verfolgten gelangt war, keine Berücksichtigung, da dieser nachweislich zur Vorbereitung der Flucht Verwendung finden musste.

Der amtsführende Stadtrat für Kultur und Wissenschaft (anfangs Dr. Peter Marboe, nach ihm Dr. Andreas Mailath-Pokorny) ist den Empfehlungen der Wiener Restitutionskommission bislang in ausnahmslos allen Fällen nachgekommen.

Während das Kunstrückgabegesetz in § 1 den Bundesminister für Finanzen „ermächtigt", Kunstgegenstände zu restituieren, weswegen das Gesetz oftmals als „Ermächtigungsgesetz" kritisiert wird, „verpflichtete" sich die Stadt Wien mit dem Gemeinderatsbeschluss vom 29. April 1999, entzogene Kunstgegenstände zurückzustellen. Auch fehlt im Gemeinderatsbeschluss der ausdrückliche Ausschluss eines Anspruches auf Übereignung.[4] Wenn auch der Gemeinderatsbeschluss, der dem Kunstrückgabegesetz nachgebildet ist, keine Antragssteller im Sinne der Rückstellungsgesetze der 1940er

---

4 Zu den Unterscheidungsmerkmalen zwischen dem Kunstrückgabegesetz und dem Wiener Gemeinderatsbeschluss vom 29. April 1999 siehe auch: Ingo ZECHNER, Wie Entscheidungen fallen – Kunstrestitution in der Praxis, in: Verena PAWLOWSKY, Harald WENDELIN (Hg.), Enteignete Kunst. Raub und Rückgabe – Österreich von 1938 bis heute, Bd. 3, Wien 2006, S. 209–220, hier S. 218.

Jahre kennt, so nennt die Geschäftsordnung „am Verfahren Beteiligte", denen etwa unter Anwendung des AVG[5] Akteneinsicht zu gewähren ist. Ebenso wurden potentielle Rückgabeberechtigte in den Sitzungen der Wiener Restitutionskommission als Auskunftspersonen gehört.

Die Museen der Stadt Wien und die Wienbibliothek im Rathaus leiteten aus dem Gemeinderatsbeschluss vom 29. April 1999 wie auch aus der so genannten Washingtoner Erklärung[6] die Verpflichtung ab, nicht nur von sich aus, daher „von Amts wegen", aktive Provenienzforschung zu betreiben, sondern auch aktiv nach den heute lebenden RechtsnachfolgerInnen der Geschädigten zu suchen, um die Kunstgegenstände nicht nur zur Rückgabe bereit zu stellen, sondern sie auch tatsächlich zurückgeben zu können.[7] Dass Provenienzforschung und Erbensuche gemeinsam durchgeführt werden, hat sich als äußerst positiv herausgestellt, fließen die bei der Provenienzforschung erworbenen Kenntnisse, oftmals nur winzige Hinweise, denen erst später Bedeutung zukommt, direkt in die Suche nach RechtsnachfolgerInnen ein. Dem Umstand, dass diese Nachforschungen sehr zeitintensiv sind, wird dadurch Rechnung getragen, dass die Wiener Restitutionskommission zunächst eine Empfehlung über die Restitutionsfähigkeit eines Kunstgegenstandes abgibt und erst zu dem Zeitpunkt, zu dem alle RechtsnachfolgerInnen feststehen, nach Überprüfung der Erbenqualität auch die Ausfolgung empfiehlt. Die „Betreuung" eines Falles durch die Museen der Stadt Wien von den ersten „Verdachtsmomenten" einer „bedenklichen" Erwerbung bzw. dem Einlangen einer Anfrage über die Suche nach ErbInnen bis zur Rückstellung eines Objekts bringt als weiterer Schritt Koordinierungsfunktionen zwischen den RechtsnachfolgerInnen mit sich: Die Entziehung der Kunstgegenstände erfolgte in den meisten Fällen bereits 1938, daher vor genau 70 Jahren. Die RechtsnachfolgerInnen eines Geschädigten, in einem einzigen Fall sogar 17, die über die ganze Welt verstreut leben, haben sich manchmal bewusst aus den Augen verloren oder sind einander überhaupt nicht bekannt und sind mit der Rückstellung von Objekten konfrontiert, von denen sie bisher nichts gewusst haben.

---

5 Allgemeines Verwaltungsverfahrensgesetz 1991.

6 „Grundsätze der Washingtoner Konferenz in Bezug auf Kunstwerke, die von den Nationalsozialisten beschlagnahmt wurden" vom 3.12.1998.

7 Provenienzforschung, Erbensuche und Restitution wurden vom Restitutionsbeauftragten der Stadt Wien, Dr. Peter Eppel, und bisher fünf externen WissenschafterInnen durchgeführt: Mag. Tina Walzer von Mai 1998 bis Juli 2000, Mag. Dr. Anita Blaszczyk von Juli 1999 bis November 2004, Mag. Walter Baumgartner von Juli 2002 bis November 2003, Dr. Dieter J. Hecht von Dezember 2003 bis November 2004, MMag. Dr. Michael Wladika seit Juli 1999.

Für den Befund, dass den damaligen „Städtischen Sammlungen"[8] nach der national-
sozialistischen Machtergreifung in Österreich am 13. März 1938 gemessen an den
Bundesmuseen eine überproportionale Rolle am Kunstraub zukam, gibt es mehrere
Erklärungen:

Ferdinand Georg Waldmüller,
Porträt Univ. Prof. Dr. Sigmund Caspar Fischer,
1837, aus der ehemaligen Sammlung von
Bernhard Altmann; am 3. Juli 2003 an dessen
Rechtsnachfolger restituiert.

Anders als die zumeist reinen Kunstmuseen verstanden sich die Städtischen Sammlungen als ein Mehrspartenmuseum, das sich folglich bei der vollständigen Beraubung der
Opfer nicht nur Kunstwerke, sondern auch Möbel, Uhren, Mode und Alltagsgegen-
stände aneignete. Das breite Spektrum der entzogenen Gegenstände reicht daher vom
Plakat oder der Knopfsammlung bis zum Waldmüller-Gemälde oder der Messer-
schmidt-Büste. Außerdem waren die Städtischen Sammlungen als Museum des Reichsgaues Wien finanziell gut ausgestattet, sodass sie an den zahlreichen Versteigerungen
der entzogenen Kunstgegenstände etwa im Wiener Dorotheum aktiv teilnehmen oder
auf dem Kunstmarkt „Erwerbungen" durchführen konnten. In Wien befanden sich vor
1938 die bedeutendsten Kunstsammlungen vor allem jüdischer SammlerInnen. Wenn

---

8 Bis zur formellen Trennung am 5.12.1939 waren die heutige Wienbibliothek im Rathaus und die heutigen
   Museen der Stadt Wien unter der Bezeichnung „Städtische Sammlungen" subsumiert. Danach führten nur
   mehr die Museen der Stadt Wien in ihrer Gesamtheit mit den angeschlossenen Kreismuseen und Gedenk-
   stätten diesen Titel. Siehe Wilhelm DEUTSCHMANN, Die Städtischen Sammlungen in der Zeit der nationalsozialistischen Herrschaft, in: Jahrbuch des Vereins für Geschichte der Stadt Wien 1999, Bd. 55, Wien
   1999, S. 31–48.

nach dem 13. März 1938 zumeist über Museumsdirektoren oder KunsthändlerInnen bekannt wurde, dass ein/e SammlerIn aus Österreich flüchten wollte, erging ein Antrag an die Zentralstelle für Denkmalschutz, die Sammlung „vor der Gefahr der Verbringung ins Ausland" gemäß § 4a des Ausfuhrverbotsgesetzes[9] zu sichern und zumeist in einem Museum zu verwahren. Diese so genannten „Sicherstellungsbescheide" erließ aber nicht das Bundesdenkmalamt selbst, sondern in Wien die Magistratsabteilung 50. Am Verteiler des Bescheides ist zu erkennen, dass eine Abschrift auch immer an die Städtischen Sammlungen als einziges Museum erging. Eine Sicherstellung bedeutete für die betroffene Person zwar noch keinen Eigentumsverlust, jedoch eine beträchtliche Verfügungsbeschränkung über ihr Eigentum als Vorstufe einer von Anbeginn ins Auge gefassten Entziehung. Zumeist sahen sich die EigentümerInnen alleine durch den Umstand gezwungen, dass sie die sichergestellten Kunstgegenstände anlässlich ihrer Flucht zurücklassen mussten, diese zu „widmen", zu verschenken, unter ihrem Wert zu verkaufen oder zu deponieren. Die Städtischen Sammlungen, die über dieses Sicherstellungen somit bestens informiert waren, richteten wie andere Museen so genannte „Wunschlisten" an die Zentralstelle für Denkmalschutz, ab Mitte 1940 Institut für Denkmalpflege, um bei der Verteilung der Beute mit den bereits ausgewählten Objekten berücksichtigt zu werden.

Die Entziehungsvorgänge, die sich den Akten entnehmen lassen, sind vielfältig, basieren aber alle auf pseudolegalen NS-Gesetzen oder Verordnungen, von denen drei als wichtigste zu nennen sind: Mit der „Verordnung über die Einziehung von volks- und staatsfeindlichem Vermögens" vom 18. November 1938[10] wurden bereits vorangegangene Beschlagnahmungen der Geheimen Staatspolizei und Sicherstellungen von Kunstgegenständen quasi sanktioniert, indem unter Einräumung eines breiten Ermessenspielraumes „volks- und staatsfeindliche Bestrebungen" ihrer EigentümerInnen mit dem Verlust des Eigentums an den Gegenständen bedroht wurden und die Einziehung zugunsten des Landes Österreich bzw. des Deutschen Reiches sowie einer dritten Person verfügt werden konnte. Danach erfolgte unter Berücksichtigung des so genannten „Führervorbehalts" die Verteilung an die einzelnen Museen. Die „Verordnung über den Einsatz des jüdischen Vermögens" vom 6. Dezember 1938[11] zwang Juden und Jüdin-

---

9 Bundesgesetz vom 5. Dezember 1918 über das Verbot der Ausfuhr von Gegenständen von geschichtlicher, künstlerischer oder kultureller Bedeutung, StGBl 1918/90.

10 RGBl I S. 1620.

11 RGBl I S. 1709. Kundmachung des Reichsstatthalters in Österreich vom 6. Dezember 1938, GBlfdLÖ 1938/633.

nen zur Veräußerung ihrer Gewerbe- sowie land- und forstwirtschaftlichen Betriebe zu Spottpreisen. Durch Berufsverbote und Kündigungen ihrer Einkunftsmöglichkeiten beraubt, sollten Jüdinnen und Juden nach Zwangsverkäufen ihres Eigentums zur Flucht gezwungen werden. Für das in Geldmittel verflüssigte Vermögen bestanden aufgrund von Verboten, etwa Liegenschaften oder Kunstgegenstände zu erwerben, keinerlei Anlagemöglichkeiten. Die Geldmittel verringerten sich im Gegenteil durch diskriminierende Abgaben wie Reichsfluchtsteuer oder Judenvermögensabgabe, Devisenbestimmungen oder erhöhte Steuern ständig, jegliche Veräußerungserlöse mussten zudem auf Sperrkonten erlegt werden. Für Kunstwerke in jüdischem Eigentum galt die Bestimmung in Artikel IV § 14 Abs. 1, dass sie nur bis zu einer Höchstgrenze von RM 1.000 frei verkauft werden durften, wodurch die Preis verfielen und von freien Verkäufen kaum die Rede sein konnte.[12] Museen wie den Städtischen Sammlungen wurden Kunstgegenstände als „Notverkäufe" angeboten, um die Flucht oder die diskriminierenden Abgaben zu finanzieren. Ab Mitte 1940 sollten Verfahren „zur Zwangsentjudung von Kunstgegenständen" gemäß Artikel II § 6 angewendet werden, der vorsah, dass Juden und Jüdinnen gezwungen werden konnten, „land- oder forstwirtschaftliches Vermögen, sonstiges Grundeigentum oder andere Vermögensteile ganz oder teilweise binnen einer bestimmten Frist zu veräußern". Schließlich diente die „Elfte Verordnung zum Reichsbürgergesetz" vom 25. November 1941[13] als Ausdruck der entfesselten antisemitischen Praxis des NS-Regimes der unmittelbaren Umsetzung des Massenmordes. Jüdinnen und Juden wurde die deutsche „Staatsangehörigkeit" aberkannt, wenn sie nach dem Inkrafttreten der Verordnung am 27. November 1941 „ihren gewöhnlichen Aufenthalt im Ausland" hatten, was zynischerweise auch mit der Deportation in ein Konzentrationslager außerhalb der Reichsgrenzen gleichgesetzt wurde. Mit dem Verlust der Staatsangehörigkeit war gemäß § 3 Abs. 1 auch der Verfall des gesamten inländischen Vermögens zugunsten des Deutschen Reiches verbunden.

Die Verstrickung der Städtischen Sammlungen in den NS-Kunstraub wird vor allem durch Prof. Julius Fargel personifiziert, der, seit 1932 Mitglied der NSDAP, als Schätzmeister für das Dorotheum und seit 1939 als Gemälderestaurator für die Städtischen Sammlungen tätig gewesen ist. Außerdem war Fargel in der NS-Zeit „gerichtlich beeideter Sachverständiger in der Rechtsfront für Gemälde", Schätzmeister der Vermö-

---

12 Siehe dazu Theodor BRÜCKLER, Kunstwerke zwischen Kunstraub und Kunstbergung: 1938–1945, in: Theodor BRÜCKLER (Hg.), Kunstraub, Kunstbergung und Restitution in Österreich 1938 bis heute (= Studien zu Denkmalschutz und Denkmalpflege, Bd. XIX) Wien-Köln-Weimar 1999, S. 15f.
13 RGBl I S. 722.

gensverkehrsstelle und der Geheimen Staatspolizei, vor allem aber Gemälde-Schätzmeister der Vugesta bzw. der so genannten Möbelverwertungsstelle von jüdischem Umzugsgut. In dieser Eigenschaft entnahm oder „erwarb" er Kunstgegenstände aus den aufgebrochenen Lifts, die den auf der Flucht befindlichen Jüdinnen und Juden nicht zugestellt und wieder nach Wien dirigiert worden waren. Fargel brachte die Gegenstände sodann in die Städtischen Sammlungen als „Spenden" ein, einen Teil veräußerte er zu niedrigen Preisen. In einer Selbstdarstellung aus dem Jahr 1947 schrieb er: „Ich habe dem Museum nicht nur wertvolle historische Bilder gespendet, sondern auch diesem circa 200 sehr gute Bilder zu äußerst günstigen Bedingungen verschafft, sozwar [sic!], dass mich Herr Direktor Dr. Wagner wiederholt den Mehrer des Museums nannte."[14]

Die Museen der Stadt haben seit 1999 etwa 24.300 fragliche Erwerbungen aus der NS-Zeit systematisch und, soweit dies angesichts der vielfältigen Probleme möglich ist, auch die Erwerbungen der Zeit seit 1945 (ca. 253.000) auf ihre Rechtmäßigkeit überprüft. In diesem Zusammenhang wurden die Akten des Hauses und hunderttausende Akten in in- und ausländischen Archiven durchforstet. Darüber hinaus wurden sämtliche neueren Werkverzeichnisse der Bibliothek des Wien Museums und der Bibliothek der Österreichischen Galerie Belvedere einschließlich unveröffentlichter Arbeiten mit einer Künstlerkartei der Museen der Stadt Wien verglichen.[15]

Bezüglich der festgestellten so genannten „bedenklichen" Erwerbungen wurde eine Kategorisierung in personenbezogene Fälle, das heißt in solche, in denen sich der oder die ursprünglichen EigentümerInnen anhand des Inventarbuches, der Hausakten, von zusätzlich herangezogenen Unterlagen oder etwa aufgrund von Hinweisen auf den Rückseiten von Gemälden feststellen ließen, und in nicht personenbezogene Fälle vorgenommen. In letztere Kategorie fallen sämtliche Erwerbungen in der NS-Zeit von der Vugesta, von Julius Fargel, vom Dorotheum, aus dem Kunsthandel und aus Antiqua-

---

14 Museen der Stadt Wien, Mappe „Restaurierungen Prof. Julius Fargel 1943–1950". Zu Fargel siehe auch: „Siebenter Bericht des amtsführenden Stadtrates für Kultur und Wissenschaft über die gemäß dem Gemeinderatsbeschluss vom 29. April 1999 erfolgte Übereignung von Kunst- und Kulturgegenständen aus den Sammlungen der Museen der Stadt Wien sowie der Wiener Stadt- und Landesbibliothek" vom 1. Dezember 2006, S. 201, unter http://www.wienmuseum.at/pdf/Restitutionsbericht_2006.pdf (abgerufen am 12.8.2008).

15 Siehe dazu Peter EPPEL, Kein „Schlussstrich", sondern viele späte Restitutionen. Provenienzforschung, Erbensuche und Restitution der Museen der Stadt Wien, in: Verena PAWLOWSKY, Harald WENDELIN (Hg.), Enteignete Kunst. Raub und Rückgabe – Österreich von 1938 bis heute, Bd. 3, Wien 2006, S. 200–208, hier S. 201.

riaten sowie Zuweisungen von öffentlichen Stellen, bei denen bisher keine Hinweise auf die ursprünglichen EigentümerInnen zu finden waren.

Bisher[16] wurden etwa 2900 Objekte, und damit der Großteil der zu restituierenden Kunstgegenstände, den ehemaligen EigentümerInnen bzw. deren RechtsnachfolgerInnen bereits zurückgegeben. Diese Objekte stammen aus 36 Sammlungen bzw. Sammlungsteilen: Bernhard Altmann, Stefan Auspitz, Richard Beer-Hofmann, Josef und Auguste Blauhorn, Ferdinand Bloch-Bauer, Oscar Bondy, Adele Duschnitz, Ernst Egger, Hanns Epstein, Friedrich Fischl, Hanns Fischl, Josef Isidor Flcischner, Siegfried Fuchs, David Goldmann, Leo und Helene Hecht, Josef Hupka, Israelitisches Blindeninstitut Hohe Warte, Bruno Jellinek, Familie Lederer, Emil Politzer, Ernst und Gisela Pollak, Max Pollak, Franz und Melanie Popper[17], Adolf Guido Redlich (Adolphus G. Redley), Oskar Reichel, Heinrich Rieger[18], Heinrich Rothberger, Alphonse und Nathaniel Rothschild, Franz Ruhmann, Josef Simon, Sammlung Strauß-Meyszner, Sammlung Strauß-Simon, Josef Ungar, Charles Weinberger, Leopold Weinstein, Ella Zirner. Darunter befinden sich auch Objekte, von denen zunächst nur bekannt war, dass sie aus Erwerbungen von der Vugesta (etwa im Fall Josef und Auguste Blauhorn), vom

Taschenuhr (Silbergehäuse, Werk signiert „Banger London") aus der ehemaligen Uhrensammlung von Emil Politzer; am 14. November 2007 an dessen Rechtsnachfolger restituiert.

---

16 Stand 30.4.2008.

17 Die Rückstellung betraf die Gemälde Robert Russ, *Straße in Arco*, und Ferdinand Georg Waldmüller, *Familie Gierster*. Ein Gemälde, Rudolf von Alt, *Der Stephansplatz*, welches die damaligen Städtischen Sammlungen 1939 im Kunsthandel erworben haben, konnte Franz Popper nicht zugeordnet werden und befindet sich nun wieder auf der im Internet veröffentlichten „Kunsthandelsliste".

18 Von den insgesamt vier Gemälden wurden zwei von den Museen der Stadt Wien nach erfolgter Restitution zurückgekauft, ein Gemälde wurde von den Rechtsnachfolgern abgeholt. Ein Gemälde befindet sich noch im Depot der Museen der Stadt Wien.

Dorotheum oder aus dem Kunsthandel (etwa in den Fällen Adele Duschnitz oder Ella Zirner) stammen. Erst aufgrund von Recherchen oder Anfragen (etwa im Fall Leopold Weinstein) konnten sie den ursprünglichen EigentümerInnen zugeordnet werden.

Provenienzforschung sollte niemals mit der Frage nach dem Wert eines Objekts verknüpft sein. Unter den Objekten, die bisher restituiert worden sind, befinden sich ebenso 12 Fotos und ein Zeitungsausschnitt aus der Sammlung Josef Isidor Fleischner und eine Knopf- und Stocksammlung aus der Sammlung Dr. Siegfried Fuchs wie etwa zwei große Ölgemälde von Hans Makart aus der Sammlung Stefan Auspitz, zwei Büsten der berühmten Serie der Charakterköpfe von Franz Xaver Messerschmidt aus der Sammlung des Dramatikers und Lyrikers Richard Beer-Hofmanns, ein 400 Jahre alter, silberner Kokosnussbecher aus der Sammlung Ing. Egger oder eine Mappe mit 30 Federzeichnungen Moritz von Schwinds zur „Hochzeit des Figaro" aus der Sammlung Univ. Prof. Dr. Josef Hupka. Zuletzt wurden ein großformatiges Ölgemälde von Jakob Emil Schindler aus der Sammlung Adele Duschnitz sowie der Stutzflügel aus dem Besitz von Johann Strauß Sohn, ein Geschenk der Firma Bösendorfer aus dem Jahr 1896 an ihn[19], der sich in der Sammlung Hanns Epstein befand und bereits 1953 restituiert, aber niemals abgeholt wurde, an den Rechtsnachfolger ausgefolgt.

Soweit es die finanziellen Mittel erlauben, versuchen die Museen der Stadt Wien, natürlich ohne den Überlegungen der RechtsnachfolgerInnen in irgend einer Weise vorzugreifen, Kunstgegenstände nach erfolgter Restitution zu erwerben. So konnten die Sammlungen von Oscar Bondy, Adele Duschnitz, Friedrich Fischl, Hanns Fischl, Josef Isidor Fleischner, Siegfried Fuchs, Leo und Helene Hecht, Oskar Reichel, Heinrich Rieger teilweise sowie die wertvollste, die Sammlung Strauß-Meyszner, vollständig erworben werden. Im September 2007 ersteigerten die Museen der Stadt Wien den Stutzflügel aus dem Besitz von Johann Strauß Sohn auf einer Auktion in Oakland, zu der ihn der Rechtsnachfolger von Hanns Epstein eingebracht hatte. Der Rücktransport aus den USA verzögerte sich um sechs Monate, da die Tastatur des Flügels aus Elfenbein besteht und die Bestimmungen des Artenschutzes eingehalten werden mussten. Dieser Ankauf wurde vom Verein der Freunde der Museen der Stadt Wien finanziert.

---

19 Obwohl Johann Strauß durch die Schenkung zweifellos Eigentum an dem Flügel erworben hat, wird der Status im Inventarbuch der Museen der Stadt Wien als „Besitz" angegeben, weswegen diese nicht ganz korrekte Schreibweise – Strauß war als Eigentümer auch Besitzer – in sämtlichen Berichten beibehalten wurde.

In elf Fällen, das sind die Fälle Siegmund Glesinger, Otto Herschel, Ernst Moriz Kron-feld, Isidor und Jenny Mautner, Alfred Menzel, Stefan Poglayen-Neuwall, Ignatz Pick, Albert Pollak, Malva (Malwina) Schalek, Paul Schwarzstein und Josef Thenen, wurde die Rückgabe durch Verständigung der bereits feststehenden RechtsnachfolgerInnen, mit denen die Museen der Stadt Wien in engem Kontakt stehen, in die Wege geleitet, zu einer Ausfolgung ist es aber aus diversen Gründen noch nicht gekommen. In eini-gen Fällen wurden die Museen der Stadt Wien ersucht, mit der Ausfolgung solange zuzuwarten, bis sich für die betreffenden Kunstgegenstände geeignete Verwertungs-möglichkeiten ergeben hätten. Gerade bei mehreren RechtsnachfolgerInnen, die durch die Rückgabe zu MiteigentümerInnen an den Gegenständen werden und in den sel-tensten Fällen in demselben Land wohnhaft sind, zeigt sich, dass nur ein Verkauf der Objekte infrage kommt, der wiederum längerer Planung bedarf.

Im Fall Wilhelm Viktor Krausz sind die Objekte von der Wiener Restitutionskommis-sion bereits als rückgabefähig eingestuft worden, auch der Rechtsnachfolger konnte aus-findig gemacht werden. Derzeit sind aber noch Recherchen im Gange, ob nicht auch noch eine Verwandte rückgabeberechtigt ist. Ebenso wurde in den drei Fällen Victor Blum, Adele Graf und Alexander Grosz die Restitution von der Kommission empfoh-len, es konnten bisher aber keine RechtsnachfolgerInnen ausfindig gemacht werden. Die Recherchen werden in diesen Fällen nach Anregung durch die Kommission fort-gesetzt.

In fünf Fällen, das sind die Fälle Victor Blum[20], Gottfried Eissler, Otto Jahn, Gustav Pollak und Ernst M. Steiner, konnte bislang nicht eindeutig geklärt werden, ob es sich um Restitutionsfälle handelt. Die Recherchen werden in diesen Fällen ebenfalls fortge-setzt, obwohl die Chancen, noch entscheidende zusätzliche Erkenntnisse gewinnen zu können, sehr gering sind.

---

20 Univ. Prof. Dr. Victor Blum wird an dieser Stelle noch einmal angeführt, weil anlässlich der Recherchen in den Akten eine Suchliste mit Objekten aus seinem Eigentum ausfindig gemacht werden konnte, die in der NS-Zeit im Dorotheum zur Versteigerung gelangt sind. Der Liste zufolge haben die Städtischen Sammlun-gen zwei Kunstgegenstände ersteigert, wobei bei einem Objekt laut Katalog eine Übereinstimmung zwischen der Lot Nr. und dem von Blum bezeichneten Objekt besteht. Bei dem anderen Objekt, einem Aquarell von Kriehuber, das Blum nicht näher beschrieb, stimmt jedoch die von Blum angegebene Lot Nr. im Katalog nicht überein. Auch wurde an diesem Tag kein Aquarell von Kriehuber versteigert. Siehe zu diesem Fall auch Michael WLADIKA, Die acht gotischen Bildtafeln des Univ. Prof. Dr. Victor Blum, in: Gabriele ANDERL, Alexandra CARUSO (Hg.), NS-Kunstraub in Österreich und die Folgen, Innsbruck-Wien-Bozen 2005, S. 247–258.

Im Rückstellungsfall Herbert M. Gutmann, welcher der Wiener Restitutionskommission erst kürzlich erstmals vorgelegt wurde, hat sich diese für unzuständig erklärt, da sowohl der Entziehungsort Berlin als auch der Zeitpunkt der Entziehung 1934 nicht unter den Gemeinderatsbeschluss vom 29. April 1999 fallen. Die Kommission hat jedoch eine Stellungnahme abgegeben, wonach sie eine Rückstellung begrüßen würde.

Bei den nicht personenbezogenen Objekten hat die Wiener Restitutionskommission in der Sitzung vom 19. Oktober 2004 grundlegende Entscheidungen getroffen:

Bezüglich der 144 Objekte, welche die Städtischen Sammlungen in der NS-Zeit von der Vugesta erworben haben, eines Objekts aus dem Dorotheum, welches laut Inventarbuch „aus Judenbesitz" stammt, und den mehr als 200 Objekten, welche Julius Fargel den Städtischen Sammlungen „gespendet" oder veräußert hat, hat die Kommission die Empfehlung abgegeben, sie in Entsprechung des Beschlusses des Wiener Gemeinderates vom 29. April 1999 an den Nationalfonds der Republik Österreich für Opfer des Nationalsozialismus zu restituieren, falls es nicht gelingen sollte, die ursprünglichen Eigentümer ausfindig zu machen. Bei diesen Objekten ist mit an Sicherheit grenzender Wahrscheinlichkeit davon auszugehen, dass sie ihren ehemaligen EigentümerInnen bzw. BesitzerInnen entzogen worden sind.

Bezüglich der rund 1000 Objekte aus dem Dorotheum, der rund 500 Objekte aus dem Kunsthandel und aus Antiquariaten und der 14 Objekte, welche den Städtischen Sammlungen von öffentlichen Stellen gewidmet worden waren, deren EigentümerInnen zum Zeitpunkt der nationalsozialistischen Machtübernahme nicht zweifelsfrei festgestellt werden konnten, stellte die Kommission ganz allgemein fest, dass sie das Datum der Erwerbung zwischen dem 13. März 1938 und dem 8. Mai 1945 als einziges Indiz für eine Entziehung nicht für ausreichend hält, um eine Restitutionsfähigkeit anzunehmen. Es müssen daher zusätzliche Verdachtsmomente hinzukommen. Wenn auch diese Bestände in ihrer Gesamtheit nicht an den Nationalfonds ausgefolgt werden, so ist festzuhalten, dass es sich hierbei keineswegs um „unbedenkliche" Erwerbungen handelt.

Die Museen der Stadt Wien veröffentlichen seit September 2001[21] die Objektlisten mit genauen Beschreibungen der Erwerbungen von der Vugesta, von Julius Fargel, vom

---

21 Seit 27.9.2001 die Objektlisten der Vugesta-Erwerbungen, seit 27.8.2002 die Dorotheums-Erwerbungen und seit 25.9.2003 die Objektlisten der Erwerbungen von Julius Fargel bzw. der Widmungen von öffentlichen Stellen.

Dorotheum[22], aus dem Kunsthandel und aus Antiquariaten sowie der Zuweisungen von öffentlichen Stellen auf ihrer Homepage unter www.wienmuseum.at und ersuchen um zweckdienliche Mitteilungen über die Herkunft dieser Objekte und deren ehemalige EigentümerInnen bzw. heutige Anspruchsberechtigte. Die Kommission hat empfohlen, diese Listen auch nach Abschluss ihrer Tätigkeit im Internet zu belassen. Seit Jahresbeginn 2002 bzw. Herbst 2002 kann die laufend aktualisierte Liste mit den Erwerbungen von der Vugesta auch auf der deutschen Kunstraub-Datenbank „Lost Art Internet Database" unter www.lostart.de bzw. auf der Datenbank der „Commission for Looted Art in Europe" (ECLA) in London unter www.lootedart.com abgerufen werden. Mit beiden Institutionen kooperieren die Museen der Stadt Wien seit Jahren, letztere war vor allem bei der Erbensuche äußerst hilfreich.

Carl Moll, Aquarell,
Platz am Hof mit Radetzkydenkmal (I. N. 69.758);
von den damaligen Städtischen Sammlungen
in der NS-Zeit von der Vugesta erworben.[23]

---

22   Die Liste der in der NS-Zeit von den Städtischen Sammlungen im Dorotheum erworbenen Objekte, die ins Internet gestellt wurde, enthält 1545 Objekte. Recherchen der Museen der Stadt Wien im Joanneum Graz haben ergeben, dass eine Inventarnummer mit 555 Subnummern einer Sammlung zugeordnet werden konnte, die mit Sicherheit nicht entzogen worden ist, weswegen heute von rund 1000 fraglichen Erwerbungen ausgegangen wird. Diese Erwerbung zeigt auch, dass nicht alle von den Städtischen Sammlungen in der NS-Zeit aus dem Dorotheum erworbenen Objekte aus entzogenen Vermögen stammen. Trotzdem wurden die Objekte weiter auf der Liste belassen.

23   Bisher konnte nicht festgestellt werden, wem dieses Bild vor dem 13. März 1938 gehört hat. Die Museen der Stadt Wien ersuchen daher auf ihrer Homepage unter http://www.wienmuseum.at wie bei den übrigen Erwerbungen von der Vugesta, von Julius Fargel, vom Dorotheum, aus dem Kunsthandel und bei den Zuweisungen von öffentlichen Stellen um zweckdienliche Hinweise auf den oder die ursprünglichen Eigen-

Seit Oktober 2006 befinden sich die Objektlisten mit Fotos zu ausgewählten Objekten auch auf der Kunst-Datenbank des Nationalfonds unter www.kunstrestituton.at.

Neben einem Hinweis auf den gedruckten Bericht „Die Restitution von Kunst- und Kulturgegenständen im Bereich der Stadt Wien 1998–2001. Museen der Stadt Wien. Wiener Stadt- und Landesbibliothek" befinden sich auf der Homepage der Museen der Stadt Wien und auf der Homepage der Wienbibliothek im Rathaus (www.wienbibliothek.at) auch die bisherigen Berichte des „amtsführenden Stadtrates für Kultur und Wissenschaft über die gemäß dem Gemeinderatsbeschluss vom 29. April 1999 erfolgte Übereignung von Kunst- und Kulturgegenständen aus den Sammlungen der Museen der Stadt Wien sowie der Wiener Stadt- und Landesbibliothek" an den Wiener Gemeinderat der Jahre 2002 bis 2007, welche unter anderem sämtliche, bisher der Wiener Restitutionskommission vorgelegte zusammenfassende Darstellungen der Stadt Wien zu den einzelnen Rückstellungsfällen, eine detaillierte Übersicht über alle Objekte, die bislang von der Stadt Wien restituiert wurden, und eine genaue Beschreibung der damit verbundenen Aktivitäten enthalten. Diese Berichte haben sich auch bei der Erbensuche als unerlässliche Hilfsmittel erwiesen, was sich anhand von zwei zunächst aussichtslos scheinenden Fällen belegen lässt. In dem einen Fall beschloss die Wiener Restitutionskommission nach jahrelanger Erbensuche der Museen der Stadt Wien unter Zuhilfenahme internationaler Organisationen, die trotz anfänglicher Erfolge an ihre Grenzen gestoßen war, bereits die Restitution des Kunstgegenstandes an den Nationalfonds, ehe sich der Rechtsnachfolger des ursprünglichen Eigentümers bei den Museen der Stadt Wien meldete. Er war bei Internetrecherchen mehr zufällig auf den betreffenden Bericht über seinen Großonkel gestoßen. In dem anderen Fall waren es ebenfalls eher zufällige Internetrecherchen, nach denen sich ein in San Diego lebender Mann bei den Museen der Stadt Wien meldete und mit Dokumenten belegen konnte, dass es sich bei dem in dem betreffenden Bericht gesuchten Rechtsnachfolger um seinen 93-jährigen Schwiegervater handelt. Für diesen war bereits von den übrigen RechtsnachfolgerInnen bei Gericht ein Abwesenheitskurator bestellt worden, um die Ausfolgung der Gegenstände nicht weiter zu verzögern.

Zu den erwähnten erweiterten Publizitätsmaßnahmen zählen auch die von den Museen der Stadt Wien bereits durchgeführte Verlinkung der auf den Internetseiten des

---

tümerInnen oder auf heute lebende RechtsnachfolgerInnen. Da es sich bei diesem Bild um eine Vugesta-Erwerbung handelt, wird es, falls der oder die ursprünglichen EigentümerInnen nicht festgestellt werden können, an den Nationalfonds der Republik für Opfer des Nationalsozialismus übergeben.

Museums angeführten Objektlisten mit Onlinemedien und die Anbringung von expliziten Hinweisen auf den Erwerbszeitpunkt und die Bezugsquelle bei jedem „verdächtigen" Objekt, das in Ausstellungen und Ausstellungskatalogen präsentiert wird.

Jene Objekte, die gemäß Punkt II. Z 2 des Gemeinderatsbeschlusses vom 29. April 1999 dem Nationalfonds der Republik Österreich für Opfer des Nationalsozialismus zu übereignen sind, werden in Übereinstimmung mit diesem vorläufig noch von den Sammlungen der Stadt Wien verwahrt, bis der Nationalfonds sie zum Abschluss der Verwertung beansprucht. Die Museen der Stadt Wien streben dabei für die Übergabe, so weit dies möglich ist, eine gemeinsame zeitliche Vorgehensweise mit dem Bund an, damit die Ergebnisse der Überprüfung der Sammlungen des Bundes und der Stadt Wien weiterhin miteinander verglichen und von beiden Seiten optimal genützt werden können.

Die Kommission für Provenienzforschung, deren Büro im Bundesdenkmalamt etabliert wurde, wo die umfangreichsten Archivmaterialien zu Kunstraub und Restitution vorhanden sind, bildet dabei den zentralen Anknüpfungspunkt der nationalen Zusammenarbeit zwischen den einzelnen Bundes- aber auch Landesmuseen. Seit Frühjahr 2000 nehmen VertreterInnen der Museen der Stadt Wien an den Sitzungen der Kommission für Provenienzforschung teil. Von den mehr als 400 Anfragen nach in der NS-Zeit geraubter Kunst, die die Museen der Stadt Wien seit 1998 beantwortet haben, wurden ihnen die meisten vom Vorsitzenden der Kommission für Provenienzforschung übermittelt.

Die Suche nach RechtsnachfolgerInnen berührt nicht nur historische und rechtliche Aspekte, sondern stellt für die Provenienzforschung der Museen der Stadt Wien mitunter auch eine gerne angenommene detektivische Herausforderung dar. Sie führt von Archiven über die Korrespondenz mit Auslandsvertretungen bis zu Lokalaugenscheinen und Friedhofsbesuchen, die bis nach Brünn ausgedehnt wurden. So lieferte in einem Fall ein Vermerk des Grabberechtigten im Gräberverzeichnis einer Friedhofsverwaltung den entscheidenden Hinweis auf den heute lebenden Rechtsnachfolger. Ohne Internet, die beschleunigten Kommunikationsmöglichkeiten durch den E-Mail-Verkehr, die bereits angesprochenen Maßnahmen zusätzlicher Transparenz, vor allem aber ohne enge Kooperation und Vernetzung mit Behörden, Auslandsvertretungen und nationalen sowie internationalen Institutionen wäre es aber kaum möglich gewesen, dass die vorläufige Bilanz der Museen der Stadt Wien heute so aussieht, dass bis auf die drei erwähnten Fälle, in denen die Restitutionsfähigkeit der Objekte von der Wiener Restitutionskommission bereits festgestellt wurde und die Suche nach ErbInnen noch im Gange ist, in allen anderen Rückstellungsfällen die RechtsnachfolgerInnen gefunden und die Kunstgegenstände auch an diese ausgefolgt werden konnten. In diesem Zusammenhang ist ganz besonders den Wiener Magistratsabteilungen 7 (Kulturamt der Stadt Wien), 8 (Wiener Stadt- und Landesarchiv), 9 (Wienbibliothek im Rathaus), 12 (Sozialamt, Dezernat III, Opferfürsorge), 43 (Städtische Friedhöfe), 61 (Staatsbürgerschafts- und Personenstandsangelegenheiten), 62 (Meldeservice – Zentrale Auskunft), dem Dokumentationszentrum des Österreichischen Widerstandes, dem Österreichischen Staatsarchiv, dem Bundesdenkmalamt, der dort angesiedelten Kommission für Provenienzforschung, der Matrikenstelle sowie der Anlaufstelle der Israelitischen Kultusgemeinde Wien, dem Nationalfonds der Republik Österreich für Opfer des Nationalsozialismus, der Koordinierungsstelle für Kulturgutverluste Magdeburg und Anne Webber von der Commission for Looted Art in Europe zu danken.

Ein Ende der Provenienzforschung in den Museen der Stadt Wien ist derzeit seriös nicht abzusehen. Noch immer und verstärkt seit der Veröffentlichung der Kunst-Datenbank des Nationalfonds im Internet im Oktober 2006 langen Anfragen aus aller Welt zu bisher ungeklärten Erwerbungen der Museen der Stadt Wien ein, die entweder direkt an die Museen ergehen oder vom Nationalfonds weitergeleitet werden. Diese Anfragen, die zumeist unter Zusendung von Unterlagen erfolgen, haben in einigen Fällen so konkrete Angaben beinhaltet, sodass es beispielsweise möglich war, zwei Gemälde, welche die Städtischen Sammlungen in der NS-Zeit im Dorotheum erworben haben, einer durch das NS-Regime verfolgten Person zuzuordnen. Die Kunstgegenstände wurden im Herbst 2007 an deren Rechtsnachfolgerin ausgefolgt. Aufgrund von Anfragen bereiten die Museen der Stadt Wien alleine drei neue Fälle für die nächsten Sitzungen der Wiener Restitutionskommission vor.

Neben dem bereits erwähnten gedruckten Restitutionsbericht und den bisherigen ergänzenden Restitutionsberichten der Jahre 2002 bis 2007, die im Internet veröffentlicht worden sind, befindet sich die Publikation eines Buches in Vorbereitung, das sich in mehrere Teile gliedert: Darin werden alle der Wiener Restitutionskommission bis zum Erscheinungsdatum vorgelegten Fälle auf dem letzten Stand, daher im Idealfall bis zur Restitution und Ausfolgung des Objekts, enthalten sein. In dem Buch werden allgemeine Probleme, Erfahrungen sowie Ergebnisse der Provenienzforschung und Erbensuche der Museen der Stadt Wien thematisiert. Darüber hinaus werden die sonstigen

Auswirkungen des Nationalsozialismus auf die Museen der Stadt Wien – beispielsweise auf die Personal- und „Ankaufspolitik" sowie auf das Ausstellungswesen dargestellt. Damit werden die Museen der Stadt Wien ein zweites Printmedium vorlegen, das ihren Restitutionsbemühungen mehr Publizität verschafft und ein Thema abdeckt, zu dem es bislang kaum vergleichbare Literatur gibt.

„... im wesentlichen unbeschädigt erhalten geblieben ...“[1]

Provenienzforschung an der Universitätsbibliothek Wien am Beispiel der Fachbereichsbibliothek Anglistik und Amerikanistik

Monika Löscher, Markus Stumpf

Als erste Universitätsbibliothek in Österreich stellt sich die Universitätsbibliothek Wien (UB Wien) ihrer nationalsozialistischen Vergangenheit. Im Projekt Provenienzforschung Universitätsbibliothek Wien/Fachbereichs- und Institutsbibliotheken wird die eigene Rolle im Bücherraub erforscht, der Frage nach den Provenienzen der Bücherbestände nachgegangen und diese gegebenenfalls an die ursprünglichen EigentümerInnen bzw. deren RechtsnachfolgerInnen zurückgegeben. Im Falle von „herrenlosen" Büchern werden diese an den Nationalfonds für Opfer des Nationalsozialismus übertragen.

Die UB Wien richtete im Herbst 2004 im Bereich der Hauptbibliothek ein Provenienzforschungsprojekt ein, um den Bestand der Bibliothek nach fraglichen und bedenklichen Erwerbungen als Voraussetzung zur Rückstellung zu untersuchen.[2] Im Frühjahr 2006 wurde das Projekt schließlich auf den dezentralen Bereich der UB, das heißt auf die Fachbereichs- und Institutsbibliotheken, erweitert. Ein eigenes Team übernahm die aus organisatorischen und historischen Gründen anders gelagerte Untersuchung der an vielen Standorten angesiedelten einzelnen Bibliotheken.[3]

---

1 Schreiben von Friedrich Wild an die Staatsregierung der Republik Österreich in Wien, 16.6.1945, Universitätsarchiv Wien (UAW), Personalakt (PA) Friedrich Wild.

2 Vgl. Susanne KNACKMUß, Die Wiener Universitätsbibliothek im Zeitraum 1930–1945. Untersuchungen zur Erwerbungs- und Benutzungspraxis, Diplomarbeit, Humboldt-Universität Berlin, 1992. Zu den ersten Forschungsergebnissen des Teilprojektes Hauptbibliothek vgl. Peter MALINA, Die Gestapo als Bücherlieferant. Vorläufige Ergebnisse der Provenienzforschung an der Universitätsbibliothek Wien, in: Mitteilungen der Gesellschaft für Buchforschung in Österreich 2006-2, S. 30–41.

3 Das Projektteam besteht aus Markus Stumpf (Projektleiter), sowie Stefan Alker, Christina Köstner und Monika Löscher, die auch die Website http://www.ub.univie.ac.at/provenienzforschung/ (abgerufen am 12.8.2008) des Projekts Provenienzforschung an der Universitätsbibliothek Wien betreiben. An dieser Stelle sei auch den studentischen MitarbeiterInnen Hongwei Duan, Max Leimstättner, Daniela Schadauer und Johannes Thaler für die oft mühevolle Arbeit gedankt! Vgl. Stefan ALKER, Christina KÖSTNER, Markus STUMPF, Provenienzforschung an der Universitätsbibliothek Wien – ein Zwischenbericht, in: Wa(h)re Information. 29. Österreichischer Bibliothekartag Bregenz, 19. -23.9.2006. Hrsg. von Harald Weigel. Graz-Feldkirch 2007 (= Schriften der Vereinigung Österreichischer Bibliothekarinnen und Bibliothekare, 2), S. 125–131. Vgl. Ste-

Mit dem Universitätsgesetz 2002 sind die Universitätsbibliotheken zwar nicht mehr direkt einem Bundesministerium unterstellt, doch verbleiben „die Bestände der Universitätsbibliotheken, die aus geschichtlichem, künstlerischem und sonstigem kulturellen oder wissenschaftlichen Zusammenhang ein Ganzes bilden, im Eigentum des Bundes".[4] Für die UB Wien wurde diesbezüglich die Grenze für Bestände, die im Bundeseigentum verbleiben, mit dem Erscheinungsjahr bis 1800 festgelegt, während jene mit späterem Erscheinungsjahr ins Eigentum der Universität Wien übergehen. Da damit nur ein geringer Teil der Bestände der UB Wien allfällig unter das Kunstrückgabegesetz[5] fällt, wurde das Projekt von der Leitung der Universitätsbibliothek Wien und der Universität Wien auf den gesamten Bestand ausgedehnt und Kontakt zur Kommission für Provenienzforschung sowie zum Nationalfonds für Opfer des Nationalsozialismus aufgenommen.

Zur Geschichte der dezentralen Bibliotheken der UB Wien

Während der NS-Zeit entsprach die Universitätsbibliothek Wien der heutigen Hauptbibliothek, die damaligen Seminar- und Institutsbibliotheken lagen im Verwaltungsbereich der einzelnen Institute bzw. Seminare, die bibliothekarische Arbeit wurde meist von AssistentInnen oder bibliothekarischen Hilfskräften erledigt. Erst mit dem Universitätsorganisationsgesetz 1975 gingen erste Institutsbibliotheken in die Verwaltung der UB über. Die Bücher stehen alle im Besitz der UB bzw. im Eigentum der Universität Wien und sind somit Gegenstand der laufenden Provenienzforschung.

Im Zuge der Forschungen entsteht ein Bild heterogener Geschichten. Einige Institute und damit ihre Bibliotheken wie jene der Zeitungswissenschaft (heute: Publizistik- und Kommunikationswissenschaft) oder der Theaterwissenschaft (heute: Theater-, Film- und Medienwissenschaft) wurden am Beginn der 1940er-Jahre gegründet und vom NS-Staat massiv unterstützt, was sich auch in den Ankaufsmöglichkeiten auswirkte, da verhältnismäßig viel Geld zur Verfügung stand. In anderen, wie etwa in der Astronomie, herrschte weitgehend Stillstand und es wurden kaum Bücher erworben. Auch wurden nach dem Krieg Bibliotheken und Institute aufgelöst bzw. zusammengelegt,

---

fan ALKER, Monika LÖSCHER (Red.), Bibliotheken der Universität Wien in der NS-Zeit. Bücherraub, Provenienzforschung, Restitution, Wien 2008.
4   BGBl I 2002/120, § 139, Abs. 4.
5   BGBl I 1998/181.

Bestände auf andere Bibliotheken verschoben, übernommen, ausgeschieden usw., sodass heute diesen Bibliotheksgeschichten im dezentralen Bereich der UB Wien zumindest 50mal[6] nachgegangen werden muss.

Zur Bibliothek des Englischen Seminars

1877 suchte der Ordinarius Jakob Schipper (1842–1915) um finanzielle Mittel für den Erwerb einer Büchersammlung für das Englische Seminar der Universität Wien an. Eine einmalige Summe von 400 Gulden und ein jährliches Stipendium von 150 Gulden bildeten den finanziellen Grundstock der heutigen Bibliothek. Sie ist damit eine der ältesten Anglistik-Bibliotheken im deutschsprachigen Raum. Im Jahr 1885 siedelte das Englische Seminar in die eben erbaute Universität am Ring und der bisherige Bücherbestand wurde neu inventarisiert.[7] Die Bibliothek wurde zunächst von den Studierenden selbst betreut, später von den InstitutsassistentInnen. Dem Wiener Seminar für Englische Philologie standen während der NS-Zeit zwei AssistentInnen und eine Hilfskraft zu.[8] Von 1936 bis Anfang 1941 betreute Hans Max Stüdl die Bibliothek. Er verfasste jedoch nur den Jahresabschluss für 1935, während die Jahresstatistiken für 1936 bis 1938 nicht im Inventarbuch verzeichnet sind. Für die Jahre 1938–1939 wurden diese von Dr. Hilde Schneller und für 1940 von Louis Heinrich Paulovsky verfasst.[9]

---

6 Die UB Wien setzt sich derzeit aus 39 Fachbereichsbibliotheken, 10 Institutsbibliotheken, der Bibliothek des Archivs der Universität Wien sowie aus der Hauptbibliothek zusammen. Vgl. Organigramm Bibliotheks- und Archivwesen der Universität Wien unter: http://www.ub.univie.ac.at/organo1.html (abgerufen am 17.3.2008).

7 Vgl. http://www.ub.univie.ac.at/fb-anglistik/history.html (abgerufen am 17.3.2008). Zur Geschichte der Anglistik an der Universität Wien vgl. Brigitte REIFFENSTEIN, Zu den Anfängen des Englischunterrichts an der Universität Wien und zur frühen wissenschaftlichen Anglistik in Wien, in: Otto RAUCHBAUER (Hg.), A yearbook of studies in english language and literature 1985/86. Festschrift für Siegfried Korninger, Wien 1986 (= Wiener Beiträge zur englischen Philologie 80), S. 163–185; vgl. Alois KERNBAUER, Die institutionelle Entwicklung des Englischunterrichts bzw. des Instituts für Anglistik an der Universität Graz vor dem Hintergrund der Entwicklung des Faches an den Universitäten der Habsburgermonarchie, in: Alwin FILL, Alois KERNBAUER (Hg.), 100 Jahre Anglistik an der Universität Graz. Graz 1993 (Publikationen aus dem Archiv der Universität Graz, 27), S. 40–147. Zur Bibliotheksgeschichte vgl. Harald MITTERMANN, Die Neusystematisierung der sprachwissenschaftlichen Bestände an der IB Anglistik und Amerikanistik in Wien. Bibliothekarische Hausarbeit, Wien 1982.

8 Vgl. ÖStA AdR K18/02 AZ 6135A., zit. n. Frank-Rutger HAUSMANN, Anglistik und Amerikanistik im „Dritten Reich", Frankfurt/M. 2003, S. 58, Fußnote 92.

9 Vgl. Inventarbuch 3375 – 13.079, FB Anglistik und Amerikanistik.

1942 war Josephine Riss Hilfskraft im Seminar für Englische Philologie und in der Bibliothek für die Bücherausgabe zuständig. Zwei Jahre davor inskribierte sie an der Universität Wien Englisch, Geschichte, Philosophie und Lebenswirtschaftskunde. 1943 wurde sie wegen „politischer Unzuverlässigkeit" nicht zur Lehramtsprüfung zugelassen. Sie hatte an katholischen Studentenrunden teilgenommen und war deswegen sogar von der Gestapo verhört worden. Der damalige Lehrstuhlinhaber, der Nationalsozialist Georg Weber, bestand auf ihre Entlassung und so endete ihre Tätigkeit als wissenschaftliche Hilfskraft nach zwei Jahren.[10]

Während der vergleichsweise sehr gut dotierten Bibliothek der Theaterwissenschaft ein Budget von RM 45.000 für die Jahre 1943–1945 zu Verfügung stand[11], betrug der Jahresetat der Anglistik-Bibliothek RM 1.500.[12] Am 31. März 1942 waren von der Bibliothek insgesamt 7794 Inventarnummer vergeben worden.[13]

1960 kam Brigitte Haller auf den Posten einer wissenschaftlichen Hilfskraft und übernahm im Laufe der Jahre zunehmend bibliothekarische Aufgaben und konnte auch 1962 den bibliothekarischen Ausbildungskurs absolvieren. Sie trug die vereinzelten Archivalien zusammen, unter anderem Listen von Bibliotheken, die während der NS-Zeit übernommen worden waren.[14]

Zur Geschichte des Institutes für Anglistik und Amerikanistik

Frank-Rutger Hausmann geht in seiner Monographie über Anglistik und Amerikanistik im Dritten Reich ausführlich auf die Frage ein, wie ein ursprünglich traditionelles und dann gleichgeschaltetes Universitätsinstitut in der NS-Zeit funktionierte, und illustriert dies anhand der personellen Netzwerke.[15]

---

10 Vgl. Edith STUMPF-FISCHER, Wie überlebt man „finstere Zeiten"? 5 Bibliothekarinnen, 5 Antworten, in: Ilse KOROTIN (Hg.), Österreichische Bibliothekarinnen auf der Flucht. Verfolgt, verdrängt, vergessen? Wien 2007 (= biografiA, Neue Ergebnisse der Frauenbiografieforschung, 4), S. 15–47.

11 Die erste Bewilligung von RM 5.000 für den Ankauf von Büchern erfolgte am 28.4.1943. Vgl. Auflistung der bewilligten Summen für die Jahre 1943 und 1944, 9.2.1945. ÖStA AdR, Kur. d. ws. HS, AZ 6177A.

12 Vgl. ÖStA AdR K18/02 AZ 6135A., zit. n. HAUSMANN, Anglistik und Amerikanistik im „Dritten Reich", S. 58, Fußnote 92.

13 Diese Zahlen sagen noch nichts über die Anzahl der vorhandenen Bände aus, da sich unter einer Inventarnummer bzw. hinter einer Signatur mehrere Bände befinden können. Inventarbuch 3375–13.079, FB Anglistik und Amerikanistik.

14 Mappe: Im Seminar eingestellte Bibliotheken, FB Anglistik und Amerikanistik.

15 Vgl. HAUSMANN, Anglistik und Amerikanistik im „Dritten Reich".

Das Seminar für Englische Philologie der Universität Wien verfügte als eines der wenigen im deutschsprachigen Raum über zwei Lehrkanzeln: Eine war bis 1934 durch Karl Luick (1865–1935) besetzt und wurde 1935 von seinem Schüler Friedrich Wild (1888–1966) übernommen, die zweite Lehrkanzel wurde erst 1936 gegründet und mit dem Innsbrucker Rudolf Hittmair (1889–1940) besetzt. Hittmair wurde nach dem „Anschluss" 1938 aus politischen Gründen entlassen. Die vakante Stelle wurde durch den aus Deutschland kommenden Nationalsozialisten Georg Weber (1894–1957) übernommen, der seine Lehrtätigkeit im dritten Trimester 1940/41 aufnahm.

Zentrale Figur am Institut war aber zweifelsohne Friedrich Wild[16], der seine Karriere in Wien gemacht hatte. In seiner politischen Beurteilung vom November 1938 hieß es: „[Friedrich Wild] stammt aus dem nationalen Lager. Er wurde im Jahre 1938 Mitglied der NSDAP, ist also verhältnismäßig spät zum Nationalsozialismus gestoßen. Er ist ein ruhiger, verlässlicher Charakter. Fachlich geniesst er einen hervorragenden Ruf. Es ist weder in politischer noch in charakterlicher Hinsicht Nachteiliges bekannt."[17]

Da sein Parteieintritt auf den 1. Jänner 1938 vordatiert worden war, galt er nach 1945 als „Illegaler" und wurde sofort entlassen. Wild argumentierte in der unmittelbaren Nachkriegszeit, dass er sich erst, als Österreich dem Deutschen Reich „einverleibt" worden sei, auf Anraten der Kollegen Anton Pfalz (Altgermanist) und Arthur Marchet (Mineraloge), letztgenannter Dozentenbundführer, um die Aufnahme in die NSDAP beworben habe[18], und dass er und seine Frau verschiedene Male Gelegenheit hatten, Opfern nationalsozialistischer Gewaltpolitik Beistand zu leisten. Aufgezählt werden dann Jüdinnen, und Juden sowie WiderstandskämpferInnen, denen er geholfen haben will.[19] Darunter fallen auch Elise (1865–1943) und Helene Richter (1861–1942).

Elise und Helene Richter

Ihre Bibliothek ist ein besonderes Beispiel für eine unrechtmäßige Erwerbung in der NS-Zeit, die auch die Universitätsbibliothek Wien betrifft, aber auch ein Beispiel für

16 Vgl. HAUSMANN, Anglistik und Amerikanistik im „Dritten Reich", S. 516f; siehe auch: UAW, PA Friedrich Wild.
17 Politische Beurteilung vom 13.11.1938, ÖStA AdR, Gauakt Friedrich Wild.
18 Vgl. Brief von Wild an das Dekanat der Philosophischen Fakultät der Universität Wien, 14.9.1945, UAW, PA Friedrich Wild.
19 Vgl. Schreiben von Wild an die Staatsregierung der Republik Österreich in Wien, 16.6.1945, UAW, PA Friedrich Wild.

die Vernetzung der Bibliotheken untereinander.[20] Die 1865 in Wien geborene Elise Richter konnte als eine der ersten Frauen Österreichs 1901 an der Universität Wien promovieren und war 1905 die erste Frau, die sich dort habilitierte. 1921 erfolgte ihre Ernennung – wiederum als erste Frau in Österreich – zur außerordentlichen Professorin am Institut für Romanistik der Universität Wien. Mit dem Einmarsch der Nationalsozialisten in Österreich endete ihre wissenschaftliche Karriere, als Jüdin wurde sie im Mai 1938 zwangspensioniert.

Gaya Scienza, gemeinsames Exlibris
der Schwestern Elise und Helene Richter.[21]

Die unverheiratete Elise Richter lebte mit ihrer um vier Jahre älteren Schwester Helene zusammen, die als Anglistin und Theaterwissenschafterin tätig war. Aufgrund der Zwangspensionierung Elises und der 25%igen Judenvermögensabgabe gerieten die Schwestern in kürzester Zeit in schwere finanzielle Not und dachten daran, zumindest Teile ihrer wertvollen Bibliothek zu verkaufen. Im August 1941 wurde ihnen angeboten, die Bibliothek an die Kölner Universitäts- und Stadtbibliothek zu verkaufen; als Elise Richter sich vom Verkauf zurückziehen wollte, drohte ihr der Kölner Bibliotheksdirektor mit der Gestapo. Im März 1942 wurden schließlich etwa 3000 Bände

---

20   Vgl. Thierry ELSEN, Robert TANZMEISTER, In Sachen Elise und Helene Richter. Die Chronologie eines „Bibliotheksverkaufs", in: Murray G. HALL, Christina KÖSTNER, Margot WERNER (Hg.), Geraubte Bücher. Die Österreichische Nationalbibliothek stellt sich ihrer Vergangenheit, Wien 2004, S. 128–138 bzw. Murray G. HALL, Christina KÖSTNER, „… allerlei für die Nationalbibliothek zu ergattern …". Eine österreichische Institution in der NS-Zeit, Wien-Köln-Weimar 2006, S. 271–274. Vgl. Christiane HOFFRATH, Die Welt von Gestern. Widmungsexemplare aus der Bibliothek von Elise und Helene Richter. Ein Beitrag der Provenienzforschung an der Universitäts- und Stadtbibliothek Köln, in: Stefan ALKER, Christina KÖSTNER, Markus STUMPF (Hg.), Bibliotheken in der NS-Zeit. Provenienzforschung und Bibliotheksgeschichte. Göttingen 2008 (in Vorbereitung).
21   Exlibris der Schwestern Elise und Helene Richter, in: Eugenio de OCHOA (Hg.), El ingenioso hidalgo Don Quijote de la Mancha. Paris o. J. (FB Romanistik, Inventarnummer: 13048).

nach Köln gesandt, bezahlt hat die USB Köln nicht.[22] Kurz darauf mussten die beiden ihre Wohnung verlassen und in ein jüdisches Altersheim in Wien übersiedeln. Sieben Monate später wurden sie nach Theresienstadt deportiert. Helene starb dort einen Monat später, am 8. November 1942, ihre Schwester Elise am 21. Juni 1943.

Wie auch in anderen Fällen kann bei den Schwestern Richter auf Recherchen in anderen Bibliotheken zurückgegriffen werden und es zeigt sich, dass es während der NS-Zeit durchaus Austausch zwischen den einzelnen Bibliotheken gegeben hat bzw. dass die Gestapo mehrere Bibliotheken mit Büchern aus ein und derselben Privatbibliothek „versorgt" hat. So finden sich Bücher aus dem ehemaligen Eigentum von Elise und Helene Richter nicht nur an der Wienbibliothek im Rathaus, der Österreichischen Nationalbibliothek, dem Österreichischen Theatermuseum und der Stadt- und Universitätsbibliothek Köln, sondern auch in der Universitätsbibliothek Wien. Insgesamt kamen zehn Bücher zum Vorschein, die mit dem Exlibris *Gaya Scienza* der beiden Schwestern gekennzeichnet sind. Zwei sind in der FB Theater-, Film- und Medienwissenschaft zu finden, zwei in der FB Klassische Philologie, Mittel- und Neulatein und sechs in der FB Romanistik. Die beiden Bücher, die in der FB Klassische Philologie, Mittel- und Neulatein gefunden wurden, waren ein Geschenk der Anglistik aus dem Jahre 1946.

Interessant im Zusammenhang mit Wild ist die Geschichte des Hauses in der Weimarerstraße 83 in Wien-Döbling, in dem er ab 1940 wohnte. Dieses hatte ursprünglich den Schwestern Richter gehört, war aber bereits im Jahr 1922 gegen Einräumung eines Dauerwohnrechtes an das jüdische Bankhaus Gutmann verkauft worden. Dessen Eigentümer mussten 1938 flüchten, ihr Eigentum wurde einer Güterverwaltung unterstellt, die das Haus an Wild veräußerte. Elise Richter schrieb dazu:

Die ‚arisierte' Güterverwaltung der Gutmannschen Liegenschaften hatte den Hausverkauf beschlossen. Wer würde einziehen? Das uns grundbücherlich gesicherte Wohnrecht war zwar nicht offiziell aufgehoben, aber, wie wir von einer Seite erfuhren, ‚dem Belieben der Partei' überlassen. Von andrer Seite kam die Zuschrift, das Wohnrecht schließe die Gartenbenützung nicht ein (!). Die Lebensrente kam meistens unpünktlich, und zu der nunmehr schon gewohnten Armut trat als äußerster Übelstand die nie gewohnte Unregelmäßigkeit und Unsicherheit in der Geldgebarung.[23]

22 Vgl. Christiane HOFFRATH, Die Bibliothek der Geschwister Elise und Helene Richter in der Universitäts- und Stadtbibliothek Köln, in: Regine DEHNEL (Hg.), NS-Raubgut in Bibliotheken. Suche, Ergebnisse, Perspektiven. Drittes Hannoversches Symposium, Frankfurt/M. 2008 (Zeitschrift für Bibliothekswesen und Bibliographie, Sonderband 94), S. 127–138, hier S. 134.
23 Elise RICHTER, Summe des Lebens. Hg. vom Verband der Akademikerinnen Österreichs, Wien 1997, S. 221.

Nach 1945 erhielt Wild die nötigen „Persilscheine" u. a. von Berta Ettmayer, der Witwe des 1938 verstorbenen Romanisten Karl Ettmayer (1874–1938), und von seinem Kollegen und Wohnungsnachbarn, dem 1939 emeritierten Philosophen Robert Reininger (1869–1955). Sie alle betonten, das Ehepaar Wild habe sich den im Oktober 1942 deportierten Schwestern Richter gegenüber zuvorkommend verhalten.[24] Wild gab dazu an:

Meine Frau und ich haben meine in unserem Hause wohnenden beiden Kolleginnen, Frau. Dr. Helene Richter und Frau Professor Elise Richer [sic] die wegen jüdischer Abstammung ihre akademische Tätigkeit aufgeben muszten, stets loyal behandelt. Wir haben ihnen ihr Wohnrecht nicht nur trotz zahlreicher Anrempelungen von seiten der Partei uneingeschränkt erhalten, sondern sind den beiden alten Damen stets hilfsbereit zur Seite gestanden. Besonders meine Frau hat sich ihrer immer wieder in häuslichen Angelegenheiten angenommen und ihnen in aufopferungsvoller Weise Hilfe angedeihen lassen. Als die beiden Damen eines Tages von der Gestapo gezwungen wurden, ihre Wohnung zu verlassen und sie mit den letzten Juden aus Döbling in ein Heim in die Seegasse gebracht wurden, hat sie meine Frau dort wiederholt unter persönlicher Gefahr besucht und ihnen ihre Lage in jeder Hinsicht zu erleichtern gesucht.[25]

Widerspruch hatte Wild schließlich keinen mehr zu erwarten, da die Schwestern Opfer der Shoah waren. Wild jedenfalls wurde 1945 entlassen, jedoch 1955 wieder zum Ordinarius ernannt. Welche Rolle er beim Erwerb der Bücherbestände, die zwischen 1938 und 1945 an die Bibliothek gelangten, genau spielte, kann derzeit noch nicht beantwortet werden. Allerdings scheinen diese Bücher für ihn von großer Bedeutung gewesen sein:

Ich habe mich in meinem Institut stets als Vertreter und Wahrer einer groszen österreichischen Tradition gefühlt, […]; insbesondere habe ich mich auch der Ueberweisung aus altösterreichischen Mitteln erworbener Bücherbestände des englischen Seminars an Institute des Altreiches widersetzt. Die Bücherbestände meines Seminars sind über die schwere Zeit des Bombenkrieges und die Kriegshandlungen im April hinaus im wesentlichen unbeschädigt erhalten geblieben.[26]

---

24 Vgl. Erklärung von Berta von Ettmayer, 7.12.1946, UAW, PA Friedrich Wild;, vgl. HAUSMANN, Anglistik und Amerikanistik im „Dritten Reich", S. 276f.

25 Schreiben von Wild an die Staatsregierung der Republik Österreich in Wien, 16.6.1945, UAW, PA Friedrich Wild.

26 Schreiben von Wild an die Staatsregierung der Republik Österreich in Wien, 16.6.1945, UAW, PA Friedrich Wild.

Trotz der im Vergleich zu anderen Bibliotheken guten Dokumentation der Vorgänge in der NS-Zeit, zeigen sich doch Lücken in den archivarischen Unterlagen, die eine Einschätzung, ob die während der NS-Zeit erworbenen Bücherbestände als bedenklich anzusehen sind, schwierig machen. Was festzustellen ist: es kamen größere Bestände aufgelöster Vereine an die Bibliothek. Zudem wurden eine Reihe einzelner Bücher gefunden, deren EigentümerInnen Opfer des Nationalsozialismus waren.

Fallbeispiele

Im Rahmen der Autopsie wurde ein Buch mit dem Vermerk „Der charmanten Wiene-rin Lori Czember, zur Erinnerung an Ihren aufrichtigen Verehrer Adolph Altschul [?] genannt Adular mit dem Riesenloreleyhaar. Karlsbad am 10. Juni 1931 dem Tage der Rosenspendung" gefunden.[27]

Dabei handelt es sich um die 1882 geborene Eleonore Czember. Sie und ihr nichtjüdi-scher Mann Stefan mussten 1938 ihre Vermögensanmeldungen abgeben.[28] Da sie eine so genannte Mischehe führte, konnten beide bis zu ihrem Tode 1942 in Wien leben. Die genauen Hintergründe ihres Todes sind unklar, sie wurden jedoch nur wenige Tage hinter-einander bestattet.[29] Anhand der Inventarnummer lässt sich jedoch feststellen, dass das Buch nach 1945 inventarisiert wurde, auf welchen Wegen es an das Seminar gekommen ist, ist derzeit noch unklar. Abgesehen vom Inventarbuch findet sich ein Hinweis im Büchereingangsbuch, wo vermerkt ist, dass das Buch eines von rund 300 ist, die am 13. Mai 1949 von einem/r Dr. Doppler gekauft wurden.[30]

Ein ähnliches Schicksal erlitt Helene Rauchberg (1875–1942), die am 3. Dezember 1941 in das Konzentrationslager Riga deportiert wurde. Ihr genaues Todesdatum ist nicht bekannt. 1916 war sie Lehrerin an der k. k. Zentrallehranstalt für Frauengewerbe

---

27 Vgl. Joseph S. FLETCHER, Perris of the Cherry-Trees, London 1927. Inventarnummer 12298, FB Anglis-tik und Amerikanistik.
28 ÖStA AdR, VVSt, Akt Eleonore Czember, Akt Stefan Czember.
29 Vgl. http://friedhof.ikg-wien.at sowie https://www.wien.gv.at/grabauskunft/internet/suche.aspx (abgerufen am 17.3.2008).
30 Vgl. Büchereingangsbuch 1940 bis 1949, FB Anglistik und Amerikanistik.

Exlibris Helene Rauchberg.[31]

in Wien.[32] Ein Buch mit ihrem Exlibris „Ich lebe, ein Bürger derer, welche kommen werden", kam 1946 über den Nachlass von Margarete Rösler an die Bibliothek.[33] Die Studienkollegin von Elise Richter stammte ursprünglich aus Brünn. Wie Richter war sie bei Studienbeginn bereits eine „ältere" Studentin. Auch hier sind noch weitere Recherchen notwendig.

Bibliothek der Deutsch-Englischen Gesellschaft, Zweigstelle Wien

Die Bibliothek der Deutsch-Englischen Gesellschaft, Zweigstelle Wien, wurde im Jänner 1940 dem Seminar „zur Verwahrung" gegeben. Laut Angabe des letzten Präsidenten – Adolf Dubsky[34] – und des letzten Schriftführers der DEG, Hammerand, löste sie sich auf Weisung der Berliner Zentralstelle im Dezember 1939 selbst auf. Damit

---

31   Exlibris Helene Rauchberg, in: Jane ADDAMS, The second twenty years at Hull-House, New York 1930 (FB Anglistik und Amerikanistik, Inventarnummer: 10933).

32   Vgl. Renate SEEBAUER, Frauen, die Schule machten, Wien 2007, S. 133ff., S. 205ff., S. 222ff.

33   Vgl. Jane ADDAMS, The second twenty years at Hull-House, New York 1930. Inventarnummer 10933, FB Anglistik und Amerikanistik. Der Nachlass Rösler wurde am 12.2.1946 mit den Inventarnummern 10662–10678, am 23.9.1946 mit den Inventarnummern 10854–10977 und am 3.10.1946 mit der Inventarnummer 10997 inventarisiert. Büchereingangsbuch 1940 bis 1949. Übereinstimmend auch im: Inventarbuch 3375–13.079, FB Anglistik und Amerikanistik.

34   Adolf Dubsky war ein Halbbruder von Maria von Ebner-Eschenbach, geb. Gräfin Dubsky.

bestand sie auch nur wenige Monate, da sie erst im April 1939 gegründet worden war.[35] Hammerand unterzeichnete eine Schenkungsurkunde und damit gingen rund 1800 Bände in das Eigentum des Seminars über.[36] Diese Bücher scheinen jedoch weder im Inventarbuch, noch im Eingangsbuch auf, sodass sie zunächst vermutlich als Leihgabe geführt wurden. Im Zuge der erfolgten Autopsie konnte kein einziges Werk gefunden werden, dass der Deutsch-Englischen Gesellschaft zuordenbar ist.

Bibliothek des American Women's Club

Auch die rund 1000 Bände umfassende Bibliothek des American Women's Club wurde dem Seminar zur Verwahrung übergeben und dafür die Benutzungsrechte eingeräumt. Institutsleiter Friedrich Wild schrieb dazu im Jänner 1942 an den Kurator der wissenschaftlichen Hochschulen:

Es handelt sich in beiden Fällen [Anm.: Bibliothek der Deutsch-Englischen Gesellschaft, Zweigstelle Wien und des American Women's Club] um sonst an deutschen Bibliotheken zum Teil überhaupt nicht vorhandene moderne englische Textausgaben, die aber im Augenblick nicht gut verwendet werden können, weil sie nicht übersichtlich aufgestellt und überhaupt nicht katalogisiert sind. Es läge im Interesse des Lehr- und Forschungsbetriebes, wenn diese Bücher so rasch als möglich geordnet und der Benutzung zugeführt werden könnten. Die Aufstellung, Inventarisierung und Katalogisierung würde eine erhebliche zusätzliche Mehrarbeit zu den schon bestehenden Aufgaben der Assistenten und wissenschaftlichen Hilfskraft bedeuten und kann von den vorhandenen Kräften nicht bewältigt werden.[37]

Kurz darauf suchte Wild in einem weiteren Brief um Bewilligung von finanziellen Mitteln für die Aufstellung dieser Bücher an. Die weit mehr als 2000 Bände der beiden Bibliotheken bedeuteten einen Zuwachs von 40% des gesamten bisherigen Bücherbestandes. Damit waren auch Auslagen verbunden, wie etwa Transportkosten, Ankauf von weiteren Bücherschränken, Katalogkästen sowie Katalogkarten. Aus Raummangel mussten die neuen Bücher so hoch aufgestellt werden, dass sie mit den vorhandenen Leitern nicht erreicht werden konnten und neue angekauft werden mussten. Wiede-

---

35 Vgl. Brief von Dubsky, Hammerand an die Polizeidirektion Wien, Abteilung Vereinsbüro, 12.4.1947, WrStLa, M.Abt. 119, A32 3908/39.

36 Brief von Wild an den Kurator der wissenschaftlichen Hochschulen in Wien, 13.1.1942, ÖStA AdR, Kurator 6135A: 1940–1944.

37 Brief von Wild an den Kurator der wissenschaftlichen Hochschulen in Wien, 13.1.1942, ÖStA AdR, Kurator 6135A: 1940–1944.

rum Wild: „Die neuen Bücher stellen zwar eine wirkliche Bereicherung dar, besonders da es sich durchwegs um moderne Belletristik handelt, die bei den Bücheranschaffungen des Seminars notwendigerweise immer zu kurz gekommen ist, da die vorhandenen Fonds in erster Linie zur Beschaffung wissenschaftlicher Publikationen (Sprachwissenschaft, Kultur- und Literaturwissenschaft) dienen mussten.“[38]

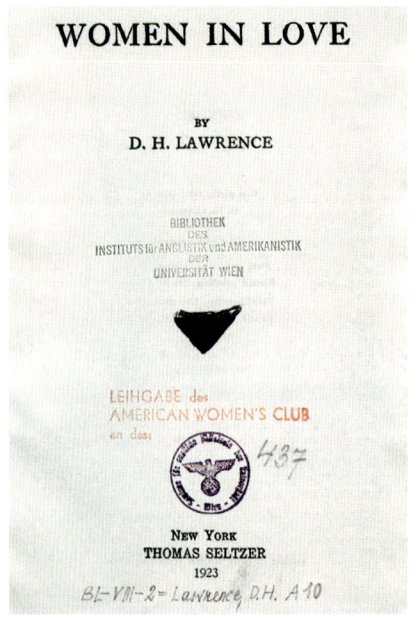

Stempel „Leihgabe des American Women's Club“.[39]

Bei dem genannten American Women's Club of Vienna handelt es sich vermutlich um den im Herbst 1935 gegründeten American University Women's Club of Vienna. Er wurde von in Wien lebenden Studentinnen und Akademikerinnen gegründet.[40] Im Paragraph 2 der Vereinsstatuten definierte man als Zweck des Klubs, die Interessen amerikanischer und britischer Frauen in Österreich zu fördern, kulturelle Veranstaltungen abzuhalten und gesellschaftlichen Verkehr zu pflegen. Hier findet sich der Hinweis, dass den Mitgliedern ein Klubraum mit einer Bibliothek, wo auch laufende Zeitschriften auflagen, zur Verfügung stand.

---

38 Brief von Wild an den Kurator der wissenschaftlichen Hochschulen in Wien, 17.1.1942, ÖStA AdR, Kurator 6135A: 1940–1944.
39 Stempel „Leihgabe des American Women's Club“, in: David LAWRENCE, Women in love, New York 1923 (FB Anglistik und Amerikanistik, Signatur: BL-VIII-2=Lawrence,D.H. A-10).
40 Brief vom American University Women's Club of Vienna an die MA 2, 21.10.1935, WrStLa, M.Abt. 119 – A32 – 8154/35.

Laut Schreiben des Stillhaltekommissars für Vereine, Organisationen und Verbände vom Juni 1939 wurde die Selbständigkeit des Vereins zunächst belassen. Blanche Schlick, die Ehefrau des 1936 ermordeten Moritz Schlick, war die letzte Vorsitzende des Vereins.[41] Die gebürtige Amerikanerin schrieb im März 1942 an den Polizeipräsidenten Wien, der Verein hätte sich im Dezember 1941 selbst aufgelöst. Auf die näheren Umstände ging sie nicht ein. Sie erwähnte noch, dass am Tage der Auflösung ein geringes Sachvermögen und ein Barvermögen von RM 184 vorhanden waren. Über das Schicksal der Bibliothek berichtete sie nicht.[42]

In einem Revisionsbuch findet sich folgender Hinweis: „Die mit März 1948 bezeichneten fehlenden Bücher sind, da keine Listen aufliegen, nicht feststellbar. Im übrigen vergl. Listen Am. Women's Library."[43] Im Archiv der Bibliothek findet sich eine Aufstellung der vom American Women's Club im Seminar für englische Philologie an der Universität Wien deponierten Gegenstände vom Jänner 1948. Neben den genauen Verzeichnissen der Bücher, also jenen Listen, von denen oben gesprochen wird, findet sich auch eine handgeschriebene Bemerkung: „Rückgestellt march 1956".[44] Weitere Unterlagen und Hinweise zu dieser Rückgabe konnten bisher nicht gefunden werden.

Heute befinden sich zumindest noch vier Bücher[45] mit dem Vermerk „Leihgabe des American Women's Club" und dem Institutsstempel aus der NS-Zeit im Besitz der Bibliothek, die vermutlich übersehen wurden. Auch finden sich im alten Zettelkatalog diverse Karteikarten mit dem Aufdruck „American Women's Club". Eine erste Spur könnte zur „American Women's Association" führen. Auf der Homepage des Vereins, der nach 1945 wieder aktiviert wurde, heißt es jedoch, dass der Verein während des Zweiten Weltkrieges nicht aktiv war und seine Büchersammlung der Universität schenkte.[46] Auch hier bedarf es offensichtlich weiterer Forschungen.

---

41 Vgl. http://www.univie.ac.at/ivc/Schlick-Projekt/biographie.html. (abgerufen am 17.3.2008).

42 Brief von Blanche Schlick an den Polizeipräsidenten Wien, 4.3.1942, WrStLa, M.Abt. 119 – A32 – 8154/35.

43 Revisionsbuch 1949, Blatt 24 verso, FB Anglistik und Amerikanistik.

44 Aufstellung der vom American Women's Club im Seminar für englische Philologie an der Universität Wien deponierten Gegenstände, Wien, am 19. Jänner 1948, Bestand American Women's Library, Mappe: Im Seminar eingestellte Bibliotheken, FB Anglistik und Amerikanistik.

45 Joseph HERGESHEIMER, Cytherea, New York 1922, 8. print. (Signatur: AL-III-2=Hergesheimer A-6). Theodore DREISER, Dawn, 1931 London (A history of myself, 1) (Signatur: AL-III-2=Dreiser A-2); Frank HARRIS, Bernard Shaw. An unauthorised biography based on firsthand information, London 1931, 4. impr. (Signatur: BL-VIII-2=Shaw B-4/Ex.b); David H. LAWRENCE, Women in Love, New York 1923, 4. impr. (Signatur: BL-VIII-2=Lawrence, D. H. A-10).

46 Vgl. http://www.awavienna.com/about/history.html (abgerufen am 28.2.2008). Bisherige Anfragen blieben leider unbeantwortet.

Bestände der APA

Dabei handelt es sich um The All Peoples' Association, die ursprünglich von Sir Evelyn Wrench (1882–1966) im Jahr 1930 in London gegründet wurde. Als eine weltweite Vereinigung wollte man einen Beitrag zur Völkerverständigung leisten, wobei der Verein vor allem kulturpolitischen Aufgaben nachkam: Abhaltung regelmäßiger Vorträge, Aufbau von Bibliotheken und Anbieten von Sprachkursen.[47] Während der Londoner Hauptsitz 1936 aufgelöst werden musste, konnte der Wiener Zweig länger bestehen.

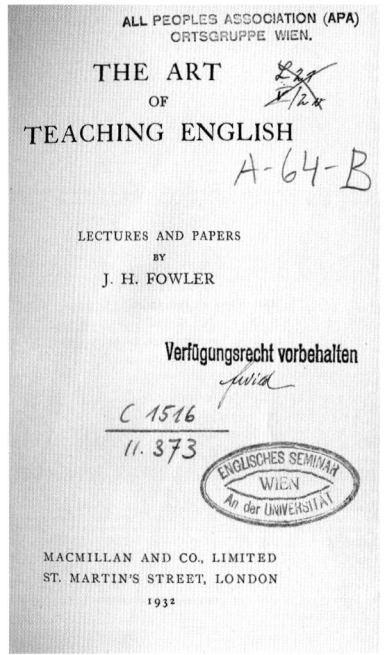

Stempel „All Peoples' Association (APA) Ortsgruppe Wien".[48]

Die Wiener Zweigstelle wurde Anfang Februar 1935 vom Präsidenten der Kammer für Handel, Gewerbe und Industrie in Wien, Ernst Streeruwitz (1874–1952) gegründet.[49]

In den Satzungen wird eine Bibliothek erwähnt, die den Mitgliedern zur Verfügung stehen sollte. Im Juni 1939 wurde der Verein aufgelöst, das Vermögen zu gleichen Teilen zwischen dem Stillhaltekommissar für Vereine, Organisationen und Verbände und der NSDAP, Gau Wien aufgeteilt.[50] Im Vereinsakt im Wiener Stadt- und Landesarchiv

---

47 The APA: new home in London, The Times, Wednesday, Feb. 14, 1934.
48 Stempel „All Peoples' Association (APA) Ortsgruppe Wien", in: John Henry FOWLER, The art of teaching english, London 1932 (FB Anglistik und Amerikanistik, Inventarnummer: 11373).
49 Brief von Ernst Ritter von Streeruwitz an die MA2, 1.2.1935, WrStLa, M.Abt. 119 – A32 – 1066/35.

findet sich Korrespondenz aus den 1960er Jahren, dem zufolge Eva Henriette Sonnen-thal (1899–1973), die ehemalige Sekretärin des Vereins, beim *Fonds zur Hilfeleistung an politisch Verfolgte, die ihren Wohnsitz und ständigen Aufenthalt im Ausland haben* (Hilfsfonds), einen Antrag auf Entschädigung gestellt hatte.[51] Dazu Sonnenthal:

Ich habe nach dem Tode meines Vaters im Jahre 1934 an der Wiener Universität die Prüfung aus der engl. Sprache mit der Dolmetschklausel bestanden, und war auch in der franz. und ital. Sprache gut ausgebildet. Im gleichen Jahr habe ich den Berufsausbildungskurs für Fremdenverkehrsreferenten des Gewerbeförde-rungsdienstes des BM für Handel und Verkehr „mit ausgezeichnetem Erfolg" besucht, wie auch einen vom Öst. Verkehrsbüro veranstalteten Schulungskurs für Auskunftsbeamte. Ich habe eine Anstellung im Ver-kehrsbüro angestrebt, die mir anlässlich einer Vorsprache bei einem der leitenden Herren zugesichert wurde. Ich wurde immer wieder vertröstet, doch kam es nie zu dieser Anstellung, da die antisemit. Strömungen, besonders im Staatsdienst, schon zu stark waren. Deshalb nahm ich eine Stellung als Sekretärin bei der Orts-gruppe Wien der All peoples association an, bei der ich verblieb, bis diese Organisation aufgelöst wurde.[52]

Da sie im Sinne der Nürnberger Gesetze als Jüdin galt, musste sie im August 1939 nach England flüchten. Sie starb schließlich im Jahr 1973.

Eventuell sind diese APA-Bestände ident mit der Bibliothek des Amerika-Hauses. So erinnert sich Josephine Riss, die damals die Bibliothek mitbetreute: „Die Nazis beschlagnahmten die Bibliothek des Amerika-Hauses und gaben sie dem Englischen Seminar. So hatten wir unerwartet eine ausgezeichnete Sammlung von moderner ame-rikanischer und englischer Literatur."[53] Diese Bestände enthielten – laut Josephine Riss – auch regimekritische Literatur, welche in einem Kasten versperrt war, darunter waren Werke des Sozialkritikers und Nobelpreisträgers Sinclair Lewis.[54]

---

50   Schreiben vom Reichskommissar für die Wiedervereinigung Österreichs mit dem Deutschen Reich, Stab Stillhaltekommissar für Vereine, Organisationen und Verbände, Schlußbericht vom 26.6.1939, WrStLA, M.Abt. 119 – A32 – 1066/35.

51   Vgl. Brief vom Fonds zur Hilfeleistung an politisch Verfolgte, die ihren Wohnsitz und ständigen Aufenthalt im Ausland haben (Hilfsfonds) an die MA 62, WrStLa, M.Abt. 119 – A32 – 1066/35. Vgl. auch ÖStA AdR, Hilfsfondsakt Eva Henriette Sonnenthal.

52   Brief von Sonnenthal an den Hilfsfonds, 14.10.1963, ÖStA AdR, Hilfsfondsakt Eva Henriette Sonnenthal.

53   STUMPF-FISCHER, Wie überlebt man „finstere Zeiten"?, S. 34.

54   Die Bücher befinden sich nicht mehr im Bestand der FB Anglistik und Amerikanistik, da die noch vorhan-denen Werke von Lewis bereits vor 1938 (1934 – Inventarnummer 5310 und 1936 – Inventarnummer 5972) oder aber erst nach 1945 angeschafft wurden.

Dieser APA-Bestand – dessen größter Teil mit den Nummern 8000 bis 9620 inventarisiert wurde – setzt sich selbst wiederum aus einer Reihe unterschiedlicher Bestände zusammen, darunter etwa die Bibliothek der Queen Victoria Jubilee Home. Auch wenn dieser Verein offiziell erst 1943 aus dem Vereinsregister gelöscht wurde, so war er doch schon seit längerem nicht mehr aktiv und bereits seit 1911 waren keine Vorstandsmitglieder bekannt.[55] Ein Blick auf das Erscheinungsjahr dieser Bücher, die heute noch im Bestand der FB Anglistik und Amerikanistik sind, bestätigt dies, da sie alle vor 1911 erschienen sind.

In der Gestalt von Studienrat Dr. Max Schmid-Schmidsfelden gab es eine Verbindung zwischen der APA und der Österreichisch-Englischen Gesellschaft (ÖEG). Denn dieser war Vertrauensmann der APA und der letzte Geschäftsführer der Österreichisch-Englischen Gesellschaft.

Die Österreichisch-Englische Gesellschaft wurde 1927 gegründet, laut ihren Statuten bezweckte sie einen kulturellen Austausch zwischen Österreich und Großbritannien. Zu ihren Mitgliedern zählten der Industrielle Julius Meinl (1869–1944) und der bereits genannte Hofrat Luick. Laut Schreiben vom Reichskommissar für die Wiedervereinigung Österreichs mit dem Deutschen Reich/Stab Stillhaltekommissar für Vereine, Organisationen und Verbände hätte die Österreichisch-Englische Gesellschaft in die Deutsch-Englische Gesellschaft, Berlin übergeführt werden sollen, mit der Auflage, den Zusatz im Namen „Zweigstelle Wien" zu führen.[56] Dies passierte offenbar nie, denn unabhängig davon wurde Anfang 1939 die bereits erwähnte Deutsch-Englische Gesellschaft, Zweigstelle Wien gegründet, wobei die zwei Gesellschaften offenbar in keiner Verbindung zueinander standen. So erklärte im Sommer 1939 Hammerand von der DEG, „dass die österreichisch-englische Gesellschaft de facto nicht mehr bestehe und jedenfalls mit der heutigen Zweigstelle Wien der Deutsch-Englischen Gesellschaft nichts zu tun habe".[57]

In einem Brief vom Englischen Seminar vom Dezember 1941 an Schmid-Schmidsfelden hieß es, dass Hammerand die Zustimmung erteilt hätte, die Bücher der Deutsch-Englischen Gesellschaft, Zweigstelle Wien, dem Seminar zu übertragen. „Bei Ihrer [Anm.: Max Schmid-Schmidsfelden] seinerzeitigen mündlichen Zusage sprachen

---

55   Vgl. WrStLa, M.Abt. 119, A 32, 14542/43.
56   Schreiben vom Reichskommissar für die Wiedervereinigung Österreichs mit dem Deutschen Reich/Stab Stillhaltekommissar für Vereine, Organisationen und Verbände vom 23. September 1938, WrStLa M.Abt.119 – A43 16269/27.
57   Brief von der MA 2 an den Stillhaltekommisar, 14.8.1939, WrStLa M.Abt.119 – A43 16269/27.

Sie den Wunsch aus, dass die Apabücherei vom Seminar als Leihbücherei verwendet werden möge. Wenn Sie also noch dieser Ansicht sind, wäre es vielleicht gut, sie im Schenkungsbrief auszusprechen."[58]

Die Bestände der APA wurden jedenfalls nicht mehr als Leihgabe betrachtet und im Dezember 1942 übernommen.[59] Falls kein Rechtsnachfolger gefunden wird, werden die APA-Bücher dem Nationalfonds für die Opfer des Nationalsozialismus überantwortet.

Zusammenfassung

Die vom Projekt Provenienzforschung an der Fachbereichsbibliothek Anglistik und Amerikanistik durchgeführte Generalautopsie der Bücher führte zu einer umfangreichen Liste von potentiell verdächtigen Bänden. Erste Fälle können nun zur Rückgabe vorbereitet werden. In anderen Fällen werden weitere Recherchen folgen. Was jedoch schon jetzt festgestellt werden kann, ist, dass es an dieser Fachbereichsbibliothek der Universität Wien zu zahlreichen bedenklichen Erwerbungen in der NS-Zeit kam.

---

58   Brief [vermutlich] von Wild an Max Schmid-Schmidsfelden vom 9.12.1941, FB Anglistik und Amerikanistik.
59   Vgl. Büchereingangsbuch 1940 bis 1943, FB Anglistik und Amerikanistik. Laut Auskunft von Brigitte Haller erfolgte die Inventarisierung erst nachträglich in den Jahren 1956/57.

„Im Hinblick auf die vorgesehene starke Beteiligung Ihres Museums an den Zuweisungen aus den beschlagnahmten Kunstgütern ..."[1] – Provenienzforschung im Oberösterreichischen Landesmuseum

Birgit Kirchmayr

Sonderfall Linz – die Ausgangsposition

Die Rolle des Oberösterreichischen Landesmuseums in Linz ist hinsichtlich der aktuellen Provenienz- bzw. Kunstraubforschung auf zwei Ebenen zu betrachten:

Erstens juristisch: Das Museum ist ein Landesmuseum und fällt damit nicht unter das Bundesgesetz für Kunstrückgabe aus dem Jahr 1998. Ausgehend von diesem Gesetz wurde aber auch in mehreren Landesmuseen, darunter auch im Oberösterreichischen Landesmuseum, ein legistisch zunächst unverbindlicher Provenienzforschungsprozess eingeleitet. Im Jahr 2000 legte das Oberösterreichische Landesmuseum einen ersten Restitutionsbericht vor.[2] Im Jahr 2002 verabschiedete der Oberösterreichische Landtag ein Rückgabegesetz, in dem auch während des Nationalsozialismus entzogenes Kunstgut berücksichtigt wurde.[3] Das Land Oberösterreich – als Träger des Oberösterreichischen Landesmuseums – ist damit eines jener Bundesländer, die das Kunstrückgabegesetz des Bundes von 1998 in adaptierter Form auf Länderebene übertrugen.

Zweitens historisch: Das Oberösterreichische Landesmuseum nimmt als in Linz befindliches Museum im Vergleich zu anderen österreichischen Landesmuseen eine Sonderrolle ein. Linz spielte im Prozess des nationalsozialistischen Kunstentzugs eine zentrale Rolle: als Zielort des von Adolf Hitler eingesetzten „Sonderauftrag Linz" – der die Errichtung eines neuen Kunstmuseums in Linz zum Ziel hatte – war es gleichzeitig Bestimmungsort für entzogene Kunst. Dieses Faktum spielte trotz niemals verwirklichter

---

1 Oberösterreichisches Landesmuseum (OÖLM), Archiv, Mappe Kunsthistorische Abteilung 1939, Zl. Kh 107/1939, Fritz Dworschak (Kunsthistorisches Museum Wien) an Justus Schmidt (Oberösterreichisches Landesmuseum), Wien, 8.3.1939.

2 OÖLM (Hg.), Rückgabe von Kunstgegenständen, die während der NS-Ära in das Oberösterreichische Landesmuseum gelangten. Endbericht vom 30.4.1999, ergänzt und erweitert im Jänner 2000, maschinschriftlicher Bericht, Linz 2000.

3 Oberösterreichisches Landesgesetz über Restitutionsmaßnahmen für Opfer des Nationalsozialismus vom 1.4.2002.

Umsetzung des Museumsplans sowohl in der Verteilung der entzogenen Kunst als auch im Umgang mit dem diesbezüglichen Erbe nach 1945 eine bestimmende Rolle. Als weiteres, davon unabhängiges Spezifikum muss angeführt werden, dass in Oberösterreich neben dem Entzug von Kunst von jüdischen EigentümerInnen auch die Kunst- und Kulturgüter der oberösterreichischen Klöster eine zentrale Rolle im Kontext von Entzug, Zuweisung und Rückstellung einnehmen.

Die hier genannten Aspekte bestimmten den Prozess der Provenienzforschung, der im Oberösterreichischen Landesmuseum vor nunmehr zehn Jahren einsetzte. Ausgehend vom Bundesgesetz für Kunstrückgabe und auf Weisung des Landeshauptmannes wurde 1998 damit begonnen, die Eingänge der NS-Zeit und die nach 1945 erfolgten Rückstellungen zu untersuchen und dokumentieren. Die Recherchen wurden zunächst von MuseumsmitarbeiterInnen ohne zusätzliche Ressourcen, d. h. ohne Einsetzung oder Freistellung einer ausschließlich für Provenienzforschung zuständigen Stelle, durchgeführt. Der als Ergebnis vorgelegte Bericht basierte auf Durchsicht der Eingangsprotokolle und Karteikarten sowie der vorhandenen Korrespondenz aus den Jahren 1938 bis 1955. Dokumentiert wurden die aus den Akten ersichtlichen Zuweisungen entzogener Objekte in den NS-Jahren sowie die in den Nachkriegsjahren durchgeführten Restitutionen. Neben den restituierten Objekten wurden im Restitutionsbericht aus dem Jahr 2000 auch Kunstgegenstände angeführt, die sich bis zum Zeitpunkt der Berichtlegung noch im Museum befanden: Sechs Positionen aus der „Widmung" Rothschild, die im Zuge der Rückstellung 1948 erfolgt war, darunter zwei Holzstatuen des Hl. Florian und des Hl. Georg sowie mehrere volkskundliche Gegenstände; sieben von der Gestapo eingebrachte Objekte aus der entzogenen Sammlung Georg Bittner, Altmünster, ebenfalls volkskundliche Gegenstände; sowie zwei Objekte aus der Sammlung Mostny, Linz. Daneben wurde als eigener Punkt ein Bestand von Gemälden angeführt, die insofern „verdächtig" erschienen, als sich auf den betreffenden Karteikarten der Eintrag „1945 vom Collecting Point München übernommen" befand.[4]

Konkrete Folgen dieses im Jahr 2000 vorgelegten Berichts waren die Restitution der Rothschild-Widmungen, die Aufnahme der Erbensuche und die Forderung nach weiteren Untersuchungen in Hinblick auf den Collecting Point-Bestand bzw. nach einer generellen wissenschaftlichen Bearbeitung der Thematik. Ein diesbezügliches Forschungsprojekt wurde seitens des Landes Oberösterreich im Jahr 2001 an die Johannes Kepler Universität Linz vergeben.[5]

---

4   OÖLM (Hg.), Rückgabe von Kunstgegenständen, S. 10ff.

5   Projektnehmer: Institut für Sozial- und Wirtschaftsgeschichte, Johannes Kepler Universität Linz; Auftrag-

Ein Forschungsauftrag und seine Durchführung

Das oben genannte Forschungsprojekt beinhaltete folgende Untersuchungsgebiete:

- Vermögensentzug von Kunstgegenständen jüdischer EigentümerInnen in Oberösterreich/Oberdonau 1938–1945 (Arisierung von Kunst);
- die Rolle des Oberösterreichischen Landesmuseums 1938–1945 sowie einschlägiger Gaudienststellen, z. B. des Gaukonservatorats;
- die Bedeutung des „Sonderauftrags Linz"; die Praxis der Kunstrückstellung nach 1945 (auch in Zusammenhang mit dem Collecting Point München).

Erweitert wurde das Untersuchungsfeld schließlich noch um das Gebiet des Entzugs von kirchlichem Kunstvermögen aus den oberösterreichischen Klöstern.

Provenienzforschung war nur ein Teilbereich dieser breit angelegten wissenschaftlichen Untersuchung und sollte in erster Linie den bereits vorliegenden museumsintern erstellten Provenienzbericht des Oberösterreichischen Landesmuseums in einigen Punkten erweitern. Insbesondere die in diesem Bericht als Collecting Point-Bestand definierten Gemälde sollten in Hinblick auf ihre Herkunft näher untersucht werden. Der Bereich der Provenienzforschung wurde insofern ausgeweitet, als sich im Zuge des Forschungsprojekts durch das Studium der im Oberösterreichischen Landesmuseum befindlichen Akten aus der NS- und Nachkriegszeit weitere Provenienzüberprüfungen entwickelten. Auch die Eingangsprotokolle des Landesmuseums wurden nochmals strukturell überprüft, daraus klar ersichtliche Fälle unrechtmäßiger Eingänge weiter verfolgt.[6] Eine systematische Aufnahme aller Eingänge der Jahre 1938 bis 1945 (etwa auch in Hinblick auf Erwerbungen durch den Kunsthandel oder Auktionen) war nicht Auftrag des Forschungsprojekts und konnte in dessen Rahmen auch nicht erfolgen. In Hinblick auf weitere Provenienzforschungsbestrebungen sollte dieser Punkt als Desiderat postuliert werden.

Neben Nutzung der im Haus zur Verfügung stehenden Akten und Informationen wurde auch auf einschlägig relevante auswärtige Archivbestände zurückgegriffen, in erster Linie auf die Restitutionsmaterialien im Archiv des Bundesdenkmalamts in Wien und Linz, auf Bestände des Bundesarchivs Koblenz sowie auf die im Oberösterreichischen Landesarchiv befindlichen Mikrofilmbestände der National Archives Washington. Daneben wurden eine Reihe von Gesprächen mit ZeitzeugInnen geführt sowie

geber: Land Oberösterreich, Landeskulturdirektion; Laufzeit 2001–2006; Projektleiter: Ao. Prof. Dr. Michael John; ProjektmitarbeiterInnen: Univ. Ass. Dr. Birgit Kirchmayr, Dr. Friedrich Buchmayr.

6 OÖLM, Bibliothek, Spenden- und Ankaufsprotokolle P16-P20.

intensiver Kontakt und Informationsaustausch mit der Kommission für Provenienzforschung und anderen KollegInnen der Provenienzforschung gehalten. Im Fall der im
Mittelpunkt der Provenienzuntersuchung stehenden Collecting Point-Gemälde wurde
zusätzlich eine Rückseitenuntersuchung vorgenommen. In regelmäßigen Workshops
mit MitarbeiterInnen des Landesmuseums wurden vorläufige Ergebnisse diskutiert und
konkrete Bestandsüberprüfungen koordiniert. Im Jahr 2001 wurde dem Land Oberösterreich ein erster Zwischenbericht vorgelegt, im Jahr 2002 folgte ein Vorabschluss-
bericht, die vorläufigen Ergebnisse zur Herkunft der Collecting Point-Gemälde sowie
anderer im Zuge der Forschung eruierter verdächtiger Objekte wurden im Internet veröffentlicht. Der Projektendbericht wurde schließlich in adaptierter und erweiterter
Form in der Reihe des Oberösterreichischen Landesarchivs „Oberösterreich in der Zeit
des Nationalsozialismus" unter dem Titel „Geraubte Kunst in Oberdonau" als Publikation vorgelegt.[7]

Adolf Hitler besucht
das Oberösterreichische Landesmuseum,
April 1938.

Der Führer besuchte am 8. April 1938 das Landesmuseum in Linz;
Nach einstündiger Besichtigung der Sammlungen verließ der Führer das Museum

---

7 Birgit KIRCHMAYR, Friedrich BUCHMAYR, Michael JOHN, Geraubte Kunst in Oberdonau. (= Oberösterreich in der Zeit des Nationalsozialismus 6). Linz 2007.

Entzogene Kunst im Oberösterreichischen Landesmuseum

In der NS-Zeit entzogene Kunstwerke gelangten auf unterschiedlichen Wegen in die Bestände des Oberösterreichischen Landesmuseums. Der größte Teil der betroffenen Kunstwerke stammte aus arisierten Wiener Sammlungen, die im Kontext des „Sonderauftrag Linz" an österreichische Museen verteilt wurden. 1939 hatte das Oberösterreichische Landesmuseum, konkret dessen Abteilungsleiter für die kunstgeschichtlichen Sammlungen, Justus Schmidt, eine „Wunschliste" nach Wien geschickt.[8] Adressiert war die Liste, die insgesamt 344 Positionen aus den Sammlungen Rothschild, Gutmann, Goldmann und Pick enthielt, an das Kunsthistorische Museum, in dem die betreffenden Kunstobjekte gelagert waren. Nach seiner Bestellung als „Sonderbeauftragter für Linz" und damit Vollstrecker des „Führervorbehalts" arbeitete Hans Posse die Verteilungslisten aus und das Landesmuseum in Linz erhielt 1940 die gewünschten Objekte. Die Auswahl hatte Hans Posse allerdings dahingehend abgeändert, dass keinerlei Gemälde nach Linz überstellt wurden, sondern vorwiegend volkskundliche Objekte.[9] Soweit dies aus den Eingangsprotokollen nachweisbar ist, wurden im Jahr 1940 etwa 400 Positionen aus den Sammlungen Alphonse und Louis Rothschild, Oscar Bondy, David Goldmann und Rudolf Gutmann nach Linz überstellt.[10]

Die über diesem Weg in das Landesmuseum gekommenen entzogenen Objekte wurden zwischen 1946 und 1949 restituiert. Die Rückgaben wurden im vorliegenden Forschungsprojekt hinsichtlich ihrer Vollständigkeit und Vorgangsweise einer nochmaligen Überprüfung unterzogen. Als Ergebnis zeigte sich, dass die Rückstellung dieser Sammlungen nur insofern unvollständig war, als in den Nachkriegsjahren mehrere Objekte in ihren Bergungsdepots nicht auffindbar waren, was aber bereits in den damaligen Rückstellungsunterlagen und -korrespondenzen festgehalten wurde. Betroffen waren davon etwa 20 Positionen aus der Sammlung Bondy, 33 Positionen aus der Sammlung Alphonse Rothschild und zwei Objekte aus der Sammlung David Gold-

---

8 OÖLM, Archiv, Mappe Kunsthistorische Abteilung 1939, Zl. Kh 102/139, Justus Schmidt an Leopold Ruprecht (Kunsthistorisches Museum), Linz 6.3.1939, Beilage „Beschlagnahmtes Kunstgut, Liste der ausgewählten Gegenstände".

9 Dies dürfte auf die von Hans Posse intendierte Neupositionierung des Linzer Landesmuseums zurückzuführen sein, das neben dem geplanten „Führermuseum" und dessen Gemäldegalerie eine stärker volks- und landeskundliche Orientierung erhalten sollte. Vgl. Birgit KIRCHMAYR, Raubkunst im „Heimatgau des Führers". Aspekte, Zusammenhänge und Folgen von nationalsozialistischer Kulturpolitik und Kunstenteignung im Reichsgau Oberdonau, in: KIRCHMAYR u. a., Geraubte Kunst in Oberdonau, S. 35–190, hier S. 68ff.

10 Vgl. detailliert Birgit KIRCHMAYR, Oberösterreichisches Landesmuseum: Zuweisungen und Restitutionen enteigneter Kunst. Eine Untersuchung, in: KIRCHMAYR u. a. 2007, S. 191–318, hier S. 193ff.

mann. Das Schicksal jener Objekte konnte trotz Bemühungen auch im gegenwärtigen Forschungsprozess nicht näher ermittelt werden, ihr Weg verliert sich in den Nachkriegsjahren im Bergungsdepot Eferding. Für die restlichen aus Wien zugewiesenen Objekte konnte mit Ausnahme der „Widmungen" die erfolgte Rückstellung dokumentiert werden. Die „Widmungen" aus der Sammlung Rothschild wurden im Jahr 2000 an die Erbin restituiert, wobei ein volkskundliches Objekt erst im Zuge der gegenwärtigen Forschung gefunden und nachträglich 2007 zurückgegeben wurde.

Neben Objekten aus arisierten Wiener Sammlungen waren in den NS-Jahren aber auch Kunstobjekte jüdischer Familien aus Oberösterreich in den Museumsbestand gelangt. Sowohl deren Eingang als auch deren etwaige Rückgabe konnten dabei aufgrund der Aktenlage wesentlich schwerer rekonstruiert werden. Der Weg dieser Objekte in das Museum ist auf verschiedenen Ebenen angesiedelt, deren Komplexität die vereinfachende Dimension des Begriffs „Kunstraub" deutlich vor Augen führt. In zwei belegbaren Fällen, der Sammlung des Linzer Rechtsanwalts Otto Gerstl sowie jener des Fabrikanten Sigmund Sommer, deponierten Eigentümer Teile ihrer Sammlung 1938 im Kontext einer erzwungenen Emigration im Landesmuseum. Für Objekte aus den Sammlungen des Kaufmanns Walter Schwarz sowie der Familien Mostny und Bittner liegen eine Zuteilungsliste durch die Gestapo bzw. die Einträge „von der Gestapo übernommen" im „Spendenprotokoll" des Museums vor.[11]

Rückgestellt wurden Objekte dieser Sammlungen nach 1945 nur im Fall vorliegender Rückforderungen, so die Sammlung Gerstl, ein Objekt der Familie Mostny sowie ein Teil der Sammlung Schwarz. Der Restitutionsbericht des Landesmuseums aus dem Jahr 2000 verwies bereits auf noch im Museum befindliche entzogene Objekte, die diesbezügliche Auflistung wurde im Zuge der jetzigen Überprüfung noch erweitert. Zum Zeitpunkt der Berichtlegung (Stand 2006) befanden sich noch Objekte aus folgenden Sammlungen im Landesmuseum: Sammlung Walter Schwarz, Linz; Sammlung Georg Bittner, Altmünster; Sammlung Mostny, Linz; Sammlung Gutmann, Schloss Würting; Bestand Antiquitätenhandel Töpfer, Linz; sowie zwei Objekte unbekannter Herkunft. Insgesamt konnten 16 Objekte eindeutig verifiziert werden, wobei die Bandbreite von volkskundlichen Objekten wie bestickten Ranzen und Gmundner Krügen bis hin zu Aquarellen und Graphiken reichte. Bis auf zwei Objekte unbekannter Herkunft war für alle Positionen der Herkunftsnachweis aus den Eingangsprotokollen klar ersichtlich.[12]

---

11 OÖLM, Bibliothek, Spenden- und Ankaufsprotokolle P16 und P17.

12 Vgl. Birgit KIRCHMAYR, Oberösterreichisches Landesmuseum: Zuweisungen und Restitutionen enteigneter Kunst. Eine Untersuchung, in: KIRCHMAYR u. a., Geraubte Kunst in Oberdonau, S. 191–318, 221ff.

Aloys Wach, *Mutter und Kind,*
dem Oberösterreichischen Landesmuseum 1939
von der Gestapo übergeben, Provenienz unbekannt.

Die Schicksale der betroffenen Kunstgüter und vor allem ihrer EigentümerInnen, die
hinter diesen Aufzählungen stehen, sollen im Folgenden anhand eines Fallbeispiels veranschaulicht werden:

Der Fall Schwarz

Walter Schwarz war Miteigentümer des bekannten Linzer Kaufhauses „Kraus & Schober"[13]. Die eigentlich aus Salzburg stammende Familie führte dort ebenfalls ein Kaufhaus am Alten Markt, wo der Kunstliebhaber Schwarz auch die Neue Galerie betrieb,
in der vorwiegend zeitgenössische Kunst, z. B. der Salzburger Gruppe Wassermann, ausgestellt wurde. Einen Teil seiner Kunstsammlung hatte Walter Schwarz auch in seiner
Linzer Wohnung in der Domgasse untergebracht, vorwiegend Bilder des Salzburger
Malers Anton Faistauer, aber auch Graphiken von Gustav Klimt und Egon Schiele.

„Kraus & Schober" war schon vor 1938 Angriffsziel antisemitischer Übergriffe und
nach dem „Anschluss" waren das Kaufhaus und auch die Wohnung von Walter
Schwarz erste Ziele der Übergriffe und Arisierungen durch die Gestapo. Walter Schwarz
wurde inhaftiert, unter nicht geklärten Umständen – offizielle Todesursache Selbstmord

---

13 Die folgende Darstellung basiert vorwiegend auf Recherchen, die im Zuge des hier beschriebenen For-
    schungsprojekts durchgeführt wurden. Bzgl. der konkreten Quellenangaben vgl. KIRCHMAYR u. a.,
    Geraubte Kunst in Oberdonau, S. 119–123, S. 224–228.

Der Kaufmann und Kunstsammler Walter Schwarz und seine Frau Dora beim Eislaufen, ca. 1930.

– kam er im Gestapogefängnis München 1938 zu Tode. Seine Sammlung befand sich zu diesem Zeitpunkt in der Linzer Zweigstelle des Dorotheums, wohin sie von der Gestapo zwecks Veräußerung gebracht wurde. Der damalige Landeskonservator Erwin Hainisch, selbst Verfolgter des NS-Regimes, untersuchte den Bestand hinsichtlich wertvoller Kunstgegenstände, die nach Wien zu versenden wären, und äußerte Bedenken hinsichtlich der „Modernität" der Werke. Die Objekte blieben somit in Linz, Justus Schmidt vom Oberösterreichischen Landesmuseum setzte sich, wie er nach 1945 betonte, für die Überstellung der Objekte in das Landesmuseum ein, um sie vor einer Auktionierung zu bewahren. Auf diese Weise gelangten etwa 60 Objekte der Sammlung in das Museum. Nur 24 davon, nämlich die Ölbilder und Plastiken, nicht aber die Graphiken, scheinen inventarisiert worden zu sein. 1945 bemühte sich Walter Schwarz' Sohn Hugo, der mit seiner Mutter im Exil in Palästina überlebt hatte und selbst als Künstler tätig war, um die Rückgabe der Sammlung. Die vorliegende Korrespondenz verweist auf ein fast freundschaftliches Verhältnis zwischen Sammlungsleiter Schmidt und Schwarz. 1947 wurden schließlich die Gemälde der Sammlung rückgestellt – die in den Inventaren nicht aufscheinenden Graphiken allerdings nicht. Es ist aus heutiger Sicht schwer zu rekonstruieren, welche Motive dafür ausschlaggebend waren. Dass Sammlungsleiter Justus Schmidt nicht über die Graphiken und deren Herkunft Bescheid wusste, ist nahezu auszuschließen. Erst in den 1980er Jahren erhielt Hugo Schwarz Kenntnis von den noch im Museum befindlichen graphischen Blättern aus der Sammlung seines Vaters. Am 4. April 1986 erstattete das Landesmuseum 29 Objekte aus der Sammlung Schwarz, vornehmlich Graphiken von Egon Schiele und Gustav Klimt, an die Erben nach Walter Schwarz zurück. Im Zuge einer nochmaligen genauen Rekonstruktion von Inventar-, Eingangs- und Rückstellungslisten konnten im gegenwärtigen Forschungsprozess noch zwei weitere Objekte aus der Sammlung Schwarz ausgemacht werden. Im Fall der zwei Graphiken unbekannter Herkunft, die 1939 über die Gestapo an das Museum gelangten, erscheint eine Herkunft aus der Sammlung Schwarz sehr wahrscheinlich, wenn auch bislang nicht belegbar.[14]

Sowohl im Fall Schwarz als auch bei den anderen oben angeführten noch im Museum verbliebenen Objekten begann das Landesmuseum nach Vorlage der Forschungsergebnisse mit der Kontaktierung der Erben, Rückgaben wurden bereits durchgeführt bzw. sind gegenwärtig in Vorbereitung.[15]

Ähnlich zeigt sich der Fall der entzogenen Kunstsammlungen der oberösterreichischen Klöster. Auch hier konnte der vorliegende Forschungsbericht auf Objekte verweisen, die sich aus den Klöstern St. Florian, Schlägl, Wilhering sowie Hohenfurt (Vyšší Brod) noch in den Museumsbeständen befinden.[16] Das Landesmuseum war 1941 mit der Verwaltung des entzogenen Kunstguts der vom Gau aufgehobenen Klöster betraut worden, weswegen sich die enge Affinität zwischen Landesmuseum und entzogenem Klosterkulturgut ergeben hatte. Auch für diesen Bereich laufen seit der Vorlage des Forschungsberichts Gespräche über Rückgaben bzw. Entschädigungszahlungen.

Einen Sonderfall in der Provenienzforschung im Oberösterreichischen Landesmuseum stellte der bereits anfangs genannte Bestand der Collecting Point-Bilder dar. Es handelt sich dabei um 17 großformatige Gemälde aus der Zeit des 17. bis 19. Jahrhunderts, die sich hinsichtlich ihres Weges in das Landesmuseum von den bisher erwähnten entzogenen Objekten unterscheiden. Verdächtig erschienen die Bilder durch den Provenienzeintrag in den Karteikarten: „1945 vom Collecting Point München übernommen".[17] Darüber hinaus lagen im Museum keinerlei Informationen über die Bilder vor. Erst im Rahmen des Forschungsprojekts gelang es, die Provenienzen der Bilder zumindest teilweise zu ermitteln. Die Gemälde wurden, wie sich feststellen ließ, entgegen der Angabe auf den Karteikarten, erst 1950 in das Landesmuseum überstellt. Sie waren bei Kriegsende in einem provisorischen Depot in St. Agatha bei Goisern aufgefunden und unter amerikanische Verwaltung gestellt worden. Nach einer Verlage-

---

14 Vgl. KIRCHMAYR, Oberösterreichisches Landesmuseum, S. 242f.

15 Stand April 2008.

16 Vgl. Friedrich BUCHMAYR, Kunstraub hinter Klostermauern, in: KIRCHMAYR u. a., Geraubte Kunst in Oberdonau, S. 319–415.

17 Der „Collecting Point" in München war eine von den amerikanischen Kunstschutzeinheiten 1945 etablierte Einrichtung, in der Kunstwerke, die in Depots des „Deutschen Reichs" geborgen worden waren, zentral gesammelt und identifiziert wurden. Vgl. u. a. Craig Hugh SMYTH, Repatriation of Art from the Collecting Point in Munich after World War II, Maarssen 1988.

rung nach Enns und schließlich nach Linz wurden sie provisorisch im Oberösterreichischen Landesmuseum untergebracht, wo sie letztlich bis dato verblieben. Wie aus vorliegenden Unterlagen, noch von der Collecting Point-Verwaltung recherchiert und heute im Bundesarchiv Koblenz verwahrt, festgestellt werden konnte, waren die betreffenden Gemälde großteils im Kontext des „Sonderauftrag Linz" bzw. von anderen NS-Stellen zumeist über den deutschen Kunsthandel erworben worden. Hinsichtlich der zentralen Frage, ob sich auch entzogene Objekte darunter befinden, konnten die ermittelten Provenienzen in manchen Fällen einen solchen Verdacht ausschließen, im Falle unvollständiger Angaben bleibt ein solcher Verdacht weiterhin gegeben.[18] Die Bilder und ihre ermittelten Provenienzen sind auf der Homepage des Landesmuseums veröffentlicht.

Auch an dieser Stelle soll nun die Geschichte eines der betroffenen Bilder und seiner EigentümerInnen exemplarisch ausgeführt werden – die Geschichte jenes Bildes, das bislang als einziges den Weg zurück zu seiner Eigentümerin gefunden hat.

Der Fall Knabe im Hühnerhof

1910 erwarb der Wiener Kaufmann Julius Neumann anlässlich der Geburt seiner Tochter Franziska aus dem Eigentum des Baron Tucher das Bild *Knabe im Hühnerhof* bzw. *Habichte im Hühnerhof* (Niederländisch, 17. Jh.).[19] Das Bild hing als Prunkstück im Salon der Wohnung der Familie Neumann. 1938 musste die Familie vor der nationalsozialistischen Verfolgung fliehen. Julius Neumann war zu diesem Zeitpunkt nicht mehr am Leben, seine Frau und Söhne emigrierten, seine Tochter Franziska überlebte die NS-Zeit als „U-Boot" in Budapest. Deren Tochter Antonia verbrachte die Zeit als vom Schulbesuch ausgeschlossene „Halbjüdin" bei ihrem „arischen" Vater in Wien, nach Kriegsende emigrierte sie mit ihrer Mutter in die USA.[20] Das gesamte mobile Vermögen der Familie war im Zuge der Flucht bei einer Wiener Spedition untergebracht worden und der Vugesta zum Opfer gefallen.[21] 1947 an das Bundesdenkmal-

---

18 Bzgl. der genauen Zuordnungen bzw. Provenienzen vgl. KIRCHMAYR, Raubkunst, 254ff. Vgl. auch http://www.landesmuseum.at (abgerufen am 12.8.2008).

19 Die Zuschreibung des Bildes ist nicht restlos geklärt: Während in manchen Unterlagen Melchior d'Hondecoeter bzw. der „Kreis um Hondecoeter" als Maler angegeben werden, wird das Gemälde in anderen Darstellungen Jacob Jordaens und Adriaen van Utrecht zugeschrieben. Als Ergebnis von kunsthistorischen Untersuchungen im Zuge der Restitution ist davon auszugehen, dass der am Bild dargestellte Knabe ein Werk von Jacob Jordaens darstellt und die weitere Szenerie auf Melchior d'Hondecoeter zurückgeht.

20 Vgl. Interview mit Antonia Bryk, Linz, 17.6.2003. Transkript im Besitz der Verfasserin.

21 Zur Funktion der „Vugesta" vgl. u. a. Sabine LOITFELLNER, Die Rolle der „Verwaltungsstelle für jüdisches

amt gerichtete Anfragen bezüglich des Verbleibs der verlorenen Gemälde blieben weitgehend ergebnislos.[22] Der Aufenthaltsort der entzogenen Kunstobjekte konnte nicht ermittelt werden. 50 Jahre später nahm die Enkelin Franziska Neumanns, Alexandra Cardarelli, die Suche wieder auf. Ihre Anfrage bei der mittlerweile etablierten Kommission für Provenienzforschung war erfolgreich: Eines der gesuchten Gemälde wurde als ein in Linz befindliches Bild des intensiv recherchierten Collecting Point-Bestandes identifiziert.[23] Im Zuge des Forschungsprojekts zu dem fraglichen Bestand war es bereits gelungen, die Geschichte des betreffenden Bildes zurück bis zu seiner Deponierung in St. Agatha 1945 zu recherchieren, mit dem bislang fehlenden Anfang der Geschichte konnte der Weg des Bildes nunmehr lückenlos dokumentiert werden: Nach der Konfiszierung des „Umzugsguts" der Familie Neumann 1942 war das Gemälde über das Wiener Dorotheum versteigert worden. Gekauft von einem Wiener Kunsthändler gelangte es an einen deutschen Kunsthändler, der es wiederum den Beauftragten für den „Sonderauftrag Linz" weiterverkaufte. Gemeinsam mit anderen „Sonderauftrag Linz"-Beständen sollte es Anfang 1945 aus dem Depot Thürntal in die Bergwerksstollen von Altaussee gebracht werden. Der Transport endete aber aufgrund der ungünstigen Witterungsverhältnisse – der Pötschenpass war aufgrund der Schneesituation nicht passierbar – in St. Agatha bei Goisern. Der folgende Weg über das Depot Ennsegg nach Linz war bereits bekannt. Es waren damit zwei Teile einer Geschichte zusammengeführt worden, wobei klar festgestellt werden konnte, dass es sich bei dem gesuchten Bild tatsächlich um das in Linz befindliche handelt.[24]

Nach ersten bereits erfolgten Kontaktaufnahmen wurde daraufhin am 17. Juni 2003 das Bild Knabe im Hühnerhof an die Tochter und die Enkelin der Eigentümerin in einer feierlichen Zeremonie im Oberösterreichischen Landesmuseum offiziell übergeben und danach in die USA überstellt. Wenngleich die Eigentümerin des Bildes, die in den USA lebende Tochter des Julius Neumann, aus Gesundheitsgründen nicht selbst

Umzugsgut der Geheimen Staatspolizei" (Vugesta) im NS-Kunstraub, in: Gabriele ANDERL, Alexandra CARUSO (Hg.), NS-Kunstraub in Österreich und die Folgen, Innsbruck-Wien-Bozen 2005, S. 110–120.

22 BDA, Restitutionsmaterialien, Karton 31/1, Mappe Martha Brown (Neumann).

23 Mag. Anita Stelzl-Gallian, Mitarbeiterin der Kommission für Provenienzforschung in Wien, stellte die Verbindung zwischen der dort eingegangenen Erbenanfrage und dem Bild im Oberösterreichischen Landesmuseum her, wofür ihr hier noch einmal im Namen aller Beteiligten gedankt werden soll. Gedankt und gedacht werden soll an dieser Stelle auch dem 2004 verstorbenen Leiter der Provenienzforschungskommission Univ. Prof. Dr. Ernst Bacher, der das oberösterreichische Forschungsprojekt von Beginn an wohlwollend unterstützte.

24 Vgl. Sachverhaltsdarstellung: Restitutionsanspruch für Gemälde „Melchior d'Hondecoeter, Knabe im Hühnerhof", OÖLM Inv. Nr. G 1681, erstellt von Birgit Kirchmayr, Universität Linz, 10.10.2002. Eine ausführliche Dokumentation der Rückgabegeschichte des Bildes findet sich auch in KIRCHMAYR, Oberösterreichisches Landesmuseum, S. 290–296.

der Rückgabe in Linz beiwohnen konnte, konnte sie doch das Bild rechtzeitig zu ihrem 93. Geburtstag in Washington übernehmen. Die Rückgabe dieses Gemäldes, die unter dem besonders glücklichen und zum gegenwärtigen Zeitpunkt schon sehr seltenen Umstand erfolgte, das Kunstwerk noch an die ursprüngliche Eigentümerin zurückgeben zu können, zeigt sich als bislang größter und greifbarster Erfolg der Provenienzforschung im Oberösterreichischen Landesmuseum.

Übergabe des Bildes
Knabe im Hühnerhof
an die Familie der Eigentümerin,
Linz, 17. Juni 2003.

Im Zuge des hier dargestellten Forschungsprojektes ist es gelungen, Hintergründe und Rahmenbedingungen von Kunstentzug und Rückstellung mit Fokus auf die Situation in Oberösterreich zu erhellen. Die durchgeführten Recherchen im Oberösterreichischen Landesmuseum konnten unklare Provenienzen zumindest fallweise klären und damit Restitutionen ermöglichen. Objekte, deren Herkunft trotz intensiver Recherchen nach wie vor unbekannt bleibt, und Bestände, zu denen eine systematische Provenienzforschung im Rahmen des hier beschriebenen Projekts nicht erfolgen konnte, stellen auch im Fall des Oberösterreichischen Landesmuseums Argumente gegen jegliche Diskussion um einen „Schlussstrich" dar.[25]

---

25 Zu den Forschungsdesideraten vgl. auch Michael JOHN, Einleitung, in: KIRCHMAYR u. a., Geraubte Kunst in Oberdonau, S. 15ff. Diesbezüglich weiterführende Forschungen sind seitens des Oberösterreichischen Landesmuseums gegenwärtig in Planung (Stand Juni 2008).

Missing Link. Provenienzforschung in Salzburg und die langwierige Suche nach verschwundenen Mosaiksteinchen

Susanne Rolinek

Was haben das *Kreuz von Limoges,* die *Wally* und
das Museum der Moderne Salzburg miteinander zu tun?

Als im August 2007 ein wertvolles, aus der Zeit um 1200 stammendes und während der NS-Besatzung in Polen enteignetes sakrales Kunstwerk im Salzburger Pinzgau wieder auftauchte, überschlugen sich die regionalen und internationalen Medien mit Meldungen und Reportagen. Eine Frau hatte das *Kreuz von Limoges* (auch *Europäisches Friedenskreuz*) zufällig 2004 bei einer Wohnungsauflösung in einem Sperrmüllcontainer in Zell am See entdeckt und nach Rückfrage bei den WohnungseigentümerInnen mitgenommen. Erst drei Jahre später zeigte die Frau einem Nachbarn das Kreuz, der sie darauf aufmerksam machte, dass es sich um ein wertvolles Kunstwerk handeln könnte. Der Kustos des Bergbaumuseums Leogang bei dem die Pinzgauerin Informationen einholte, schaltete die Polizei ein. Das Landeskriminalamt Salzburg begann Ermittlungen und konnte mit Hilfe des Kunsthistorischen Museums und der Commission for Looted Art in London Details zur Herkunft recherchieren. Bis zum Zweiten Weltkrieg gehörte das Kreuz zur Kunstsammlung der polnischen Adeligen Izabella Elzbieta von Czartoryski-Dzalinska in Schloss Goluchow, die ihre Sammlung 1939 vor der Deutschen Besatzungsmacht versteckte. Die NS-Besatzung entdeckte 1941 Teile der Sammlung und deponierte die Stücke im polnischen Nationalmuseum Warschau. Von dort brachten die Nationalsozialisten das Kreuz (mit anderen geraubten Kunstwerken) nach Schloss Fischhorn bei Bruck an der Glocknerstraße. Am 6. Mai 2008 wurde das äußerst wertvolle Kreuz den Erben der Familie Czartoryski-Dzalinska im Rahmen einer feierlichen Zeremonie zurückgegeben.[1]

---

1 Salzburger Nachrichten, 7.5.2008. Beitrag „Nazi-Raubkunst: Kreuz wird zurückgegeben", http://salzburg.orf.at/stories/275284/ (abgerufen am 3.5.2008); Beitrag „Mittelalterliches Kreuz im Müll entdeckt" 16.8.2007, auf http://salzburg.orf.at/stories/214958/ (abgerufen am 12.3.2008); Beitrag „Finderin für Rückgabe an rechtmäßige Besitzer", 17.8.2007, auf http://oesterreich.orf.at/salzburg/stories/215350/ (abgerufen am 12.3.3008); http://www.museum-leogang.at/ (abgerufen am 12.3.2008).

Auch die unendliche Geschichte um das aus der Sammlung Leopold stammende Gemälde *Wally* von Egon Schiele, das 1998 in New York beschlagnahmt wurde, ist aktueller denn je und hat ihre Wurzeln in Salzburg. Der Salzburger Kunsthändler und Verleger Friedrich Welz hatte der Wiener Galeriebesitzerin Lea Bondi-Jaray, die als Jüdin verfolgt und deren Galerie von Welz arisiert wurde, das Gemälde im Jahr 1939 in einer Zwangssituation „abgekauft" und 1944 im Tausch mit anderen Kunstwerken in den Bestand der Landesgalerie Salzburg (1942–1944) eingebracht. Bondi-Jaray konnte nach Großbritannien flüchten und unternahm nach 1945 alle Anstrengungen, dem Gemälde wieder auf die Spur zu kommen. Die auf die Identifizierung von Raubkunst spezialisierten Kunstoffiziere der US-Army versuchten nach 1945, Schieles Gemälde zu lokalisieren. Die *Wally* befand sich zu diesem Zeitpunkt im Depot der Salzburger Residenzgalerie und wurde fälschlicherweise an die Erben des ermordeten Wiener Zahnarztes Heinrich Rieger restituiert, die unter anderem eine Zeichnung von Egon Schiele beanspruchten. Welz hatte auch Teile der Kunstsammlung von Rieger, der vor 1938 gemeinsam mit seiner Frau Bertha eine der bedeutendsten Sammlungen zeitgenössischer Kunst (u. a. Werke von Egon Schiele, Gustav Klimt, Oskar Kokoschka, Herbert Boeckl) besaß, arisiert. Heinrich und Bertha Rieger überlebten das KZ nicht. Einen Teil jener Kunstwerke, die Welz während der NS-Zeit aus arisiertem Eigentum erworben hatte, veräußerte er mit beträchtlichem Gewinn.[2]

Was haben die beiden Fälle und das Museum der Moderne Salzburg miteinander zu tun? In Salzburg übten jene Personen, die während der NS-Zeit von Raubkunst profitierten bzw. selbst in mehr oder weniger führenden Positionen an Arisierungen beteiligt waren, einen nicht zu unterschätzenden Einfluss aus: Da setzte ab 1938 der bereits erwähnte Kunsthändler und Ariseur Friedrich Welz alles daran, mit verschiedenen Mitteln seine Ziele zu erreichen. Er stieg zum Kunstberater des Gauleiters Friedrich Rainer auf und überzeugte diesen von der Idee zur Errichtung der Landesgalerie Salzburg (1942–1944), deren Leiter er wurde. Da waren die aus dem Pinzgau stammenden und mit Welz befreundeten Halbbrüder Josef und Kajetan Mühlmann, die ihre Kontakte zu den illegalen Nationalsozialisten vor 1938 nutzten. Kajetan Mühlmann wurde nach

---

2 Gert KERSCHBAUMER, Gutgläubiger Erwerb oder institutionelle Habgier?, in: Gabriele ANDERL, Alexandra CARUSO (Hg.), NS-Kunstraub in Österreich und die Folgen, Innsbruck-Wien-Bozen 2005, S. 159–170, hier S. 160f.; Gert KERSCHBAUMER, Meister des Verwirrens. Die Geschäfte des Kunsthändlers Friedrich Welz, (= Bibliothek des Raubes, Bd. V) Wien 2000, S. 130–135 und 153; Sophie LILLIE, Was einmal war. Handbuch der enteigneten Kunstsammlungen Wiens (= Bibliothek des Raubes, Bd. VIII), Wien 2003, S. 969f.

dem „Anschluss" Österreichs an das Deutsche Reich Kunststaatssekretär in Wien. Beide Brüder waren ab 1939 am Kunstraub in Polen, in Frankreich, in den Niederlanden und Belgien beteiligt. Die Dienststelle Mühlmann in Den Haag, nach Kajetan Mühlmann benannt, diente als Drehscheibe für entzogene und geraubte Kunstgegenstände in Europa. Josef Mühlmann agierte, von Kajetan Mühlmann beauftragt, in Paris und organisierte Verkaufsausstellungen für Kunsthändler. Er unterstützte auch Friedrich Welz bei seinen Einkaufsfahrten im von deutschen Truppen besetzten Frankreich. Welz erwarb zwischen 1940 und 1942 hunderte von Kunstwerken für die Landesgalerie Salzburg und für prominente NS-Funktionäre, darunter den Salzburger Gauleiter Friedrich Rainer, den Wiener Gauleiter Baldur von Schirach, die Reichsminister Fritz Todt und Bernhard Rust. Letzterer wohnte im arisierten Schloss Leopoldskron in Salzburg.[3] Auch andere hochrangige NS-Funktionäre, die Kunstwerke sammelten, lebten in Stadt und Land Salzburg. Heinrich Himmler und Hermann Göring, privat sehr kunstinteressiert, wohnten hier – Himmler in der konfiszierten Trapp-Villa in Aigen, Göring in der Burg Mauterndorf. Josef Thorak, der Bildhauer Hitlers, konnte das arisierte Schloss Prielau in Zell am See ab 1943 sein Eigen nennen und hortete dort eine Sammlung gotischer Kunstwerke, die er direkt von Kajetan Mühlmann aus den Niederlanden und Frankreich erhalten hatte.[4]

Die Beschlagnahmung der *Wally* im Jänner 1998 in New York, die Recherchen rund um die Herkunft des Gemäldes und die Rolle von NS-Funktionären bei der Enteignung von Kunstwerken in von deutschen Truppen besetzten Ländern sowie die zweifelhaften Geschäfte mancher Kunsthändler zwischen 1938 und 1945 brachten Vieles ans Tageslicht, was lange Zeit verborgen geblieben und verschwiegen worden war. Spuren führten und führen immer wieder nach Salzburg, wie auch die Vorfälle rund um das *Kreuz von Limoges* zeigen. Die Themen Raubkunst und arisierte Kunstwerke wer-

---

3 Fritz KOLLER, Das Inventarbuch der Landesgalerie Salzburg 1942–1944, Salzburg 2000, S. 15f.

4 Ernst HANISCH, Gau der guten Nerven. Die nationalsozialistische Herrschaft in Salzburg 1938–1945, Salzburg-München 1997, S. 38 und 181; Albert LICHTBLAU, „Arisierungen", beschlagnahmte Vermögen, Rückstellungen und Entschädigungen in Salzburg. (= Veröffentlichungen der Österreichischen Historikerkommission Vermögensentzug während der NS-Zeit sowie Rückstellungen und Entschädigungen seit 1945 in Österreich, Bd. 17/2) Wien-München 2004, S. 116f.; Receipt and Agreement for Delivery of Cultural Objects, Dutch Claim # 88, 10.8.1948, Schedule „A", Sculptures and antique objects removed from Holland during the war by Ex-Dienststelle Mühlmann and sold to Prof. Dr. Josef Thorak of Schloss Prielau by Zell am See, Film 1523, File 0529–0536. Akten der National Archives, Recordgroup 260, Amerikanische Besatzungsakten 1945–1955. Salzburger Landesarchiv. Bundesdenkmalamt, der Landeskonservator für Oberösterreich, Linz, an das Bundesdenkmalamt, Herrn Präsidenten Univ. Prof. Dr. Otto Demus, 25.5.1955. Reservatsakt Josef Thorak, Archiv Bundesdenkmalamt Wien.

den die Salzburger WissenschafterInnen, Museumsleute, Politik und Medien noch länger beschäftigen, denn viele Forschungslücken gibt es noch zu schließen. Und auch die Geschichte des Museum der Moderne Salzburg ist bis heute untrennbar mit der Person des Gründers Friedrich Welz, seinen teils zweifelhaften Geschäften und dem Kunsthandel und -betrieb während der NS-Zeit verbunden. Hier gilt es ebenfalls, nach verschwundenen Mosaiksteinchen zu suchen.

Gründungs- und Sammlungsgeschichte des Museum der Moderne Salzburg (MdM)

Den Auftakt zur Gründung einer „modernen Galerie" bildeten Vorbereitungen von Friedrich Welz im Jahr 1975 für eine Ausstellung zu Werken von Oskar Kokoschka.[5]

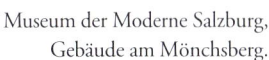
Museum der Moderne Salzburg, Gebäude am Mönchsberg.

Die Idee zur Gründung einer Landesgalerie wurzelte in der Zeit nach dem Ersten Weltkrieg und dem Zusammenbruch der österreichisch-ungarischen Monarchie und erreichte in der Zeit des Nationalsozialismus mit der Gründung der Landesgalerie Salzburg, deren Leiter wie bereits erwähnt Welz war, ihren Höhepunkt. Nach dem Ende des Dritten Reiches wurde Welz als NSDAP-Mitglied und Ariseur verhaftet und inhaftiert. Die Alliierten und österreichische Gerichte untersuchten die bedenklichen

---

5 Susanne ROLINEK, „Eine moderne Galerie …". Zur Vorgeschichte des Museum der Moderne Salzburg und zur Rolle des Kunsthändlers Friedrich Welz, in: Agnes HUSSLEIN, Eleonora LOUIS, Susanne ROLINEK (Hg.), Vom Tafelbild zum Wandobjekt. Zum Sammlungsbestand des Museum der Moderne Salzburg, Weitra 2005, S. 8–13, hier S. 11.

Geschäfte des Kunsthändlers. Die Staatsanwaltschaft ermittelte gegen ihn nach dem Kriegsverbrechergesetz, doch Welz fühlte sich als Opfer politischer Verhältnisse und gab vor, nur den verfolgten Jüdinnen und Juden geholfen und sich keineswegs bereichert zu haben. 1950 stellte die Staatsanwaltschaft die Ermittlungen gegen Welz ein.[6]

Als Anfang der 1970er Jahre der damalige Landeshauptmannstellvertreter in Salzburg, Herbert Moritz, ein Konzept für ein Kunst- und Kulturzentrum entwarf, sah Welz endlich wieder seine Chance gekommen und stellte dem Land Salzburg die Schenkung der beinahe vollständigen Sammlung des grafischen Werkes Oskar Kokoschkas in Aussicht, allerdings unter der Bedingung, dass dafür ein eigenes Museum adaptiert werden müsste, dessen Leiter er zu werden gedachte. Bereits im März 1975 entwarf die Landesregierung ein Stiftungs- und Fondsgesetz, um die rechtliche Basis für die Schenkung von Friedrich Welz zu schaffen. Die Rolle von Welz während der NS-Zeit war zu diesem Zeitpunkt kein Thema mehr. Im Dezember 1976 wurden die vorläufigen Statuten der Modernen Galerie und Graphischen Sammlung Rupertinum (kurz: Rupertinum) formuliert und mit 1. Jänner 1977 von der Salzburger Landesregierung genehmigt. Bis zu seiner Eröffnung im Februar 1983 bestand das Rupertinum allerdings als virtuelles Museum ohne dazugehöriges funktionales Gebäude.[7] Das Land Salzburg war Rechtsträger, die Bestände des Rupertinums umfassten neben dem druckgrafischen Werk von Kokoschka die Gemälde des 20. Jahrhunderts der Salzburger Residenzgalerie und jene rund tausend Blätter der Galerie Kunst der Gegenwart, die als Dauerleihgabe zur Verfügung standen. Das Rupertinum sollte durch Ankäufe, Schenkungen und Dauerleihgaben seine Sammlung stetig erweitern. Am 1. Dezember 1977 gab das Land Salzburg offiziell die Gründung des Museums bekannt, weitere Schenkungen von Friedrich Welz in den Jahren 1977 und 1978 führten zu einer Aufwertung des Bestandes. Insgesamt umfassen die Schenkungen von Friedrich Welz aus den Jahren 1976, 1977 und 1978 sowie die Übernahmen aus der Residenzgalerie (einschließlich der 44 Objekte der Landesgalerie Salzburg) rund 400 Werke – Gemälde, Aquarelle, Zeichnungen, Druckgrafiken und Plastiken von Gustav Klimt, Oskar Kokoschka, Egon Schiele, Wilhelm Thöny, Herbert Boeckl, Anton Faistauer, Alfred Kubin, Erich Heckel, Otto Dix, George Grosz, Lovis Corinth, Ernst Ludwig Kirchner, Käthe Kollwitz, Emil Nolde, Max Beckmann, Edvard Munch und anderen. Inhaltlich wollte sich Welz auf die Malerei und Grafik im deutschen Sprachraum des 20. Jahrhunderts mit Schwerpunkt Öster-

---

6   KOLLER, Das Inventarbuch, S. 35ff.; KERSCHBAUMER, Meister des Verwirrens, S. 8.
7   ROLINEK, „Eine moderne Galerie …“, S. 12.

reich und die Vorläufer dieser Kunstströmungen im 19. Jahrhundert konzentrieren. „Dieses hohe Ziel kann selbstverständlich erst in jahrzehntelanger Sammlertätigkeit und mit beträchtlichem Einsatz finanzieller Mittel erreicht werden", stellte Welz fest.[8]

Am 5. Februar 1980 verstarb Friedrich Welz. Welz hatte das Rupertinum so sehr mit seiner Person verbunden, dass die Landesregierung nun gefordert war, die „Lebensfähigkeit" des Museums ohne dessen Gründer zu beweisen. Der Ausstellungsmacher, Kunst- und Literaturkritiker und Leiter des Grazer Kunsthauses Otto Breicha wurde neuer Leiter des Museums und baute die Sammlung weiter aus. Gegenüber den Salzburger Nachrichten betonte Breicha, Stadt und Land müssten erst den Beweis erbringen, wie Salzburg zu seinem Ruf als Musikstadt einen kräftigen Akzent im Bereich der bildenden Kunst setzen möchte.[9] Breicha holte die Österreichische Fotogalerie ins Rupertinum, doch auch er konzentrierte sich vorrangig auf die Erweiterung der grafischen Sammlung und erwarb unter anderem seltene grafische Blätter und Zyklen von Max Klinger, Otto Dix, Max Slevogt und Max Beckmann. Die feierliche Eröffnung des Hauses am 5. Februar 1983 erfolgte mit dem Anspruch, die *Albertina des Westens* zu sein.[10]

Die Suche nach den Mosaiksteinchen: Provenienzforschung im Museum der Moderne Salzburg

Das Jahr 1998 mit der Erklärung der Washington Conference Principles on Nazi-Confiscated Art und dem Bundesgesetz zur Restitution bildete nicht nur den Auftakt für die übergreifende Forschungsoffensive in Museen und Sammlungen in Bundesbesitz, auch in den Bundesländern wurde über NS-Raubkunst und die Folgen diskutiert. In Salzburg setzte unmittelbar nach In-Kraft-Treten des Bundesgesetzes über die Rückgabe von Kunstgegenständen aus den Österreichischen Bundesmuseen und -sammlungen eine Debatte über die Notwendigkeit einer Provenienzforschung in Museen ein. Doch

---

8 Friedrich Welz, Darstellung der Sammlungsschwerpunkte des geplanten Museums Rupertinum, Okt. 1976. Archiv der Kulturabteilung des Landes Salzburg, Aktenordner 2881/K, Akt 4: Galerie Rupertinum, 1. Teil, 1976–1977; Werner THUSWALDNER, Ein Ort für die neue Kunst: Das Rupertinum, Sonderdruck „Moderne Galerie und Graphische Sammlung Rupertinum in Salzburg", in: Das Salzburger Jahr 1977/ 1978, o. S.

9 Salzburger Nachrichten, 21.7.1982.

10 Margit ZUCKRIEGL, Das Museum der Moderne Salzburg. Eine junge Sammlung mit Chancen und Visionen, in: HUSSLEIN u. a. (Hg.), Vom Tafelbild zum Wandobjekt, S. 14–17, hier S. 15.

erst fünf Jahre später wurden mit dem Beschluss der Salzburger Landesregierung zur Kunstrestitution auch Museen und Sammlungen in Salzburg aufgefordert, sich an diese Richtlinien zu halten.[11] Die öffentlichen Diskussionen führten darüber hinaus zur Aufarbeitung der Geschichte der ehemaligen Landesgalerie Salzburg und der Rolle von Friedrich Welz, der Salzburger Landessammlungen in der NS-Zeit sowie zur Einrichtung einer Arbeitsgruppe für Provenienzforschung unter der Federführung der Leiterin der Kulturabteilung des Landes Salzburg, Monika Kalista. In dieser Arbeitsgruppe sind neben den Museumsdirektoren des Salzburg Museums und des Museums der Moderne Salzburg auch Landesarchivar Fritz Koller und die beiden Universitätsprofessoren Ernst Hanisch und Robert Hoffmann aktiv.[12]

Das Land Salzburg beauftragte im Zuge der oben genannten Entwicklungen das Landesarchiv, die Geschichte der Landesgalerie Salzburg umfassend darzustellen. Die Publikation von Fritz Koller, *Das Inventarbuch der Landesgalerie Salzburg 1942–1944,* dokumentiert detailliert die Geschichte und Bestände der Landesgalerie. 107 Kunstwerke aus dem Bestand der Landesgalerie befinden sich nun in der Residenzgalerie, 44 im MdM Salzburg – darunter Gemälde, Aquarelle und Zeichnungen von Gustav Klimt, Carl Moll, Richard Gerstl, Herbert Boeckl, Anton Faistauer. Auf der Website des Landes Salzburg können ausführliche Informationen über die Bestände der Landesgalerie abgerufen werden.[13] Ebenfalls im Auftrag des Landes Salzburg arbeitete der Kunsthistoriker und Provenienzforscher Gerhard Plasser seit dem Jahr 2000 zur Geschichte der Salzburger Landessammlungen. Die Forschungsergebnisse wurden gemeinsam in der mit Roswitha Juffinger herausgegebenen umfangreichen Dokumentation zu den *Salzburger Landessammlungen 1939–1955* veröffentlicht.[14] Darüber hinaus publizierte Plasser (u. a. auch mit der Autorin dieses Beitrags) im Rahmen seiner Forschungen noch Beiträge zu verschiedenen Teilthemen.[15] Andere wissenschaftliche Arbeiten behandeln

11 Ingo ZECHNER, Zweifelhaftes Eigentum. Fußnoten zur Kunstrestitution in Österreich, in: ANDERL, CARUSO (Hg.), NS-Kunstraub in Österreich und die Folgen, S. 235–246, hier S. 243.

12 Gerhard PLASSER, Susanne ROLINEK, Provenienzforschung an Salzburger Museen, in: Neues Museum. Die österreichische Museumszeitschrift, Heft 05/3, Oktober 2005, S. 25–31, hier S. 26.

13 Datenbank auf http://www.salzburg.gv.at/themen/ks/kultur/archiv-3/galerie/provenienzforschung-suche.htm (abgerufen am 27.3.2008).

14 Roswitha JUFFINGER, Gerhard PLASSER, Salzburger Landessammlungen 1939–1955, Salzburg 2007.

15 PLASSER, ROLINEK, Provenienzforschung an Salzburger Museen, S. 30; Gerhard PLASSER, Untersuchung und Dokumentation von Gemälderückseiten am Beispiel der Landesgalerie Salzburg, in: ANDERL, CARUSO (Hg.), NS-Kunstraub in Österreich und die Folgen, S. 259–277; Gerhard PLASSER, Karrieren von Salzburger Museumsfachleuten während der NS-Zeit, in: Ingrid BAUER, Helga EMBACHER, Ernst HANISCH, Albert LICHTBLAU, Gerald SPRENGNAGEL (Hg.), Kunst, Kommunikation, Macht.

ebenfalls für die lokale Provenienzforschung relevante Aspekte. Im Auftrag der Historikerkommission, die im Herbst 1998 von Bundeskanzler, Vizekanzler, den Präsidenten des Nationalrates und des Bundesrates eingesetzt wurde, recherchierte Albert Lichtblau vom Fachbereich für Geschichte der Universität Salzburg zu Arisierungen im Bundesland Salzburg. Darüber hinaus liegen an der Universität Salzburg Diplomarbeiten und Dissertationen zu Arisierungen im Salzkammergut, zum Kunstraub der Nationalsozialisten und zur Arisierung und Restitution des Schlosses Leopoldskron in Salzburg (auch als Publikation im Pustet-Verlag erschienen) vor. Der Historiker Gert Kerschbaumer hat sich als institutionsunabhängiger Forscher mit dem Kunst- und Kulturleben Salzburgs während der NS-Zeit und den Aktivitäten des Galeristen Friedrich Welz beschäftigt.[16]

Auch im Museum der Moderne Salzburg war eine Überprüfung der Sammlungsbestände unabdingbar, da die Schenkungen des Kunsthändlers und Verlegers Friedrich Welz zur Gründung des Museums geführt hatten. Dessen fragwürdige Rolle im österreichischen Kunsthandel der NS-Zeit bzw. bei Bereicherungen im Zuge von Arisierungen (u. a. bei der Wiener Galerie Würthle, der Villa Steinreich in St. Gilgen und bei Teilen der umfangreichen Kunstsammlung des Wiener Zahnarztes Heinrich Rieger) war seit Ende der 1990er Jahre offensichtlich. Das Museum besitzt darüber hinaus noch jene bereits erwähnten 44 Objekte der ehemaligen Landesgalerie Salzburg, die nach der Wiedereröffnung der Residenzgalerie 1952 in den Bestand dieser übernommen wurden und später in das Museum der Moderne Salzburg übergegangen waren.

Vor vier Jahren, im April 2004, begann die Autorin dieses Beitrags im Rahmen von 20 Wochenstunden mit den Recherchen, mittlerweile wurde die Stelle auf 30 Stunden aufgestockt. Als wissenschaftlicher Konsulent und „Controller" arbeitete zu Beginn des Projekts bis Ende 2005 der Historiker Albert Lichtblau. Stephan Bstieler, Dissertant

---

Sechster Österreichischer Zeitgeschichtetag 2003, Innsbruck-Wien 2004, S. 130–136; Gerhard PLASSER, Landesbewusstsein und „Raubkunst". Eine Verlustgeschichte, in: Kunstgeschichte, Mitteilungen des Verbandes österreichischer Kunsthistorikerinnen und Kunsthistoriker, Tagungsband 12. österreichischer Kunsthistorikertag zum Thema: Im Netzwerk: Kunst-Kunstgeschichte-Politik, Jahrgang 20/21, Salzburg 2003/2004, S. 46–49.

16 Albert LICHTBLAU, „Arisierungen", beschlagnahmte Vermögen; Jutta HANGLER, „Die Arisierung Bad Ischls macht Fortschritte…": Die Entjudung von Liegenschaften am Beispiel eines österreichischen Tourismusortes, Salzburg, Dipl. Arb., 1997; Johannes HOFINGER, Die Akte Leopoldskron. Max Reinhardt – Das Schloss – Arisierung & Restitution, Salzburg 2005; KERSCHBAUMER, Meister des Verwirrens; Gert KERSCHBAUMER, Gutgläubiger Erwerb oder institutionelle Habgier?, in: ANDERL, CARUSO (Hg.), NS-Kunstraub in Österreich und die Folgen, S. 159–170.

am Fachbereich für Kunst-, Musik- und Tanzwissenschaft der Universität Salzburg, ist seit Dezember 2004 (mit der Unterbrechung von einem Jahr) als Assistent der Digitalisierung und Provenienzforschung tätig.

Die Provenienzforschung im MdM ist zum einen objekt- und zum anderen themenzentriert. Objektzentriert bedeutet in diesem Zusammenhang, dass systematisch alle betroffenen Werke auf ihre Provenienz untersucht werden. Die themenzentrierte Forschung konzentriert sich auf die Geschäfte von Friedrich Welz während der NS-Zeit und seinen Verbindungen zu anderen Kunsthändlern sowie auf seine Rolle bei der Gründung des MdM. Der ursprüngliche Arbeitsauftrag beinhaltete die Überprüfung der Schenkungen von Friedrich Welz und der Übernahmen aus der Residenzgalerie sowie die Abklärung der Verträge und Bedingungen zur Gründung der *Modernen Galerie und Graphischen Sammlung Rupertinum.* Ein Claim der ErbInnen nach den ehemaligen EigentümerInnen des Gemäldes *Bauer* von Emil Nolde und Anfragen der Israelitischen Kultusgemeinde Wien im Namen der ErbInnen ehemaliger EigentümerInnen entzogener Kunstwerke sowie die Häufung von Anfragen anderer ProvenienzforscherInnen, Archive, Galerien und Auktionshäuser machten offensichtlich, dass nicht nur die Werke aus den oben genannten Beständen einer Überprüfung bedürfen, sondern auch andere Bestände im MdM in die Provenienzforschung mit einbezogen werden müssen. Die gesamte Sammlung des MdM umfasst rund 650 Gemälde und Wandobjekte, ca. 20.000 Grafiken, ca. 400 Skulpturen und Plastiken sowie 16.500 Fotografien. Grundsätzlich wird der Recherche von Gemälden, Aquarellen und Zeichnungen aus Effizienzgründen Priorität gegenüber Druckgrafien und Plastiken eingeräumt. Daher wurde die Entscheidung getroffen, zunächst alle Gemälde und Wandobjekte systematisch zu überprüfen und die aktuellen Forschungsergebnisse zu den einzelnen Werken einschließlich der Provenienz in einem Sammlungs-/Bestandskatalog zu publizieren. Die Herausgabe des Sammlungskatalogs *Vom Tafelband zum Wandobjekt. Zum Sammlungsbestand des Museum der Moderne Salzburg* in zwei Bänden[17] bot und bietet die Chance, mittels der Veröffentlichung zu neuen Informationen zu gelangen.

Die gegenwärtige Aufarbeitung des Bestandes Grafik bis 1945 (ausgenommen Druckgrafien) ist als logische Weiterführung der Erschließung und Vermittlung des Samm-

---

17 Agnes HUSSLEIN, Eleonora LOUIS, Susanne ROLINEK (Hg.), Vom Tafelbild zum Wandobjekt. Zum Sammlungsbestand des Museum der Moderne Salzburg, Bd. 1, Tafelband, Weitra 2005; Eleonora LOUIS, Susanne ROLINEK (Hg.), Vom Tafelbild zum Wandobjekt, Zum Sammlungsbestand des Museum der Moderne Salzburg, Bd. 2, Bestandskatalog, Weitra 2006.

lungsbestandes Gemälde und Wandobjekte gedacht. Das Projekt hat sich die systematische Aufarbeitung und Bearbeitung des bisher nicht erschlossenen Bestandes Grafik bis 1945 (ca. 1400 Werke von ca. 160 Künstlerinnen und Künstlern) einschließlich der Herausgabe eines dazugehörigen Bestandskatalogs zum Ziel gesetzt. Das MdM besitzt Grafiken von Egon Schiele, Gustav Klimt, Oskar Kokoschka, Rudolf Alt, Franz Alt, Andre Derain, Berthe Morisot, Herbert Boeckl, Lovis Corinth, Otto Dix, Lyonel Feininger, George Grosz, Erich Heckel, Fritz von Herzmanovsky-Orlando, Ernst Ludwig Kirchner, Alfred Kubin, Kurt Schwitters, Wilhelm Thöny, Max Weiler u. v. m. Finanziert wird die Aufarbeitung des Bestandes Grafik bis 1945 zu 60% vom Museum der Moderne Salzburg (das sind € 287.100), knapp € 100.000 steuerten die Art Mentor Foundation Lucerne und noch einmal die Hälfte dieses Betrages das Land Salzburg bei. Das aktuelle Projekt ist bis Ende 2009 zeitlich limitiert, die Stelle für Provenienzforschung läuft allerdings unbefristet weiter.

Aktuelles Ziel der Provenienzforschung im Museum der Moderne Salzburg ist es, nicht nur auf punktuelle Anfragen zu bestimmten Werken zu reagieren, sondern systematisch die Bestände und Sammlungen auf bedenkliche Werke zu überprüfen und die Lücken in der Herkunftsgeschichte so weit als möglich zu schließen. Ein weiteres Ziel ist eine umfassende Dokumentation zu jedem Werk und dessen Herkunftsgeschichte (inklusive einer vollständigen Dokumentation der Objektrückseite) zu erstellen, d. h. eine Sammlung von Informationen im Haus, in den Werkverzeichnissen und Monografien, im Internet sowie außer Haus in Bibliotheken und in den relevanten Archiven. Von Anfang an war die Provenienzforschung im Museum der Moderne Salzburg in ein überregionales Netzwerk (u. a. österreichische Kommission für Provenienzforschung, Arbeitskreis der deutschen und österreichischen ProvenienzforscherInnen) eingebunden, um den Informationsaustausch zu fördern und das externe Know-how einzubinden.

Lücken und weiße Flecken: Archivsituation und Forschungsmethoden

Die Recherchen gestalten sich schwierig, da das Museum der Moderne Salzburg erst 1983 eröffnet wurde und im Unterschied zu Museen, die bereits während der NS-Zeit bestanden und in der Zeit zwischen 1938 und 1945 Aufzeichnungen über die Erwerbungen geführt hatten, über keine derartigen Unterlagen und damit zusammenhängend auch über kein Archiv verfügt. Zur Verfügung stehen im Museum selbst nur das Inventarbuch, die Karteikarten zu Übernahmen von Kunstwerken aus der Residenzgalerie und die Geschäftsakten der Verwaltung des Museums, in denen vor allem Rechnungen zu Erwerbungen, Schenkungsverträge, Korrespondenz mit Künstlern oder zum Leihverkehr erhalten sind. Die Erfahrungen in der Bearbeitung des Gemäldebestandes zeigten, dass es nötig ist, mehr als nur die Daten des im Haus vorhandenen Inventarbuchs zu übernehmen. Alle vorhandenen Daten und Angaben im Haus müssen überprüft werden, da sich diese im Zuge der Bearbeitung der Gemälde als fehlerhaft und unvollständig herausstellten. Die handschriftlichen Inventarbücher weisen teilweise große Lücken auf. So fehlen einerseits Angaben zu Technik, Maß und Beschriftung, andererseits wurden manche Zugänge gar nicht (wie z. B. rund 2000 Werke der Schenkung Galerie Kunst der Gegenwart) oder mit falschen Angaben der Herkunft erfasst (z. B. Schenkungen als Ankäufe erfasst und umgekehrt bzw. stimmen die Angaben zum/zur SchenkerIn/VerkäuferIn nicht).

Die fehlerhaften und unvollständigen Daten der Inventarisierung haben auch gravierende Auswirkungen auf die Provenienzforschung. Ohne genaue Überprüfung und Korrektur der Erwerbsumstände und -daten gemeinsam mit der Digitalisierung würde sich die Provenienzforschung auf falsche Daten stützen, was wiederum zwangsläufig zu falschen Ergebnissen führt. Der erste Schritt für die Provenienzforschung im Haus ist zunächst einmal die systematische Überprüfung der Angaben zur Inventarisierung in den vorhandenen Inventarbüchern, Karteikarten und Geschäftsakten. Der nächste Schritt ist die Recherche außer Haus. Themenspezifisches Aktenmaterial ist in verschiedenen Archiven verstreut, vielerorts nicht aufgeschlüsselt und ebenfalls unvollständig. Die Situation wird darüber hinaus noch durch lücken- und fehlerhafte Quellen in Bezug auf die Geschäfte von Friedrich Welz und anderen KunsthändlerInnen, Galerien sowie Auktionshäusern während der NS-Zeit verschärft. Da bleibt nur der Weg, zeit- und arbeitsintensive Recherchen in Ausstellungs- und Auktionskatalogen und in Aktenbeständen unterschiedlicher Archive zu Teilthemen durchzuführen. Im Fall des Museum der Moderne Salzburg war dies zu Beginn die Sichtung aller Unterlagen im Archiv der Kulturabteilung und der Liegenschaftsverwaltung des Landes Salzburg, dann folgte die Recherche im Archiv des Bundesdenkmalamtes in Wien, im Archiv der Österreichischen Galerie Belvedere, im Archiv der Israelitischen Kultusgemeinde Wien, im privaten Archiv von Franz Eder (Galerie Welz) und im Salzburger Landesarchiv. Derzeit werden die Akten der US-Besatzungstruppen, die auf Mikrofilm im Salzburger Landesarchiv vorliegen, auf relevante Hinweise und Informationen gesichtet. Parallel dazu gab (und gibt) es von Beginn an eine aufwändige Recherche zu Werkverzeichnissen und Monografien. Mündliche bzw. schriftliche Kontaktaufnahmen mit Fachexperten, mit Familienmitgliedern bereits verstorbener Künstler, mit Leihgebern und Auktionshäusern sowie Galerien dürfen ebenfalls nicht fehlen.

Die Dokumentation der Gemälde-Rückseiten ist in diesem Zusammenhang unverzichtbarer Bestandteil der Provenienzforschung. Sie kann oftmals Hinweise auf das Werk selbst wie auf seine Erwerbsgeschichte liefern und eine wichtige Dokumentationsquelle für die Ausstellungs-Geschichte des Objekts sein. Bei dieser Methode werden alle Beschriftungen, Etiketten, Stempel und eingeritzte Vermerke auf den Rückseiten der Objekte systematisch (auch fotografisch) dokumentiert; anhand dieser Dokumentation kann Erfolg versprechenden Spuren und Hinweisen nachgegangen werden. Zudem bieten Vergleiche mit Rückseitendokumentationen von Werken in anderen Museen die Möglichkeit, weitere Mosaiksteinchen zu finden, die ein weitgehend unvollständiges Bild letztendlich zu entschlüsseln helfen.[18] Im Museum der Moderne Salzburg wurden bereits alle Gemälde und ca. die Hälfte der Arbeiten auf Papier einer Rückseitendokumentation unterzogen.

Im Herbst 2002 erfolgte mit der Anschaffung des TMS (The Museum System – eine auf Museumsarchivierung spezialisierte Datenbank) die Verlagerung der Datenerfassung vom EDV-Zentrum des Landes Salzburg in die neue geschaffene Digitalisierungsabteilung des Museum der Moderne Salzburg. Die recherchierten und korrigierten Daten der Inventarisierung, Digitalisierung, Klassifizierung und Provenienzforschung ermöglichen eine detaillierte Dokumentation zu jedem Werk und dessen Herkunftsgeschichte. Diese Daten vermögen Lücken in der Provenienz zu schließen oder zumindest zu verkleinern, was bis dato in zirka zwei Drittel der Fälle gelang. Es wird in einigen Fällen trotz intensivem Forschungsengagement nicht möglich sein, Lücken in der Provenienz vollständig zu schließen, doch auch hier gilt es, eine so genannte Negativdokumentation zu erstellen – wie es in der österreichischen und internationalen Provenienzforschung üblich ist – um damit für nachfolgende Forschungen eine fundierte Basis zu schaffen. All diese Daten werden im geplanten Bestandskatalog zur Grafik bis 1945 publiziert. Ein Großteil der bearbeiteten Fälle (einschließlich der schon im Bestandskatalog *Vom Tafelbild zum Wandobjekt. Zur Sammlungsgeschichte des Museum der Moderne Salzburg* publizierten Werke) muss nach den standardisierten objektbezogenen Kriterien der Kommission für Provenienzforschung als offen bewertet werden. Als offen gelten Werke, die

---

18 PLASSER, Untersuchung und Dokumentation von Gemälderückseiten am Beispiel der Landesgalerie Salzburg; JUFFINGER, PLASSER, Salzburger Landessammlungen 1939–1955, S. 129ff; PLASSER, ROLINEK, Provenienzforschung an Salzburger Museen, S. 30.

nach 1945 in Auktionshäusern, Galerien, Kunsthandlungen oder Antiquariaten erworben wurden und deren VoreigentümerInnen sich nicht mehr eruieren lassen bzw. alle anderen Objekte, deren Eigentums- und Besitzgeschichte in der Zeit von 1938 bis 1945 sich nicht rekonstruieren lässt.[19]

Bisher wurden von der Autorin dieses Beitrags 18 Quartalsberichte zur Provenienzforschung erstellt, in denen detailliert die Forschungen und neuen Ergebnisse dokumentiert sind und die jeweils an die Kulturabteilung des Landes Salzburg, an die Landesamtsdirektion und das Salzburger Landesarchiv gehen. Bis dato wurden vier umfangreiche Dossiers erstellt, von denen sich zwei Dossiers bei der Salzburger Landesregierung zur Entscheidung über die Rückgabe der betroffenen Werke befinden. Bisher gab es aus dem Museum der Moderne Salzburg keine Rückgaben.

Fallbeispiele: Bedenklich, unbedenklich, offen?

Das Gemälde *Litzlberg am Attersee*, auch *Unterach am Attersee* oder *Am Attersee* von Gustav Klimt (1915, Öl auf Leinwand), steht als prominentes Beispiel für ein Kunstwerk, bei dem trotz intensivster Recherchen von verschiedenen Seiten das missing link noch nicht gefunden und eine relativ große Zeitlücke von 1931 bis 1944 noch nicht geschlossen werden konnte.

Gustav Klimt, *Litzlberg am Attersee*, 1915,
Öl auf Leinwand, 110 x 110 cm,
Inv. Nr. BU 3824.
Bis heute konnten trotz aufwändiger
Recherchen die Lücken in der Provenienz nicht
geschlossen werden.

19 Objektbezogene Kriterien der Provenienzforschung, Information von Dr. Oliver Kühschelm im Auftrag der Arbeitsgruppe der Kommission für Provenienzforschung, 22.6.2007.

Das Gemälde stammt aus den Restbeständen der ehemaligen Landesgalerie Salzburg und kam über die Residenzgalerie in das Museum der Moderne Salzburg. Bis 1927 befand sich das Werk im Eigentum von Viktor und Paula Zuckerkandl, Wien und Berlin. Im Frühjahr 1927 starben kurz nacheinander Viktor und Paula Zuckerkandl, worauf das Gemälde in den Nachlass aufgenommen wurde. In der Mappe *Gustav Klimt. Eine Nachlese* von 1931 ist das Werk samt Abbildung nachgewiesen mit dem Vermerk *aus dem Nachlass Dr. Viktor Zuckerkandl.* Friedrich Welz brachte das Gemälde vor/um 1944 gegen Tausch anderer Kunstwerke in die Landesgalerie Salzburg ein, wo es im April 1944 inventarisiert wurde. Nach 1945 galt das Werk als *missing*, die US-Army versuchte vergeblich, den Standort des Klimt-Gemäldes auszuforschen. Erst 1955, nach dem Abzug der US-Truppen, tauchte es wieder auf und wurde in der Residenzgalerie inventarisiert, von wo es in den 1980er Jahren dem Museum der Moderne Salzburg übergeben wurde. Trotz der Recherche in Verlassenschaftsakten der Familie Zuckerkandl, in unzähligen Ausstellungs- und Auktionskatalogen und der Veröffentlichung der Daten im Internet konnte bisher kein Hinweis gefunden werden, wo und wann Friedrich Welz das Gemälde erworben hatte. Aufgrund all dieser Fakten ist das Werk damit weiter als bedenklich zu klassifizieren.[20]

Die Herkunftsgeschichte des Gemäldes *Bauer* von Emil Nolde (1911, Öl auf Leinwand) kann ebenfalls nicht lückenlos dokumentiert werden. Das Kunstwerk wird von einer Berliner Rechtsanwaltskanzlei im Namen der in Großbritannien lebenden Erbin der ehemaligen Eigentümer zurückgefordert. Der *Bauer* befand sich bis 1933 im Eigentum eines Erfurter Schuhfabrikanten (bzw. nach dessen Tod im Eigentum seines Sohnes) gemeinsam mit anderen Werken als Leihgabe im städtischen Museum in Erfurt – dem heutigen Angermuseum. Nach der Machtübernahme der Nationalsozialisten in Deutschland im Jänner 1933 zog die Familie ihre Leihgaben aus diesem Museum ab und transferierte einen Großteil der Sammlung (darunter das Gemälde *Bauer*) in die Schweiz, da sie als Juden Repressalien fürchteten. Im Februar 1935 bat die Familie den Direktor des Kunsthauses Zürich, wo die Sammlung verwahrt wurde, den *Bauer* gemeinsam mit zwei anderen Gemälden an den Kölnischen Kunstverein zu schicken.

20 PLASSER, Untersuchung und Dokumentation von Gemälderückseiten am Beispiel der Landesgalerie Salzburg, S. 262–265; JUFFINGER, PLASSER, Salzburger Landessammlungen 1939–1955, S. 127f.; LOUIS, ROLINEK (Hg.), Vom Tafelbild zum Wandobjekt, S. 98; KOLLER, Das Inventarbuch, S. 274f.; Hubertus CZERNIN, Die Fälschung. Der Fall Bloch-Bauer und das Werk Gustav Klimts, 2 Bde., (= Bibliothek des Raubes, Bd. III) Wien 1999, S. 425f.; Eintrag „Attersee" von Gustav Klimt in der Datenbank zu Werken der ehemaligen Landesgalerie Salzburg auf: http://www.salzburg.gv.at/provenienzforschung-detail.htm?lfd=490 (abgerufen am 17.3.2008).

Dort verliert sich die Spur. Trotz intensiver Recherchen im In- und Ausland gibt es kei-
nen Beleg über den Verkauf des Gemäldes zu dieser Zeit oder einen Hinweis auf den
Verbleib des Gemäldes im Deutschen Reich bzw. über dessen Ausfuhr in ein anderes
Land. Ausgeschlossen werden kann die Rettung des Gemäldes durch die Familie ins
Exil nach Großbritannien. Ausstellungen in den Jahren 1938 und 1944 in London und
Leicester präsentierten alle noch im Eigentum der Emigranten befindlichen und nach
Großbritannien verbrachten Kunstwerke; das Gemälde Bauer von Emil Nolde war
nicht darunter. Erst in den 1970er Jahren tauchte das Gemälde in der Galerie eines
New Yorker Kunsthändlers wieder auf. Ein Wiener Kunstsammler erwarb das Gemäl-
de und schenkte es dem Museum der Moderne Salzburg, wo es 1980 inventarisiert
wurde. Das Dossier zu diesem Fall befindet sich bei der Salzburger Landesregierung;
Juristen prüfen, ob das Gemälde restituiert werden soll oder nicht.[21]

Walter Bondy, Damenporträt, 1916,
Öl auf Leinwand, 99,3 x 78,3 cm,
Inv. Nr. BS 10561.

Eine Anfrage der Anlaufstelle für jüdische NS-Verfolgte in und aus Österreich der Israelitischen Kultusgemeinde Wien im Namen der in Frankreich lebenden Witwe des
Malers Walter Bondy bezieht sich auf das Gemälde Damenporträt von Walter Bondy
(1916, Öl auf Leinwand).
    Bondy ließ 1934 die Sammlung seiner eigenen Werke in Berlin, die von den deut-
schen Nationalsozialisten als „entartet" eingestuft wurden, von Berlin in die Fabrik sei-

---

21 LOUIS, ROLINEK (Hg.), Vom Tafelbild zum Wandobjekt, S. 134.

nes Vaters Otto Bondy nach Wien bringen. Doch ab März 1938 wurden auch in Österreich die Mitglieder der Familie Bondy als Juden verfolgt und enteignet. Die Sammlung der Werke Bondys „verschwand" unter ungeklärten Umständen, einzelne Werke tauchten in den 1980er und 1990er Jahren im österreichischen Kunsthandel wieder auf. 1991 schenkte ein Salzburger Privatsammler das Gemälde dem Museum der Moderne Salzburg. Es ist nach eingehenden Recherchen (auch die Witwe Walter Bondys in Frankreich wurde noch kontaktiert) weder auszuschließen, dass das Damenporträt von Walter Bondy zwischen 1938 und 1945 enteignet worden ist, noch, dass es zu einem früheren Zeitpunkt, also vor 1938, verkauft worden ist.[22]

Das Gemälde *Mädchenbildnis* auch *Halbfigur vor Landschaft*, *Mädchen in Blau* (um 1913, Öl auf Leinwand) von Oskar Kokoschka ist ein Beispiel für die erfolgreiche Suche nach dem missing link.

Oskar Kokoschka, *Mädchenbildnis*,
um 1913, Öl auf Leinwand, 67,7 x 54 cm,
Inv. Nr. BU 1307.
Das Gemälde von Kokoschka wurde 1937
im Zuge der Aktion „Entartete Kunst"
im Lübecker Museum Behnhaus beschlagnahmt.

Auf der Rückseite des Gemäldes ist klar
das Etikett mit der Nummer 14235
erkennbar.

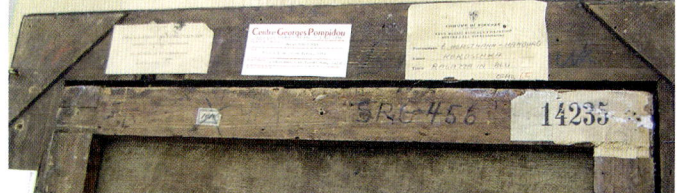

---

22   LOUIS, ROLINEK (Hg.), Vom Tafelbild zum Wandobjekt, S. 31.

Friedrich Welz kaufte das Werk 1975 in einem Schweizer Auktionshaus für die Salzburger Landessammlungen; 1978 wurde es von der Residenzgalerie in das Inventar des Museum der Moderne Salzburg (damals Rupertinum) übernommen. Bei der Recherche zur Provenienz im Zuge der Arbeiten zum Bestandskatalog *Vom Tafelbild zum Wandobjekt* fand sich in der Literatur der Hinweis „1937 beschlagnahmt"[23] ohne detaillierte Angaben. Die Sichtung des Inventarbuchs des Museum der Moderne Salzburg ergab keinen weiteren Hinweis auf die Herkunft. Die Dokumentation der Objektrückseite allerdings erbrachte das erhoffte Ergebnis. Eine auf einem alten, zum Teil abgerissenen Etikett befindliche Beschriftung mit der Nummer 14235 ist ein Beleg für die Beschlagnahmung als „entartete Kunst" im Dritten Reich. In der Dokumentation *,Entartete Kunst'. Ausstellungsstrategien in Nazi-Deutschland* von Christoph Zuschlag (Worms 1995) sind die Inventarnummern jener Werke verzeichnet, die ab 1937 in den betroffenen deutschen Museen als „entartet" beschlagnahmt wurden; im *Lübecker Museum Behnhaus* sind dies u. a. die Inventarnummern 14229–14241. Die weitere Literatursuche im Ausstellungskatalog *„Bildersturm im Behnhaus". Mit einer Dokumentation der 1937 beschlagnahmten Gemälde und Skulpturen* (Lübeck 1988) bestätigte die Angaben in Zuschlags Publikation. Ein weiteres Etikett des Stuttgarter Kunstkabinetts auf der Objektrückseite verwies auf eine Auktion im Jahr 1959, bei der das Gemälde die Katalognummer 439 trug. Auch diese Angaben konnten bestätigt werden. Die lückenlose Klärung der Herkunft bzw. der Eigentumswechsel des Gemäldes führte zur Klassifizierung als bedenklich, ein Dossier für die Salzburger Landesregierung ist in Vorbereitung.[24]

Als weiteres Beispiel für die aktuelle Aufarbeitung der Grafikbestände bis 1945 und die Provenienzrecherchen in diesem Bereich sei das 1923 entstandene Werk *Hochzeitsnacht Stinnes und Scheidemann* (Feder in Tusche und Pinsel auf Papier) von George Grosz genannt, das als Schenkung von Friedrich Welz ins Haus kam. Gemälde, Aquarelle, Zeichnungen und Druckgrafiken von Grosz galten während der Zeit des Nationalsozialismus als „entartet", unzählige Werke wurden in deutschen Museen beschlagnahmt bzw. in Privatsammlungen arisiert. Aufgrund dieser Fakten wurde das Werk zunächst

---

23   Johann WINKLER, Katharina EHRLING, Oskar Kokoschka. Die Gemälde. 1906–1929, Salzburg 1995, S. 55.

24   LOUIS, ROLINEK (Hg.), Vom Tafelbild zum Wandobjekt, S. 101; „Bildersturm im Behnhaus", Mit einer Dokumentation der 1937 beschlagnahmten Gemälde und Skulpturen. Ausst.-Kat. Museum für Kunst- und Kulturgeschichte der Hansestadt Lübeck, Museum Behnhaus, 29. Oktober 1987 bis 14. Februar 1988, Lübeck 1988, o. S., Nr. 13.

als bedenklich klassifiziert, doch mittels der Rückseitendokumentation konnte die Klassifizierung auf unbedenklich geändert werden. Warum? Auf der Rückseite des Blattes befindet sich links unten ein Nachlassstempel mit der Bezeichnung „George Grosz Nachlass". Da Grosz erst 1959 starb und sich das Blatt in seinem Nachlass befand, ist ein bedenklicher Wechsel der Besitz-/Eigentumsverhältnisse zwischen 1938 (bzw. 1933 in Deutschland) und 1945 auszuschließen.[25]

Zukunftsmusik: Offene Fragen und Ausblick

Die Herausgabe der Publikation mit allen Daten und Informationen zu den einzelnen Werken des Bestands Grafik bis 1945 im Museum der Moderne Salzburg bildet den Abschluss der Arbeiten an diesem Projekt Ende 2009. Es gibt bereits erste Überlegungen zur weiteren Bearbeitung der Bestände, jedoch muss vorab das Grundsatzproblem der Finanzierung dieser zeit- und arbeitsintensiven Forschungen gelöst werden. Unabhängig davon ist die Verbreitung der Informationen zu den bisherigen Forschungen mittels der Veröffentlichung aller Daten im Internet angepeilt; im Zuge der Neugestaltung der Website des Museum der Moderne Salzburg in den nächsten Monaten ist dieser Punkt bereits fix eingeplant. Einerseits sind dann Beiträge zur Provenienzforschung und Bestandskataloge als PDF-Dateien abrufbar, andererseits soll die Museumsdatenbank TMS auch online benützbar sein. Mit der Veröffentlichung von Informationen im Internet hofft das Museum, noch weitere Informationen und Mosaiksteinchen zu erhalten, die möglicherweise bisher offene Fälle lösen helfen.

Andere Salzburger Museen betrieben und betreiben ebenfalls Provenienzforschung im Rahmen der Bestandsbearbeitung oder bei der Erstellung von Bestandskatalogen und Sammlungsgeschichten. Das Salzburg Museum hatte bereits nach dem Ende des Dritten Reichs in Zusammenarbeit mit der US-Army entzogene Objekte restituiert, vor allem die so genannten Führerspenden (beschlagnahmte Kunstwerke, die durch eine Verfügung von Adolf Hitler an die Museen der „Ostmark" verteilt wurden). Ab den 1980er und 1990er Jahren erfolgten objektbezogene Recherchen durch die Kustoden, die aktuell vom Leiter der Museumsbibliothek Gerhard Plasser fortgesetzt werden.[26]

---

25 Liste der Schenkungen von Friedrich Welz, Geschäftsakt 2579, MdM Salzburg; Kunst des 20. Jahrhunderts. Gemälde, Aquarelle, Zeichnungen, Druckgraphik, Ausst.-Kat. Galerie Welz, 25. Juli – 5. September 1973, Salzburg 1973, Kat. Nr. 22 mit Abb. auf S. 13.

26 Auskunft von Dr. Gerhard Plasser, Salzburg Museum, 30.3.2008.

Die Residenzgalerie Salzburg führte schon in den 1980er Jahren Recherchen zu einzelnen Werken und für die Publikation *Sammlungsgeschichte der Residenzgalerie Salzburg 1923 bis 1938* (Salzburg 1998) durch. Die Forschungsarbeiten sind nun mit der Publikation *Salzburger Landessammlungen 1939–1955* (Salzburg 2007) abgeschlossen.[27]

Eine themenzentrierte Forschung, über die Werke und Bestände einzelner Museen hinausgehend, findet in verschiedenen Bereichen statt. So recherchiert der Historiker Oskar Dohle zur Geschichte von Schloss Mittersill während der NS-Zeit, das ein Nebenlager von Mauthausen war, in dem KZ-Häftlinge arbeiten mussten, und das darüber hinaus die Tibetschau des SS-Ahnenerbes beherbergte, die 1943 im Haus der Natur in Salzburg präsentiert wurde. Robert Hoffmann, Historiker an der Universität Salzburg verfasste ein Gutachten zur Rolle des langjährigen Direktors des Hauses der Natur, Eduard Paul Tratz. Das Haus der Natur plant in den nächsten Jahren eine grundlegende Aufarbeitung der Museums- und Bestandgeschichte.[28]

Neben den aktuellen objektzentrierten Recherchen in verschiedenen Museen wäre es wünschenswert, andere Museumstypen wie natur- und volkskundliche Museen ebenfalls in die Provenienzforschung mit einzubeziehen. Auch themenzentrierte Forschungen sollten vorangetrieben werden. So gibt es bis dato immer noch wenig Wissen über die Depots für NS-Raubkunst in Schloss Mittersill und Schloss Fischhorn, über die Kunstsammlungen von hochrangigen NS-Funktionären in Salzburg, über die Tätigkeiten der Kunsthändler und Galerien in Salzburg während der NS-Zeit und die Aktivitäten der US-Army nach 1945 in Bezug auf Restitutionen. Darüber hinaus wäre eine systematische Durchforstung der einzelnen Bestände aller Museen, Landes- und Kommunalmuseen die Idealvorstellung aller in diesem Bereich Tätigen, doch der enorme Arbeits-, Zeit- und Kostenaufwand ist schwer zu bewältigen. Dennoch darf dieses Problem nicht als Argument gegen die Provenienzforschung angeführt werden.

---

27 Auskunft von Dr. Roswitha Juffinger, Residenzgalerie Salzburg, 22.4.2008.
28 http://homepage.univie.ac.at/gottfried.fliedl/mouseion/hausdernatur.html (abgerufen am 29.5.2008). Auskunft von Dr. Oskar Dohle, Salzburger Landesarchiv, 28.3.3008. Auskunft von Dr. Fritz Koller, Salzburger Landesarchiv, 12.3.2008. Auskunft von Dr. Robert Hoffmann, 6.5.2008. Zum Haus der Natur vgl. auch Gottfried FLIEDL, Die negative Utopie des Museums. Museums- und Ausstellungspolitik in der NS-Zeit 1933–1945, in: ANDERL, CARUSO (Hg.), NS-Kunstraub in Österreich und die Folgen, S. 42–58, hier S. 46–48.

„... versäumt die Steiermark nie wiederkehrende Gelegenheiten ..."[1] – Provenienzforschung und Restitution im Steiermärkischen Landesmuseum Joanneum seit 1998

Karin Leitner-Ruhe

Das Landesmuseum Joanneum seit seiner Gründung

Das Landesmuseum Joanneum wurde am 26. November 1811 durch Erzherzog Johann mit den wissenschaftlichen Schwerpunkten Naturwissenschaften und Landesgeschichte gegründet. Die bildende Kunst war am Anfang des Museums noch kein eigener Sammlungsbereich und erfuhr erst mit dem Maler und Direktor der Steirisch Ständischen Zeichnungsakademie Josef August Stark (1782–1838) einen Aufschwung. Zahlreiche namhafte Mäzene, vor allem aus dem 19. Jahrhundert (Ignaz Maria Graf von Attems, Joseph Ritter von Heintl, Julie von Benedek u. a.), erweiterten den Bestand der Gemälde- und Skulpturensammlung, der so genannten Landesbildergalerie, sodass ein eigenes Haus in der Neutorgasse 45 errichtet und 1895 (gemeinsam mit der Kulturhistorischen Sammlung) bezogen werden musste. 1941 war die Sammlung bereits wieder so gewachsen, dass man sich zu einer Trennung der Abteilung in eine Alte und eine Neue Galerie entschloss. Der zeitliche Schnitt wurde mit 1800 gezogen und alle Objekte, die nach dieser Jahrhundertwende entstanden waren, wurden in das Palais Herberstein in die Sackstraße verbracht. Parallel zu den Kunstsammlungen wuchsen die naturwissenschaftlichen und landesgeschichtlichen Abteilungen stetig an, sodass das Museum heute über 17 Sammlungsabteilungen mit insgesamt ca. 4,5 Millionen Exponaten in mehr als zehn Gebäuden verfügt.

Die Organisationsstruktur des Joanneum und die Namen der einzelnen Abteilungen wechselten seit seiner Gründung und vor allem zwischen 1938 und 1945 häufig. Der Museumsdirektor Wilfried Teppner wurde 1938 zum Sekretär zurückgestuft und vor März 1940 (genaues Datum nicht bekannt) wieder zum Direktor ernannt. Die vorgesetzte Behörde des Museums war die Unterabteilung II d des Reichsstatthalters für Steiermark. Nach 1945 war es die Abteilung 6 der Steiermärkischen Landesregierung.

---

1 Schreiben von Hans Riehl an die Unterabteilung II d, die die Verteilung der Kredite, hier speziell des so genannten Judenkredits, über hatte. StLA, Neuaktenabteilung, L.Reg. 370/H 33/1942, Zl. 328-1942.

Die wichtigsten Personen, die mit Erwerbungen im Kunstbereich während des Nationalsozialismus und mit Rückstellungen in der Nachkriegszeit verbunden sind, sind Karl Garzarolli-Thurnlackh, Leo Bokh und Hans Riehl für die Kunstabteilungen, sowie Georg Wolfbauer, Otto Weinlich, Otto Reicher und Gertrude Smola für die Kulturhistorische Sammlung.

Karl Garzarolli-Thurnlackh leitete die Landesbildergalerie seit 1923. Von März 1939 bis Ende Februar 1940 war er aus politischen Gründen[2] suspendiert, ab 1941 war er Leiter der Alten Galerie, 1945/46 auch der Kulturhistorischen Sammlung. 1946 übernahm er die Leitung der Albertina in Wien und ein Jahr später jene der Österreichischen Galerie Belvedere.[3] Leo Bokh war seit ca. 1940 Mitarbeiter Garzarollis an der Landesbildergalerie. Sein kunsthistorischer Schwerpunkt lag auf der Barockgalerie. 1946 folgte er Garzarolli als Leiter der Alten Galerie und war mit den Rückstellungen betraut. Hans Riehl wurde am 20. Mai 1939 für kunstwissenschaftliche und kunstpflegerische Arbeiten in der Landesbildergalerie angestellt. Er setzte sich bald nach Beginn seiner Tätigkeit für die Trennung der Abteilung in eine Alte und eine Neue Galerie ein – diese wurde schließlich 1941 verwirklicht. Riehl übernahm die Leitung der Neuen Galerie und bekleidete das Amt bis zu seiner Pensionierung Ende 1956.

Georg Wolfbauer war seit 1925 in der Kulturhistorischen Sammlung tätig. Von 1935 bis 1945 hatte er die Leitung dieser Abteilung und seit 1938 auch die Leitung des Landeszeughauses inne. Außerdem war Wolfbauer Dozent für Kunstgeschichte an der Grazer Universität und Lehrbeauftragter an der Musikhochschule in Graz. Er verrichtete Kriegsdienst und erlitt eine schwere Verwundung am Bein. Seine Vertretung über-

---

2 Schreiben vom Sekretär des Landesmuseums Joanneum, Wilfried Teppner, an die Abteilung 11 der Landeshauptmannschaft Steiermark am 28.3.1939. StLA, Neuaktenabteilung L.Reg. 370 G 18/1942, Personalakt Garzarolli: „Die Entlassung erfolgte auf Grund des § 4, Abs. 1, der Verordnung zur Neuordnung des österreichischen Berufsbeamtentums vom 31. Mai 1938, RGBl. I S. 607." – Im genannten Personalakt liegt ein Zettel ein, der besagt: „Der Vorakt wurde wie alle übrigen Personal- und Beiakten am 4. oder 5. April 1945 über Auftrag des damaligen Reichsstatthalters verbrannt. Graz, den 1. Juni 1945." Abschrift einer Zeugenaussage von Garzarolli-Thurnlakh, von der Rechtsanwaltskanzlei Dr. Heinrich Mitter, Graz, an das Amt der Steiermärkischen Landesregierung, Abteilung 6, am 15.2.1951 übermittelt: „Ich war von Ende März 1939 bis Anfang März 194[ ] nach § 4 Abs 1 des Beamtenreinigungsgesetzes fristlos aus dem Dienst entlassen gewesen, da man mir zum Vorwurf machte, aus Anlass der Beschlagnahme des Admonter Gutsbesitzes nicht [sic!] dem Abte gegen den Staat kosperiert [sic!] zu haben. Ich habe damals mit dem Landeskonservator lediglich ein Protokoll über die Unzukömmlichkeit, die ich in Admont von Seiten der NS Verwaltung vorfand, abgefasst und eine Abschrift dieses Protokolles gleichfalls mit Zustimmung des Landeskonservators dem Abt übergeben, damit er sich und sein Kloster vor weiterer Schädigung durch Einspruch gegen diese Zustände bewahren könne. Das wurde mir als Staatsverrat ausgelegt." StLA, Neuaktenabteilung L.Reg. 371/I/P1/1947, Rückforderung der Pölser Madonna vom Pfarrer.

3 Kurt WOISETSCHLÄGER, Karl Garzarolli-Thurnlackh zum Gedenken, in: Jahresbericht 1993, Steiermärkisches Landesmuseum Joanneum (Hg.), Neue Folge 23, Graz 1994, S. 125–130.

nahm provisorisch Otto Weinlich, der seit 1904 in der Kulturhistorischen Sammlung arbeitete. Er war zwar 1938 altersbedingt pensioniert worden, unterstützte jedoch die Abteilung weiterhin aktiv mit seiner Erfahrung und seinen Kenntnissen. Otto Reicher war seit 1943 als Assistent in der Kulturhistorischen Sammlung tätig und übernahm 1946 bis zu seiner Pensionierung 1954 die Leitung derselben. Gertrude Smola war seit 1940 in der Kulturhistorischen Sammlung tätig, und von 1955 bis 1980 Leiterin derselben. Otto Reicher und Gertrude Smola waren vor allem für die Neuordnung und Neuaufstellung der Sammlung und die Rückstellungsangelegenheiten zuständig.[4]

Von Seiten des Budgets wurde für die besondere Situation der Kriegszeit ein jährlich wiederkehrender Kredit beim Gau Steiermark eingerichtet, der sich abgekürzt „Judenkredit" nannte. Dieser sollte „sich auf die Aktion der Verwertung des beschlagnahmten jüdischen Kunstbesitzes"[5] beschränken. Garzarolli bekam jedoch vom Reichsstatthalter der Steiermark die offizielle Erlaubnis „den vorgesehenen Betrag […] nicht nur zur Erwerbung eines jüdischen Kunstbesitzes, sondern [auch] zum Ankauf von mittelalterlichen Plastiken zu verwenden."[6] Auch Riehl erwarb mit dem „Judenkredit" nachweislich Werke aus nicht jüdischem Eigentum. Ein Ankauf über diesen Budgetposten hat daher keine eindeutige Beweiskraft für den Erwerb aus einer beschlagnahmten jüdischen Sammlung.

Provenienzforschung im Landesmuseum Joanneum seit 1998

Als erstes Landesmuseum richtete das Joanneum aus eigenem Interesse Anfang April 1998 einen Arbeitskreis mit dem Titel „Erwerbungen und Rückstellungen aus Jüdischem Besitz 1938–1955", bestehend aus MitarbeiterInnen des Hauses, ein. Seine Auf-

---

4   Vgl. Festschrift 150 Jahre Joanneum 1811–1961, (= Joannea, Bd. II), Graz 1969; Thomas ARLT, Gudrun DANZER, Monika JÄGER, Karin LEITNER, Historische Einleitung, in: Thomas ARLT, Gudrun DANZER, Monika JÄGER, Barbara KLINKOSCH, Karin LEITNER, Forschungsbericht des Arbeitskreises Erwerbungen und Rückstellungen aus jüdischem Besitz 1938–1955, Graz 1999, unpubliziert. – Eine genaue Aufarbeitung des Personals und der verschiedenen Abteilungen erfolgt zurzeit von MMag. Sandra Brugger im Rahmen ihrer Dissertation, Das Joanneum während der NS-Zeit, an der Karl Franzens-Universität in Graz.

5   Abschrift eines Schreibens der Unterabteilung II d an die Vorstände der Abteilungen Alte Galerie, Neue Galerie und Kunstgewerbe vom 4.6.1941 – StLA, Neuaktenabteilung, L.Reg. 371/I/A5/1941.

6   Schreiben vom 25.11.1941 des Reichsstatthalters in der Steiermark (gezeichnet im Auftrag: Dr. Pagl, beglaubigt von Gödel) – offensichtlich handelt es sich um die Gaukämmerei – der Unterabteilung II d (Zl. Gk I – 21 A 4/5-41) – StLA, Neuaktenabteilung, L.Reg. 371/I/A5/1941.

gabe bestand darin, das Aktenmaterial der NS- und Nachkriegszeit in Bezug auf bedenkliche Erwerbungen von Sammlungsobjekten zu sichten und auszuwerten.[7] Leiter des Arbeitskreises war Univ. Prof. Dr. Gottfried Biedermann. Da kein einheitliches Museumsarchiv existiert und nur Teile des alten Schriftverkehrs im Steiermärkischen Landesarchiv abgegeben wurden, verfügt nahezu jede Abteilung über ein eigenes Archiv. So oblag bzw. obliegt es den einzelnen Abteilungen zu recherchieren, wozu vorerst einmal die Kunstabteilungen aufgerufen waren: ab 1998 waren die Zuständigen Dr. Monika Jäger (heute: Dr. Monika Binder-Krieglstein) für die Kulturhistorische Sammlung, Dr. Gudrun Danzer für die Neue Galerie und die Autorin für die Alte Galerie. Mir oblag auch die erste Durchsicht des Archivs im Bundesdenkmalamt in Wien. Gleich wie beim Schriftverkehr verhält es sich mit den Inventarbüchern. Es gibt kein Hauptinventar, sondern jede Abteilung verwaltet ihre eigenen Inventareintragungen. Bis in die 50er Jahre des 20. Jahrhunderts waren dies in den Kunstabteilungen vielfach einfache „Schulhefte", deren Einträge wiederholt durch Überklebungen und Überstreichungen manipuliert worden waren, oder Karteikarten aus festem Karton.

Für den ersten Zugang waren alte Inventarbücher (leider nicht immer vorhanden und in den wenigsten Fällen datiert), alte Ausstellungs- und Sammlungskataloge, die abteilungseigenen Archive sowie das Archiv des Bundesdenkmalamtes von Bedeutung. Der Arbeitskreis konzentrierte sich zuerst auf die Erwerbungen während der NS-Zeit bzw. den Umgang mit Objekten aus bekannten Sammlungen in der Nachkriegszeit wie z. B. die erpressten Widmungen der Familie Rothschild.

Zum Stiftungstag des Museums im November 1998 wurde der Direktion vom Arbeitskreis ein Zwischenbericht vorgelegt. Zu diesem Zeitpunkt war jedoch erst eine grobe Durchsicht verschiedener Materialien möglich gewesen. Mittels Archivalien und Gesprächen mit Wiener MuseumskollegInnen und den MitarbeiterInnen des Archivs des Bundesdenkmalamtes bzw. der Kommission für Provenienzforschung konnten einige im Inventar wohl angeführte, bis dato aber nicht hinterfragte VoreigentümerInnen von im Museum verwahrten Objekten als heute rechtmäßige EigentümerInnen identifiziert werden. Im Vergleich von alten und neuen Inventarbüchern wurden oft Zusammenhänge aber auch Widersprüche gefunden. Im Idealfall waren für die Zeit des

---

7 Nach einem Rundschreiben an die 17 Sammlungsabteilungen des Landesmuseums Joanneum kristallisierten sich nach deren Antworten vorerst drei Abteilungen heraus, die im Eigentum von Gut bedenklicher Herkunft sind: Alte Galerie, Neue Galerie und die Kulturhistorische Sammlung. Später sollte sich herausstellen, dass auch andere Abteilungen von der Thematik betroffen sind. Das Ausmaß der Problematik von bedenklichen Provenienzen wurde zu diesem Zeitpunkt noch unterschätzt.

Nationalsozialismus und die Nachkriegszeit Übernahme- und Rückgabebestätigungen erhalten. Oft erschwert aber die Wissenschaft selbst die lückenlose Provenienzrecherche durch Neuzuschreibungen oder Datierungsänderungen, sodass sich Nennungen von Objekten nicht decken. Es wurde jedoch bald ersichtlich, dass nur eine intensive Archivrecherche in verschiedenen Institutionen und der offene Austausch von Museums- und ArchivkollegInnen weitere Detailfragen beantworten wird können.

In Reaktion auf den Zwischenbericht wurde der Arbeitskreis 1999 von der Steiermärkischen Landesregierung mit der Vorlage eines Endberichtes binnen sechs Monaten beauftragt.

Nach einer personellen Aufstockung für ein halbes Jahr mit Mag. Barbara Klinkosch und Thomas Arlt[8] konnte am Ende des Jahres 1999 von den Beteiligten des Arbeitskreises ein Forschungsbericht im Umfang von ca. 400 Seiten mit insgesamt 66 einzelnen Dossiers (Alte Galerie: 18, Neue Galerie: 32, Kulturhistorische Sammlungen: 16) vorgelegt werden.[9] Die Einzeldossiers waren in folgende Kategorien unterteilt: „Eindeutig bedenkliche Erwerbungen – heute noch im Inventar des Museums", „Eindeutig bedenkliche Erwerbungen – teilweise restituiert und teilweise nicht zu klären", „Eindeutig bedenkliche Erwerbungen – vollkommen restituiert", „Möglicherweise bedenkliche Erwerbungen" und „Erwerbungswünsche – nicht im Landesmuseum Joanneum eingetroffen".

Neben bekannten Namen wie den Familien Rothschild, Gutmann und Bondy werden in diesem Bericht auch anonyme Erwerbungen über den Kunsthandel, die Auktionshäuser und staatliche Organisationen (Gestapo, Vugesta) aufgezählt. Es wurden jedoch vorerst die Erwerbungen in der Zeit von 1938 bis 1945 sowie die Rückgaben während der Nachkriegszeit erfasst. Einzelne Recherchen zu Erwerbungen nach dem Krieg erfolgten erst später. Nach der Fertigstellung des Berichtes wurde der MitarbeiterInnenstab leider wieder auf das davor zuständige Museumspersonal reduziert.

Der 1999 vorgelegte Bericht stellte die Grundlage für das folgende Landesverfassungsgesetz und die ersten Rückgaben dar. Am 14. März 2000 beschloss der Steiermärkische Landtag das Landesverfassungsgesetz[10] zur Rückgabe fraglicher Erwerbun-

---

8 Mag. Barbara Klinkosch hatte gerade ihre Diplomarbeit über die Entstehung der Neuen Galerie abgeschlossen, und Thomas Arlt, Student der Kunstgeschichte, war bereits als langjähriger Mitarbeiter im Aufsichts- und Führungsdienst sowie als Lektor für Kataloge im Landesmuseum Joanneum tätig.

9 ARLT, DANZER, JÄGER, Forschungsbericht, 1999. Siehe dazu den Artikel von Gudrun DANZER, Monika JÄGER, Karin LEITNER: Erwerbungen und Rückstellungen aus jüdischem Besitz 1938–1955, in: Joanneum aktuell, Graz 1/2000, S. 6f.

10 „Die Landesregierung wird beauftragt und ermächtigt, die im Eigentum des Landes Steiermark befindlichen

gen aus während der NS-Zeit entzogenem Eigentum und forderte neben den Recherchen in den Archiven und dem Museum auch die Erbensuche. Wenn auch nicht direkt
angeführt, so steckt diese Anordnung doch sinngemäß im Gesetzestext.

Die erste Rückgabe nach oben genanntem Gesetz erfolgte noch im selben Monat,
am 31. März 2000, an die ErbInnen nach Alphons Rothschild. Unter den sechs restituierten Objekten befanden sich drei so genannte erpresste Widmungen.

Gnadenpfennig Erzherzog Karl II.,
am 31. März 2000 an die ErbInnen
nach Alphonse Rothschild rückgestellt,
2003 über den Kunstmarkt für die
Münzensammlung am Landesmuseum Joanneum
angekauft.

Zu einigen mit bedenklichen Provenienzen erworbenen Objekten konnten die Namen
der früheren EigentümerInnen ermittelt werden und die Suche nach den ErbInnen in
Auftrag gegeben werden. Dafür war bzw. ist vor allem die Anlaufstelle der Israelitischen
Kultusgemeinde in Wien sehr hilfreich. In zwei Fällen konnte das Landesmuseum Joanneum die ErbInnen selbst finden (siehe unten).

Kunstgegenstände und Kulturgüter, die während der Zeit der nationalsozialistischen Gewaltherrschaft ihren
Eigentümern entzogen worden sind, Anspruchsberechtigten unentgeltlich zu übereignen oder für den Fall,
dass Anspruchsberechtigte nicht gefunden werden können, einer Verwertung zuzuführen, deren Erlös
Opfern des Nationalsozialismus bzw. entsprechenden Organisationen zukommen soll." – Landesgesetzblatt,
Jg. 2000, 17. Stück, 46. Landesverfassungsgesetz vom 14. März über die Rückgabe oder Verwertung von
Kunstgegenständen und Kulturgütern, die während der nationalsozialistischen Gewaltherrschaft ihren
Eigentümern entzogen worden sind.

Bei 54 zu diesem Zeitpunkt bekannten, eindeutig bedenklichen Objekten war jedoch die Verknüpfung mit dem Namen der früheren EigentümerInnen vorerst nicht möglich. Daher entschloss sich das Landesmuseum Joanneum mit März 2001 als eines der ersten Museen Österreichs – die Residenzgalerie Salzburg hatte zuvor ihr Inventarbuch ins Netz gestellt – zu einer eigenen Restitutionsseite auf der Museumshomepage (www.museum-joanneum.at). Pro Objekt wurden bzw. werden die hausinternen Recherchen vorgestellt, und mit gezielten Fragen zum Beispiel zu Namen wird um Mithilfe bei den Nachforschungen gebeten. Zwei große europäische Datenbanken wurden auf unsere Homepage aufmerksam: So erfolgte bereits im August 2001 eine Kooperation mit der Koordinierungsstelle für Kulturgutverluste in Magdeburg (www.lostart.de) und kurz darauf mit der Organisation The Central Registry of Information on Looted Cultural Property 1933–1945 in London (www.lootedart.com) und es kam zur Datenübernahme, um einen noch größeren Interessentenkreis zu erreichen.[11]

Die Recherchen des Arbeitskreises zeigten die Notwendigkeit der Einrichtung einer zentralen Stelle für Fragen der Restitution und Provenienzforschung in unserem Hause. Im März 2003 wurde in der Landesmuseum Joanneum GmbH unter der Abteilung Museumsdienste (jetzt Museumsservice) eine eigene Stelle für Restitution und Provenienzforschung installiert und mit einem Beschäftigungsausmaß von 50% mit der Autorin besetzt. Die Aufgaben dieser Stelle sind die Fortführung der Forschungsarbeiten in landesinternen (Steiermärkisches Landesarchiv) und externen Archiven (z. B. Archiv des Bundesdenkmalamts, Österreichisches Staatsarchiv/Archiv der Republik, verschiedene Museumsarchive), Ergänzungsarbeiten zum bestehenden Forschungsbericht aus dem Jahre 1999 und das Verfassen von Dossiers zu einzelnen Problemfällen. Letztere bilden die Grundlage für die Entscheidung über die Rückgabe einzelner Objekte aus den Sammlungen des Joanneum durch die Kulturabteilung des Landes, die mit einem juristischen Gutachten sowohl zum Fall als auch zur Erbnachfolge den Auftrag zur Rückgabe an die Museums-GmbH weiterleitet. Weiters obliegt der Stelle die Koordination der Recherchearbeiten in den einzelnen Sammlungen des Joanneum sowie die organisatorische Abwicklung der Rückgaben. Die Übergabe selbst erfolgt durch die jeweilige Abteilung.

---

11 Vgl. Karin LEITNER, The Restitution Homepage of the Landesmuseum Joanneum and a cooperation project, in: Spoils of War. Special Edition Magdeburg Conference 2001, Magdeburg 2002, S. 54–56. – Zurzeit wird ein Kooperationsvertrag mit dem Österreichischen Nationalfonds erstellt, um eine Datenübernahme auf deren Kunstdatenbank http://www.kunstrestitution.at zu ermöglichen.

Neben den vom Museum selbst aufgeworfenen Problemfällen erreichen das Landesmuseum Joanneum außerdem immer wieder Anfragen von der Kommission für Provenienzforschung in Wien, mit der Bitte bei den Recherchen mitzuwirken. Dabei müssen häufig seitenlange Listen mit Objekten, die aus beschlagnahmtem Gut über den
Handel ins Museum gelangt sein könnten, überprüft werden. Probleme bereiten hier
vielfach unvollständige Angaben, die eine eindeutige Identifizierung einzelner Werke
unmöglich machen. Die diesbezüglichen Anfragen sowie die Ergebnisse der Recherche
im Haus werden in den jeweiligen Jahresberichten des Landesmuseums Joanneum vorgestellt.

Rückgabe seit 1998

Die ersten Rückgabefälle, die seit der Gründung des Arbeitskreises und Inkrafttreten
des Gesetzes behandelt wurden, konnten verhältnismäßig leicht erforscht und abgeschlossen werden: Die großen Wiener Sammlungen wie die der Familie Rothschild
waren bereits vor den Übernahmen in die Museen gut dokumentiert. Nun gilt es, den
Provenienzen jener Stücke nachzugehen, die aus dem Eigentum von Personen stammen, deren Namen oft unbekannt sind und die nur wenige Sammlungsobjekte besa-
ßen. Auch ihnen oder ihren ErbInnen muss ihr rechtmäßiges Eigentum zurückgestellt
werden. Die Forschungen hierzu gestalten sich aufgrund fehlender Dokumente und
Unterlagen oft schwierig, sodass die Zahl der erfolgreich abgeschlossenen Fälle in der
letzten Zeit trotz Weiterführung der Recherchen rückläufig ist. Die anfangs auf Restitutionsfälle konzentrierte Arbeit ging im Laufe der Zeit zu einer Überprüfung der Herkunft aller Objekte im Joanneum über.

Der gute Wille zu einer raschen Abwicklung einer Rückgabe scheitert oft an der komplizierten Erbfolge, die durch aufwendige Rechtsgutachten geklärt werden muss. Heute
handelt es sich bei den ErbInnen mehrfach bereits um die dritte Generation nach den
EigentümerInnen bis 1938, deren Eigentum entzogen wurde. Viele von ihnen leben
außerhalb von Österreich, teilweise verstreut auf verschiedenen Kontinenten. Eine
große Hilfe zur Erforschung der Erbfolge stellt einerseits die Anlaufstelle der Israelitischen Kultusgemeinde Wien dar (www.restitution.or.at), andererseits der Nationalfonds
der Republik Österreich für Opfer des Nationalsozialismus (www.nationalfonds.parla-
ment.gv.at).

Seit 1998 wurden insgesamt 26 Werke aus den Sammlungen des Joanneum (Gemälde, Kunstgewerbliche Objekte und Münzen) an elf ErbInnen und VertreterInnen von ErbInnen ausgehändigt. Die genaue, nach jeder Rückerstattung aktualisierte Liste ist unter www.museum-joanneum.at unter der Rubrik Restitution nachzulesen. Die Liste von 54 Objekten ohne Zuweisung zu früheren EigentümerInnen konnte aufgrund eigener Recherchen bis dato auf 49 reduziert werden.

Im Laufe der Zeit wurde ein Netzwerk aufgebaut, das aus KollegInnen von Bundes- und Landesmuseen bzw. verschiedenen Kulturinstitutionen besteht: HistorikerInnen, KunsthistorikerInnen und JuristInnen. Besonders wichtig ist innerhalb von Österreich der regelmäßige (und unkomplizierte) Kontakt zur Kommission für Provenienzforschung in Wien. Die VertreterInnen der Landesmuseen nahmen bisher bei je zwei Sitzungen der Kommission im Jahr teil – eine wichtige Maßnahme, nahm doch der Kreis der MitarbeiterInnen in der Provenienzforschung in den letzten Jahren stetig zu. Ebenso große Bedeutung haben die zweimal im Jahr stattfindenden Arbeitskreissitzungen der deutschen ProvenienzforscherInnen mit VertreterInnen aus Österreich und Deutschland sowie aus Museen, Auktionshäusern und freien MitarbeiterInnen. Bei diesen Sitzungen werden einzelne Fälle, methodische Ansätze und allgemeine Probleme besprochen.

In zwei Fällen gelang es dem Landesmuseum Joanneum selbst ErbInnen zu finden. Es sind dies auch zwei spezifische Vorfälle, die sich in der Steiermark bzw. dem damaligen Gau ereignet hatten.

Enteignung jüdischer Haushalte in Güssing – Aladar Latzer

Im Sommer 1938 wurden zahlreiche jüdische Haushalte in Güssing arisiert und Kunstwerke beschlagnahmt. Friedrich Pock von der Landesbibliothek in Graz nahm unter anderem diesen Bestand von Kunstschätzen in Güssing auf.[12] Das Südburgenland gehörte in der NS-Zeit zum Gau Steiermark. Die Zuteilung von Gemälden und Graphiken erfolgte laut einem Schreiben von Garzarolli über das Institut für Denkmalpflege in Wien.[13] Eine Übernahmeliste vom 24. Oktober 1940 zählt 14 Gemälde, zwei

---

12 Friedrich Pock von der Landesbibliothek in Graz berichtet am 12.1.1939 (o. Zl.) über die Aufnahme von Kunstschätzen in Güssing – StLA, Neuaktenabteilung, L.Reg. 372/IV/K 7/1941.

13 Garzarolli in einem Brief an das Institut für Denkmalpflege in Wien am 23.9.1940 – Archiv Alte Galerie, Akte Diverser jüdischer Kunstbesitz, Zl. A./156/1940.

Zeichnungen und eine Nadelmalerei auf, die auf diesem Wege in das Landesmuseum Joanneum gelangten.

Wilhelm Mende, *Bosnischer Türke*,
Neue Galerie am Landesmuseum Joanneum,
Inv.-Nr. I/1990, aus einem enteigneten
jüdischen Haushalt in Güssing 1940
an das Joanneum übergeben –
Eigentümer bisher nicht geklärt.

Aufgrund einer vom Gendarmeriepostenkommando Güssing am 26. Juli 1938 aufge-nommenen Liste konnte u. a. für drei Bilder und eine Graphik der Name des Eigen-tümers eruiert werden: Aladar Latzer.[14] Die Familie Latzer war seit beinahe 200 Jahren in Güssing ansässig. Aladar Latzer betrieb einen gut gehenden Gemischtwarenhandel und besaß ein eigenes Haus im Ort. Die Tochter Alicia Latzer beschreibt heute in Inter-views eindringlich die Arisierung des Hauses 1938 durch die Gestapo, aber auch durch Güssinger Bürger. Im September 1938 konnte die vierköpfige Familie über Wien und Triest nach Argentinien fliehen.[15]

Eine Zuweisung der Bilder nach oben genannter Liste wurde durch allgemeine Angaben wie „Anonymer Künstler, Männerbildnis" erschwert. Dennoch gelang durch die hausinterne Recherche eine Eingrenzung der möglichen Objekte und mit Hilfe der ErbInnen eine letztendliche Identifizierung. Das Gemälde *Österreichisch, 18. Jh., Brust-*

---

14 „Verzeichnis über die bei hiesigen Juden beschlagnahmten Kunstwerke (Bilder)", aufgelistet vom Gendar-meriepostenkommando Güssing am 26.7.1938 – StLA, Neuaktenabteilung, L.Reg. 373/Be/13/1938.
15 Vgl. Gert TSCHÖGL, Barbara TOBLER, Alfred LANG (Hg.), Vertrieben. Erinnerungen burgenländischer Juden und Jüdinnen, Wien 2004, S. 225–244.

bild der Prinzessin Rohan, Öl/Lwd., 77 x 62,5 cm, alte Inv.-Nr. 1991 wurde am 11. August 2000 zurückgegeben. Das Bild *Englischer Kopist des 19. Jh.s, Idealbrustbild William Shakespeare's, Öl/Lwd., 76,3 x 63 cm, alte Inv.-Nr. 1979* wurde von den ErbInnen als früheres Eigentum der Familie wiedererkannt und am 13. Juni 2001 an diese übersandt.

1985 hatte die Neue Galerie neun Bilder an das Burgenländische Landesmuseum abgetreten, die ihr im Zuge der Angliederung des Burgenlandes an die Steiermark in der Zeit des NS-Regimes übergeben worden waren. Darunter auch das aus dem Eigentum von Aladar Latzer stammende Ölbild *L. M. Burger, Obststillleben*, welches nach einer Anfrage von Graz aus nach längerer Recherche in Eisenstadt im Herbst 2004 an die ErbInnen übersendet werden konnte. Ein Objekt aus dem Haushalt der Familie Latzer bleibt vorerst ein Rätsel: *Albin Egger-Lienz, Mädchen* wird auf den genannten Listen einmal als Kohle-, ein anderes Mal als Kreidezeichnung und ein weiteres Mal als Radierung bezeichnet. Einmal wird sogar eine Größe des Objekts von einem Meter angegeben. Bei der Teilung der Landesbildergalerie 1941 in Alte und Neue Galerie wurde auch die genannte Graphik laut einer Liste am 11. Oktober 1941 der Neuen Galerie übergeben. Das Kunstwerk wurde jedoch weder in der Landesbildergalerie noch in der Neuen Galerie inventarisiert und ist nach dem 11. Oktober 1941 in keinen Archivalien mehr genannt. Daher gibt es weder eine Fotodokumentation noch eine genaue Werkbeschreibung des Objektes. Das Landesmuseum Joanneum meldete die Graphik dem Art Loss Register als Verlust.

Vermögensentzug bei jüdischen Händlern in Judenburg – Samuel Kiesel

Samuel (auch Samson) Kiesel, 1876 in Mosciska östlich von Przemysl in Galizien, heute in Polen, geboren, wanderte Anfang des 20. Jahrhunderts mit seinem Zwillingsbruder Simon in Judenburg als ambulanter Händler, so genannter „Betteljude", ein. Samuel Kiesel wohnte ab 1910 offiziell in Judenburg, war von 1914 bis 1917 zum Militär eingerückt und suchte 1925 um Heimatrecht an. Er arbeitete sich langsam wirtschaftlich hoch, betrieb bald eine Handelsagentur, stieg auf einen Häute- und Fellhandel um und handelte einige Jahre lang zusätzlich mit Hadern, Tierabfällen und Altmetallen. Ende der zwanziger Jahre richtete er mit seiner Frau Klara (auch Szeindel genannt, geb. Wagmann) ein Textilien- und Modewarengeschäft in der Kaserngasse 33 (heute 35) ein, das sie mit einer Filiale in Zeltweg bis 1938 führten.[16] Im Frühjahr 1938

---

16 Alle Angaben vgl. Michael SCHIESTL, Geschichte der Judenburger Juden. Von der Wiederansiedlung im

wurde das Geschäft enteignet und liquidiert. In der Vermögensanmeldung vom 30. Juni 1938 gab Kiesel an, dass „das Warenlager am 24.VI.1938 inkl. Geschäftseinrichtung um RM 8.666,- verkauft wurde", wobei als Gesamtwert des Betriebes RM 13.600 angegeben wurde. Kiesel führte an, dass der Betrag in Raten auf sein neu eröffnetes Sperrkonto eingezahlt wurde.[17] Der Anmeldung beigelegt ist ein „Verzeichnis über die beim Kaufmann Samson Kiesel, in Judenburg abgenommenen und bei der Bezirkshauptmannschaft in Judenburg sichergestellten Wertgegenstände", datiert mit 30. April 1938. Darauf aufgezählt sind hauptsächlich zahlreiche Silber- und Zinngegenstände. Eine weitere Liste führt insgesamt 1213 Münzen an, u. a. „818 Silberkronen, 80 Stück Zweikronenmünzen in Silber und eine Goldmünze mit Jahreszahl 1765". Samuel Kiesel gelang mit seiner Familie die Flucht über Wien nach Palästina.

Georg Wolfbauer, Leiter der Kulturhistorischen Sammlung am Landesmuseum Joanneum, erfuhr über das Landeskonservatorat in Graz von den Wertgegenständen Kiesels, beschwerte sich, dass angeblich ein Teil davon bereits an einen Privatmann verkauft worden sei und schrieb am 22. Dezember 1938 an die Abteilung 11 der Steiermärkischen Landesregierung: „Ich bitte die Abteilung 11 der Devisenfahndungsstelle mitteilen zu lassen, dass von Seiten des Kunstgewerbemuseums ein vordringliches Interesse für diese Objekte besteht und dass bei einem allfälligen Verkauf wir rechtzeitig zu verständigen wären."[18] Im Februar 1939 stimmte die Zollfahndungsstelle Graz einem Ankauf von Gegenständen aus der Sammlung Kiesel zu. Wolfbauers Anfrage hatte sich vorwiegend auf gotische Mörser und Zinngefäße bezogen. Ein Ankauf kam offensichtlich nicht zustande, da sich heute kein Objekt in der Kulturhistorischen Sammlung nachweisen lässt, das mit Samuel Kiesel in Zusammenhang gebracht werden könnte.

Im Mai 1950 wandte sich der Rechtsanwalt Dr. Markus Herzmann aus Wien an das Steiermärkische Landeskonservatorat, um in Erfahrung zu bringen, was mit den Objekten aus der Sammlung Kiesel aus Judenburg geschehen ist, und die Rückstellung dieser Vermögenswerte einzuleiten. Am 6. Juni 1950 schrieb das Bundesdenkmalamt an den Landeskonservator der Steiermark, dass das Münzkabinett des Landesmuseums Joanneum dem Rechtsvertreter der ErbInnen nach Samson Kiesel den Ankauf von zwei

---

19. Jahrhundert bis 1938, in: Gerald LAMPRECHT (Hg.), Jüdisches Leben in der Steiermark. Marginalisierung, Auslöschung, Annäherung, (= Schriften des Centrums für Jüdische Studien, hrsg. v. Klaus HÖDL, Bd. 5), Innsbruck-Wien-München-Bozen 2004, S. 93–125.

17 StLA, Arisierung, Vermögensverzeichnisse, H. 17, Verz. Nr. 5401, Samson Kiesel. – Der Zugriff auf das Sperrkonto war natürlich für Kiesel nicht möglich.

18 StLA, Neuaktenabteilung, L.Reg. 373 Ju 4/1938.

Goldmünzen (1 Dukat König Sigismund von Ungarn, 1410–1437, und 1 Doppeldukat Maria Theresia, 1765) bestätigt habe. Bronzemörser, Zinngeräte und Silbermünzen wurden offensichtlich von Seiten des Museums nicht bestätigt, da demselben Brief zu entnehmen ist, dass sich der Vertreter der ErbInnen diesbezüglich bei der Bezirkshauptmannschaft Judenburg und beim dortigen Steueramt erkundigen werde.[19] Hier bricht der weitere Schriftverkehr ab. Es ist nicht bekannt, warum die Münzen nicht rückgestellt wurden oder ob ein Vergleich geschlossen wurde. Mag. Karl Peitler, seit 2003 Leiter der Münzensammlung am Landesmuseum Joanneum, konnte beide Münzen ausfindig machen, sodass diese am 26. Juni 2006 an die ErbInnen nach Samuel Kiesel zurückgegeben werden konnten.

Offene Fragen

Die Arbeit im Landesmuseum Joanneum konzentriert sich nun einerseits auf die Anfragen von Seiten der Kommission für Provenienzforschung in Wien. Andererseits wird versucht, Profile zu SammlerInnen bzw. Verkaufsintentionen von Einzelpersonen zu erstellen. Die großen offenen Bereiche betreffen die Ankäufe über den Kunsthandel und die Auktionshäuser.

Die hauseigenen Archivalien sind bisher – wenn überhaupt – rein für die im Inventar befindlichen Objekte verzeichnet und katalogisiert worden. Seit 2006 erfolgt mit Hilfe von PraktikantInnen eine Einzelblatterfassung in den Archiven der einzelnen Abteilungen, sodass nicht nur Erwähnungen von Ankäufen und Schenkungen etc. erfasst werden, sondern auch Objekte, für die um ein Gutachten angefragt wurde oder die für einen Ankauf angeboten, aber nicht für das Landesmuseum Joanneum erworben wurden. So konnte im vergangenen Jahr MMag. Sandra Brugger bereits mehr als 5000 Datensätze aus dem Archiv der Alten Galerie erstellen. Gegenwärtig ist Jennifer Gabriel mit der Fortführung dieses Projekts in der Alten Galerie betraut.

Das Landesmuseum Joanneum ist bestrebt, nicht nur in den Kunstsammlungen, sondern auch in den anderen Abteilungen die Provenienzen so weit als möglich zu klären.

---

19 BDA, Restitutionsmaterialien, Steiermärkisches Landeskonservatorat Graz, Zl. 4924/50.

Der Zerrissene. Die Rolle des Wiener Malers Carl Moll in der Rückgabesache betreffend ein Gemälde von Edvard Munch an die Erbin nach Alma Mahler-Werfel – Eine Ehrenrettung?

Werner Fürnsinn

Der Fall Mahler/Munch

Der Autor dieses Beitrages war als Vorsitzender der Kommission für Provenienzforschung in den letzten Jahren mit zahlreichen Rückgabefällen[1] befasst. Darunter ragte der hier behandelte Fall nicht nur wegen der Bedeutung des Gemäldes *Sommernacht am Strand* von Edvard Munch und wegen der Prominenz der ursprünglich Restitutionsberechtigten, Alma Mahler-Werfel, sondern auch wegen seines besonderen Verlaufes hervor.[2]

Edvard Munch, *Sommernacht am Strand* Belvedere, Wien, laut Kunstrückgabegesetz 2007 an die rechtmäßigen Erben übergeben.

---

1 Gemäß dem Gesetz betreffend die Rückgabe von Kunstgegenständen aus den Österreichischen Bundesmuseen und Sammlungen vom 4.12.1998, BGBl I 1998/181.

2 Die folgenden Ausführungen beruhen auf dem von der Kommission für Provenienzforschung auf der Basis der umfangreichen Recherchen Monika Mayers von der Österreichischen Galerie Belvedere dem Beirat gemäß dem Kunstrückgabegesetz vorgelegten Dossier. Siehe dazu insbesondere auch die Beiträge von Michael WLADIKA sowie Franz-Stefan MEISSEL und Julia JUNGWIRTH, in: Verena PAWLOWSKY,

Das Bild wurde Alma, damals bereits Witwe nach Gustav Mahler und nach ihrer leidenschaftlichen Liebesbeziehung mit Oskar Kokoschka in zweiter Ehe mit dem deutschen Architekten Walter Gropius verheiratet, anlässlich der Geburt ihrer Tochter Manon[3] zum Geschenk gemacht.[4]

Am 13. März 1938 musste Alma Mahler-Werfel, die enge Beziehungen zu Politikern des austrofaschistischen Ständestaates unterhalten hatte und inzwischen in dritter Ehe mit dem „jüdischen" Schriftsteller Franz Werfel verheiratet war, Österreich verlassen. Zu diesem Zeitpunkt befand sich das Gemälde von Edvard Munch mit einigen anderen aus ihrem Eigentum stammenden Bildern (deren weiteres Schicksal nicht Gegenstand dieses Beitrages ist) seit dem 2. August 1937 als Leihgabe „auf die Dauer von zwei Jahren" in der Österreichischen Galerie. Es ist möglich, dass Alma Mahler-Werfel damals an eine Veräußerung des Bildes gedacht hat; jedenfalls behauptete dies ihr Stiefvater Carl Moll in einem Brief an die Österreichische Galerie vom 4. März 1938. Von Mahler selbst stammende Äußerungen oder Dokumente zu einer Verkaufsabsicht oder eine sonstige Verfügung über das Bild sind weder aus der unmittelbaren Zeit ihrer Emigration noch aus der gesamten Zeit der NS-Herrschaft in Österreich nachweisbar.

Ungeachtet dessen übernahm Carl Moll unter Berufung auf einen Auftrag seiner Stieftochter am 18. März 1938 die fünf Leihgaben „für sie" zurück. Zwei Jahre später wurde das Munch-Bild um RM 7.000 durch Marie Eberstaller, die Tochter Molls aus seiner Ehe mit der Mutter Alma Mahlers, an die Österreichische Galerie verkauft. Weder Carl Moll noch seine Tochter konnten sich anlässlich dieses Verkaufes auf eine Vollmacht der Eigentümerin des Gemäldes berufen; eine solche wurde auch von Seiten der Galerie nicht angefordert. Es kam auch zu keiner Kontaktaufnahme mit der auf der Flucht befindlichen bzw. bereits in die USA emigrierten Alma Mahler-Werfel im Korrespondenzweg, obwohl ein solcher Kontakt damals noch möglich gewesen wäre.[5]

Harald WENDELIN (Hg.), Enteignete Kunst. Raub und Rückgabe – Österreich von 1938 bis heute, Wien 2006, S. 79–103 u. S. 104–121, und Andrew DECKER, A Legacy of Shame. Nazi Art Loot in Austria, in: ARTnews, December 1984, S. 55–76, hier S. 64ff.

3   Die 1916 geborene Manon Gropius wurde nur 18 Jahre alt. Aus Anlass ihres frühen Todes widmete ihr Alban Berg sein Violinkonzert („Dem Andenken eines Engels"). Siehe dazu auch Carl MOLL, Mein Leben, Typoscript, Wien 1943, S. 232f., Berndt W. WESSLING, Alma, München 2001, S. 196ff. und Françoise GIROUD, Alma Mahler oder die Kunst geliebt zu werden, München 2006, S. 186f. Ernst Krenek hingegen fand Manon weniger sympathisch, sie war seiner Meinung nach „argwöhnisch und hinterlistig" und habe für ihre Mutter „den Lockvogel und die Spionin" gespielt. Siehe Ernst KRENEK, Im Atem der Zeit, München 1999, S. 396.

4   Oliver HILMES, Witwe im Wahn. Das Leben der Alma Mahler-Werfel, München 2005, S. 170; WESSLING, Alma, S. 145.

5   Siehe HILMES, Witwe im Wahn, S. 301–304.

Der definitive Abschluss des Kaufes wurde vielmehr von der Österreichischen Galerie nur Marie Eberstaller als der Verkäuferin mitgeteilt.[6]

Nachweisliche Kenntnis von diesem Verkauf erlangte Alma Mahler-Werfel erst nach 1945, und sie forderte das Bild seit dieser Zeit bis zu ihrem Tod als ihr Eigentum zurück. Da die Republik ihrer Forderung nicht entsprach, kam es vorerst über ihren Antrag zu einem Rückstellungsverfahren, welches in erster Instanz zu ihren Gunsten, in zweiter jedoch, ohne dass Alma Mahler-Werfel als Partei angehört worden wäre, zu ihrem Nachteil ausging. Die Anrufung der Obersten Rückstellungskommission beim Obersten Gerichtshof scheiterte an dem formalen Umstand, dass der Streitwert unter der Zuständigkeitsgrenze des Höchstgerichtes gelegen war.[7]

In den Folgejahren bis zum Tod Alma Mahler-Werfels im Jahre 1964 wurden zwischen ihr und der Republik Österreich zwar intensive, jedoch im Ergebnis erfolglose Vergleichsbemühungen unternommen. Von derartigen Bemühungen seitens der Tochter Alma Mahler-Werfels und Gustav Mahlers, der überwiegend in London als Bildhauerin lebenden Anna Mahler, ist nichts bekannt.

Neue Hoffnung für die Erben von Alma Mahler-Werfel schuf erst das erwähnte Kunstrückgabegesetz aus dem Jahre 1998, aufgrund dessen Marina Fistoulari-Mahler, Tochter von Anna Mahler aus deren (vierter) Ehe mit dem Dirigenten Anatole Fistoulari, vorerst wieder ohne Erfolg, aber letztlich mit exzellenter Rechtsberatung neue Anläufe zur Rückstellung des Gemäldes unternahm.[8] Der nach diesem Gesetz beim zuständigen Ministerium eingerichtete Kunstrückgabe-Beirat kam nämlich in seinem Beschluss vom 27. Oktober 1999 zu einer negativen Beurteilung. Im Spruch dieses Beschlusses brachte er zwar „[…] den von der Rückgabewerberin Frau Marina Mahler vorgebrachten Argumenten aus historischen und moralischen Erwägungen volles Verständnis entgegen […]", doch sah er sich „[…] aufgrund der eindeutigen und klaren Rechtslage außerstande […]", eine Übereignung des Gemäldes an die Rechtsnachfolger Alma Mahler-Werfels zu empfehlen. Rechtlich berief sich der Beirat dazu – verkürzt ausgedrückt – auf die Rechtskraft des im Rückstellungsverfahren im Jahre 1953 ergangenen Erkenntnisses.

---

6   ÖStA AdR, BMU 15B1, Karton 150, Zl. 29.331/47, Brief Bruno Grimschitz an Marie Eberstaller vom 16.4.1940.

7   Siehe die Erkenntnisse der Rückstellungsoberkommission beim LG für ZRS Wien vom 9.4.1953 und der Rückstellungskommission beim OLG Wien vom 16.6.1953 sowie den Beschluss der Obersten Rückstellungskommission beim OGH vom 5.9.1953. Wiener Stadt- und Landesarchiv (WrStLA), Akten der Rückstellungskommission beim Landesgericht für Zivilrechtssachen in Wien, Zl. Rk 1.372/48.

8   Thomas TRENKLER, „Das war eine Wunde für Alma", Der Standard, 24.2.2006.

Wieder vergingen einige Jahre, bis Marina Fistoulari-Mahler, nunmehr gestützt auf einschlägige und nach der Rechtsprechung[9] auch auf Kunstgegenstände anwendbare Bestimmungen des inzwischen ergangenen Entschädigungsfondsgesetzes[10], einen neuen Vorstoß unternahm. Dieser führte schließlich in der Sitzung des Kunstrückgabe-Beirats vom 8. November 2006 zu einer positiven Rückgabeempfehlung[11] mit Rücksicht darauf, dass bei Vorliegen einer „extremen Ungerechtigkeit" auch die Rechtskraft vorangegangener Behörden- oder Gerichtsentscheidungen einer Rückgabe nicht entgegen stehe.

Die effektive Rückgabe des Munch-Bildes wurde in der Folge durch weitere Recherchen der Österreichischen Galerie Belvedere verzögert, die aber kein neues Ergebnis zutage förderten. So kam es schließlich am 9. Mai 2007 im Marmorsaal des Oberen Belvedere im Rahmen einer Pressekonferenz zur tatsächlichen Übergabe des prominenten Bildes an die Erbin Marina Fistoulari-Mahler.[12]

Der Wiener Maler Carl Moll

Dem Autor dieser Zeilen liegt eine positive Beurteilung Carl Molls durchaus am Herzen – hat er doch, in dieser Gegend aufgewachsen, das Gegenlichtbild Carl Molls Der Naschmarkt als einen der ersten bleibenden Eindrücke künstlerischen Schaffens in lebendiger Erinnerung.

Carl Moll, *Der Naschmarkt*, 1894.

---

9 Siehe etwa das Urteil des Obersten Gerichtshofes vom 30.9.2002, Zl. 1 Ob 149/02x.

10 BGBl I 2001/12.

11 Der Wortlaut dieser Empfehlung wie auch sämtlicher anderer Beiratsbeschlüsse können im Internet unter der Adresse http://www.provenienzforschung.gv.at nachgelesen werden.

12 Siehe dazu die Presseaussendung des Belvedere vom 9.5.2007, in der sich die Direktorin Dr. Agnes Husslein-Arco völlig zu Unrecht als „erste österreichische Museumsdirektorin" bezeichnet, die „eine aktive Rolle in der Provenienzforschung" einnehme.

Dieser Beitrag zielt nicht darauf ab, alle historischen, moralischen und juristischen Details des Rückgabefalles Mahler/Munch erneut aufzurollen, die erfolgten Ausführungen sollen hier nur als Hintergrundinformation dienen. Die Rolle des angesehenen Malers Carl Moll in dieser Sache ist in mehrfacher Hinsicht ambivalent, und es muss letztlich dem Leser die Beurteilung der Frage überlassen bleiben, ob und inwieweit durch die vorliegende Darstellung eine Ehrenrettung Molls gelungen ist. Dabei reicht die aus den Quellen ableitbare Skala von naiver Unschuld und Ehrenhaftigkeit einerseits[13] bis zum Vorwurf strafrechtlich relevanten Verhaltens andererseits.[14]

Der näheren Befassung mit der Persönlichkeit des Malers und mit seinem Verhältnis zu seiner Stieftochter Alma Mahler-Werfel soll im Folgenden eine Kurzbiographie vorangestellt werden.[15]

Carl Moll wurde am 23. April 1861 in Wien geboren. Er war Schüler des als Landschaftsmaler zu berechtigtem Ruhm gekommenen Emil Jakob Schindler, der für ihn zeitlebens sein „Meister" blieb.[16] Nach Schindlers frühem Tod im Jahr 1892 heiratete Moll 1897 dessen Witwe Anna und wurde dadurch zum Stiefvater der 1879 geborenen Alma.

Anna Moll hatte eine (außereheliche) weitere Tochter, Grete Schindler (1880–1940 oder 1942), später verheiratet mit dem Architekten Wilhelm Legler, die aber bald wegen eines psychischen Leidens aus Almas Umgebung verschwand und später möglicherweise der Euthanasie der Nationalsozialisten zum Opfer fiel.[17]

Schließlich hatten Carl und Anna Moll noch die gemeinsame Tochter Marie, die spätere Gattin von Richard Eberstaller. Dieser brachte es unter dem NS-Regime bis zum Vizepräsidenten des Landesgerichts für Strafsachen Wien. Wie bereits ausgeführt, war es

---

13   Siehe dazu etwa den folgenden Satz aus dem Beitrag des namhaften Kunsthistorikers Hans Tietze zum 60. Geburtstag des Malers: „Der Schlüssel aller Widersprüche und Gegensätze in diesem jugendlichen Graukopf ist das prachtvoll warme und gütige Herz." Hans TIETZE, Carl Moll zum 60. Geburtstag, Wien 1921.

14   Siehe Thomas TRENKLER, Hubertus CZERNIN, Der Standard, 2.4.1999; Michael WLADIKA, „Alma Mahler-Werfel wurde betrogen", Die Presse, 21.11.2006. Interessant auch die Einschätzung Wesslings, der zwar Alma Mahler-Werfel im Exil persönlich nahe gestanden ist, offenbar aber Moll nie persönlich kennen gelernt hat: Er beschreibt Moll als „aalglatt, tratschsüchtig und anerkennungsheischend". WESSLING, Alma, S. 22.

15   Zur Biographie Carl Molls siehe Monika FRITZ, Der Wiener Maler Carl Moll, phil. Diss., Innsbruck 1962; Astrid GMEINER, Biographisches zu Carl Moll, Salzburg 1985; Tobias G. NATTER, Gerbert FRODL, Carl Moll (1861–1945), Ausstellungskatalog Belvedere Wien 1998. Aufschlussreich vor allem die Schilderung der Lebens- und Familienverhältnisse Molls bei Ernst Krenek, der den Maler als „ganz nett, aber nicht sehr" beschrieb. Der bekannte Komponist Krenek war als zweiter Ehemann Anna Mahlers einige Jahre hindurch Familienmitglied und konnte seiner Schilderung somit unmittelbare Wahrnehmungen zu Grunde legen. Siehe Krenek, Im Atem der Zeit, S. 390–412.

16   NATTER, FRODL, Carl Moll, S. 8, und MOLL, Mein Leben, S. 246.

17   MOLL, Mein Leben, S. 243.

Marie Eberstaller, die im Jahr 1940 der Österreichischen Galerie gegenüber als Verkäuferin des Munch-Bildes auftrat.[18]

Carl Moll war auch abgesehen von seiner regen und fruchtbaren Arbeit als Maler aus dem Wiener Kunstleben nicht wegzudenken. Er hatte 1897 zu den Mitbegründern der Secession gezählt, aus der er jedoch 1905 gemeinsam mit der Gruppe um Gustav Klimt ausgetreten war. Er war dann bis 1912 künstlerischer Leiter der überaus angesehenen und modern eingestellten Galerie Miethke gewesen.[19] Er unterstützte auch schon damals das „außergewöhnliche Unterfangen", Werke von Künstlerinnen auszustellen. Ferner setzte er sich sehr früh vehement für die damals in Wien noch abgelehnte Kunst Vincent van Goghs ein.[20]

In den folgenden Jahren widmete sich Carl Moll wieder verstärkt der eigenen Malerei. Auf ausgedehnten Reisen fand er neue Motive, zugleich nutzte er diese Reisen für gezielte Kunsteinkäufe, die den Wiener Kunstmarkt bereicherten.

Besonders bemerkenswert in der Biographie Carl Molls ist seine positive Einstellung zu Oskar Kokoschka, der Moll ja auch in einem seiner markantesten Porträts gemalt hat.[21]

Diese Einstellung zur großen Künstlerpersönlichkeit Kokoschka überdauerte Kokoschkas heftiges Liebesverhältnis zu dessen Windsbraut Alma Mahler-Werfel um Jahrzehnte und gipfelte in einer Ausstellung, die Carl Moll, übrigens unter Mitwirkung des jüdischen Industriellen Ferdinand Bloch-Bauer, im Jahr 1937 anlässlich des 50. Geburtstages von Kokoschka im Österreichischen Museum für Kunst und Industrie (heute MAK) veranstaltete. Das war immerhin zu einem Zeitpunkt, in dem Kokoschka in Deutschland bereits als „entarteter Künstler" verfemt war und ausgestellt worden ist.[22]

---

18 Anschaulich zu den „schwierigen Familienverhältnissen" noch einmal KRENEK, Im Atem der Zeit, S. 396 und S. 431f.

19 GIROUD, Alma Mahler oder die Kunst geliebt zu werden, S. 25. Weniger freundlich fällt die Beurteilung von Molls Vorgehen in diesem Zusammenhang durch seinen Malerkollegen Josef Engelhart aus, der die Verknüpfung der Künstlervereinigung mit dem Kunsthandel als einen „Fehler" bezeichnet. Siehe Josef ENGELHARDT, Ein Wiener Maler erzählt, Wien 1943, S. 124.

20 Siehe dazu Tobias G. NATTER, Die Galerie Miethke. Eine Kunsthandlung im Zentrum der Moderne, Ausstellungskatalog, Jüdisches Museum Wien 2003/2004; artpoint, „Frauen in der Sezession" mit Hinweis auf eine Ausstellung mit Bildern von Tina Blau, Angelika Kaufmann, Berthe Morisot und Käthe Kollwitz im Jahre 1910, und den Beitrag von Carl MOLL in „Die Antwort auf den Protest deutscher Künstler", München 1911.

21 Siehe MOLL, Mein Leben, S. 177; Barbara WEIDLE, Ursula SEEBER, Anna Mahler – Ich bin in mir selbst zu Hause, Bonn 2004, S. 15f.

22 Siehe dazu insbesondere Gloria SULTANO, Patrick WERKNER, „Oskar Kokoschka – Kunst und Politik 1937–1950, Wien 2003, S. 9f. u. S. 47–72; NATTER, FRODL, Carl Moll, S. 37; GMEINER, Biogra-

Oskar Kokoschka, *Carl Moll,*
1913.

Die Ausstellung in Wien stellte eine der letzten Manifestationen eines eigenständigen und bemerkenswerten österreichischen Kunstlebens dar. Mit Rücksicht darauf erscheint das kurze Zeit später feststellbare politische Umdenken Carl Molls in Richtung NS-Gedankengut besonders überraschend. Kokoschka, der zeitlebens bewusst jede Vereinnahmung durch politische Kräfte vermied und sich an der Ausstellung selbst nicht beteiligte, durchschaute aber bereits damals die Ambivalenz Molls und kritisierte diese auch in einem Brief an Moll – wenngleich eher freundschaftlich und humorvoll.[23]

Gewiss, Carl Moll war schon immer deutschnational eingestellt[24] gewesen, was, wie noch zu zeigen sein wird, auch sein Verhältnis zu Alma Mahler-Werfel belastet hat. Auch hatte er eine reservierte Haltung Juden gegenüber, die aber nie so weit ging, dass er nicht gute Beziehungen zu verschiedenen jüdischen Persönlichkeiten und Künstler-

phisches zu Carl Moll; Alfred WEIDINGER, Kokoschka und Alma Mahler, München 1996, S. 114. Besonders detailreich dazu Heinz SPIELMANN, Oskar Kokoschka, Leben und Werk, Köln 2003, S. 324ff.

23   Siehe dazu SPIELMANN, Oskar Kokoschka, S. 325. Moll hatte das Kokoschka-Bild *Wien vom Wilhelminenberg*, das Kokoschka für die einige Jahre zuvor noch sozialdemokratische Wiener Stadtregierung gemalt hatte, unter dem Vorwand, es sei nicht von ausreichender künstlerischer Qualität, nicht in die Ausstellung einbezogen. Kokoschka schrieb ihm dazu: „Dass Du an dem Bild aus künstlerischen Gründen zweifelst, mein guter Schlaumeier, das glaube ich Dir einfach nicht. Das hast Du erst erfunden, als Du meine Zusage zu der Wiener Ausstellung sicher in der Tasche hattest […]. Sei es für Wien, so wie Du willst, damit Du aber nur nicht glaubst, ich wäre dumm und undankbar, um Deine Güte nicht zu durchschauen, die Dich zu solchen Opfern an Selbstverleugnung verführt.“

24   Siehe etwa GMEINER, Biographisches zu Carl Moll, S. 43. Bei Natter findet sich aber der Hinweis, Moll sei „allem Anschein nach nie Mitglied der NSDAP geworden“. Siehe NATTER, FRODL, Carl Moll, S. 38.

kollegen, so beispielsweise zu Hans Tietze, Arnold Schönberg (der Moll sein Werk Spiegelbild geschenkt hat) oder Ferdinand Bloch-Bauer, gepflogen hätte. Am Sterbebett Gustav Mahlers hielt Moll dessen Hand in der seinen.[25] Auch ist kein Vorbehalt Molls gegenüber den beiden jüdischen Ehegatten Almas auszumachen, dagegen finden sich immer wieder antisemitische Töne bei Alma selbst.[26] Es unterliegt aber keinem Zweifel, dass Moll den „Anschluss" begrüßt und danach gemeinsam mit seiner Tochter und deren hochrangigem Ehemann, Richard Eberstaller, die NS-Ideologie akzeptiert hat.[27]

Es ist mit Sicherheit davon auszugehen, dass der über 80 Jahre alte Moll in dieser Haltung in hohem Ausmaß von seinem Schwiegersohn Richard Eberstaller bestärkt wurde, der auch letztlich am Tod des Malers großen Anteil hatte. Beim Anrücken der Sowjetarmee im April 1945 begingen nämlich die Ehegatten Eberstaller sowie auch Carl Moll Selbstmord, wobei eine Rekonstruktion der näheren Umstände dieses Ereignisses nicht gelungen ist.

In älteren Quellen[28] findet sich die Darstellung, in das Haus auf der Hohen Warte eingedrungene russische Soldaten hätten vor den Augen Molls und seines Schwiegersohnes Marie Eberstaller vergewaltigt und den zu ihrer Verteidigung eingeschrittenen Carl Moll mit einem Schuss verletzt, worauf sich unter dem unmittelbaren Eindruck dieses Geschehens Moll und die Ehegatten Eberstaller das Leben genommen hätten. Diese Version lässt die Annahme zu, der Selbstmord sei nicht unmittelbar auf eine extreme politische Haltung der Betroffenen zurückzuführen.

---

25 MOLL, Mein Leben, S. 174. Bemerkenswert ist in diesem Zusammenhang die Beurteilung Gustav Mahlers durch Moll, den er als „frei von jeder typisch jüdischen Eigenschaft, frei von geistiger, frei erst recht von materieller Spekulation" beschrieb. Siehe MOLL, Mein Leben, S. 138; 1942 erinnerte sich Moll an die beglückende Freundschaft mit Paul Hamburger: „Wenn uns heute eine Weltanschauung trennt, meine dankbaren Gefühle kann dies nicht beeinflussen, und ich beklage es aufrichtig, keine Gelegenheit mehr zu haben, sie zu bestätigen." Siehe MOLL, Mein Leben, S. 182.

26 Zitiert bei Astrid SEELE, Alma Mahler-Werfel, Hamburg 2005, S. 38; GIROUD, Alma Mahler oder die Kunst geliebt zu werden, S. 184; und immer wieder bei HILMES, Witwe im Wahn, z. B. S. 53, S. 72, S. 208, S. 243, S. 256, S. 300.

27 So bezeichnet Moll vermutlich 1941 in einem Brief, den Marina Mahler-Fistoulari der Kommission für Provenienzforschung vorgelegt hat, seine „liebe Almschi" als eine „in vieler Hinsicht Leidtragende der Weltrevolution", gleichzeitig schreibt er aber im Zusammenhang mit dem Balkanfeldzug von den „Heldentaten unseres Volkes" und gerät geradezu ins Schwärmen, wenn er ausführt: „Jetzt, am Ende meiner Tage, bin ich Zeuge eines Weltgeschehens, für dessen Größe in der Geschichte kaum ein gleiches zu finden ist. Wir können den größten Organisator, den größten Staatsmann und den größten Feldherrn in einer Person bewundern und diese Person ist Österreicher!" In Molls Erinnerungen heißt es dazu: „Das Jahr 1938 bringt das große Ereignis – die Vereinigung Österreichs mit dem Mutterland – den Einzug Adolf Hitlers." Siehe MOLL, Mein Leben, S. 238.

28 Siehe etwa die Beiträge von Hans DICHAND und Monika FRITZ in GMEINER, Biographisches zu Carl Moll, S. 7f., S. 30 u. S. 76; mit erheblichem Vorbehalt auch Natter in NATTER, FRODL, Carl Moll, S. 39.

In anderen Schilderungen[29] wird der Selbstmord der drei Wiener Verwandten Alma Mahler-Werfels ohne weiteren Kommentar als direkte Folge von deren nationalsozialistischer Einstellung beschrieben.

Aber selbst wenn sich Carl Moll ausschließlich wegen seiner Einstellung als erklärter Nationalsozialist das Leben genommen haben sollte, ist nichts weiter Belastendes über sein Verhalten nach 1938 überliefert – was Viktor Matejka zu der Bemerkung veranlasste, Moll habe „sicherlich keinen Grund zur Beendigung seines 84-jährigen Lebens gehabt".[30]

Es mag sein, dass Eberstaller und Moll mit dem „1000-jährigen" Bestand des Dritten Reiches gerechnet und erwartet haben, dass die in die USA emigrierte Alma Mahler-Werfel nicht mehr in ihre Heimat zurückkehren würde. Dass aber derartige Erwartungen ausschlaggebend für den Verkauf des Munch-Bildes an die Österreichische Galerie gewesen wären, ist nicht feststellbar, und sie wären, wie im Folgenden noch auszuführen sein wird, auch gar nicht von entscheidender rechtlicher Bedeutung.

Carl Moll hat in seinen im Jahre 1943 verfassten Erinnerungen sein nahendes Lebensende wohl anders gesehen und soll dazu zum Abschluss dieser Kurzbiographie selbst zu Wort kommen: „Den Rückblick auf mein Leben schließe ich, dem Schöpfer dankend für ein Leben, das, wenn auch nicht von schwerem Leiden verschont, doch so überreich an Schönheit und Glück war."[31]

Das persönliche Verhältnis Carl Molls zu seiner Stieftochter Alma

Oliver Hilmes vertritt in seiner Darstellung des Lebens von Alma Mahler-Werfel die – meines Erachtens unzutreffende – Meinung, Alma hätte, um das Munch-Bild zurück zu bekommen, den Nachweis erbringen müssen, dass sie mit ihren in Wien verbliebenen Verwandten nicht in „freundlichem Kontakt" gestanden sei. Dieser Nachweis sei ihr nicht gelungen.[32]

---

29   So etwa Alma MAHLER-WERFEL selbst in: Mein Leben, Frankfurt/M. 1963, S. 309; HILMES, Witwe im Wahn, S. 343; SEELE, Alma Mahler-Werfel, S. 109.

30   Zitiert bei NATTER, FRODL, Carl Moll, S. 39. Die bei Spielmann ausgesprochene Vermutung, Moll habe sich den Nationalsozialisten gegenüber unverkennbar opportunistisch verhalten, und zwar „so sehr, dass er am Kriegsende den Freitod in der nicht zutreffenden Erwartung suchte, wegen seiner Kollaboration zum Tode verurteilt zu werden", ist nicht nachvollziehbar belegt. Siehe SPIELMANN, Oskar Kokoschka, S. 326.

31   MOLL, Mein Leben, S. 246. Daran knüpfen sich Abschiedsgrüße an seine Lieben, u. a. auch an Alma.

32   HILMES, Witwe im Wahn, S. 364–366.

Eine Prüfung der noch auffindbaren Spuren ihrer Familienverhältnisse ergibt zwar, dass hier nicht immer volle Harmonie geherrscht hat, dass es aber dennoch zu Lebzeiten Molls zu keinen dramatischen oder gar irreparablen Zerwürfnissen gekommen ist. Es trifft allerdings mit Sicherheit zu, dass Alma Mahler-Werfel nach 1945 mit einer schärferen Verurteilung ihres Stiefvaters und seiner Familie an die Öffentlichkeit und insbesondere an die Behörden herangetreten ist.

Wie auch immer das im Einzelnen zu beurteilen sein mag, das Verhältnis Carl Molls zu seiner Stieftochter war mit Sicherheit von allem Anfang an nicht spannungsfrei.

Dabei gingen die feststellbaren negativen Beurteilungen des jeweils anderen vorwiegend von Alma aus.[33] Sie empfand nach der Geburt ihrer Halbschwester Marie zu wenig Zuwendung von Seiten Molls und verglich ihn zu seinem Nachteil mit ihrem leiblichen, 1892 verstorbenen Vater Emil Jakob Schindler.[34] Ihr dramatisch inszeniertes Selbstmitleid ging aber noch weiter.[35]

Wenig freundlich, aber fast prophetisch zu nennen ist eine Anmerkung Almas nach dem Tod ihrer Mutter.[36] Die Unfreundlichkeiten steigern sich in der Folge, insbesondere in der Nachkriegszeit.[37]

---

33 Siehe dazu Hans DICHAND, Carl Moll und seine Freunde, Salzburg 1985, S. 7; NATTER, FRODL, Carl Moll, S. 29; siehe auch das Zitat des Zeitzeugen Johannes Trentini bei HILMES, Witwe im Wahn, S. 231.

34 Siehe dazu SEELE, Alma Mahler-Werfel, S. 18, und vor allem Almas eigene Beurteilung der Situation: „Molls Einfluss begann nun zu dominieren. Er suchte an mir seine Erziehungskünste zu erproben, die aber nichts als Hass in mir weckten, denn er war eben nicht mein Leitstern […] und störte meine Kreise in der aufdringlichsten Weise." Ihre Mutter habe „einen Perpendikel geheiratet, und mein Vater war doch eine Wesensuhr!" (MAHLER-WERFEL, Mein Leben, S. 17 u. S. 174, sowie SEELE, Alma Mahler-Werfel, S. 16). Ähnlich negativ auch die Sätze: „Er hat nur mehr Interesse für sein eigenes Kind" (HILMES, Witwe im Wahn, S. 43) und „Der ewige Schüler meines Vaters Carl Moll ging von einer Lehre in die andere, suchte oft die heterogensten Lehren, bis zu seinem Tode, und zum Unglück seines kleinen Talentes" (MAHLER-WERFEL, Mein Leben, S. 12).

35 „Da meine Mutter ihre ganze Liebe ihrem Kinde aus der Ehe mit Carl Moll zugewandt hatte, ohne dass sie es weiß, und dieser Tochter vor kurzem ein herrliches Bild meines Vaters geschenkt hatte, so war ich voller Groll und habe es ehrlich ausgesprochen. Am meisten aber hätte mein geliebter Vater darüber gelacht, wenn er gesehen hätte, wie das falsche Kind dem echten vorgezogen ward – wie im Märchen." (MAHLER-WERFEL, Mein Leben, S. 174).

36 MAHLER-WERFEL schreibt in ihren Erinnerungen: „Moll muss fortwährend zurückgehalten werden, weil er sich umbringen will. Warum lässt man ihn nicht? Er hat ja recht." (MAHLER-WERFEL, Mein Leben, S. 241).

37 MAHLER-WERFEL im Rückblick auf ihre Emigration im März 1938: „Moll kam an die Bahn und schaute uns aus traurigen Hundeaugen gerührt an. Da ich aber diesem Menschen nie etwas geglaubt habe, so auch jetzt nicht Blick und Rührung. Er war immer mein Erzfeind gewesen."
In einem Brief an einen Freund vom 5.11.1947 ist gar bereits von „[…] Ungerechtigkeiten und Räubereien der Familie Eberstaller-Moll" die Rede, wobei der Verkauf des Munch-Bildes durch Marie Eberstaller im Jahr 1940 „um einen Spottpreis" nicht unerwähnt blieb.

Carl Moll auf der anderen Seite ist Alma gegenüber nie nachweisbar ausfällig geworden, er hat sie im Gegenteil offenbar geliebt und verehrt.[38] Es darf dabei nicht vergessen werden, dass Carl Moll es war, der die blutjunge Alma vor voreiligen Schritten in Liebesdingen bewahrte (und zwar gegenüber Alexander von Zemlinsky, vor allem aber im Falle Gustav Klimt),[39] und dass Moll mit allen drei Ehegatten Almas in ebenso korrekter Weise zurechtkam wie mit Oskar Kokoschka.[40] Diese positive Einstellung Molls erfuhr allerdings eine Trübung nach 1931, dem Jahr, in dem Alma (bereits mit Franz Werfel) ihre Villa auf der Hohen Warte in Wien in unmittelbarer Nachbarschaft zu Moll bezogen hatte.[41] Dadurch, so schreibt Carl Moll in seinen Erinnerungen, sei zwar „der familiäre Contact … erleichtert" worden, doch seien nur schwer überbrückbare politische Gegensätze diesem Kontakt entgegengestanden.[42]

Unter Bedachtnahme auf sein oben geschildertes künstlerisches und kulturpolitisches Engagement, insbesondere auch gegenüber Kokoschka noch im Jahre 1937, darf man jedoch (zu Molls Entlastung) durchaus Zweifel an der Tiefe und Konsequenz seiner politischen Einstellung im Hinblick auf den Nationalsozialismus anmelden.

Logische Folge der politischen Umstände war die Emigration Alma Mahler-Werfels nach dem tatsächlich erfolgten „Anschluss". Sie verließ am 13. März 1938 mit ihrem

---

38 Moll schwärmte noch im Mai 1943 über Alma: „[…] eine gewinnend schöne Erscheinung, hoch begabt und musikalisch ernst gebildet, war sie so recht für den Lebensgenuss geschaffen und viel umworben." (MOLL, Mein Leben, S. 139).

39 Siehe dazu SEELE, Alma Mahler-Werfel, S. 38; WESSLING, Alma, S. 37, und HILMES, Witwe im Wahn, S. 39–52.

40 Siehe MOLL, Mein Leben, S. 139 (Mahler), S. 189f. (Gropius) und S. 204 (Werfel).

41 Siehe dazu GIROUD, Alma Mahler oder die Kunst geliebt zu werden, S. 181f.
    Die von Alma Mahler und Werfel bewohnte Villa Ast in Wien-Döbling grenzte unmittelbar an das von der Familie Moll-Eberstaller bewohnte Haus in der Wollergasse 10 an. Im Dehio Wien, X. bis XIX. und XXI. bis XXIII. Bezirk, S. 601, ist nachzulesen, dass die beiden Häuser Teile einer im Wesentlichen von Josef Hoffmann von 1900 bis 1911 gestalteten „Künstlerkolonie" waren. Siehe dazu August SARNITZ, Josef Hoffmann, Köln 2007. Nicht weit davon, in der Armbrustergasse Nr. 22, wohnte, und zwar in einem ebenfalls von Josef Hoffmann erbauten Haus, die mit dem Maler Wilhelm Legler (1875–1951) verheiratete Grete, die erste Halbschwester Almas. Der Architekt Wilhelm Legler jun. (1902–1960), ein Neffe Almas, spielte übrigens als einigermaßen objektiver Zeuge eine nicht unbedeutende Rolle im Rückstellungsverfahren.

42 Während im Haus Alma Mahler-Werfels die gute Gesellschaft des Ständestaates, angefangen von Bundeskanzler Kurt Schuschnigg und Unterrichtsminister Hans Pernter, ein- und ausging und das politische Heil Österreichs in einer Anlehnung an das faschistische Italien Mussolinis erblickte, war Moll grundsätzlich deutschnational und demnach anschlussfreundlich eingestellt. Insbesondere war sein Schwiegersohn Richard Eberstaller erklärter und aktiver Nationalsozialist. Moll schreibt dazu u. a.: „Der Kern des Kreises […], mit dem die hochbegabte Alma seit jeher in regem Contact stand erweitert sich – der Geistigkeit gesellt sich Geistlichkeit, Finanz-, Hochadel und Politik. Letztere bildet die Schranke, welche auch meine Kinder hindert, an dem Gesellschaftsleben im Nachbarhause teilzunehmen – da diese politisch im direkt gegnerischen Lager stehen." (MOLL, Mein Leben, S. 224). Siehe dazu auch DICHAND, Carl Moll und seine Freunde, S. 29f.

Carl Moll, *Semmeringlandschaft mit Villa Mahler,* 1931

dritten Ehemann, Franz Werfel, Österreich und gelangte in der Folge über Frankreich und Spanien in die USA.[43]

Zuvor hatte Alma noch in Betracht gezogen, sich von Werfel scheiden zu lassen und nach Wien zurückzukehren, wozu es jedoch nicht gekommen ist.[44]

Carl Moll und seine Familie blieben hingegen in Wien und hatten aufgrund eines zwischen Alma und ihrer Stiefschwester Marie abgeschlossenen Schein-Schenkungs-vertrages auch die Mahler-Villa in Breitenstein am Semmering[45] zu ihrer Verfügung.

Nach Alma Mahler-Werfels Emigration, und zwar am 29. November 1938, starb ihre Mutter, Anna Moll, in Wien.

Es unterliegt keinem Zweifel, dass Carl Moll in den folgenden Jahren unter dem Ein-fluss seiner nationalsozialistisch eingestellten „Kinder" Richard und Marie Eberstaller gestanden ist.[46] Seine eher naiv klingende Begeisterung für den „deutschen National-helden österreichischer Herkunft" legt davon ein beredtes Zeugnis ab.

Es kam in den Kriegsjahren aber auch abgesehen von dem oben erwähnten Brief zu einer Korrespondenz zwischen Alma Mahler-Werfel und ihren Wiener Verwandten, vor allem betreffend den allfälligen Verkauf eines Bruckner-Autographs.[47] Es ist jedoch

---

43 Sehr anschaulich die Schilderung der letzten Tage vor dem „Anschluss" in Mahler-Werfels Erinnerungen (MAHLER-WERFEL, Mein Leben, S. 229); siehe auch: GIROUD, Alma Mahler oder die Kunst geliebt zu werden, S. 189; MOLL, Mein Leben, S. 238 u. S. 242.

44 HILMES, Witwe im Wahn, S. 299f.

45 Siehe WEIDINGER, Kokoschka und Alma Mahler, S. 61ff.; KRENEK, Im Atem der Zeit, S. 413.

46 Siehe den Brief Mahler-Werfels vom 5.11.1947, in dem sie schreibt: „Carl Moll, der zweite Mann meiner Mutter, ward nach ihrem Tode vollkommen dem Schwiegersohn und seiner Tochter, beide militante illega-le Mitglieder der NSDAP hörig."

47 Siehe dazu HILMES, Witwe im Wahn, S. 301–304 u. S. 364.

weder in den vorliegenden Biographien noch in den einschlägigen Akten ein Hinweis darauf zu finden, dass Alma Mahler-Werfel auf irgendeine Weise über den Verkauf ihres Munch-Bildes und über die Verwendung des dafür erzielten Kaufpreises informiert worden wäre.[48]

Der Bildverkauf im Jahr 1940

Wie bereits oben ausgeführt, fehlt es an schriftlichen Unterlagen darüber, ob bzw. welche Aufträge Alma Mahler-Werfel hinsichtlich des strittigen Gemäldes an ihren Stiefvater Carl Moll anlässlich ihrer Emigration erteilt hat. Erwiesen ist nur, dass sie ihren Besitz in Breitenstein ihrer Stiefschwester Marie Eberstaller „treuhändig geschenkt" hat.[49]

Es fehlen Dokumente, die darüber Auskunft geben könnten, worauf sich Carl Moll der Österreichischen Galerie gegenüber bei der Rücknahme der Leihgaben im März 1938, als Alma Wien bereits verlassen hatte, berufen hat. Dasselbe trifft für die Vorgänge beim Verkauf des Bildes im Jahr 1940 für die Verkäuferseite zu. Von Seiten der Österreichischen Galerie existiert nur ein Brief vom 16. April 1940, in dem Direktor Bruno Grimschitz Marie Eberstaller gegenüber den Erwerb des Munch-Bildes um RM 7.000 bestätigt.[50]

Es hat den Anschein, dass die Österreichische Galerie ihr Vertrauen auf die Verfügungsmacht Carl Molls und seiner Tochter ausschließlich darauf gründete, dass Carl Moll als einem Ehrenmann ganz einfach zu vertrauen sei. Davon, dass Alma Mahler-Werfel ihre in Österreich zurückgelassenen Kunstgegenstände ihren Wiener Verwandten zur freien Verfügung „anvertraut" hätte, ist in keinem Dokument die Rede.[51]

---

48 Auch dazu kann aus ihrem Brief vom 5.11.1947 zitiert werden: „Obwohl [...] die Postverbindung zwischen Österreich und den Vereinigten Staaten noch aufrechtbestand, hat Herr Moll mir nie ein Wort weder über den Verkauf noch über den Verbleib des daraus resultierenden Geldes geschrieben, dagegen schrieb er mir wöchentlich Lobeshymnen über Herrn Hitler, bis ich mir schließlich jegliche Korrespondenz von ihm zu mir verbat."

49 Im Erkenntnis der Rückstellungskommission beim OLG Wien vom 16.6.1953 heißt es dazu: „Schließlich war auch das Haus in Breitenstein der Marie Eberstaller nur treuhändig geschenkt – es ist derzeit bereits wieder zurückgestellt – und die Schlussfolgerung, dass die Antragstellerin derselben nicht nur diese Liegenschaft anvertraut, sondern ihr auch die Verfügung über das bewegliche Vermögen eingeräumt hat, entspricht logischem Denken." WrStLA, Akten der Rückstellungskommission beim Landesgericht für Zivilrechtssachen in Wien, Zl. Rk 1.372/48. Abgesehen von dem Unglück, das mit dieser Formulierung der deutschen Sprache angetan wurde, kann ich dieser Logik nicht folgen.

50 Der genannte Brief wird auch in der Empfehlung des Beirats vom 8.11.2006, S. 3, zitiert.

51 Françoise Giroud, die in ihrer Biographie Mahler-Werfels auf Quellenangaben völlig verzichtet, stellt völlig unreflektiert in den Raum, Alma Mahler-Werfel habe Carl Moll zu ihrem Bevollmächtigten ernannt und

Die erwiesene Tatsache, dass Alma Mahler-Werfel durch die Machtübernahme der Nationalsozialisten und vor allem mit Rücksicht auf ihren jüdischen Ehemann gezwungen war, ihr Hab und Gut einschließlich ihrer Kunstgegenstände in Wien zurückzulassen, kann weder als eine Bevollmächtigung noch als ein Anvertrauen im rechtlichen Sinne interpretiert werden.[52]

Eine Verkaufsberechtigung für Carl Moll oder Marie Eberstaller kann unter den gegebenen Umständen aber auch nicht ohne weiteres daraus abgeleitet werden, dass Alma Mahler-Werfel mit ihren Verwandten nicht verfeindet gewesen sein mag. Für besonders schwerwiegend hält Hilmes[53] – zum Nachteil Mahler-Werfels – die Tatsache, „dass mit dem Verkaufserlös dringend notwendige Reparaturen an Almas Breitensteiner Haus finanziert worden waren; von einer persönlichen Bereicherung Carl Molls konnte demnach gar keine Rede sein".

Hier irrt dieser Autor ganz offensichtlich, denn das gerichtliche Verfahren hat zu diesem Punkt eindeutig ergeben, dass vom Kaufpreis von RM 7.000 nur rund RM 1.500 für Dachdecker- und Installateurarbeiten in Breitenstein verwendet worden sind. Was mit dem erheblichen Mehrbetrag geschehen sollte, war nicht mehr aufzuklären; jedenfalls gibt es darüber weder einen Verwendungsnachweis noch irgendwelche Hinweise in der Korrespondenz mit der in den USA weilenden Eigentümerin des Bildes. Aus den vorliegenden Unterlagen kann nur geschlossen werden, dass diese weder über den Erhalt noch über die Verwendung der genannten RM 7.000 jemals informiert worden ist.

Man muss sich daher fragen, ob die Vertrauensseligkeit der Österreichischen Galerie beim Ankauf des Bildes unter den geschilderten politischen Verhältnissen für einen redlichen Eigentumserwerb ausreichen konnte. Ihr war bekannt, dass Alma Mahler-Werfel die rechtmäßige Eigentümerin des Munch-Bildes war, und sie wusste auch, dass diese, durch die politischen Verhältnisse gezwungen, Österreich unmittelbar nach dem „Anschluss" hatte verlassen müssen. Der Österreichischen Galerie lagen indes keine

---

ihm sämtliche Kunstgegenstände aus ihrem Besitz anvertraut. Einen Beweis dafür bleibt sie – wie alle anderen verfügbaren Quellen – schuldig. Siehe GIROUD, Alma Mahler oder die Kunst geliebt zu werden, S. 189 u. 200. Bei WESSLING, Alma, der seine Informationen offenbar von Mahler-Werfel selbst bezogen hat, findet sich im Anschluss an den Hinweis, dass sie bei der Auflösung des Haushaltes auf der Hohen Warte zahlreiche Kunstgegenstände in die Emigration mitgenommen hat, auf S. 230f. folgende Schilderung: „Die Molls, Schwester und Schwager Eberstaller stehen mitleidsvoll neben den ‚Mobilatoren' und taxieren insgeheim den Wert der einzelnen Gegenstände. Sobald sich Alma und Werfel aus Amerika gemeldet haben, schleicht sich die ‚Familie' auf die Böden und in die Abstellkammern, um die schönsten Trophäen und Pretiosen abzutransportieren und den eigenen ‚Sammlungen' einzuverleiben." Zum Schicksal des Munch-Bildes ist dieser Darstellung nichts zu entnehmen.

52 Siehe § 367 ABGB.

53 HILMES, Witwe im Wahn, S. 293 u. S. 365.

nachweisbaren Unterlagen vor, die Carl Moll oder die Ehegatten Eberstaller zu Verfügungen über das Eigentum der zwangsweise emigrierten Alma Mahler-Werfel berechtigt hätten. Dennoch hat es die Österreichische Galerie weder bei der Rückgabe der Leihgaben im März 1938 noch beim Bildverkauf selbst im Jahr 1940 für notwendig erkannt, mit der Eigentümerin selbst den damals noch möglichen direkten Kontakt aufzunehmen.

Es kann jedenfalls mit Sicherheit davon ausgegangen werden, dass Alma Mahler-Werfel an einen Verkauf des Munch-Bildes nie gedacht hätte, wäre nicht die Machtübernahme der Nationalsozialisten unmittelbar bevorgestanden, und dass es zum tatsächlichen Verkauf im Jahre 1940 ohne die Änderung der politischen Verhältnisse nicht gekommen wäre.[54]

Die Rolle Carl Molls beim Bildverkauf im Jahre 1940

Carl Moll selbst hat in seinen Lebenserinnerungen zum konkreten Fall – zum Verkauf des Munch-Bildes – mit keinem Wort Stellung genommen. 1939 war er 78 Jahre alt. Trotz seines Künstlerlebens, das ihn laufend in zum Teil auch engere Kontakte mit anders denkenden, insbesondere auch jüdischen Menschen und Künstlerkolleginnen und Künstlerkollegen gebracht hat, hat er – wie viele andere von falschen Hoffnungen geleitete Österreicherinnen und Österreicher bis in die höchsten Kreise auch – den „Anschluss" offenbar begrüßt.[55]

Dennoch scheint es durchaus nicht so zu sein, dass die politischen Differenzen zwischen Moll und seiner Stieftochter Alma das familiäre Zusammenleben vor deren Emigration wirklich entscheidend getrübt hätten. Auch die Eifersucht, die Alma immer wieder ihrer Stiefschwester Marie entgegenbrachte, und die gelegentlichen herabsetzenden Bemerkungen, die sie nicht nur, aber auch Carl Moll gegenüber häufig und nach 1945 in verstärktem Maße fallen ließ, waren offenbar nicht entscheidend für das Verhalten von Moll und Eberstaller im Zusammenhang mit den von Alma Mahler-Werfel in Wien zurückgelassenen Kunstgegenständen.

Aufgrund der vorliegenden Unterlagen kann dazu zusammenfassend nur gesagt werden, dass eindeutige Feststellungen darüber, aus welchen Gründen es zwei Jahre nach der Emigration Alma Mahler-Werfels zum Verkauf des Gemäldes an die Öster-

---

54 Siehe § 2 Abs. 1 des 3. Rückstellungsgesetzes und die Ausführungen dazu in der Empfehlung des Kunstrückgabe-Beirats vom 8.11.2006, S. 11f.

55 MOLL, Mein Leben, S. 238; siehe auch: NATTER, FRODL, Carl Moll, S. 38.

reichische Galerie, und zwar nicht einmal durch Carl Moll, sondern durch Marie Eberstaller, gekommen ist, nicht mehr mit absoluter Sicherheit zu treffen sind. Den Kaufpreis haben jedenfalls die in Wien verbliebenen Verwandten Alma Mahler-Werfels erhalten und behalten; eine Bereicherungsabsicht auf ihrer Seite kann nach den Umständen nicht eindeutig bewiesen, aber doch keineswegs ausgeschlossen werden.

Unbestreitbar ist jedenfalls, dass Carl Moll diesen Verkauf wenn schon nicht selbst in die Wege geleitet, so doch offenbar befürwortet hat. Es mag sein, dass er sich dazu aufgrund des Verhaltens seiner Stieftochter vor deren Emigration berechtigt gefühlt hat. Aufgrund der gegebenen Beweislage ist aber der Verkauf ohne erkennbare Zustimmung der Eigentümerin und ohne Mitteilung des erzielten Erlöses und seiner Verwendung an sie vor sich gegangen. Das von Carl Moll verwendete Argument, der Kaufpreis von damals noch öS 10.000 sei der „einzig realisierbare Wert […] den sie hat"[56], war, wenn überhaupt je, dann nur so lange gültig, als Alma diesen Kaufpreis noch zur eigenen Verfügung bekommen konnte. Das war aber nach ihrer Emigration und insbesondere nach dem vor ihr verheimlichten Verkauf nicht mehr möglich. Auch schreibt Mahler-Werfel in ihrer Selbstbiographie, sie habe noch in den letzten Tagen in Wien ihr gehörendes Geld flüssig gemacht. Das Geld und andere Wertgegenstände habe ihr ihre Freundin Ida Gebauer illegal in die Emigration nachgebracht.[57]

Das weitere Argument, der Erlös sei für Reparaturen in Breitenstein bestimmt gewesen, wurde bereits oben als keinesfalls überzeugend erkannt.

Es bleibt die plausible Annahme, die Wiener Verwandten Alma Mahler-Werfels hätten deren Abwesenheit in der Annahme, die nunmehr herrschenden politischen Verhältnisse würden zumindest „1000 Jahre" lang bestehen bleiben und einer Rückkehr auf Dauer entgegenstehen, zu einem Verkauf des Bildes ohne Wissen der Eigentümerin und zu einer Verwendung des Erlöses für ihre eigenen Zwecke benutzt. So hat es jedenfalls auch Alma Mahler-Werfel selbst nach 1945 immer wieder behauptet.

Carl Moll war ohne Zweifel als Künstler und Kunstförderer zeitlebens ein Ehrenmann. Für diese Annahme sollte neben dem Fehlen gegenteiliger Anhaltspunkte ein rückblickender Hinweis auf seine Rolle bei der Kokoschka-Ausstellung im Jahr 1937 und auf die freundlichen Worte Hans Tietzes zu Molls 60. Geburtstag[58] genügen.

---

56 Abschrift eines Briefes von Carl Moll an die Österreichische Galerie vom 4.3.1938; WrStLA, Akten der Rückstellungskommission beim Landesgericht für Zivilrechtssachen in Wien, Zl. Rk 216/61.
57 MAHLER-WERFEL, Mein Leben, S. 229; HILMES, Witwe im Wahn, S. 302. Siehe dazu auch WESSLING, Alma, S. 233 u. S. 241.
58 Siehe TIETZE, Carl Moll zum 60. Geburtstag.

Nichts spricht dafür, dass er – sei es privat oder im Rahmen seiner kaufmännischen Tätigkeit – dazu geneigt hätte, andere bewusst zu schädigen; und daran hat sich bis in sein hohes Alter nichts geändert. Sein Verhältnis zu seiner Stieftochter Alma war wohl gespannt, aber nie inkorrekt.

Dennoch tut man sich beim Versuch einer fleckenlosen Rettung der Ehre Carl Molls im Zusammenhang mit dem Bildverkauf im Jahr 1940 schwer. Moll ist diesem Verkauf, der ja im Namen seiner Tochter Marie Eberstaller erfolgte, nicht entgegengetreten und er hat es auch unterlassen, Alma Mahler-Werfel über diesen Verkauf und die Verwendung des Kauferlöses zu informieren.

Beim Versuch, dieses Fehlverhalten Molls möglichst objektiv zu bewerten und möglichst zu entschuldigen, ist vorerst sein hohes Alter in Betracht zu ziehen. Es war wohl nicht zuletzt dieser Umstand, der ihn völlig unter den Einfluss seines Schwiegersohnes zog. Es war auch offensichtlich Dr. Richard Eberstaller, der mit seiner Einstellung zum NS-Regime seine Familie stark beeinflusste, und er hat wohl darüber hinaus als Jurist darauf Einfluss genommen, dass seine Frau Marie und Carl Moll der Meinung sein mochten, mit dem Verkauf nichts Unrechtes zu tun.

In seinem Glauben an eine rechtmäßige Vorgangsweise beim Verkauf des Bildes musste Moll aber insbesondere auch durch die Haltung der Österreichischen Galerie bestärkt worden sein. Obwohl kein Zweifel daran bestand, dass das Bild im Eigentum Mahler-Werfels stand und dass diese infolge des „Anschlusses" zum Verlassen des Landes gezwungen worden war, gab die Österreichische Galerie dieses Bild, das sich als Leihgabe im Museum befand, im März 1938 ohne weitere Rückfragen über Ersuchen Carl Molls an diesen heraus. Auch beim Verkauf selbst im Jahr 1940 sind Rückfragen betreffend das Einvernehmen mit der Eigentümerin Alma Mahler-Werfel und über die Berechtigung anderer Personen zu diesem Verkauf unterblieben. Bemerkenswert erscheint dabei der Umstand, dass sich die Österreichische Galerie später betreffend diesen Verkauf kurzerhand darauf berief, dass ja bereits bei der Herausgabe der Leihgaben an Moll dieser „für Alma" aufgetreten sei.

Dieses Verhalten der handelnden Personen beim Verkauf des Bildes war durchaus dazu geeignet, Carl Moll in der Annahme zu bestärken, dass all diese Vorgänge im Rahmen der Gesetze vor sich gingen, und dass Marie Eberstaller eben so wie er selbst zu Verfügungen über von Alma Mahler-Werfel zurückgelassene Vermögensgegenstände rechtlich befugt gewesen seien.

Die abschließende Beurteilung Carl Molls als eines Zerrissenen ließ sich bereits bei der Erwähnung seiner Doppelfunktion als Künstler und als Kunsthändler und der Darstellung seiner Haltung zu Oskar Kokoschka im Jahr 1937 sowie seiner Bejahung des „Anschlusses" demonstrieren. Auf die Widersprüche in seiner Person hat auch Tietze in seiner Gratulation zu Molls 60. Geburtstag treffend hingewiesen.[59]

Molls Beteiligung an dem im Ergebnis unrühmlichen Verkauf des Munch-Bildes an die Österreichische Galerie steht – als ein weiteres Beispiel seiner Zerrissenheit – im offenen Gegensatz zu seinem verdienten Ansehen als Maler von hohem Rang, der dank seiner Klugheit und Umsicht in den Wiener Künstlerkreisen und im Kunsthandel eine bedeutende, ja unverzichtbare Rolle gespielt hat.

Es ist betrüblich, dass die Herstellung einer gerechten Ordnung im vorliegenden Rückgabefall so lange Zeit in Anspruch genommen hat. Nun, da dieser Fall aber endlich einen sowohl dem Gesetz als auch der dahinter stehenden Moral entsprechenden Ausgang genommen hat, mag die hier herausgearbeitete partielle Zerrissenheit Carl Molls als ein Bespiel dafür in Erinnerung bleiben, dass auch große Geister nicht frei sind von menschlicher Schwäche und Unvollkommenheit.

---

59 Siehe TIETZE, Carl Moll zum 60. Geburtstag.

Der Fall Blauhorn: Das Schicksal einer Sammlung

Anita Stelzl-Gallian

Die Kommission für Provenienzforschung beschäftigt sich seit ihren Anfängen mit der Kunstsammlung von Auguste und Josef Blauhorn. Bereits die Auswertung der Restitutionsmaterialien des Archivs des Bundesdenkmalamts (BDA) im Jahr 1998 ließ den Fall Blauhorn als „bedenklich" erscheinen.[1] Die reichlich vorhandenen Dokumente zeugen von der umfangreichen Kunstsammlung des Ehepaars Blauhorn,[2] deren Schwerpunkt österreichische Künstler des 19. und des beginnenden 20. Jahrhunderts[3] bildeten. Das Schicksal dieser während der NS-Zeit (zwangs)verkauften Kunstwerke stellt keinen Einzelfall dar.[4] Der Fall Blauhorn veranschaulicht eines der zentralen Probleme, nämlich den Umgang mit jenen Rechtsgeschäften, die nach dem 12. März 1938 unter dem Druck der nationalsozialistischen Verfolgung zustande kamen, aber von den Rückstellungsgesetzen nach 1945[5] nicht als Entziehungen eingestuft wurden und dementsprechend auch nicht zu Rückstellungen führten.

Der Anfrage der Anlaufstelle der Israelitischen Kultusgemeinde (IKG) in Wien vom April 2000 an die Kommission für Provenienzforschung zu Kunstgegenständen aus der Sammlung Blauhorn wurde nachgegangen. Noch im gleichen Jahr informierte das Büro der Kommission erstmals die RechtsnachfolgerInnen der Familie Blauhorn und die in den Fall involvierte Österreichische Botschaft in London über den Stand der Recherchen.[6] Die Nachforschungen wurden und werden in regelmäßigen Abständen

---

1 Die Auswertung erfolgte 1998 durch Dr. Robert Holzbauer.

2 BDA-Archiv, Restitutionsmaterialien, Kt.31/4, PM Blauhorn.

3 BDA-Archiv, Restitutionsmaterialien, Gz. 31.923/175/2002, der gedruckte Katalog (ohne Umschlag und Datum), der der Kommission zu Recherchezwecken von der Österreichischen Botschaft in London übermittelt wurde, gibt einen Überblick über die Sammlung, die u. a. Gemälde von Rudolf von Alt, Friedrich Amerling, Franz Eybl, Peter Fendi, Leopold Kupelwieser, August Pettenkofen, Anton Romako, Emil Jakob Schindler und Ferdinand Georg Waldmüller umfasste.

4 Sophie LILLIE, Was einmal war. Handbuch der enteigneten Kunstsammlungen Wiens (= Bibliothek des Raubes, Bd. VIII), Wien 2003.

5 Ingo ZECHNER, Zweifelhaftes Eigentum, Fußnoten zur Kunstrestitution in Österreich, in: Gabriele ANDERL, Alexandra CARUSO (Hg.), NS-Kunstraub in Österreich und die Folgen, Innsbruck-Wien-Bozen 2005, S. 235–246.

6 Der Familie Blauhorn ist die Sachverhaltdarstellung übermittelt worden, die Monika Mayer im Jahr 2000 zu den beiden sich in der ÖG befindenden Gemälden von Ludwig Schnorr von Carolsfeld und Leopold Kupelwieser erstellte. Kollegin Mayer ist an dieser Stelle für ihre Hilfebereitschaft zu danken.

infolge der Erschließung neuer Materialien aufgegriffen und auch ausgeweitet, zum vorläufig letzten Mal 2006.[7]

Der Zerfall der Sammlung Auguste und Josef Blauhorn ...

Dr. Josef Blauhorn, geboren am 19. Juni 1883, Prokurist und Gewerkschaftsrat der Witkowitzer Bergbau- und Eisenhütten-Gewerkschaft und seine Frau, geboren als Auguste Koppel am 11. Juni 1885[8], wohnten mit ihren drei Kindern Karl, Anneliese und Hans Georg in der Grinzinger Allee 54 im 19. Bezirk in Wien. Die Akten der Zentralstelle für Denkmalschutz enthalten Hinweise, dass sich Josef Blauhorn seit 1930 in London aufgehalten hatte, in den Meldeunterlagen scheint er bis Februar 1939 als in Wien gemeldet auf.[9] 1939 konnten seine Gattin und er sich vor der Verfolgung durch das NS-Regime nach London retten, der genaue Weg ins Londoner Exil, wo Josef Blauhorn 1944 verstarb, lässt sich allerdings auf Basis der überlieferten Akten nicht vollständig rekonstruieren. Josef Blauhorn dürfte sich aufgrund seines schlechten Gesundheitszustandes zwischenzeitlich auch in der Schweiz aufgehalten haben.[10] Die drei Kinder gingen jeweils eigene Wege: Karl hatte Wien bereits 1936 verlassen und war nach Witkowitz in der Tschechoslowakei gegangen, Anneliese war 1937, mit nur 22 Jahren in San Martino di Castozza/Italien tot aufgefunden worden. Georg hatte sich 1938 nach Italien abgemeldet.

Von 1930 bis 1942 fungierte der Wiener Rechtsanwalt Dr. Hans Dechant als Treuhänder Josef Blauhorns. Seine Zuständigkeit erstreckte sich auf das bewegliche Vermögen, nicht aber auf die Liegenschaft in der Grinzinger Allee.[11] Ab 1942 übernahm der Rechtsanwalt Dr. Fritz Lehner im Auftrag der Gestapo die treuhändige Verwaltung des Eigentums von Josef Blauhorn.

---

7 Im April 2006 wurde der Kommission für Provenienzforschung ein von Monika Mayer verfasster Nachtrag zum Dossier Sammlung Dr. Josef Blauhorn vorgelegt.

8 Siehe LILLIE, Was einmal war, S. 179.

9 Wiener Stadt- und Landesarchiv, M-4466-67/2003H, gemeldet von 7.4.1924 bis 16.2.1939. Von Auguste Blauhorn konnte keine selbständige Meldung ermittelt werden. Für die Erledigung der Meldeanfrage ist an dieser Stelle Monika Wulz (IKG Wien) zu danken.

10 ÖStA AdR 06, VVSt, VA 8667, Schreiben von Hans Dechant an die Abwicklungsstelle der Vermögensverkehrsstelle vom 26.3.1940: „Der gegenwärtige Aufenthalt meines Klienten ist mir nicht bekannt. Dr. Blauhorn dürfte von der Schweiz nach Südamerika abgereist sein".

11 BDA-Archiv, Restitutionsmaterialien, Gz. 31.923/79/2003.

Der erste Verkauf von Gemälden aus der Sammlung, der in Zusammenhang mit der Flucht zu sehen ist, erfolgte mehrere Wochen nach dem 12. März 1938[12] an den im Auftrag der NSDAP „reisenden Kunstsachverständigen" Otto Brunner und fand auf Anraten von Arthur Roessler[13] statt.[14] Es handelt sind um zwei Waldmüller Gemälde: *Der Notverkauf* und *Hintersee mit Hochkalter*. Josef Blauhorn hatte sich zunächst gegen den Verkauf ausgesprochen, musste aber schließlich auf das von Roessler vermittelte Angebot eingehen, das dieser mit der Warnung verknüpfte, dass „[…] die beiden Bilder […] zu bekannt [wären], um im Besitze eines Juden zu bleiben."[15]

Auch die übrigen Objekte der umfangreichen Sammlung durften – wie sich bald erwies – nicht „im Besitze eines Juden" bleiben. Das österreichische Ausfuhrverbotsgesetz, das während der NS-Zeit seine Gültigkeit behielt, bot die geeignete Handhabe, um in einem ersten Schritt die wertvollsten Objekte der Verfügungsgewalt des Eigentümers zu entziehen. Als Josef Blauhorn sich am 25. Jänner 1939 an die Zentralstelle für Denkmalschutz wandte, um eine Ausfuhrbewilligung für 145 Kunstobjekte zu erreichen,[16] führte das zur Sperre von neun Gemälden und einem Aquarell. Die Objekte wurden auf Ansuchen der Zentralstelle für Denkmalschutz mit Bescheid des Wiener Magistrates vom 8. Februar 1939 als „national wertvolles Gut" sichergestellt.[17] Fünf Bilder (Rudolf von Alt, *Traunstein*, Franz Eybl, *Großmutter am Spinnrad*, Leopold Kupelwieser, *Heilige drei Könige*, August Pettenkofen, *Rauchendes Zigeunermädchen* und Ludwig Schnorr von Carolsfeld, *Tal von Chamonix*) kamen in die Verwahrung der Österreichischen Galerie, wo sie in der Orangerie des Unteren Belvederes deponiert wurden.[18] Weitere fünf Bilder – Carl Agricola, *Urteil des Paris* (Rubenskopie), Rudolf von Alt,

---

12   BDA-Archiv, Restitutionsmaterialien, Kt. 31/4, PM Blauhorn, Zl. 5916/59, Abschrift Affidavit von Georg Blauhorn.

13   Verfasser der Monographie zu Ferdinand Georg Waldmüller. Arthur ROESSLER, Gustav PISKO, Ferdinand Georg Waldmüller, sein Leben, sein Werk und seine Schriften, Wien 1908. Die genannten Gemälde Waldmüllers sind in der erwähnten Monografie abgebildet.

14   BDA-Archiv, Restitutionsmaterialien, Kt. 31/4, PM Blauhorn, Zl. 5916/59, Abschrift Affidavit von Georg Blauhorn. Für diese Transaktion verrechnete Roessler einen Abschlag von 10%. Josef Blauhorn erhielt also nur 90% des Kaufpreises.

15   BDA-Archiv, Restitutionsmaterialien, Kt. 31/4, PM Blauhorn, Zl. 5916/59, Abschrift Affidavit von Georg Blauhorn. Auf diese Bilder wird nachfolgend in diesem Beitrag eingegangen.

16   BDA-Archiv, Ausfuhrmaterialien, Ausfuhrbewilligung, Zl. 728/39, vom 25.1.1939.

17   BDA-Archiv, Restitutionsmaterialien, Kt. 31/4, PM Blauhorn, Zl. 2318/Dsch./39, Abschrift M.Abt. 50/577/39, vom 8.2.1939; „(St. GBL. Nr. 90/18 in der Fassung d. BGBl Nr. 80/23)".

18   Monika MAYER, Dossier Sammlung Dr. Josef Blauhorn, 2006, S. 2, Fußnote 4. Akt Belvedere-Archiv, Zl. 566/50; siehe auch: BDA-Archiv, Restitutionsmaterialien, Kt. 31/4, PM Blauhorn, Zl. 2710/51, Memorandum Dr. Balke, S. 2.

Foto auf der Zentraldepotkarteikarte: Josef Danhauser, *Mutter mit Kind am Meer/Schiffbrüchige*, Öl auf Holz, signiert und datiert 1835, 40 x 49 cm.

Prager Brückenkopf, Josef Danhauser, *Mutter mit Kind/Schiffbrüchige* (siehe Abbildung)[19], Carl von Saar, *Blumenstück* und Ferdinand Georg Waldmüller, *Abendandacht* – wurden in die Verwahrung des Kunsthistorischen Museums gegeben.

Das Gemälde *Prager Brückenkopf auf der Kleinseite* wurde freilich per Bescheid vom 20. März 1939 aus der Sicherstellung enthoben, nachdem es schon zuvor, am 6. März, an den Dozentenverband der Deutschen Universität Prag ausgefolgt worden war, der es Adolf Hitler als Geburtstagsgeschenk überreichen wollte.[20] Staatskonservator Otto Demus begründete die Entscheidung folgendermaßen: „Frl. Blum [Sekretärin Blauhorns] beabsichtigt das genannte Bild an den Vertreter der Deutschen Universität in Prag zu verkaufen, welcher das Bild als Geschenk für eine hochstehende Persönlichkeit im Reiche verwenden will. Der Verbleib des Werkes im Reich wird auf diese Weise gewährleistet, sodaß gegen die Freigabe des Bildes keine Bedenken bestehen."[21]

Von den 145 Kunstwerken, um deren Ausfuhr Josef Blauhorn im Jänner 1939 angesucht hatte, waren zwar immerhin 135 zunächst von der Zentralstelle für Denkmalschutz freigegeben worden, sie blieben aber noch in einem Wirtschaftsgebäude der Blauhorn'schen Liegenschaft deponiert. Als Hans Dechant in weiterer Folge die Liquidierung des Blauhornschen Vermögens durchführte, verlangte die Devisenstelle Wien

---

19 BDA-Archiv, Restitutionsmaterialien, Zl. 31.923/90/2000, Auskunft von Monika Mayer vom 5.5.2000: Das Bild von Danhauser, Fischersfrau mit Kind (Nach dem Sturm), Öl auf Holz, signiert und datiert 1835, 40 x 49, befindet sich in niederösterreichischem Privatbesitz (publiziert im Katalog der Ausstellung „Malerei im Biedermeier", Kunstforum 1993).

20 Ob Adolf Hitler das Gemälde jemals erhalten hat, ist nicht bekannt.

21 BDA-Archiv, Restitutionsmaterialien, Kt. 31/4, PM Blauhorn, Zl. 896/40, Zl. 981/Dsch./1939.

eine Bestätigung darüber, welche Bilder zur Ausfuhr freigegeben und welche gesperrt seien. Es oblag Bruno Grimschitz, dem damaligen Direktor der Österreichischen Galerie, eine endgültige Entscheidung zu treffen.[22]

Zur Feststellung des Vermögenswertes wurden am 7. März 1939 neun[23] der zehn zur Ausfuhr gesperrten Bilder durch den beeideten Schätzmeister des Dorotheums Eugen Primavesi geschätzt. Um offene Forderungen von Gläubigern realisieren zu können, sollten die dem Ausfuhrverbot unterliegenden Gemälde einer Verwertung im Inland zugeführt werden. In der Hoffnung, zumindest die übrigen Kunstobjekte tatsächlich ausführen zu dürfen, ließ sich Josef Blauhorn auf ein Gegengeschäft mit dem Reichsfinanzminister in Berlin ein und verpflichtete sich, seine gesamten im Ausland liegenden Aktien an die Reichswerke Hermann Göring A.-G. zu verkaufen.[24]

Dennoch kam es nicht zu einer Ausfuhr der freigegebenen 135 Kunstwerke. 1941 verfiel das Vermögen von Josef Blauhorn aufgrund der 11. Verordnung zum Reichsbürgergesetz zugunsten des Deutschen Reichs.[25] Als der NS-Lehrerbund im Februar 1942 die Villa Blauhorn übernahm, waren die dort gelagerten Bilder noch vorhanden.[26] Der Leiter des Instituts für Denkmalpflege, Herbert Seiberl, bemühte sich um deren Übernahme und vorläufige Verwahrung, der Oberfinanzpräsident Wien stimmte dem jedoch nicht zu.[27]

Stattdessen wurden die Kunstwerke von Bernhard Wittke, Schätzmeister der Vugesta, gemeinsam mit dem Mobiliar einer Schätzung unterzogen.[28] Anschließend erfolgte die Beschlagnahme der Kunstgegenstände durch die Gestapo. Sechs Bilder wurden

---

22 BDA-Archiv, Restitutionsmaterialien, Kt. 31/4, PM Blauhorn, Zl. 1828/Dsch./1939, Schreiben Hans Dechants an die Zentralstelle für Denkmalschutz vom 19.10.1939; siehe auch: BDA-Archiv, Restitutionsmaterialien, Kt. 31/4, PM Blauhorn, Zl. 1828/Dsch./1939, Schreiben Hans Dechants an die Zentralstelle für Denkmalschutz vom 26.10.1939. Grimschitz verzögerte seine Stellungnahme an die Devisenstelle. Dies trug dazu bei, dass die Gültigkeit der beantragten Ausfuhrbewilligung ständig verlängert werden musste.

23 BDA-Archiv, Restitutionsmaterialien, Kt. 31/4, PM Blauhorn, Zl. 2318/Dsch./1939. Das Gemälde von Rudolf von Alt, *Prager Brückenkopf auf der Kleinseite*, ist bereits am 6.3.1939 an den Dozentenverband der Deutschen Universität Prag anlässlich des Geburtstages von Adolf Hitler ausgefolgt und erst danach per Bescheid vom 20.3.1939 aus der Sicherstellung enthoben worden.

24 Hierbei handelt es sich um ein Comos-Aktien-Paket (966 Stück). BDA-Archiv, Restitutionsmaterialien, Gz. 31.923/79/2003. Beilage zu einem Schreiben von Heidemarie Blazej, Österreichische Botschaft London, an die Kommission für Provenienzforschung vom 26.3.2003: RWM Sr. 135/42, Schreiben des Reichswirtschaftsministeriums an den Reichsminister der Finanzen vom 3.3.1942.

25 RGBl 1941 I, Nr. 133 vom 25.11.1941.

26 BDA-Archiv, Restitutionsmaterialien, Kt. 31/4, PM Blauhorn, Zl. 2441/40. Pro domo vom 25.2.1942. Die Objekte sind im Stallgebäude in den Futterkrippen gefunden worden.

27 BDA-Archiv, Restitutionsmaterialien, Kt. 31/4, PM Blauhorn, Zl. 2441/40, Schreiben Herbert Seiberls an den Oberfinanzpräsidenten Aschinger vom 25.2.1942.

28 BDA-Archiv, Restitutionsmaterialien, Kt. 31/4, PM Blauhorn, Zl. 2792/48; siehe auch: „Arisierung" von Mobilien mit Beiträgen von Gabriele ANDERL, Edith BLASCHITZ, Sabine LOITFELLNER, Mirjam

umgehend zur Versteigerung im Dorotheum eingebracht:[29] Davon wurden fünf in der
Auktion vom 3. November 1942 veräußert.[30] Das sechste Bild, Anton Ebert, *Der Bub
aus Hinterbrühl*, wurde auf Veranlassung des Instituts für Denkmalpflege wegen möglichen Interesses der Landesbildergalerie Graz aus der Versteigerung zurückgezogen und
direkt von der Landesgalerie um RM 800 erworben.[31]

Zentraldepotkarteikarte:
Rudolf von Alt, *Der Traunsee mit dem
Traunstein vom Hochgeschirr aus,*
Öl auf Leinwand, signiert und datiert,
53 x 65 cm.

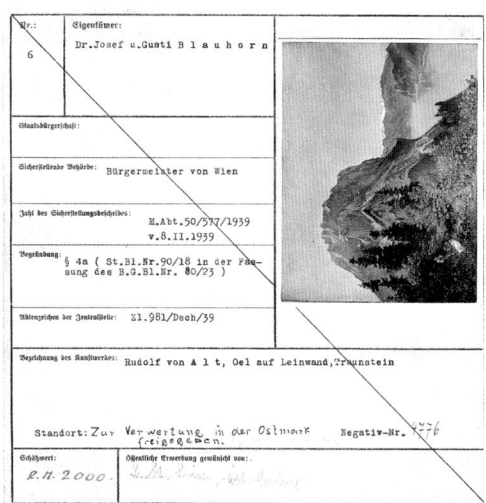

Im Zentrum der Begehrlichkeiten öffentlicher Sammlungen standen aber die nach § 4a
des Ausfuhrverbotsgesetzes im Februar 1939 sichergestellten zehn, respektive nach Freigabe des Werks *Prager Brückenkopf auf der Kleinseite* neun Bilder.[32] Vier davon wurden

---

TRIENDL, Niko WAHL, (= Veröffentlichungen der Österreichischen Historikerkommission Vermögensentzug während der NS-Zeit sowie Rückstellungen und Entschädigungen seit 1945 in Österreich, Bd. 15)
Wien-München, 2004, S. 135.

29 Der Verbleib anderer Bilder konnte den Akten nicht entnommen werden. Weitere Rechercheergebnisse siehe LILLIE, Was einmal war, S. 178–187.

30 BDA-Archiv, Restitutionsmaterialien, Kt. 31/4, PM Blauhorn, Zl. 1093/1948. Eck, Englischer Maler um
1800, Steinfeld, Tischler und Wiener Maler aus dem Kreis Lampi. Diese Bilder wurden bar bezahlt, die Käufer sind in solchen Fällen nicht zur Ausweisleistung gezwungen gewesen. 1948 konnten die Namen der Käufer nicht mehr eruiert werden.

31 BDA-Archiv, Restitutionsmaterialien, Kt. 31/4, PM Blauhorn, Zl. 892/46; siehe auch: Zl. 1093/48, 1959
ging das Gemälde im Zuge eines Vergleichs mit der Familie Blauhorn in die Sammlung des Volkskunde-
museums in Graz über. Siehe auch: Thomas ARLT, Gudrun DANZER, Barbara KLINKOSCH, Forschungsbericht des Arbeitskreises „Erwerbungen und Rückstellungen aus jüdischem Besitz 1938 bis 1955,
Graz 1999, S. 91.

32 Als Beleg sei die Besprechung zwischen Dechant, Seiberl und Zykan vom Denkmalamt am 15.3.1940 angeführt. BDA-Archiv, Restitutionsmaterialien, Kt. 31/4, PM Blauhorn, Zl. 896/Dsch./1040, Protokoll vom
15.3.1940.

denn auch 1940 an staatliche Museen veräußert: Franz Eybl, *Großmutter am Spinnrad,* Leopold Kupelwieser, *Die heiligen drei Könige,* Carl von Saar, *Blumenstück mit Primeln,* und Ludwig Schnorr von Carolsfeld, *Tal von Chamonix mit dem Mont-Blanc.* Von den Rückstellungsbemühungen um diese Objekte wird weiter unten noch die Rede sein. Um ein weiteres Gemälde, das Werk von Rudolf von Alt, *Der Traunsee mit dem Traunstein* (siehe Abbildung), bemühte sich das Landesmuseum in Linz, das Stück wurde jedoch an die Reichsjugendführung in Berlin verkauft.

Neuerlich – wie schon beim *Prager Brückenkopf* – haben wir es mit einem Geburtstagsgeschenk für Adolf Hitler zu tun.[33]

Nachdem man das öffentliche Interesse an Werken aus der Sammlung Blauhorn „befriedigt" hatte[34], wurden im Gegenzug die verbleibenden vier zur Ausfuhr gesperrten Gemälde freigegeben,[35] „da sie von geringerer künstlerischer Bedeutung sind und ein öffentliches Interesse nicht geltend gemacht werde".[36] Ob sich diese Bilder, im Besonderen die *Abendandacht* von Waldmüller, in dem dann 1942 von der Gestapo beschlag-

---

33   BDA-Archiv, Restitutionsmaterialien, Kt. 31/4, PM Blauhorn, Zl. U-8842/40, fol. 38. Für die Verbringung ins Altreich musste eine Freigabe bei der Zentralstelle für Denkmalschutz angefordert werden. Als Vermittlerin des Verkaufs war die Kunsthistorikerin Vita Künstler aufgetreten, die nach der Emigration von Otto Nirenstein 1938 die Leitung der Neuen Galerie in Wien übernommen hatte. In einem Schreiben vom 17.4.1940 an das „Zentralamt [sic!] für Denkmalschutz" rechtfertigte Vita Künstler ihre verspätete Anfrage wegen der Genehmigung zum Verkauf ins Altreich damit, dass sich die Ereignisse vor dem Geburtstag Hitlers „zugespitzt" hätten, weshalb sie den „vorgeschriebenen Weg" nicht hätte einhalten können und deshalb erst im Nachhinein um die Genehmigung ansuche. Bezüglich der Ausfuhr ins Altreich siehe auch: Theodor BRÜCKLER (Hg.), Kunstraub, Kunstbergung und Restitution in Österreich 1938 bis heute (= Studien zu Denkmalschutz und Denkmalpflege, Bd. XIX) Wien-Köln-Weimar 1999, S. 380. „Trotz (österreichischen) Ausfuhrverbotes war weiterhin die Gefahr einer Verbringung in das so genannte ‚Altreich' gegeben, *als die Zollschranken gegenüber dem Altreich gefallen sind und die Kunstgegenstände ohne weiteres dorthin verbracht und von dort ins Ausland geschafft werden können, da analoge strenge Ausfuhrbestimmungen im Altreich nicht bestehen."* [Kursivierung im Original].

34   BDA-Archiv, Restitutionsmaterialien, Kt. 31/4, PM Blauhorn, Zl. 2710/51, Memorandum von Franz Balke. Balke beschrieb 1951 den Vorgang, dem „Freiwilligkeit" unterstellt wird, folgendermaßen: „Alle dort verwahrten Objekte konnten von den Leitern der staatlichen österreichischen Museen mit Rücksicht auf allfällige Erwerbungswünsche besichtigt werden. Während bei beschlagnahmten Objekt [sic!] die Möglichkeit bestand, sie den öffentlichen Sammlungen zu überweisen, gab es für die sichergestellte Objekte auch im Jahr 1940 nur die seit 1923 bestehende und gehandhabte Möglichkeit, solche Objekte durch ein normales Kaufgeschäft auf freiwilliger Grundlage und zu angemessenen Preisen vom Besitzer zu erwerben, wobei – seit 1923 das BDA einen solchen freiwilligen Verkauf überwachte."

35   Es handelte sich um die Bilder: Carl Josef Agricola nach Rubens, *Urteil des Paris;* Josef Danhauser, *Die Schiffbrüchige/Nach dem Sturm,* August Pettenkofen, *Rauchendes Zigeunermädchen* und Ferdinand Georg Waldmüller, *Abendandacht.* LILLIE, Was einmal war, S. 187.

36   BDA-Archiv, Restitutionsmaterialien, Kt. 31/4, PM Blauhorn, Zl. 896/Dsch./40, Schreiben Seiberls an das Ministerium für innere und kulturelle Angelegenheiten vom 15.4.1940.

nahmten Teil der Sammlung Blauhorn befunden haben, ist Gegenstand noch laufender Recherchen. Akten des BDA-Archivs scheinen jedenfalls darauf hinzuweisen.[37]

Weitere Gemälde der Sammlung wurden als Honorare oder „Spenden" den NS-Machthabern übergeben. Hans Dechant etwa berichtete, dass Gemälde „aus einem bestimmten Anlasse staatlichen Beamten überlassen [wurden], und zwar nicht etwa als Bestechung, sondern nach vollzogener Leistung als Zeichen der Dankbarkeit für die Förderung der im Interesse des Klienten gelegenen Angelegenheiten. Ich hielt es für nicht entsprechend, die Namen dieser Beamten preiszugeben."[38] Dabei handelte es sich unter anderen um die Gemälde von Moritz Michael Daffinger, *Selbstporträt* und von Carl von Saar, *Leopoldsberg*.[39]

Diese „Großzügigkeit" Josef Blauhorns, die ganz offensichtlich aus seiner Zwangslage resultierte, erklärt sich aus dem damaligen Auftrag Dechants, laut welchem er erwirken sollte, „dass so wenige Bilder wie möglich […] aus denkmalschützerischen Gründen im Inlande zurückbehalten werden."[40] Auch Dechant selbst erhielt mehrere Gemälde: Schindlers, *Schirocco im Anzug*, Franz Alts, *Interieur aus der Privatkapelle des Papstes im Vatikan* und *Schiffswette;* sowie einen *Zigeunerwagen* von Michau, der zuvor fälschlich Pettenkofen zugeschrieben worden war.[41]

Nur bei den wenigen Gemälden, die durch öffentliche Sammlungen angekauft wurden, sind ihre Verbleiborte nach 1945 bekannt. Das Schicksal der von der Gestapo beschlagnahmten Gemälde, also des wesentlich umfangreicheren Teils der Sammlung, liegt jedoch weitestgehend im Dunkeln. Vereinzelt tauchen die Kunstgegenstände heute am Kunstmarkt auf.[42] Die Provenienzforschung stößt in solchen Fällen an ihre Grenzen. Die Sammlung Blauhorn ist unwiederbringlich zerfallen.

---

37   LILLIE, Was einmal war, S. 189; siehe auch: BDA-Archiv, Restitutionsmaterialien, Kt. 31/4, PM Blauhorn, Zl. 1093/1948; siehe auch BDA-Archiv, Restitutionsmaterialien, Gz. 31.923/221/2007, seit dem Jahr 1969 befindet sich ein Gemälde Waldmüllers über Vermittlung der Galerie L. T. Neumann im Niederösterreichischen Landesmuseum in St. Pölten. Recherchen von Wolfgang Krug, Kurator am NÖLM sind noch im Gange.

38   BDA-Archiv, Restitutionsmaterialien, Kt. 31/4, PM Blauhorn, Zl. 8838/48.

39   BDA-Archiv, Restitutionsmaterialien, Kt. 31/4, PM Blauhorn, Zl. 10.528/48.

40   BDA-Archiv, Restitutionsmaterialien, Kt. 31/4, PM Blauhorn, Zl. 8838/48. Abschrift Aussage von Hans Dechant, Vorsprache im BDA.

41   BDA-Archiv, Restitutionsmaterialien, Kt. 31/4, PM Blauhorn, Zl. 8838/48.

42   LILLIE, Was einmal war, S. 187. Das Gemälde von Pettenkofen wurde 1993 im Wiener Dorotheum versteigert.

… und die Schicksale der nach 1945 aufgefundenen Gemälde

Nach dem Krieg erkundigte sich Hans Dechant – wiederum als Rechtsvertreter der Familie Blauhorn tätig – beim Bundesdenkmalamt nach dem Verbleib der Kunstsammlung Blauhorn. Die diesbezüglichen Recherchen des BDA führten unter anderem dazu, dass 1947 das Gemälde von Franz Eybl, *Großmutter am Spinnrad*, das der Kunstbeauftragte Adolf Hitlers, Hans Posse, 1940 um RM 1.200 für das geplante Kunstmuseum in Linz erworben hatte,[43] in den Beständen des Central Art Collecting Point in München aufgefunden wurde.[44] Ein Jahr später wurde es nach Salzburg[45] überstellt und zur Feststellung der Eigentümer in die Verwahrung des Bundesdenkmalamts übergeben. 1952 ging es schließlich mit anderen Kunstobjekten aus dem ehemaligen Bestand des Linzer Kunstmuseums als verfallenes Vermögen Adolf Hitlers in das Eigentum der Republik Österreich über.[46]

Am 30. Juni 1949 stellte Rechtsanwalt Hans Dechant in Vertretung von Auguste Bienenfeld, verwitwete Blauhorn, bei der Finanzlandesdirektion für Wien, Niederösterreich und Burgenland einen Antrag auf Rückstellung.[47] Dieser wurde 1950 abgewiesen: „[…] wie im Fall Morelli ist von hieraus die Stellung zu beziehen, dass Österreich weder Eigentümer noch Besitzer des Objektes ist, die Klage daher gegen den letzten Erwerber einzubringen gewesen wäre, das ist Adolf Hitler […].“[48] Ein weiterer Antrag wurde bei der Rückstellungskommission beim Landesgericht Salzburg 1952 eingebracht, die ebenfalls gegen eine Rückstellung des Eybl-Gemäldes entschied.[49] Der ehemalige Mitarbeiter von Grimschitz Franz Balke, nach 1945 im Auftrag der Kunstsektion des Staatsamtes für Volksaufklärung mit der „Rückgabe des enteigneten privaten Kunstbesitzes“ betraut,[50] nahm folgendermaßen Stellung: „Das Rückstellungsgesetz (BGBL vom 6.II.1947) ist nur anwendbar auf ‚entzogenes Vermögen‘, das entweder eigenmächtig oder aufgrund von Gesetzen … im Zusammenhang mit der national-

---

43   BDA-Archiv, Restitutionsmaterialien, Kt. 31/4, PM Blauhorn, Zl. 267/42, „Dabei war bekannt, dass dieser Betrag mir auf Abschlag meiner Kosten zufliessen sollte.“

44   BDA-Archiv, Restitutionsmaterialien, Kt. 11, Zl. 7510/47.

45   BDA-Archiv, Restitutionsmaterialien, Kt. 31/4, PM Blauhorn, Zl. 7073/49.

46   WrStLA MA 8, LG Wien Vg 1 Vr 68/52.

47   BDA-Archiv, Restitutionsmaterialien, Kt. 31/4, PM Blauhorn, Zl. 1950/50, Abschrift VR-V 14.448/50; ÖStA AdR 02, Sonderlegung 15, Karton 6.674/47.051-2/48.

48   BDA-Archiv, Restitutionsmaterialien, Kt. 31/4, PM Blauhorn, Zl. 1539/50, AV vom 15.2.1950.

49   BDA-Archiv, Restitutionsmaterialien, Kt. 31/4, PM Blauhorn, Zl. 4043/52, Abschrift Erkenntnis der Rückstellungskommission Rk 111/49/19 vom 29.4.1952.

50   Theodor BRÜCKLER, Ulrike NIMETH, Personenlexikon zur Österreichischen Denkmalpflege, Horn 2001, S. 15.

sozialistischen Machtergreifung entzogen worden [ist].“[51] Auf diese Weise fand das Gemälde von Eybl *Großmutter am Spinnrad* wiederum seinen Weg in die Österreichische Galerie; laut Erlass des Bundesministeriums für Unterricht vom 29. Juni 1963 wurde das BDA ermächtigt, dem Museum eine Anzahl von Kunstgegenständen in treuhändige Verwahrung zu übergeben.[52] Mit 25. März 1965 sollte das Bild definitiv in das Inventar der Österreichischen Galerie übergehen.[53] Bereits im November 1963 wurde es aber im Tausch gegen ein Stillleben von Werner Tamm[54] an einen privaten Sammler abgegeben.[55] Das Gemälde befindet sich somit nicht mehr in den Beständen des Museums, eine Rückgabe ist ausgeschlossen.

1949 konnten ebenfalls zwei – bereits oben erwähnte – Gemälde Waldmüllers (*Der Notverkauf* und *Hintersee mit Hochkalter*) in den Beständen des CACP in München aufgefunden werden. Wegen des Vermerks „Museum Stettin“ nahm man vorerst an, es handle sich um Eigentum des erwähnten Museums. Von österreichischer Seite musste der Nachweis erbracht werden, dass es sich um ursprünglich österreichisches Eigentum handelte.[56] Bruno Grimschitz gab unter Eid an, dass Josef Blauhorn der Eigentümer der beiden Bilder gewesen war und diese sich vormals in Wien befunden hatten.[57] Das BDA ersuchte 1950 das Bundesministerium für Finanzen, Sektion Vermögenssicherung, die Angelegenheit bezüglich der Bilder von Waldmüller „durch die österreichische Rückstellungskommission in Deutschland […] betreiben zu wollen“[58], da zu diesem Zeitpunkt keine österreichische Vertretung mehr im CACP tätig war. Die Bilder

51 BDA-Archiv, Restitutionsmaterialien, Kt. 31/4, PM Blauhorn, Zl. 2710/51, Monika Mayer, Dossier Sammlung Dr. Josef Blauhorn, 2006, S. 15, sowie in diesem Band: Monika MAYER, Zehn Jahre Provenienzforschung in der Österreichischen Galerie Belvedere, Fußnote 18.

52 Monika MAYER, Dossier Sammlung Dr. Josef Blauhorn, 2006, S. 15 (Archiv der Österreichischen Galerie, Zl. 702/63 = BMfU Zl. 71.681-5/63).

53 BDA-Archiv, Restitutionsmaterialien, Kt. 13/1, Mappe 11, fol. 3.

54 Werner Tamm, *Stillleben mit toten Vögeln und Früchten.* BDA-Archiv, Restitutionsmaterialien, Gz. 31.923/79/2003, Schreiben Heidemarie Blazej an Ernst Bacher vom 4.3.2003. Über den Tausch wurde die Familie nie informiert.

55 Antwortschreiben von Dagmar Sachsenhofer vom 28.8.2002, BDA-Archiv, Restitutionsmaterialien Gz. 31.923/56/2002; siehe auch: Monika MAYER, Dossier Sammlung Dr. Josef Blauhorn, 2006, S. 1. Hierbei handelt es sich um rund 97 Objekte, die im Zuge von (Zwangs)Verkäufen in die Sammlungen Adolf Hitlers gelangten und in das Eigentum der Republik Österreich übergingen (Büro der Kommission für Provenienzforschung, Liste A. Schallmeiner: „Zuweisungen 1960er Jahre“).

56 BDA-Archiv, Restitutionsmaterialien, Kt. 31/4, PM Blauhorn, Zl. 2463/50.

57 BDA-Archiv, Restitutionsmaterialien, Kt. 31/4, PM Blauhorn, Zl. 4783/49. Das ausschlaggebende Datum vor oder nach dem 13.3.1938 wird in der Erklärung nicht genannt.

58 BDA-Archiv, Restitutionsmaterialien, Kt. 31/4, PM Blauhorn, Zl. 2463/50.

befanden sich nunmehr in Wiesbaden. Dort wurde unter anderem Otto Brunner als Zeuge befragt. Dieser bestätigte, von Roessler gewusst zu haben, dass die Gemälde ursprünglich der Familie Blauhorn gehört hätten. Trotzdem konnte der Antrag nicht erledigt werden, da die Klärung der Frage des Eigentums an den Bildern hinausgezögert wurde. Brunner schloss in seiner Aussage aber dezidiert aus, dass „die Bilder damals z. Zt. des Erwerbes durch meine Frau, durch die Gestapo oder sonstige deutsche Dienststellen beschlagnahmt waren bzw. beschlagnahmt worden sind."[59]

1957 stellte die Österreichische Regierung an das Bundesamt für Äußere Restitution in Bad Homburg einen Antrag auf Rückstellung im Sinne des V. Teils des Überleitungsvertrags.[60] Dabei wurde Blauhorns jüngster Sohn Georg zu den Umständen der Veräußerung der Gemälde befragt. Er bezeugte, dass sein „Vater [...] ein sehr wohlhabender Mann [war], der seine Sammlung Alt Wiener Maler sehr liebte und niemals vor dem 12. März 1938 daran dachte, sie zu verkaufen. Erst unter dem Zwang der Umstände nach der Besetzung Österreichs durch Deutschland ging er höchst ungern auf ein Offert eines Kunsthändlers, Prof. Roessler, ein, der sich auf einen Auftrag der nationalsozialistischen Partei berief."[61]

Dafür, dass es zu keiner Naturalrestitution kam, war auch die Argumentation eines vom Museum in Stettin beauftragten Rechtsanwaltes Paulus in Coburg ausschlaggebend. Dieser berief sich auf den gutgläubigen Erwerb der Bilder sowie darauf, dass der Ankauf „[...] bei einem außerhalb Österreichs ansässigen Kunsthändler [...]" statt gefunden hatte.[62] Die österreichischen Behörden bemühten sich dennoch um die Restitution der Bilder und begründeten dies mit der Erhaltung des österreichischen Kunstbesitzes.[63] 1961 wurde ein Rückstellungsvergleich zwischen der Bundesrepublik Deutschland und der Republik Österreich geschlossen, den das Bundesamt für Äußere Restitution in Bad Homburg regelte. Die Erben bekamen von der Bundesrepublik

59 BDA-Archiv, Restitutionsmaterialien, Kt. 31/4, PM Blauhorn, Zl. 6078/58. Den Verkauf der beiden Waldmüller-Gemälde an das Städtische Museum in Stettin hatte Brunners Ehefrau Katharina Brunner veranlasst. Am 16.8.1938 ist *Der Notverkauf* und am 7.11.1938 *Hochkalter* veräußert worden.
60 BDA-Archiv, Restitutionsmaterialien, Kt. 31/4, PM Blauhorn, Zl. 7750/57.
61 BDA-Archiv, Restitutionsmaterialien, Kt. 31/4, PM Blauhorn, Zl. 5916/59. Abschrift Affidavit von Georg Blauhorn.
62 BDA-Archiv, Restitutionsmaterialien, Kt. 31/4, PM Blauhorn, Zl. 568/60.
63 BDA-Archiv, Restitutionsmaterialien, Kt. 31/4, PM Blauhorn, Zl. 2463/50. AV: „Da sich eine Replik des Bildes Der Notverkauf aus dem Jahr 1864 (einem Markstein in der Entwicklung der Waldmüller'schen Lichtdarstellung) im Histor. Museum der Stadt Wien im Neuen Rathaus befand, durch Kriegseinwirkungen zuerst schwer beschädigt wurde u. dann überhaupt abhanden kam, wäre die Rückbringung dieser früheren Fassung des gleichen Themas nachdrücklich zu fordern."

Deutschland eine Entschädigung in der Höhe von DM 45.000 und verpflichteten sich, auf alle weiteren Ansprüche im Zusammenhang mit den beiden Bildern gegen die Republik Österreich zu verzichten.[64]

Abschließend sei noch auf zwei Gemälde eingegangen: Ludwig Ferdinand Schnorr von Carolsfeld, *Tal von Chamonix mit dem Mont-Blanc,* und Leopold Kupelwieser, *Die heiligen drei Könige.* Die beiden Objekte wurden nach dem Krieg in den Beständen der Österreichischen Galerie aufgefunden, befinden sich auch heute noch im Belvedere und sind Gegenstand einer bevorstehenden Entscheidung. Um die Erwerbung der beiden Bilder hatte sich der damalige Direktor der Österreichischen Galerie, Grimschitz, seit Sommer 1939 intensiv bemüht,[65] obwohl sie unter den „Führervorbehalt" fielen.[66] Grimschitz suchte am 26. Juli 1939 beim Ministerium für innere und kulturelle Angelegenheiten um die Gewährung eines Krredites für den Ankauf der „zu äusserst niedrigen Preisen angesetzten Gemälde" an.[67] Als Begründung hob er den künstlerischen Wert der Bilder hervor: „Diese Gemälde sind für das Sammlungsprogramm der Österreichischen Galerie von besonderer Wichtigkeit – das Bild Kupelwiesers ist das vollkommenste seiner kleineren religiösen Kompositionen, das bisher nachweisbat [sic!] ist."[68] Noch im August des Jahres 1939 verhandelte Grimschitz mit Blauhorns Rechtsanwalt Hans Dechant über den Ankauf der Bilder.[69] Im März 1940 genehmigte Hans Posse deren Erwerb durch die Österreichische Galerie um den Betrag von insgesamt RM 5.500.[70] Diesen Preis bezeichnete Franz Balke nach dem Krieg als „stark überhöht".[71] Während der Verhandlung trat Dechant als Eigentümer der Gemälde auf. Die Frage, ob Dechant diese Gemälde als Schenkung oder als Abgeltung offener Honorarforderungen übernommen hatte, wodurch sie in sein Eigentum übergangen waren, konnte bis heute nicht endgültig geklärt werden. Dechant brachte dem BDA 1948 zur Kenntnis, dass er während seines London-Aufenthaltes im August 1939 mit Josef Blauhorn mündlich vereinbart habe, „daß er mir zwei Bilder von jenen, die zur Ausfuhr nicht zugelassen werden, schenke".[72] Auguste Bienenfeld dementierte die Übergabe der

---

64 BDA-Archiv, Restitutionsmaterialien, Kt. 31/4, PM Blauhorn, Zl. 5176/61.

65 Monika MAYER, Dossier Sammlung Dr. Josef Blauhorn, 2006, S. 3.

66 BDA-Archiv, Restitutionsmaterialien, Kt. 31/4, PM Blauhorn, Zl. 1828/Dsch./1939.

67 BDA-Archiv, Restitutionsmaterialien, Kt. 31/4, PM Blauhorn, Zl. 981/Dsch./1939. Monika Mayer, Dossier Sammlung Dr. Josef Blauhorn, 2006, S. 3.

68 BDA-Archiv, Restitutionsmaterialien, Kt. 31/4, PM Blauhorn, Zl. 981/Dsch./1939.

69 Dafür – wie bereits oben erwähnt – ist die Ausfuhrsperre für andere vier Bilder aufgehoben worden.

70 Monika Mayer, Dossier Sammlung Dr. Josef Blauhorn, 2006, S. 6.

71 BDA-Archiv, Restitutionsmaterialien, Kt. 31/4, PM Blauhorn, Zl. 2710/51.

72 BDA-Archiv, Restitutionsmaterialien, Kt. 31/4, PM Blauhorn, Zl. 2710/51, Memorandum von Franz Balke, S. 3.

Bilder an Zahlung Statt. Ihr Gatte und sie hätten diese Bilder nur „zum Scheine" an Hans Dechant verkauft. Sie sagte, dass er „[…] diese Bilder nicht an eine staatliche Galerie abgegeben hätte bzw. hätte abgeben können, wenn es nicht zur NS-Machtübernahme in Österreich gekommen wäre."[73] Josef Blauhorn war „in dieser heiklen Phase bereits todkrank und körperlich nicht mehr in der Lage sich zur Wehr zu setzen."[74] 1950 machte Josef Zykan, nun Landeskonservator für Wien, eine Zeugenaussage bei der Rückstellungskommission.[75] Er gab an, dass sich Dechant als Eigentümer der Bilder ausgegeben habe, es jedoch den Anschein gehabt habe, dass er sich von den Bildern nicht gern habe trennen wollen.[76] Dies bestätigt auch die Äußerung von Dechant zu Beginn des Jahres 1940 – nämlich dass er es gerne vermeiden würde, die Bilder an die Österreichische Galerie abzugeben. „Als loyaler Bürger und Parteigenosse erkläre ich aber gleichfalls, grundsätzlich bereit zu sein, deren Verkaufe näher zu treten."[77]

Dem Rückstellungsantrag von Auguste Bienenfeld wurde mit dem Erkenntnis der Rückstellungskommission beim Landesgericht für ZRS Wien vom 5. Mai 1952 stattgegeben.[78] Dieses Erkenntnis wurde allerdings vier Monate später von der Rückstellungsoberkommission beim Oberlandesgericht Wien per 16. September 1952 abgeändert und der Antrag abgewiesen.[79] Gegen die Entscheidung erhob Auguste Bienenfeld Einspruch, zog diesen aber in weiterer Folge zurück. Die Gründe für die Zurücknahme der Beschwerde lassen sich nicht mehr klären, da die Akten nach Abschluss der Verfahren in den achtziger Jahren skartiert wurden[80].

---

73 Monika Mayer, Dossier Sammlung Dr. Josef Blauhorn, 2006, S. 11, Rückstellungsantrag Auguste Bienenfeld an die Rückstellungskommission beim Landesgericht für Zivilrechtssachen in Wien vom 19.12.1949.

74 BDA-Archiv, Restitutionsmaterialien, Gz. 31.923/79/2003, Schreiben Frau Heidemarie Blazej an Ernst Bacher vom 4.3.2003.

75 Der Rückstellungsantrag an die FLD für Wien, Niederösterreich und Burgenland von Dr. Hans Dechant als Rechtsvertreter von Auguste Bienenfeld, verw. Blauhorn wurde am 30. Juni 1949 gestellt. ÖStA AdR, BMF, Akten der FLD, Josef Blauhorn, Ö-Reg. Zl. 73, Mappe 2. Ein weiterer Rückstellungsantrag wurde von Auguste Bienenfeld an die Rückstellungskommission beim Landesgericht für ZRS in Wien am 19.12.1949 gestellt. BDA-Archiv, Restitutionsmaterialien, Kt. 31/4, PM Blauhorn, Zl. 1950/50.

76 BDA-Archiv, Restitutionsmaterialien, Kt. 31/4, PM Blauhorn, Gz. 31.923/79/2003, Zeugenaussage von Josef Zykan: „Ich habe die Wahrnehmung gemacht, dass sich Herr Dr. Dechant von den Bildern nicht sehr gerne trennt."

77 BDA-Archiv, Restitutionsmaterialien, Kt. 31/4, PM Blauhorn, Schreiben von Dechant an die Zentralstelle für Denkmalschutz vom 8.3.1940.

78 Monika MAYER, Dossier Sammlung Dr. Josef Blauhorn, 2006, S. 13, Fußnote 11: „Weder das Erkenntnis der Rückstellungskommission beim LG für ZRS vom 5.5.1952, GZl. 63 RK 592/50-31 noch das Erkenntnis der Rückstellungsoberkommission beim Oberlandesgericht Wien vom 16.9.1952, Rkb 426/52-35, sind überliefert."

79 BDA-Archiv, Restitutionsmaterialien, Kt. 31/4, PM Blauhorn, Zl. 49/53, Abschrift (Gz. 63 Rk 592/50-31 und Rkb 426/52-35).

80 Brigitte RIGELE, „Wiedergutmachung" Bestände zu den Rückstellungsverfahren im Wiener Stadt- und

Zu beiden Gemälden liegt seit Mai 2000 – respektive seit April 2006 in der überarbeiteten Fassung – ein Dossier mit einer Sachverhaltsdarstellung vor.[81] Innerhalb der Finanzprokuratur geht man jedoch davon aus, dass abgeschlossene Rückstellungsverfahren nicht aufzuheben seien und somit der in Rede stehende Fall nicht neu aufgerollt werden könne. Manfred Kremser, Vertreter der Finanzprokuratur im Kunstrückgabe-Beirat, bestätigte im Mai 2000 gegenüber der Kommission für Provenienzforschung, „dass das Prinzip der Rechtssicherheit gelten müsse, es sei denn, Forschungen der ‚Historikerkommission' würden etwa erweisen, dass die Rückstellungsgesetze seinerzeit nicht extensiv genug ausgelegt worden seien."[82] Eine entsprechende Rückfrage der Kommission für Provenienzforschung 2001 bei der Historikerkommission führte damals zu keinem neuen Ansatzpunkt.[83] Somit wurde von einer Befassung des Kunstrückgabe-Beirats mit dem Fall Auguste und Josef Blauhorn vorläufig abgesehen. Die Rückgabe des Edvard-Munch-Gemäldes aus dem ehemaligen Eigentum Alma Mahler-Werfel[84] an deren Rechtsnachfolgerin gab aber Anlass zu Hoffnungen. Werner Fürnsinn wartete diesbezüglich die Entscheidung des Beirats ab, um die Sachverhaltsdarstellung zu den beiden Gemälden im Belvedere dem Kunstrückgabe-Beirat vorzulegen.

Zusammenfassung

Aus der Sammlung Auguste und Josef Blauhorn sind tatsächlich zwei Kunstwerke zurückgegeben worden. Es handelt sich zum einen um das 1940 durch die Städtischen Sammlungen Wien erworbene Aquarell von Carl von Saar, *Blumenstück mit Primeln*, das am 13. Dezember 1949 rückgestellt wurde.[85] Das zweite Bild, eine Vugesta-Erwer-

---

Landesarchiv, Studien zur Wiener Geschichte. Jahrbuch des Vereins für Geschichte der Stadt Wien, Bd. 56 (2000) 127, S. 143.

81   Monika MAYER, Dossier Sammlung Dr. Josef Blauhorn, 2000, und Nachtrag, Dossier Sammlung Dr. Josef Blauhorn, 2006.

82   BDA-Archiv, Restitutionsmaterialien, Kt. Protokolle der Sitzungen der Kommission, Referat Dr. Kremser, Protokoll der Sitzung vom 10.5.2000.

83   BDA-Archiv, Restitutionsmaterialien, Gz. 31.923/224/2001. Auf die Anfrage Ernst Bachers an Reinhard Binder-Kriegelstein vom 19.11.2001 brachte Eva Blimlinger am 4.12.2001 zur Kenntnis, „dass die angeschnittenen Probleme in zu erwartenden Ergebnissen sicher mit angesprochen werden und daraus vielleicht Rückschlüsse gezogen werden können, wie sie im vorliegenden Fall hilfreich wären. Entsprechende Forschungsergebnisse sind für Anfang 2002 zu erwarten."

84   http://www.provenienzforschung.gv.at, Beschluss: Alma Mahler-Werfel vom 8.11.2006. (abgerufen am 27.5.2008).

85   BDA-Archiv, Restitutionsmaterialien, Gz. 31.923/70/2000, Schreiben Günther Düriegl/Direktor der

bung, *Schindlers Grab in Laab* von Johann Friedrich Treml, wurde seitens des Wien Museums im Jahr 2003 den Rechtsnachfolgern der Familie Blauhorn zurückgegeben.[86]

Museen der Stadt Wien an Ernst Bacher vom 19.4.2000, in dem er die Rückstellung des Aquarells an die Erben bestätigte. Im selben Schreiben führt Düriegl an, dass die Umstände unter welchen das Bild rückgestellt wurde, noch genauer recherchiert werden.

86   Stadt Wien, Restitutionsbericht 2003, S. 83.

„… dass das Museum in Lienz tatsächlich der geeignetste Platz zur Bewahrung von Werken Eggers ist." – Provenienzforschung in der Albin Egger-Lienz Sammlung auf Schloss Bruck und der Umgang mit entzogenen Kunstwerken

Sabine Loitfellner

Die Geschichte des Egger-Lienz-Museums auf Schloss Bruck

Die Entstehungsgeschichte der Albin-Egger-Lienz-Sammlung auf Schloss Bruck hängt eng mit der NS-Zeit zusammen. 1926 war – nach dem Tod von Albin Egger-Lienz – im Lienzer Museum Aguntum eine eigene Egger-Lienz-Abteilung eingerichtet worden. Nach dem „Anschluss" Österreichs an das Deutsche Reich im März 1938 und der Angliederung Osttirols an den Gau Kärnten im Juli 1938 beschloss der Bürgermeister von Lienz, Emil Winkler, die umfassende Erweiterung der Egger-Lienz-Sammlung und die Umbenennung des Museums in Albin-Egger-Lienz-Museum.[1]

Prominente Nationalsozialisten, wie etwa der Gauleiter für Tirol und Vorarlberg, Franz Hofer, begeisterten sich für Egger-Lienz. Walter Frodl war als Gaukonservator für Kärnten maßgeblich an der Requirierung von Egger-Lienz-Werken für Museen – vorrangig in Klagenfurt und Lienz – beteiligt.[2] Im Oktober 1938 besuchte die Lienzer Kustodin Myra Maier im Auftrag von Bürgermeister Winkler jüdische sowie nichtjüdische SammlerInnen und Galerien in Wien und leitete erste Ankäufe für die Stadt Lienz in die Wege. Winkler erhielt mit Unterstützung Frodls für die Finanzierung des Ankaufs von Egger-Lienz-Werken zwei Darlehen vom Gau Kärnten (RM 25.000) bzw. von der Reichsstatthalterei Wien (RM 15.000).[3] Das Interesse der Lienzer rief auch KunsthändlerInnen auf den Plan. Der Salzburger Galerist und Ariseur der Galerie Würthle, Friedrich Welz, verschaffte Lienz zwischen Oktober 1938 und Ende 1940 zahlreiche Egger-Lienz-Werke.

---

1 Martin KOFLER, Albin Egger-Lienz und Osttirol. Die Sammlung im „Museum der Stadt Lienz Schloss Bruck" zwischen Aufbau und Restitution (1938 bis zur Gegenwart), in: Gabriele ANDERL, Alexandra CARUSO (Hg.), NS-Kunstraub in Österreich und die Folgen, Innsbruck-Wien-Bozen 2005, S. 131–144, hier S. 133.
2 Wilfried KIRSCHL, Martin KOFLER, Provenienzbericht „Sammlung Albin Egger-Lienz" im Museum Schloss Bruck bei Lienz (unveröffentlichter Endbericht, Juni 2002), S. 2f.
3 KOFLER, Albin Egger-Lienz und Osttirol, S. 133.

Aufgrund der von Welz gepflogenen Geschäftspraktiken liegt die Vermutung nahe, dass diese zum Teil aus entzogenem bzw. zwangsverkauftem Eigentum gestammt haben.[4] Weitere Ankäufe tätigte die Stadt Lienz 1938 und 1939 bei den Wiener Galerien L. T. Neumann, Stiassny & Plobner, Melanie Penizek sowie Wolfrum.[5]

Auf Anregung Frodls trat im Oktober 1938 die Gauleitung Kärnten an die Gauleitung Wien sowie an den Staatssekretär für kulturelle Angelegenheiten in der Reichsstatthalterei in Wien, Kajetan Mühlmann, heran, um eine außerordentliche Ausfuhrsperre für Egger-Lienz-Bilder zu erwirken, „da der genannte Maler zu den bedeutendsten Künstlern der Ostmark zählt und gemäß § 3 des Ausfuhrverbotsgesetzes vom 24. Jänner 1923 […] seine Werke nicht zurückgehalten werden können […].“[6] Tatsächlich wurden zahlreiche Egger-Lienz-Bilder ab Oktober 1938 für die Ausfuhr gesperrt,[7] so etwa noch in diesem Monat das Gemälde *Weihbrunn sprengender Bauer*[8] aus dem Eigentum von Alfred Kriser.[9] Es musste in der Folge von Kriser bzw. seiner Gattin verkauft werden; im Jahr 1939 erwarb die Stadt Lienz das Gemälde bei der Galerie L. T. Neumann in Wien.[10]

1943 – während des Krieges – übersiedelte die Egger-Lienz-Sammlung auf das eigens angekaufte und mit Unterstützung von Walter Frodl renovierte Schloss Bruck in Lienz.[11] Neben den 1938/39 erworbenen Kunstwerken wurde auch eine Reihe an Bildern aus jüdischem Eigentum ausgestellt, die im Zentraldepot für sichergestellte und beschlagnahmte Kunstwerke in der Neuen Burg in Wien verwahrt worden waren und auf Anregung Walter Frodls und mit Zustimmung von Hitlers Sonderbeauftragtem, Hans Posse, auf Museen in Innsbruck, Klagenfurt und Lienz verteilt wurden.[12] Im Juni 1943 wurde auf Schloss Bruck das Heimatmuseum des Bezirks Osttirol eröffnet, wobei die Egger-Lienz-Sammlung den zentralen Bestandteil des neuen Museums bildete. Im

---

4   Siehe dazu Gert KERSCHBAUMER, Meister des Verwirrens. Die Geschäfte des Kunsthändlers Friedrich Welz, (= Bibliothek des Raubes, Bd. V) Wien 2000.

5   KIRSCHL, KOFLER, Provenienzbericht „Sammlung Albin Egger-Lienz", S. 2f.

6   BDA-Archiv, Topographische Materialien, Mappe „Lienz Museum" Zl. 3527/38, Schreiben des Gaukonservators Walter Frodl an die Zentralstelle für Denkmalschutz, 11.10.1938.

7   BDA-Archiv, Bestand Ausfuhransuchen.

8   1919/20, Öl/Karton, 82 x 73 cm.

9   Archiv des Bundesdenkmalamts, Bestand Ausfuhransuchen, Zl. 7702/1938, Alfred Kriser.

10 KIRSCHL, KOFLER, Provenienzbericht „Sammlung Albin Egger-Lienz", S. 31; Falldossier der Kommission für Provenienzforschung und der Anlaufstelle der Israelitischen Kultusgemeinde zu *Weihbrunn sprengender Bauer,* April 2006.

11 KOFLER, Albin Egger-Lienz und Osttirol, S. 134f.; Eva FRODL-KRAFT, Gefährdetes Erbe. Österreichs Denkmalschutz und Denkmalpflege 1918–1945 im Prisma der Zeitgeschichte, (= Studien zu Denkmalschutz und Denkmalpflege Bd. XIV, hrsg. v. Bundesdenkmalamt Wien) Wien-Köln-Weimar 1997, S. 388.

12 Kärntner Landesarchiv, Gaukonservator Kärnten, Schreiben samt Übernahmsbestätigung von Emil Winkler an Gaukonservator Walter Frodl, 6.8.1942.

Sammlungskatalog aus dem Jahr 1943 wurde vermerkt, dass sich unter den Egger-Lienz-Gemälden „Leihgaben von Frau Laura Egger-Lienz; Herrn F. Resinger, Virgen; der Modernen Galerie Wien und dem Reichsgau Kärnten"[13] befinden.

Zum Stellenwert des Werks von Albin Egger-Lienz im Nationalsozialismus

1938 verfasste der Egger-Lienz-Experte Heinrich Hammer[14] „Ein Buch für das deutsche Volk" über Albin Egger-Lienz. Unter den in dieser „volkstümlichen Monographie" beschriebenen und abgedruckten Bildern befinden sich zahlreiche entzogene Werke von Egger-Lienz. Hammer charakterisierte Egger-Lienz als einen durch Jahre hindurch missverstandenen, umstrittenen und verkannten Maler, aber „[…] das neue Deutschland hat ihn neu entdeckt als ‚Wegbahner deutscher Kunst' und sucht ihm nun endlich jenen Platz zu geben, der der Größe und Bedeutung seiner Kunst entspricht. Ausstellungen im ganzen Reich und im Ausland haben die Werke des Meisters weiten Kreisen zugänglich gemacht."[15] Die Werke von Albin Egger-Lienz erfreuten sich vor allem bei österreichischen Nationalsozialisten großer Beliebtheit. Egger-Lienz wurde als „Blut- und Bodenmaler" bzw. als Heimatmaler vereinnahmt, „wiesen seine Werke doch gerade jene Mischung aus Monumentalität, Ernst und Tragik auf der einen und Elemente aus dem bäuerlichen Milieu auf der anderen Seite auf, durch die sie perfekt in die NS-Ideologie eingebaut werden konnten."[16] Ab Mai 1938 wurde eine große Egger-Lienz-Ausstellung in Berlin, Bielefeld und Regensburg sowie im Oktober 1938 im Künstlerhaus in Klagenfurt[17] gezeigt.[18]

---

13 Schloss Bruck in Lienz (Hg.), Museum des Reichsgaues Kärnten/Kulturabteilung des Reichspropagandaamtes Kärnten, Klagenfurt 1943, o. S.

14 Hammer hatte bereits 1930 eine Monographie zu Egger-Lienz publiziert: Heinrich HAMMER, Albin Egger-Lienz, Innsbruck 1930.

15 Heinrich HAMMER, Albin Egger-Lienz. Ein Buch für das deutsche Volk, Innsbruck 1938, Klappentext.

16 KOFLER, Albin Egger-Lienz und Osttirol, S. 132.

17 Künstlerhaus Klagenfurt, Albin Egger-Lienz, Gemälde und Zeichnungen. 55. Ausstellung des Kunstvereines für Kärnten, Klagenfurt 1938. Die Verfasserangabe lautet: „Veranstaltet unter tatkräftiger Mithilfe der Hauptstelle Bildende Kunst im Amt des Beauftragten des Führers für die gesamte geistige und weltanschauliche Erziehung der NSDAP und des Gaues Kärnten der Nationalsozialistischen Deutschen Arbeiterpartei."

18 Wilfried KIRSCHL, Albin Egger Lienz. Das Gesamtverzeichnis, Wien 1996, Bd. II, S. 641; KOFLER, Albin Egger-Lienz und Osttirol, S. 133.

Anlässlich der Albin-Egger-Lienz-Retrospektive im Wiener Leopold Museum im Frühjahr 2008 wurde argumentiert, dass Werke von Egger-Lienz keineswegs ein vorrangiges Ziel der Entziehung von Kunstgegenständen im NS-Regime gewesen seien.[19] Der Provenienzforscher der Leopold Museum Privatstiftung, Robert Holzbauer, führt als Beleg dafür an, dass sich unter den fast 6000 Kunstwerken, die 1938/39 im Zentraldepot für sichergestellte und beschlagnahmte Kunstgegenstände aus jüdischem Eigentum in der Neuen Burg in Wien fotografiert worden waren, nur 20 [sic!] Werke von Egger-Lienz befunden hätten; das seien lediglich rund 0,3%.[20] Die Fragwürdigkeit der Interpretation dieser Quelle wird durch die Tatsache untermauert, dass es sich bei den Kunstwerken im Zentraldepot (zum größeren Teil kunsthandwerkliche Objekte) ausschließlich um Kulturgüter handelte, die von der Gestapo beschlagnahmt oder von Landesämtern bzw. dem Wiener Magistrat sichergestellt worden waren.[21] Kunstwerke, die auf andere Weise (Zwangsverkauf, Vermögensverfall, Veruntreuung etc.) arisiert wurden, sind nicht erfasst. Eine seriöse Schätzung, wie viele Werke von Egger-Lienz zwischen März 1938 und Mai 1945 ihren ehemaligen jüdischen EigentümerInnen entzogen wurden, ist jedenfalls nicht möglich.

Die jeweilige Anzahl an Werken bestimmter KünstlerInnen im Zentraldepot hat zudem keine Aussagekraft hinsichtlich Beliebtheit oder Häufigkeit des Entzugs dieser Kunstwerke. Zum einen sind Bilder jener Künstler, die Holzbauer zu den Favoriten Adolf Hitlers zählt, mit einer Ausnahme in noch geringerer Zahl unter den fotografierten Kunstwerken im Zentraldepot vertreten als jene von Egger-Lienz: z. B. Franz Lenbach (2), Franz von Stuck (0), Anselm Feuerbach (4), Franz Defregger (4) und Ferdinand Georg Waldmüller (59).[22] Zum anderen stammen die 21 im Zentraldepot eingelagerten Egger-Lienz-Werke von lediglich vier Sammlern (Bernhard Altmann, Fritz Hirsch, Georg Duschinsky, Markus Lindenbaum).[23] Die Kunstsammlungen zahlreicher anderer Egger-Lienz-SammlerInnen (z. B. Rudolf Bittmann, Otto Brill, Ernst

---

19 http://www.leopoldmuseum.org/exhibitions.php?nav=2&id=1&sub=25&zaehler=1&total=3 (abgerufen am 11.5.2008); Robert HOLZBAUER, Kunst und Politik: Egger-Lienz und die Ideologen, in: Leopold Museum (Hg.), Albin Egger-Lienz. 1868–1926, Wien 2008, S. 56.

20 HOLZBAUER, Kunst und Politik, S. 56.

21 Herbert HAUPT, Die Rolle des Kunsthistorischen Museums bei der Beschlagnahme, Bergung und Rückführung von Kunstgütern in den Jahren 1938–1945, in: Theodor BRÜCKLER (Hg.), Kunstraub, Kunstbergung und Restitution in Österreich 1938 bis heute (= Studien zu Denkmalschutz und Denkmalpflege, Bd. XIX) Wien-Köln-Weimar 1999, S. 53–75; Herbert HAUPT, Jahre der Gefährdung. Das Kunsthistorische Museum 1938–1945, Wien 1995, S. 16–20.

22 BDA-Archiv, Restitutionsmaterialien und Bestände NS-Zeit, Inventare betreffend Fotobestand.

23 BDA-Archiv, Restitutionsmaterialien und Bestände NS-Zeit, Inventare betreffend Fotobestand, P-Inventar.

Egger, Oskar Neumann, Lothar Egger-Möllwald, Camilla Kohn, Alfred Kriser, Adolf Hochstim, Stefanie Gartenberg, Jehudo Epstein, Fritz Grünbaum, Alice Strauß Meyszner, Heinrich Rieger oder Moric Pick) wurden auf diversen anderen Wegen in Zusammenhang mit der NS-Verfolgung entzogen.

Die Tatsache, dass Egger-Lienz bei den Nationalsozialisten (zumindest auf dem Gebiet der damaligen „Ostmark" bzw. der Alpen- und Donaugaue) sehr beliebt war, blendet Robert Holzbauer aus und unternimmt damit den Versuch, dem Egger-Lienz-Bestand in der Leopold Museum Privatstiftung seine Brisanz zu nehmen. Rudolf Leopold meinte zudem vor einigen Jahren, dass Egger-Lienz nicht „dem durchschnittlichen Geschmack von jüdischen Sammlern entsprochen" habe.[24] Derartig pauschale Darstellungen stellen eine bequeme Umgehung einer seriösen Prüfung von Provenienzen und Erwerbungszusammenhängen dar.

Der Journalist Thomas Trenkler geht demgegenüber von einem „Gieren" der Nationalsozialisten nach Egger-Lienz aus.[25] Festzuhalten ist, dass es vor allem lokale Museen waren, die ihre Bestände im Zuge eines Verteilungskampfes über den Weg des Instituts für Denkmalpflege bzw. der Zentralstelle für Denkmalschutz in Wien mit Werken von Albin Egger-Lienz erweitern wollten. Sie nutzten die Zwangslage von

P-Inventar, Seite betreffend die aus dem Eigentum von Bernhard Altmann von der Gestapo beschlagnahmten Egger-Lienz Gemälde (P 177-P 183).

---

24 Der Standard, 21.10.2001; Thomas TRENKLER, Das Gieren nach Albin Egger-Lienz am Beispiel der Sammlungen Bernhard Altmann und Georg Duschinsky, in: ANDERL, CARUSO (Hg.), NS-Kunstraub in Österreich und die Folgen, S. 145–158.
25 TRENKLER, Das Gieren nach Albin Egger-Lienz.

Jüdinnen und Juden im NS-Regime, um in den Besitz jener Egger-Lienz-Bilder zu kommen, die ohne NS-Verfolgung nicht auf dem Kunstmarkt verfügbar gewesen wären.

Der Umgang mit entzogenen Egger-Lienz-Bildern nach dem Ende des NS-Regimes

Die Rückstellung von Kunstwerken nach 1945 war auch in Lienz – wie vielerorts – davon abhängig, ob die rechtmäßigen EigentümerInnen bei den Museen bzw. dem Bundesdenkmalamt Ansprüche anmeldeten. In den Nachkriegsjahren sind keine Aktivitäten und Initiativen der Stadt Lienz nachweisbar, die VoreigentümerInnen jener Werke zu eruieren, die während der NS-Zeit in die Innehabung der Stadt gekommen und lediglich als ehemaliger „Judenbesitz" deklariert worden waren.[26] Während sich diese Ankäufe unmittelbar nach 1945 mit großer Wahrscheinlichkeit noch hätten rekonstruieren lassen, ist dies für die heutige Provenienzforschung nicht mehr oder nur mit sehr großem Aufwand möglich. Zwischen 1950 und 1954 wurden sieben entzogene Egger-Lienz-Werke aus Lienz an die rechtmäßigen EigentümerInnen rückgestellt: Vier an Bernhard Altmann, zwei an Adolf Hochstim und eines an Camilla Kohn.[27] Ein fünftes Bild aus der Sammlung von Bernhard Altmann (*Der Schnitter* oder *Der Mäher*) verblieb trotz Rückgabeforderungen in Lienz. Eben dieses Gemälde machte die Stadt dem pensionierten Bürgermeister Hubert Huber 1994 zum Geschenk.[28] Im Jahr 2001 hatten MitarbeiterInnen der Kommission für Provenienzforschung in den Beständen des Bundesdenkmalamtes das bereits erwähnte Fotoarchiv der beschlagnahmten Kunstgegenstände aus dem Zentraldepot in der Neuen Burg als für die Provenienzforschung relevantes Material entdeckt. Unter den Abbildungen befinden sich auch die einst Bernhard Altmann gehörigen Egger-Lienz-Bilder. Damit konnte nachgewiesen werden, dass *Der Mäher*, der sich nach wie vor in Lienz befand, mit jenem einst Bernhard Altmann entzogenen Bild ident war. Dem Anspruch auf die Rückgabe dieses Gemäldes an die

---

26 Die Kommission für Provenienzforschung konnte beispielsweise keine Anmeldungen gemäß der Vermögensentziehungs-Anmeldeverordnung (VEAV) von 1946 durch die Stadt Lienz im Tiroler Landesarchiv und im Kärntner Landesarchiv eruieren; auch aus den relevanten Akten des Bundesdenkmalamtes sind diesbezügliche Bemühungen nicht erkennbar.

27 KOFLER, Albin Egger-Lienz und Osttirol, S. 140.

28 KIRSCHL, KOFLER, Provenienzbericht „Sammlung Albin Egger-Lienz", S. 45.

Zentraldepotkarteikarte P 181
betreffend das 1938 von der Gestapo
beschlagnahmte Egger-Lienz-Gemälde
Huldigungsfestzug der Tiroler Schützen,
1909. Das Gemälde befindet sich bis
heute – trotz Rückgabeforderungen der
Rechtsnachfolger nach Bernhard Altmann – in der Kärntner Landesgalerie
in Klagenfurt (Inventarnummer 67).

Rechtsnachfolgerin Bernhard Altmanns kam der Lienzer Altbürgermeister Hubert
Huber im Juli 2002 vorbehaltlos nach.[29]

In Zusammenhang mit der damals bereits geführten Diskussion um „Raubkunst"
in Österreich bzw. den Ansprüchen der Rechtsnachfolgerin von Bernhard Altmann
beauftragte die damalige Bürgermeisterin von Lienz, Helga Machne, im August 2001
zwei Experten – den Kunsthistoriker und Maler Wilfried Kirschl und den Historiker
Martin Kofler – mit der Erforschung der Provenienzen aller zwischen März 1938 und
Mai 1945 als Ankäufe oder Leihgaben in das Egger-Lienz-Museum auf Schloss Bruck
gelangten Werke. Der daraus resultierende Endbericht *Sammlung Albin Egger-Lienz im
Museum Schloss Bruck bei Lienz* (in der Folge Kirschl/Kofler Bericht) wurde im Juni
2002 vorgelegt, ließ jedoch zahlreiche Fragen offen.

Die Ergebnisse der Kommission für Provenienzforschung zur Egger-Lienz-Sammlung im Museum Schloss Bruck

Die Kommission für Provenienzforschung übernahm im Herbst 2002 die Aufgabe, den
Kirschl/Kofler Bericht nach Maßgabe der für die Arbeit der Kommission verbindlichen

---

29 KOFLER, Albin Egger-Lienz und Osttirol, S. 131.

Rechercherichtlinien zu überprüfen und gegebenenfalls durch Nachuntersuchungen zu ergänzen. Der Auftrag erging über die damalige Bundesministerin Elisabeth Gehrer an den damaligen Leiter der Kommission für Provenienzforschung, Ernst Bacher; die Recherchen begann der ehemalige Mitarbeiter der Kommission, Robert Holzbauer. Die wesentlichsten Arbeiten der Überprüfung, der teilweise umfangreichen Zusatzrecherchen sowie die Abfassung einer Stellungnahme und zahlreicher Falldossiers führte ab Sommer 2004 Ulrike Nimeth durch, unterstützt von der Anlaufstelle der Israelitischen Kultusgemeinde (IKG) Wien, namentlich der Autorin dieses Beitrages. Der Abschluss des Arbeitsauftrages verzögerte sich aufgrund einer Leitungsvakanz der Kommission für Provenienzforschung nach dem Tod von Ernst Bacher im Frühjahr 2005. Nach der Bestellung des neuen Leiters der Kommission, Werner Fürnsinn, konnten am 4. April 2006 die abschließende Stellungnahme und mehrere Falldossiers durch die Kommission für Provenienzforschung und die Anlaufstelle der IKG an die Stadt Lienz übermittelt werden.

Der Kirschl/Kofler Bericht hatte sich im Wesentlichen mit denjenigen Objekten befasst, die in der Zeit zwischen 1938 und 1945 erworben, dem Museum zugewiesen oder als Leihgaben übergeben worden waren (27 Bilder). Weiters thematisierte er fünf Erwerbungen, die „möglicherweise" in diesem Zeitraum getätigt worden waren, zwei spätere Ankäufe sowie die Erwerbung von vier Objekten, die zu einem nicht bekannten Zeitpunkt in die Innehabung des Lienzer Museums gekommen waren – insgesamt also 38 Fallbeschreibungen. Anzumerken ist, dass das Kunstrückgabegesetz von 1998[30] keine zeitliche Einschränkung des Erwerbungszeitraumes beinhaltet. Im Bestandskatalog der Egger-Lienz-Sammlung im Museum Schloss Bruck[31] sind Provenienzdarstellungen enthalten, die im Kirschl/Kofler Bericht nicht aufscheinen und deren jeweiliger Erwerbungskontext nicht ohne nähere Prüfung als „unbedenklich" bewertet werden kann. Sowohl der durch Ministerin Gehrer weitergeleitete Auftrag an die Kommission als auch der von Ernst Bacher im Detail abgesteckte Rahmen für die Nachuntersuchungen schlossen jedoch keine über die 38 Werke hinausgehenden Recherchen ein.

Die für die Evaluierung des Kirschl/Kofler Berichts notwendigen Forschungen haben die beiden Bearbeiterinnen (Nimeth und Loitfellner) zwecks Transparenz und Nachvollziehbarkeit anhand eines extensiven Rechercheleitfadens durchgeführt. Jeder einzelne Recherchefall wurde in Form einer Auflistung und Kurzskizzierung der einge-

---

30 Bundesgesetz über die Rückgabe von Kunstgegenständen aus den Österreichischen Bundesmuseen und Sammlungen, BGBl I 1998/181.
31 Gert AMMANN, Albin Egger-Lienz 1869–1926. Die Sammlung im Museum der Stadt Lienz / Schloss Bruck, Innsbruck 2001.

sehen und für die Recherchen des NS-Vermögensentzuges ausgewerteten Archivalien und Quellenbestände dokumentiert. Im Folgenden wird nun ein kurzer Überblick über die Ergebnisse der Überprüfung der 38 Objekte durch die Kommission für Provenienzforschung und die Anlaufstelle der IKG skizziert und anhand einiger Beispiele die Methodik der Recherchen dargelegt. Besonders deutlich wird dabei das Zusammenspiel verschiedener Ebenen der Provenienzforschung.[32]

Unbedenkliche Werke in der Egger-Lienz-Sammlung im Museum Schloss Bruck

Insgesamt fünf der zu überprüfenden Werke konnten als unbedenklich klassifiziert werden. Darunter befindet sich das Gemälde *Das Kreuz, Kopf des kreuztragenden Mannes*,[33] das die Stadt Lienz laut Kirschl/Kofler Bericht im Juni 1938 bei einer Auktion im Wiener Dorotheum angekauft hat.[34] Die Recherchen in diesem Fall zeigen die besondere Relevanz von historischen Versteigerungskatalogen für die Provenienzforschung, zumal diese oftmals die einzige noch erhaltene Quelle darstellen.[35] Ein genaues Datum der Versteigerung des fraglichen Gemäldes war zuvor nicht bekannt. Mit Hilfe der Provenienzforscherin im Dorotheum, Felicitas Thurn, konnte eruiert werden, dass es sich um die 452. Kunstauktion handelte, die am 27., 28. und 30. Mai 1938 unter dem Titel *Aus der Sammlung Albrecht-Hönigschmied und anderer Privatbesitz* stattgefunden hatte. Das betreffende Bild war unter der Lot-Nummer 165 zur Versteigerung gebracht worden („165 Albin Egger-Lienz [1868–1926] Bauernkopf mit breitkrempigem Hut. Öl, Leinwand, 33 x 43 cm") und stammte aus (nicht näher bekanntem) Privateigentum. Wenn auch der ursprüngliche Eigentümer des Bildes nicht festgestellt werden konnte, war mit Hilfe des Auktionskatalogs eine Einschränkung des für eine etwaige Bedenklichkeit relevanten Einbringungszeitraumes möglich: Das Deckblatt zeigt nämlich, dass die Auktion ursprünglich für den 29., 30. und 31. März angesetzt war. Der tatsächliche spätere Versteigerungstermin war nachträglich mit Bleistift unter das ursprüngliche Datum gesetzt worden. Den Druck des Katalogs nicht einberechnet, hätte ein etwaiger Entzug also zwischen 13. März und 29. März stattfinden müssen. Es stellte sich dem-

32 Meiner Kollegin Ulrike Nimeth danke ich für die gute Zusammenarbeit sowie für ihre Unterstützung und die Durchsicht dieses Beitrages sehr herzlich.
33 1900, Öl/Leinwand/Karton, 42,5 x 33 cm.
34 KIRSCHL, KOFLER, Provenienzbericht „Sammlung Albin Egger-Lienz", S. 14.
35 Falldossier der Kommission für Provenienzforschung und der Anlaufstelle der Israelitischen Kultusgemeinde zu Das Kreuz, Kopf des kreuztragenden Mannes, März 2006.

nach die zentrale Frage, ob innerhalb dieser Frist die Erstellung des Versteigerungskataloges (Vorarbeiten, redaktionelle Arbeiten, Druck) und eine zeitgerechte Versendung des Katalogs möglich gewesen wären. Das Institut für Denkmalpflege erhielt zur damaligen Zeit die Auktionskataloge im Schnitt fünf Tage vor der Versteigerung. Ein in den Akten des Bundesdenkmalamtes dokumentierter Fall ließ auf Vorarbeiten für einen Auktionskatalog von zumindest drei Wochen schließen.[36]

Ein Entzug des fraglichen Bildes ist daher allein aufgrund der zeitlichen Umstände unwahrscheinlich. Hinzu kommt, dass sich der staatlich kontrollierte Entzug von Kunstwerken in Österreich zu diesem Zeitpunkt noch im Stadium seiner Planung und Organisation befunden hat. Enteignungen, Sicherstellungen etc. fanden zwar statt, allerdings wurden entzogene Gegenstände zunächst „gehortet". Erst am 30. Juli 1938 ermächtigte ein „Erlass des Reichsführers SS und Chefs der Deutschen Polizei, Heinrich Himmler, […] die Staatspolizeileitstellen in Österreich, beschlagnahmtes mobiles Vermögen von Juden zu versteigern."[37] Aufgrund dieser Indizien wurde das Gemälde *Das Kreuz, Kopf des kreuztragenden Mannes* als unbedenklich eingestuft.

Fragliche bzw. nicht geklärte Provenienzen von Werken der Egger-Lienz-Sammlung im Museum Schloss Bruck

Nach bisherigem Forschungsstand müssen die Provenienzen des Großteils der überprüften Werke aufgrund der nicht geklärten Erwerbungsumstände weiterhin als verdächtig bzw. fraglich eingestuft werden. Zu diesen 20 Werken gehören im Besonderen jene Bilder, die zwischen 1938 und 1945 von diversen Galerien oder KunsthändlerInnen wie Friedrich Welz angekauft, von Gauleiter Friedrich Rainer der Stadt Lienz geschenkt oder etwa über NS-Regierungspräsident Ferdinand Wolsegger auf Schloss Bruck gekommen sind.[38] Des Weiteren gibt es zahlreiche Werke, deren VoreigentümerInnen nicht bekannt

---

36 Die Versteigerung von Depotbeständen aus dem Tiroler Landesmuseum Ferdinandeum hatte aus platztechnischen Gründen sehr rasch zu geschehen. Ein Schreiben vom 18.10.1938 hält fest, dass die Arbeiten für den Katalog zu diesem Zeitpunkt schon voll im Gange waren; die Versteigerung selbst fand am 8. und 9.11.1938 statt. BDA-Archiv, Restitutionsmaterialien, Kt. „Ferdinandeum", Mappe 9.

37 Clemens JABLONER, Brigitte BAILER-GALANDA, Eva BLIMLINGER, Georg GRAF, Robert KNIGHT, Lorenz MIKOLETZKY, Bertrand PERZ, Roman SANDGRUBER, Karl STUHLPFARRER und Alice TEICHOVA, Schlussbericht der Historikerkommission der Republik Österreich (= Veröffentlichungen der Österreichischen Historikerkommission. Vermögensentzug während der NS-Zeit sowie Rückstellungen und Entschädigungen seit 1945 in Österreich, Bd. 1), Wien-München 2003, S. 119.

38 Kommission für Provenienzforschung und Anlaufstelle der Israelitischen Kultusgemeinde (IKG) Wien,

sind bzw. deren Identität nicht näher bestimmt werden konnte (z. B. Ankäufe von einem „gewissen Czerny" oder „Dr. Jellinek"). Umfangreiche Personenrecherchen in der Literatur sowie den relevanten Archiven und Aktenbeständen konnten keine näheren Anhaltspunkte liefern. Festzuhalten ist, dass ambitionierte Forschungen wie jene der Stadt Lienz in anderen Museen und Archiven weitere Erkenntnisse für die Provenienzforschung des Lienzer Museums erbringen könnten. Im Rahmen der von der Kommission durchgeführten Überprüfung konnten beispielsweise keine extensiven Recherchen im Kärntner Landesarchiv oder dem Landesmuseum Kärnten (das zwischen 1938 und 1943 oftmals als Zwischenstelle für die für Lienz bestimmten Bilder fungiert hatte) getätigt werden. Die Involvierung von Kunsthandlungen in den Entzug von Kunst- und Kulturgütern während der NS-Zeit stellt darüber hinaus ein Forschungsdesiderat dar. Untersuchungen hierzu könnten wertvolle Hinweise liefern, sind aber nicht im Rahmen der herkömmlichen Arbeit der Kommission für Provenienzforschung, sondern lediglich im Rahmen gesonderter Forschungsprojekte durchführbar.

Derzeit kann in Hinblick auf die Provenienz der fraglichen 20 Egger-Lienz-Werke weder von Unbedenklichkeit noch von der Identifizierung als „NS-Raubkunst" gesprochen werden.

Bedenkliche Kunstwerke in der Egger-Lienz Sammlung auf Schloss Bruck

Insgesamt 13 der zu überprüfenden Werke von Albin Egger-Lienz wurden als eindeutig bedenklich, respektive als Rückgabefälle klassifiziert. Bei sechs Bildern war es bisher nicht möglich, trotz intensiver Recherchen die VoreigentümerInnen zu eruieren. Es handelt sich dabei um einen Ankauf der Vugesta im Jahr 1942, um drei „Führerzuteilungen" aus beschlagnahmtem „Judenbesitz" im Jahr 1942 (darunter eine von einem „Dr. Ernst von Kornberg [?]", der bis dato nicht identifiziert werden konnte), zwei Ankäufe im Jahr 1938 von namentlich nicht bekannten jüdischen Familien, die unter den Bedingungen der NS-Herrschaft zum Verkauf gezwungen waren, sowie ein Ankauf von einer jüdischen Person namens „Knöpfelmacher", die ebenfalls bislang nicht identifiziert werden konnte.[39] All diese Fälle werden von der Kommission für Provenienz-

---

Abschließende Stellungnahme zum Endbericht „Sammlung Albin Egger-Lienz" im Museum Schloss Bruck bei Lienz, 4.4.2006 (nicht publiziert), S. 15f.

39 Kommission für Provenienzforschung, Anlaufstelle IKG, Abschließende Stellungnahme (2006), S. 24f, S. 27f.

forschung in Evidenz gehalten. Exemplarisch werden im Folgenden drei der bedenklichen Fälle aus der Sammlung im Museum Schloss Bruck vorgestellt.

Totentanz 1809, fünfte Fassung[40]

Eines der prominentesten Egger-Lienz-Bilder aus der Sammlung des Museums Schloss Bruck hat die Stadt Lienz im März 2006 zurückgegeben. Melanie Schwarz (1886–1955) lebte mit ihrer Tochter Herta in einer Wohnung in der Kreuzgasse im 18. Bezirk in Wien, in der sich das 1931 angekaufte Ölgemälde *Totentanz 1809, fünfte Fassung*[41] befand. Nach dem „Anschluss" Österreichs an das Deutsche Reich wurde das gesamte Vermögen von Melanie Schwarz entzogen und durch die von der Vermögensverkehrsstelle – der zentralen Arisierungsbehörde – in Wien eingesetzte Vermögensverwalterin Josefa Wolf arisiert. Wolf wandte sich am 7. September 1938 an den Museumsverein in Lienz: „Ich bin Gebäude- und Vermögensverwalter der Frau Schwarz, welcher das Bild gehört. Ich habe von der Frau Schwarz etwas Geld zu bekommen und da hat sie sich daher entschlossen, das Bild zu verkaufen, wenn sie dafür RM 5.000.– bekommt […]."[42] Noch im selben Monat erwarb die Stadt Lienz das Gemälde mittels eines von der Landeshauptmannschaft Kärnten gewährten Darlehens.

Die Tochter von Melanie Schwarz, Herta Fox, bemühte sich lange Zeit um die Auffindung des entzogenen Gemäldes. Ende der 1990er Jahre wandte sich Fox an das Dorotheum in Wien, das ihren Brief an den Nationalfonds der Republik Österreich weiterleitete. Die Antwort erfolgte jedoch erst einige Jahre später: Wilfried Kirschl und Martin Kofler konnten im Zuge ihrer Überprüfung der Provenienzen der Egger-Lienz-Sammlung 2002 das Gemälde als ehemaliges Eigentum von Melanie Schwarz identifizieren.[43] Im Februar 2006 übermittelte die Kommission für Provenienzforschung das Falldossier zum *Totentanz 1809* mit einer Rekonstruktion der Entzugsgeschichte an die Stadt Lienz. Davor hatte die Kommission anlässlich der Suche nach Nachkommen nach Melanie Schwarz den Nationalfonds der Republik Österreich kontaktiert, der die aktuelle Adresse von Herta Fox, der rechtmäßigen Erbin, in seiner Datenbank erfasst

---

40   Falldossier der Kommission für Provenienzforschung und der Anlaufstelle der Israelitischen Kultusgemeinde zum Totentanz 1809, fünfte Fassung, Februar 2006.

41   1921, Öl/Holz, 129,5 x 151 cm.

42   Privatarchiv Martin Kofler, Schreiben Josefa Wolf an den Museumsverein in Lienz, 7.9.1938 (eine Kopie des Schreibens liegt der Kommission für Provenienzforschung vor).

hatte. Am 7. März 2006 beschloss der Gemeinderat von Lienz in einer Sitzung die Rückgabe des Bildes an die rechtmäßige Erbin nach Melanie Schwarz:

Nach Vorliegen des vorläufigen Endberichtes der Kommission für Provenienzforschung und Überprüfung der vorgelegten Dokumente und Unterlagen ist der Gemeinderat zur Überzeugung gekommen, dass das Gemälde ‚Totentanz 1809' 5. Fassung […] von Albin Egger Lienz sich unrechtmäßig im Besitz der Stadt Lienz befindet, da die Eigentümerin Melanie Schwarz seitens des NS-Regimes zum Verkauf gezwungen wurde. Das Gemälde wird daher seitens der Stadt Lienz an die einzige Tochter und Rechtsnachfolgerin von Melanie Schwarz, Frau Herta Fox, restituiert […].[44]

Die von der Stadt Lienz, vor allem von ihrem Bürgermeister, Johannes Hibler, gesetzten Maßnahmen sind beachtlich und vorbildhaft, insbesondere vor dem Hintergrund der Tatsache, dass Tirol bis heute als einziges österreichisches Bundesland keine gesetzliche Grundlage für die Rückgabe von während der NS-Zeit entzogenen Kunstgegenständen geschaffen hat. Stattdessen forderte der damalige Tiroler Landeshauptmann Herwig van Staa sogar kurz nach dem Lienzer Gemeinderatsbeschluss ein Ausfuhrverbot für Egger-Lienz-Werke.[45] Herta Fox entschied sich, das Bild in Österreich zu belassen. Für ihre Tochter, die anlässlich der Versteigerung des Gemäldes am 30. Mai 2006 im Dorotheum in Wien anwesend war, wurde mit der Rückgabe begangenes Unrecht an ihrer Familie rückgängig gemacht: „Die genauen Nachforschungen, die gemacht wurden, und die anschließende Stellungnahme der Stadt Lienz zeigen aufrichtige Achtung vor dem Gesetz und Respekt für die Rechte des Individuums; eine Auffassung, die in der Nazizeit vergessen war".[46]

Feldsegen und *Ruhende Hirten*[47]

Die beiden Ölgemälde *Feldsegen*[48] und *Ruhende Hirten*[49] stammten aus dem Eigentum von Stefanie Gartenberg. Stefanie Gartenberg (1885–1969) war Künstlerin und Schülerin

---

43 KIRSCHL, KOFLER, Provenienzbericht „Sammlung Albin Egger-Lienz", S. 32.
44 Anlaufstelle IKG, KA 293, Melanie Schwarz, Gemeinderatsbeschluss der Stadtgemeinde Lienz, 7.3.2006.
45 Echo Tirol, 3/2006, 9. Jg., S. 90f.
46 Echo Tirol, 6/2006, 9. Jg., S. 140.
47 Falldossier der Kommission für Provenienzforschung und der Anlaufstelle der Israelitischen Kultusgemeinde zu Feldsegen und Ruhende Hirten, April 2006.
48 1896, Öl/Leinwand/Karton, 166,5 x 154,5 cm.
49 Um 1918, Öl/Leinwand, 68,5 x 98 cm.

in einer von Albin Egger-Lienz 1903 in Wien eingerichteten und von ihm geleiteten „Malschule für Damen". Gartenberg bezeichnete sich später selbst als „Lieblingsschülerin von Egger-Lienz".[50] Nach dem „Anschluss" 1938 wurde sie als Jüdin von den Nationalsozialisten verfolgt und wollte das Land verlassen. Ihr Hab und Gut übergab sie einer Spedition. Wie der Landeskonservator des Gaues Kärnten, Walter Frodl, von zwei Egger-Lienz-Gemälden im Umzugsgut von Gartenberg erfahren hat, lässt sich nicht mehr rekonstruieren. Denkbar ist eine Meldung der Zollbehörden oder der Devisenstelle Wien, die in der Regel das Umzugsgut inspizierten, an die Zentralstelle für Denkmalschutz. Frodl war im Sommer und Herbst 1938 für die Zentralstelle für Denkmalschutz im Bereich der Ausfuhrbeschauen tätig.[51] Er fragte im September 1938 beim Denkmalamt an,

[…] ob in diesem Falle [Stefanie Gartenberg betreffend, Ergänzung der Verfasserin] die Möglichkeit einer Sicherstellung der gen. Bilder besteht, wobei zu bedenken wäre, dass das Museum in Lienz tatsächlich der geeignetste Platz zur Bewahrung von Werken Eggers ist. Der Landeskonservator bittet, die Zentralstelle wolle, wenn dies möglich ist, die Sicherstellung der Bilder zum Ankauf derselben durch das Museum Aguntum veranlassen. Der Kaufpreis wird im Hinblick auf die Wichtigkeit, die man in Lienz dem Besitz von Werken Eggers beimisst, sicherlich in Kürze aufgebracht werden.[52]

Mit Hilfe des Reichsdarlehens des Gaues Kärnten kaufte die Stadt Lienz die beiden Gemälde von der Spedition an, bei der die Bilder eingelagert waren. Mit großer Wahrscheinlichkeit hat Stefanie Gartenberg den Verkaufserlös nicht zur freien Verfügung erhalten. Im Jänner 1939 konnte sie nach Brüssel emigrieren, nach 1945 kehrte sie nach Österreich zurück. Rückstellungsbemühungen von Gartenberg sind in den Unterlagen der relevanten Archive nicht dokumentiert. Dies ist aber für den Sachverhalt des Entzugs in der NS-Zeit von keiner Relevanz. Zudem muss festgehalten werden, dass oftmals ehemalige EigentümerInnen nicht wussten, wo sich ihre Mobilien befanden und wo sie diese beanspruchen sollten.

---

50 http://www.onb.ac.at/ariadne/vfb/bt_fk_malschulen.htm (abgerufen am 6.5.2008).

51 Hierzu gab Frodl nach 1945 an: „[…] So verbrachte ich nun während des Sommers und Herbstes einige Wochen in Wien, tagsüber in einem Taxi durch die Bezirke fahrend. Ich kann mit Genugtuung feststellen, dass ich kein einziges Objekt zurückgehalten habe; mir war die ganze Arbeit widerlich genug. […].", Walter Frodl, Aus meiner Amtstätigkeit 1937–1945, zit. nach: FRODL-KRAFT Gefährdetes Erbe, S. 473.

52 Archiv des Bundesdenkmalamts, Topographische Materialien, Mappe „Lienz Museum", Zl. 3383/1938, Brief des Landeskonservators in Klagenfurt an die Zentralstelle für Denkmalschutz, 30.9.1938.

Die Wildbrethändlerin[53]

In Zusammenhang mit Recherchen für das Gemälde *Die Wildbrethändlerin*[54], das sich im Museum Schloss Bruck in Lienz befindet, konnten die Kommission für Provenienzforschung und die Anlaufstelle der IKG auch einen die Republik Österreich betreffenden Fall eruieren und lösen.

Albin Egger-Lienz, *Die Wildbrethändlerin*, 1902, Museum Schloss Bruck, Lienz, Inventarnummer AEL 156.

Das Gemälde *Die Wildbrethändlerin* befand sich ursprünglich im Eigentum von Lothar Egger-Möllwald (1875–1941), dem Schwager von Albin Egger-Lienz.[55] Er war verheiratet mit Eveline Egger-Möllwald (1889–1944). Eveline und ihre beiden Söhne aus erster Ehe, die Lothar adoptiert hatte, waren den Nürnberger Gesetzen zufolge jüdisch und wurden vom NS-Regime verfolgt. Lothar Egger-Möllwald war darüber hinaus als Gegner des NS-Regimes bekannt. So berichtete die Auslandsorganisation der NSDAP Berlin an die NSDAP Gauleitung in Wien: „Egger-Möllwald war seit jeher ein Gegner des Nationalsozialismus und hat sich […] masslos gegen den Führer zur Zeit der

53 Falldossier der Kommission für Provenienzforschung und der Anlaufstelle der Israelitischen Kultusgemeinde zur Wildbrethändlerin, April 2006.

54 1902, Öl/Leinwand, 171 x 143 cm.

55 Zum ersten Mal über die Sammlung Lothar und Eveline Egger-Möllwald publiziert – wenn auch mit einigen Ungenauigkeiten – hat: Sophie LILLIE, Was einmal war. Handbuch der enteigneten Kunstsammlungen Wiens (= Bibliothek des Raubes, Bd. VIII), Wien 2003, S. 310–315.

Machtergreifung des NS. ausgelassen. Durch von E.-M. wurde das römische Österreichertum verjudet und vertschecht […].“[56]

Das Ehepaar emigrierte nach Italien, die beiden Söhne nach Brasilien. Auf das gesamte inländische Vermögen hatte das Ehepaar nach seiner Flucht keinen Zugriff mehr. Mit der 11. Verordnung zum Reichsbürgergesetz vom November 1941 erfolgte der Verlust der deutschen Staatsangehörigkeit von Eveline Egger-Möllwald und der daran gekoppelte Vermögensverfall an das Deutsche Reich.

Lothar Egger-Möllwald starb am 7. August 1941 im italienischen Exil. Per Testament hatte er kurz vor seinem Tod die Nichtjüdin Elena Baroli als Erbin eingesetzt, um offensichtlich durch dieses Scheingeschäft die endgültige Enteignung seiner Gattin zu verhindern. Wie das noch in Wien befindliche Eigentum (u. a. die Kunstsammlung in der gemeinsamen Wohnung in der Reisnerstraße 59 im 3. Bezirk in Wien) zwischen dem Deutschen Reich und Elena Baroli aufgeteilt wurde, ist nicht mehr eindeutig zu rekonstruieren. Die Mobilien im Eigentum von Eveline Egger-Möllwald dürften von der Gestapo beschlagnahmt und größtenteils im Dorotheum versteigert worden sein. Die Mobilien und Kunstwerke aus dem Eigentum von Lothar Egger-Möllwald wurden an Elena Baroli ausgehändigt und bei der Spedition Dworak eingelagert, darunter auch *Die Wildbrethändlerin*. Dort verblieben sie bis zum Ende des NS-Regimes und wurden im August 1945 von der US-Militärregierung zur Einrichtung von Villen entnommen.

Dem Vermögensentzug und dem Faktum des nichtigen Rechtsgeschäftes durch die Einsetzung der nichtjüdischen Erbin trug die Rückstellungskommission 1950 Rechnung und anerkannte die beiden Söhne bzw. Adoptivsöhne als alleinige Erben nach Eveline und Lothar Egger-Möllwald. Wie das fragliche Bild *Die Wildbrethändlerin* am 7. März 1949 in das Dorotheum zur Versteigerung gelangte, liegt vollkommen im Dunkeln. Fest steht jedoch, dass die Stadt Lienz das Bild bei dieser Auktion angekauft hat.[57]

Um mehr Klarheit in diesen Fall zu bringen, kontaktierte die Kommission für Provenienzforschung im Februar 2006 das österreichische Bundesministerium für Finanzen. Sie folgte damit einem Hinweis im Werkverzeichnis von Wilfried Kirschl, dass sich das Gemälde *Der Flösser*[58] aus dem ehemaligen Eigentum Egger-Möllwald als Eigentum der

---

56   ÖStA AVA, E/1793, Nachlass Lothar Egger-Möllwald, Schreiben der Auslandsorganisation der NSDAP Berlin an die NSDAP Gauleitung in Wien, 14.10.1940.

57   KIRSCHL, KOFLER, Provenienzbericht „Sammlung Albin Egger-Lienz“, S. 15.

58   Provenienzhinweis bei KIRSCHL, Albin Egger Lienz. Das Gesamtverzeichnis, Bd. II, S. 516 [M 127]: „Wien, Finanzlandesdirektion für Wien, NÖ und Burgenland. Eigentum der Republik Österreich, Öl auf Leinwand, 100 x 74 cm […].“

Republik Österreich bei der Finanzlandesdirektion Wien befände. Von Seiten des Ministeriums konnten jedoch keine zusätzlichen Hinweise bezüglich der Erwerbung des Bildes beigebracht und somit auch keine Rückschlüsse auf das in Lienz befindliche Gemälde gezogen werden. *Der Flösser* war im Februar 1955 durch die Finanzlandesdirektion für Wien, Niederösterreich und das Burgenland inventarisiert worden und diente der Ausstattung von Räumlichkeiten im Finanzamt Hollabrunn. Wie das Bild in die Finanzlandesdirektion kam, ist unklar. Denkbar ist, dass die amerikanischen Befreier das Gemälde, nachdem sie dafür keine Verwendung mehr hatten, der Finanzlandesdirektion übergaben.[59] Infolge der Nichtgeltendmachung von Ansprüchen im Rahmen der Rückstellungsgesetzgebung hatte der Bund gemäß Art. 22 des Staatsvertrages (in Verbindung mit dem 1. Staatsvertragsdurchführungsgesetz) rechtmäßig Eigentum an dem Gemälde von Egger-Lienz erlangt.[60]

Die Kommission für Provenienzforschung erstellte ein Falldossier, nachdem deutlich geworden war, dass es sich bei dem Gemälde *Der Flösser* aus dem ehemaligen Eigentum von Lothar Egger-Möllwald um einen entzogenen Kunstgegenstand handelt.

Albin Egger-Lienz, *Der Flösser*, 1898/99, Finanzlandesdirektion Wien, Inventar-Kennziffer 111-1, Fotograf: Leonhard Weidinger.

---

59 Telefonische Auskunft von MR Mag. Ingrid Oberleitner, Finanzministerium, an die Autorin, 16.1.2008.
60 Beiratsbeschluss, 7.12.2007 http://www.bmukk.gv.at/kultur/rest/rest_beirat_07_3.xml (abgerufen am 12.5.2008).

Am 7. Dezember 2007 empfahl der Kunstrückgabe-Beirat dem Bundesminister für Finanzen, das Gemälde von Albin Egger-Lienz *Der Flösser* an die ErbInnen nach Lothar Egger-Möllwald zurückzugeben. Zwar bezieht sich die Ermächtigung des Kunstrückgabegesetzes im Wortlaut lediglich auf „Kunstgegenstände aus den österreichischen Bundesmuseen und Sammlungen", zu denen auch die Sammlungen der Bundesmobilienverwaltung zählen, es könne aber, wie der Beiratsbeschluss festgehalten hat, kein Zweifel daran bestehen, dass der Gesetzgeber größeres Gewicht auf derzeit bestehendes Bundeseigentum an seinerzeit entzogenen Kunstgegenständen legt als auf den konkreten Unterbringungsort eines solchen Kunstgegenstandes. Der Beirat war der Ansicht, dass eine analoge Anwendung des Kunstrückgabegesetzes auf das für die Finanzlandesdirektion für Wien, Niederösterreich und Burgenland inventarisierte Gemälde angebracht ist.[61] Zum Zeitpunkt des Entstehens dieses Artikels (Juni 2008) war das Finanzministerium mit der Prüfung der von der Anlaufstelle der IKG zusammengestellten Erbfolgedokumentation beschäftigt. Die für 2008 ins Auge gefasste Novelle des Kunstrückgabegesetzes soll zukünftig alle Mobilien im Eigentum des Bundes, unabhängig von ihrem Verwahrungsort, einbeziehen.[62]

Folgen und Nachhaltigkeit des Egger-Lienz-Provenienzberichtes

Wenngleich Albin Egger-Lienz zu Unrecht von den Nationalsozialisten als „Blut- und Bodenmaler" instrumentalisiert worden ist und die Rezeption seines Werkes nach 1945 lange Zeit vorwiegend in diesem Zusammenhang stattgefunden hat,[63] ist evident, dass seine Bilder bei zahlreichen – vor allem österreichischen – Nationalsozialisten beliebt waren. Die NS-Verfolgungspolitik zwang viele KunstsammlerInnen dazu, ihre Sammlungen zu verkaufen, oder diese wurden von den zuständigen NS-Stellen sichergestellt, beschlagnahmt oder eingezogen. Museen wie jenes auf Schloss Bruck in Lienz, das Ferdinandeum in Innsbruck oder das Landesmuseum Kärnten profitierten maßgeblich von der neuen Verfügbarkeit von Egger-Lienz-Werken nach dem März 1938.

Immer noch sind Fragen hinsichtlich der Provenienzgeschichten von Werken aus der Egger-Lienz-Sammlung im Museum Schloss Bruck in Lienz offen geblieben, deren Beantwortung Aufgabe weiterer Untersuchungen sein wird. Die Forschungen und

---

61 Beiratsbeschluss, 7.12.2007.
62 Pressekonferenz von Bundesministerin Claudia Schmied und des Vorsitzenden des Kunstrückgabe-Beirats, Clemens Jabloner, 26.3.2008.
63 HOLZBAUER, Kunst und Politik, S. 55.

Rechercheergebnisse zur Egger-Lienz-Sammlung durch die Kommission für Provenienzforschung und die Anlaufstelle der IKG haben deutlich gemacht, wie wichtig eine Vernetzung von Wissen, Quellen und Rechercheergebnissen, von involvierten Institutionen und Personen ist und wie Synergien in der Provenienzforschung genutzt werden können. In diesem Sinne ist zu hoffen, dass weitere öffentliche und nichtöffentliche Sammlungen und Museen entsprechende Forschungen durchführen und dass Lücken in der Gesetzgebung hinsichtlich der Möglichkeit von Restitutionen geschlossen werden.

Die Stadt Lienz hat sich kritisch mit der Geschichte des stadteigenen Museums auseinander gesetzt. Die damit in Zusammenhang stehenden Maßnahmen der Stadt Lienz in den letzten Jahren sind aus mehreren Gründen beachtlich: Zum einen hat sie von sich aus eine Überprüfung der Bestände initiiert und sich den Erkenntnissen und Empfehlungen einer unabhängigen ExpertInneneinrichtung, der Kommission für Provenienzforschung, angeschlossen. Den Entzugsgeschichten ihrer Kunstwerke hat die Stadt auch ohne Rückhalt durch ein Kunstrückgabegesetz Rechnung getragen und Rückgaben bereits durchgeführt. Solche Akte der Redlichkeit[64] sind selten; weitere Rückgaben der Stadt Lienz können in naher Zukunft erwartet werden.

Dass der respektvolle Umgang mit den Entzugsgeschichten von Kunstwerken noch immer nicht in allen Museen Standard ist, beweist die Ausstellung *Albin Egger-Lienz. 1868–1926* in der Leopold Museum Privatstiftung in Wien, die im Februar 2008 eröffnet worden ist.[65] Unter den ausgestellten Kunstwerken waren zahlreiche, die während des NS-Regimes entzogen und nicht rückgestellt oder unter erklärungsbedürftigen Umständen nach 1945 den rechtmäßigen EigentümerInnen wieder „abgekauft" wurden. Allein unter den Leihgaben aus Lienz befanden sich acht eindeutig bedenkliche Werke[66] und sechs weitere, die als fraglich einzustufen sind.[67] Die bedenkliche Herkunft der Werke war dem Leopold Museum bekannt, es verzichtete jedoch auf jegliche Hinweise und

---

64 Siehe Lisa FISCHER, Irgendwo. Wien, Theresienstadt und die Welt. Die Sammlung Heinrich Rieger, (= Bibliothek des Raubes, Bd. XIII) Wien 2008, S. 138.

65 Leopold Museum (Hg.), Albin Egger-Lienz. 1868–1926, Wien 2008.

66 Es handelt sich dabei um folgende Werke [die Seitenangaben beziehen sich auf den Ausstellungskatalog LEOPOLD MUSEUM (2008)]: *Die Prozession I,* 1903, Öl/Lw./Karton (S. 72), *Christnacht,* 1903–1905, Öl/Leinwand, (S. 76), *Doppelbild: Die Holzfäller,* 1906–1908, und *Haspinger 1809,* 1909, Öl/Lw. (S. 89), *Feldsegen,* 1896, Öl/Lw./Karton (S. 120), *Ruhende Hirten,* um 1918, Öl /Leinwand (S. 137), *Der Sämann,* 1903, Öl/Lw. (S. 121), *Der Mensch, Fragment eines Gesamtentwurfes,* 1914, Kohle (S. 147), *Bauer, Studie zu Haspinger,* 1908, Öl/Lw. (S. 88).

67 Es handelt sich dabei um folgende Werke [die Seitenangaben beziehen sich auf den Ausstellungskatalog LEOPOLD MUSEUM (2008)]: *Das Meer, Katwijk,* 1913, Öl/Lw. (S. 116), *Die Kellnerin,* 1903, Öl/Lw.

Transparenz. Dass dieser verantwortungslose Umgang mit Provenienzen durch das Leopold Museum eine heftige politische und mediale Diskussion nach sich gezogen hat, ist nicht weiter verwunderlich.

Letztlich war die Egger-Lienz-Werkschau Anlass für die politisch Verantwortlichen, eine Lösung für den seit Jahren bekannten problematischen Umgang mit entzogenen Kunstwerken durch die Leopold Museum Privatstiftung anzustreben und eine unabhängige, vom Bund eingesetzte und finanzierte Provenienzforschung im Leopold Museum zu etablieren.[68]

(S. 71); *Ein Abschied in Tirol im Jahre 1809,* Öl/Lw. (S. 81), *Der Mann hinter dem Kreuzträger/Studie zu Das Kreuz,* 1899, Öl/Lw. (S. 84), *Frauenkopf,* 1902, Kohle/Pastell/Aquarell (S. 94), *Tischgebet, Studie zum Bauern,* um 1920/21, Kohle (S. 194).

68   Pressekonferenz von Bundesministerin Claudia Schmied und des Vorsitzenden des Kunstrückgabe-Beirats, Clemens Jabloner, 26.3.2008; Pressemitteilung des Bundesministeriums für Unterricht, Kunst und Kultur vom 17.5.2008: „Kulturministerium und Stiftung Leopold einigen sich auf unabhängige Provenienzforscher" http://www.bmukk.gv.at/ministerium/vp/pm/20080517.xml (abgerufen am 10.6.2008).

Raoul Korty – Das Wunderkind der Sammelwut

Margot Werner

Im Magazin der Porträtsammlung der Österreichischen Nationalbibliothek (ÖNB) fanden sich im Jahr 2003, originalverpackt seit 1939 in fünf Holzkisten, mehreren Schatullen und Kartonboxen, rund 30.000 Fotografien und Negative aus der ehemaligen Sammlung von Raoul Korty.

Seltsam und erschreckend wirkten die seit der NS-Zeit unberührt gebliebenen Holzkisten und Packpapierpakete im Ambiente des erst vor einem Jahrzehnt neu errichteten Tiefspeichers. Das Konvolut ist Teil einer einst bedeutend größeren kulturgeschichtlichen Fotosammlung, die das dokumentarische Interesse und die vielseitige Sammelleidenschaft ihres ehemaligen Eigentümers widerspiegelt.

Die Fotosammlung Raoul Korty, wie sie im Jahr 2003 im Magazin der ÖNB aufgefunden wurde.

Die fast vollständig erhalten gebliebenen Akten zu diesem Fall geben Auskunft über die Vorgänge, die zur Zersplitterung der ehemals über 250.000 Bilder umfassenden Sammlung geführt haben, und beleuchten das tragische Schicksal ihres Eigentümers.

Raoul Korty – ein Name, der heute in Vergessenheit geraten ist, obwohl Korty zu Beginn des 20. Jahrhunderts einer der bedeutendsten Fotosammler im deutschsprachigen Raum gewesen ist. Seine Sammlung galt zu einer Zeit, da die Fotografie gerade eben erst breiteren Gesellschaftsschichten zugänglich war, als eines der größten Bildarchive Europas. Dementsprechend gefragt waren Kortys Aufnahmen bei den Redaktionen in- und ausländischer Medien, die Porträts aus seiner Sammlung zur Illustration ihrer Artikel heranzogen.

Korty selbst gibt in einem von ihm verfassten Aufsatz mit dem Titel *Meine 250.000 Bilder. Leiden und Abenteuer meines Sammelwahns* einen guten Einblick in die Vielfältigkeit seiner Sammlung:

Also wie gesagt: man kann bei mir alles finden. Kommt der Theaterenthusiast so kann ich ihm sicher mit einigen Dekaden aber auch mit mehreren Hunderten von Aufnahmen eines berühmten Schauspielers dienen. Der Politiker steht hinter diesem Spezialisten subjektiver Begeisterung durchaus nicht zurück: Ob Kalakaua der letzte König der Sandwich Inseln oder die berühmte Tragödin Rachel – ein Griff in die entsprechende Schublade und sie sind da, in allen Lebensaltern, Lebenslagen und Uniformen. Auch der Kriminalist, sofern er sich auf historisches Material beziehen will, kann reichliche Ernte bei mir halten … mit einem Worte, es gibt keine Disciplin die der Kamera zugänglich ist, von der eine historische Stichprobe in meiner Sammlung nicht gemacht werden könnte.[1]

Und wie es der Persönlichkeit vieler Sammelwütiger entspricht, war auch Raoul Korty alleiniger Herr seiner Sammlung. Zu seinen Schätzen hatte nur er Zugang, in seinem Kopf war der Schlüssel zur Ordnung der Sammlung verborgen. Kataloge legte Korty kaum an, und wenn, dann allenfalls um Bildmaterial zu bestimmten, von Journalisten angefragten Themen zusammenzustellen.

Wie kam diese für die damalige Zeit ungewöhnlich umfangreiche Sammlung zustande? Auch dazu möchte ich Korty selbst zu Wort kommen lassen, der lapidar festgestellt hat: „Ich begann als Kind der Sammelwut."[2]

Raoul Korty wurde am 4. Februar 1889 in Wien als Raoul Kohn in eine gut situierte, bürgerliche jüdische Familie geboren. Sein Vater, der Kaufmann Siegfried Hermann Kohn, wird als sehr gläubiger Jude beschrieben. Mit dem typisch jüdischen Nachnamen „Kohn" sah Siegfried Kohn dennoch gesellschaftliche wie berufliche Nachteile verbunden: Die gesamte Familie nahm 1896 den Nachnamen Korty(i) an.[3]

---

1 ÖNB POR Sammlung Korty, ohne Sig. Raoul KORTY, Meine 250.000 Bilder. Leiden und Abenteuer meines Sammelwahns, unveröffentlichtes Manuskript, um 1920, S. 1.
2 KORTY, Meine 250.000 Bilder, S. 1.
3 IKG Wien, Matrikenamt, Geburts- und Todesmatriken.

Raoul Korty,
1923.

Raoul wuchs als einziger Sohn seiner Eltern Siegfried und Regine gemeinsam mit den zwei Schwestern Edit, geboren 1880, und Ines, geboren 1894, auf. Dem Vater war der berufliche Aufstieg gelungen, er trat bereits im Jahr 1880 als Teilhaber in das Geschäft seines Bruders Jakob Kohn ein, der kurz zuvor einen Kommissionshandel mit Börseeffekten in Wien gegründet hatte. Das Geschäft bestand fortan unter dem Namen „Gebrüder Kohn" in der Liechtensteinstraße 3 im 9. Bezirk. Der Handel florierte, 1918 erhielt Siegfried Korty auch die Konzession für das Bankgewerbe.[4]

Über Raouls Erziehung ist wenig bekannt, sie dürfte jedoch, den Ambitionen des Vaters folgend, streng gewesen sein. Raouls Persönlichkeit entsprach wohl nie so ganz den Vorstellungen seines Vaters, der mit der zeit- und kostenintensiven Sammelleidenschaft des Sohnes wenig anzufangen wusste. Raouls Sammelehrgeiz brachte schon in seiner Jugend allerhand Probleme mit sich. Nicht umsonst adressierte seine Mutter scherzhalber Urlaubskarten an den 12-jährigen, daheim gebliebenen Sohn Raoul mit dem Zusatz „Sammler" oder „Ansichtskartenkrampfinhaber" und forderte ihn auf, „brav und fleißig" zu sein. Fleißig war Raoul vermutlich vor allem mit dem Aufbau seiner Sammlung beschäftigt. Eine von ihm selbst überlieferte Anekdote aus seiner Jugendzeit ist berichtenswert: Im Alter von 12 oder 13 Jahren spürte Raoul bei einem Wiener Antiquitätenhändler den Nachlass des Theatermalers Franz Gaul auf, der auch rund 600 Aufnahmen der gefeierten Schauspielerin Charlotte Wolter umfasste. Raoul,

---

4 WrStLA, Akt des Handelsgerichts, Reg.nr. A 36, 38.

ein großer Verehrer Wolters, entwickelte sich laut eigenen Angaben „zum Plagegeist" des Händlers, der bis spät abends sein Geschäft offen halten musste, um Korty die Gelegenheit zur eingehenden Besichtigung der Aufnahmen zu geben. Wohl um den lästigen Knaben endlich loszuwerden, ging der Händler schließlich auf ein Ratenzahlungsangebot des 12-jährigen ein, das dieser natürlich nicht einzuhalten vermochte. Die Angelegenheit landete letztendlich beim Anwalt des Händlers und damit bei Kortys Vater, der nach dieser Begebenheit wohl ein Stück mehr überzeugt war, einen Taugenichts zum Sohn zu haben.[5]

In einer anderen Episode schildert Korty, wie er als Jugendlicher in den Besitz von 50.000 Damenporträts aus dem Nachlass eines „Sonderlings" gelangt ist. Am Abend dieses Tages sah es in der Wohnung seiner Eltern aus „[…] wie in einem Archiv das durch die Hand des Teufels in Unordnung gebracht war […]. Auf und unter dem Bette, auf den Tischen, unter den Stühlen, überall türmten sich Berge von Fotografien auf, das Stubenmädchen kündigte, meine Mutter rang die Hände, kurzum es war ein Glück – zum Verzweifeln!"[6]

Nach Abschluss der Realschule inskribierte Korty 1908 an der Wiener Akademie der bildenden Künste, verpflichtete sich aber dann im Rahmen des Präsenzdienstes als Einjährig-Freiwilliger im Husarenregiment Nr. 1. Am 28. Juli 1914, dem Tag der Kriegserklärung Österreich-Ungarns an Serbien, wurde Korty als Reservekorporal einberufen. Noch im selben Jahr wechselte er in das in Komárom (dt. Komorn) stationierte Husarenregiment „Graf Radetzky" Nr. 5. Korty diente während der gesamten Dauer des Ersten Weltkriegs in der k. u. k. Armee, zu Kriegsende bekleidete er bereits den Rang eines Oberleutnants und war mit der silbernen Tapferkeitsmedaille 2. Klasse ausgezeichnet worden.[7]

Sogar während der Zeit an der Front dürfte Korty weiter am Aufbau seiner Fotosammlung gearbeitet haben, einige Korrespondenzstücke mit dem Ersuchen um Zusendung von Fotos sind erhalten geblieben. Eines der interessantesten Bilder aus dieser Zeit ist wohl das Porträt des Chefs des Generalstabs der k. u. k. Armee, Arthur Arz von Straußenburg, mit dessen eigenhändiger Widmung an „Herrn Raoul Korty zur freundlichen Erinnerung". Dieses Porträt dürfte für den Sammler Korty einen hohen persönlichen Wert besessen haben: es ist als eines der wenigen Bilder seiner Sammlung gerahmt und belegte vermutlich einen Ehrenplatz in Kortys Wohnung.

---

5 KORTY, Meine 250.000 Bilder, S. 2.
6 KORTY, Meine 250.000 Bilder, S. 3.
7 ÖStA KA, Hauptgrundbuchsblatt XXXIII, Zl. 298, Raoul Korty.

Die Armee hat Raoul Korty nachhaltig beeindruckt. Seine Leidenschaft für Militär und Monarchie spiegelt sich auch in der Sammlung wider. Noch im Jahr 1919 posierte Korty im Fotoatelier stolz in der Offiziersuniform der 5er-Husaren.

Raoul Korty in der Offiziersuniform
der 5er Husaren, 1919.

Im März 1919 trat Korty ohne abgeschlossene Ausbildung – sein Kunststudium hatte er kriegsbedingt unterbrochen – aus der Armee aus. Sein Vater, der Raouls Sammellei- denschaft und seinen Lebensstil als Bohémien nicht sonderlich goutierte, suchte nach einem Weg, seinen Sohn in die Erwerbstätigkeit und ein geregeltes bürgerliches Leben zu integrieren. Eine erfolgversprechende Lösung schien dem Vater die Gründung eines Fotoateliers. Gemeinsam mit einem Bekannten gründete er im Juni 1919 die Firma „Georgette, Atelier für moderne Bildniskunst". Sitz der Firma war die Reisnerstraße 16 im 3. Bezirk. Zu den Geschäftsführern der Firma ernannte Siegfried Korty seinen Sohn und – da dieser keinen Gewerbeschein besaß – einen Wiener Fotografen namens Vin- zenz Cunz. Die Geschichte des Ateliers war aber eine kurze und unrühmliche: Bereits ein Jahr nach der Gründung legte der Inhaber der Gewerbeberechtigung, Cunz, seine Funktion als Geschäftsführer nieder, denn die Gesellschaft hatte sein Gehalt gar nicht oder nur teilweise ausbezahlt. Raoul Korty betrieb daraufhin das Atelier alleine weiter, wobei er weniger geschäftliche Ziele als den Aufbau seiner Sammlung verfolgte. Ob das Atelier Georgette überhaupt jemals einen Kundenstock besessen hat, ist den Akten nicht zu entnehmen. Das Atelier war in den wenigen Jahren seines Bestehens trotzdem höchst produktiv: Korty fotografierte selbst oder erteilte kurzfristig Aufträge an Fotografen. Fotografiert wurden allerdings nicht zahlende Kunden, sondern in erster Linie Kortys Bekannte und Prominente aus seinem Umfeld. Von der Tätigkeit des Ateliers Georgette zeugen heute noch zahlreiche großformatige Bilder, die sich in Kortys Sammlung wiederfinden.

Mit 1. Jänner 1929 wurde die Firma aufgelöst, die Episode hatte Raoul Kortys Vater 20.000 Kronen gekostet.[8]

1923 wurde Raoul Kortys einziges Kind, eine Tochter, aus seiner langjährigen Verbindung mit Philippine Zeisberger geboren. 1929 heiratete er Zeisberger gegen den Willen des streng gläubigen Vaters. Die Tatsache, dass sein einziger Sohn eine Nichtjüdin heiratete, dürfte zum endgültigen Bruch zwischen den beiden geführt haben. Anhand der erhaltenen Akten ist feststellbar, dass Raoul Korty in der Folge zusehends in finanzielle Schwierigkeiten geraten ist, deren Ursache die Einstellung der langjährigen Unterstützungszahlungen durch den Vater gewesen sein dürfte.

Mittlerweile war aber Kortys Sammlung soweit angewachsen, dass es ihm gelang, sein Hobby auch zum Beruf zu machen. In den folgenden Jahren bestritt er seinen Lebensunterhalt als freier Journalist und durch die Einkünfte aus dem Verleih seiner Fotosammlung an Zeitungen und Zeitschriften. Zudem war er mit der Publikation von Bildbänden und der Gestaltung von Ausstellungen beschäftigt. Zumindest an zwei Ausstellungen war Korty beratend und durch die Leihgabe von Exponaten aus seiner Sammlung beteiligt. Bei der 1928 gezeigten XII. Ausstellung der Österreichischen Galerie im Oberen Belvedere mit dem Titel *Die Kunst der Photographie der Frühzeit 1840–1880*[9] und der *Kaiser Franz Joseph Ausstellung* in Schönbrunn im Jahr 1935.[10]

Korty verfasste außerdem mehrere Publikationen über Fotografie, wobei zwei Werke hervorzuheben sind: die Monographie *Kaiserin Elisabeth in 200 Bildern*, die Raoul Korty gemeinsam mit Gertrude Aretz gestaltete,[11] und das Werk *Franz Joseph I. in 100 Bildern*.[12]

---

8 WrStLA, Akt des Handelsgerichts, Reg.nr. C 32, 137.

9 Ausstellungskatalog Die Kunst der Photographie der Frühzeit 1840–1880. XII. Ausstellung der Österreichischen Galerie, Wien 1928.

10 Ausstellungskatalog Kaiser Franz Joseph Ausstellung, hrsg. v. Verein der Museumsfreunde in Wien, Wien 1935.

11 Gertrude ARETZ, Kaiserin Elisabeth von Österreich in zweihundert Bildern, eingel. v. Gertrude Aretz, Bilder aus der Sammlung Raoul Korty, Wien 1938.

12 Raoul KORTY, Franz Joseph I. in 100 Bildern, Wien 1935.

Als Fotosammler war Korty selbstverständlich auch Mitglied im renommierten „Camera-Club", dem neben Amateuren auch Besitzer bekannter Wiener Fotoateliers angehörten und der von Nathaniel von Rothschild gefördert wurde.[13]

Kortys gesellschaftliches Umfeld ist schnell umrissen. Er umgab sich mit Menschen, die seine Sammelleidenschaft teilten oder durch ihre berufliche Karriere dazu beitragen konnten, seine Sammlung zu erweitern. Dazu zählten Adelige ebenso wie BühnenkünstlerInnen. Durch Akten belegbar sind auch Kortys Kontakte zu prominenten Fotosammlern wie dem Arzt Otto Frankfurter oder dem Hofrat Constantin Danhelovsky.

Eine enge Freundschaft verband Korty mit dem Schriftsteller Hans Habe, der in den 1930er Jahren in Wien als Journalist tätig war und mit Korty zusammenarbeitete. Habe gilt auch als Verfasser des vermutlich unpublizierten Aufsatzes *Der Mann der in drei Zimmern die Weltgeschichte eingefangen hat. Die 250.000 Fotografien des Raoul Korty.*[14] Im Vorwort zu seinem Roman *Die Tarnowska* beschreibt Habe, wie ihn Kortys Sammlung, speziell ein Bildnis der Gräfin Tarnowska, zum Verfassen des Romans inspiriert hat.[15]

Um 1930 geriet Korty in massive finanzielle Schwierigkeiten, die letztendlich zum Verkauf eines Teils seiner Sammlung führten.[16] Dennoch stand er – wie den Akten zu entnehmen ist – auch weiterhin in regen Tausch- und Handelsbeziehungen mit der Österreichischen Lichtbildstelle und der Porträtsammlung der Nationalbibliothek (NB). 1936 sah er sich allerdings gezwungen, vom Wiener Verleger Eduard Hoffmann öS 5.400 zu leihen und diesem dafür eine nicht näher bestimmte Anzahl an Fotografien aus seiner Sammlung zu verpfänden. Im zwischen Korty und Hoffmann geschlossenen Vertrag war die Klausel enthalten, dass Korty das verpfändete Material innerhalb einer gewissen Frist zurückkaufen könne.[17] Einen ähnlichen Vertrag schloss Korty im selben Jahr mit der Österreichischen Lichtbildstelle ab, der er die Bezahlung für von ihm in Auftrag gegebene Reproduktionen schuldig geblieben war. Mit 1. Dezember

---

13 Jubiläums-Jahrbuch des Camera-Clubs in Wien 1887–1912, hrsg. vom Camera-Club, Wien 1912, S. 30.

14 Interview mit Kortys Tochter am 7.5.2007. Manuskript des Textes im Archiv der ÖNB. ÖNB Archiv, Zl. 2871/1939.

15 Hans HABE, Die Tarnowska, Wien-München-Basel 1962, S. 11.

16 1932 wurde gegen Korty vom Wiener Exekutionsgericht eine Exekutionsbewilligung verfügt. ÖNB Archiv, Zl. 77/1932, GD Josef Bick an das Exekutionsgericht Wien vom 9.1.1932.

17 Der Originalvertrag, datiert mit 1.11.1936, ist nicht erhalten. Die Höhe der geliehenen Summe ist einem Schreiben zu entnehmen, nicht aber die Anzahl der dafür verpfändeten Fotografien. ÖNB Archiv, Zl. 2871/1939, Leiter der Porträtsammlung Wilhelm Beetz an den Inspekteur der Sicherheitspolizei Walther Stahlecker vom 12.4.1939.

1936 verkaufte Korty um den Betrag von öS 2.500 hauptsächlich Negativplatten aus seiner Sammlung an die Österreichische Lichtbildstelle, wobei ihm auch in diesem Fall vertraglich die Rückkaufmöglichkeit innerhalb der Frist eines halben Jahres eingeräumt wurde.[18]

Trotz dieser beiden Notverkäufe war Korty 1938 nach wie vor im Besitz eines Großteils seiner Fotosammlung, die teils in seiner Wohnung in der Weyringergasse 27 im 4. Bezirk und teils in der Wohnung seiner Eltern am Opernring 3 im 1. Bezirk deponiert war.

Nach dem „Anschluss" verschlechterte sich Kortys finanzielle Situation weiter, da er als Jude im Sinne der Nürnberger Gesetze an der Ausübung seiner Tätigkeit als Journalist gehindert wurde. In dieser Zeit erfolgte zudem die Trennung von seiner Ehefrau Philippine Korty, geb. Zeisberger.[19] Korty wurde nun seine Prominenz in Wiener Journalistenkreisen zum Verhängnis. Die Beschlagnahmung der Sammlung Kortys ist einer jener wenigen Fälle, in denen es keines expliziten Ansuchens des damaligen Generaldirektors der NB, Paul Heigl, an die für Einziehung und Verwertung jüdischen Vermögens zuständigen Stellen bedurft hatte. Heigl wurde im Februar 1939 vom Inspekteur der Sicherheitspolizei in Wien, SS-Standartenführer Franz Walt(h)er Stahlecker, darauf aufmerksam gemacht, dass sich die „Photographiesammlung des Juden Raoul Korti […] zur Deckung aufgelaufener Schuldverpflichtungen des Korti im Besitz des arischen Verlegers Eduard Hoffmann in Wien und […] das Plattenmaterial für die Photosammlung des Korti in der staatlichen Lichtbildstelle in Wien" befinde.[20]

Die NB zeigte Interesse am Erwerb der Fotosammlung und Eduard Hoffmann kam die Situation gelegen, um den Korty geliehenen Betrag nun von der NB einzufordern. Bereits im März desselben Jahres schien der Verkauf perfekt: Hoffmann stimmte zu, die als Pfand einbehaltenen Fotografien um den Korty geliehenen Betrag (RM 2.660) an die NB zu verkaufen.[21] Ein wenig irritierend erschien der NB allerdings von Beginn an der Umstand, dass Hoffmann auf Vorauszahlung bestand und keine Gelegenheit einräumte, die Sammlung vorab zu besichtigen. Tatsächlich stellte sich wenig später heraus, dass Hoffmann wesentlich weniger Bilder aus der Sammlung Korty besaß als angegeben. Dies veranlasste nun Wilhelm Beetz, damals Leiter der Porträtsammlung[22], sich

---

18 Die einen integrierenden Bestandteil des Vertrags bildende Liste der verkauften Negative ist nicht erhalten. ÖNB Archiv, o. Zl., Vertrag zwischen der Österreichischen Lichtbildstelle und Raoul Korty vom 1.12.1936.
19 Die Ehe wurde mit Beschluss des LG für ZRS im Jahr 1941 geschieden. WrStLA, Meldeunterlagen.
20 ÖNB Archiv, Zl. 2871/1939, Inspekteur der Sicherheitspolizei an Nationalbibliothek vom 7.2.1939.
21 ÖNB Archiv, o. Zl., Hoffmann an den Leiter der Porträtsammlung Wilhelm Beetz vom 22.3.1939.
22 Wilhelm Beetz (1882–1966) musste sich 1946 vor der Sonderkommission beim Staatsamt für Volksaufklä-

Schreiben des Inspekteurs
der Sicherheitspolizei, Walther Stahlecker,
an die NB betreffend die Sammlung Korty,
7. Februar 1939.

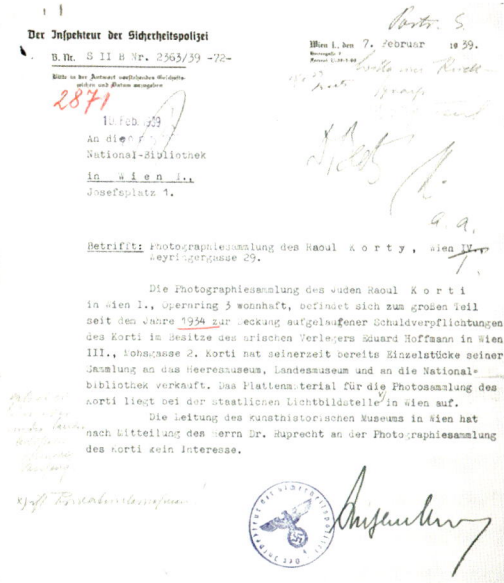

an Stahlecker, zu wenden und anzuregen, „eine gleichzeitige Haussuchung bei Korty, bei Hoffmann und vor allem beim Spediteur" durchzuführen, um „das für die Nationalbibliothek wertvolle Kulturgut aus der Ostmark zutage zu fördern und eine Verschiebung ins Ausland verhindern zu können."[23] Beetz hatte die Befürchtung, dass Korty und Hoffmann gemeinsam versuchen würden, das wertvollste Material vor dem Zugriff der Gestapo zu bewahren, um es im Ausland zu verwerten.

Über Ersuchen von Beetz und dem Generaldirektor der NB griff bereits zwei Wochen später die Gestapo ein. Wie einem Bericht des Leiters der Porträtsammlung an die Generaldirektion zu entnehmen ist, wurden in einer groß angelegten Aktion am 26. April 1939 zuerst in der Wohnung und der Verlagsanstalt Eduard Hoffmanns 20.000 Bilder, die teilweise den Stempel „Sammlung Korty" trugen, konfisziert. Anschließend wurde Kortys Wohnung in der Weyringergasse 27 und die seiner Eltern am Opernring 3 durchsucht, wo man ebenfalls Teile der Sammlung vorfand und beschlagnahmte. Schließlich wurde der Spediteur, bei dem Korty sein Umzugsgut eingelagert hatte, ausfindig gemacht, der Lift aufgebrochen, und geschätzte 15.000 Bilder beschlagnahmt.[24]

---

rung einem Entnazifizierungsverfahren unterziehen und wurde in Folge als NSDAP-Anwärter zwangspensioniert. ÖNB Archiv, Personenunterlagen, Kt. Pa 3, Personenmappe Beetz.

23 ÖNB Archiv, Zl. 2871/1939, Beetz an Stahlecker vom 12.4.1939.

24 ÖNB Archiv, Zl. 82/1939, Bericht Beetz an die Generaldirektion vom 2.5.1939. Die aktuelle Zählung hat ergeben, dass Kortys Sammlung wesentlich mehr – nämlich rund 30.000 – Einzelbilder enthält.

Das gesamte Material wurde noch am selben Tag in die Porträtsammlung der NB verbracht und eine erste Statistik erstellt: 20.000 Bilder wurden insgesamt bei Hoffmann gefunden, zusammen mit den noch im Besitz Kortys befindlich gewesenen Bildern konnte die Porträtsammlung einen Zuwachs von 35.000 Bildern und 700 Negativplatten verbuchen. Versehentlich hatte man jedoch auch ca. 5000 Bilder aus Hoffmanns Privatbesitz beschlagnahmt, was in der Folge zu Verwirrungen führen sollte. Sowohl die Bilder aus Kortys Besitz als auch jene von Hoffmann blieben vorläufig in der NB.

Eine Bearbeitung des Materials wurde nicht in Angriff genommen, einerseits wegen der ungeklärten Eigentumsverhältnisse im Fall Hoffmann, andererseits wegen der Personalknappheit und der beginnenden Bergungen. Hoffmanns Versuche, das ihm gehörende Material zurückzufordern, blieben vorerst ergebnislos.[25] Erst 1942 kam wieder Bewegung in die Angelegenheit. Eduard Hoffmann war in der Zwischenzeit verstorben, doch seine Witwe Marie Hoffmann erinnerte sich an die nunmehr seit drei Jahren in der Porträtsammlung befindlichen Bilder und ersuchte um deren Rückstellung. Da man seitens der NB erklärte, nicht in der Lage zu sein, die Teilsammlung Korty aus dem Besitz Hoffmanns käuflich zu erwerben, wurde das Material kurzerhand, verpackt in sieben Holzkisten, an die Witwe Hoffmann retourniert.[26]

Aus der Sicht der heutigen Provenienzforschung nahm die komplizierte Causa nun eine spannende Wendung. Im August 1942 notierte der Direktor der Porträtsammlung: „1941 (sic!) wurde die Sammlung der Witwe Hoffmann übergeben, die sie an Dr. Engel in Kirchberg am Wechsel verkaufte. Nun kommt sie wieder zur N. Bibl. zurück."[27] Marie Hoffmann hatte – da sie über die seinerzeit gescheiterten Verkaufsabsichten ihres Mannes Bescheid wusste – von weiteren Verhandlungen mit der NB Abstand genommen und das gesamte Konvolut an den Antiquar Rudolf Engel verkauft. Dieser bot es nun wiederum der NB an, die plötzlich Interesse am Ankauf des Materials zeigte. Bereits ein halbes Jahr nach der Rücksendung an die Witwe Hoffmanns kam der vorwiegend aus Theaterbildern bestehende Teil der Sammlung Korty also wieder an die NB, wurde von der dortigen Theatersammlung übernommen und inventarisiert.[28] Welchen Preis die Theatersammlung dem Antiquar Engel, einem ihrer ständigen Lieferanten, bezahlt hat, ist nicht überliefert.

25　ÖNB Archiv, Zl. 2871/4912/1939, Hoffmann an Generaldirektion der Nationalbibliothek vom 23.11.1939.
26　ÖNB Archiv, Zl. 34/1942 und 1204/42, Korrespondenz Marie Hoffmann mit der Porträtsammlung vom 3. und 6.2.1942.
27　Wilhelm Beetz hatte sich geirrt. Die Sammlung wurde wie erwähnt erst 1942 an die Witwe Hoffmanns retourniert. ÖNB Archiv, Zl. 82/1939, Bericht Beetz an die Generaldirektion vom 2.5.1939.
28　ÖNB Archiv, o. Zl., Jahresbericht der Theatersammlung vom 1.4.1942 bis 31.3.1943.

Doch mit diesem Ankauf war der Fall Korty noch nicht abgeschlossen: Durch einen Zufall kam die NB ebenfalls 1942 auch in den Besitz jener Negativplatten und Fotografien, die Korty 1936 wegen aufgelaufener Schulden der Österreichischen Lichtbildstelle verkauft hatte.

Nach dem „Anschluss" sollten sowohl die dem Bundeskanzleramt unterstehende Österreichische Lichtbildstelle (LST), Naglergasse 1, Wien 1, als auch der zum Unterrichtsministerium gehörige „Österreichische Lichtbild- und Filmdienst" (ÖLFD), Sensengasse 3 im 9. Bezirk in Wien, aufgelöst und die Bestände an reichsdeutsche Stellen übergeben werden. Die beiden Institute hatten ursprünglich verschiedene Aufgaben zu erfüllen gehabt: Die LST – gegründet als Bundeslichtbildstelle – war für die Aufbewahrung und Bearbeitung von Fotoarchiven zuständig. Ihre Auftraggeber waren in erster Linie das Denkmalamt und andere staatliche Institute. Die Aufgabe des ÖLFD war hingegen die Bereitstellung von Bildmaterial für Schule und Volksbildung. Durch eine Initiative des ÖLFD und der NB gelang es schließlich 1939, mit der Gründung des Bildarchivs der NB, den Abtransport und damit den Verlust österreichischen Kulturgutes zu verhindern. Die Bestände des ÖLFD wurden in den Jahren 1939/40, jene der LST 1941/42 (inklusive ca. 2000 Negativplatten aus der Sammlung Korty) von der NB übernommen. Die NB hatte mit dem Bildarchiv eine weitere Sammlung gewonnen, die organisatorisch der bestehenden Porträtsammlung angeschlossen wurde.[29]

Ob der Negativbestand Kortys zu Recht zur Gänze von der LST einbehalten worden ist, ist heute aufgrund fehlender Akten nicht mehr zu rekonstruieren. Das Material wurde von Korty innerhalb der vertraglich vereinbarten Jahresfrist, genannt ist als Stichdatum der 15. Juni 1937, offenbar nicht zurückgekauft. Das Inventar des Bildarchivs, das so genannte „Urheberrecht", thematisiert unter der Eingangszahl 787 aus dem Jahr 1942 jedenfalls die nicht restlos geklärten Eigentumsverhältnisse: „Aus jüdischem Besitz. Eigentumsfrage noch nicht endgiltig geklärt, da der Fonds von der Lichtbildstelle zur Deckung von Außenständen Korty's zurückbehalten worden war."

1942 war die Sammlung Korty – zumindest soweit sie 1936 noch bestanden hatte – also wieder vereint, wobei die ehemals von Korty selbst verkauften Teile bereits von Theater- und Porträtsammlung bearbeitet wurden, der von der Gestapo beschlagnahmte Teil jedoch weiterhin originalverpackt im Magazin lagerte.

Korty selbst konnte keinen Einfluss mehr auf die Ereignisse nehmen. Nach der Trennung von seiner Frau Philippine im Jahr 1941 hatte er die gemeinsame Wohnung

---

29 Ernst TRENKLER, Die Nationalbibliothek (1923–1967), hrsg. v. Josef STUMMVOLL, Rudolf FIEDLER (Hg.), Geschichte der Österreichischen Nationalbibliothek (2 Bde., Wien 1968–1973, Bd. 2) (= Museion, Veröffentlichungen der Österreichischen Nationalbibliothek, N.F. Reihe 2, Bd. 3, Teil 2), Wien 1973, S. 130.

verlassen müssen und war in eine Pension gezogen. Im November 1941 wurde er in eine Sammelwohnung in der Seegasse im 9. Bezirk, 1942 in eine Sammelwohnung in der Praterstaße im 2. Bezirk eingewiesen, ab dem Jahr 1943 hielt er sich in Wien versteckt.[30]

Korty hatte vermutlich seine Emigration mit dem Ziel England geplant – darauf deuten zumindest sein bei einer Spedition deponiertes Umzugsgut und eine Aussage Hoffmanns aus dem Jahr 1939 hin. Er konnte aber aus unbekannten Gründen Österreich nicht mehr rechtzeitig verlassen. Im März 1944 wurde er von der Gestapo verhaftet. Seine damals 21-jährige Tochter – nach Nürnberger Gesetzen „Mischling ersten Grades" – sprach bei der Gestapo vor, um die drohende Deportation ihres Vaters zu verhindern. Sie argumentierte, ihr Vater habe am Ersten Weltkrieg als Offizier teilgenommen, doch ein Beamter der Gestapo beschied ihr: „Seins froh, dass den alten Juden los werden."[31] Am 10. März 1944 wurde Korty mit dem Transport Nr. 48A von Wien nach Theresienstadt deportiert und von dort am 28. Oktober 1944 in das KZ Auschwitz überstellt. In Auschwitz verlieren sich seine Spuren.[32]

Raoul Kortys Todesdatum ist unbekannt, er wurde auf Antrag seiner Tochter mit Beschluss des Landesgerichtes für Zivilrechtssachen in Wien am 2. Juli 1958 für tot erklärt, wobei festgestellt wurde, dass er den 8. Mai 1945 nicht überlebt hat.[33]

Im April 1948 sprach Kortys Tochter, die den Krieg in Tirol überlebt hatte, erstmals bei der ÖNB vor, um sich über den Verbleib der umfangreichen Bildnissammlung zu informieren. Seitens der ÖNB wurde ihr eine Bestätigung ausgestellt, „dass in den Jahren 1938/39 von der deutschen Staatspolizei eine Ihrem Vater, Herrn Raoul Korty, gehörende Bildnissammlung ohne Katalog oder Inventar beschlagnahmt und ohne Übergabsverzeichnis der Portrait-Abteilung der Österreichischen Nationalbibliothek zugewiesen wurde". Die Sammlung könne über Weisung der zuständigen Finanzlandesdirektion ausgefolgt werden.[34] Obwohl die ÖNB in der NS-Zeit großes Interesse an dem „wertvollen Kulturgut aus der Ostmark" gehabt und vor dessen Verschiebung ins Ausland dringend gewarnt hatte, signalisierte man nun Frau Korty, einem Ankauf der Sammlung nicht näher treten zu wollen. Frau Korty, die nach Deutschland gezogen war und mangels einer Unterkunft in einer Garderobe der Bavaria-Filmstudios in

---

30 WrStLA, Meldeunterlagen.

31 Telefongespräch mit der Tochter Raoul Kortys, Juni 2004.

32 Mary STEINHAUSER, Dokumentationsarchiv des österreichischen Widerstandes (Hg.), Totenbuch Theresienstadt. Damit sie nicht vergessen werden. Erweiterte Auflage, Wien 1987.

33 WrStLA, LG für ZRS, Abt. 48T 98/58-7.

34 ÖNB Archiv, Zl. 689/1948, Bestätigung der Nationalbibliothek für Frau Korty vom 15.4.1948.

München Unterschlupf gefunden hatte, konnte die Sammlung schon aus Platzgründen nicht übernehmen.[35] Der Rückstellungsantrag wurde also ihrerseits vorläufig nicht
weiter betrieben.

1952 besann sich die ÖNB erneut des nach wie vor ungeklärten Restitutionsfalls.
Anlass dazu war die Vorsprache einer Frau Heimbach, Witwe nach einem Major Karl
Heimbach. Sie informierte den Leiter der Porträtsammlung und des Bildarchivs, Hans
Pauer, dass Korty zwei Kisten mit Fotomaterial aus seiner Sammlung, die 1939 dem
Zugriff der Gestapo entgangen waren, bei ihrem Mann, einem ehemaligen Regi-
mentskameraden Kortys, deponiert hatte. Nun war ihr das Depot im Weg, weshalb sie
die Porträtsammlung ersuchte, die beiden Kisten zu dem übrigen Bestand Korty zu
übernehmen. Pauer sah sich veranlasst, die Finanzprokuratur mit der Klärung der
Rechtslage zu befassen. Einem Schreiben Pauers an die Generaldirektion ist zu entnehmen, dass die Porträtsammlung nach wie vor an der – unentgeltlichen – Übernahme
der Sammlung Interesse hatte:

Ist eine Verjährung der Besitzrechte zu gewärtigen? Diesfalls würde ich die Sammlung ruhig weiter lagern lassen, bis sie heimfällt, und dann durchprüfen, da zweifellos in der Masse auch Brauchbares auftauchen dürfte. Eine weitere Verwahrung in der Porträtsammlung (und Übernahme des Bestandes Heimbach) hätte wohl
nur dann Sinn, wenn in Aussicht stünde, dass früher oder später die Verfügung dem Institut zureifen wird.[36]

Die Finanzprokuratur konstatierte in einem mit 14. Juni 1952 – zwei Wochen vor dem
Ende der Anspruchsfrist nach dem 1. Rückstellungsgesetz (BGBl 1946/156) – datierten
Schreiben, dass, nachdem die Erbin seit nunmehr vier Jahren keine Initiative ergriffen
habe, „stillschweigender Verzicht" nach ABGB § 863 anzunehmen sei und stellte eine
Ersitzung zwölf Jahre nach Ablauf der Frist für die Einbringung von Rückstellungsanträgen in Aussicht. Bezüglich des Bestandes Heimbach könne die ÖNB entsprechend dem
Umstand, dass Korty das Material seinem Kameraden nur zur Aufbewahrung übergeben
habe, nur in einen „Verwahrungsvertrag" eintreten. Dem allerdings stünde die Rechtsan-
sicht entgegen, dass es sich bei Kortys Sammlung um eine „Gesamtsache" handle, der
Bestand Heimbach also das rechtliche Schicksal der Hauptmasse teile, demzufolge auch
hier mit einer Ersitzung zu rechnen sei. Abschließend empfahl die Finanzprokuratur
„sofern do. Interesse an dieser Sammlung besteht, auch die bei Frau Heimbach befindlichen Teilbestände zu übernehmen".[37]

---

35   Telefongespräch mit der Tochter Raoul Kortys, Juni 2004.
36   ÖNB Archiv, Zl. 373/52, Pauer an Generaldirektion vom 29.4.1952.
37   ÖNB Archiv, o. Zl., Finanzprokuratur an Nationalbibliothek vom 14.6.1952.

Die ÖNB schloss sich dieser Empfehlung an und übernahm auch den Teilbestand Heimbach. Ein Jahr später, 1953, erfolgte eine neuerliche Vorsprache des Rechtsvertreters der Erbin bei der ÖNB. 1954 nahm die Porträtsammlung erstmals von sich aus Kontakt mit dem Anwalt der Tochter Kortys auf und ersuchte eine Verfügung über die Sammlung zur treffen.[38] Mit einer Ersitzung des Materials konnte man nun nicht mehr rechnen, denn die Verhandlungen zur Gründung der „Sammelstellen für herrenloses Vermögen" waren weit fortgeschritten und die Frist zur Anmeldung von Ansprüchen nach dem 1. Rückstellungsgesetz[39] war wieder eröffnet worden.

Aus ungeklärten Gründen verblieb die Sammlung trotzdem für weitere zehn Jahre in der ÖNB, bis der Rechtsvertreter von Kortys Tochter 1964 erneut den Rückstellungsanspruch seiner Mandantin geltend machte. Auf Vorwürfe der Erbin, die ÖNB habe das übernommene Material zugunsten der Porträtsammlung reduziert und nicht korrekt aufbewahrt, reagierte der Leiter der Porträtsammlung mit der Feststellung, dass die ÖNB lediglich die nach der Verschleppung Raoul Kortys nach Theresienstadt „herrenlos gewordene" Sammlung im noch greifbaren Umfang übernommen habe.[40] Tatsächlich hatte die NB, wie bereits geschildert, die Sammlung schon 1939, unter aktiver Beteiligung des damaligen Direktors der Porträtsammlung und unter Einschaltung der Gestapo für sich beansprucht – zu einem Zeitpunkt, als Korty noch in Wien gelebt hatte.

Wie fast zu erwarten, blieb die Sammlung auch weiterhin in der Porträtsammlung, eine Rückgabe wurde weder 1964 noch in den darauf folgenden Jahren durchgeführt. Erst 1980 wandte sich der Ehemann und Rechtsvertreter der Erbin erneut an die ÖNB, um sich nach dem Verbleib der Sammlung zu erkundigen.[41] Wieso die Erbberechtigte erst nach so langer Zeit erneut den ihr zustehenden Nachlass ihres Vaters beansprucht hatte, erklärte die 84-Jährige im Frühjahr 2007 damit, dass die Fotosammlung für sie eng mit den belastenden Erinnerungen an ihren ermordeten Vater verknüpft gewesen seien. Noch immer fiel es ihr sichtlich schwer, über das Schicksal des Vaters zu sprechen, dessen Bild, gebeugt über seine Sammlung, sie noch vor sich hatte.[42]

---

38 ÖNB Archiv, o. Zl., Pauer an Friedmann (RA) vom 24.11.1854.

39 Die Frist zur Einbringung von Anträgen wurde letztendlich durch mehrere Verordnungen bis zum 31.7.1956 verlängert. Verordnung vom 21. Oktober 1952, BGBl 1952/200; Verordnung vom 1. Dezember 1952, BGBl 1952/224; Verordnung vom 13. Mai 1953, BGBl 1953/75; Verordnung vom 8. Oktober 1953, BGBl 1953/167; Verordnung vom 3. September 1955, BGBl 1955/201.

40 ÖNB Archiv, o. Zl., Gedächtnisprotokoll Hans Pauer vom 24.6.1964.

41 ÖNB Archiv, o. Zl., RA an ÖNB vom 13.5.1980.

42 Interview mit Kortys Tochter am 5.5.2007.

Die ÖNB hatte das Schreiben aus dem Jahr 1980 zwar mit der Mitteilung, dass sie „nach wie vor zur Ausfolgung der in den genannten Kisten verwahrten Bestände der Sammlung Korty bereit"[43] sei, beantwortet, sich aber gleichzeitig dazu veranlasst gesehen, zum zweiten Mal die Finanzprokuratur um Beurteilung der Rechtslage zu ersuchen. Diese stellte nun allerdings fest, dass die ÖNB lediglich als Verwahrerin der Sammlung angesehen werden könne, „bei dieser Rechtslage aber die Grundvoraussetzung für einen Eigentumserwerb durch Ersitzung" fehle.[44]

Der sich seit 32 Jahren dahinschleppende Rückstellungsfall schien mit dieser Feststellung erledigt. Die Erbin erklärte sich mit den Rückstellungsbedingungen – Kostenübernahme für den Transport und Anerkennung der Vollständigkeit der Sammlung – einverstanden. Mit 31. Juli 1980 endete jedoch die Korrespondenz zwischen der ÖNB und der Rückstellungsberechtigten. Obwohl eine positive Erledigung des Falls schon in greifbare Nähe gerückt war, wurde die Sammlung nicht restituiert und befand sich zu Beginn des Projekts Provenienzforschung in der ÖNB im Jahr 2002 noch in deren Magazinen.

2002 war das Schicksal der Sammlung Korty fast in Vergessenheit geraten. Zeitzeugen wie die ehemaligen Direktoren Beetz und Pauer waren bereits verstorben, der zuletzt mit dem Rückstellungsfall befasste Direktor Walter Wieser längst pensioniert. Langjährige MitarbeiterInnen des Bildarchivs hatten zwar noch eine dunkle Erinnerung an den Fall, über die komplizierte Provenienz der einzelnen Sammlungsteile konnte jedoch niemand mehr Auskunft geben. Die erhaltenen Akten der Generaldirektion gaben zwar Aufschluss über die Entziehungsgeschichte, endeten aber mit dem Jahr 1946. Erst lange nach Beginn der Recherchen kam die bis 1980 geführte Korrespondenz zum Vorschein. Direktor Wieser hatte die Korrespondenz nicht bei den Akten der ÖNB, sondern eingeschlagen in eine alte Aktenmappe in seinem Schreibtisch aufbewahrt, dessen Inhalt nach seiner Pensionierung nur durch Zufall nicht beim Altpapier gelandet war.

Die Sammlung selbst war im Laufe der Jahrzehnte mehrfach innerhalb des Bildarchivs transferiert worden. 2002 fanden sich einige Konvolute Porträts in einem alten Holzkasten wieder, der Hauptteil – fünf Holzkisten, drei Kartons, zwei Schatullen, sechs Portefeuilles und sechs Negativboxen – lagerten im Tiefspeicher (siehe Abbildung am Beginn dieses Beitrags).

---

43 ÖNB Archiv, o. Zl., Dienstzettel an die Generaldirektion vom 20.5.1980.
44 ÖNB Archiv, Zl. 909/910/1980, Finanzprokuratur an ÖNB vom 7.7.1980.

Ein Jahr nach Vorlage des Provenienzberichts, in dem auch ein Dossier zum Fall Korty enthalten war, erhielt die ÖNB eine Benachrichtigung des Bundesministeriums für Bildung, Wissenschaft und Kultur. Es wurde ihr mitgeteilt, dass das Dossier Korty nicht wie alle anderen Dossiers der ÖNB zu namentlich bekannten VoreigentümerInnen[45] dem Kunstrückgabe-Beirat vorgelegt werde, da ja bereits 1980 die Finanzprokuratur in einem Gutachten ausgeführt habe, „dass seitens der Republik Österreich nie die Absicht bestanden hat, an der Sammlung Eigentum zu erwerben". Die Empfehlung des Bundesministeriums für Bildung, Wissenschaft und Kultur lautete dementsprechend: „Es wäre somit danach zu trachten, die Rechtsnachfolge des seinerzeitigen Eigentümers festzustellen und die Sammlung an ihn zurückzustellen."[46]

Diese unerwartete Äußerung des Ministeriums, das mit Verweis auf ein Gutachten aus dem Jahr 1980 eine weitere Befassung mit dem Fall ablehnte, bedeutete aber auch gleichzeitig, dass es überhaupt keines Kunstrückgabegesetzes bedurft hätte, um den Rückstellungsfall Korty zum Abschluss zu bringen, die Sammlung hätte vielmehr in den vergangenen 22 Jahren formlos zurückgegeben werden können.

Kortys Rechtsnachfolgerin war rasch gefunden, ein Blick in das Deutsche Telefonbuch genügte.

Nachdem der Kontakt mit der Tochter und Rechtsnachfolgerin hergestellt war und sowohl diese als auch die ÖNB Interesse an einer raschen und fairen Abwicklung des Rückstellungsfalls bekundet hatten, war die weitere Vorgangsweise bis zur effektiven Rückstellung Routine. Kortys Rechtsnachfolgerin äußerte auch 2004 den bereits 1948 vorgetragenen Wunsch nach einer finanziellen Abgeltung, wobei ihr auch daran gelegen war, die Sammlung als Ganzes zu verkaufen, um das Werk ihres Vaters als Einheit zu bewahren und der Forschung zugänglich zu machen.

Es ist eine Direktive der ÖNB in Rückgabefällen selbst keinen Kaufpreis anzubieten, sondern die RechtsnachfolgerInnen einzuladen, selbst einen Preis zu nennen. Dieses Angebot wurde von der Erbin auf Grundlage des Gutachtens eines von ihr beauftragten Sachverständigen für Fotografie, des Wiener Antiquars Helfried Seemann, unterbreitet. Seemann hatte fünf Wochen Zeit, die Sammlung eingehend zu sichten und dabei manche Pakete seit ihrer Verpackung 1939 erstmals zu öffnen.

---

45 Im Provenienzbericht enthalten sind insgesamt 72 Personendossiers. Margot WERNER, Bericht der Österreichischen Nationalbibliothek an die Kommission für Provenienzforschung, Wien 2003.
46 ÖNB Archiv, Zl. 27/237/2004, BMBWK an Generaldirektion ÖNB.

Am 5. Mai 2005 schließlich konnte nach fast genau 66 Jahren, in denen sich die Sammlung unrechtmäßig in der ÖNB befunden hatte, in einem zweistufigen Verfahren die Rückgabe an die berechtigte Erbin und der Ankauf der Sammlung um den ermittelten Schätzwert abgeschlossen werden.

Mit diesem Ankauf zog die ÖNB einen Schlussstrich unter ein unrühmliches Kapitel ihrer Geschichte. Der komplexe Fall scheint symptomatisch für den in der Nachkriegszeit geübten, teils fragwürdigen Umgang der ÖNB mit ihren Rückstellungsverpflichtungen. Obwohl mit der Rückstellungsberechtigten seit Kriegsende wiederholt Kontakt bestanden hatte, war die Rückgabe gescheitert. Dies war nicht zuletzt im mangelnden Entgegenkommen seitens der Verantwortlichen und der Verkennung ihrer Mittäterschaft in der NS-Zeit begründet.

Die Sammlung Raoul Korty, sie umfasst nach heutiger Zählung rund 30.000 Bilder, wurde im Jahr 2007 aufgearbeitet und 2008 in der Ausstellung „Zur Erinnerung an schönere Zeiten. Bilder aus der versunkenen Welt des jüdischen Sammlers Raoul Korty" erstmals der Öffentlichkeit präsentiert.

Das gesamte Verzeichnis der in der Sammlung enthaltenen Fotografien sowie eine Auswahl an digitalisierten Fotos steht über die Bilddatenbank des Bildarchivs (www.bildarchiv-austria.at) zur Verfügung.

Die Direktion Richard Ernst. Vom Österreichischen Museum für Kunst und Industrie zum Österreichischen Museum für angewandte Kunst

Rainald Franz, Leonhard Weidinger

Am 5. August 1932 ernannte Bundespräsident Wilhelm Miklas den bisherigen Vize-direktor, Dr. Richard Ernst, zum neuen Direktor des Österreichischen Museums für Kunst und Industrie in Wien.[1] Damit erreichte Richard Ernst jene Position, auf die er seit vielen Jahren hingearbeitet hatte.

Richard Ernsts Laufbahn begann 1911 im k. k. Österreichischen Museum für Kunst und Industrie, setzte sich nach dem Ersten Weltkrieg im Österreichischen Museum für Kunst und Industrie der Ersten Republik und des Ständestaats sowie im Staatlichen Kunstgewerbemuseum in der NS-Zeit nahtlos fort, um bis zu seiner Pensionierung 1950 im Österreichischen Museum für angewandte Kunst anzudauern. Dieser bruchlose Gang der Karriere Richard Ernsts von der Monarchie bis zur Zweiten Republik ist jeden-falls bemerkenswert, war er doch nicht von totaler Angepasstheit an das jeweilige politi-sche System getragen. In der Amtsauffassung von Richard Ernst stand das Gedeihen des Museums an erster Stelle. Dabei verknüpfte er allerdings seine Person so eng mit der Funktion des Direktors, dass auf Basis der erhaltenen Quellen heute kaum mehr zwi-schen aufopferndem Einsatz für „sein" Museum und persönlichem Karrierestreben zu unterscheiden ist.

Johann Nikolaus Richard Ernst[2] wurde am 1. Februar 1885 im böhmischen Eger, tschechisch Cheb, als Sohn eines Kaufmanns geboren. Die Volksschule und das Gym-nasium absolvierte er in Prag, wo er 1904 auch ein Studium der Geschichte, Archäo-logie und Kunstgeschichte begann. 1909 schloss er seine Studien in Kunstgeschichte und klassischer Archäologie mit der Promotion zum Doktor der Philosophie ab. Bereits seit 1907 war er als „wissenschaftlicher Hilfsarbeiter" am kunsthistorischen Institut der deutschen Universität Prag tätig gewesen. Am 29. November 1911 trat Ernst auf Beru-

---

1 ÖStA AdR 03, BMU, Personalakt Ernst Richard, Teil 1 und 2, 3/32, Ministerium für Handel und Verkehr (MHV) 131.507-14/32, Ernennungsschreiben.
2 Zu den Lebens- und Berufsdaten von Richard Ernst siehe Personalakt, MAK-Archiv Zl. 1278-1941 aus 1278–1941 und ÖStA AdR 03, BMU, Personalakt Ernst Richard, Teil 1 und 2, 3/32.

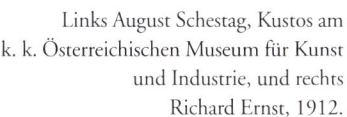

Links August Schestag, Kustos am
k. k. Österreichischen Museum für Kunst
und Industrie, und rechts
Richard Ernst, 1912.

fung eine Stelle als Kustosadjunkt und Abteilungsvorstand am Österreichischen
Museum für Kunst und Industrie an.

Zunächst war er mit der Neuordnung und wissenschaftlichen Bearbeitung der Metallarbeiten befasst. Vom 15. Jänner 1915 bis zum Kriegsende 1918 war Richard Ernst
zudem als Soldat der k. u. k. Armee im Einsatz. Am 1. Dezember 1917 wurde er zum
Kustos der VIII. Rangsklasse ernannt, am 1. Jänner 1921 stieg er in die VII. Dienstklasse auf,[3] ab 23. Dezember 1925 war er in der 8. Verwendungsgruppe der Dienstklasse IV/2 tätig. Sein Avancement im Österreichischen Museum drückte sich auch in
der Übernahme zusätzlicher Sammlungsbereiche aus: Zur Metallabteilung kamen die
Sammlungen Glas und Keramik, die Teppich- und Textilsammlung. Am 30. Juni 1928
wurde er schließlich zum Vizedirektor des Österreichischen Museums (III. Dienstklasse)
ernannt. Auch außerhalb des Österreichischen Museums erwarb sich Richard Ernst
wissenschaftliche Anerkennung. Nach 1918 führte er die Erstinventarisierung der ehemaligen Hoftafel- und Silberkammer in der Ersten Republik durch. Seit 1922 war die
Hoftafel- und Silberkammer Teil des Österreichischen Museums, der Rest der Tafel-
kammer wurde dem Mobiliendepot zugeschlagen. Der Spezialist für mittelalterliche

---

3   Die Klassen wurden absteigend durchlaufen, die höchste Klasse war die Klasse I.

Tafelmalerei und Plastik in Böhmen, der Richard Ernst von seiner Ausbildung her war, wandelte sich zum Experten für angewandte Kunst, besonders für Porzellan und Silberarbeiten: Ernst gab 1923 den ersten Führer durch die Hoftafel- und Silberkammer heraus und veröffentlichte 1925 eine Monographie zum Wiener Porzellan des Klassizismus aus der Sammlung Bloch-Bauer. Er publizierte im *Jahrbuch der kunsthistorischen Sammlungen des allerhöchsten Kaiserhauses* zur Krumauer Madonna und war in der Ersten Republik auch als Experte im Kunsthandel tätig.[4]

Nachdem am 1. Februar 1931 der damalige Direktor August Schestag krankheitshalber beurlaubt worden war, hatte Richard Ernst interimistisch die Leitung des Österreichischen Museums für Kunst und Industrie übernommen. Ende Juli 1931 wurde August Schestag in den dauernden Ruhestand versetzt, etwas mehr als ein Jahr später übernahm Richard Ernst offiziell die Direktion.

„mich für die Direktion des Oesterreichischen Museums zu sichern".[5] Die Direktion Ernst 1932–1938

Bei seinem Antritt als Direktor wurde Richard Ernst von der Presse für seine „kunsthistorische Fachgelehrsamkeit mit einem guten Blick für das Falsche und Echte" gelobt und in eine Reihe mit „um die österreichische Kunstindustrie hochverdienten Männern und Meistern wie Rudolf von Eitelberger, Jakob Falke oder Arthur von Scala" gestellt.[5] Die Rahmenbedingungen für die ersten Jahre der Direktion waren allerdings alles andere als günstig. Die Erste Republik, die sich nach dem Ersten Weltkrieg auf dem Weg der Konsolidierung befunden hatte, war seit 1929 im Zuge der Weltwirtschaftskrise erneut in eine ökonomisch und politisch instabile Lage geraten. Das Österreichische Museum war davon vor allem durch eine geringe budgetäre Ausstattung in den 1930er Jahren betroffen,[6] die dem neuen Direktor nur wenig Spielraum für die Durchführung von Ausstellungen gab.

---

4 Siehe dazu u. a. den Katalog zur Versteigerung der Sammlung Emil Weinberger bei Wawra und Glücksehlig, Wien 1930, den Richard Ernst mit Ludwig Baldass und Ernst Kris verfasste.

5 MAK-Archiv Nachlass Richard Ernst, Ernst an Sektionschef Wohlgemut, Handelsministerium, 27.10.1930.

6 Neues Wiener Tagblatt, 17.8.1932, S. 4. Rudolf von Eitelberger war von 1864 bis 1885 der erste Direktor des k. k. Österreichischen Museums für Kunst und Industrie, ihm folgte von 1885 bis 1895 Jacob von Falke. Arthur von Scala war der vierte Direktor des Museums, und zwar von 1897 bis 1909.

Richard Ernst im Kaminzimmer
des Österreichischen Museums für Kunst
und Industrie, 1932.

Neben einer Neuaufstellung der Bestände des Museums nach kunsthistorischen und nicht mehr nach materialtechnischen Gesichtspunkten, die Ernst betrieb und durchführte, verlor er auch nicht den Bezug zum zeitgenössischen Kunsthandwerk. 1934 fand im Museum die Ausstellung *Das befreite Handwerk* statt, die vom Neuen Österreichischen Werkbund organisiert wurde und große Resonanz fand.[8] Richard Ernst referierte in einem Vortrag im Rahmen einer Vollversammlung des Niederösterreichischen Gewerbevereins im selben Jahr über *Das Kunstgewerbe in der Krise*.

Im Februar 1936 übernahm Ernst die Stelle des Experten für altes Kunstgewerbe in der Kunstabteilung des staatlichen Pfand- und Auktionshauses Dorotheum.[9] Doch bereits zwei Jahre später teilte er dem Ministerium mit: „Prinzipielle Meinungsverschiedenheiten über Expertisenwesen und grundverschiedene Auffassung über die Füh-

---

7 Dass das austrofaschistische Regime in die Personalstruktur des Museums eingriff, konnte nicht nachgewiesen werden.

8 Astrid GMEINER, Gottfried PIRHOFER, Der österreichische Werkbund, Salzburg 1985, S. 186–189. Richard Ernst hielt die Ausstellung für „eine Kampfansage an die immer mehr reduzierte nackte Form des bloß Sachlichen oder jenes Scheins von Sachlichkeit, hinter dem sich manchmal nicht weniger Uneignung oder Verschmocktheit zu verstecken vermag". Siehe dazu: Befreites Handwerk, Veröffentlichung des Neuen Werkbundes Österreichs, Profil, 1934, 2. Jg., Heft 11, S. 393. Ernst nahm damit klar Partei für den von Clemens Holzmeister und Josef Hoffmann in Opposition zu Josef Frank 1934 gegründeten Neuen Österreichischen Werkbund, der nationalkonservativ-ständestaatliches Gedankengut propagierte.

9 MAK-Archiv Zl. 132-1936 aus 132-1936, Ernst an das MHV, 30.1.1936 und MHV an Ernst, 17.2.1936.

rung einer Kunstabteilung an einem offiziellen Versteigerungsinstitut haben mit Jänner d. J. [1938] zur Lösung meines Vertrages mit dem Dorotheum geführt."[10]

Parallel zur Weltausstellung 1937 präsentierte sich Österreich in Paris mit einer Ausstellung vom 30. April bis 30. Juni des Jahres im Musée du Jeu de Paume. Verantwortlich für die Ausstellungsgestaltung waren zwei leitende Beamte des Kunsthistorischen Museums in Wien, der Erste Direktor, Hofrat Alfred Stix, und der Kustos der Gemäldegalerie, Dr. Ernst Buschbeck. Richard Ernst kuratierte den Bereich zum österreichischen Kunstgewerbe. Dank seiner guten Kontakte gelang es ihm, unter anderem Ferdinand Bloch-Bauer, Anton Redlich und Franz Ruhmann davon zu überzeugen, aus ihren bedeutenden Porzellansammlungen Leihgaben für die Pariser Ausstellung zur Verfügung zu stellen. Die Kooperation mit dem Kunsthistorischen Museum beim Aufbau der Ausstellung verlief aber nicht nach den Vorstellungen von Richard Ernst. Am 14. Juni 1937 berichtete er in einem Brief an das Bundesministerium für Handel und Verkehr über die Ausstellung im Jeu de Paume, nicht ohne seine großen persönlichen Verdienste sowie die bedeutende Rolle des Österreichischen Museums für Kunst und Industrie herauszustreichen und gleichzeitig Alfred Stix und Ernst Buschbeck Inkompetenz zu unterstellen.[11] Wenig später beschwerte sich Richard Ernst bei Ferdinand Bloch-Bauer schriftlich darüber, dass Direktor Stix die Übernahme seiner Reisekosten verweigert habe, weswegen er die Porzellane Bloch-Bauers nicht persönlich beim Rücktransport aus Paris betreuen könne.

Die von Ernst geplante Aufstellung der kunstgewerblichen Leihgaben aus der Sammlung Bloch-Bauer im Museum kam nicht zustande, stattdessen gingen die Objekte direkt in das Palais Bloch-Bauer in der Elisabethstraße 18 im 1. Bezirk in Wien. Richard Ernst durfte die Porzellanobjekte dort mit der ihm durch die Erstellung des Kataloges gut bekannten übrigen Sammlung einer Gruppe von Museumsdirektoren präsentieren. „Die Herren werden dann einen besseren Eindruck bekommen, als wenn sie nur einzelne Stücke sehen", argumentierte Ferdinand Bloch-Bauer. Der Industrielle und bedeutende Mäzen sammelte auch Gemälde, unter anderem von Gustav Klimt. Drei seiner Klimt-Bilder hatte Ferdinand Bloch-Bauer ebenfalls für die Schau im Pariser Jeu de Paume als Leihgaben zur Verfügung gestellt.[12]

---

10   MAK-Archiv Zl. 139-1938 aus 139-1938, Ernst an das MHV, 5.2.1938.

11   MAK-Archiv Zl. 647-1937 aus 17-1937, Ernst an das MHV, 14.6.1937.

12   Katalog „Exposition d'Art Autrichien. Musée du Jeu de Paume. Mai – Juin 1937", S. 34. Es handelte sich um die zwei Porträts von Adele Bloch-Bauer sowie das Porträt von Amalie Zuckerkandl.

Ferdinand Bloch-Bauer hatte sich 1936 von Oskar Kokoschka porträtieren lassen.[13] Im Jahr darauf übernahm Bloch-Bauer nun die notwendige finanzielle Garantie für die Durchführung der Ausstellung anlässlich des 50. Geburtstags des Künstlers, Carl Moll[14] besorgte die Auswahl der Bilder seines Freundes Oskar Kokoschka,[15] der seit dem polizeilichen Verbot seines Stückes *Mörder, Hoffnung der Frauen*, uraufgeführt im Rahmen der *Kunstschau 1909*, als „Oberwildling"[16] und Bürgerschreck galt und 1934 in die Tschechoslowakei emigriert war, wohl auch in Reaktion auf die Februarkämpfe 1934 und die Errichtung des Ständestaats.[17] Nachdem die Secession die Kokoschka-Ausstellung zugunsten einer Ausstellung „Deutsche Baukunst – Deutsche Plastik am Reichssportfeld in Berlin", organisiert unter dem Ehrenschutz von Franz von Papen – „ausserordentlicher und bevollmächtigter Botschafter des Deutschen Reiches in besonderer Mission"[18] –, abgelehnt hatte, übernahm Richard Ernst die Ausstellung, die 38 Gemälde und 64 Zeichnungen und Druckgraphiken aus allen Schaffensperioden Kokoschkas zeigte, ins Österreichische Museum[19] und ließ dafür sogar Schausammlungsobjekte in die Depots auslagern. Dass diese Ausstellung 1937 in Wien zustande kam, während gleichzeitig Werke Oskar Kokoschkas in München im Rahmen der NS-Propagandaschau *Entartete Kunst* gezeigt wurden, war ein „letztes Lebenszeichen der liberalen Wiener Kultur, die sich kurz darauf allzu bereitwillig dem nationalsozialistischen Sog ergeben sollte".[20]

---

13 Gloria SULTANO, Patrick WERKNER, Oskar Kokoschka: Kunst und Politik 1937–1950, Wien 2003, S. 123; Hans Maria WINGLER, Oskar Kokoschka. Das Werk des Malers, Salzburg 1956, S. 325.

14 Siehe dazu in diesem Band: Werner FÜRNSINN, Der Zerrissene. Die Rolle des Wiener Malers Carl Moll in der Rückgabesache betreffend ein Gemälde von Edvard Munch an die Erbin nach Alma Mahler-Werfel – Eine Ehrenrettung?

15 Zur Kokoschka-Ausstellung von 1937 siehe SULTANO, WERKNER, Oskar Kokoschka, S. 17–72.

16 Ludwig HEVESI, Altkunst – Neukunst. Wien 1894–1908. Wiederherausgegeben und einbegleitet von Otto Breicha. Klagenfurt 1909, S. 313. Vgl. Werner J. SCHWEIGER, Der junge Kokoschka. Kunstgewerbeschule, Wiener Werkstätte, Cabaret Fledermaus, Kunstschau 1908, Wien 1983, S. 45.

17 Heinz SPIELMANN, Oskar Kokoschka. Leben und Werk. Köln 2003. S. 518. Spielmann schreibt, dass Kokoschka im März 1934 erstmals geplant habe, Wien zu verlassen.

18 Katalog „CXLIV. Ausstellung der Vereinigung bildender Künstler Wiener Secession. Deutsche Baukunst – Deutsche Plastik am Reichssportfeld in Berlin. 7. April – 17. Mai 1937", S. 3.

19 Katalog „Oskar Kokoschka Ausstellung im Österreichischen Museum für Kunst und Industrie. Mai und Juni 1937. Der Neue Werkbund Österreichs".

20 Sabine FORSTHUBER, Oskar Kokoschka und die Wiener Ausstellungspolitik vor dem Anschluss, in: Kunsthistoriker, Mitteilungen des Österreichischen Kunsthistorikerverbandes, Wien, Jg. V, 1988, Nr. 3/4, S. 33. Anzumerken ist hier, dass sich die „liberale Wiener Kultur" seit 1933 großteils ebenso bereitwillig dem Austrofaschismus zugewandt hatte und ihn auch aktiv in seiner Repräsentation, z. B. bei der Pariser Schau im Jeu de Paume, unterstützte.

„Ihren glücklichen Zuwachs in den Jahren seit 1938 aufs aufrichtigste beneidend".[21]
Das Staatliche Kunstgewerbemuseum 1938–1945

Im Zuge der Gleichschaltung nach der nationalsozialistischen Machtübernahme 1938 in Österreich kam es auch in einigen staatlichen Museen zu personellen Veränderungen in den Direktionen – nicht so im Österreichischen Museum für Kunst und Industrie, das mit 20. Mai 1938 in „Staatliches Kunstgewerbemuseum" umbenannt wurde.[22] Zwar gab es unter dem Aufsichtspersonal und in der Administration NationalsozialistInnen, nicht aber beim wissenschaftlichen Personal des Museums.[23] Obwohl die Verordnung zur Neuordnung des österreichischen Berufsbeamtentums[24] erst am 31. Mai 1938 in Kraft trat, wurden bereits davor die leitenden Mitarbeiter dahin gehend überprüft, ob sie nach den Nürnberger Gesetzen als Jüdinnen oder Juden galten. Die Großeltern mütterlicherseits des Bibliotheksvorstands Hofrat Dr. Hans Ankwicz-Kleehoven waren Juden gewesen, die zum evangelischen Glauben übergetreten waren.[25] Damit galt Hans Ankwicz als „Mischling", hatte aus dem Staatsdienst auszuscheiden und seine Position im Museum aufzugeben.

Am 15. September 1939 suchte Hans Ankwicz, unterstützt von Richard Ernst, beim Ministerium für innere und kulturelle Angelegenheiten „um Weiterbelassung im Staatsdienste" an und berief sich auf seinen im Ersten Weltkrieg geleisteten Militärdienst und die erhaltenen Auszeichnungen.[26] Vorerst wurde dem Antrag stattgegeben, doch mit Bescheid des Reichsstatthalters wurde Hans Ankwicz ab Ende April 1939 in den Ruhestand versetzt.[27] Allerdings behielt er auf Betreiben von Richard Ernst weiterhin einen Arbeitsplatz in der Museumsbibliothek.[28]

Am 5. März 1941 schrieb die Reichsstatthalterei an das Kunstgewerbemuseum, dass man einen unleserlich unterschriebenen Brief erhalten habe. Der derart anonymisierte Schreiber habe über die Bibliothek des Museums Folgendes berichtet: „Der dortige Bibliothekar war mir als Jude bekannt, wie überrascht war ich, als ich ihn im Arbeits-

21   MAK-Archiv Zl. 502-1942 aus 496-1942, Ernst an das Tiroler Landesmuseum, 23.4.1942.
22   MAK-Archiv Zl. 518-1938 aus 319-1938, Erlass des Ministeriums für Handel und Verkehr vom 20.5.1938.
23   MAK-Archiv Hauptakt Zl. 36-1939, Stellenplan 1939.
24   Gesetzblatt für das Land Österreich, Nr. 56, 4.6.1938, S. 445–449.
25   MAK-Archiv Zl. 870-1939 aus 636-1939, Abstammungsnachweis Hans Ankwicz.
26   MAK-Archiv Zl. 939-1938 aus 939-1938, Ernst an das Ministerium für innere und kulturelle Angelegenheiten, 15.9.1938.
27   Erlass des Reichsstatthalters vom 19.4.1939, MAK-Archiv Zl. 636-1939 aus 636-1939.
28   MAK-Archiv Zl. 870-1939 aus 636-1939, Ministerium für innere und kulturelle Angelegenheiten, Abt. IV an Ernst, 5.6.1939.

mantel dort wiedersah. […] Wozu gibt es im dritten Reich die Judengesetze, wenn es einem Schlieferl[29] gelingt, sie zu umgehen?"[30] Richard Ernst antwortete darauf: „Selbstverständlich ist Hofrat Dr. Ankwicz vom Tag seiner Pensionierung an nie mit Agenden des Kunstgewerbemuseums betraut gewesen." Dass er in der Bibliothek arbeite, „hätte ihm aber auch als Bibliotheksbesucher nicht verwehrt werden können. Meines Wissens ist Mischlingen der Besuch von Museen und Studium in Bibliotheken nicht verboten."[31]

Gegenüber der Reichsstatthalterei äußerte sich Richard Ernst als linientreuer Beamter, in dessen Haus nicht gegen die Vorschriften verstoßen werde. Zudem spielte er die Bedeutung der fachlichen Kompetenz von Hans Ankwiczs für das Museum herunter: Dieser sei als Historiker für das Museum, das dem kunsthistorischen Fachbereich zuzuordnen war, „kein großer Gewinn" gewesen, sein Ausscheiden also auch kein großer Verlust.[32] Um Hans Ankwicz im Museum halten zu können, teilte Richard Ernst seiner vorgesetzten Behörde das mit, was sie von einem pflichtgetreuen Direktor erwartete.

Trotzdem erhielt Hans Ankwicz am 22. April 1941 durch die Reichsstatthalterei Hausverbot im Kunstgewerbemuseum, „um nicht nochmals im Hinblick auf seine nicht arische Abstammung den Besuchern des Staatlichen Kunstgewerbemuseums Aergernis zu geben".[33] Das Hausverbot wurde am 20. November 1941 wieder zurückgenommen, unter der Bedingung, dass Hans Ankwicz das Museum nur noch als Privatmann besuchen und keine Tätigkeit ausüben dürfe, die den Anschein erwecken könne, er sei Mitarbeiter des Hauses.[34] Die Nachfolge von Hans Ankwicz als Leiter der Bibliothek und der Kunstblättersammlung übernahm vorerst Dr. Otto Reicher,[35] und ab 1940 Dr. Gerhart Egger, der das einzige NSDAP-Mitglied unter den Akademikern im Museum war.[36]

---

29 „Schlieferl" ist ein umgangssprachlicher Ausdruck für einen kriecherischen Menschen.
30 MAK-Archiv Zl. 259-1941 aus 259-1941, Reichsstatthalterei Ref. Z/GK an Ernst, 5.3.1941.
31 MAK-Archiv Zl. 259-1941 aus 259-1941, Ernst an die Reichsstatthalterei Ref. Z/GK, 11.3.1941.
32 MAK-Archiv Zl. 259-1941 aus 259-1941, Ernst an die Reichsstatthalterei Ref. Z/GK, 11.3.1941.
33 MAK-Archiv Zl. 395-1941 aus 259-1941, Reichsstatthalterei Ref. Z/GK an Ernst, 24.4.1941.
34 MAK-Archiv Zl. 1164-1941 aus 259-1941, Reichsstatthalterei Ref. Z/GK an Ernst, 20.11.1941.
35 Mit Dr. Otto Reicher hatte das Kunstgewerbemuseum bereits einen Vertrag abgeschlossen, allerdings war Reicher zu Beginn des Zweiten Weltkriegs zur Wehrmacht eingezogen worden. Warum er schließlich die Stelle im Museum nicht antrat, konnte aus den Akten des MAK nicht eruiert werden.
36 MAK-Archiv Hauptakt Zl. 36-1939, Stellenplan 1939. Hier sind Parteimitgliedschaften und -anwartschaften vermerkt. Laut Stellenplan verlor neben Hans Ankwicz eine weitere Person ihre Stellung im Museum. Im Verwaltungsdienst der Bibliothek wurde eine Mitarbeiterin "wegen jüdischer Versippung mit Mischling 1. Grades" gekündigt (MAK-Archiv Zl. 1334-1938 aus 1334-1938).

Ein Sprachrohr der Nationalsozialisten im Kunstgewerbemuseum war der für Kassa und Buchführung zuständige Verwaltungsinspektor Ludwig Augustin. Seine Eingaben bei der Gauleitung kritisierten den Führungsstil von Richard Ernst und stellten ihn unter Bezugnahme auf die Kokoschka-Ausstellung von 1937 als Unterstützer „entarteter Kunst" und als „Judenfreund" dar.[37] Der Maler Carl Moll, ein Freund Oskar Kokoschkas, Kurator der Ausstellung von 1937 und nach wie vor im Briefkontakt mit dem Künstler, hatte sich seit dem „Anschluss" offen zur nationalsozialistischen Ideologie bekannt und war nun ein wichtiger Fürsprecher Richard Ernsts. Auch die Bewertungen Ernsts durch den Direktor des Schlossmuseums Berlin und den Generaldirektor der kunstgewerblichen Museen der Hansestadt Köln waren grundlegend positiv.[38] Die Vorwürfe gegen Ernst, politisch unzuverlässig zu sein, wiederholten sich in den folgenden Jahren, konnten aber dessen Position als Museumsdirektor und Kunsthistoriker kaum gefährden.[39]

Vielmehr kamen Richard Ernst seine frühere Bekanntschaft mit nun verfolgten SammlerInnen und seine Kenntnisse über deren Kunstgegenstände sehr zugute. Er war an der Besichtigung und Aufteilung der Sammlung Bloch-Bauer beteiligt, die nach einem fingierten Verfahren wegen Steuerhinterziehung zur Tilgung des „Bußgeldes" am 28. Jänner 1939 beschlagnahmt worden war. Der Katalog zur Versteigerung der Porzellansammlung am 23., 24. und 25. Juni 1941 im Auktionshaus „Kärntnerstraße",[40] dem arisierten Auktionshaus Albert Kende, orientierte sich an der Publikation Richard Ernsts *Wiener Porzellan des Klassizismus. Die Sammlung Bloch-Bauer* von 1925. Auf der Versteigerung erwarb der Direktor 36 Stücke für das Kunstgewerbemuseum.

Die meisten der großen Wiener Kunstsammlungen, deren EigentümerInnen das NS-Regime als Jüdinnen und Juden verfolgte, wurden beschlagnahmt bzw. sichergestellt. Unter Leitung der Zentralstelle für Denkmalschutz übernahmen Fachleute aus den staatlichen Museen die Bestimmung dieser Kunstgegenstände. Das Staatliche

---

37   Auszüge aus den Schreiben von Ludwig Augustin siehe: SULTANO, WERKNER, Oskar Kokoschka, S. 58f.

38   ÖStA AdR 03, BMU, Personalakt Ernst Richard, Teil 1 und 2, 3/32, Ministerium für innere und kulturelle Angelegenheiten IV-4b-355007/39, Gutachten zu Ernst für das Ministerium für innere und kulturelle Angelegenheiten, Dezember 1939.

39   Die Feststellung Gloria Sultanos, dass der Direktionsposten Richard Ernsts 1940 aufgrund der Vorwürfe nicht mehr gesichert gewesen sei, ist zu relativieren. Wenn auch Ernsts Stellvertreter, Ignaz Schlosser, in dem von Sultano zitierten Gauakt als dessen möglicher Nachfolger genannt wird, darf nicht übersehen werden, dass die Kampagne gegen Ernst von dem im Museum für Kassa und Buchführung zuständigen Mitarbeiter betrieben wurde. Keine überlieferte Quelle enthält einen Hinweis darauf, dass dieses Vorgehen Rückhalt unter dem wissenschaftlichen Personal gehabt hätte. SULTANO, WERKNER, Oskar Kokoschka, S. 59–62.

40   Auktionskatalog Kunst- und Auktionshaus „Kärntnerstraße", Wien: Kunstauktion. Porzellan des Klassizismus. Sammlung B.-B. Wien. 23., 24. und 25.6.1941.

Kunstgewerbemuseum rechnete wie alle anderen Häuser mit Zuweisungen aus diesen Sammlungen, fühlte sich aber gegenüber dem geplanten Linzer Führermuseum, den ehemaligen Landesmuseen und auch den anderen Wiener Museen benachteiligt. Ganz so leer wie Richard Ernst es im Jahresbericht 1941[41] darstellte, war das Kunstgewerbemuseum dann aber doch nicht ausgegangen: Kunstgegenstände, unter anderem aus den Sammlungen Heinrich Rothberger, Paul Cahn-Speyer, Franz Ruhmann, Karl Ruhmann, Anton Redlich, Emma Schiff-Suvero und, wie schon genannt, Ferdinand Bloch-Bauer, sowie die Zuweisungen „aus den Restbeständen"[42] der Sammlungen Alphonse und Louis Rothschild, Rudolf Gutmann und Oskar Bondy ab 1943 bedeuteten eine maßgebliche Erweiterung der Museumsbestände.[43] Diese Objekte musste das Museum zwar offiziell käuflich erwerben, die Summen wurden aber auf Sperrkonten bzw. direkt an staatliche Stellen überwiesen.[44]

Auch für Ausstellungen und laufende Aufwendungen seines Museums versuchte Richard Ernst, zusätzliche Mittel zu lukrieren. In der Ersten Republik und im Ständestaat war das Österreichische Museum für Kunst und Industrie in die Zuständigkeit des Ministeriums für Handel und Verkehr gefallen. Das änderte sich im Frühsommer 1938. Nach der Zuordnung des Kunstgewerbemuseums zum österreichischen Ministerium für innere und kulturelle Angelegenheiten,[45] das nun alle musealen Belange verwaltete, ersuchte der zuständige Staatssekretär Kajetan Mühlmann[46] Direktor Ernst, einen Bericht über die Situation des Museums und die aktuellen Erfordernisse vorzulegen.

---

41 MAK-Archiv Zl. 1436-1942 aus 1436-1942, Jahresbericht 1942.

42 So der Wortlaut in den MAK-Inventarbüchern.

43 Zu den Erwerbungen des Staatlichen Kunstgewerbemuseums aus Enteignungen und Zwangsverkäufen siehe auch: Leonhard WEIDINGER, Das goldene Wienerherz. Über den musealen Umgang mit dem NS-Kunstraub, in: Martin SCHEUTZ, Vlasta VALES (Hg.), Wien und seine WienerInnen. Ein historischer Streifzug durch Wien über die Jahrhunderte, Wien-Köln-Weimar 2007, S. 297–314.

44 Eine staatliche Stelle, also das Museum, überwies einer anderen staatlichen Stelle, z. B. der Gestapo, den Kaufpreis. Die Gelder zirkulierten daher innerhalb der Budgets staatlicher Institutionen und belasteten das gesamtstaatliche Budget nicht. Die einzige Möglichkeit, Kunstwerke „gewinnbringend", also gegen Devisen, zu verkaufen, bestand nur über das Ausland. Mit Beginn des Zweiten Weltkriegs war auch diese Option nur mehr sehr eingeschränkt gegeben.

45 Nach dem „Anschluss" wurden die österreichischen Ministerien in zwei Schritten reduziert bzw. zusammengelegt. Nach dem „Ostmarkgesetz" vom 14.4.1939 wurden die Agenden der Museen der Reichsstatthalterei, und zwar dem Generalreferat für Kunstförderung, Staatstheater, Museen und Volksbildung, zugeordnet. Siehe: Emmerich TÁLOS, Von der Liquidierung der Eigenstaatlichkeit zur Etablierung der Reichsgaue in der „Ostmark", in: Emmerich TALOS, Ernst HANISCH, Wolfgang NEUGEBAUER, Reinhard SIEDER (Hg.): NS-Herrschaft in Österreich. Ein Handbuch, Wien 2002, S. 55–72.

46 Zu Kajetan Mühlmann siehe in diesem Band: Susanne ROLINEK, Missing Link. Provenienzforschung in Salzburg und die langwierige Suche nach verschwundenen Mosaiksteinchen.

Richard Ernst griff dafür auf zwei Berichte zurück, die er noch im April 1938 für das Handelsministerium erstellt hatte. Im ersten wurden die Museumsbudgets für 1914 und 1937 einander gegenübergestellt und so die finanziellen Forderungen bezüglich laufender Kosten und Neuerwerbungen untermauert,[47] im zweiten die personellen Erfordernisse dargelegt.[48] Mit diesen beiden Berichten als Beilagen stellte Richard Ernst in seinem Schreiben an Kajetan Mühlmann vor allem zwei Punkte in den Vordergrund: das für 1939 anstehende 75-Jahr-Jubiläum des Museums und eine geplante Wanderausstellung zur Unterstützung des Kunsthandwerks. „Wir wissen aus dem Aufblühen der Schwesterinstitute im Altreich, dass unsere Arbeit und unsere Aufgaben eine Förderung erfahren wird", begründete Richard Ernst seine Hoffnungen auf finanzielle Unterstützung.[50] Vorerst musste das Kunstgewerbemuseum allerdings noch auf eine Erhöhung der Dotation warten – erst im Jahresbericht 1941 konnte sich Richard Ernst beim Reichsstatthalter Baldur von Schirach für dessen erfolgreiche Bemühungen um ein höheres Budget bedanken.[51] Die Wanderschau kam nicht zustande und auch die geplante Ausstellung zum 75-Jahr-Jubiläum musste verschoben werden. Das Museum wurde mit Beginn des Zweiten Weltkriegs geschlossen, da es, wie Richard Ernst argumentierte, wegen seiner Glasdächer einer erhöhten Gefahr bei Luftangriffen ausgesetzt war. Die bedeutendsten Sammlungsobjekte wurden geborgen, d. h. an bombensichere Orte gebracht. Als das Museum schließlich am 26. November 1940 wiedereröffnet wurde, wurden die Schausammlungen zum Teil in völlig neuer Aufstellung gezeigt. Das Fehlen wichtiger Kunstwerke hatte es notwendig gemacht, neue Konzepte zu entwickeln und auf bisher nicht gezeigte Bestände aus den Depots zurückzugreifen.

Um die Sammlungsprofile der einzelnen Häuser zu schärfen, hatten seit den 1920er Jahren die nach dem Ende der Monarchie neustrukturierten Museen in mehreren Phasen untereinander Objekte abgetauscht. Als Richard Ernst im Februar 1940 für zwei Jahre die kommissarische Leitung der Sammlung für Plastik und Kunstgewerbe im Kunsthistorischen Museum übernahm, kam er auf das Konzept des musealen Ausgleichs zurück und wickelte eine fast 600 Objekte umfassende Tauschaktion zwischen KHM und Kunstgewerbemuseum ab.

Weitere rund 900 Objekte übernahm das Kunstgewerbemuseum 1942 vom Mobiliendepot. Richard Ernst hatte gegenüber dem Generalreferat argumentiert, dass das

---

47 MAK-Archiv Zl. 345-1938 aus 345-1938, Ernst an das MHV, 9.4.1938.
48 MAK-Archiv Zl. 355-1938 aus 355-1938, Ernst an das MHV, 19.4.1938.
49 MAK-Archiv Zl. 572-1938 aus 572-1938, Ernst an Kajetan Mühlmann, 9.6.1938.
50 MAK-Archiv Zl. 1436-1942 aus 1436-1942, Jahresbericht 1941, S. 1.

Richard Ernst, um 1940.

Mobiliendepot viele Kunstgegenstände aufbewahre, die von den dort tätigen Beamten nicht fachgerecht behandelt würden, da es sich eben um ein Depot und nicht um ein Museum handle. Das Ziel von Richard Ernst war die Übernahme der gesamten musealen Bestände des Mobiliendepots, das somit teilweise im Kunstgewerbemuseum aufgehen sollte.[51] Im November 1942 gab der Reichsstatthalter die Auflösung des Mobiliendepots bekannt,[52] das in der staatlichen Verwaltung der Schlösser und Gärten aufging.[53] Die komplette Übernahme der musealen Bestände des Mobiliendepots durch das Kunstgewerbemuseum wurde allerdings nicht umgesetzt. Nach dem Ende des Kriegs 1945 nahm das Mobiliendepot seine Tätigkeit wieder auf.

Da geplant war, die Schausammlung des Staatlichen Kunstgewerbemuseums neu aufzustellen, ergriff Direktor Richard Ernst die Möglichkeit eines Ausbaus der Sammlungen, die sich ihm durch eine Sonderdotation bot. Richard Ernst berichtete schon Ende Jänner 1942 in einem Schreiben an das Generalreferat für Kunstförderung, Staatstheater, Museen und Volksbildung beim Reichsstatthalter in Wien, dass von der Berliner Reichsstelle für Waren verschiedener Art ein Betrag von vier Millionen Reichsmark zum Ankauf von Antiquitäten aus Italien freigestellt worden sei, und forderte

---

51 MAK-Archiv Zl. 250-1941 aus 233-1941, Ernst an Thomasberger, 10.3.1941.

52 MAK-Archiv Zl. 118-1943 aus 118-1943, Aussendung des Reichsstatthalters, 20.11.1942: „Ich habe das Staatsmobiliendepot […] aufgelöst."

53 Siehe dazu in diesem Band: Ilsebill BARTA, Herbert POSCH, InventARISIERT. Provenienzforschung und Restitution arisierter Wohnungseinrichtungen in den Sammlungen der Bundesmobilienverwaltung.

424 Rainald Franz / Leonhard Weidinger

gleichzeitig, aus der laufenden Dotation RM 100.000 und zusätzlich RM 250.000 aus der Sonderdotation freizustellen, um in den Sammlungen des Museums „einige seit 80 Jahren offen gebliebene schwere Lücken schliessen zu können". Ernst wollte „italienisches Kunstgewerbe in repräsentativen Objekten erwerben".[54] Durch die im MAK-Archiv erhaltenen Akten lässt sich Ernsts sehr konsequent verfolgte Initiative fast lückenlos rekonstruieren:[55] Nachdem er sich mit Informationen bezüglich italienischer Kunsthändler und möglicher käuflich zu erwerbender Objekte versorgt hatte, die wohl hauptsächlich von dem mit ihm bekannten Dr. Hans Sauermann, Chef des Antiquariats Julius Böhler in München, stammten, beantragte er eine erste Dienstreise nach Italien und hielt sich von Ende April bis Ende Mai 1942 in Venedig, Mailand, Florenz, Rom und Bologna auf. Ernst besichtigte „Werkstätten und Kunsthandlungen, Privatsammlungen und geborgene Sammlungen", wie es in der Reisekostenabrechnung heißt, und nahm an „Besprechungen in Museen und Ankaufsverhandlungen" teil.[56] Als erstes Ergebnis der Reise sicherte Ernst den Ankauf eines italienischen Renaissancetischs aus der zweiten Hälfte des 15. Jahrhunderts vom Kunsthändler Salvatore Romano in Florenz für RM 104.542,50. Als Vermittler trat bei diesem Ankauf der schon erwähnte Sauermann bzw. dessen Kunsthandelsfirma Böhler auf.[57]

In einem Memorandum vom 30. Mai 1942 an den Reichsstatthalter begründete Ernst seine hartnäckigen Bemühungen, „jetzt italienisches Renaissancemobiliar hoher und höchster Qualität für das Kunstgewerbemuseum zu sichern". Er hoffe, mit der Hilfe des Reichsleiters „ein modernes lebendiges Kunstgewerbemuseum" aufbauen zu können. Hierfür sei es seiner Ansicht nach nötig, „einen geradezu glänzenden Saal italienischer Renaissance zu haben, mit edlem und edelstem Mobiliar". Die „zu solchem Ausbau des Wiener Musealwesens nötigen Objekte" habe er auf seiner Reise nach Italien gefunden. Die für einen Ankauf vorgeschlagenen Stücke ließen sich „mit unseren Truhen, Tapisserien, Samten, Stickereien, Spitzen, Gläsern, Majoliken, Metallarbeiten in der kürzesten Zeit zu einem großartigen Renaissancesaal zusammenstellen". Ziel der Ankäufe sei, so Ernst, „die Darstellung einer ganzen, auf Jahrhunderte entscheidenden Epoche". Die Stücke seien „lebendige Werte einer Kultur, geistig und formbewältigt wie irgendein Werk der Malerei, Plastik oder Baukunst".[58]

---

54 MAK-Archiv Zl. 158-1942 aus 158-1942, Ernst an den Reichsstatthalter/Referat für Kunstförderung, Staatstheater, Museen und Volksbildung, 31.1.1942.
55 MAK-Archiv Hauptakt Zl. 158-1942, Konvolut zu Ernsts Italienreise.
56 MAK-Archiv Zl. 362-1942, 512-1942, 593-1942, 1097-1942, alle aus 158-1942.
57 MAK-Archiv Zl. 829-1942, 967-1942, 968-1942, 996-1942, 1002-1942, alle aus 158-1942.
58 MAK-Archiv Zl. 650-1942 aus 158-1942, Ernst an den Reichsstatthalter, 30.5.1942.

Nach einer zweiten Reise nach Florenz, Pisa, Rom und Bologna zwischen 12. September und 9. Oktober 1942 konnte Richard Ernst in einem Bericht an den Reichsstatthalter in Wien den Ankauf von insgesamt 15 Stücken aus italienischen Privatsammlungen über die Kunsthändler Salvatore Romano, Carlo Gentilini und Luigi Bellini, vermittelt durch Albert Maier, Kunsthändler in Venedig, vermelden.[59] Die Objekte sollten nach Eintreffen im Museum in einem eigens anzulegenden Fotoportfolio dem Reichsstatthalter präsentiert werden.[60] Für diese Ankaufsinitiative, die dem Museum innerhalb eines Jahres einen Zuwachs an Renaissancemöbeln brachte, wie er in vergleichbarer Weise zuletzt in der Gründungsphase des Museums nach 1870 möglich gewesen war, nützte Ernst Informationen, über die er durch seine gute Vernetzung mit Amtskollegen und dem Kunsthandel im „Altreich" verfügte. Dass Richard Ernst im Jahr 1942 Ankäufe im Wert von RM 250.000 für sein Museum durchsetzen konnte, weist auf seine guten Beziehungen zur Reichsstatthalterei hin und entkräftet gleichzeitig allfällige Spekulationen über eine grundlegende politische Missliebigkeit Richard Ernsts beim NS-Regime. Er nutzte die Gunst der Stunde und baute konsequent die Sammlungen seines Museums aus.

Ab 1943 bestimmte zunehmend der Krieg den musealen Alltag. Wien lag nun im Bereich der alliierten Fliegerverbände und wurde ab dem Frühjahr 1944 immer wieder bombardiert. Viele der Museumsmitarbeiter wurden zur Wehrmacht eingezogen. Richard Ernst wurde „U.K. gestellt". Er galt vor allem deshalb als unabkömmlich, weil er die Bergung der Sammlungsobjekte aus dem Museum abzuwickeln hatte.[61] Unter der Koordination des Instituts für Denkmalpflege erfolgten die Transporte zu den so genannten Bergungsstellen – Keller von Gebäuden in Wien sowie Räumlichkeiten in Schlössern und Klöstern im Umland. Im Herbst 1944 und im Winter 1944/45 wurde das Kunstgewerbemuseum von Bomben getroffen, unter anderem wurden der Lesesaal und Schausäle im Gebäude am Stubenring zerstört.[62]

In einem von ihm verfassten Resümee der Ereignisse ab Jänner 1945 hat Richard Ernst die Entwicklungen um das Staatliche Kunstgewerbemuseum in den letzten

---

59 MAK-Archiv Zl. 753-1942, 1097-1942, 1158-1942, alle aus 158-1942.

60 MAK-Archiv Zl. 1158a-1942 aus 158-1942, Ernst an den Reichsstatthalter, 22.10.1942: „Sobald die erworbenen Stücke hier sind werden sie in gleichmäßigen Neuaufnahmen zu einer Mappe vereinigt dem Herrn Reichsleiter vorgelegt werden."

61 ÖStA AdR 03, BMU, Personalakt Ernst Richard, Teil 1 und 2, 3/32, UK-Scheine für Ernst und Korrespondenz zu seiner Freistellung vom Wehrdienst.

62 MAK-Archiv Zl. 866-1944 aus 811-1944, Zl. 26-1945 aus 26-1945, Schadensmeldungen an die Reichsstatthalterei nach den Luftangriffen vom 17.10.1944, vom 5.11.1944 und vom 15.1.1945.

Kriegstagen zusammengefasst:[63] Eine vom Wehrkreiskommando angeordnete Einlagerung von Nahkampfmitteln und Sprengmaterial im Museumsgebäude Ende März/Anfang April 1945 habe er vorerst abwehren können, indem er sich auf eine gemeinsame Petition der Wiener Museumsdirektoren an Baldur von Schirach berief, wonach Wien zur Schutzzone gleich den 100 Schutzzonen von Kunststätten in Italien erklärt werden sollte. Am 7. April 1945 erzwang sich jedoch ein Pioniersprengkommando Einlass in das Museum. Es hatte den Auftrag, die Stubenbrücke zu sprengen, um den Vormarsch sowjetischer Panzer zu stoppen. Ernst behauptete in seinem Resümee, über diesen Plan eine Widerstandsgruppe informiert und gemeinsam mit den im Museum verbliebenen Mitarbeitern durch Einwirkung auf die Soldaten die Sprengung der Stubenbrücke und Schaden am Museum verhindert zu haben.[64]

„Fortführung des Aufbaus auf allen Fachgebieten des Museums". [65] Das Österreichische Museum unter Richard Ernst 1945–1950

Am 31. März 1949 konnte Direktor Richard Ernst das nun in „Österreichisches Museum für angewandte Kunst" umbenannte Museum mit einem Festakt in Anwesenheit von VertreterInnen der Bundesregierung für die BesucherInnen wiedereröffnen.[66] In der zum Anlass erschienenen Broschüre berichtete er auch über die geleistete Wiederaufbauarbeit im Museum, die Verluste an Kunstwerken und die Bergung und Rückführung der Sammlungen sowie die durchgeführten Aktivitäten zu Revision, Ordnung und Konservierung der Bestände. Schon am 16. April 1945 war mit Wiederherstellungsarbeiten begonnen worden, wobei zu Anfang lediglich die dem Museum verbliebenen Mitarbeiter tätig wurden, wie Ernst in einem Belobigungsantrag für diese vom September 1945 festhielt.[67] Im Frühjahr 1946 war der Ausstellungtrakt in der

63   MAK-Archiv Nachlass Richard Ernst, Maschinschriftlicher „Bericht über die Ereignisse im Österr. Museum für Kunst und Industrie [sic!] zur Zeit des Einmarsches der Russen" auf Papier mit dem Aufdruck „Staatliches Kunstgewerbemuseum", o. J.

64   Dass Ernst tatsächlich mit einer Widerstandgruppe kooperiert hatte, konnte nicht belegt werden. In anderen Schriftstücken nennt Richard Ernst den Maler Günter v. Baszel als Kontaktmann zum Widerstand (MAK-Archiv Zl. 260-1946 aus 209-1946, Empfehlungsschreiben für Günther Baszel, 22.2.1946).

65   Ernst in der Katalogbroschüre „Österreichisches Museum für angewandte Kunst. 85 Jahre Kunstgewerbemuseum. Bericht bei der Wiedereröffnung am 31. März 1949. Wiederaufbau- und Tätigkeitsbericht 1945 bis 1950, Wien o. J., S. 4.

66   MAK Archiv Zl. 235-1949 aus 12-1949, Ernst an Bundesminister Hurdes, 19.2.1949.

67   MAK-Archiv Nachlass Richard Ernst, Ernst an das BMU, Belobigungsantrag, 10.9.1945.

Weiskirchnerstraße wiederhergestellt, am 31. Dezember 1948 waren die Bauarbeiten in sämtlichen Räumen bis auf acht Säle und fünf Depoträume beendet. Bis Dezember 1950 war das Haus bis auf zwei Säle wieder instand gesetzt. An Inneneinrichtung wurde vor allem die neue Bibliothekseinrichtung des durch eine Fliegerbombe zerstörten Lesesaals bis zur Wiedereröffnung des Museums im März 1949 abgeschlossen. Parallel zur baulichen Instandsetzung des Gebäudes lief die Rückführung der in 21 staatlichen Bergungsstellen ausgelagerten Objekte an. 1945 wurde in 40 Transporten die Möbelsammlung ins Haus rückgeführt. Insgesamt wurden bis 1948 110.000 kleinere Sammlungsobjekte in 30 Transporten ins Museum zurückgebracht. 15 Transporte galten der Museumsbibliothek. Im Zuge der Revision und Ordnung sowie Konservierung der wieder ins Museum gelangten Sammlungen konnten auch die Kriegsverluste beziffert werden. Die Möbel- und die Textilsammlung hatten die größten Verluste zu beklagen. Zu den Verlusten an Mobilien zählte etwa auch der *Hohe geschmiedete Leuchter aus Stift Heiligenkreuz, XIII. Jhdt.*[68]

Als die österreichische Staatspolizei 1946 Erhebungen gegen ihn durchführte, verwahrte sich Richard Ernst in einem Schreiben an das Bundesministerium für Unterricht gegen „die von einem Element behauptete Mitgliedschaft zur NSDAP".[69] Er stellte fest, man habe ihn „ungebeten" 1943 in den Pflichtverband RDB, den Reichsbund Deutscher Beamten, eingereiht. Von den „Leitern" der DAF, der Deutschen Arbeitsfront, und des RDB sei durch politische Anzeigen und falsche dienstliche Beschuldigungen im Wege des Gauamtes seine Entlassung zu erreichen versucht worden. Man habe ihn

[…] ferner angezeigt als „Förderer jüdisch=kommunistischer Kunst" wegen der modernen kunstgewerblichen Ausstellungen des Museums; desgl. als Anhänger und Förderer „Entarteter Kunst", weil ich 1937 die grosse Kokoschka-Ausstellung im Museum aufgenommen habe und bei privaten Kunstfreunden mich um die Aufbringung der beträchtlichen Kosten für die Ausstellung bemüht habe. […] Meine Gegnerschaft gegen die NSDAP war also vor wie nach 1938 bekannt. Meine dienstliche und persönliche Haltung in den 8 Jahren der Annexion ist der Kunstverwaltung bekannt; sie brauchte sich beim Zusammenbruch der Naziherrschaft nicht zu wandeln.[70]

Die über 38 Jahre währende Karriere Richard Ernsts im Österreichischen Museum, dem nunmehrigen MAK, stellt sich aus heutiger Sicht als der Weg eines überzeugten

---

68 MAK Archiv, Bergungslisten.
69 MAK-Archiv Zl. 955-1946 aus 955-1946, Ernst an das BMU, 21.11.1946.
70 MAK-Archiv Zl. 955-1946, Ernst an das BMU, 21.11.1946.

Museumsbeamten dar, der konsequent und unter Ausnutzung aller sich bietenden politischen und finanziellen Möglichkeiten die Sammlungen des ab 1932 von ihm geleiteten Hauses zu mehren suchte, wobei er die vom jeweiligen politischen System vorgegebenen Regeln stets einhielt. Die Grenzen, die diese Regeln setzten, lotete Richard Ernst zwar immer wieder aus, überschritt sie aber niemals soweit, dass er seine Position gefährdete. Er war kein NSDAP-Mitglied und stand der nationalsozialistischen Ideologie auch zwischen 1938 und 1945 durchaus kritisch gegenüber. Seine Strategie gegenüber Vorgesetzten änderte sich über die Jahre kaum: Zahlreiche Schreiben belegen, dass Richard Ernst seine Intentionen durch ausgefeilte Argumentationen untermauerte. Sobald aber eine seiner Initiativen erfolglos blieb, hatte er offenbar kein Problem damit, sich bei nächster Gelegenheit ebenso wortgewandt im gegenteiligen Sinne zu äußern, solange er damit „sein" Museum zu unterstützen glaubte. Dies zeigte sich auch im Engagement für Hans Ankwicz, den Richard Ernst für einen wichtigen Mitarbeiter des Museums hielt – obwohl er der Reichsstatthalterei das Gegenteil zu vermitteln versuchte.

Selbst wenn er in den letzten Kriegstagen 1945 Kontakt zum Widerstand in Wien gehabt haben sollte: Richard Ernst als Widerstandskämpfer zu bezeichnen, wäre verfehlt. Als sich ihm ab 1939 die Möglichkeit geboten hatte, Objekte aus entzogenen Sammlungen ihm persönlich bekannter Sammler wie Ferdinand Bloch-Bauer und Alphonse Rothschild für das Kunstgewerbemuseum zu erwerben, hatte Richard Ernst zugegriffen – wieder unter Berufung auf den notwendigen Ausbau der Sammlungen des Staatlichen Kunstgewerbemuseums.

Dass Richard Ernst überzeugt war, im Rahmen der geltenden Gesetze zu handeln, zeigt die ausführliche Dokumentation seiner Direktion in den Akten und Inventaren des Museums. Es kann ausgeschlossen werden, dass es im Archiv des MAK bezüglich der Akten aus Ernsts Direktionszeit, besonders für die Zeit von 1938 bis 1945, zu breiten Skartierungen kam.[71] Richard Ernst sah es offenbar als eine seiner Aufgaben als Leiter des Museums an, durch eine nachvollziehbare Aktenablage Rechenschaft über seine Tätigkeit abzulegen.

Mit organisatorischer Kompetenz betrieb er nach 1945 die Rückgabe der entzogenen Kunstgegenstände. Die von 1946 bis 1948 gemäß der Vermögensentziehungs-Anmeldungsverordnung[72] und im Auftrag des Alliierten Rats[73] erstellten Listen erfass-

---

71 Durch die Vergabe von laufenden Zahlen für die Korrespondenzen, die sowohl im Protokollbuch als auch im Indexbuch verzeichnet sind, kann heute die Vollständigkeit des Archivs überprüft werden.

72 MAK-Archiv, Zl. 823-1946 aus 823-1946, Listen zu VEAV-Meldungen und ausgefüllte VEAV-Bögen.

73 MAK-Archiv, Zl. 95-1947 aus 52-1947, Durchführung der Anordnung des Alliierten Rates vom 25.5.1946 betr. Anmeldung und Erfassung des Eigentums der Vereinten Nationen.

ten nahezu alle Objekte, die aus in der NS-Zeit entzogenen Sammlungen ins Museum gelangt waren.[74] Mit vielen SammlerInnen konnte der persönliche Kontakt wieder hergestellt werden, meist aber nicht mehr das bis 1938 vorhandene Vertrauensverhältnis. Ursache dafür war unter anderem die Praxis der Zweiten Republik, Objekte zwar rückzustellen, dann aber für die Ausfuhr zu sperren und so für die österreichischen Museen zu sichern.

Richard Ernst, 1950.

Richard Ernst kann seiner kulturellen Einstellung nach zweifellos als Proponent jener schon erwähnten „liberalen Wiener Kultur der Zwischenkriegszeit" gelten. So bestand für ihn kein Widerspruch zwischen der Befürwortung traditioneller Handwerkstechniken im Widerstand gegen eine totale Industrialisierung im „Neuen Österreichischen Werkbund" und der Unterstützung einer Oskar-Kokoschka-Retrospektive zu einer Zeit, als Kokoschka für den Nationalsozialismus bereits als „entartet" galt.

Als Kunsthistoriker hervorragend gebildet, widmete sich Ernst ab seinem Eintritt ins Museum 1911 ausschließlich der angewandten Kunst, entwickelte sich zum Spezialisten im Porzellanbereich und erdachte nachhaltige Konzepte zur Neupositionierung und zum Ausbau der Sammlung, die er bei sich bietender Gelegenheit kühl realisierte. Ernst zutiefst bürgerlicher Kulturbegriff spiegelt sich in diesen Konzepten, etwa wenn er die Renaissance immer wieder als Nukleus unserer heutigen Kultur hervorhebt.

74 Die in der NS-Zeit entzogenen Objekte wurden nach 1945 großteils in Listen erfasst. Tatsächlich zurückgegeben wurden aber nur jene Gegenstände, bei denen erstens die früheren EigentümerInnen bekannt waren, zweitens die Restitutionsanträge der früheren EigentümerInnen bzw. deren ErbInnen positiv beschieden wurden und drittens – falls die Rückgabe-EmpfängerInnen im Ausland lebten – das Bundesdenkmalamt die Ausfuhrgenehmigung erteilte. Siehe dazu in diesem Band: Rainald FRANZ, Leonhard WEIDINGER, „… dass sich in der Sammlung auch kunstgewerbliche Objekte befunden haben." Provenienzforschung im MAK.

Zweifellos ist es Richard Ernst immer wieder gelungen, vor allem aufgrund seiner Kompetenzen das Vertrauen entscheidender Persönlichkeiten der jeweils herrschenden politischen Systeme oder Regimes zu gewinnen. Sein Ziel war es, das Museum am Stubenring zu einem der führenden Museen für angewandte Kunst im deutschen Sprachraum, wenn nicht in Europa zu machen. Dafür setzte er neben seinen fachlichen Qualifikationen sein ausgeprägtes Talent zur Präsentation der ihm anvertrauten Objekte ein – eine Fähigkeit, die heute als „conditio sine qua non" für einen erfolgreichen Museumsdirektor gilt.

Im Weg stand ihm immer wieder sein Hang, die eigene Autorität beweisen zu müssen, selbst noch in den Jahren nach seiner Pensionierung am 31. Dezember 1950. Richard Ernst wohnte weiterhin mit seiner Familie im Museumstrakt an der Weiskirchnerstraße. Der neue Direktor, Ignaz Schlosser, beanspruchte diese Räumlichkeiten für das Museum und wollte seinen Vorgänger zum Auszug bewegen. Dagegen versuchte sich Richard Ernst mit allen ihm zur Verfügung stehenden Mitteln zu wehren. Im Jahr 1954 eskalierte der Streit in einer Räumungsklage durch das Museum und einer Gegenklage von Richard Ernst. Am 31. Jänner 1955 räumte Richard Ernst schließlich die Wohnung in „seinem" Museum.[75]

Richard Ernst starb etwas mehr als fünf Monate später, am 7. Juli 1955.

---

75 ÖStA AdR 03, BMU, Personalakt Ernst Richard, Teil 1 und 2, 3/32, BMU 46399/53 bis 31952/55, Korrespondenzen zum Konflikt von 1952 bis 1955.

Archäologe und Numismatiker. Die Arisierung der prähistorischen Sammlung von Robert Wadler durch das Naturhistorische Museum Wien[1]

Dieter J. Hecht

Robert Wadler (1906–1938) war Eigentümer einer umfangreichen prähistorischen Sammlung in Wien. Eduard Beninger, der Direktor der prähistorischen Sammlung des Naturhistorischen Museums, arisierte die Sammlung über Dritte, wie beispielsweise den Kunsthändler Rudolf Raue. Nach Kriegsende betrachteten die verantwortlichen Mitarbeiter des Museums die Objekte aus dem Besitz von Robert Wadler als dem Museum gehörig. Die Witwe, Louise Wadler-Lambert, erreichte unter Androhung einer gerichtlichen Klage die Anerkennung ihrer Ansprüche und erhielt 1948 ein Entgelt, das weit unter dem Wert der Objekte lag.

Robert Wadler in Leopoldau/Wien-Floridsdorf um 1930.
NHM, Prähistorische Abteilung, zurzeit im
Bezirksmuseum Floridsdorf ausgestellt.

Ab 1927 dürfte Robert Wadler für die prähistorische Abteilung des Naturhistorischen Museums (NHM) in Wien an Ausgrabungen teilgenommen bzw. die Ausgrabungen geleitet haben. Gefördert wurde er in dieser Hinsicht vom damaligen Direktor der prähistorischen Abteilung des Museums, Josef Bayer. In den 1930er Jahren avancierte Wadler zum Hauptausgräber des NHM in den Sandgruben in der Leopoldau (im Wie-

1 Für die die Unterstützung meiner Arbeit möchte ich mich bei der Direktorin der Abteilung für Archiv und Wissenschaftsgeschichte des NHM, Christa Riedl-Dorn, und ihrem Mitarbeiter Robert Pils herzlich bedanken.

ner Gemeindebezirk Floridsdorf). Die prähistorische Abteilung kaufte von Wadler bereits seit 1930 immer wieder Objekte an. Die zwischen 1934 und 1938 von ihr erworbenen Stücke stammten laut Einlaufbuch fast ausschließlich aus dieser Quelle.

Wadler war nie Angestellter des NHM. Ob er als Bezahlung einen Teil der Fundgegenstände aus seinen Ausgrabungen erhalten hat und diese dann teilweise vom Museum angekauft worden sind oder ob er ein Honorar bekommen hat, lässt sich nicht klären. Wadler versuchte mehrmals, eine Anstellung am Museum zu bekommen, was immer wieder abgelehnt wurde – zuletzt am 2. Jänner 1938 durch Eduard Beninger, den Leiter und späteren Direktor (ab 1942) der prähistorischen Abteilung: „Eine Anstellung an meine[r] Abteilung konnte nur aus dem einen Grund nicht durchgeführt werden, da Sie jüdischer Abstammung sind."[3]

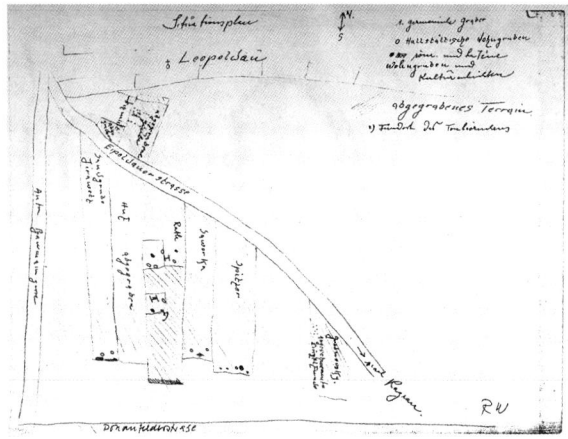

„Situationsplan"
Sandgruben Leopoldau,
gezeichnet von
Robert Wadler.

2   NHM, Prähistorische Abteilung, Einlaufbuch.

3   NHM, Prähistorische Abteilung, Korrespondenz Eduard Beninger, Eduard Beninger an Robert Wadler,
    2.1.1938. Führende Nationalsozialisten im NHM waren neben Beninger u. a. der Generaldirektor Hans
    Kummerlöwe (NSDAP-Mitglied seit 8.7.1926, Nr. 40.157), Herbert Graf (NSDAP-Mitglied seit
    18.2.1928, Nr. 83.112), Max Holly (NSDAP-Mitglied seit 15.9.1936, Nr. 6.186.313), Otto Koller
    (NSDAP-Mitglied seit 1.4.1931, Nr. 441.100), Heinrich Meixner (NSDAP-Mitglied seit Juli 1930, Nr.
    363.308), Günther Niethammer (NSDAP-Mitglied seit 1937, Nr. 5.613.683, darüber hinaus auch Mit-
    glied der Waffen-SS), Otto Pesta (NSDAP-Mitglied seit 1.7.1937/Mai 1938, Nr. 6.186.950), Viktor
    Pietschmann (NSDAP-Mitglied seit 1932), Josef Wastl (NSDAP-Mitglied seit 24.9.1932, Nr. 1.302.356)
    und Otto Wettstein (NSDAP-Mitglied seit 7.6.1933/1.5.1938, Nr. 6.202.456). ÖStA AdR, Unterricht, 15,
    B2a, NHM 1940–1960, Liste mit Informationen über nationalsozialistische Bedienstete im NHM, unda-
    tiert. Zur Geschichte des NHM während des Nationalsozialismus siehe in diesem Band: Christa RIEDL-
    DORN, Von Leermeldungen zu achtzehn Dossiers – Zehn Jahre Provenienzforschung am Naturhistorischen
    Museum; sowie ihr Buch: Das Haus der Wunder. Zur Geschichte des Naturhistorischen Museums in Wien,
    Wien 1998, S. 219–225. Zu Hans Kummerlöwe (ab 1946 Kummerloeve) und Günther Niethammer vgl.
    Eugeniusz NOWAK, Wissenschaftler in turbulenten Zeiten. Erinnerungen an Ornithologen, Naturschüt-
    zer und andere Naturkundler, Schwerin 2005, S. 75–79, S. 88–93.

Robert Wadler wurde am 4. März 1906 als Sohn von Selma Wadler, geborene Krakauer, und Ignatz Wadler in Wien geboren. Am 29. Mai 1936 hatte er Louise Kallai geheiratet, die Tochter von Auguste Kallai, geborene Fröhlich, und David Kallai.[4] Wadler wohnte nach seiner Hochzeit gemeinsam mit seiner Frau Louise und seiner Schwiegermutter, Auguste Kallai, in der Theobaldgasse 16/III/22 im 6. Bezirk in Wien. Auguste Kallai (geboren am 16. Juni 1879), leitete eine international bekannte Münz- und Antiquitätenhandlung am Lobkowitzplatz 3 in der Wiener Innenstadt, die ihr Mann, David Kallai, im Jahr 1908 gegründet hatte.[5] Im Juli 1938 wurde das Geschäft durch die langjährige Angestellte Emilie Graf arisiert.

Nach dem „Anschluss" versuchte Wadler, mit seiner Frau und seiner Schwiegermutter zu emigrieren. Am 29. Juli 1938 stellte er ein Ansuchen um Ausfuhrbewilligung für 103 Silber- und 1242 Kupfermünzen mit Zielort Paris, das von der Zentralstelle für Denkmalschutz bewilligt wurde. Auch dem am selben Tag von seiner Schwiegermutter gestellten Ausfuhransuchen für 92 Silbermünzen und Medaillen, vier Bronzemedaillen sowie 56 Nickel- und Kupfermünzen wurde stattgegeben.[6] Darüber hinaus brachte Wadler für sich, seine Frau und seine Schwiegermutter einen Antrag auf Auswanderung bei der Israelitischen Kultusgemeinde Wien mit dem Zielland USA ein.[7] Laut Louise Wadler wurde Robert Wadler jedoch im Sommer 1938 von der Gestapo verhaftet und nur unter der Bedingung wieder freigelassen, das Deutsche Reich binnen weniger Tag zu verlassen. Alle drei versuchten nun mittels illegalen Grenzübertritts in die Schweiz zu flüchten, wurden jedoch zurückgewiesen und mussten nach Wien zurückkehren. Als Wadler eine neuerliche Vorladung von der Gestapo erhielt, verübte er Selbstmord, indem er den Gashahn im Badezimmer öffnete. Er wurde noch lebend entdeckt und in das Wiener Sophienspital gebracht, wo er jedoch fünf Tage später, am 4. September 1938, starb.[8]

Robert Wadler wurde im Grab seiner Mutter, Selma Wadler, am Wiener Zentralfriedhof, IV. Tor, Gruppe 15, Reihe 13, Grab 33 beigesetzt.[9]

---

4   Archiv der Israelitischen Kultusgemeinde Wien, Matrikenamt, Geburts- und Hochzeitsbücher.

5   Katalog über Münzen und Medaillen, D. Kallai, Wien 1, Lobkowitzplatz 3, Wien 1908. Siehe BDA-Archiv, Ausfuhrbewilligung für Schalom Asch in Nizza, Zl. 305/38, 7.2.1938.

6   BDA-Archiv, Ausfuhrbewilligung Robert Wadler, Zl. 3557/1938, 29.7.1938. BDA-Archiv, Ausfuhrbewilligung Auguste Kallai, Zl. 3556/1938, 29.7.1938.

7   Archiv der Israelitischen Kultusgemeinde Wien, Auswanderungskartei, Fragebogen 17038/0-1, Robert Wadler.

8   WrStLA, Bezirksgericht I, Verlassenschaft, Robert Wadler, Zl. 4 A 477/38.

9   Archiv der Israelitischen Kultusgemeinde Wien, Friedhofsdatenbank, Zentralfriedhof IV. Tor.

Louise Wadler wurde am 18. März 1907 geboren. Sie konnte mit ihrer Mutter am 14. September 1938 in die Schweiz flüchten, von wo beide am 17. März 1939 in die USA gelangten. Dort heiratete Louise Wadler den aus Wien stammenden Otto Lambert (vormals Lichtschein, 1904–1961). Das Ehepaar Lambert wohnte in den 1950er und 1960er Jahren in Los Angeles, Kalifornien. In den USA arbeitete Louise Lambert als Friseurin, ihr Mann als Taxichauffeur. Mit ihrem zweiten Mann hatte Louise Wadler einen Sohn, Peter Lambert.[10] Nach dem frühen Tod ihres zweiten Mannes heiratete Louise Wadler-Lambert im Jahr 1970 Alfred Weingarten (1910–1980). Louise Weingarten (Wadler-Lambert) starb am 7. Juni 1988 in Los Angeles.[11] Ihre Mutter, Auguste Kallai, erhielt im Jahr 1950 im Zuge eines Rückstellungsverfahrens ihre Münzhandlung zurück – allerdings nur gegen Bezahlung von öS 4.000,– an die Erben der Ariseurin, Emilie Graf.[12]

Die Arisierung der Sammlung Wadler

Die prähistorische Abteilung des NHM in Wien erwarb zwischen Oktober 1938 und März 1942 in drei Tranchen Teile der prähistorischen Sammlung von Robert Wadler. Der „Ankauf" wurde von Sammlungsleiter Beninger über Dritte durchgeführt. Insgesamt umfassen diese Positionen einen Bestand von mehreren hundert Objekten.[13]

Eduard Beninger (1897–1963) arbeitete seit 1923 in der prähistorischen Abteilung des NHM. Er war seit 1. Mai 1934 Mitglied der NSDAP mit der Mitgliedsnummer 6.331.423, Träger der Erinnerungsmedaille an den 13. März 1938 und Gaubeauftragter für Vorgeschichte für die Gaue Wien und Niederdonau. Seit dem 9. September

---

10 ÖStA AdR, BMF, AHF, Zl. 22978, Louise Lambert. Otto Lambert wohnte in Wien 10, Favoritenstraße 63. Er konnte am 12.8.1938 aus dem Deutschen Reich flüchten und kam am 21.2.1940 in den USA an. ÖStA AdR, BMF, AHF, Zl. 21566, Otto Lambert.

11 Für die Lebensdaten von Louise Wadler und ihren Ehemännern Otto Lambert und Alfred Weingarten möchte ich mich bei Monika Wulz und der Anlaufstelle der Israelitischen Kultusgemeinde Wien recht herzlich bedanken.

12 WrStLA, VEAV, Münzhandlung Auguste Kallai, Wien I., Lobkowitzplatz 3, 1. Bez. 1, Zl. 162, 282, 6. Bez. Zl. 1418, Entzieherin Emilie Graf, 1. Bez. Zl. 381, 174.

13 Im Einlaufbuch der prähistorischen Abteilung handelt es sich hierbei um die Nummern E 215, E 217 und E 235/238. Diese haben die Inventarnummern 70.133–70.138, 70.462–70.943, 73.861–73.862, 73.867–73.870, 78.992–78.997, 80.434–80.442. Hiervon wurden nur die Inventarnummern 70.462–70.943 (E 217) als „Sammlung Wadler" bezeichnet und gemeinsam mit den Nummern 70.133–70.138 (E 215) von Karl Krenn im Jahr 1939 inventarisiert. Die anderen Inventarnummern (E 235/238) wurden erst nach Ende des Zweiten Weltkrieges von Krenn, dem damaligen Leiter der prähistorischen Sammlung, inventarisiert. NHM, Prähistorische Abteilung, Inventarbücher.

1940 lehrte er als Dozent an der Universität Wien, wo er die Protektion seines Lehrers Oswald Menghin genoss. Als Mitglied der Wehrmacht fungierte er als Adjutant von General Heinrich Stümpfl in Wien.[14]

Nach Kriegsende wurde Beninger aufgrund seiner nationalsozialistischen Vergangenheit aus dem Museumsdienst entlassen. Er wurde am 15. Juni 1945 in seiner Wohnung verhaftet und blieb auch während seines Volksgerichtsprozesses in Haft. Am 1. Juni 1948 wurde er zu drei Jahren Kerker verurteilt und aufgrund der bereits verbüßten Haftzeit am 9. Oktober desselben Jahres entlassen.[15] Im Gegensatz zu vielen anderen Museumskollegen wurde er auch nach dem Ende der Entnazifizierungsmaßnahmen nicht wieder angestellt. Nach seinem Volksgerichtsprozess wurde er 1948 des Amtsmissbrauches und der Untreue als Direktor der prähistorischen Abteilung beim Landesgericht Wien angeklagt, wobei auch die Sammlung Wadler eine Rolle spielte. Mitverantwortlich für die Anklage war Herman Michel (1888–1965), der von 1933 bis 1938 und dann wieder von 1947 bis 1952 Erster Direktor des NHM sowie von 1923 bis 1952 durchgehend Direktor der mineralogisch-petrografischen Abteilung des Museums war. Unmittelbar nach dem „Anschluss" war Michel als Erster Direktor abgesetzt und ihm seine Venia Legendi entzogen worden, weil er u. a. Mitglied des Rotary Clubs war. Zum kommissarischen Leiter war Otto Pesta (1885–1974) avanciert. Doch Michel hatte seine nationalsozialistische Einstellung schnell glaubwürdig dokumentieren können. Er blieb Direktor seiner Abteilung im NHM und wurde bereits im Mai 1938 NSDAP-Anwärter; 1939 erhielt er die Venia Legendi zurück. Seine kurzfristige Entlassung im Jahr 1938 nutzte Michel nach 1945, um als politisch Verfolgter und Widerstandskämpfer aufzutreten.[16]

Eduard Beninger wurde am 15. Dezember 1951 von der Anklage des Amtsmissbrauches und der Untreue freigesprochen. Viele der Zeugen hatten bereits in seinem Volksgerichtsprozess ausgesagt und waren als Wissenschafter im Bereich der Ur- und Früh-

---

14   Archiv der Universität Wien, PA 996, Box 40; ÖStA AdR, Unterricht, 15, B2a, NHM 1940–1960, Eduard Beninger. Liste mit Informationen über nationalsozialistische Bedienstete im NHM, undatiert.

15   WrStLA, Lg Wien, Vg 6d, Vr 1326/46. Beninger wohnte seit 1939 in Wien 1, Bartensteingasse 4, davor in Wien 5, Krongasse 22.

16   Siehe den hagiografischen Nachruf von H. WIESENEDER, Herman Michel zum Gedenken, in: Annalen des Naturhistorischen Museums, 88 (1987), S. 253–263; ÖStA AdR, Unterricht, 15, B2a, NHM 1940–1960, Liste mit Informationen über nationalsozialistische Bedienstete im NHM, undatiert. In einer Sachverhaltsdarstellung über die Verhältnisse im NHM für das Ministerium für innere und kulturelle Angelegenheiten vom 31.5.1939 beschuldigte Michel seine nationalsozialistischen Kollegen Wolfgang Adensamer, Otto Koller und Otto Pesta der „Vetternwirtschaft" und früherer enger Beziehungen zu Juden. ÖStA AdR, Unterricht, C 1, NHM, 1932–1940.

geschichte bzw. am NHM tätig, z. B. Fritz Knoll, Otto Pesta, Richard Pittioni, Erich Polaschek, Otto Seewald und Kurt Willvonseder. Nach seinem Freispruch versuchte Beninger, seine Rehabilitierung zu erreichen, was ihm aber erst nach dem 2. NS-Amnestiegesetz von 1957 gelang. Im Jahr 1952 schloss er sich einer Klage gegen Herman Michel wegen Meineids an. Zur Entlastungsstrategie Beningers, der der Arisierung bzw. der fingierten Ankäufe von Objekten beschuldigt worden war, gehörte die Unterstellung, Robert Wadler habe Objekte aus dem Museum gestohlen und weiter verkauft.[17] Dass sich Beninger dieser Strategie bediente und dabei auch von einigen Entlastungszeugen unterstützt wurde, bestätigt ein Schreiben von Karl Krenn an die Generaldirektion des NHM. Krenn berichtete darin über eine Vorladung von Beninger und Leopold Baar bei Unterrichtsminister Schmid. Bei diesem Anlass habe Beninger einen Depotfund vorgelegt, den der Prähistoriker Franz Zabusch angeblich von Wadler gekauft hatte und der aus Beständen des NHM stammte.[18]

Neben den Dokumenten aus dem Volksgerichts- bzw. dem Strafgerichtsprozess gegen Beninger ist der Schriftverkehr zwischen Louise Lambert und dem NHM in den Jahren 1946–1948 eine wichtige Quelle zur Arisierung der Sammlung Robert Wadlers. Zunächst lässt sich feststellen, dass Beninger und Wadler einander seit den späten 1920er Jahren gekannt hatten. Im Juli 1938 hatte Beninger Wadler angeboten, dessen Sammlung um RM 500 für das Museum anzukaufen. In diesem Betrag inkludiert waren auch Beningers Privatschulden bei Wadler in der Höhe von RM 300. Die Kaufsumme belief sich damit auf RM 200.[19] Gemäß den vorliegenden Dokumenten hat Beninger die Sammlung Wadler in drei Tranchen über Dritte erworben: die erste Tranche (E 215) laut Einlaufbuch am 12. Oktober 1938 über den Antiquitätenhändler Rudolf Raue um RM 265.[20] Zu diesem Zeitpunkt war Wadler schon über einen

17 NHM, Prähistorische Abteilung, III/2, 269–318, 299f, 306f. Urteilsabschrift des Landesgerichts für Strafsachen Wien im Prozess gegen Eduard Beninger, 15.12.1951; vgl. WrStLA, Lg Wien, Vg 6d, Vr 1326/46, Volksgerichtsprozess gegen Eduard Beninger; zu Fritz Knoll (1883–1981) vgl. Johannes FEICHTINGER, Heidemarie UHL, Die Österreichische Akademie der Wissenschaften nach 1945. Eine Gelehrtengesellschaft im Spannungsfeld von Wissenschaft, Politik und Gesellschaft, in: Margarete GRANDNER, Gernot HEISS, Oliver RATHKOLB (Hg.), Zukunft mit Altlasten. Die Universität Wien 1945–1955, Wien 2005, S. 313–337.

18 NHM, Abteilung Archiv und Wissenschaftsgeschichte, Bestand Eduard Beninger, Karl Krenn an Generaldirektion, 5.4.1951, Zl. 56/51. Leopold Baar war NSDAP-Anwärter seit Juni 1938, Mitglied seit 1.4.1940, Nr. 7.975.194. ÖStA AdR, Unterricht, 15, B2a, NHM 1940–1960, Liste mit Informationen über Nationalsozialistische Bedienstete im NHM, undatiert.

19 NHM, Abteilung Archiv und Wissenschaftsgeschichte, Robert Wadler, Louise Lambert an Karl Krenn, 18.3.1947.

20 NHM, Prähistorische Abteilung, Einlaufbuch.

Monat tot. Doch Beninger hatte bereits am 18. Juni 1938 mit Raue korrespondiert: „Wie ich Ihnen schon mündlich mitteilte, möchte ich auf jeden Fall von Ihnen die ehemalige Sammlung R.W. um den Preis von RM 600 ankaufen. Durch die Umstellung hat meine Museumsabteilung kein Geld, ich erwarte aber, dass ich die erforderliche Summe im Laufe des Herbstes erhalten werde."[21]

Da sich im Einlaufbuch der prähistorischen Abteilung zwischen 2. März 1938 und 12. Oktober 1938 keine Eintragungen finden, dürfte es sich dabei bereits um Teile der Sammlung von Robert Wadler gehandelt haben. Dieser ersten Arisierung, die im Juni 1938 stattgefunden haben dürfte, folgte im Juli 1938 die einer zweiten Tranche (E 217), die Beninger über Josef Beißer am 24. Oktober 1938 um RM 620 erwarb.[23] Die dritte Tranche (E 235/238) gelangte am 30. Jänner bzw. am 22. März 1942 über Lene (Helene) Schwarz, geborene Wahra, um insgesamt RM 960 an ihn.[24] Im Einlaufbuch des Museums scheinen noch weitere Erwerbungen unter Lene Schwarz auf, nämlich E 226 vom 30. März 1940 und E 228 vom 14. Juni 1941. Ob es sich dabei auch um Teile der Sammlung Wadler gehandelt hat, konnte nicht geklärt werden. Beninger benutzte Helene Schwarz für den Ankauf von Eigentum von Juden und Jüdinnen bzw. Raubgut aus Kriegsgebieten. So führte er als Adjutant von General Stümpfl in dessen Kommandantur auch dubiose Ankäufe von Objekte über Wehrmachtssoldaten durch, z. B. von Soldaten einer kroatischen Division. Hierbei handelte es sich aber teilweise um Bestände aus dem NHM.[25]

---

21 Die Adresse von Rudolf Raue war Getreidemarkt 15 im 6. Bezirk in Wien. NHM, Prähistorische Abteilung, Korrespondenz Eduard Beninger, Eduard Beninger an Rudolf Raue, 18.6.1938.

22 Beispielsweise arisierte Raue gemeinsam mit Edith Schmaelz die Kunsthandlung von Wilma Werner. Für den Hinweis möchte ich Gabriele Anderl recht herzlich danken. Vgl. auch Gabriele ANDERL, Chronik einer Obsession. Die Geschichte der Asiatika-Sammlung Exner (geplanter Erscheinungstermin: 2009).

23 Objektliste von Josef Beißer, 24.10.1938. Beißer wird in der Objektliste als „m.p. Sekretär der Gew. Insp." wohnhaft in Wien 6, Mariahilfer Straße 180 bezeichnet. NHM, Abteilung Archiv und Wissenschaftsgeschichte, Bestand Eduard Beninger; Das Geld für den Ankauf der Sammlung Wadler dürfte laut Beißer von Adolf Menziles stammen. Vgl. Aussagen von Beißer im Volksgerichts- und im Strafgerichtsprozess gegen Beninger. Bestätigung vom 24.10.1938. WrStLA, Lg Wien, Vg 6d, Vr 1326/46; vgl. auch NHM, Prähistorische Abteilung, Prozessakten Eduard Beninger, III/2, S. 415.

24 NHM, Prähistorische Abteilung, Prozessakten Eduard Beninger, III/2, S. 417. Im Prozess gibt Eduard Beninger die Summe für die dritte Tranche mit RM 1.600 an.

25 Vgl. NHM, Prähistorische Abteilung, III/2, 269–318. Urteilsabschrift des Landesgerichts für Strafsachen Wien im Prozess gegen Eduard Beninger, 15.12.1951.

Helene Schwarz arbeitete als Sekretärin in einer Rechtsanwaltskanzlei. Sie war mit Karl Schwarz, einem jüdischen Rechtsanwalt verheiratet, lebte also in einer so genannten „Mischehe".[26] Durch ihren Status war sie vom Wohlwollen von Personen wie Beninger abhängig und erpressbar. Die späte Erwerbung bzw. Eintragung der dritten Tranche dürfte auch mit Beningers Bestrebungen zu tun gehabt haben, die Voreigentümer seiner „neuen Objekte" und die Erwerbswege bereits während des Krieges zu verschleiern. Darüber hinaus sagte Beninger in seinem Prozess 1948/1951 aus, dass er nur einen Teil der Sammlung Wadler angekauft habe. Den anderen Teil hätte ein Industricllcr namens Krug aus Frankfurt am Main erworben.[27]

Rückstellungsanträge

Der erste Brief von Louise Lambert an das NHM ist mit 25. Dezember 1946 datiert und beinhaltet ein Ansuchen um Rückstellung von Objekten aus der Sammlung Wadler:

Er [Wadler] besaß eine umfangreiche Sammlung prähistorischer localer Funde von hohem wissenschaftlichem Wert, die er auf Verlangen von Herrn Dr. Eduard Beninger unter dem damaligen Druck der Verhältnisse im Juli 1938 dem Museum überlassen musste. Ich kann bezeugen, daß der Diener damals drei hochgetürmte Museumskörbe voll der seltensten Objekte ins Museum abtransportiert hat. Dies geschah in Anwesenheit von Dr. Beninger. [...], möchte ich Sie hiermit ersuchen, mir dieselbe zurückzuerstatten. Es ist eindeutig klar, dass die Übergabe dieser einzigartigen Sammlung lediglich unter dem Zwang der Verhältnisse vorgenommen worden war.[28]

Die verantwortlichen Personen des Museums gingen zunächst von einem rechtsgültigen Ankauf der Sammlung Wadler aus und empfanden den Brief als „Erpressung durch eine Ausländerin".[29] Karl Krenn, der damalige Leiter der prähistorischen Sammlung,

26   WrStLA, Meldedatenabfrage. Karl und Helene Schwarz wohnten in Wien 5, Reinprechtsdorferstraße 68. Karl Schwarz galt als mit 10.8.1939 „abgemeldet: Italien"; ÖStA AdR, BMF, VVSt, VA, Zl. 7508, Karl Schwarz; ÖStA AdR, BMF, VVSt, VA, Zl. 41752, Helene Schwarz; Vgl. NHM, Prähistorische Abteilung, III/2, S. 476–478, Akten des Landesgerichts für Strafsachen Wien zum Prozess gegen Eduard Beninger.

27   Hierbei könnte es sich um Carl Oskar Krug handeln. Dem Archäologischen Museum Frankfurt wurde 1996 von der Schwiegertochter Krugs eine Sammlung geschenkt, in der sich auch prähistorische Objekte aus dem Raum der Habsburgermonarchie befanden. NHM, Abteilung Archiv und Wissenschaftsgeschichte, Zl. 767/05, Archäologisches Museum Frankfurt an das Archiv des Naturhistorischen Museums, 2.5.2005.

28   NHM, Abteilung Archiv und Wissenschaftsgeschichte, Bestand Eduard Beninger, Louise Lambert an das Naturhistorische Museum, 25.12.1946.

29   WrStLA, Lg Wien, Vg 8b, Vr 2402/49, Zeugenaussage von Karl Krenn im Strafgerichtsprozess gegen Eduard Beninger, Zl., S. 381.

schrieb am 20. Jänner 1947 eine ausführliche Darstellung an den Generaldirektor des NHM, Hermann Michel:

Herr Robert Wadler war langjähriger Mitarbeiter und Freund der Prähistorischen Abteilung und stand auch zu Dr. Beninger und seiner Familie stets und so weit mir bekannt ist, bis zum Schluß in freundschaftlichen Beziehungen. Dr. Beninger schätzte Herrn Wadler, trotz seines anderweitig stark betonten Antisemitismus, sehr hoch – Herr Wadler war Hausfreund im Hause Beninger – und es wurde mir aus gelegentlichen Äußerungen bekannt, dass Dr. Beninger auch nach der Machtergreifung Herrn Wadler förderte und ihm auch bei der Liquidierung seiner Verhältnisse freundschaftlich zur Seite stand. Herr Wadler war Teilhaber des Münzgeschäftes Kallai auf d. Lobkowitzplatz, in das er angeblich einheiratete und ich entnahm wiederholten Äußerungen Dr. Beningers, dass er Herrn Wadler bei Abwicklung seiner Verhältnisse (Herr Wadler beabsichtigte zu emigrieren) behilflich war.

Aus diesen mir bekannt gewordenen Umständen halte ich es für ausgeschlossen, dass auf Herrn Wadler, zu seinem materiellen Schaden, ein Druck ausgeübt worden ist; ich bin der Ansicht, dass die Behauptungen seiner Witwe nur auf Vermutungen beruhen.[30]

Handlungsbedarf bestand im NHM erst, als Louise Lambert ihre Angaben in einem weiteren Brief vom 18. März 1947 „an Eidesstatt" bekräftigte und den weiteren Hergang schilderte:

Dr. Beninger hatte, wie schon öfters eine größere Geldsumme privat von uns entliehen. Dieses Mal handelte es sich um RM 300,-. Er erklärte im Juli 1938 plötzlich, dass mein Mann seine Sammlung an das Museum abgeben müsse, und erbot sich, dieselbe im Namen des Museums zu ‚kaufen'. Das heißt, er bezahlte RM 500,- dafür und erklärte, dass in dieser Summe seine Privatschuld inbegriffen sei. So wurde facto RM 200,- dafür bezahlt.[31]

Beninger nahm während seines Prozesses in einer schriftlichen Eingabe vom 28. Dezember 1949 auf den Brief von Lambert vom 18. März 1947 schriftlich Stellung:

Robert Wadler hat seit etwa 1927 als Privatmann für das Museum schon unter meinem Vorgänger Direktor Josef Bayer gearbeitet, indem er dem Museum seine Arbeitskraft, besonders für kleinere Ausgrabungen zur Verfügung stellte. Er war ein leidenschaftlicher Prähistoriker, aber auch ein fanatischer Sammler. Im

---

30 NHM, Abteilung Archiv und Wissenschaftsgeschichte, Robert Wadler, Karl Krenn an Hermann Michel, 20.1.1947.

31 NHM, Abteilung Archiv und Wissenschaftsgeschichte, Robert Wadler, Louise Lambert an Karl Krenn, 18.3.1947.

Laufe der Jahre habe ich mit ihm auch privat verkehrt, wenn ich auch mit ihm nicht befreundet war (so waren wir bis zum Schluß „per Sie"). In zweiter Ehe war Wadler mit der Tochter der bekannten Münzhändlerin Kallay verheiratet. Seine Schwiegermutter und seine Frau waren also vermögend, während Wadler mittellos in das Geschäft einheiratete. […] Die drei wollten sich ein Ausreisevisum kaufen. Frau Kallay und ihre Tochter Frau Wadler hatten wohl das Geld dazu, nicht aber Robert Wadler, der zu diesem Zwecke seine Sammlung verkaufen wollte. Ich ermöglichte ihm zwar, bei meiner damaligen großen Ausgrabung in Leopoldau reichliche Diäten zu verdienen und eine Geldsumme beiseite zu legen, doch war dieser Verdienst zu gering. Ich half ihm dabei auch bei dem Verkauf seiner Sammlung. […] Wadler erhielt jedenfalls durch mich mehrere tausend RM.[32]

Nach der eidesstattlichen Erklärung von Louise Lambert schrieb Karl Krenn am 31. März 1947 wieder an Generaldirektor Michel: „Eine tatsächliche Summe von 200 Reichsmark ist selbstverständlich nur ein Bruchteil des tatsächlichen Wertes der Wadler-Sammlung, die aus 500 Inventarnummern besteht. Ich sehe eine Summe 2–3000 Reichsmark im Kaufwert 1938 als einen gerechten und angemessenen Preis an."[33]

Am 3. April 1947 beantwortet Karl Krenn schließlich den Brief Lamberts. Er zeigte sich von der geschilderten Erwerbung der Sammlung Wadler überrascht. Im Weiteren anerkannte das NHM Lamberts Anspruch mit Vorbehalt, weil der Kaufpreis in keinem Verhältnis zum Sammlungswert gestanden sei, das Museum jedoch mit der Bezahlung von RM 500 teilweise Rechte erworben habe. Am 6. Juni 1947 bat Louise Lambert um eine Schätzung der Sammlung durch Krenn und schlug eine Nachzahlung für den Ankauf vor, um sich dadurch eine Klage zu ersparen. Am 8. Juli 1947 bot Krenn schließlich im Namen des Museums öS 3.000 als Nachzahlung an.[34] Diese Summe bezog sich auf die Objekte, die im NHM unter „Sammlung Wadler" geführt wurden, d. h. auf die Inventarnummern 70.462–70.943 des Ankaufs über Josef Beißer, aber nicht auf jene Objekte, die von Wadler über Raue bzw. Schwarz fürs NHM angekauft worden waren. Im Strafgerichtsprozess gegen Beninger schilderte Krenn den Vorgang folgendermaßen: „Ich habe nun den Auftrag bekommen, die Sammlung zu schätzen. Bei dieser Schätzung habe ich den niedrigsten Schätzwert angenommen. Ich habe diese Sammlung auf 3 bis 5.000 S geschätzt, niedriger konnte ich nicht gehen. Bei die-

---

32   WrStLA, Lg Wien, Vg 8b, Vr 2402/49, Schriftliche Eingabe beim Landesgericht für Strafsachen Wien, 28.12.1949; Die letzte Grabung in Leopoldau vor dem Zweiten Weltkrieg wurde im Frühjahr/Sommer 1938 vom NHM unter der Leitung Beningers mit Hilfe der SS durchgeführt. Siehe: Unser schönes Floridsdorf. Blätter des Floridsdorfer Bezirksmuseums, Jg. 33, Heft 1/2, Wien 1999, S. 1301.

33   NHM, Abteilung Archiv und Wissenschaftsgeschichte, Bestand Robert Wadler.

34   NHM, Abteilung Archiv und Wissenschaftsgeschichte, Bestand Robert Wadler, Louise Lambert an Karl Krenn, 6.6.1947; Karl Krenn an Louise Lambert, 8.7.1947.

ser Schätzung kommt ein Stück auf etwa 10 S. Wir boten der Frau Lambert diese Nachzahlung in der Höhe von 3.000 S am 20. 1. 1948 an."[35]

Louise Wadler nahm das Angebot an und bat in einem Brief vom 8. Juli 1947, die Summe an ihre Freundin, die Modedesignerin Gret Kalous (1892–1975)[36] in der Kettenbrückengasse 19 im 5. Bezirk in Wien, zu überweisen. Dieser Brief scheint verloren gegangen zu sein, denn am 4. Jänner 1948 urgierte Louise Lambert die Überweisung des Betrages. Hierauf beantragte Krenn am 20. Jänner 1948 die Bewilligung von öS 3.000 zum Ankauf der Sammlung Wadler bei der Generaldirektion des NHM und begründete dies unter anderem so: „Die endgültige Erwerbung der Sammlung ist für das Naturhistorische Museum höchst vorteilhaft und notwendig. Der Kaufpreis muss als äusserst minimal bezeichnet werden, wenn man bedenkt, dass auf die Inventarnummer etwa öS 6-7 entfällt. Nach dem heutigen Stand des Antikenmarktes müsste man etwa das 5-fache dafür anlegen."[37]

Erst am 12. Mai 1948 überwies das NHM die öS 3.000 an Kalous und schickte eine Bestätigung an Lambert. Krenn meinte dazu: „Wir haben diesen Betrag bezahlt und seither gehört die Sammlung wirklich dem Museum." In der Sitzung des Kunstrückgabe-Beirats vom 14. Dezember 2005 wurde der damaligen Bundesministerin Elisabeth Gehrer die Rückgabe der „Sammlung Robert Wadler" an dessen Rechtsnachfolger nicht empfohlen – einerseits unter Berufung darauf, dass „auf prähistorische Fundgegenstände […] die Regelungen der §§ 398 bis 401 ABGB über den Schatzfund" anzuwenden seien, andererseits unter Hinweis auf die an Louise Lambert geleistete Zahlung. Die arisierten Objekte von Robert Wadler befinden sich also weiterhin im Naturhistorischen Museum.

---

35 WrStLA, Lg Wien, Vg 8b, Vr 2402/49, Zeugenaussage von Karl Krenn im Strafgerichtsprozess gegen Eduard Beninger, S. 382.

36 Zu Gret Kalous siehe Felix CZEIKE, Historisches Lexikon Wien, Bd. 6, Ergänzungsband, Wien 2004, S. 99.

37 NHM, Abteilung Archiv und Wissenschaftsgeschichte, Bestand Eduard Beninger.

Die Provenienzforschung zu arisierten Kraftfahrzeugen am Beispiel des Kraftfahrzeugbestands des Technischen Museums Wien

Christian Klösch

Am 16. März 1938, wenige Tage nach dem „Anschluss", durchsuchte die SA die Gemischtwarenhandlung des Ehepaares Moritz und Rosa Glückselig in der Neulerchenfelderstrasse 27 in Wien-Hernals. Bei dieser Gelegenheit konfiszierten die SA-Männer das Auto der Glückseligs, einen PKW der Marke Fiat 522C, Baujahr 1931.

Für Rosa und Moritz Glückselig und ihre beiden Söhne Armin und Fritz war spätestens zu diesem Zeitpunkt klar, dass sie als Juden rechtlos geworden waren und nicht in Wien bleiben konnten. Ein Jahr später, nachdem auch noch das Geschäft samt Lager und die Wohnung mit der Einrichtung geraubt worden waren und Moritz Glückselig eine KZ-Haft in Dachau und Buchenwald überstanden hatte, gelang es der Familie endlich, nach Südamerika zu emigrieren, wo sie sich eine neue Existenz aufbaute. Moritz und Rosa Glückselig starben Anfang der 1970er Jahre in Argentinien, ein Sohn starb 1999 in Kanada.[1] Im September 2000 nahm der letzte überlebende Sohn der Familie mit der Israelitischen Kultusgemeinde (IKG) in Wien Kontakt auf und berichtete über die Vermögensverluste der Familie nach dem „Anschluss", unter anderem auch über den der Familie geraubten Fiat 522C.

Erst im Zuge der Provenienzforschung am Technischen Museum Wien, in deren Folge auch der Fahrzeugbestand untersucht wurde, konnte der Fiat 522C im Depot des Museums identifiziert werden. Er war als Geschenk der Verwaltung der Österreichischen Bundesgärten Schönbrunn ans Haus gekommen. Bei weiteren Recherchen stellte sich diese Herkunft jedoch rasch als dubios heraus: In den damals übergebenen Fahrzeugpapieren fand sich ein Kaufvertrag von September 1939, abgeschlossen zwischen den Bundesgärten Schönbrunn als Käufer und dem Reichskassenverwalter der SA für die SA in Österreich als Verkäufer. Für RM 700 hatte das Fahrzeug im September 1939 den Eigentümer gewechselt.[2] Doch wie war die SA in den Besitz des Wagens mit dem polizeilichen Kennzeichen A 10.887 gelangt?

---

1 WrStLA, Meldeanfrage, Rosa Glückselig; Auskunft der Anlaufstelle der IKG Wien.
2 Inventarverwaltung des Technischen Museums, Anlage zu Inv. Nr. 16.388, Beauftragter des Reichskassenverwalters der SA für die SA in Österreich an Staatliche Gartenverwaltung Schönbrunn, 4.9.1939.

Mit Hilfe eines in der Anlaufstelle der IKG befindlichen „Verzeichnis der Autonummern der Polizeidirektion Wien" aus dem Jahr 1937 konnte die Halterin des Fahrzeugs mit dem Kennzeichen A 10.887 identifiziert werden: „Glückselig Rosa, 17, Neulerchenfelderstrasse 27, T. Fiat"[3].

Nach 69 Jahren konnte im Frühjahr 2008 der Wagen dem Sohn der ursprünglichen Eigentümerin zurückgegeben werden. Das TMW erwarb den Wagen als zeithistorisch bedeutendes Objekt von Herrn Glückselig. Das Beispiel zeigt, dass die Rückgabe von Alltagsgegenständen – auch wenn es sich um Massenerzeugnisse der Industrie handelt – in der Praxis durchführbar ist. Im Gegensatz zu anderen Konsumgütern sind Kraftfahrzeuge allerdings über Fahrgestellnummer, Motornummer und das polizeiliche Kennzeichen[4] identifizierbar und lassen sich somit auch den ursprünglichen EigentümerInnen eindeutig zuordnen.

Der *Fiat 522C* (Baujahr 1931)
der Familie Glückselig
im Depot des TMW

Bereits unmittelbar nach dem „Anschluss" 1938 entzogen die Nationalsozialisten, vor allem auch die Gestapo, Kraftfahrzeuge von ehemaligen Funktionären der Vaterländischen Front und von Juden.[5] Eine erhalten gebliebene Liste mit insgesamt 56 Kraftfahrzeugen,

---

3 Verzeichnis der Autonummern der Polizeidirektion Wien, Wien 1937, S. 110. Nummernverzeichnisse von Kraftfahrzeugen und ihren EigentümerInnen sind aus den 1930er Jahren auch noch aus Oberösterreich (1936), Vorarlberg (1937), Salzburg (1937/38) sowie aus dem Bezirk St. Pölten (1936) erhalten geblieben. Ein Verzeichnis aus Kärnten (1937) ist nicht überliefert. Aus den 1950er Jahren gibt es solche Verzeichnisse aus den Bundesländern Vorarlberg (1950), Oberösterreich (1952/53) und Kärnten (1950).

4 Laut Auskunft der Bundespolizeidirektion Wien wurden die Meldeunterlagen zu Kraftfahrzeugen nach einem Eigentumswechsel immer vernichtet.

5 Zu Arisierung von Autos siehe: „Arisierung" von Mobilien mit Beiträgen von Gabriele ANDERL, Edith BLASCHITZ, Sabine LOITFELLNER, Mirjam TRIENDL, Niko WAHL, (= Veröffentlichungen der Österreichischen Historikerkommission Vermögensentzug während der NS-Zeit sowie Rückstellungen und Entschädigungen seit 1945 in Österreich, Bd. 15) Wien-München, 2004.

die am 13. März 1938 im Einzugsgebiet der Staatspolizeistelle Graz beschlagnahmt worden waren, führt die Namen von 41 jüdischen Eigentümern an: Einer davon war beispielsweise Ernst Herlinger aus der Annenstrasse 33 in Graz. Die 94. SS-Standarte Leoben hatte ihm einen Steyr 200 mit dem Kennzeichen K-81 im Wert von RM 2.000 geraubt.[6] Herlinger starb am 22. November 1938 im KZ Dachau.[7] Auch von anderen Gestapo-Dienststellen, etwa in Innsbruck oder Klagenfurt, und von Gliederungen der NSDAP wie der SA-Gruppe Südmark sind Listen mit beschlagnahmten Kraftfahrzeugen erhalten, die penibel das Datum der Entziehung, den Eigentümer, das polizeiliche Kennzeichen, die Fahrzeugtype und sogar die Motor- und Fahrgestellnummer angeben.[8] Durch Auswertung dieser und anderer Quellenbestände konnten insgesamt 209 beschlagnahmte Autos und Motorräder vorwiegend aus den Gauen Kärnten, Steiermark, Tirol und Wien ermittelt werden, von denen ein Großteil in Verwendung der NSDAP und ihrer Verbände gestanden hatte, ein Teil aber auch an Privatpersonen weiterverkauft worden war.[9]

Die Beschlagnahme von Kraftfahrzeugen jüdischer EigentümerInnen wurde auf Grundlage der 2. Verordnung zum Gesetz über die Wiedervereinigung Österreichs mit dem Deutschen Reich vom 18. März 1938 durchgeführt.[10] In dieser Verordnung wurde der Reichsführer SS und Chef der Deutschen Polizei ermächtigt, „die zur Aufrechterhaltung der Sicherheit und Ordnung notwendigen Maßnahmen auch außerhalb der sonst hierfür bestimmten gesetzlichen Grenzen" zu treffen. Durch die extensive Auslegung dieser Verordnung wurden Juden zu Staats- und Volksfeinden erklärt und der Entzug der Kraftfahrzeuge stereotyp folgendermaßen begründet: „Durch den Besitz eines Kraftwagens wird die notwendige staatspolizeiliche Überwachung, der der Jude wegen dringenden Verdachtes der weiteren staatsfeindlichen Betätigung bzw. Vermögensverschleppung unterliegt, weitgehendst erschwert bzw. überhaupt unmöglich gemacht."[11]

---

6   ÖStA AdR, Juva, Kt. 2, Beschlagnahme von Kraftfahrzeugen im Gebiete der Staatspolizeistelle Graz.

7   DÖW, Online-Opferdatenbank, Abfrage Ernst Herlinger, http://www.doew.at/ausstellung/shoahopferdb.html, (abgerufen am 20.6.2008).

8   ÖStA AdR, Juva, Kt. 1, Gestapo Innsbruck an Minister für Finanzen, 1.3.1939.

9   Die Liste entstand durch Auswertung folgender Quellen: ÖStA AdR, BM f. Wirtschaft u. Arbeit, Kt. 214, Zl.1566658-R/38; Bürckel Rot, Kt. 5, Beschlagnahmte Liegenschaften, Ordner 39, 1–3, Bewegliche Vermögen; Juva, Kt. 1, Gestapo Innsbruck an Minister für Finanzen, 1.3.1939; Juva, Kt. 2, Beschlagnahmte Kraftfahrzeuge im Gebiete der Staatspolizeistelle Graz, o. D; Juva, Kt. 1, Liste über das im Verwaltungsbezirk Murau beschlagnahmte und sichergestellte Vermögen; Juva, Kt. 1, Gendarmerieposten Pinkafeld, Verzeichnis über alle seit dem Umbruche sichergestellten und beschlagnahmten Vermögenswerte, 23.2.1939. DÖW, 20721/48, 20721/62, 20721/10, 20721/30 und 19400/44.

10   Siehe RGBl I 1938 Nr. 21, 14.3.1938 S. 237f. bzw. RGBl I 1938, Zweite Verordnung zum Gesetz über die Wiedervereinigung Österreichs mit dem Deutschem Reich, 18.3.1938, S. 262.

11   Siehe z. B. ÖStA AdR, Juva, Kt. 1, Gestapo Innsbruck Verfügung, 25.7.1938.

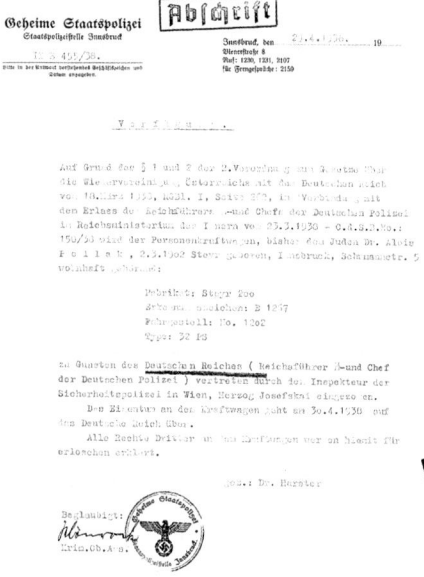

Beschlagnahme-Verfügung
der Gestapo Innsbruck für ein Kraftfahrzeug,
30. April 1938.

Die beschlagnahmten Kraftfahrzeuge durften die Staatspolizeistellen, gemäß einer Anordnung des Chefs der Sicherheitspolizei Wien vom 17. März 1938, „für ihren Bedarf nutzen".[12] Verwaltetet wurden die in Wien beschlagnahmten Kraftfahrzeuge vom NSKK- Sturmführer Pressinger, der in den Räumlichkeiten der ehemaligen Fuhrwerkzunft, Bennogasse 27 in Wien 8, residierte. Pressinger teilte die Kraftfahrzeuge im Auftrag der Gestapo auf die NSDAP und die ihr angeschlossenen Verbände wie SA, SS, HJ auf, aber auch die Deutsche Arbeitsfront (DAF), staatliche Behörden und die Wehrmacht kamen auf diese Weise in den Besitz von Kraftfahrzeugen. Als „Wiedergutmachung" für erlittene Zurücksetzungen während der Zeit des Ständestaates wurden auch ehemals illegalen Nationalsozialisten Kraftfahrzeuge zugewiesen.[13] So veranlasste die NS-Vermittlungsstelle des Gaues Kärnten, dass ein gewisser „Pg. Karl Aigner" im August 1938 einen PKW Steyr 20 (Motornummer 20211, Kennzeichen A 6497) bei „Pg. Pressinger" in Wien abholen durfte.[14] Der Wagen war bei der jüdischen Taxiunternehmerin Ida Neumark, Ebendorferstrasse 3, Wien 1,[15] beschlagnahmt worden.

---

12 ANDERL u. a., „Arisierung" von Mobilien, S. 55.

13 ÖStA AdR, NS-Vermittlungsstelle, Kt. 16, Ordner 88, NS-Vermittlungsstelle an Albert Dostal, 17.8.1938.

14 ÖStA AdR, NS-Vermittlungsstelle, Kt. 16, Ordner 88, Wiener Fuhrwerkerzunft an Amt des Reichsstatthalters, 24.8.1938.

15 Ida Neumark, wurde als Tochter eines jüdischen Ehepaares am 16.7.1892 geboren. Mit der Begründung,

Jene Fahrzeuge, die nicht für die Partei, den Staat oder die „Wiedergutmachung" verwendet wurden, konnten durch Ermächtigung des Reichsinnenministers Heinrich Himmler unter Privatpersonen versteigert werden. In Wien führte das Dorotheum in den Monaten August und September 1938 solche Versteigerungen durch:[16] Zu diesem Zweck zog die Gestapo an die 1100 Kraftfahrzeuge (Autos, Lastkraftwagen, Motorräder) im Arsenal in Wien-Favoriten und auf dem Gelände der Brauerei Dengler in Wien-Floridsdorf zusammen. An zumindest zehn Terminen wurden jeweils ca. 100 Fahrzeuge versteigert, die die InteressentInnen am Vortag der Auktionen besichtigen konnten. Da bei keinem Fahrzeug ein Typenschein vorhanden war, verzeichnete das Dorotheum zur Identifizierung jeweils die Motornummer und veröffentlichte sie in ihren Mitteilungsblättern, wodurch auch heute noch die Kraftfahrzeuge eindeutig identifizierbar sind. Die Palette der angebotenen Fahrzeuge reichte vom blauen 8-Zylinder-Kabrio-Roadstar mit eingebautem Radio der Luxusmarke Lincoln mit einem Ausrufungspreis von RM 1.400 bis zum Schrottfahrzeug mit einem Altmetallwert von RM 40.

Tabelle 1: Versteigerung von Kraftfahrzeugen durch das Dorotheum Wien, August–September 1938[17]

Kraftfahrzeuge	Zahl	%	Ausrufungspreis (RM)
Personenwagen	687	91,0	211.195,00
Lastkraftwagen	14	1,9	4.860,00
Dreiräder	5	0,7	830,00
Kastenwagen	6	0,8	1.700,00
Motorräder	43	5,7	5.790,00
Summe	755	100,0	224.375,00

sie sei das uneheliche Kind eines „Ariers", erreichte sie 1939 die Klassifizierung als „Mischling II. Grades". Im September 1943 wurde sie wegen Hörens ausländischer Radiosender verhaftet und verblieb bis Kriegsende in Haft. Vgl. Fotos aus der Erkennungsdienstlichen Kartei der Gestapo Wien, http://www.doew.at/ (abgerufen am 6.3.2008).

16 Zitiert nach ANDERL u. a., „Arisierung" von Mobilien, S. 56.

17 Mitteilungen des Dorotheums. Abt. 6 für technische Gegenstände, Sonderfolge 29A (1.8.1938), 30A (5.8.1932), O.N. (10.8.1938), 31B (12.8.1938), 31C (17.8.1938), 32A (19.8.1938), 32B (22.8.1932), 36 A, (20.9.1938). Die Kraftfahrzeuge dieser Versteigerungen sind fortlaufend von 1 bis 1150 nummeriert, wobei allerdings etwa 30 Fahrzeuge bei mehreren Auktionen angeboten wurden. Type, Motornummer, Zustand und Ausrufungspreis sind vermerkt. Die Versteigerungslisten mit den Kraftfahrzeugen 90–172,

Wie hoch die Einnahmen aus dem Verkauf gewesen sind, ist unbekannt, da im Archiv des Dorotheum keine Unterlagen mehr zu diesen Versteigerungen vorhanden sind. In einigen Fällen dokumentierte aber die Gestapo den Verkaufserlös: So wechselte bei der Auktion am 17. August 1938 der graue Steyr 50 mit der Motornummer L 4616 und dem Kennzeichen A 12999 nach einem Ausrufungspreis von RM 750 letztendlich um RM 1.850 den Eigentümer. Die Gestapo hatte das Auto, das Ida Reich aus der Pfeilgasse 20, Wien 8, gehörte, am 28. April 1938 beschlagnahmt.[18]

Am selben Tag wurde auch der Wagen von Moritz Winter, Schönerstraße 9, Wien 2, konfisziert: Der Steyr 40 (Motornummer 40463, Kennzeichen A 2909) wurde bei der Auktion am 3. August mit RM 900 ausgerufen, erzielte aber schließlich RM 1.300.[19] Die neuen Eigentümer mussten zusätzlich zum Kaufpreis noch 10% „Aufgeld" entrichten. Da die Typenscheine bei den ursprünglichen EigentümerInnen verblieben waren, wurde den Erwerbern nur eine Ankaufsbestätigung ausgehändigt, auf Grundlage derer ihnen die Polizei neue Fahrzeugpapiere und Kennzeichen ausstellte.

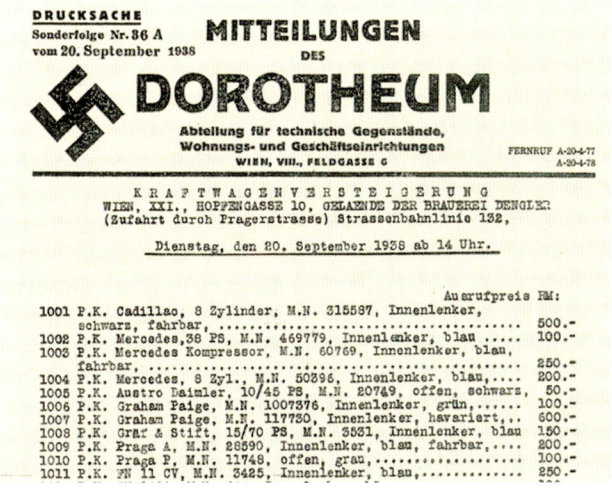

Auflistung beschlagnahmter Kraftfahrzeuge im Mitteilungsblatt des Dorotheum,
Sonderfolge 36a vom 20. September 1938.

424–522 und 745–1000 fehlen im Bestand der Nationalbibliothek und sind auch nicht mehr im Dorotheum vorhanden (Mitteilung Felicitas Thurn, 14.3.2008).

18 DÖW, Akt 20721/48, Gestapo Wien an Staatliche Verwaltung des Reichsgaues Wien, 28.11.1938; „Mitteilungen des Dorotheums. Abteilung für technische Gegenstände", Versteigerungsnummer 500, 12.8.1938.

19 DÖW 20721/10, Gestapo Wien an Staatliche Verwaltung des Reichsgaues Wien, 4.12.1939; „Mitteilungen des Dorotheums. Abteilung für technische Gegenstände", Versteigerungsnummer 12, 3.8.1938.

Wie viele Kraftfahrzeuge nach dem „Anschluss" von der Gestapo und der NSDAP beschlagnahmt worden sind, ist unbekannt. Gemäß einem mit 10. August 1938 datierten Bericht sollen es in der gesamten „Ostmark" 1700 Kraftfahrzeuge gewesen sein.[20] Geht man davon aus, das es sich hierbei überwiegend um Personenwagen gehandelt hat (vgl. Tabelle 1), entspricht diese Zahl in etwa 4% bis 5% aller in Österreich 1937 angemeldeten Personenwagen und Autotaxis.

Tabelle 2: Zum Verkehr zugelassene Kraftwagen am 30. September 1937[21]

	Personen-wagen	Autotaxi	Kraftstell-wagen	Lastkraft-wagen	Traktoren	Spezial-wagen[22]	Summe
Wien	13.853	2.157	1.118	6.208	49	567	23.952
Niederösterreich	4.811	621	438	3.140	59	505	9.574
Oberösterreich	2.525	410	207	1.070	53	194	4.459
Salzburg	970	215	95	392	13	81	1.766
Steiermark	2.703	376	231	1.318	27	285	4.940
Kärnten	974	170	112	485	10	77	1.828
Tirol	1.111	220	103	550	15	75	2.074
Vorarlberg	773	79	44	400	5	15	1.316
Burgenland	361	44	44	254	3	32	738
Summe	28.081	4.292	2.392	13.817	234	1.831	50.647

20 Hans SAFRIAN, Beschleunigung der Beraubung und Vertreibung. Zur Bedeutung des „Wiener Modells" für die antijüdische Politik des „Dritten Reiches" im Jahr 1938, in: Constantin GOSCHLER, Jürgen LILL-TEICHER (Hg.), Arisierung und Restitution. Die Rückerstattung jüdischen Eigentums in Deutschland und Österreich nach 1945 und 1989, Frankfurt/M. 2003, S. 61–89, hier S. 76.

21 Österreichisches Statistisches Landesamt (Hg.), Statistisches Jahrbuch für Österreich 1938, Wien 1938, S. 154.

22 Sanitäts-, Feuerwehr- und Tankwagen, Elektrokarren u. a.

Tabelle 3: Zum Verkehr zugelassene Krafträder am 30. September 1937[23]

	Dreiräder: Personen	Dreiräder: Lasten	Krafträder[24]	Kleinkraft	Summe
Wien	5.552	949	10.350	1.647	18.498
Niederösterreich	2.515	117	14.142	1.959	18.733
Oberösterreich	652	52	7.104	727	8.535
Salzburg	262	28	2.138	309	2.737
Steiermark	1.082	52	6.990	868	8.992
Kärnten	341	12	2.038	323	2.714
Tirol	265	18	2.572	449	3.304
Vorarlberg	136	6	1.594	150	1.886
Burgenland	175	–	964	177	1.316
Summe	10.980	1.234	47.892	6.609	66.715

Nach der Reichspogromnacht vom 9. November 1938 erließ das Dritte Reich eine Reihe von Verordnungen, die es Juden auch im „Altreich" praktisch unmöglich machten, Kraftfahrzeuge zu besitzen. Am 3. Dezember 1938 wurden Führerscheine und Kraftwagenzulassungsbescheinigungen von Juden und Jüdinnen für ungültig erklärt und mit einem weiteren Erlass des Reichsverkehrsministeriums vom 22. Februar 1939[25] eingezogen. Bereits am 14. Dezember 1938 ordnete der Regierungspräsident in Koblenz an, dass Juden ihre Kraftfahrzeuge an Deutsche zu verkaufen hätten.[26]

Die Maßnahmen gegen jüdische KraftfahrzeughalterInnen hatten im März 1938 nach dem „Anschluss" mit wilden Beschlagnahmungen begonnen und kamen im August und September 1938 mit der Verwertung der Kraftfahrzeuge durch Versteigerung zum Abschluss. So mancher „Volksgenosse" gelangte damals günstig zu einem Motorrad, Last- oder Personenwagen.

---

23 Österreichisches statistisches Landesamt (Hg.), 1938, S. 154.

24 Unter 200 cm³ Hubraum.

25 Joseph WALK (Hg.), Das Sonderrecht für die Juden im NS-Staat. Eine Sammlung der gesetzlichen Maßnahmen und Richtlinien – Inhalt und Bedeutung, Heidelberg 1981, S. 262.

26 WALK (Hg.), Das Sonderrecht für die Juden im NS-Staat, S. 268.

Nach der Befreiung 1945 gingen aufgrund der Bestimmungen von § 1 Verbotsgesetz alle Vermögenswerte der NSDAP und ihrer angeschlossenen Verbände – also auch Motorräder, Last- und Personenwagen – im Regelfall in den Besitz der Republik Österreich über. Es gibt aber auch Hinweise darauf, dass die sowjetische und die französische Besatzungsmacht in ihren Zonen die Kraftfahrzeuge der ehemaligen NSDAP beschlagnahmt und verwertet haben.

Jene Kraftfahrzeuge, die als ehemals deutsches Eigentum in die Verwaltung des Bundes übergingen, wurden von der Abteilung 3 des Bundesministeriums für Vermögenssicherung und Wirtschaftsplanung erfasst. Aus dem überlieferten Aktenbestand der Abteilung geht hervor, dass die Kraftfahrzeuge entweder in Verwendung staatlicher Stellen standen oder an Parteien, Gebietskörperschaften und Privatpersonen vermietet und später auch verkauft wurden. Zu Rückstellungen von Kraftfahrzeugen an ihre ursprünglichen EigentümerInnen scheint es – falls überhaupt – nur in sehr wenigen Fällen gekommen zu sein, Forschungen zu diesem Themenkomplex sind noch ausständig.

Kraftfahrzeuge am Technischen Museum Wien aus der Sicht der Provenienzforschung

Das Technische Museum Wien besitzt eine umfangreiche Sammlung von Automobilen, Motorrädern sowie Motoren unterschiedlichster Bauart und Herkunft. Seit 1909 mit dem Aufbau der Sammlung begonnen wurde, sind 56 Motorräder und Motorradmotoren sowie 78 Automobile und Automotoren inventarisiert worden. Diese 134 Objekte wurden bis 2005 im Bereich der Sammlungsgruppe Kraftfahrzeuge (Gr. 11) in folgenden Perioden inventarisiert:

Tabelle 4: Datum der Inventarisierung der Objekte

Kraftfahrzeuge Erwerbungen	1918–1938	1938–1945	1945–2005	unbekannt[27]	Summe
Kraftwagen und Motoren	22	1	51	4	78
Krafträder und Motoren	8	–	48	–	56
Summe	30	1	99	4	134

27   Die unter den Inventarnummern 16.674, 16.782, 16.835 und 17.017 erfassten Objekte wurden „nachinventarisiert".

Im Zuge der Provenienzforschung wurde der Bestand an Kraftfahrzeugen folgendermaßen überprüft:

1. Anhand der Begleitmaterialien wurde versucht, die VoreigentümerInnen des Objekts zu identifizieren, um festzustellen, ob es sich um Opfer oder Nutznießer des NS-Regimes handelt.

2. Mithilfe der vorgefunden Dokumente, der Fahrgestell- und der Motornummer wurde untersucht, ob das Objekt in der NS-Zeit beschlagnahmt oder arisiert worden war.

Um diese Fragen zu beantworten, wurden zahlreiche externe Archive und Aktenbestände konsultiert:

- Österreichisches Staatsarchiv:
  - Bestand „Bundesministerium für Wirtschaft und Arbeit",
  - Bestand „Bürckel Rot",
  - Bestand „Judenvermögensabgabe" (Juva),
  - Bestand „Bundesministerium für Vermögenssicherung, Abteilung 3".

- Dokumentationsarchiv des Österreichischen Widerstandes.

- Gedruckte Quellen:
  - Mitteilungen des Dorotheums. Abteilung für technische Gegenstände (Jg. 1937 bis 1940)
  - Verzeichnis der Autonummern der Polizeidirektion Wien (1937) sowie die Nummernverzeichnisse Oberösterreich (1936), Vorarlberg (1937), Salzburg (1937/38) sowie Bezirk St. Pölten (1936).

Die Ergebnisse der Auswertung dieser Quellenbestände sind in der Tabelle zusammengefasst. Die Objekte wurden als „unbedenklich", „offen" oder „bedenklich" im Sinne der Provenienzforschung klassifiziert:

Tabelle 5: Klassifizierung der Objekte im Sinne der Provenienzforschung

Begründung	Unbedenklich	Offen	Bedenklich
Erwerbungen bis 1933	20	–	–
Erwerbungen 1933–1938[28]	8	–	–
Kein Eigentümerwechsel 1938–1945	7	–	–
Leihgaben[29]	7	–	–
Nach Kriegsende erzeugt	36	–	–
Die Quellenlage erlaubt keine definitive Aussage zur Herkunft der Objekte	–	54	–
Objekt war arisiert bzw. im Besitz der NSDAP	–	–	2
Summe	78	54	2[30]

---

28   Es gab keine Erwerbungen von deutschen StaatsbürgerInnen oder von im Ständestaat verbotenen Organisationen.

29   Leihgaben fallen nicht unter das Kunstrückgabegesetz 1998, da sie Eigentum der LeihgeberInnen sind und vom Museum jederzeit zurückgegeben werden können. Von der Provenienzforschung wurden bisher die Leihgaben 1938–1945 überprüft, die Bearbeitung der Leihgaben vor 1938 ist noch ausständig.

30   Neben dem Fiat 552C wurde auch ein Motorradmotor der Marke Puch S4 (Inv. Nr. 18.712), der im August 1972 als Geschenk in das Technische Museums kam, als „bedenklich" eingestuft, da das Motorrad laut beiliegenden Fahrzeugpapieren im Jahre 1940 auf die NSDAP Gauleitung Wien angemeldet war und nicht ausgeschlossen werden kann, dass der Besitz auf eine Arisierung oder Beschlagnahme zurückgeht.

„Russenbriefe" – verschleppte Privatkorrespondenz aus der Ukraine

Oliver Kühschelm

Ein Foto, beigelegt einem Brief, die Porträtaufnahme einer jungen Frau und ihres kleinen Sohns. Dieser ist vielleicht zwei Jahre alt; auf der Rückseite des Bilds wurde auf Russisch notiert: „dem teuren Gatten und Vater". Der Bub freue sich auf die Reise, schreibt seine Mutter. Freilich geht es nicht um eine Vergnügungsfahrt, sondern um Flucht, denn der Brief wurde am 3. Juli 1941 irgendwo im Westen der Sowjetunion verfasst. Am 22. Juni desselben Jahres aber hatte Deutschland seinen Angriff begonnen. Die Flucht – so war der Plan – sollte Mutter und Sohn nach Kiew führen. Ob sie glückte, ist nicht bekannt, denn der Brief ist das einzige vorliegende Zeugnis – und dieses steht auch nur deshalb in Wien zur Verfügung, weil es aus dem von seiner Verfasserin intendierten Zusammenhang gerissen wurde. Der „teure Gatte und Vater" hat den an ihn gerichteten Brief nie erhalten.

Das Schreiben gelangte stattdessen in ein Wiener Museum, und zwar als Teil jenes Bestands, den eine 1958 angelegte Liste von Archivalien des Post- und Telegraphenmuseums als „5 Pakete ,Russenbriefe' (Spende Dr. Oehlschläger[1]), Kiste 371", führte. Das Post- und Telegraphenmuseum wurde 1980 dem Technischen Museum Wien eingegliedert. Eine 2005 erstellte grobe Übersicht der damals übernommenen Archivobjekte verweist ebenfalls auf die „Russenbriefe". Am angegebenen Standort fand sich ein Konvolut von Korrespondenzstücken, wenn auch nicht im Umfang von fünf, sondern bloß vier Paketen. Insgesamt sind es rund 1000 Objekte; beigelegte Zettel schlüsseln den Bestand entsprechend philatelistischen Kriterien auf, nach Ganzsachen[2] und Briefen, jeweils mit und ohne Marken.

Die Korrespondenzstücke datieren aus dem Zeitraum von Ende Juni bis Anfang Juli 1941, also kurz nach dem Beginn des deutschen Überfalls auf die Sowjetunion. Als Empfangs- oder Absendeort scheint bei fast allen Briefen und Karten die westukraini-

---

1 Richtig: Oelschläger.
2 Eine Ganzsache ist ein Briefkuvert oder eine Postkarte, bei der ein Wertzeichendruck in Höhe des erforderlichen Portos angebracht ist. Ganzsachen sind wie Briefmarken amtliche Postwertzeichen. Siehe: http://www.kosel.com/ (abgerufen am 27.7.2008).

sche Stadt Kamenez-Podol'skij[3] bzw. der gleichnamige Bezirk auf. Es handelt sich um private Briefe in ukrainischer, russischer und jiddischer Sprache, in kyrillischer und hebräischer Schrift. Die meisten Briefe sind verschlossen; viele stecken nicht in einem Kuvert, sondern das beschriebene Papier wurde zu einem Dreieck gefaltet, sodass der Brieftext auf der Innenseite zu liegen kam, während man außen die Angaben zum Empfänger notierte.

„Russenbriefe" – geraubte Korrespondenz aus der Westukraine.

Kamenez-Podol'skij, nahe der früheren sowjetischen Grenze zu Polen gelegen, wurde Anfang Juli 1941 von deutschen und ungarischen Truppen besetzt. In der Stadt lebten Armenier, Polen, Ukrainer, Russen und Juden. Letztere machten 1939 38% der circa 36.000 EinwohnerInnen aus. Im Juli und August 1941 wurden tausende Juden und Jüdinnen aus der ungarisch besetzten Karpato-Ukraine abgeschoben, sodass sich die Zahl der Juden und Jüdinnen in Kamenez-Podol'skij auf 26.000 erhöhte. Rund 23.600 Menschen wurden Ende August 1941 von den deutschen Besatzern in einem dreitägigen Massaker erschossen. 4800 Juden und Jüdinnen blieben nach dieser Tötungsaktion vorläufig am Leben, wurden aber ghettoisiert und 1942 ebenfalls ermordet.[4]

---

3   Transliteration der russischen Variante des Ortsnamens, ältere russische Namensform: Kamenez-Podol'sk, ukrainisch: Kam'janec'-Podil'c'kij, jiddisch: Kumenetz-Podolsk, polnisch: Kamieniec Podolski, rumänisch: Camenița.

4   Klaus-Michael MALLMANN, Der qualitative Sprung im Vernichtungsprozess. Das Massaker von Kamenez-Podolsk Ende August 1941, in: Jahrbuch für Antisemitismusforschung 10, Frankfurt/M.-New York 2001, S. 239–264; Dieter POHL, Schauplatz Ukraine: Der Massenmord an den Juden im Militärverwaltungsgebiet und im Reichskommissariat 1941–1943, in: Norbert FREI, Sybille STEINBACHER, Bernd WAGNER, Ausbeutung, Vernichtung, Öffentlichkeit. Neue Studien zur nationalsozialistischen Lagerpolitik, München 2000, S. 135–173, besonders S. 140–142.

Die Ereignisse von Kamenez-Podol'skij fügen sich in das Bild der im August 1941 in den eroberten Gebieten der Sowjetunion begonnenen Eskalation von begrenzten Erschießungsaktionen, deren Opfer meist männliche Erwachsene waren, zur Auslöschung ganzer jüdischer Gemeinden. Wie rasch – ob in Zwischenschritten oder mit einem Schlag – diese Ausweitung der Ermordungen vollzogen wurde, variierte von Region zu Region und hing maßgeblich vom Agieren der lokalen Besatzungsverwaltung ab. Bis Jahresende hatte man jedenfalls 800.000 jüdische Menschen umgebracht.[5]

Die Namensangaben auf den als „Russenbriefe" nach Wien übermittelten Kuverts, vor allem jene der Absender, sind häufig fragmentarisch. Es ist anzunehmen, dass sich sowohl unter den Absendern als auch unter den Adressaten Opfer der Shoah und der Repressalien der deutschen Besatzer gegen die nichtjüdische sowjetische Bevölkerung befinden.

Das Archivalienverzeichnis aus 1958 spricht von der „Spende" eines Dr. Oelschläger. Die Bezeichnung ist einerseits korrekt, insofern sie den Urheber der Übermittlung des Konvoluts nennt, gleichzeitig aber irreführend, weil sie eine legitime Erwerbung suggeriert. Die entscheidende Frage ist, wodurch sich Herr Oelschläger in die Lage versetzt fand, eine große Zahl privater Briefe von in der Sowjetunion lebenden Personen dem Post- und Telegraphenmuseum zu schenken.

Gustav Oelschläger, aus Wien gebürtig, Jahrgang 1900[6], hatte Geschichte studiert und wurde zum Doktor der Philosophie promoviert – wenn auch mit einer äußerst schmalen, nur 13 Blatt umfassenden Dissertation.[7] In den 1930er Jahren war er in Wien als Telegraphenrevident bei der Post tätig gewesen. Im Juni 1932 hatte er sich der NSDAP angeschlossen. Er mochte zwar „in der Verbotszeit […] in politischer Hinsicht nicht hervorgetreten" sein, wurde aber trotzdem nach dem „Umbruch" als „alter Kämpfer" eingestuft und galt als „politisch vollkommen einwandfrei".[8] 1939 wurde er im Zuge der Umstrukturierungen nach dem „Anschluss" dem Sachgebiet I L zugeteilt, in dem postgeschichtliche Arbeiten und vor allem das Post- und Telegraphenmuseum res-

---

5   Christian GERLACH, Krieg, Ernährung, Völkermord. Forschungen zur deutschen Vernichtungspolitik im Zweiten Weltkrieg, Hamburg 1998, S. 56–81.

6   Geboren am 19.12.1900; am 31.1.1946 wurde Oelschläger mit dem Vermerk „gestorben" aus Wien abgemeldet. Aus der Eintragung in den Meldeunterlagen lässt sich aber nicht ersehen, ob dies auch der Sterbetag Oelschlägers war. Auskunft der MA 8, Me 3845/2007.

7   Gustav OELSCHLÄGER, Das Wirtschaftswesen der Stadt Wien während des 30-jährigen Krieges. Nach den Rechnungsbüchern des Ober-Kammer-Amtes im Archive der Stadt Wien, phil. Diss. Wien 1928.

8   Die Zitate wurden aus mehreren Beurteilungen durch die NSDAP kompiliert. ÖStA AdR, Zivilakten der NS-Zeit, Gaupersonalamt des Reichsgaues Wien, Gauakt 84.267.

sortierten. Letzteres unterstand nun als Abteilung dem Reichspostmuseum in Berlin und wurde von Erhard Riedel geleitet.[9] Seine weitere Laufbahn führte Oelschläger allerdings aus Wien fort.

Nach dem deutschen Überfall auf die Sowjetunion wurde zur Sicherstellung der Postversorgung für die deutsche Armee das Generalpostkommissariat Ukraine eingerichtet. Zur Reichspostdirektion Wien, in deren Wirkungsgebiet Oelschläger bis dahin gearbeitet hatte, bestand eine besondere personelle und organisatorische Nähe, denn ihr Präsident, Georg Ritter, wurde zum Generalpostkommissar bestellt. Der Aufbau der neuen Postverwaltungseinheit wurde außerdem in den ersten Monaten noch von Wien aus betrieben, bis Ritter im November 1941 die Tätigkeit in Rovno[10], seinem neuen Amtssitz, aufnahm.[11] Das Gebiet von Rovno hatte bis 1939 zu Polen, genauer gesagt zur Woiwodschaft Wolhynien gehört, seit 1. September 1941 war es Verwaltungszentrum des Reichskommissariats Ukraine, der zivilen Besatzungsbehörde. Gustav Oelschläger fungierte in Rovno als Telegrapheninspektor bzw. nach seiner Beförderung 1942 als Telegraphenoberinspektor. Das ist einem der beiden erhaltenen Briefe zu entnehmen, die Oelschläger seinen Sendungen von Korrespondenzstücken an das Reichspostmuseum, Abteilung Wien, beilegte.

Am 5. August 1942 schrieb er dem „lieben Dr. Riedel" in dieser Angelegenheit, offenbar nicht zum ersten Mal: „Anliegend findest Du wieder eine Sammlung von Russenbriefen, welche Dir ‚durch Tasche' zugeht; eine solche Sammlung habe ich Dir auf dem gleichen Weg schon zugesandt." Am 25. August wandte sich Oelschläger erneut an den Leiter des Postmuseums: „Das ist nun die letzte Sendung der russischen Briefsammlung; ich bitte, die Briefe in ihrer Gesamtheit beisammen zu lassen und geschlossen aufzuheben, da sie alle aus Wolhynien und aus der Zeit um den 22. Juni 1942 [sic!] stammen."
   An Oelschlägers knappen Angaben zur Beschaffenheit des Materials fallen mehrere Ungenauigkeiten auf: Zuerst einmal stammen die Briefe nicht aus 1942, sondern aus 1941. Diese Fehldatierung lässt sich als Flüchtigkeitsfehler erklären. Zweitens liegt das so oft auf Kuverts aufscheinende Kamenez-Podol'skij nicht in Wolhynien, sondern – wie schon der Ortsname selbst signalisiert – im südlich daran angrenzenden Podolien. Beide Gebiete waren allerdings unter deutscher Besatzungsverwaltung in einem Gene-

---

9   Österreichische Post AG, Generaldirektion, Hausblatt der Reichspostdirektion Wien, Nr. 50/1939.
10   Transliteration der russischen Namensform, ukrainisch: Rivne, polnisch: Równe.
11   Gerd UEBERSCHÄR, Die Deutsche Reichspost 1933–1945. Eine politische Verwaltungsgeschichte, Bd. 2 (1939–1945), Berlin 1999, S. 132.

ralkommissariat zusammengefasst worden. Vor allem die Etikettierung des Konvoluts als „Russenbriefe" verweist drittens auf eine der Flüchtigkeit beigemischte Indifferenz, denn es handelt sich um Korrespondenz aus der westlichen Ukraine, was sogar ohne nähere Befassung mit den Briefen und Postkarten nicht ausschließlich ethnische Russen und Russinnen als UrheberInnen erwarten lässt.

Obschon sich Oelschläger nicht um eine differenziertere Einordnung des Konvoluts bemühte, sollte man dessen Übermittlung an das Post- und Telegraphenmuseum nicht als anekdotischen Einfall eines Postbeamten abtun. In seinem zweiten Brief an Riedel gab Oelschläger einen Hinweis darauf, worin er den Wert der Korrespondenzstücke erblickte: „Diese Briefsammlung gibt dann ein Bild über die Stimmung im russischen Volk vor Beginn des Krieges." Die Begründung ist keine philatelistische, wie es angesichts des Post- und Telegraphenmuseums als Empfänger zu erwarten stünde, sondern sie zielt auf den Inhalt der Briefe ab. Oelschläger kalkulierte mit einem zukünftigen wissenschaftlichen Interesse daran, wie sich die Bevölkerung des angegriffenen Staats vor – und wohl auch unmittelbar nach – dem Überfall gefühlt hatte.

Um die genaue Konfiguration des anvisierten wissenschaftlichen Interesses zu entschlüsseln, ist die Quellenlage zu dürftig; Oelschläger selbst mochte in dieser Hinsicht auch nur eine vage Vorstellung vor Augen gestanden sein. Dennoch kann man nach gedanklichen Horizonten fragen, auf die bezogen die Aufbewahrung einer als „Russenbriefe" titulierten alltagsgeschichtlichen Quelle Sinn machte. Generell muss man den Zusammenhang von imperialer Unterwerfung und Musealisierung in Rechnung stellen.[12] Selbst die Zuspitzung der Eroberungs- zur Ausrottungspolitik – und mindestens ein Teil der UrheberInnen der in Rede stehenden Korrespondenz waren als Juden und Jüdinnen von einer solchen betroffen – resultiert nicht zwingend in der Beseitigung aller Artefakte, die an die ermordeten Menschen und ihre Kultur erinnern; vielleicht gerade im Gegenteil, wie Dirk Rupnow mit Blick auf das Jüdische Zentralmuseum in Prag argumentiert.[13] Die „Judenforschung" ihrerseits war Teil des weit greifenden ethnopolitischen Dispositivs der völkischen Wissenschaften. Diese suchten, in interdisziplinärer Kooperation, die nationalsozialistische Unterwerfungs- und Vernichtungspolitik durch Forschung zu unterstützen und zu reflektieren.[14]

---

12 Man denke nur, um einmal ein Beispiel abseits der deutschen Eroberungs- und Vernichtungskriege zu bemühen, an die im Gefolge einer 1897 durchgeführten britischen Strafexpedition nach Europa, u. a. ans Wiener Völkerkundemuseum gelangten Kunstobjekte, die 2007 in der Ausstellung „Benin – Könige und Rituale. Höfische Kunst aus Nigeria" gezeigt wurden.

13 Dirk RUPNOW, Täter, Gedächtnis, Opfer. Das Jüdische Zentralmuseum in Prag 1942–1945, Wien 2000. Dirk RUPNOW, Aporien des Gedenkens. Reflexionen über Holocaust und Erinnerung, Freiburg/Br. 2006.

14 Vgl. Ingo HAAR, Michael FAHLBUSCH (Hg.), Handbuch der völkischen Wissenschaften. Personen –

Aus der Perspektive des Post- und Telegraphenmuseums jedoch gehörten die Briefe zu einer Peripherie von Objekten jenseits eines die museale Identität konstituierenden Kernbestands, wie sie sich um so dynamischer entwickelt, je mehr es an konsistenten Sammelzielen und konstanten Sammelbedingungen mangelt – und das war in der Geschichte des Post- und Telegraphenmuseums verschiedentlich der Fall. In der NS-Zeit gelangte zwar im Zuge der Eroberungen eine Anzahl neuer Objekte, darunter eben auch die „Russenbriefe", ins Haus. In die entsprechenden Inventarverzeichnisse, die ansonsten viele tausend Briefe, Korrespondenzkarten etc. auflisten, wurde das Konvolut aber nie aufgenommen. Man darf also annehmen, dass die Schriftstücke jahrzehntelang unbeachtet im Archiv lagen – zugleich jenen Personen entzogen, die sie einst wohl gerne gelesen hätten.

Auch das Technische Museum, in dem das Post- und Telegraphenmuseum aufging, war und ist für eine Aufarbeitung dieses Briefmaterials in Ausstellungen und/oder in wissenschaftlicher Forschung ein ungeeigneter Ort. Vor allem aber – und das ist entscheidend – muss man ein Wiener Museum als illegitimen Rahmen für eine solche Verwertung betrachten. Die Korrespondenzstücke mögen einen aufschlussreichen alltagsgeschichtlichen Quellenbestand darstellen, doch verbietet es sich, sorglos in die Fußstapfen des nationalsozialistischen Beamten Oelschläger zu treten, der über diese Artefakte der Alltagskommunikation ebenso selbstverständlich verfügte, wie es das Regime insgesamt mit ihren der NS-Herrschaft unterworfenen Urhebern getan haben mag.

2007 hat sich die Provenienzforschung der Objekte angenommen, und zwar mit dem Ziel, die Entscheidung über eine Rückgabe vorzubereiten. In dieser Hinsicht warf der Bestand „Russenbriefe" jedoch einige Fragen auf. Zunächst fand die Entziehung nicht auf österreichischem Boden statt. Das Kunstrückgabegesetz aus 1998 bezieht sich aber auf das Nichtigkeitsgesetz von 1946, das wiederum „Rechtshandlungen während der deutschen Besetzung Österreichs" im Auge hat.[15] Allerdings wurde bereits die Rückgabe von Objekten entschieden, die außerhalb Österreichs geraubt wurden, da der Beirat im Sinn der Schließung einer vom Gesetzgeber nicht vorhergesehenen Gesetzeslücke argumentierte.[16]

Institutionen – Forschungsprogramme – Stiftungen, München 2008, insbesondere die Beiträge „Generalplan Ost" (Piotr MADAJCZYK, S. 187–193), „Judenforschung" (Dirk RUPNOW, S. 312–322), „Ostforschung" (Markus KRZOSKA, S. 452–463), Südostdeutsche Forschungsgemeinschaft (Michael FAHLBUSCH, S. 688–697); Götz ALY, Susanne HEIM, Vordenker der Vernichtung. Auschwitz und die deutschen Pläne für eine neue europäische Ordnung, Frankfurt/M. 2004.

15 BGBl I 1998/181 und BGBl 1946/106.
16 Siehe die Begründung zum Beschluss des Kunstrückgabe-Beirats im Fall Leo und Elise Smoschewer. Der

Zweitens und viel schwerwiegender haben wir es mit einer Vielzahl von Opfern einer Entziehung zu tun, wobei die Objekte von sehr geringem materiellem Wert sind. Die Frage nach dem ideellen Wert, den die Bestohlenen oder ihre allfälligen Nachkommen heute, bald 70 Jahre nach der am Kriegsverlauf gescheiterten Zustellung, den sie betreffenden Schriftstücken beimessen würden, lässt indes keine pauschale Antwort zu. Die Opfer des Diebstahls bzw. ihre ErbInnen auszuforschen, wäre jedoch ein jahrelanges Unterfangen mit höchst ungewissem Ausgang. Gegen die Rückgabe an die Geschädigten oder deren RechtsnachfolgerInnen sprechen somit plausible Argumente der Machbarkeit. Inzwischen wurde aber eine pragmatische und dennoch zufrieden stellende Lösung gefunden: Das Konvolut wird der Ukraine übergeben werden, auf deren heutigem Staatsgebiet sich das Gebiet von Kamenez-Podol'skij befindet.[17]

Kunstrückgabe-Beirat empfahl in seiner Sitzung vom 30.10.2002, die Rückgabe eines Gemäldes von Max Slevogt aus der ehemaligen Sammlung Smoschewer in Breslau (ehemals Schlesien).

17 Ebenso wird mit einer Stickerei-Sammlung am Museum für Völkerkunde verfahren werden. Siehe dazu in diesem Band: Gabriele ANDERL, „Sichergestellt" in Simferopol: Die Geschenke des Fritz Manns an das Museum für Völkerkunde in Wien.

„Sichergestellt" in Simferopol: Die Geschenke des Fritz Manns an das Museum für Völkerkunde in Wien[1]

Gabriele Anderl

1946 meldete Robert Bleichsteiner, der erste Nachkriegsdirektor des Museums für Völkerkunde (MVK) in Wien, mehrere im Museum befindliche Sammlungen als in der NS-Zeit entzogene Vermögen an.[2] Eine dieser Meldungen ist insofern bemerkenswert, als sich der Ort der Entziehung nicht auf dem Gebiet des heutigen Österreich, sondern in einem der im Zweiten Weltkrieg von Deutschland besetzten Gebiete befunden hat: auf der am Nordufer des Schwarzen Meeres gelegenen Halbinsel Krim, die damals zur Sowjetunion gehörte und heute den Status einer autonomen Republik innerhalb des ukrainischen Staates innehat.

Im Konkreten geht es im Fall dieser Entziehung um eine 68 Inventarnummern umfassende „Stickerei-Sammlung".[3] Er tangiert zwei ganz unterschiedliche Themenkomplexe: zum einen die dubiose Rolle, die nicht wenige wissenschaftliche Fachkräfte aus Museen und Universitätsinstituten im Zusammenhang mit dem nationalsozialistischen Kunst- und Kulturgutraub gespielt haben; zum anderen die prekäre Situation zweier ethnischer beziehungsweise religiöser Minderheiten in Osteuropa während des Zweiten Weltkrieges, der Karäer (auch Karaiten oder Karaimen) und der Krimtataren. Der Aufsatz wird ihre Situation eingehender behandeln, weil dies nicht nur für das Verständnis dieses Falles von Bedeutung ist, sondern auch im Zusammenhang mit der Rückgabe der Objekte eine Rolle spielt.

Die Stickereisammlung hatte sich, wie Bleichsteiner in dem für die Vermögensentziehungsanmeldungen vorgesehenen Standardformular angab, am Stichtag 13. März 1938, „zumeist [im] Museum Simferopol, Krim, UdSSR", befunden und war zu einem „unbekannten" Zeitpunkt entzogen worden. Als Gesamtwert der Textilien im Jahr

---

1 An dieser Stelle sei Margot Schindler, der Direktorin des Museums für Volkskunde in Wien sowie den Mitarbeiterinnen dieses Museums Monika Maislinger und Elisabeth Egger herzlich für ihre Hilfe gedankt. Dasselbe gilt für Ildiko Cazan, Archivarin am Museum für Völkerkunde in Wien, und die dort tätigen Textilrestauratorinnen.
2 Die Anmeldung erfolgte gemäß der Vermögensentziehungs-Anmeldungsverordnung (VEAV).
3 WrStLA, Mag. Abt. 119, A 41, VEAV, MBA 1, I/J – 700.

1938 nannte er einen Betrag von „etwa 3000 RM", einen für das Jahr 1946 gültigen Marktwert vermochte er nicht zu ermitteln.[4] Ebenfalls „unbekannt" war gemäß seinen Angaben der oder die Geschädigte, während er als „Entzieher" das „Deutsche Reich, Wehrmacht" und das MVK namhaft machte. In einem Zusatzvermerk hielt Bleichsteiner fest, dass die Stickereien „von der Deutschen Wehrmacht anlässlich von Kriegshandlungen" „mitgenommen" und über eine Mittelsperson, einen „Dr. Manns vom Kunsthistorischen Museum", dem MVK übergeben worden waren.[5]

Wie die Recherchen im Zuge der aktuellen Provenienzforschung zeigten, waren die genannten Objekte zwar nach dem Krieg angemeldet, jedoch nie rückgestellt worden. Stattdessen wurden sie mehr als ein Vierteljahrhundert nach der Übernahme durch das Museum – im Jahr 1972 – inventarisiert. Im regulären Inventarbuch des MVK fehlt die in der VEAV-Anmeldung genannte, bei der Übernahme vergebene Postnummer, XVIII/1944, sie scheint jedoch in einem der beiden Bände mit den Nachinventarisierungen auf. Dort gibt es allerdings noch eine zweite Postnummer mit Objekten derselben Provenienz (I/1944), wobei man nur durch Addition der unter beiden Nummern angeführten Stücke auf die von Bleichsteiner 1946 genannte Gesamtzahl von 68 kommt.[6]

Im Zuge der „kurzgefassten Nachinventarisierung" wurde festgehalten, dass die Textilien am 17. Jänner und am 16. Mai 1944 von „Dr. Manns, Wien, Kunsthistorisches Museum" dem MVK übergeben worden waren. Es handelte sich um „seitens der Propaganda-Staffel I. der Prop. Abt. [Propagandaabteilung] überwiesene und treuhändig übernommene sichergestellte Gegenstände aus russischem Besitz: Handarbeiten der Krimtataren und Karaiten" sowie einige aus dem Kaukasus stammende Objekte.[7]

Die Inventarisierung – und damit erstmals auch eine detaillierte Beschreibung – der Textilien erfolgte 1972 aus konkretem Anlass: Sie wurden vom MVK als Leihgaben an das Ethnographische Museum Kittsee im Burgenland abgetreten, das bis zuletzt ver-

---

4 Im Zuge der späteren Inventarisierung (1972, siehe unten) wurde auf einer offenbar vom Museum für Volkskunde erstellten Objektliste handschriftlich ein Betrag von (wohl öS) 1.865 notiert. Möglicherweise handelt es sich um den damaligen Versicherungswert der Objekte.

5 WrStLA, Mag. Abt. 119, A 41, VEAV, MBA 1, I/J – 700.

6 In einigen Fällen umfasst eine Inventarnummer jeweils zwei zusammengehörige Einzelobjekte (etwa ein Paar Ärmelmanschetten) oder zwei sehr ähnliche Objekte, bezeichnet mit a, b. Die Post I/1944 umfasst 47, die Post XVIII/1944 23 Nummern. Von der zweiten Tranche hatte bereits bei der Inventarisierung ein Objekt gefehlt.

7 WrStLA, Mag. Abt. 119, A 41, VEAV, MBA 1, I/J – 700; Museum für Völkerkunde, Kurz gefasste Nachinventarisierung der im Jänner 1944 und im Mai 1944 von Dr. Manns/Kunsthistorisches Museum übernommenen Objekte. Es handelte sich um die Inventarnummern 97.433 bis 97.579. In Klammern angeführt waren die Leihgabennummern des Ethnographischen Museums Kittsee.

waltungsmäßig dem Museum für Volkskunde in Wien unterstand.[8] Diese Übergabe entsprach der in den Nachkriegsjahrzehnten häufig geübten Praxis des MVK, Ethnographika europäischer Herkunft abzustoßen oder als Dauerleihgaben aus dem Haus zu geben.

Bis in die jüngste Vergangenheit lagerten die Objekte in einem Depot des Museums für Volkskunde im Donauhafen Freudenau, am Stadtrand von Wien – verpackt in große, flache Kartons. Ausgestellt waren sie all die Jahre nach ihrer Ankunft in Wien offenbar nie – auch nicht im Ethnographischen Museum Kittsee. Erst im Zuge der Provenienzforschung im MVK wurde man wieder auf sie aufmerksam: Ende 2006 holte sie die Restauratorin des Museums für Volkskunde, Monika Maislinger, auf Bitte des MVK aus den Regalen. Fünf der 68 ursprünglich entliehenen Gegenstände waren bis auf weiteres nicht mehr auffindbar, die übrigen konnten nun erstmals besichtigt und später in das MVK zurückgebracht werden. Die Textilien – verschiedene Arten von Tüchern und Wandbehängen, Beutel, Gürtel, Strumpfbänder und andere Objekte, teilweise aus Samt und in Gold und leuchtenden Farben bestickt – befinden sich durchwegs in einem guten Erhaltungszustand.[9]

Die museumsinternen Aufzeichnungen des MVK geben nur lückenhaft über die Vorgeschichte dieser Erwerbung Auskunft. Der Übergabe der Objekte an das Haus ging ein – vermutlich nicht vollständig erhaltener – Schriftverkehr zwischen Fritz Manns und der Direktion voraus. Am 6. März 1944 hatte Manns, „Sonderführer (Z), Feldpostnummer 16.716", ein Schreiben folgenden Inhalts an Fritz Röck, den Direktor des MVK während der NS-Zeit, gerichtet:

Ich kann Ihnen die erfreuliche Mitteilung machen, dass das Tatarische Komitet Aluschta (Südkrim) auf meine Veranlassung dem Völkerkundemuseum 7 sehr gute typische tatarische Webereien aus der hiesigen Gegend zum Geschenk gemacht hat. Die Stücke befinden sich bei mir. Ich bringe sie bei meinem nächsten Wiener Besuch selbst mit, da ich sie nicht gern der Feldpost anvertrauen möchte. Ich wäre Ihnen dankbar, wenn Sie dem Tatarischen Komitee in Aluschta (Vertretung der Tataren im Rayon Aluschta) ein kurzes Dankschreiben zugehen lassen könnten. Auf den Briefumschlag lassen Sie bitte nur meine obige Anschrift schreiben.[10]

---

8   Das Museum in Kittsee wurde im Herbst 2008 geschlossen.
9   Es handelt sich um die Inventarnummern 97.445, 97.482, 97.494, 97.497 und 97.498.
10 MVK, Archiv, D 44/53, Fritz Manns an Fritz Röck, 6.3.1944.

Manns gab den Ort, an dem er dieses Schreiben verfasst hatte, nur in abgekürzter Form an – nämlich mit den Initialen O. U., die sich nicht ohne weiteres entschlüsseln lassen. Das Schriftstück lässt aber noch andere Fragen offen. So wissen wir nicht, aus welchem Anlass Manns mit dem genannten tatarischen Komitee in Kontakt getreten ist oder welches Motiv dieses Komitee gehabt haben sollte, ausgerechnet dem MVK in Wien Geschenke zu übersenden. Anzunehmen ist, dass es von Manns zu dieser „Schenkung" aufgefordert worden ist. Ob bzw. in welcher Form dabei Druck ausgeübt worden ist, entzieht sich ebenfalls unserer Kenntnis. Des Weiteren bleibt Manns Beziehung zum MVK unklar. Obwohl die Museumsakten keinen Aufschluss über frühere Kontakte geben, dürften diese bestanden haben, denn Manns übermittelte in seinem Schreiben auch Grüße an den Museumsmitarbeiter Robert Bleichsteiner.

Unter den Direktionsakten findet sich noch eine undatierte handschriftliche Notiz von Röck, die sich ebenfalls auf Objekte von der Krim bezieht. Dort heißt es: „Die Direktion des Museums für Völkerkunde bestätigt hiermit, die im Schreiben von Prop. Staffel I. der Prop. Abt. K. [Kommandantur] vom 13. XII. 1943 angeführten ethnographischen Objekte[11] mit heutigem Datum von Herrn Sdf. [Sonderführer] (Z.) Dr. Manns übernommen zu haben."[12]

Da es im Museum selbst an weiterführenden sachbezogenen Materialien mangelte, konzentrierten sich in der Folge die Recherchen zur Erstellung eines Dossiers einerseits auf die Person des Fritz Manns, zum anderen auf die ethnischen bzw. religiösen Minderheiten der Karäer und der Krimtataren, denen die Objekte ethnographisch sowohl von Manns als auch bei der späteren Inventarisierung zugeordnet worden waren. Nur auf diese Weise schien es möglich, die Umstände und Hintergründe der Entziehung genauer ausleuchten zu können.

---

11 Das Schreiben selbst ist im Museum nicht erhalten.

12 MVK, Archiv, D 43/301, handschriftliche Notiz, o. D. Ein Schreiben vom 13.12.1943 ist in den Akten des MVK nicht vorhanden, und es bleibt unklar, auf welche Objekte sich diese Nachricht bezieht. Mitte Mai 1944 gelangte jedenfalls eine (weitere) Tranche von Objekten über Manns an das MVK – insgesamt „23 Ethnographica von den Krimtataren, den Karaimen und vom Kaukasus".

Die kurze Karriere des Fritz Manns (1913–1945)[13]

Aus dem im Archiv des KHM vorhandenen Personalakt zu Fritz Manns geht hervor, dass dieser zwischen 1938 und 1945 am dortigen Münzkabinett beschäftigt gewesen ist.[14] Manns wurde am 2. Jänner 1913 in Bremen geboren.[15] Zwischen 1931 und 1937 belegte er an den Universitäten Göttingen, Tübingen und Berlin die Fächer Geschichte und Altertumswissenschaften und schloss sein Studium „mit gutem Erfolg" ab. Im Juni 1938 promovierte er zum Doktor der Philosophie.[16]

Noch zuvor, am 1. Mai 1938, hatte sich Manns bei der Direktion des KHM schriftlich um einen Posten am Münzkabinett beworben, und zwar vorzugsweise in der römischen und antiken Abteilung. Er war im Haus am Ring kein Unbekannter mehr, hatte er dort doch schon im Rahmen seiner Dissertation über ein numismatisches Thema der Antike wissenschaftliche Erfahrung gesammelt. Er muss einen guten Eindruck hinterlassen haben, denn in einem Schreiben vom 18. Juli 1938 drängte ihn der damalige kommissarische Leiter des KHM, Fritz Dworschak, „[…] ab 1. August den Dienst am Kabinett zunächst als Vertragsangestellter gegen eine Entlohnung von RM 200.– aufzunehmen. Am liebsten würde ich es sehen, wenn Sie noch früher kommen könnten, da hier unvorhergesehene Ereignisse Ihre Anwesenheit notwendig machen. Ich bitte überzeugt zu sein, dass Sie sich jeder Unterstützung von meiner Seite gewiss fühlen mögen."[17]

Manns wurde mit Anfang August zunächst als Vertragsangestellter in den höheren wissenschaftlichen Dienst des KHM aufgenommen und, wie es seinem Wunsch entsprach, als Assistent dem Münzkabinett zugewiesen.

Welcher Art die von Dworschak angesprochenen „unvorhergesehenen Ereignisse" gewesen sind und ob diese eventuell mit der Arisierung von Münzsammlungen zu tun gehabt haben, geht aus dem zitierten Schreiben nicht hervor. Klar ist aber, dass in Wien dringender Bedarf an einem Fachmann für Münzen bestanden hat, denn seitens des Museums wurde hervorgehoben, dass „derzeit hier kein ausgebildeter Numismatiker zur Verfügung steht".[18]

---

13 Die biographischen Angaben zu Fritz Manns stammen aus seinem Personalakt im Archiv des KHM.

14 Kunsthistorisches Museum, Archiv, Personalakt Dr. Fritz Manns. Ein Gauakt zu Fritz Manns liegt weder im ÖStA AdR noch im WrStLA vor.

15 Er war der Sohn des Schriftstellers Alfred Adam Manns und der Marie Emmi Helene Manns, geborene Klippert.

16 KHM, Archiv, Personalakt Fritz Manns, Fragebogen über die Abstammung, ausgefüllt am 3.12.1938.

17 KHM, Archiv, Personalakt Fritz Manns, KHM, Dworschak (Kürzel), an Dr. Fritz Manns (Bremen), 18.7.1938.

18 KHM, Archiv, Personalakt Fritz Manns, KHM, Der kommissarische Leiter, an das Ministerium für innere und kulturelle Angelegenheiten, Abteilung VI, 27.6.1938, Betreff: Neuanstellung Dr. Manns.

Manns wurde nach Aufnahme seiner Tätigkeit im KHM damit beauftragt, den Bestand an römischen Münzen zu betreuen – die nach museumsinterner Einschätzung größte derartige Sammlung weltweit. Später wurde ihm von der Museumsleitung bescheinigt, dass er sich „mit großem Fleiß […] in die schwierige Materie eingearbeitet" und „für die Vermehrung und Katalogisierung umsichtig vorgesorgt" habe.[19] Am 28. April 1942 wurde er mittels „Führerurkunde" per Juni 1942 zum Kustos des Museums ernannt und damit in den Beamtenstand („Berufung in das Beamtenverhältnis auf Lebenszeit") aufgenommen.

Fritz Manns (1913–1945),
Kustos am Münzkabinett des
Kunsthistorischen Museums in Wien

Manns leistete zwischen dem 26. August 1939 und dem 26. September 1940 und dann wieder ab dem 31. Juli 1941 Dienst in der Deutschen Wehrmacht.[20] Im dazwischen liegenden Zeitraum – vom Herbst 1940 bis zum Sommer 1941 – war er gemäß einem internen Vermerk des Museums „aus zwingenden Gründen der Reichsverteidigung zur Erfüllung kriegswichtiger Aufgaben der allgemeinen und inneren Verwaltung entgegen seinen persönlichen Wünschen vom Heeresdienst freigestellt" gewesen.[21] Bereits am 5. September 1939 hatte Dworschak bei der 3. (MG) Kompanie[22], Rennwegskaserne,

---

19 KHM, Archiv, Personalakt Fritz Manns, KHM, Dworschak (Kürzel), an den Reichsstatthalter in Wien, 10.11.1941, Betreff: Dr. Fritz Manns, Ernennung zum planmäßigen Beamten auf Lebenszeit.

20 KHM, Archiv, Schreiben mit unleserlicher Unterschrift, 25.2.1942.

21 KHM, Archiv, Personalakt Fritz Manns, hausinterner Vermerk, gez. vom Leiter des KHM, (Fritz) Dworschak, Direktor des KHM, 25.11.1940.

22 MG-Kompanie = Maschinengewehrkompanie.

im 3. Bezirk in Wien, darum angesucht, „den Gefreiten Dr. Manns [...] zur Durchführung der vom Führer angeordneten Bergungsarbeiten auf kurze Zeit vom Dienste
beurlauben zu wollen". Kurz nach dem deutschen Überfall auf die Sowjetunion wurde
Manns abermals zur Wehrmacht einberufen. Aus dem Personalakt von Manns geht
hervor, dass er seinen Wehrdienst unter anderem auf dem Gebiet der ehemaligen
Sowjetunion geleistet hat. Im Konkreten werden Aufenthalte in Kiew und auf der Krim
erwähnt. Einige vom KHM an die Reichsstatthalterei in Wien gerichtete Schreiben
geben näheren Einblick in Manns Einstellung zum Nationalsozialismus sowie seine
Tätigkeit im Rahmen der Deutschen Wehrmacht. So machte Dworschak etwa am
10. November 1941 folgende Angaben über Manns: „Seit 1932 Mitglied der Partei,
seit 1938 politischer Leiter, bedarf es keines weiteren Hinweises auf seine weltanschauliche Haltung und Kameradschaftlichkeit. [...]. Nach einer zeitweiligen Wiederaufnahme seiner Tätigkeit am Münzkabinett ist er nunmehr als PK-Mann [Mitglied einer
Propagandakompanie] am Museum in Kiew tätig."[23]

Ein Schreiben des KHM vom 24. Jänner 1942 belegt, dass Manns nicht nur dem
MVK Kulturgüter aus den von Deutschland besetzten osteuropäischen Gebieten zum
„Geschenk" gemacht hat: Es wird berichtet, dass Manns gemäß „einer Mitteilung aus
dem Felde" zum „Sonderführer" ernannt worden sei und „seit seiner Wiedereinrückung
zur Wehrmacht dauernd unsere Bibliothek mit wertvoller russischer Literatur sowohl
allgemein musealer wie fachlicher Art bedenkt".[24]

Und in einem Schreiben des KHM vom 25. Februar 1942 heißt es: „Nach seinen
Mitteilungen war er zuerst in Kiew und dürfte sich jetzt südlicher, wahrscheinlich in
der Krim aufhalten. Er hat den Feldzug in Frankreich mitgemacht und wurde ihm von
der 2. Panzerdivision mit Dekret vom 9. Dez. 1940 das Panzerkampfabzeichen in Bronze verliehen. Nähere Daten über die Ernennung zum Sonderführer und den Dienst-
grad sind mir zurzeit nicht bekannt. Vorher wurde der Genannte zum Gefreiten beför-
dert."[25]

Manns hatte seit dem 1. August 1932 in Deutschland der NSDAP angehört und
führte die Mitgliedsnummer 1.224.217. Vom November 1933 bis zum November
1934 und dann wieder von Februar bis Juli 1938 war er auch Mitglied der Sturmab-

23 KHM, Archiv, Personalakt Fritz Manns, KHM (Dworschak, gezeichnet mit Kürzel) an den Reichsstatthalter in Wien, 10.11.1941, Betreff: Dr. Fritz Manns, Ernennung zum planmäßigen Beamten auf Lebenszeit.
24 KHM, Archiv, Personalakt Fritz Manns, Dworschak (Kürzel) an den Reichsstatthalter in Wien, 24.1.1942.
25 KHM, Archiv, Schreiben des KHM (Unterschrift unleserlich) an den Reichsstatthalter in Wien, 25.2.1942,
Betreff: Dr. Fritz Manns, Bekanntgabe der Wehrdienstdaten. Manns hatte in den deutschen Streitkräften
zuletzt den Rang eines „Fhj.-Feldw." (Fahnenjunker-Feldwebel) inne und war Kompanietruppführer.

teilung (SA) gewesen. Auch der Deutschen Arbeitsfront (DAF) hatte er vom 1. März 1939 an angehört. Sein Austritt am 31. Juli 1942 erfolgte anlässlich seines Eintritts in den Reichsbund der Deutschen Beamten (RDB). Manns fungierte ferner als Politischer Leiter (ab 1938) und als Ortsgruppen-Schulungsleiter. Aus der evangelischen Kirche, der er ursprünglich angehört hatte, war er ausgetreten: 1938 bezeichnete er sich als „gottgläubig".

Am 25. März 1945 wurde Fritz Manns „bei den Abwehrkämpfen" im Oderbruch bei Ortwig (Provinz Brandenburg) durch ein Infanteriegeschoß tödlich getroffen. Am 28. Juli 1945, also posthum, wurde er mit sofortiger Wirksamkeit durch die österreichischen Behörden vom Dienst enthoben und am 8. November 1945 – rückwirkend per 6. Juni 1945 – gemäß dem Verbotsgesetz entlassen. Damit verloren auch seine Angehörigen jeden Anspruch auf einen Versorgungsgenuss. Begründet wurde diese Maßnahme damit, dass Manns zwischen dem 1. Juli 1933 und dem 13. März 1938 der NSDAP angehört habe und demzufolge gemäß § 10 des österreichischen Verbotsgesetzes als „Illegaler" anzusehen sei.[26]

Ein prekärer Status:
Die Minderheiten der Karäer und der Krimtataren auf der Halbinsel Krim[27]

Die Tataren, ein aus Mittelasien und Sibirien stammendes Turkvolk, waren im 5. Jahrhundert unserer Zeitrechnung auf die Krim gelangt, wo um 1430 das Krim-Khanat mit der Hauptstadt Bachtschisaray im Inneren der Halbinsel entstand. Es brachte weite Teile der Ukraine unter seine Kontrolle, geriet aber 1475 unter osmanische Herr-

---

26 KHM, Archiv, Personalakt Fritz Manns, KHM, Verwaltungskanzlei, an Dr. Fritz Manns, 19.11.1945. Das Museum dürfte zu diesem Zeitpunkt noch nicht über den Tod Manns informiert gewesen sein. Denn erst am 6.6.1946 setzte Manns Witwe die Direktion darüber in Kenntnis, dass ihr Gatte am 25.3.1945 „den Heldentod" gefunden habe (KHM, Archiv, Personalakt Fritz Manns, Gisela Manns, Bremen, an den Ersten Direktor des KHM, 6.6.1946).

27 Quellen zu diesem Exkurs: Israel GUTMAN (Hg.), Enzyklopädie des Holocaust, München-Zürich 1998, 2. Bd., S. 739f. (Stichwort Karäer), S. 820–822 (Stichwort Krim) und S. 823f. (Stichwort Krimtschaken); Edgar HÖSCH, Karl NEHRING, Holm SUNDHAUSEN (Hg.), Lexikon zur Geschichte Südosteuropas, Wien-Köln-Weimar 2004, S. 340f. (Stichwort Karaimen); Norbert KUNZ, Die Krim unter deutscher Herrschaft 1941–1944, Darmstadt 2005. Ausführliche Informationen zu den Karäern, den Krimtataren sowie den Krimtschaken finden sich auch in dem im „Reise-Know-How" Verlag erschienenen Führer von Artur GROSSMAN, Die Krim (mit Lemberg, Kiew und Odessa), Bielefeld 2006. Dort wird auch genauer auf die gegenwärtige Situation dieser Gruppen auf der Krim eingegangen, siehe besonders S. 86–105, 112–117, 125–128, 209–224.

schaft. 1502 besiegten die Krimtataren, die etwa im zwölften Jahrhundert den sunniti-schen Islam angenommen hatten, den letzten Khan der Goldenen Horde. Seit 1774 war die Krim vom Osmanischen Reich unabhängig. Sie wurde in der Folge zunehmend vom Russischen Reich beeinflusst und 1783 von diesem annektiert. Zarin Katharina II. erklärte, die Halbinsel sei „von nun an und für alle Zeiten" russisch. Nach der Okto-berrevolution 1917 erhielt die Krim zunächst einen autonomen Status innerhalb Sowjetrusslands.

Die Karäer sind Angehörige einer jüdischen Sekte, die im achten Jahrhundert in Baby-lon durch Abspaltung vom rabbinischen Judentum entstanden ist. Ursprünglich vor allem in Persien und Mesopotamien heimisch, hatte sich die Bewegung zwischen dem neunten und zwölften Jahrhundert über Palästina und Nordafrika bis nach Spanien verbreitet. In der zweiten Hälfte des elften Jahrhunderts hatte sich ihr geistiges Zentrum nach Byzanz (mit Tochtergemeinden in Thessaloniki und Adrianopel) verlagert.[28]

Auch die Karäer betrachten das Alte Testament als Grundlage ihres Glaubens und warten auf den Messias. Im Gegensatz zum orthodoxen Judentum lehnen sie jedoch das im Talmud kodifizierte religiöse Recht strikt ab.[29]

Im 13. und 14. Jahrhundert wanderten die Karäer auf die Krim ein. Sie waren wie die Gruppe der Krimtschaken, die jedoch den rabbinischen Ritus praktizierten, an die Tataren assimiliert.

Bei der letztgenannten Gruppe handelt es sich um eine weitere jüdische Minder-heit, die sich schon im zweiten vorchristlichen Jahrhundert auf der Halbinsel angesie-delt hat. Die Krimtschaken waren zum überwiegenden Teil Kaufleute und Handwer-ker und hatten sich im Brauchtum an ihre tatarischen Nachbarn angepasst.

Da die Krim 1783 von Russland annektiert wurde und zum Ansiedlungsrayon rus-sischer Juden gehörte, wurden die ursprünglich dort ansässigen Karäer und Krim-tschaken zu Minderheiten innerhalb der jüdischen Bevölkerungsgruppe. Von der zaris-tischen antijüdischen Gesetzgebung waren die Karäer ausgenommen. Sie forderten Anfang des 19. Jahrhunderts Gleichberechtigung gegenüber den Russen, und mehrere ihrer Gelehrten behaupteten, sie seien nicht jüdischer Abstammung. In der zweiten Hälfte des 19. Jahrhunderts wurden ihnen die geforderten Rechte tatsächlich einge-räumt, sie wurden in die Gesellschaft integriert und dienten in der Armee des Zaren

---

28   Siehe vor allem HÖSCH u. a. (Hg.), Lexikon zur Geschichte Südosteuropas, S. 340.

29   Unterschiede zum rabbinischen Judentum bestehen ferner im Festkalender, in den Ehegesetzen und bei den Speiseverboten. Die Karäer lehnen auch die jüdisch-orthodoxe Tradition, Gebetsriemen anzulegen und an den Türpfosten die Mesusa, Verse aus der Tora, anzubringen, als Fetischismus ab. Siehe dazu Claudia BECKER, Das karäische Wunder, in: Die Zeit, Nr. 22, 1995, siehe auch http://www.zeit.de/1995/22/ Das_karaeische_Wunder, (abgerufen am 15.5.2008).

sowie in der staatlichen Verwaltung. Nach dem Ersten Weltkrieg kämpften sie im Bürgerkrieg in der Weißen Armee gegen die Bolschewiki. Nach deren Sieg emigrierten viele von ihnen in den Westen und ließen sich in Warschau und Berlin sowie in französischen und italienischen Städten nieder. Zwischen den beiden Weltkriegen lebten noch 9000 Karäer in der Sowjetunion, davon zwischen 5000 und 6500 auf der Krim, wo damals auch noch rund 7000 Krimtschaken gezählt wurden.[30]

Die Nationalsozialisten waren erstmals mit der Sekte der Karäer konfrontiert, als sie die Durchführungsverordnungen zu den Nürnberger Gesetzen veröffentlichten.[31] Anfang 1939 entschied die Reichsstelle für Sippenforschung in Berlin, dass diese Gruppe nicht als Teil der jüdischen Religionsgemeinschaft zu betrachten und die rassische Zuordnung ihrer Mitglieder individuell – also gemäß dem jeweiligen persönlichen Stammbaum – zu bestimmen sei. Eine entsprechende Verordnung diente den NS-Behörden von da an als Richtlinie für den Umgang mit den Karäern.

Nach Beginn des Zweiten Weltkriegs waren die deutschen Besatzer im okkupierten Frankreich neuerlich mit dieser Gruppe befasst. Sie akzeptierten letztlich die Behauptung der dort ansässigen Karäer, sie seien nicht jüdischer Herkunft. Nach dem deutschen Überfall auf die Sowjetunion war für die Deutschen neuerlich unklar, wie mit den Karäern im Kontext der antijüdischen Maßnahmen in diesem Gebiet verfahren werden sollte. Mitte Oktober 1941 begann der Angriff der Deutschen Wehrmacht auf die Krim, und im Gefolge der Streitkräfte marschierte auch die Einsatzgruppe D unter Otto Ohlendorf auf der Halbinsel ein. Nach heftigen Kämpfen um Sewastopol war sie von 1941 bis 1944 von den Deutschen besetzt.[32]

Als die Einsatzgruppe 1941 auf Angehörige der karäischen Minderheit stieß, bat sie um Direktiven aus Berlin. Noch bevor zum Status der Gruppe endgültige Stellungnahmen vorlagen, hatten die Einsatzgruppen Angehörige dieser Minderheit an vielen

---

30 Gemäß anderen Angaben lebten 1939 85.000 Juden (davon 7000 Krimtschaken) und 5000 Karäer auf der Krim. Simferopol galt mit 21.500 jüdischen Einwohnern als ein wichtiges Zentrum jüdischen Lebens; siehe GUTMAN (Hg.), Enzyklopädie des Holocaust, S. 820f.

31 Die ersten Durchführungsverordnungen zum Gesetz zum Schutz des deutschen Blutes und der deutschen Ehre (RGBl I S. 1146) und zum Reichsbürgergesetz (RGBl I S. 1146) wurden bereits im November 1935 erlassen. Siehe dazu u. a. Jeremy NOAKES, Wohin gehören die „Judenmischlinge"? Die Entstehung der ersten Durchführungsverordnungen zu den Nürnberger Gesetzen, in: Ursula BÜTTNER (Hg.), Das Unrechtsregime. Internationale Forschung über den Nationalsozialismus, Bd. 2: Verfolgung – Exil – Belasteter Neubeginn, Hamburg 1986, S. 69–89.

32 Der Plan des nationalsozialistischen Deutschlands, die Halbinsel als „Gotengau" (eine Referenz auf die germanischen Krimgoten) zu annektieren, konnte angesichts des Kriegsverlaufs nicht umgesetzt werden. http://www.platinnetz.de/artikel/5253/krim (abgerufen am 1.8.2008).

Orten der Sowjetunion angegriffen, beispielsweise in der Nähe von Kiew, wo Ende September 1941 mehr als 200 Karäer bei Babi Jar ermordet worden waren.[33]

Nach einem längeren Briefwechsel zwischen der Einsatzgruppe D und dem Reichssicherheitshauptamt (RSHA) in Berlin entschied der Reichsführer-SS und Chef der Deutschen Polizei, Heinrich Himmler, dass die Krimtschaken in das Mordprogramm einbezogen werden sollten, die Karäer, die als sowjetfeindliches Turkvolk klassifiziert wurden, hingegen nicht. Auch die Reichsstelle für Sippenforschung gelangte zu dem Urteil, dass sie türkisch-mongolischer und nicht genuin jüdischer Herkunft seien, da sie die jüdische Religion im achten und neunten Jahrhundert von Missionaren übernommen hätten. Im Spätsommer 1942 schickten deutsche Stellen getrennte Anfragen an führende jüdische Gelehrte in den Ghettos von Warschau, Wilna und Lemberg. Um den Karäern das Los der Juden zu ersparen, bestätigten diese Gelehrten entgegen ihrer Überzeugung ebenfalls, dass die Karäer nicht jüdischer Abstammung seien.[34] Im Mai 1943 entschied schließlich auch das Ministerium für die besetzten Ostgebiete, dass die Karäer türkisch-tatarisch-mongolischer Herkunft und folglich nicht zur jüdischen Religionsgemeinschaft zu zählen seien. Grundlage für diese Klassifizierung waren rassekundliche Untersuchungen, die unter verschiedenen Gruppen von Karäern durchgeführt worden waren.

Angesichts des Schicksals der übrigen jüdischen Bevölkerung waren diese Befunde für die Karäer von existentieller Bedeutung. Im Zuge der deutschen Eroberung wurden zunächst die Juden in den großen Städten der Krim ermordet. Die größten Massenerschießungen durch die Einsatzgruppe D fanden im November und Dezember 1941 statt. Die Juden von Simferopol wurden zum größten Teil zwischen dem 13. und 15. Dezember im Stadtpark erschossen. Zwischen 10.000 und 11.000 Menschen waren von dieser Maßnahme betroffen. In Simferopol lebten auch die meisten Angehörigen der krimtschakischen Minderheit, von denen 1500 am 9. Dezember 1941 einer Tötungsaktion zum Opfer fielen. Auch in den folgenden Monaten wurden die Massenerschießungen auf der Krim fortgesetzt. 1942 wurden Gaswagen zur Ermordung der Juden eingesetzt – besonders im Jelna-Gefängnis von Simferopol. Die Gesamtzahl der jüdischen Opfer auf der Krim wird auf etwa 40.000 geschätzt, 6000 von ihnen waren Krimtschaken.[35]

---

33 In Babi Jar, einer Schlucht nordwestlich von Kiew, wurden innerhalb von zwei Tagen (am 29. und 30.9.1941) an die 100.000 Jüdinnen und Juden von deutschen Einheiten erschossen. Siehe dazu Israel GUTMAN (Hg.), Enzyklopädie des Holocaust, Bd. I, S. 144–146.

34 Einer dieser jüdischen Gelehrten war Meir Balaban aus dem Warschauer Ghetto. Auch Balaban klassifizierte die Karäer nun als „nichtjüdisch", obwohl er die Gruppe in früheren Schriften stets als Zweig des Judentums beschrieben hatte. Siehe dazu BECKER, Das karäische Wunder.

35 GUTMAN (Hg.), Enzyklopädie des Holocaust, Bd. 2, S. 822.

Die Wehrmacht, und zwar die II. Armee unter Erich von Manstein, spielte bei der Ermordung der Juden auf der Krim eine maßgebliche Rolle. Sie leistete unter anderem Hilfestellung, indem sie Absperrpersonal und Personenkraftwagen zur Verfügung stellte. Immer wieder wurden Juden den Einsatzgruppen zur Ermordung übergeben. Auch Fälle von Judenerschießungen durch Ortskommandanten sind überliefert.

In der zweiten Hälfte des Jahres 1944 stellte sich für die deutschen Besatzer das „Problem" der Karäer ein weiteres Mal: Die SS war nämlich durch die Entdeckung beunruhigt, dass 500 bis 600 Angehörige dieser Minderheit bei der Waffen-SS und der Tataren-Division der deutschen Armee im Einsatz waren. Höchstwahrscheinlich handelte es sich bei diesen Personen um Karäer, die auf der Krim in örtlichen Verwaltungen und bei der Polizei sowie in verschiedenen, sich nach Westen zurückziehenden Hilfseinheiten der deutschen Armee dienten. In der Folge wurde empfohlen, die Präsenz von Karäern in der Armee möglichst geheim zu halten. Anfang Dezember 1944 billigte Himmler diese Beschlüsse, und die erwähnten Karäer blieben bis zur Kapitulation Anfang 1945 weiter in der Wehrmacht aktiv.[36]

In einigen Orten der Sowjetunion wirkten Karäer an der Verfolgung der Juden mit und übergaben den Deutschen Listen von Mitgliedern der jüdischen Gemeinden, die sich gefälschte Karäer-Zertifikate beschafft hatten. Die betroffenen Jüdinnen und Juden wurden ermordet. An anderen Orten retteten jedoch Karäer einzelne jüdische Verfolgte, indem sie ihnen derartige das Überleben sichernde Zertifikate besorgten.

Umstritten ist die Beteiligung der alteingesessenen Krimtataren an der Ermordung der Juden. Schon vor dem Krieg war es, vor allem wegen der Ansiedlungspolitik, zu erheblichen Spannungen zwischen beiden Volksgruppen gekommen. Anfang 1942 wurde der „Tatarische Selbstschutz" gebildet, hinzu kamen weitere Einheiten von Hilfswilligen.[37]

Am 18. Mai 1944, nach der Rückeroberung der Krim durch die Rote Armee, wurden auf Stalins Befehl alle Krimtataren wegen angeblicher Kollaboration mit den Nationalsozialisten nach Zentralasien, vor allem nach Usbekistan, deportiert. Der Vorwurf gegen sie lautete, sie hätten die Ausrottung der russischsprachigen Bevölkerung auf der Krim angestrebt. In Wirklichkeit ging es der sowjetischen Führung jedoch darum, das Gebiet von der nichtslawischen Bevölkerung zu säubern. Beim unmenschlichen Transport in Viehwaggons kam fast die Hälfte der Krimtataren ums Leben.[38]

---

36 GUTMAN (Hg.), Enzyklopädie des Holocaust, S. 740.
37 GUTMAN (Hg.), Enzyklopädie des Holocaust, S. 822.
38 GUTMAN (Hg.), Enzyklopädie des Holocaust, S. 822.

Auf der Krim leben gegenwärtig knapp zwei Millionen Menschen[39] Neben der russischen Mehrheitsbevölkerung (58,5%) und Ukrainern (24,4%) gibt es auch rund 243.000 zurückgekehrte Krimtataren, wodurch die Krim heute ein Zentrum des Islams in der Ukraine ist, und je circa tausend Krimtschaken und Karäer.[40]

Zehn Jahre später als die übrigen deportierten Völker waren auch die Krimtataren 1967 offiziell rehabilitiert worden. Aber erst mit dem Ende der Sowjetunion durften sie auf die Krim zurückkehren.[41]

Weitere Entwicklungen im Zuge der Provenienzrecherchen und erste Schritte in Richtung Rückgabe

Die Bemühungen der Verfasserin, mit dem Ethnographischen Museum in Simferopol in Kontakt zu treten, scheiterten an sprachlichen Barrieren. In der Folge wurde an die Ukrainische Botschaft in Wien die Bitte herangetragen, auf Basis der verfügbaren Angaben weitere Recherchen über die Herkunft der Objekte in die Wege zu leiten. Namentlich durch Unterstützung des Ersten Botschaftssekretärs und Kulturattachés, Vadym Kostiuk, wurde dem MVK nach relativ kurzer Zeit ein erstes Rechercheergebnis übermittelt. Im Konkreten hatte das Staatliche historisch-kulturelle Museum in Bachtschisaray auf der Krim dem stellvertretenden Leiter des Staatlichen Dienstes für die Kontrolle der Verbringung von Kulturgütern über die Staatsgrenze der Ukraine am 11. Oktober 2006 folgende Ergebnisse übermittelt:[42]

---

39   Nach der Aufhebung der Autonomie im Jahr 1944 war die Krim zehn Jahre lang eine einfache Provinz innerhalb der UdSSR. Während der Regierungszeit des Ukrainers Nikita Chruschtschow wurde sie 1954 an die Ukraine übergeben. Heute hat die Krim den offiziellen Status einer autonomen Republik innerhalb der Ukraine. Die Hauptstadt ist Simferopol, Amtssprachen sind Ukrainisch, Russisch und Krimtatarisch.
Die Zahl der Karäer in der Sowjetunion ging nach dem Ende des Zweiten Weltkrieges stark zurück. Ende der 1950er Jahre lebten dort nur noch etwas mehr als 5700 Angehörige dieser Gruppe, die meisten von ihnen auf der Krim; siehe dazu GUTMAN (Hg.) Enzyklopädie des Holocaust, S. 740.

40   http://de.wikipedia.org/wiki/Krim (abgerufen am 1.8.2008) Im Eintrag wird auf das Statistikamt der Ukraine mit Stand 2001 verwiesen.

41   Der Empfang in der alten Heimat war alles andere als freundlich. Zum Teil gingen die zurückgekehrten Krimtataren in der Folge dazu über, brachliegendes Land einfach zu besetzen. Im Juni 1991 organisierten sich die Krimtataren erstmals politisch und wählten den Madschlis als bevollmächtigtes Organ ihres Volkes. Inzwischen wurde sogar eine eigene krimtatarische Fernsehstation eingerichtet. Der Konflikt der Krimtataren mit der ukrainisch-russischen Bevölkerungsmehrheit auf der Halbinsel ist heute aber nach wie vor virulent. Siehe etwa die Reportage von Susanne Scholl im Mittagsjournal in Radio Österreich 1: „Krim-Tataren. Tatarische Bewegung irritiert Bevölkerung", 22.8.2006.

42   Die Übersetzung stammt von Vadym Kostiuk. Seitens der Verfasserin dieses Beitrags wurden geringfügige sprachliche Korrekturen vorgenommen.

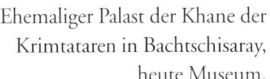
Ehemaliger Palast der Khane der
Krimtataren in Bachtschisaray,
heute Museum.

In Beantwortung des Schreibens des Staatlichen Dienstes für die Kontrolle der Verbringung von Kulturgütern über die Staatsgrenze der Ukraine Nr. 28/1012 vom 1. 10. 2006 teilen wir mit, dass die Vergleichs-
analyse der Liste von Museumsgegenständen aus dem Völkerkundemuseum in Wien mit der Liste der zwischen 1941 – 1944 aus dem Bachtschisaray-Palast-Museum entwendeten Gegenstände durch Fachleute aus
der Fondsabteilung des Museums durchgeführt wurde.

Die Analyse ergab, dass nach grober Schätzung 28 Positionen der Liste mit den Objekten aus der Liste der
zwischen 1941–1944 aus dem Bachtschisaray-Palast-Museum entwendeten Gegenstände übereinstimmen.

Es muss jedoch festgehalten werden, dass die in der Liste angeführten Informationen zu den Gegenständen (Objektbeschreibungen) nicht ausreichen, um ein eindeutiges Verhältnis [einen eindeutigen
Zusammenhang] zwischen der Liste und Positionen des Verzeichnisses festzustellen. Um endgültige Entscheidungen treffen zu können, wird eine detaillierte Objektbeschreibung mit Maßangaben, Angaben zum
Erhaltungszustand und eventuellen Spuren von Inventarnummern vom Bachtschisaray-Palast-Museum
etc. benötigt.[43]

Im Oktober 2006 hielt sich eine Delegation aus der Ukraine, der unter anderem der
damalige Außenminister, Ihor Likhovyi, sowie der damalige Kulturminister und der-
zeitige Außenminister des Landes (Stand Sommer 2008), Volodymyr Ogrysko, angehörten[44], zu einem Besuch in Wien auf. Anlässlich dieser Visite besuchten die Staats-

---

43 Das Staatliche historisch-kulturelle Museum in Bachtschisaray, gez. O. Gaiworonskyj (Stellvertretender
     Museumsleiter), an den Stellvertretenden Leiter des Staatlichen Dienstes für die Kontrolle für Versetzung
     [Verlagerung] von Kulturgütern über die Staatsgrenze der Ukraine, P. M. Bilasch, 11.10.2006, No. 976,
     übersetzt aus dem Ukrainischen von Vadym Kostiuk (Erster Botschaftssekretär, Botschaft der Ukraine in
     Wien). In Bachtschisaray befindet sich ein berühmter alter Tatarenpalast mit Museum, das Bachtschisaray-
     Palastmuseum. Der Brief befindet sich im MVK.
44 Ogrysko war zuvor bis 2004 ukrainischer Botschafter in Wien gewesen. Bei dem Besuch im Museum waren
     ferner der ukrainische Botschafter in Wien, Volodymyr Yelchenko, sowie der Erste Botschaftssekretär, Vadym
     Kostiuk, anwesend.

gäste auch das MVK in Wien, um die von der Krim stammenden Textilien zu besichtigen und zu photographieren. Besonderes Interesse erweckten dabei die auf zahlreichen Objekten aufgenähten Etiketten mit kyrillischen Buchstaben und Zahlen. Zur Angabe „Simferopol" als Herkunftsort der Stickereien wurde seitens der Besucher angemerkt, dass die Stadt als Hauptstadt der Krim und somit als Verwaltungszentrum auch für die anderen Museen auf der Krim zuständig sei.

Noch vor dem Besuch der ukrainischen Delegation war dem damaligen Leiter der Kommission für Provenienzforschung, Werner Fürnsinn, ein Dossier über die von der Krim stammende Stickereisammlung vorgelegt worden.[45] Für Fürnsinn war klar, dass es sich um einen Rückgabefall handelt. Nach Rücksprache mit dem damals im Bundesministerium für Bildung, Unterricht und Kultur für Rückgabeangelegenheiten zuständigen Georg Freund gelangte er jedoch zu der Überzeugung, dass das Kunstrückgabegesetz nicht auf den Fall anwendbar sei. In der Folge setzten sich Fürnsinn und die Provenienzforscherin nachdrücklich für eine Lösung auf zwischenstaatlicher Ebene ein, was auch vom Direktor des MVK, Christian Feest, befürwortet wurde.

Zu der nicht eindeutig eruierbaren genauen Provenienz der Textilien innerhalb der Krim ist anzumerken, dass es private Kunstsammlungen in der damaligen Sowjetunion kaum noch gegeben hat. Theoretisch möglich, aber nicht sehr wahrscheinlich ist, dass sich die Gegenstände vor der deutschen Invasion teilweise noch im Gebrauch von Angehörigen der krimtatarischen bzw. der karäischen Minderheit befunden haben. Dagegen sprechen jedoch die auf den Textilien aufgenähten Etiketten mit Buchstaben und Zahlen, die darauf hindeuten, dass es sich um ehemaliges Museumseigentum handelt. Der von Manns angeführte Fundort, das Museum in Simferopol, sagt noch nichts über die tatsächliche Herkunft aus. Denn die historischen Forschungen über den Raub von Kulturgütern in den besetzten Ostgebieten haben gezeigt, dass es im Vorfeld und im Zuge des deutschen Überfalls auf die Sowjetunion wiederholt zur Verlagerung von Objekten, oft auch ganzen Museumsbeständen, gekommen ist – von sowjetischer ebenso wie von deutscher Seite. Während es für die Sowjets darum ging, Objekte vor dem deutschen Zugriff in Sicherheit zu bringen, konzentrierten die deutschen Besatzer geplündertes Kulturgut aus kleineren Orten vielfach in den städtischen Zentren der jeweiligen Region, meist mit dem Ziel, einen späteren Abtransport zu erleichtern.[46] Inwieweit Manns an größeren Plünderungsaktionen und vielleicht auch an Verfol-

---

45 Dossier des MVK: Objekte aus dem Gebiet der heutigen Ukraine (Krim), erstellt von Gabriele Anderl im Oktober 2006.
46 Siehe dazu etwa Anja HEUSS, Kunst- und Kulturgutraub. Eine vergleichende Studie zur Besatzungspolitik der Nationalsozialisten in Frankreich und der Sowjetunion, Heidelberg 2000, passim.

gungs- und Tötungsaktionen beteiligt gewesen ist, lässt sich nach gegenwärtigem Forschungsstand nicht eruieren. Es genügt jedoch, sich die Rahmenbedingungen in Erinnerung zu rufen, unter denen die in diesem Beitrag behandelten Objekte aus Osteuropa abtransportiert worden sind. Tatsache ist, dass der Angriff auf die Sowjetunion von
Seiten Deutschlands als Vernichtungskrieg konzipiert und geführt worden ist. Weite
Gebiete, besonders auch die Krim, waren Schauplätze systematischer Plünderungen seitens verschiedener, oftmals rivalisierender nationalsozialistischer Rauborganisationen.
Das haben zeithistorische Forschungen in den vergangenen Jahren eindeutig belegt.[47]
Der ukrainische Historiker Serhij Kot schreibt dazu:

Die Kriegshandlungen und die Besatzung brachten der Ukraine einen historisch nie da gewesenen Verlust
von Kulturgütern. Deutsche Spezialeinheiten zur Erfassung und Konfiszierung von Kulturgütern wie das
SS-Sonderkommando Künsberg oder der Einsatzstab Reichsleiter Rosenberg raubten und vernichteten
nach offiziellen sowjetischen Angaben 46 Millionen Akten aus ukrainischen Archiven. [...] Ukrainische
Bibliotheken verloren mehr als 50 Millionen Bände, davon allein vier Millionen in Kiew. Die Gesamtver-
luste ukrainischer Museen sind bis heute nicht genau zu bestimmen. Nach Angaben des ukrainischen Kul-
turministeriums aus dem Jahr 1987 verloren ukrainische Museen alleine über 130.000 Kunstwerke.

Anfang der 1990er Jahre berechnete das Kulturministerium der UdSSR auf der Grundlage von Verlustlisten 15 ukrainischer Museen mit unterschiedlichen Sammelgebieten aus den Jahren 1944 – 1948,
dass diese 240.693 Exponate verloren hätten. Zählt man die sechs Museen auf der Krim dazu, die heute
zur Ukraine gehört, belaufen sich die Verluste von 21 ukrainischen Museen auf 283.782 Objekte. Allein
auf dem besetzten Gebiet der Ukraine befanden sich 174 Museen mit nicht weniger als 3,5 Millionen
Exponaten. [...] Praktisch alle ukrainischen Museen waren Plünderung und organisierter Konfiszierung
ausgesetzt, viele wurden von den deutschen Truppen auf ihrem Rückzug in Brand gesetzt.[48]

Auch Gunnar Schnabel und Monika Tatzkow bestätigen in ihrem Handbuch der
Kunstrestitution dieses Gesamturteil: Die „Kulturgutverluste und Verschiebungen von
Kunstwerken" hätten seit dem Überfall deutscher Truppen auf die UdSSR im Sommer
1941 „dramatische Ausmaße" angenommen. Man müsse sich dabei „stets vor Augen
halten, mit welcher Brutalität deutsche Besatzer in der UdSSR, insbesondere in der

---

47 Siehe dazu vor allem: Wolfgang EICHWEDE, Ulrike HARTUNG (Hg.), „Betr.: Sicherstellung". NS-
     Kunstraub in der Sowjetunion, Bremen 1998; Ulrike HARTUNG, Verschleppt und verschollen. Eine
     Dokumentation deutscher, sowjetischer und amerikanischer Akten zum NS-Kunstraub in der Sowjetunion
     (1941–1948), Bremen 2000; HEUSS, Kunst- und Kulturgutraub.
48 Serhij KOT, Kiever Knoten. Restitution zwischen der Ukraine, Deutschland, Russland und Polen, in: Kunst
     im Konflikt. Kriegsfolgen und Kooperationsfelder in Europa, Osteuropa, 56. Jg./Heft 1–2/Januar – Februar
     2006, S. 287–300.

Ukraine und in Weißrussland, gewütet haben". Ohne Anspruch auf Vollständigkeit ermittelte Schäden würden zeigen, „dass auf dem Gebiet der UdSSR die größten Kulturgutverluste während des 2. Weltkrieges in Europa eintraten. Den weitaus größten Teil dieser Verluste beklagen Staaten, die nach dem Zerfall der UdSSR nicht mehr zur Russischen Förderation gehören, insbesondere die Ukraine und Weißrussland." Schnabel und Tatzkow weisen auch darauf hin, dass die Rückführung von Kulturgütern in osteuropäische Länder mit Ausbruch des Kalten Krieges Ende der 1940er Jahre gestoppt worden sei.[49]

1944 „sichergestellte" Textilien von der Krim (im Museum für Völkerkunde 2006 beim Besuch einer ukrainischen Delegation zur Ansicht ausgebreitet).

Auch wenn sich die genauen Umstände, unter denen Manns in den Besitz der hier zur Diskussion stehenden Objekte gelangte, nicht rekonstruieren lassen, so ist doch angesichts der Gesamtumstände von einer Unrechtmäßigkeit der Erwerbung auszugehen. Auch die angebliche „Schenkung" durch ein Krimtatarisches Komitee in Aluschta, von der Manns berichtet hat, ist in diesem Licht zu sehen. Bekannt ist ferner, dass sich das Volk der Krimtataren in dieser Periode in einer sehr prekären Situation befunden hat. Im Kontakt mit den ukrainischen Gesprächspartnern kristallisierte sich rasch heraus, dass bei einer Rückgabe eine Zuteilung der Objekte an Repräsentanten dieser Minderheiten angestrebt wird – eine Lösung, die sinnvoll und wünschenswert erscheint.

Seit Ende 2006 waren mehrere Abteilungen in österreichischen Ministerien – namentlich im Bundesministerium für Bildung, Wissenschaft und Kultur sowie in jenem für europäische und internationale Angelegenheiten und des Weiteren auch die Finanzprokuratur mit dem Rückgabefall befasst. Dabei ging es unter anderem um die

---

49 Gunnar SCHNABEL, Monika TATZKOW, Nazi Looted Art. Handbuch Kunstrestitution weltweit, Berlin 2007, S. 96.

Frage, an welche konkrete Institution die Objekte zu übergeben seien. Inzwischen haben alle beteiligten Behörden einer Rückgabe zugestimmt. Die genauen Modalitäten der Übergabe müssen noch festgelegt werden. Das ukrainische Ministerium für Kultur und Tourismus hatte vorgeschlagen, die von der Krim stammenden Textilien aus dem MVK in Wien „dem Staatlichen Museum für Geschichte und Kultur in Bachtschisaraj zu übergeben. Dieses Museum ist ein führendes Zentrum für Erhaltung und Popularisierung des geschichtlichen und kulturellen Erbes der Krim-Tataren."[50]

---

50 Schreiben des Ukrainischen Außenministeriums an die Österreichische Botschaft in Kiew, o. D. Übermittelt an die Verfasserin dieses Beitrags von Stephan Vavrik.

Wien – New York und zurück. Von Arisierung und erschwerter Rückstellung. Ein Gespräch mit Alice Kantor

Alexandra Caruso

Siegfried Kantor (1881–1957) liebte seine große Kunstsammlung. Das Familienhaus in Wien/Pötzleinsdorf war mit einer Vielzahl an Gemälden ausgestattet, die Kantor mit großer Leidenschaft zusammengetragen hatte. In den Räumlichkeiten seiner Kanzlei – er war Rechtsanwalt im 1. Bezirk – präsentierte er vor allem Stücke aus seiner umfangreichen Graphiksammlung. Wiewohl er sich auch für zeitgenössische österreichische Künstler interessierte und deren Werke sammelte, umfasste seine Kollektion vor allem Bilder des 18. und 19. Jahrhunderts. Besonders schätzte er aber die holländische Malerei des 17. Jahrhunderts.[1]

Unmittelbar nach dem Einmarsch der Nationalsozialisten wurde Siegfried Kantor verhaftet. Das gesamte Eigentum der Familie, darunter auch die wertvolle Bildersammlung, mussten zur Bemessung der diskriminierenden Steuerabgaben geschätzt werden.[2] Als er nach drei Monaten aus dem Gefängnis entlassen wurde, erhielt die Familie zwei Wochen Zeit, um ihre Abreise vorzubereiten. Nur die wichtigsten persönlichen Dinge konnten mitgenommen werden. Ein Vertrag mit einer Speditionsfirma[3] wurde abgeschlossen, die den gesamten Hausrat einschließlich der Bilder verpacken und ins Ausland nachschicken sollte.[4] 1941 beschlagnahmte die Gestapo das bei der Spedition eingelagerte Eigentum der Kantors. Anschließend wurde alles durch die Vugesta, die Verwaltungsstelle für jüdisches Umzugsgut der Gestapo[5], sukzessive ver-

---

1 Das Schicksal der Sammlung ist mittlerweile recht gut dokumentiert. Zur Sammlung Kantor siehe: Sophie LILLIE, Was einmal war. Handbuch der enteigneten Kunstsammlungen Wiens (= Bibliothek des Raubes, Bd. VIII), Wien 2003, S. 547–554 sowie die Homepage der Kommission für Provenienzforschung: http://www.provenienzforschung.gv.at (abgerufen am 6.6.2008).

2 BDA-Archiv, Restitutionsmaterialien, Personenmappe Kantor Dr. Siegfried und Irma, GZ 2262/47, fol. 116–121, Schätzliste der Sammlung Kantor erstellt durch Dr. Otto Reich.

3 Das Wohnungsinventar wurde bei der Firma Adolf Stern verwahrt, die dann von Metropol-Spedition Alexander Pötsch arisiert wurde.

4 BDA-Archiv, Restitutionsmaterialien, Personenmappe Kantor Dr. Siegfried und Irma, GZ 5042/48, fol. 95, Schreiben vom 12.4.1948, Dr. S. Z. Kantor an American Legation.

5 Zur Rolle der Vugesta siehe „Arisierung" von Mobilien mit Beiträgen von Gabriele ANDERL, Edith BLASCHITZ, Sabine LOITFELLNER, Mirjam TRIENDL, Niko WAHL, (= Veröffentlichungen der Österreichischen Historikerkommission Vermögensentzug während der NS-Zeit sowie Rückstellungen und Entschädigungen seit 1945 in Österreich, Bd. 15) Wien-München, 2004, S. 105f. sowie Sabine LOITFELLNER, Die

kauft oder Nazi-Bonzen zugeschanzt.[6] Nach einer drei Jahre währenden Flucht durch halb Europa gelang der Familie 1941 schließlich die Einreise in die USA.

Das Schicksal der ihm geraubten Kunstgegenstände ließ Kantor wie auch später seine Tochter Alice in der amerikanischen Emigration nicht zur Ruhe kommen. Er, der die Wiener Verhältnisse als wacher Zeitgenosse und aus seiner Berufspraxis bestens gekannt hatte, gab den US-amerikanischen Alliierten wertvolle Hinweise, wie zwecks Aufklärung des Kunstraubs zielführend vorzugehen wäre.[7] Allein seine Stimme fand kein Gehör.

Jahre nach dem Tod des Vaters nahm Alice Kantor die Suche nach den geraubten Bildern wieder auf. Um eine Zeichnung von Gustav Klimt, *Dame mit Boa*, die sie in der Graphischen Sammlung Albertina aufgespürt hatte, entwickelte sich ein jahrelanges Tauziehen. Schlussendlich intervenierten der österreichische Bundeskanzler Bruno Kreisky sowie die zuständige Wissenschaftsministerin Hertha Firnberg. In einem Schreiben ließ Firnberg Kreisky wissen, dass sie seinem Wunsch, den Fall neu aufzurollen, nachgekommen sei. Einer Rückgabe des Blatts unter dem Titel „keine eindeutige Klarheit hinsichtlich der Beweislage der Eigentumsverhältnisse" stünde demnach nichts mehr im Wege, allerdings müsse sie „auf die sich daraus ergebenden Gefahren der Beispielsfolgerung hinweisen, die ähnliche Rückstellungsforderungen größten Ausmaßes auslösen könnten".[8]

Die österreichische Finanzprokuratur, die bei gerichtlichen Auseinandersetzungen die Interessen des Staates und somit auch die der Museen vertritt, teilte diese Auffassung: „Wenn die Frau Bundesministerin […] bereit wäre, eine vergleichsweise Regelung der Angelegenheit ins Auge zu fassen, so kann dies nicht etwa als Zeichen von Schwäche oder aber als ein Zeichen eines Eindrucks verschiedener Zeitungsartikel gewertet werden."[9] Aufgrund der Aussichtslosigkeit ihrer Lage akzeptierte Alice Kan-

Rolle der „Verwaltungsstelle für jüdisches Umzugsgut der Geheimen Staatspolizei" (Vugesta) im NS-Kunstraub, in: Gabriele ANDERL, Alexandra CARUSO, NS-Kunstraub in Österreich und die Folgen, Innsbruck-Wien-Bozen 2005, S. 110–120.

6 BDA-Archiv, Restitutionsmaterialien, Personenmappe Kantor Dr. Siegfried und Irma, GZ 5042/48, fol. 95 und 96, Schreiben vom 12. April 1948, Dr. S. Z. Kantor an American Legation.

7 Bundesarchiv Koblenz, B 323, Akt 474, Schreiben vom 19.11.1946, Siegfried Kantor an HQ, Vienna Area Command Military Government Section, Property Control.

8 BDA-Archiv, Restitutionsmaterialien, Dossier Erwerbungen der Albertina aus der Sammlung Dr. Siegfried Kantor, Wien 1999, Dokument 8, Schreiben vom 6.12.1973, Bundesministerin Hertha Firnberg an Bundeskanzler Bruno Kreisky.

9 BDA-Archiv, Restitutionsmaterialien, Dossier Erwerbungen der Albertina aus der Sammlung Dr. Siegfried Kantor, Wien 1999, Dokument 10, Schreiben vom 24.7.1974, Finanzprokuratur an RA Franz Schneider.

tor widerwillig eine ihr angebotene Vergleichzahlung. Den Betrag spendete sie zur Gänze der Israelitischen Kultusgemeinde für Opfer des Holocausts.[10]

Nach In-Kraft-Treten des Kunstrückgabegesetzes 1998 griff sie auf Anraten des Publizisten Hubertus Czernin (1956–2006) den Fall ihrer Klimt-Zeichnung erneut auf. Zur selben Zeit begann die für die Kommission für Provenienzforschung tätige Forscherin Maren Gröning umfangreiche Recherchen zu dem Fall anzustellen. Gemeinsam mit Alice Kantors hartnäckigen Bemühungen führten diese schließlich 1999 zur Rückgabe des Bildes. Damit wurde die Zeichnung *Dame mit Boa* zu einem der ersten Rückgabefälle im Rahmen der neuen österreichischen Gesetzgebung.

Ich hatte Alice Kantor im Jahr 2003 in Wien kennengelernt. Damals begaben wir uns gemeinsam auf die – leider ergebnislose – Suche nach dem von ihr vermissten Gemälde *Akte am Feuer* des Malers Anton Kolig (1886–1950). Die Geschichte dieses Bildes beschäftigt Alice Kantor bis heute.

Im Herbst 2007 traf ich sie in ihrem Apartment im Norden Manhattans, New York, wieder.[11]

AK: Sehen Sie, wie angenehm ruhig es hier ist! Man hört nichts von der Straße. Diese Bauten stammen aus den späten 1930er Jahren und haben mehrere Preise gewonnen. Mit der sternförmigen Anlage wollte man jeder Wohnung einen Ausblick auf den *Hudson-River* sichern. Zwar ist die Sicht aus anderen Wohnungen spektakulärer, aber für mich war es stets eine große Beruhigung, nach einem anstrengenden Tag nach Hause zu kommen und ein Stück dieses schönen Flusses vor mir zu haben.

Frau Kantor, lassen Sie uns auf die Bilder zu sprechen kommen. Sie vermuten, dass sich ein Bild von Anton Kolig, das ursprünglich zur Sammlung Ihres Vaters gehört hatte, heute in der Sammlung Essl in Klosterneuburg befindet. Erstaunlicherweise handelt es sich aber nur mehr um das Fragment eines ursprünglich viel größeren Bildes. Wir haben es dort gemeinsam vor einigen Jahren besichtigt.

---

10 Schreiben vom 3.2.1999, Alice K. Kantor an Bundesministerin Elisabeth Gehrer, Kopie wurde der Verfasserin von Alice Kantor zur Verfügung gestellt.

11 Bereits bei ihrem ersten gemeinsamen Treffen im Jahre 2003 berichtete Alice Kantor der Verfasserin ausführlich von den Geschehnissen rund um die Suche nach den ihrer Familie geraubten Kunstwerken. Die hier präsentierte Zusammenstellung beruht im Wesentlichen auf einem Gespräch, das die Verfasserin im Oktober 2007 mit Alice Kantor in deren Wohnung in New York/USA geführt hat. Die Tonbandaufzeichnungen sowie die von diesen erstellten Transkripte sind im Eigentum der Verfasserin und einsehbar.

AK: Ja, ich glaube, dass dieses Bild, das sich heute bei Essl befindet, unseres gewesen ist! Die Recherchen nach dem Bild habe ich ganz alleine betrieben. Ich führte damals eine Korrespondenz mit dem Enkel von Anton Kolig, Cornelius Kolig. Er hat mich auf das Bild in der Sammlung Essl aufmerksam gemacht. Er war der Ansicht, dass es sich um das von mir gesuchte Gemälde handeln könnte. Dank der Genehmigung von Frau Essl konnten wir es dann besichtigen. Frau Essl hatte es offenbar in den 1980er Jahren im Dorotheum erworben. Zu meiner größten Überraschung handelte es sich dabei aber nur mehr um ein Fragment. Zu sehen ist darauf der Ausschnitt eines nackten Oberkörpers sowie der Arm eines Mannes, der sich am Boden aufstützt.

Können Sie sich erklären, wie es in diesen seltsam zerstückelten Zustand gekommen ist?

AK: Vermutlich ist es im Krieg so beschädigt worden. Der übrig gebliebene Rest wurde fein säuberlich auf Holz aufgezogen. Unser Bild hieß *Akte am Feuer* und man kann auf der Haut des Mannes den Widerschein eines Feuers erkennen. Angesichts des Zustands in dem es sich heute befindet, habe ich aber keine Möglichkeit zu beweisen, dass es unser Bild ist. Dieser Fall ist aussichtslos. Ehrlich gesagt, habe ich auch kein besonderes Interesse daran, dieses Fragment zurückzubekommen. Mir ist auch unverständlich, was die Sammlung Essl mit so einem Stück macht. Allerdings – würde man das Fragment eines Rembrandts finden, wäre es natürlich auch recht viel wert.

Wie war das früher? Haben Sie sich eigentlich immer schon für Kunst interessiert?

AK: Ich hatte mir während meiner Jugend in Wien kaum jemals Gedanken über Kunst gemacht und auch kein besonderes Interesse an den vielen Bildern in meinem Elternhaus.

Sie waren noch sehr jung, als Sie aus Wien fort mussten, doch Sie erinnern sich sicherlich noch an die Ausstattung Ihres Elternhauses.

AK: Ich war erst 16 Jahre alt, als wir unter dramatischen Umständen das Land verlassen mussten, aber ich kann mich noch gut erinnern. Es war ein schönes Haus und sehr gut eingerichtet. Meine Mutter hatte eine Vorliebe für moderne Möbel, und deshalb war unser Wohnzimmer auch modern eingerichtet. Mein Vater hat aus diesem Grund auch moderne Kunstwerke für das Wohnzimmer ausgesucht, etwa das Bild von Kolig. Außerdem ist im Wohnzimmer noch ein Bild von Anton Faistauer gehangen. Auch dieses Bild hätte ich sehr gerne zurückbekommen. Es stellte eine von Faistauers Ehefrauen dar, ob die erste oder die zweite, kann ich nicht sagen. Von diesem Bild existieren mehrere Versionen, von denen die eine oder andere im Laufe der Jahre bei Ausstellungen aufgetaucht ist. Es ist immer die gleiche Frau mit derselben rosa Bluse, nur der Blickwinkel variiert.

Frau Kantor holt
Sophie Lillies Buch,
„Was einmal war"[12], aus dem
Regal und sucht darin
nach der Liste der Bilder
ihrer Eltern.

Gibt es ein Bild, das Sie besonders in Erinnerung haben, weil es Ihnen vielleicht mehr als andere gefallen hat?

AK: Ja, mir hat dieses Faistauer-Bild besonders gut gefallen. Aber damals, als Teenager, habe ich mir die Männerakte auf dem Kolig-Bild natürlich auch ganz genau angesehen. Mein Vater war ein moderner Mensch und hatte keine Scheu, solche Bilder aufzuhängen. Auch mein Bruder erinnert sich daran, dass er die Frauenakte genau betrachtet hat. *Blättert im Buch.* Mir fällt jetzt nicht ein, wie der Maler hieß, von dem wir einen Frauenakt hatten. *Hält beim Blättern inne.* Aja – Zülow war der Name. Nein! Der Maler hieß Robert Philippi! Hier steht es: *Weiblicher Halbakt …* Ist er ein bekannter Maler?

Naja, in Österreich vielleicht …

AK: An die Bilder in unserem Wohnzimmer erinnere ich mich genau! Außerdem sehe ich noch das Bild eines Rabbiners vor mir, das im Schlafzimmer meines Vaters gehangen ist. Es war von Isidor Kaufmann. Kaufmann hat viele Rabbiner gemalt. An dieses Bild erinnere ich mich, an den weißen Bart des Rabbiners.

---

12   Sophie LILLIE, Was einmal war. Handbuch der enteigneten Kunstsammlungen Wiens (= Bibliothek des Raubes, Bd. VIII), Wien 2003.

Später dachten wir einmal, dass wir in Prag darauf gestoßen wären. Dann hat sich aber herausgestellt, dass es sich nicht um unser Bild handelte.

Außerdem erinnere ich mich an die Bilder im Schlafzimmer meiner Mutter. Eines von ihnen hat mein Vater nach dem Krieg wieder aufgefunden. Es gehört jetzt meinem Bruder.

Wie ist es dazu gekommen?

AK: Mit Hilfe eines ehemaligen Kollegen ließ mein Vater zweimal Auktionen im Dorotheum unterbrechen, weil er im Katalog eines seiner Bilder wieder erkannt hatte.

Auch dieses Bild hier – *sie deutet auf ein kleines Seestück hinter ihr an der Wand* – ist nach dem Krieg plötzlich im Dorotheum zum Verkauf gestanden. Es ist von einem französischen Maler des 19. Jahrhunderts. *Let me see!*

Blättert wieder in „Was einmal war". Charles Mozin! So heißt dieser Maler! Wo dieses Bild in unserem Haus früher gehangen hat, weiß ich nicht mehr. Nach dem Krieg hat es ein Kunsthändler ins Dorotheum eingebracht und als der Anwalt meines Vaters ihn darauf hinwies, dass das Bild einem jüdischen Rechtsanwalt gehört hatte, wollte er es nur zurückgeben, wenn mein Vater ihm soundso viel Geld dafür bezahle. Nachdem es gestohlen worden war, wollte er noch Geld dafür haben! Mein Vater war empört, aber der Kunsthändler blieb hart. Wenn Sie es zurückhaben wollen, müssen Sie bezahlen, hat er gesagt. Also hat mein Vater es zurückgekauft. Es war keine allzu große Summe, aber diese Frechheit! Als Grund, warum er das Geld haben wollte, hat er angegeben, dass er es angeblich vor Bombardierungen geschützt hätte. Schrecklich, *but what are you going to do?* Ich habe das Bild übrigens auch einmal schätzen lassen. Es ist nicht besonders wertvoll.

Das staatliche Auktionshaus Dorotheum war ja während des Kriegs, aber auch danach, ein wichtiger Umschlagplatz für die von den Nazis gestohlenen Kunstgegenstände.[13]

AK: Mein Vater wollte, dass das Dorotheum zur Verantwortung gezogen wird, da er der Überzeugung war, dass die Verantwortlichen Hehler seien, die das den Juden gestohlene Gut weiterverkauften. Natürlich hatte er recht mit seiner Analyse, aber er hatte keinen Erfolg mit seinen Bemühungen. Niemand wollte den Tätern das Hand-

---

13 2001 wurde das Dorotheum privatisiert. Zur Geschichte des Dorotheums während der NS-Zeit siehe: Stefan August LÜTGENAU, Alexander SCHRÖCK, Sonja NIEDERACHER, Zwischen Staat und Wirtschaft. Das Dorotheum im Nationalsozialismus, Wien-München 2006.

werk legen. *They got away with it.* Und dieser Situation war man ausgesetzt. Das war schrecklich für ihn.

Und wie war das mit dem Bild Ihres Bruders?

AK: Bei dem zweiten Bild handelte es sich um ein Genrebild. Das Thema waren Wäscherinnen in Tivoli. Der Maler hieß Barbasan-Laguerela. Auch dieses Bild hatte mein Vater in einem Dorotheums-Katalog entdeckt. Anschließend hingen beide Bilder in der Wohnung meiner Eltern in New York. Nach dem Tod meiner Mutter erhielt ich dieses Seestück und mein Bruder das andere Bild.

Wie muss man sich die Kunstliebhaberei Ihres Vaters vorstellen?

AK: Mein Vater hat nicht viel von sich gesprochen, deshalb weiß ich über seine Beweggründe, Bilder zu sammeln, so gut wie nichts. Er hat die Bilder in unserem Besitz zweifelsohne sehr gerne gehabt, aber ob er sie nur als Dekoration oder auch als Kapitalanlage betrachtet hat, kann ich nicht sagen. Vermutlich hatte beides eine Rolle gespielt. Mein Vater hat die Bilder eigentlich immer alleine gekauft, ohne meine Mutter besonders mit einzubeziehen. Ich glaube nicht, dass sie denselben Geschmack hatten. Mein Vater liebte Seebilder. Deshalb besaß er gleich mehrere Bilder des niederländischen Malers Koekkoek.

Ihr Vater war ein angesehener Rechtsanwalt. Hat er Bilder auch anstatt eines Honorars genommen?

AK: Nein, das glaube ich nicht. Das war nicht seine Art.

Kommen wir jetzt zum Jahr 1938. Sie waren damals noch sehr jung, aber können Sie sich noch erinnern, was damals mit den Bildern geschehen ist?

AK: Ja, sehr genau! Die Bilder waren ein Teil des Vermögens meiner Eltern und meine Eltern wurden gezwungen, sie schätzen zu lassen. Also kam ein Sachverständiger[14] ins Haus und beschrieb kurz jedes einzelne Bild, vermaß alle, sowohl die im Haus als auch

---

14 Bei diesem Sachverständigen handelte es sich um den beeideten Schätzmeister und ehemaligen Bibliothekar der Akademie der bildenden Künste Otto Reich. Er war einer der zahlreichen Kunstexperten, die damals im Auftrag des NS-Regimes Kunstwerke in jüdischem Besitz bewerteten.

anschließend jene in der Kanzlei meines Vaters. Sie wurden sehr niedrig geschätzt, was möglicherweise auch im Interesse meines Vaters gewesen ist, da er sonst zu hohe Abgaben hätte leisten müssen.

Wie ist Ihre Familie dann aus Wien weggekommen?

AK: Meine Eltern stammten beide aus Mähren und so tat mein Vater, als ob wir unsere Verwandten besuchen fahren würden. Wir haben 1938 das Haus vollkommen unberührt hinterlassen. Einfach weg und *bye bye!*

Damit hatte Ihre Flucht gerade erst begonnen …

AK: Als die Nazis die Tschechoslowakei besetzten, sind wir zuerst nach Frankreich geflohen.

Wir haben ein Jahr in Grenoble im Hotel gewohnt. Damals hofften die Eltern noch, sie könnten unsere Sachen nachkommen lassen und sich vielleicht in Grenoble niederlassen. Aber als der Krieg ausbrach, erwies sich auch das als Illusion, denn wir sollten gegen Kriegsgefangene ausgetauscht werden. Also wollten die Eltern nach England weiterziehen, aber wegen des Kriegs konnten wir auch dort nicht einreisen. Wir mussten noch ein weiteres Jahr in Frankreich zubringen, diesmal in Bordeaux. Im Laufe dieser Odyssee haben wir dann die Hoffnung aufgegeben, unsere Sachen zu übersiedeln. Es war wichtiger aus Europa hinauszukommen.

Seit 1941 leben Sie in New York. Wie entwickelte sich Ihr Leben in den USA nach dem Krieg? Haben Sie noch versucht, etwas über Ihr Hab und Gut in Erfahrung zu bringen?

AK: Auch da ging es zuerst nicht darum, etwas über unseren Besitz zu erfahren. Wichtiger waren Nachrichten über unsere Verwandten. Meine Eltern hatten 23 ihrer Angehörigen verloren, die Eltern meiner Mutter, Geschwister …

Dennoch hat mein Vater sofort alles, was er tun konnte, unternommen. Er hatte pausenlos auf einer alten Schreibmaschine gehämmert. Einmal wollte ich ihm eine neue Maschine zum Geburtstag schenken. Er brauche keine neue Schreibmaschine, sondern jemand, der für ihn auf dieser Schreibmaschine schreibt, war seine Antwort. Leider waren alle seine Bemühungen total erfolglos. Es gab in Wirklichkeit keinen Adressaten für all diese Nöte. Dabei hat mein Vater sicher auch oft an die Bilder gedacht. Schließlich hatte er sie mit seinem Geld und nach seinem Geschmack gekauft.

Fand er in den USA Unterstützung für seine Bemühungen?

AK: Er hat auch versucht, in New York jüdische Organisationen für diese Fragen zu interessieren. Heute haben die Juden in den USA wesentlich mehr Einfluss als damals. Vor dem Zweiten Weltkrieg waren auch die Juden in den USA von Diskriminierungen betroffen. Einigen berühmten Familien, wie etwa Lehmann und Morgentau, die im 19. Jahrhundert reich geworden waren, ging es gut, aber den meisten, vor allem den Einwanderern aus Ost-Europa und später den Flüchtlingen aus Nazi-Deutschland, ging es nicht so besonders. Sie mussten sehen, wie sie weiterkamen. In jedem Fall hatten sie kaum Einfluss auf die Politik. Auch die Haltung Roosevelts ließ manches zu wünschen übrig.

Mein Vater verfügte nicht über die richtigen Verbindungen, um irgendetwas zu bewirken.

Gab es damals Kontakt unter Emigranten und hat man untereinander über die Versuche sein Hab und Gut zurückzubekommen gesprochen?

AK: Oh ja, es gab sehr viel Kontakt, aber man hat über diese persönlichen Dinge nicht viel gesprochen. Jeder hatte ein schweres Schicksal zu tragen. Jeder war mit seinen Sorgen beschäftigt und hat die Dinge für sich allein betrieben.

Heute ist das im Bezug auf Bilder vermutlich anders geworden.

AK: Das hat sich erst viel später geändert. Erst vor kurzem hat mich eine junge Frau angerufen, deren Großmutter aus Wien stammte. Jetzt bemüht sich die Enkelin, die Bilder der Großeltern zu finden.

Auf jeden Fall stieß die junge Frau auch auf Akten, in denen sich ein Brief befand, den mein Vater nach dem Krieg an das *Property Control Office* der US-Militärregierung geschrieben hatte. Er wollte über die amerikanische Besatzungsmacht in Österreich die Suche nach dem uns gestohlenen Besitz betreiben. Außerdem fand sich in den Akten ein Hinweis auf ein Gemälde des Malers Roos: Im Oberösterreichischen Landesmuseum befände sich ein so genanntes herrenloses Gemälde mit demselben Thema, wie es das Bild meiner Eltern hatte. *Schlägt bei Lillie nach und liest vor*: Philipp Peter Roos, *Herde eine Fort [sic!] durchwatend.*

„Herrenloses" Gemälde heißt, dass es mit größter Wahrscheinlichkeit aus jüdischem Besitz stammte, es aber keine konkreten Hinweise auf den ehemaligen Eigentümer gibt.

AK: Genau. In diesem Fall konnte man vermuten, dass es sich um ein Bild aus der Sammlung meiner Eltern handelte. Schließlich wurde ich vom Museum verständigt, dass es aufgrund verschiedener Details – einmal war da eine Kuh anstelle eines Ochsens zu sehen oder umgekehrt – nicht unser Bild sein könne, sondern dass es vielmehr einer Familie Schwarz gehöre. Nun hat aber, wie es aussieht, auch die Familie Schwarz das Bild nicht zurückerhalten, und es befindet sich noch immer im Keller des Museums.[15]

Hat Ihr Vater angesichts all der Entmutigungen schließlich die Suche aufgegeben?

AK: Beide meine Eltern waren nach dem Krieg in sehr schlechter seelischer Verfassung. Meine Mutter litt an Depressionen. Mein Vater hat aber nie aufgehört sich den Kopf darüber zu zerbrechen, was zu tun richtig wäre. Das betraf keineswegs nur die Bilder. Noch während des Krieges hat er ein langes Rechtsgutachten über das Versagen des Internationalen Roten Kreuzes verfasst. Das Rote Kreuz hätte, nach Auffassung meines Vaters, wegen seiner Untätigkeit im Zweiten Weltkrieg gegen die eigenen Satzungen verstoßen. Es hätte herausfinden können und müssen, was in den Konzentrationslagern vorging. Stattdessen hat es sich mit Geschichten, die ihm die Nazis aufgetischt haben, abspeisen lassen. Aber das Rote Kreuz ist eine heilige Kuh und niemand wollte irgendwelche Schritte setzen. Alle Bemühungen meines Vaters waren erfolglos geblieben.

Wann sind Sie das erste Mal wieder nach Österreich gefahren?

AK: Ich war bereits im Jahr 1952 das erste Mal wieder in Wien. Mein Vater wollte, dass ich an der Wiener Universität einen Abschluss mache. Ich selbst war immer naturwissenschaftlich interessiert und habe damals Chemie studiert. Ich hatte aber keine besondere Lust, in Wien zu bleiben.

Haben Sie diese Reise nach Wien gemeinsam mit Ihren Eltern unternommen?

---

15 Zur Geschichte des Gemäldes siehe: Birgit KIRCHMAYR, Oberösterreichisches Landesmuseum: Zuweisungen und Restitutionen enteigneter Kunst. Eine Untersuchung, in: Birgit KIRCHMAYR, Friedrich BUCHMAYR, Michael JOHN, Geraubte Kunst in Oberdonau, Wien 2007, S. 191–318, hier S. 267.

AK: Nein! Meine Eltern waren nie wieder in Wien. Nach allem, was geschehen war, hatten sie überhaupt kein Interesse mehr, jemals nach Wien zurückzukehren. Es gab ja dort auch keine Verwandten. Meine Eltern waren zutiefst gekränkt, und mein Vater wollte nur mehr zurückbekommen, was ihm gehörte.

Hatte sich Ihr Vater nach dem Krieg noch für Kunst interessiert?

AK: Auf jeden Fall nicht in einem Ausmaß, dass es mir bewusst geworden wäre. Ganz sicher hat er nichts mehr gekauft. Meine Eltern haben in sehr bescheidenen Verhältnissen gelebt, für Kunstkäufe gab es kein Budget.

Wann haben Sie begonnen, sich für die Ihrer Familie geraubten Güter zu interessieren?

AK: Meine Eltern waren, wie gesagt, beide in tiefer Trauer. Es war einfach trostlos. Ich war jung, und irgendwie war mir die ganze Sache auch schon zuwider. Ich wollte nicht immer von alten Zeiten hören. Mein Vater verstarb 1957. Dann geschah mindestens zehn Jahre gar nichts mehr. Meine Mutter war nicht in der Lage, die Suche zu betreiben. Erst nach ihrem Tod 1966 dachte ich, dass ich mich eigentlich mehr dafür interessieren sollte. Mein Wissen über Kunst entsprach der Allgemeinbildung, aber nicht mehr.

Mein Antrieb war anderer Natur: Mich trieb der Gedanke, dass dort irgendwelche miserablen Leute Dinge hatten, die ihnen nicht gehörten. Dinge, die mein Vater einmal ehrlich erworben hatte. Mein Vater war berühmt für seine Integrität!

War das ein Gefühl zu kämpfen, während Ihre Eltern wehrlos und rechtlos gewesen waren?

AK: In einer gewissen Weise ja. Damals war mir nicht klar, dass es fast unmöglich sein würde, etwas zurück zu bekommen. Ich war überzeugt, dass ich, sobald ich etwas fände, dies auch zurück erhalten würde. Ich war naiv. Aber gerade das habe ich dann als Herausforderung empfunden. Damals arbeitete ich als *researcherin* für die Wissenschaftsabteilungen von *Time Life* und *CBS* und war es daher gewöhnt, Nachforschungen anzustellen. Das war Ende der 1960er Jahre.

Schließlich habe ich dann wirklich Feuer gefangen! Es war spannend, all diese Leute, sympathische wie unangenehme, kennen zu lernen. Ich hatte damals das Gefühl, es kann mir gar nichts passieren. Ich hatte nichts zu verlieren. Das Beste, was geschehen könnte, wäre, dass vielleicht etwas dabei herauskommt! Ich war damals sehr draufgängerisch, und die Suche war aufregend. *I got a kick out of it!*

Hat Ihr Bruder Sie in dieser Sache unterstützt?

AK: Mein Bruder ist dreieinhalb Jahre jünger als ich. Er hat sich eigentlich nicht dafür interessiert, was mit unseren Sachen geschehen war. Er hat eine Französin geheiratet und ist ganz aus diesem Wiener jüdischen Milieu herausgekommen, während ich bis zum heutigen Tag Freunde in Wien habe. Mit der Bildersuche habe ich übrigens österreichische Freunde einer jüngeren Generation gewonnen. Das bedeutet mir viel. Meine eigene Generation war ja verloren.

Erzählen Sie bitte, wie Sie schließlich vorgegangen sind.

AK: Während ich hin und her überlegte, wie ich es am Besten anstellen könnte, kam mir die Idee, mich auf die Klimt-Zeichnung *Dame mit Boa* zu konzentrieren, die in Wien in der Kanzlei meines Vaters gehangen war. 1968 bin ich schließlich nach Wien gefahren, mit dem Hintergedanken, etwas über unser Eigentum und vor allem über dieses Bild in Erfahrung zu bringen. Das Bild war ziemlich sicher ein Geschenk einer ehemaligen Klientin meines Vaters, der berühmten Kunstsammlerin Jenny Steiner gewesen. Steiner hatte meinen Vater sehr bewundert und ihm wahrscheinlich aus Dankbarkeit das Bild geschenkt.

In Wien war Ihr Vater bis zur Machtübernahme der Austrofaschisten Präsident der Wiener Rechtsanwaltskammer gewesen. Dann hatte er sein Amt zurückgelegt und in Folge eine angesehene Kanzlei betrieben. War Ihr Vater auch in den USA noch als Rechtsanwalt tätig?

AK: Nein, er betätigte sich nur mehr gelegentlich als Konsulent. Auch Jenny Steiner hat er noch beraten.

Wie sind Sie bei der Bildersuche weiter vorgegangen?

AK: Wie sich später herausstellte, hatte ich richtigerweise angenommen, dass die Suche nach dem Werk eines so berühmten Malers wie Klimt noch am ehesten Erfolg haben würde.
Also fing ich an, alles an Klimt-Literatur, was ich in die Finger bekommen konnte, durchzugehen und stieß dann tatsächlich in einem Ausstellungskatalog der Graphischen Sammlung Albertina in Wien auf die Zeichnung.

Kurz danach habe ich in Wien eine *freelance* Kuratorin kennen gelernt. Die Dame war keine Österreicherin, ich glaube, sie kam ursprünglich aus Bulgarien. Ich habe sie gebeten, sich zu erkundigen, wo genau sich das Klimt-Bild, das ich suchte, befinden könnte. Zuerst hat sie mir auch versprochen, etwas zu tun, dann aber hat sie mich wissen lassen, dass ich wahrscheinlich richtig läge in meiner Annahme, dass sich das Bild in der Albertina befände, sie aber Angst hätte, auf eine Art *black list* zu kommen und keine Beschäftigung als Kuratorin mehr zu finden. Deshalb wollte sie in der Sache nichts unternehmen. Sie selbst hat auch nicht in sehr guten Verhältnissen gelebt.

Und sind Sie dann in die Albertina gegangen und haben Anspruch auf die Zeichnung erhoben?

AK: Nein, nein! Mir war inzwischen klar, dass ich ohne Rechtsbeistand nicht weiterkommen würde.

Damals war ich mit dem Rechtsanwalt Hans Harnik und seiner Frau hier in New York sehr befreundet. Er war auch der Rechtsanwalt des österreichischen Konsulats. Ihm habe ich von meiner Suche nach dem Klimt-Bild und meiner Vermutung, dass es sich in der Albertina befände, erzählt. Harnik war wiederum mit einem Wiener Rechtsanwalt, Franz Schneider, befreundet, den er bat, Erkundigungen über die Klimt-Zeichnung anzustellen. Schneider wandte sich an die Albertina. Es kam dann zu langwierigen Verhandlungen mit dem damaligen Direktor der Albertina, Walter Koschatzky. Koschatzky stritt sofort alles ab: Klimt hätte dasselbe Motiv öfters gemalt und die Maße würden auch nicht übereinstimmen – dabei betrug der Unterschied nur wenige Millimeter. Aus Personalmangel wären die Eingangsbücher des Museums während des Kriegs nicht ordentlich geführt worden. Daher könne man nur sagen, dass das Bild 1942 aus unbekannter Herkunft in die Albertina gelangt wäre; Hinweise auf einen Vugesta-Ankauf fänden sich keine.

Angesichts dieser Bunker-Stimmung habe ich damals alles getan, was in meiner Macht stand, um öffentliches Interesse zu wecken. Auch war ich immer recht gut über die österreichischen Verhältnisse unterrichtet und so bin ich schließlich zu Simon Wiesenthal gegangen. Ich wusste, worin die Tätigkeit Wiesenthals bestand, und folglich dachte ich, er wäre ein Ansprechpartner.

Das war ungefähr Anfang der 1970er Jahre, und ich habe ihm die ganze Geschichte mit der Albertina erzählt. Schließlich versuchte ich, mit seiner Hilfe eine PR-Kampagne zu starten. Tatsächlich sind in der österreichischen Presse in der Folge auch einige Artikel[16] erschienen.

---

16   So unter anderem 1973 in der Zeitschrift *Profil* sowie in der Tageszeitung *Die Presse*.

Erst Jahre später kam die Sache der Kunstrestitution durch einen Artikel des Journalisten Andrew Decker im amerikanischen ARTnews Magazine so langsam ins Rollen.[17] *Haben denn die Berichte in der österreichischen Presse in Ihrer Sache etwas bewirken können?*

AK: Nein – gar nichts.

Ich habe mich dann, wenn ich mich in Wien aufhielt, auch öfters in der Österreichischen Galerie herumgetrieben. Schließlich ist es ist mir gelungen, dort den damaligen Direktor Fritz Novotny kennen zu lernen. Er war persönlich sehr nett und hat mir versichert, dass er mir selbstverständlich behilflich sein werde. Er hat mich dann zu Alice Strobl, einer Mitarbeiterin der Albertina, geschickt. Novotny wusste genau, um welches Bild es sich handelte. Sie sollte mir das Bild zeigen. Das hat sie auch getan, aber man hat ihr angesehen, wie wütend sie auf mich war und mehr noch auf den Fritz Novotny. *Frau Kantor lacht herzlich.* Sie hatte offensichtlich so eine Wut auf ihn! Schließlich hat sie mir auch das Bild gezeigt. Es war in einer Schachtel.

Und haben Sie es dann zurückbekommen?

AK: Nein, das war's dann wieder – ich habe das Bild gesehen, aber nichts weiter ist geschehen. Ich musste einen Beweis liefern, dass es sich um unsere Zeichnung handelte.

Da fiel mir die langjährige Sekretärin meines Vaters ein. Er hatte sehr viel von ihr gehalten. Leider hat sie, nachdem mein Vater die Kanzlei zusperren musste, für einen Rechtsanwalt gearbeitet, der dann in der NS-Zeit Präsident der Rechtsanwaltskammer wurde. In der Zwischenzeit war es mir also gelungen, eine Reproduktion des Bildes anfertigen zu lassen, und ich dachte mir, ich könnte die Dame fragen, ob sie sich an das Bild erinnert und bezeugen könne, dass es in der Kanzlei ihres ehemaligen Chefs gehangen hat. Gleichzeitig wusste ich aber, dass damals Personen, die etwas identifizieren sollten, immer mehrere sehr ähnliche Bilder mit minimalen Abweichungen vorgehalten wurden. Ich wollte diese alte Dame nicht in eine Zwangslage bringen. Daher habe ich sie nur gebeten, falls sie das Bild erkenne, dies auf der Rückseite der Reproduktion zu vermerken. Sie hat das Bild sofort erkannt und dies auch schriftlich bestätigt.

Damals zweifelte die Finanzprokuratur das Erinnerungsvermögen Ihrer Zeugin an.

---

17 Andrew DECKER, A Legacy of Shame. Nazi Art Loot in Austria, in: ARTnews, December 1984, S. 55–76.

AK: Auch diesen Beweis hatte ich vorgelegt, aber es hat nichts genützt. Aber Novotny wusste genau, wonach ich suchte. Dessen bin ich mir sicher. Dennoch wurde mir von allen Seiten erklärt, es gäbe viele ganz ähnliche Klimt-Zeichnungen und dass ich kaum beweisen könnte, welche Zeichnung tatsächlich unsere gewesen wäre. Schließlich ist Novotny einmal nach New York gekommen, um einen Freund zu treffen, der in meiner Nähe wohnte. Hier, in meiner Gegend, haben damals sehr viele österreichische und deutsche Juden gelebt. Er hat mich angerufen und ich habe dann vielleicht einen Fehler begangen, ihn zum Nachtmahl einzuladen und gleichzeitig noch meinen Freund Harnik sowie dessen Frau dazu zu bitten. Ich habe nachher immer gedacht, ich hätte ihn alleine einladen sollen! Dann hätte er vielleicht offen gesprochen. Aber vielleicht hätte er auch nichts gesagt. Später habe ich herausgefunden, dass die Zeichnung in seiner Klimt-Publikation *Dobai und Novotny*[18] abgebildet war. Er hat also genau gewusst, wonach ich suchte, und kannte auch die dubiose Provenienz der Zeichnung recht gut.

In den Akten zu Ihrem Fall[19] gibt es auch einen Brief vom Dezember 1973, den die damalige Wissenschaftsministerin Herta Firnberg an Bundeskanzler Bruno Kreisky verfasst hatte.

AK: In dem Brief steht sinngemäß der unerhörte Satz: Wenn man das Bild zurückgibt, werden andere Leute kommen und alles zurückhaben wollen. Ich kann nicht verstehen, wie jemand so eine Aussage schriftlich festhalten kann! Hätte Firnberg Kreisky dies in einem persönlichen Gespräch gesagt, aber es schriftlich festzuhalten – unverständlich!

Dieser Vorfall gibt besonders gut das Klima in diesem Land wieder. Primär unterstelle ich Ministerin Firnberg nichts Übles. Sie hatte sicher mit nationalsozialistischer Gesinnung nichts am Hut! Aber die Vertreibung der Juden mit allen Konsequenzen war ein fait accompli und es bestand über Jahrzehnte ein Konsens, wenn möglich nichts mehr von dem, was geschehen war, rückgängig zu machen. Firnberg hatte keinen Grund sich wegen dieser Worte unsicher zu fühlen.

AK: Ja, aber Kreisky hätte mehr Einsicht haben müssen!

Er hat immerhin Interesse gezeigt, Ihren Fall wieder aufzurollen. Auf die Initiative Kreiskys erfolgte erwähnte Warnung Firnbergs. Dass ein persönliches Schreiben der Ministerin an

---

18 Fritz NOVOTNY, Johannes DOBAI, Gustav Klimt, Salzburg 1961.
19 BDA-Archiv, Restitutionsmaterialien, Dossier Erwerbungen der Albertina aus der Sammlung Dr. Siegfried Kantor, Wien 1999.

den Bundeskanzler schließlich in Kopie bei der Albertina landete, zeigt, mit welcher Bor-
niertheit agiert wurde.

   Auf Aufforderung Firnbergs schlug Ihnen dann die Finanzprokuratur höchst widerwil-
lig, wie man den Akten entnehmen kann, einen Rechtsvergleich vor.

AK: Das war damals für uns überhaupt der Gipfel der Frechheit! Sie können uns ruhig
klagen, hat der Vertreter der Finanzprokuratur, Dr. Sailer, uns wissen lassen, aber Sie
können versichert sein, es wird für Sie nichts dabei herauskommen. Wir werden uns
nur einem Gerichtsbeschluss beugen, und der wird nicht zu Ihren Gunsten ausgehen.
Das hat man uns gesagt.

Es wurde Ihnen also ein Vergleich angeboten.

AK: Obwohl man nicht offiziell eingestehen wollte, dass es sich um unsere Zeichnung
handelte, hat man uns 50.000 Schilling geboten. Was außerdem wesentlich weniger als
der tatsächliche Wert der Zeichnung gewesen ist. Bevor wir wieder ganz leer ausgehen
würden, haben wir uns schließlich schweren Herzens entschlossen, das uns gebotene
Geld anzunehmen und es der israelitischen Kultusgemeinde für Opfer des Nationalsozialismus zu spenden.

Sogar Ihr Rechtsanwalt, Franz Schneider, war so empört über diese Vorgangsweise des Staa-
tes, dass er auf sein Honorar verzichtete und es ebenfalls spendete.

Ja, einen größeren Anti-Nazi als ihn konnte man sich nicht vorstellen! Nach einer
gewissen Zeit habe ich in Bezug auf das Bild nichts mehr unternommen. Ich hatte
getan, was ich tun konnte, aber nichts erreicht.

Aber losgelassen hat Sie die Sache nicht.

AK: Über Vermittlung Wiesenthals wurde Andrew Decker auf mich aufmerksam. Decker
war wirklich der erste Journalist, der in den USA über das Thema Kunstrestitution
geschrieben hat. Unter anderem hat er darüber berichtet,[20] dass eine sozialdemokratische
Regierung in Österreich das geraubte Gut nicht zurückgeben will. Auf den Artikel hin hat
sich wiederum der Fernsehsender *ABC* gemeldet und ein Interview mit mir gemacht.

---

20   DECKER, A Legacy of Shame.

Die Wende trat ein, als Sie einen Artikel über den österreichischen Journalisten Hubertus Czernin gelesen habe.

AK: Damals wurde in der *New York Times* über Czernin berichtet. Er hatte in seinen Artikeln die während der Nachkriegszeit übliche Praxis kritisiert, die Menschen, die aus Österreich vertrieben worden waren, nötigte, den staatlichen Museen Kunstobjekte aus ihren Sammlungen zu widmen, damit sie den Rest ihrer Kunstgegenstände ausführen durften. Deshalb setzte ich mich mit Czernin in Verbindung. Er war sehr freundlich und bat mich um eine Liste unserer Bilder. Czernin hat uns auch geraten, den Fall wieder aufzunehmen, da der von der Finanzprokuratur angeregte Vergleich mit der Albertina auf unrichtigen Informationen basierte. Er hat uns außerdem Rechtsanwalt Willi Korte empfohlen. Ich werde Czernin für sein Interesse an unserem Fall immer dankbar sein.

Rechtsanwalt Korte war als ein Vertreter der Erben 1998 an der Beschlagnahme der beiden Schiele-Bilder aus der Sammlung Leopold, die sich in einer Ausstellung im Museum of Modern Art in New York befanden, beteiligt.

AK: Die Zusammenarbeit mit Willi Korte war ausgezeichnet.

Der Beweis, dass die Zeichnung in der Albertina tatsächlich Ihre war, wurde schließlich von der durch die Albertina mit der Sache betrauten Provenienzforscherin Maren Gröning geliefert.

AK: Ja, die Albertina übertrug den Fall der Provenienzforscherin Maren Gröning. Sie war sehr behilflich! Im Zuge ihrer Recherchen stieß sie auf einen Katalog des Auktionshauses Weinmüller aus dem Jahr 1942. In dieser Auktion war das uns gestohlene Bild zur Versteigerung gelangt. Da die Albertina bei derselben Weinmüller-Auktion nachweislich auch noch andere Werke erstanden hatte, lag es nahe, dass sie auch dieses schöne Blatt von Klimt erworben hatte. Die Zeichnung *Dame mit Boa* war auch 1942 in der Albertina inventarisiert worden.

Sie waren damit eine der ersten, deren Angelegenheit nach der neuen Gesetzgebung des Jahres 1998 behandelt wurde. Das war vor allem auf Ihre persönlichen unermüdlichen Bemühungen all die Jahre hindurch zurückzuführen.

AK: Maren Gröning hat einen zwanzigseitigen Bericht über die Geschichte unseres Bildes verfasst. Der Bericht war die Grundlage dafür, dass die Zeichnung endlich an uns zurückgegeben wurde.

Was hat es für Sie bedeutet, die Klimt-Zeichnung schließlich in Empfang zu nehmen?

AK: Natürlich war es das Gefühl eines großen Triumphs! Ruth Pleyer, die als Rechercheurin bei Czernin gearbeitet hat, war an meiner Seite, als ich die Zeichnung endlich entgegennehmen konnte.
Sie ist dann viele Jahre hier bei mir im Wohnzimmer gehangen, und ich habe mich oft an ihr erfreut. Im letzten Jahr musste ich mich dann schweren Herzens von dem Bild trennen. Ich hatte es gleich nach der Rückgabe hier in New York schätzen lassen.

Bei Jane Kallir, der Enkelin des bekannten Wiener Galeristen Otto Kallir-Nirenstein, des ehemaligen Leiters der legendären Neuen Galerie in der Grünangergasse.

AK: Genau. Jane Kallir hat die Klimt-Zeichnung damals auf $ 150.000 geschätzt und um $ 140.000 habe ich sie vor kurzem – also 10 Jahre später – auch verkauft. Erstaunlicherweise hat sie keine große Wertsteigerung erfahren, obwohl natürlich in der Zwischenzeit der Dollar einiges an Wert verloren hat und Klimt gerade zu diesem Zeitpunkt zu den höchst dotierten Künstlern gehörte. Da spielt natürlich der große Preisunterschied zwischen Ölbildern und Zeichnungen eine Rolle. Angeblich ging die Zeichnung an einen europäischen Sammler. Man weiß ja auch nie, an wen man etwas verkauft. Dabei handelt es sich offenbar um *privileged information.*

In jedem Fall war es für den Käufer angesichts der Dollar-Schwäche sicher ein gutes Geschäft. *Sie wendet sich einem Bild zu, das an der Wand zwischen den beiden Fenstern mit dem Blick auf den Hudson-River hängt.* Hier habe ich eine Kopie des Klimt-Bildes.

Als ich die Zeichnung verkauft habe, habe ich gleich um eine Kopie gebeten, da ich sehr an diesem Bild hing. Ich hatte so viel Zeit darauf verwendet, um es zurück zu bekommen.

Es ist eine sehr gute Kopie, wie ich meine! Ich habe mich schwer getrennt, aber ich bin doch froh, es verkauft zu haben. Die Hälfte des Geldes gehört meinem Bruder.

Liebe Frau Kantor, vielen herzlichen Dank für dieses Gespräch!

Abkürzungsverzeichnis

Abb.	Abbildung
ABC	American Broadcasting Company
ABGB	Allgemeines Bürgerliches Gesetzbuch
Abs.	Absatz
Abt.	Abteilung
AdR	Archiv der Republik
AG, A.-G.	Aktiengesellschaft
AKH	Allgemeines Krankenhaus
AKM	Archiv des Kunsthistorischen Museums
Anm.	Anmerkung
ao. Univ. Prof.	außerordentlicher Universitätsprofessor
APA	The All Peoples' Association
Art.	Artikel
AS	Antikensammlung
Ass.	AssistentIn
Ausst.	Ausstellung
AUVA	Allgemeinen Unfallversicherungsanstalt
AuW	Archiv und Wissenschaftsgeschichte
AVG	Allgemeines Verwaltungsverfahrensgesetz
BDA	Bundesdenkmalamt
Bd.	Band
Bde.	Bände
betr.	betreffend
Bez.	Bezirk
BGBl	Bundesgesetzblatt
Bgld.	Burgenland
BKA	Bundeskanzleramt
BM	Bundesministerium, Bundesminister, Bundesministerin
BMAA	Bundesministerium für auswärtige Angelegenheiten
BMBWK	Bundesministerium für Bildung, Wissenschaft und Kultur
BMEIA	Bundesministerium für europäische und internationale Angelegenheiten
BMF, BMfF	Bundesministerium für Finanzen

BMJ	Bundesministerium für Justiz
BMLV	Bundesministerium für Landesverteidigung
BMU, BMfU	Bundesministerium für Unterricht
BMUK	Bundesministerium für Unterricht und kulturelle Angelegenheiten
BMUKK	Bundesministerium für Unterricht, Kunst und Kultur
BMWA	Bundesministerium für wirtschaftliche Angelegenheiten
BRD	Bundesrepublik Deutschland
bzgl.	bezüglich
bzw.	beziehungsweise
ca.	zirka
CACP	Central Art Collecting Point
CBS	Columbia Broadcasting System
CD-ROM	Compact Disc - Read-Only Memory
cm	Zentimeter
cm^3	Kubikzentimeter
d. h.	das heißt
DAF	Deutsche Arbeitsfront
DDSG	Donau-Dampfschifffahrtsgesellschaft
DEG	Deutsch-Englische Gesellschaft
ders.	derselbe
Dez.	Dezember
dies.	dieselbe
Dipl. Arb.	Diplomarbeit
Dipl. Ing.	Diplom Ingenieur
Diss.	Dissertation
DM	Deutsche Mark
DÖW	Dokumentationsarchiv des österreichischen Widerstandes
Doz.	Dozent
Dr.	Doktor
dt.	deutsch
ECLA	Commission for Looted Art in Europe
EDV	elektronische Datenverarbeitung
ehem.	ehemalig
eingel. v.	eingeleitet von
etc.	et cetera
EU	Europäische Union

f.	und folgende Seite
Fa.	Firma
Fasz.	Faszikel
FB	Fachbibliothek
Feb.	Februar
ff.	und folgende Seiten
FH	Fachhochschule
Fhj.-Feldw.	Fahnenjunker-Feldwebel
FLD	Finanzlandesdirektion
FOG	Forschungsorganisationsgesetz
fol.	Folio
Frl.	Fräulein
GA	Generalanwalt, Generalanwältin
GBlfdLÖ	Gesetzblatt für das Land Österreich
GD	Generaldirektor
geb.	geboren
gem.	gemäß
G(es).m.b.H.	Gesellschaft mit beschränkter Haftung
gest.	gestorben
Gestapo	Geheime Staatspolizei
gez.	gezeichnet
GG	Gemäldegalerie
GP	Gesetzgebungsperiode
Gr.	Gruppe
gr.	groß
Gz.	Geschäftszahl
ha	Hektar
h. c.	honoris causae, ehrenhalber
HG	Handelsgericht
Hg.	HerausgeberIn, HerausgeberInnen
HGM	Heeresgeschichtliches Museum
HJ	Hitler-Jugend
Hl.	Heiliger, Heilige
HQ	Headquarter
HR	Hofrat, Hofrätin
hrsg. v.	herausgegeben von

i. d. F.	in der Fassung
I. N.	Inventarnummer
i. R.	in Ruhe
IB	Institutsbibliothek
IKG	Israelitische Kultusgemeinde
Ing.	Ingenieur
inkl.	inklusive
Inv.	Inventar
iSd	im Sinne des
Jg.	Jahrgang
Jh.	Jahrhundert
Jhdt.	Jahrhundert
jun.	junior
Juva	Judenvermögensabgabe
k. k.	kaiserlich königlich
k. u. k.	kaiserlich und königlich
KA	Kriegsarchiv
Kat.	Katalog
KHM	Kunsthistorisches Museum
K-RG	Kärntner Restitutionsgesetz
Kt.	Karton
Ktn.	Kärnten
KVSG	Kriegs- und Verfolgungssachschädengesetz
KZ	Konzentrationslager
LG	Landesgericht
LGBl	Landesgesetzblatt
LKW	Lastkraftwagen
LST	Österreichische Lichtbildstelle
lt.	laut
Lwd.	Leinwand
MA, M.Abt.	Magistratsabteilung
Mag.	Magister, Magistrat, Magistra
MAK	Österreichisches Museum für angewandte Kunst
MD	Mobiliendepot, Magistratsdirektion
MdM	Museum der Moderne
MG	Maschinengewehr

MHI	Militärhistorisches Institut
MHV	Ministerium für Handel und Verkehr
Mio	Millionen
MMag.	Magister Magister
MMD	Museen des Mobiliendepots
MR	Ministerialrat, Ministerialrätin
MRD	Milliarde
MUMOK	Museum moderner Kunst
MVK	Museum für Völkerkunde
NB	Nationalbibliothek
NHM	Naturhistorisches Museum
No.	Numero, Nummer
NÖ	Niederösterreich
NÖLM	Niederösterreichisches Landesmuseum
Nr.	Nummer
NRSITZ	Nationalratssitzung
NS	Nationalsozialismus, nationalsozialistisch
NSDAP	Nationalsozialistische Deutsche Arbeiterpartei
NSKK	Nationalsozialistisches Kraftfahrerkorps
NSV	Nationalsozialistische Volkswohlfahrt
o. D.	ohne Datum
o. Gz.	ohne Geschäftszahl
o. J.	ohne Jahr
o. S.	ohne Seitenzahl
o. Univ. Prof.	ordentlicher Universitätsprofessor
o. Zl.	ohne Zahl
OAR	Oberamtsrat, Oberamtsrätin
ÖEG	Österreichisch-Englische Gesellschaft
OGH	Oberster Gerichtshof
ÖG	Österreichische Galerie
ÖIAG	Österreichische Industrieholding Aktiengesellschaft
OKH	Oberkommando des Heeres
Okt.	Oktober
ÖKF	Österreichisches Kulturforum Kiew
OKW	Oberkommando der Wehrmacht
ÖNB	Österreichische Nationalbibliothek

OLG	Oberlandesgericht
ÖLFD	Österreichischer Lichtbild- und Filmdienst
OÖ	Oberösterreich
oö.	oberösterreichisch
OÖLM	Oberösterreichisches Landesmuseum
OR	Oberrat, Oberrätin
ORF	Österreichischer Rundfunk
öS	österreichische Schilling
ÖStA	Österreichisches Staatsarchiv
ÖTM	Österreichisches Theatermuseum
ÖVP	Österreichische Volkspartei
ÖWF	Österreichisches Institut für den Wissenschaftlichen Film
PA	Personalakt
PDF	Portable Document Format
Pg.	Parteigenosse/in
phil.	philosophisch
PKW	Personenkraftwagen
PM	Personenmappe
PR	Public Relation
Prof.	Professor
PTM	Post- und Telegraphen-Museum
R	Rat, Rätin
RA	Rechtsanwalt
RDB	Reichsbund Deutscher Beamten
Red.	Redaktion
Ref.	Referat
RGBl	Reichsgesetzblatt
RK, Rk	Rückstellungskommission
RM	Reichsmark
RMi	Reichsminister
ROK	Rückstellungsoberkommission
RSHA	Reichssicherheitshauptamt
RSt.	Reichsstatthalter
S.	Seite
SA	Sturmabteilung
SAM	Sammlung alter Musikinstrumente

SC	SektionschefIn
SD	Sicherheitsdienst
Sig.	Signatur
Slg.	Sammlung
SPÖ	Sozialdemokratische Partei Österreichs
SS	Schutzstaffel
St.	Sankt
StGBl	Staatsgesetzblatt
StLA	Steiermärkisches Landesarchiv
Stmk.	Steiermark
TMS	The Museum System
TMW	Technisches Museum Wien
u.	und
u. a.	und andere
u. ä.	und ähnliche
UAW	Universitätsarchiv Wien
UB	Universitätsbibliothek
UdSSR	Union der Sozialistischen Sowjetrepubliken
U.K.	Unabkömmlich
Univ.	Universität(s)
US	United States
USA, U.S.A.	United States of America
USB	Universitäts- und Stadtbibliothek
usw.	und so weiter
u. v. m.	und viele mehr
v. Chr.	vor Christus
VA	Vermögensanmeldung
VD	Verfassungsdienst
VEAV	Vermögensentziehungs-Anmeldeverordnung
Verf.	VerfasserIn, VerfasserInnen
vgl.	vergleiche
VS	Vermögenssicherung
Vugesta	Verwaltungsstelle für jüdisches Umzugsgut der Geheimen Staatspolizei
VVSt	Vermögensverkehrsstelle
VvVvG	Volksgerichtsverfahrens- und Vermögensverfallsgesetz

WrStLa	Wiener Stadt- und Landesarchiv
Z	Ziffer
z. B.	zum Beispiel
zit.	zitiert
zit. n.	zitiert nach
Zl.	Zahl
ZRS	Zivilrechtssachen

Zeittafel

11. März 1938:   Kurt Schuschnigg tritt auf Druck des nationalsozialistischen Deutschen Reichs als österreichischer Bundeskanzler zurück, neuer Bundeskanzler wird der Nationalsozialist Arthur Seyß-Inquart.

12. März 1938:   Die Deutsche Wehrmacht marschiert in Österreich ein.

13. März 1938:   Das Bundesverfassungsgesetz über die Wiedervereinigung Österreichs mit dem Deutschen Reich wird beschlossen (BGBl 1938/75).

15. März 1938:   Erlaß des Führers und Reichskanzlers über die Vereidigung der Beamten des Landes Österreich und Verordnung zur Durchführung der Volksabstimmung am 10. April 1938. (RGBl I 1938/24 bzw. GBlfdLÖ 1938/2). In Verordnung und Erlass wird erstmals für Österreich definiert, wer nach den Nürnberger Gesetzen als Jude oder Jüdin gilt.

10. April 1938:   Die von der NS-Führung durchgeführte Volksabstimmung über den Anschluss Österreichs an das Deutsche Reich ergibt eine über 99%ige Zustimmung für den Anschluss.

24. April 1938:   Mit der Ersten Verordnung zur Einführung steuerrechtlicher Vorschriften im Land Österreich vom 14. April 1938 (RGBl I 1938/57) tritt die Reichsfluchtsteuer in Österreich in Kraft (GBlfdLÖ 1938/96).

27. April 1938:   Die Verordnung über die Anmeldung des Vermögens von Juden vom 26. April 1938 (RGBl I 1938/63) tritt in Österreich in Kraft (GBlfdLÖ 1938/102). Juden und Jüdinnen nach den Nürnberger Gesetzen sind verpflichtet, ihre Vermögenswerte, sofern sie einen Wert von RM 5.000 übersteigen, vor den NS-Behörden durch die Abgabe einer Vermögensanmeldung offenzulegen.

18. Mai 1938:   Die dem Ministerium für Handel und Verkehr unterstellte Vermögensverkehrsstelle wird eingerichtet (GBlfdLÖ 1938/139), die eine kontrollierte und „legale Entjudung" der österreichischen Wirtschaft in die Wege leitet bzw. weitere „wilde" Arisierungen vereiteln soll. Arisierungen durften ab diesem Zeitpunkt nur mehr mit Genehmigung der VVSt durchgeführt werden. Leiter der VVSt ist der Staatskommissar für die Privatwirtschaft Walter Rafelsberger.

18. Juni 1938:   Der Führervorbehalt wird erlassen, der Hitler das Vorrecht sichert, aus den sichergestellten und beschlagnahmten Kunstsammlungen eine Auswahl für sein in Linz geplantes „Führermuseum" sowie für öffentliche Museen und Sammlungen zu treffen.

21. Mai 1938:   Die Verordnung über die Einführung der Nürnberger Rassengesetze im Land Österreich vom 20. Mai 1938 (RGBl I 1938/ 83) tritt in Kraft (GBlfdLÖ 1938/150).

9./10. November 1938:   Novemberpogrom, von der NS-Propaganda als Reichskristallnacht bezeichnet.

15. November 1938:   Die Verordnung über eine Sühneleistung der Juden deutscher Staatsangehörigkeit vom 12. November 1938 (RGBl I 1938/189) tritt in Österreich in Kraft (GBlfdLÖ 1938/578).

5. Dezember 1938:   Die Verordnung über den Einsatz des jüdischen Vermögens vom 3. Dezember 1938 (RGBl I 1938/206) tritt in Kraft (GBlfdLÖ 1938/633). Juden und Jüdinnen können nach Artikel I (§ 1–5) zum Verkauf von gewerblichen Betrieben gezwungen werden, nach Artikel II (§ 6–10) zum Verkauf von land- und forstwirtschaftliche Betrieben, Grundeigentum und sonstigem Vermögen. Artikel III (§ 11–13) zwingt Juden und Jüdinnen, sämtliche Wertpapiere in einem Depot zu hinterlegen. Laut Art. IV (§ 14) dürfen Juden und Jüdinnen Juwelen, Schmuck- und Kunstgegenstände nur mehr bei öffentlichen Ankaufsstellen verkaufen. Art. V (§ 15–24) umfasst allgemeine Vorschriften.

22. Februar 1939:   Die 3. Anordnung aufgrund der Verordnung über die Anmeldung des Vermögens von Juden vom 21. Februar 1939 (RGBl I 1939/32) tritt in Österreich Kraft (GBlfdLÖ 1939/254). Alle Juden und Jüdinnen haben die in ihrem Eigentum befindlichen Gegenstände aus Gold, Platin oder Silber sowie Edelsteine und Perlen binnen zwei Wochen nach Inkrafttreten dieser Verordnung vom Deutschen Reich eingerichteten öffentlichen Ankaufsstellen abzuliefern.

1. Mai 1939:   Das Gesetz über den Aufbau der Verwaltung in der Ostmark (Ostmarkgesetz) (RGBl I 1939/74) tritt in Kraft (GBlfdLÖ 1939/500).

26. November 1941:   Die 11. Verordnung zum Reichsbürgergesetz vom 25. November 1941 (RGBl I 1941/133) tritt in Kraft. Mit dieser Bestimmung verlieren alle Juden und Jüdinnen im Sinne der Nürnberger Gesetze, die sich nicht mehr im deutschen Reichsgebiet aufhalten, die deutsche Staatsangehörigkeit. Ihr Vermögen fällt an das Deutsche Reich.

9. Juli 1943:   Die 13. Verordnung zum Reichsbürgergesetz vom 1. Juli 1943 (RGBl I 1943/64) tritt in Kraft. Die Verordnung bestimmt u. a., dass das gesamte Vermögen von Juden und Jüdinnen nach ihrem Tod an das Deutsche Reich fällt.

30. Oktober 1943:   Die Außenminister der USA, Großbritanniens und der Sowjetunion beschließen die Moskauer Deklaration. Darin wird festgehalten, dass Österreich als erstes freies Land, das der typischen Angriffspolitik Hitlers zum Opfer gefallen ist, von deutscher Herrschaft befreit werden soll. Österreich wird aber auch daran erinnert, dass es für die Teilnahme am Kriege an der Seite des nationalsozialistischen Deutschen Reichs eine Verantwortung trägt, und dass zu berücksichtigen sein wird, wie viel das Land selbst zu seiner Befreiung beiträgt.

27. April 1945:   Die Republik Österreich wird wieder hergestellt.

8. Mai 1945:   In Europa endet der Zweite Weltkrieg.

29. Mai 1945:   Das Gesetz über die Erfassung arisierter und anderer im Zusammenhang mit der nationalsozialistischen Machtübernahme entzogener Vermögenschaften vom 10. Mai 1945 tritt in Kraft (StGBl 1945/10).

        Das Gesetz über die Repatriierung öffentlichen Vermögens (Repatriierungsgesetz) vom 10. Mai 1945 tritt in Kraft (StGBl 1945/11). Nach diesem Gesetz ist sämtliches Vermögen, das am 13. März 1938 in österreichischem Eigentum stand, als österreichisches Gut sicherzustellen.

6. Juni 1945:   Das Verfassungsgesetz vom 8. Mai 1945 über das Verbot der NSDAP (Verbotsgesetz) tritt in Kraft (StGBl 1945/13).

20. Juni 1945:   Die im Gesetz über die Erfassung arisierter und anderer im Zusammenhang mit der nationalsozialistischen Machtübernahme entzogener Vermögenschaften vom 10. Mai 1945 genannte Frist zur Anmeldung entzogener Vermögen wird bis 15. August 1945 verlängert (StGBl 1945/23).

28. Juni 1945.   Das Verfassungsgesetz vom 26. Juni 1945 über Kriegsverbrechen und andere nationalsozialistische Untaten (Kriegsverbrechergesetz) tritt in Kraft (StGBl 1945/32). U. a. stellt § 6 missbräuchliche Bereicherung unter Kerkerstrafe.

17. Juli 1945:   Das Gesetz über die Fürsorge für die Opfer des Kampfes um ein freies demokratisches Österreich (Opfer-Fürsorgegesetz) wird beschlossen (StGBl 1945/90).

2. August 1945:   Die Potsdamer Konferenz der Alliierten verabschiedet das Abkommen über Deutschland und seine Stellung in Europa nach dem Zweiten Weltkrieg.

7. August 1945: Die im Gesetz über die Erfassung arisierter und anderer im Zusammenhang mit der nationalsozialistischen Machtübernahme entzogener Vermögenschaften vom 10. Mai 1945 genannte Frist zur Anmeldung entzogener Vermögen wird bis 1. Oktober 1945 verlängert (StGBl 1945/135).

2. September 1945: Mit der Unterzeichnung der japanischen Kapitulationserklärung endet offiziell der Zweite Weltkrieg.

30. Juli 1946: Das Bundesgesetz vom 15. Mai 1946 über die Nichtigerklärung von Rechtsgeschäften und sonstigen Rechtshandlungen, die während der deutschen Besetzung Österreichs erfolgt sind, [Nichtigkeitsgesetz] tritt in Kraft (BGBl 1946/106).

26. Juli 1946: Das Bundesgesetz über die Rückstellung entzogener Vermögen, die sich in Verwaltung des Bundes oder der Bundesländer befinden (1. Rückstellungsgesetz) wird beschlossen (BGBl 1946/156, letzte Fristverlängerung mit BGBl 1955/201).

17. September 1946: Die Verordnung des Bundesministeriums für Vermögenssicherung und Wirtschaftsplanung im Einvernehmen mit den beteiligten Bundesministerien vom 15. September 1946 zur Durchführung des Gesetzes über die Erfassung und anderer im Zusammenhang mit der nationalsozialistischen Machtübernahme entzogener Vermögenschaften vom 10. Mai 1945; St. G. Bl. Nr. 10 (Vermögensentziehungs-Anmeldungsverordnung) tritt in Kraft (BGBl 1947/166).

6. Februar 1947: Das Bundesgesetz über die Rückstellung entzogener Vermögen, die sich im Eigentum der Republik Österreich befinden, (2. Rückstellungsgesetz) wird beschlossen (BGBl 1947/53, letzte Fristverlängerung mit BGBl 1955/201).

Das Bundesgesetz über die Nichtigkeit von Vermögensentziehungen (3. Rückstellungsgesetz) wird beschlossen (BGBl 1947/54, letzte Fristverlängerung mit BGBl 1955/201).

Das Bundesgesetz über die Rückgabe des Vermögens aufgelöster oder verbotener demokratischer Organisationen ([1.] Rückgabegesetz) wird beschlossen (BGBl 1947/55).

21. Mai 1947: Das Bundesgesetz betreffend die unter nationalsozialistischem Zwang geänderten oder gelöschten Firmennamen (4. Rückstellungsgesetz) wird beschlossen (BGBl 1947/143, letzte Fristverlängerung mit BGBl 1952/199).

4. Juli 1947: Das Bundesgesetz über die Fürsorge für die Opfer des Kampfes um ein freies demokratisches Österreich und die Opfer politischer Verfolgung (Opferfürsorgegesetz) wird beschlossen (BGBl 1947/183).

19. November 1947: Bundesgesetz über die Geltendmachung der Rückstellungsansprüche der aufgelösten österreichischen Verbrauchergenossenschaften [1. Rückstellungsanspruchsgesetz] (BGBl 1947/256).

22. Juni 1949: Das Bundesgesetz über die Rückstellung entzogenen Vermögens juristischer Personen des Wirtschaftslebens, die ihre Rechtspersönlichkeit unter nationalsozialistischem Zwang verloren haben (5. Rückstellungsgesetz) wird beschlossen (BGBl 1949/164, letzte Fristverlängerung mit BGBl 1955/201).

Das Bundesgesetz über die Rückgabeansprüche aufgelöster oder verbotener demokratischer Organisationen als Bestandnehmer (2. Rückgabegesetz) wird beschlossen (BGBl 1949/165).

30. Juni 1949: Das Bundesgesetz über die Rückstellung gewerblicher Schutzrechte (6. Rückstellungsgesetz) wird beschlossen (BGBl 1949/199, letzte Fristverlängerung mit BGBl 1953/186).

14. Juli 1949: Das Bundesgesetz über die Geltendmachung entzogener oder nicht erfüllter Ansprüche aus Dienstverhältnissen in der Privatwirtschaft (7. Rückstellungsgesetz) wird beschlossen (BGBl 1949/207, zuletzt geändert mit BGBl 1963/319).

Das Bundesgesetz über die Geltendmachung von in der Zeit zwischen März 1933 und März 1938 verlorengegangenen Ansprüchen aus Privatdienstverhältnissen (3. Rückgabegesetz) wird beschlossen (BGBl 1949/208, letzte Fristverlängerung mit BGBl 1953/180).

11. Juli 1951:   Das Bundesgesetz über die Übertragung der Ansprüche auf Rückstellung von Vermögen einiger juristischer Personen, die ihre Rechtspersönlichkeit während der deutschen Besetzung Österreichs verloren und später nicht wiedererlangt haben, (2. Rückstellungsanspruchsgesetz) wird beschlossen (BGBl 1951/176).

16. Dezember 1953:   Das Bundesgesetz über die Übertragung der Ansprüche auf Rückstellung von Vermögen weiterer juristischer Personen, die ihre Rechtspersönlichkeit während der deutschen Besetzung Österreichs verloren und später nicht wiedererlangt haben, und über die Abänderung und Ergänzung des 2. Rückstellungsanspruchsgesetzes (3. Rückstellungsanspruchsgesetz) wird beschlossen (BGBl 1954/23).

15. Mai 1955:   Der Staatsvertrag betreffend die Wiederherstellung eines unabhängigen und demokratischen Österreich (Staatsvertrag von Wien) wird unterzeichnet (BGBl 1955/152).

18. Jänner 1956:   Das Bundesgesetz, womit Bundesmittel zur Hilfeleistung an politisch Verfolgte, die ihren Wohnsitz und ständigen Aufenthalt im Ausland haben, zur Verfügung gestellt werden, (Hilfsfondsgesetz) wird beschlossen (BGBl 1956/25).

13. März 1957:   Das Bundesgesetz über die Schaffung von Auffangorganisationen gemäß Artikel 26 §2 des Staatsvertrages, BGBl Nr. 152/1955 (Auffangorganisationengesetz) wird beschlossen (BGBl 1957/73, zuletzt geändert mit BGBl 1966/149). Aufgrund dieses Gesetzes werden die Sammelstellen A und B eingerichtet.

25. Juni 1958:   Das Bundesgesetz über die Gewährung von Entschädigungen für durch Kriegseinwirkung oder durch politische Verfolgung erlittene Schäden an Hausrat und an zur Berufsausübung erforderlichen Gegenständen (Kriegs- und Verfolgungssachschädengesetz – KVSG) wird beschlossen (BGBl 1958/127).

22. März 1961:   Das Bundesgesetz, womit Bundesmittel zur Bildung eines Fonds zur Abgeltung von Vermögensverlusten politisch Verfolgter zur Verfügung gestellt werden [Abgeltungsfondsgesetz] wird beschlossen (BGBl 1961/100).

17. Mai 1961:   Das Bundesgesetz über die Erhebung von Ansprüchen der Auffangorganisationen auf Rückstellung von Vermögen nach den Rückstellungsgesetzen (4. Rückstellungsanspruchsgesetz) wird beschlossen (BGBl 1961/133).

27. November 1961:   Der Vertrag zwischen der Republik Österreich und der Bundesrepublik Deutschland zur Regelung von Schäden der Vertriebenen, Umsiedler und Verfolgten, über weitere finanzielle Fragen und Fragen aus dem sozialen Bereich (Finanz- und Ausgleichsvertrag) [„Bad Kreuznacher Abkommen"] wird unterzeichnet (BGBl 1962/283).

5. April 1962:   Das Bundesgesetz über die Aufteilung der Mittel der „Sammelstellen" wird beschlossen (BGBl 1962/108).

7. Juli 1966:   Das Bundesgesetz betreffend Abgeltung von Ansprüchen der „Sammelstellen" (Sammelstellen-Abgeltungsgesetz) wird beschlossen (BGBl 1966/150).

1. September 1969:   Das Bundesgesetz vom 27. Juni 1969 über die Bereinigung der Eigentumsverhältnisse des im Gewahrsam des Bundesdenkmalamtes befindlichen Kunst- und Kulturgutes [1. Kunst- und Kulturbereinigungsgesetz] wird beschlossen (BGBl 1969/294).

Gemäß § 1 Abs. 2 des 1. Kunst- und Kulturbereinigungsge-
setzes wird im Amtsblatt zur Wiener Zeitung die Liste des in
Gewahrsam des Bundesdenkmalamtes befindlichen Kunst-
und Kulturguts veröffentlicht.

1. Jänner 1977:   Das Bundesgesetz vom 13. Dezember 1976 über die Gewährung einer Aushilfe zur Milderung von Härten infolge bestimmter Vermögensverluste (Aushilfegesetz) und das Bundesgesetz
vom 13. Dezember 1976, mit dem das Hilfsfondsgesetz geändert wird, treten in Kraft (BGBl 1976/712 bzw. 714).

1. Februar 1986:   Das Bundesgesetz vom 13. Dezember 1985 über die Herausgabe und Verwertung ehemals herrenlosen Kunst- und Kulturgutes, das sich im Eigentum des Bundes befindet (2. Kunst-
und Kulturbereinigungsgesetz) tritt in Kraft (BGBl 1986/2,
geändert mit BGBl 1995/515).

1. Mai 1988:   Das Bundesgesetz vom 23. März 1988, mit dem aus Anlass des
50. Jahrestages der Okkupation Österreichs einmalige Ehren-
gaben und Zuwendungen für Widerstandskämpfer und Opfer
der politischen Verfolgung geleistet werden (Ehrengaben- und
Hilfsfondsgesetz) und das Bundesfinanzgesetz 1988 sowie das
Opferfürsorgegesetz geändert werden, tritt in Kraft (BGBl
1988/197).

27. April 1995:   Das Bundesgesetz über den Nationalfonds der Republik Österreich für Opfer des Nationalsozialismus [Nationalfondsgesetz]
tritt in Kraft (BGBl 1995/432).

22.–30. Oktober 1996: Die Auktion der erbenlosen Kunstwerke aus der Kartause
Mauerbach findet im MAK – Österreichisches Museum für
angewandte Kunst in Wien auf Basis des 2. Kunst- und Kul-
turgutbereinigungsgesetzes statt, das den Umgang mit jenen
seit Kriegsende unter der Verwaltung des BDA in der niederösterreichischen Kartause Mauerbach gelagerten rund 8000
Kunst- und Kulturgegenständen regelt, die während der NS-

Zeit entzogen worden sind und deren frühere EigentümerInnen oder deren Nachkommen nach 1945 nicht mehr ausfindig gemacht werden konnten. Das „herrenlose Gut", mittlerweile dem Bundesverband der Israelitischen Kultusgemeinden Österreichs übertragen, wird in der vom Auktionshaus Christie's durchgeführten freiwillige öffentliche Versteigerung veräußert und der Erlös für bedürftige Holocaust-Opfer verwendet.

13. Dezember 1996:   Einsetzung der Unabhängigen Expertenkommission Schweiz.

1. Oktober 1998:   Die Bundesregierung nimmt den Vortrag an den Ministerrat zur Einsetzung einer Historikerkommission zur Kenntnis. Das Mandat lautet: Den gesamten Komplex „Vermögensentzug auf dem Gebiet der Republik Österreich während der NS-Zeit sowie Rückstellungen bzw. Entschädigungen (sowie wirtschaftliche und soziale Leistungen) der Republik Österreich ab 1945" zu erforschen und darüber zu berichten.

30. November –
3. Dezember 1998:   An der Washingtoner Conference on Holocaust-Era Assets (Washingtoner Konferenz über Vermögenswerte aus der Zeit des Holocaust) nehmen Delegationen aus 45 Ländern und etliche nicht-staatliche Organisationen teil, um über Fragen des Vermögensentzugs in der NS-Zeit zu diskutieren. Ein Ergebnis der Konferenz sind die Washington Principles.

4. Dezember 1998:   Das Bundesgesetz über die Rückgabe von Kunstgegenständen aus den Österreichischen Bundesmuseen und Sammlungen [Kunstrückgabegesetz] wird beschlossen (BGBl I 1998/181).

9. Dezember 1998:   Erstmals tritt der Kunstrückgabe-Beirat des Bundes zusammen.

29. April 1999:   Der Wiener Gemeinderat beschließt, während der NS-Zeit erworbene Kunst- und Kulturgüter, die als bedenkliche Erwerbungen einzustufen sind, an die ursprünglichen Eigentümer zurückzugeben (Amtsblatt der Stadt Wien, Nr. 30/1999).

1. Jänner 2000:   Das Bundesgesetz über die Sicherung, Aufbewahrung und Nutzung von Archivgut des Bundes (Bundesarchivgesetz) tritt in Kraft (BGBl I 1999/162).

14. März 2000:   Der Steiermärkische Landtag beschließt das 46. Landesverfassungsgesetz über die Rückgabe oder Verwertung von Kunstgegenständen und Kulturgütern, die während der nationalsozialistischen Gewaltherrschaft ihren Eigentümern entzogen worden sind (LGBl Stmk. Nr. 46/2000).

27. November 2000:   Das Bundesgesetz über den Fonds für freiwillige Leistungen der Republik Österreich an ehemalige Sklaven- und Zwangsarbeiter des nationalsozialistischen Regimes (Versöhnungsfonds-Gesetz) tritt in Kraft (BGBl I 2000, Nr. 74 und Nr. 122). Aus dem durch dieses Gesetz geschaffenen Fonds werden ehemaligen Sklaven- und ZwangsarbeiterInnen des nationalsozialistischen Regimes auf dem Gebiet des heutigen Österreich – abhängig von der Art der geleisteten Zwangsarbeit – an freiwilligen Leistungen der Republik Österreich zwischen öS 20.000 und öS 105.000 zugesprochen.

28. Mai 2001:   Das Bundesgesetz über die Einrichtung eines Allgemeinen Entschädigungsfonds für Opfer des Nationalsozialismus und über Restitutionsmaßnahmen (Entschädigungsfondsgesetz) sowie zur Änderung des Allgemeinen Sozialversicherungsgesetzes und des Opferfürsorgegesetzes tritt in Kraft (BGBl I 2001/12 und 58).

17. Jänner 2001:   Im Washingtoner Abkommen wird in der „Gemeinsamen Erklärung" Österreichs, der USA, der Opferorganisationen und Klagsanwälte die Einigung über die abschließende Regelung sämtlicher noch offener Restitutionsfragen niedergelegt.

1. April 2002:   Das oberösterreichisches Landesgesetz über Restitutionsmaßnahmen für Opfer des Nationalsozialismus tritt in Kraft (LGBl OÖ 2002/29).

27. Jänner 2003: Übergabe des Schlussberichts der Historikerkommission an die Auftraggeber Bundeskanzler, Vizekanzler, Präsidenten des Nationalrates und des Bundesrates.

1. Oktober 2003: Das Kärntner Landesgesetz vom 16. Juni 2003 über Restitutionsmaßnahmen für Opfer des Nationalsozialismus (Kärntner Restitutionsgesetz – K-RG) tritt in Kraft (LGBl Ktn 2003/49).

Glossar

Altreich:	Das Deutsche Reich in den Grenzen von 1937.
Arisierung:	Jede Art des Entzugs von Vermögen von Personen, die nach den Nürnberger Gesetzen als Juden galten. Arisierungen verliefen sowohl in „wilder" (auch den NS-Gesetzen zuwider laufender) als auch in damals legaler Form.
Ausfuhrverbotsgesetz:	Gesetz vom 5. Dezember 1918; StGBl 1918/90, letzte Fassung: Bundesgesetz über das Verbot der Ausfuhr von Gegenständen von geschichtlicher, künstlerischer oder sonstiger kultureller Bedeutung; BGBl 1986/391. Das Gesetz regelt die Ausfuhr von Gegenständen geschichtlicher, künstlerischer oder sonstiger Bedeutung aus Österreich und wurde in Verbindung mit dem Denkmalschutzgesetz von 1923 sowohl nach 1938 als auch nach 1945 als Mittel des Kunstraubes instrumentalisiert. In der Nachkriegszeit wurde es wiederholt dazu benutzt, entzogene Kunstgegenstände nicht zurückzugeben bzw. die Ausstellung von Ausfuhrgenehmigungen für Restitutionsgut an Schenkungen bzw. Widmungen für öffentliche Museen und Sammlungen zu binden. Das Ausfuhrverbotsgesetz wurde 1999 durch das → Denkmalschutzgesetz ersetzt bzw. mit diesem vereint.
Austrofaschismus:	Ständestaat.
Central Art Collecting Point:	Im Mai 1945 von den USA eingerichtete Stelle, deren Aufgabe in der Rückführung geraubter und enteigneter Kunstwerke an die ursprünglichen Eigentümer bestand.
Commission for Looted Art in Europe (ECLA):	Eine gemeinnützige europäische Organisation mit Sitz in London, die die Rückführung von Kunstobjekten, die während des Nationalsozialismus verschleppt wurden, an die rechtmäßigen Eigentümer unterstützt.
Conference on Jewish Claims (Claims Conference):	1951 gegründete internationale Interessenvertretung jüdischer Holocaust-Überlebender.
Denkmalschutzgesetz:	Bundesgesetz vom 25. September 1923 betreffend Beschränkungen in der Verfügung über Gegenstände von

	geschichtlicher, künstlerischer oder kultureller Bedeutung; BGBl 1923/533. Das Gesetz war lange Zeit die wichtigste gesetzliche Grundlage für die Arbeit des Bundesdenkmalamtes. Es wurde 1999 (BGBl I 1999/170) wesentlich abgeändert und vereint in der nun vorliegenden Fassung das Denkmalschutzgesetz mit dem → Ausfuhrverbotsgesetz.
Deutsche Arbeitsfront:	Die DAF wurde in Deutschland am 10. Mai 1933 wenige Tage nach der Zerschlagung der Gewerkschaften gegründet. Durch die „freiwillige, aber erwünschte" Einheitsmitgliedschaft und die von ihr organisierten Aktivitäten ermöglichte sie es dem NS-Regime, die arbeitende Bevölkerung sowohl im Beruf als auch in der Freizeit zu kontrollieren und zu indoktrinieren.
Deutsches Eigentum:	Gemäß einem Beschluss der Potsdamer Konferenz vom 1. August 1945 konnten die Alliierten das in ihren Zonen befindliche Eigentum des ehemaligen Deutschen Reiches oder deutscher Staatsbürger beanspruchen. Während die Westmächte das Deutsche Eigentum der Republik Österreich überließen, nahm die Sowjetunion es voll in Anspruch. Davon waren nicht nur die gesamte Erdölindustrie und die DDSG, sondern auch 10% der Industriekapazität, mehr als 150.000 ha Grundbesitz sowie Gewerbe- und Handelsbetriebe betroffen.
Finanzlandesdirektion:	Die den lokalen Finanzämtern vorgesetzte Dienststelle der Finanzverwaltung.
Finanzprokuratur:	Dem Finanzministerium unterstellte Behörde für die rechtsanwaltlichen Geschäfte des Bundesvermögens, besonders zur Vertretung vor Gericht.
Generalgouvernement:	Während des Zweiten Weltkrieges die Bezeichnung für die von Deutschland besetzten, aber nicht in das Reichsgebiet eingegliederten Gebiete in Polen. Es bestand 1939–1945.
Gestapo:	Geheime Staatspolizei, 1933 gegründet, als politische Polizei dem Reichsministerium des Innern unterstellt und von Heinrich Himmler geleitet. Sie hatte schrankenlose Machtbefugnisse und war deshalb ein gefürchtetes Machtinstrument des NS-Regimes. Für sie galt das allgemeine Polizeirecht nicht.

Gutgläubiger Erwerb, Gutglaubenserwerb, Gutglaubensbestimmung: Im Kontext der Rückstellungsgesetzgebung waren Erwerber von arisierten Vermögenswerten von einer Rückstellungspflicht befreit, wenn sie nachweisen konnten, dass sie zum Zeitpunkt des Erwerbs nicht wissen konnten, dass es sich dabei um entzogenes Vermögen handelte, also Objekte im guten Glauben (bona fide) erworben haben (Gegenteil: mala fide).

Institut für Denkmalpflege: → Zentralstelle für Denkmalschutz.

Judenvermögensabgabe: Nach dem Novemberpogrom wurde den deutschen Juden eine Kontributionszahlung von 1 Mrd. RM als „Sühneleistung" für „die feindliche Haltung des Judentums gegenüber dem deutschen Volk" auferlegt. Die Durchführungsverordnung über die Sühneleistung der Juden vom 21. November 1938 regelte den Modus der Umlage dieser Summe auf alle jüdischen Bürger auf der Grundlage der Vermögensanmeldung vom Frühjahr 1938. Alle, die über mehr als RM 5.000 verfügten, mussten bis zum 15. August 1939 20% davon an das Finanzamt abführen.

Juliputsch 1934: Versuchte Machtübernahme der NSDAP in Österreich. Der Putsch gegen den → Ständestaat vom 25. Juli 1934 gipfelte in der Ermordung von Bundeskanzler Dollfuß. Er löste in Teilen Österreichs, besonders in Kärnten, in der Steiermark und in Salzburg, Kämpfe aus, die Machtübernahme scheiterte aber.

Koordinierungsstelle für Kulturgutverluste Magdeburg: Von den deutschen Bundesländern und der Bundesrepublik Deutschland gemeinsam finanzierte Einrichtung beim Kultusministerium des Landes Sachsen-Anhalt, deren Aufgabe darin besteht, Such- und Fundmeldungen zu NS-verfolgungsbedingt entzogenen und kriegsbedingt verlagerten Kulturgütern entgegenzunehmen und – zwecks Auffindung und Identifizierung gesuchter Stücke – im Internet zu dokumentieren. Sie betreibt die Kulturgüter-Datenbank Lost Art (http://www.lostart.de).

Naturalrestitution: Das entzogene Vermögen wird in natura zurückgegeben.

Nürnberger Prozess: Kriegsverbrechertribunal in Nürnberg.

Opferthese: Ausgehend von der Moskauer Deklaration der alliierten
                          Außenminister von 1943 und festgeschrieben in der Pro-
                          klamation über die Selbständigkeit Österreichs vom
                          27. April 1945 (StGBl 1945/1), wurde der „Anschluss"
                          1938 als „militärische kriegsmäßige Besetzung des Landes"
                          bezeichnet. Die österreichische Bevölkerung wurde, so die
                          Lesart, unschuldig in den von Deutschland angestrengten
                          Krieg geführt. Das Selbstbild als Opfer und die Ablehnung
                          jeglicher Verantwortung wurden zu einem Eckpfeiler des
                          nationalen Selbstverständnisses in der Zweiten Republik.

Ostmark, ostmärkisch, Ostmarkgesetze: Im Sprachgebrauch der Nationalsozialisten
                          wurde die Bezeichnung Österreich bereits 1938 durch den
                          Begriff „Ostmark" ersetzt, mit der Verabschiedung der
                          „Ostmarkgesetze" im April 1939 wurde dieser Begriff amt-
                          lich, aber 1942 wieder abgeschafft und durch die Sammel-
                          bezeichnung „Donau- und Alpenreichsgaue" ersetzt. Mit
                          dem Anschluss Österreichs an das Deutsche Reich am
                          13. März 1938 wurde Österreich als „Land Österreich" zu
                          einem Verwaltungssprengel des Deutschen Reiches. Ab
                          1. April 1940 gab es nur mehr die aus den ehemaligen
                          Bundesländern hervorgegangenen Reichsgaue.

Regeln des redlichen Verkehrs: Formulierung aus dem 3. Rückstellungsgesetz. In den
                          Verfahren nach diesem Gesetz hatten die Rückstellungs-
                          kommissionen unter anderem zu entscheiden, ob ein Ver-
                          mögenstransfer zwischen 1938 und 1945 „im Übrigen den
                          Regeln des redlichen Verkehrs" entsprochen habe. Wurde
                          dies bejaht, konnten die Antragsgegner im Rückstellungs-
                          verfahren einen Kaufpreis, den sie bezahlt hatten, ganz oder
                          teilweise von den Antragstellern zurückfordern.

Reichsfluchtsteuer: Am 8. Dezember 1931 von der Weimarer Republik einge-
                          führte Steuer gegen Kapitalflucht ins Ausland. Zunächst
                          wurde von Auswanderern, die über ein Vermögen von mehr
                          als RM 200.000 bzw. über ein Jahreseinkommen von mehr
                          als RM 20.000 verfügten, ein Viertel des Vermögens einge-
                          fordert. Nach mehreren Verordnungen durften schließlich
                          seit September 1934 nur noch RM 10 ohne Genehmigung
                          mitgeführt werden.

Reichskommissar für die Wiedervereinigung Österreichs mit dem Deutschen Reich:
Neu geschaffene politische Funktion, in der Josef Bürckel vom 23. April 1938 bis zum 31. März 1940 mit der Aufgabe betraut war, die Ostmark politisch, wirtschaftlich und kulturell völlig in das Deutsche Reich einzugliedern.

Reichskulturkammer: Am 22. September 1933 per Gesetz als Körperschaft öffentlichen Rechts gegründet, war die Kammer als Dachorganisation für sieben Einzelabteilungen (Reichsfilm-, Reichsmusik-, Reichstheater-, Reichspresse-, Reichsrundfunk-, Reichsschrifttumskammer und Reichskammer der bildenden Künste) zuständig.

Reichssicherheitshauptamt: Am 27. September 1939 von Reichsführer SS Heinrich Himmler durch Zusammenlegung von Sicherheitspolizei und SD gegründet, war das Amt die zentrale Behörde, die alle Polizei- und Sicherheitsorgane in Deutschland während der NS-Zeit leitete.

Reichsstatthalter: Ständiger Vertreter der Reichsregierung. Im ehemaligen Österreich waren die Reichsstatthalter in Personalunion Gauleiter.

Rückstellungsgesetze: Es gab insgesamt 7 Rückstellungsgesetze, das wichtigste war das 3. Rückstellungsgesetz: Bundesgesetz vom 6. Februar 1947 über die Nichtigkeit von Vermögensentziehungen; BGBl 1947/54 (zuletzt geändert mit BGBl 1954/252). Betrifft im Rechtsgeschäft entzogenes Vermögen, die Anmeldung muss bei den Rückstellungskommissionen erfolgen. Die Rückstellung wird anders als im 1. und 2. Rückstellungsgesetz im Wege von Zivilprozessen abgewickelt (1. Instanz: Rückstellungskommission bei den Landesgerichten, 2. Instanz: Rückstellungsoberkommission bei den Oberlandesgerichten, 3. Instanz: Oberste Rückstellungskommission beim Obersten Gerichtshof).

SA: Sturmabteilung, paramilitärische Kampforganisation der NSDAP während der Weimarer Republik. Sie spielte eine entscheidende Rolle beim Aufstieg der Nationalsozialisten. Nach 1933 kurzzeitig auch als Hilfspolizei eingesetzt, verlor die SA im Sommer 1934 nach politischen Säuberungen zu Gunsten der SS weitgehend an Bedeutung.

Sonderauftrag Linz:	NS-Projekt mit dem Ziel, in Linz ein Kunstmuseum („Führermuseum") einzurichten. Die Leiter des „Sonderauftrages" (Hans Posse, Heinrich Voss) waren mit besonders weitreichenden Kompetenzen zur Akquirierung von Kunstgegenständen ausgestattet.
Stab Rosenberg:	Der Einsatzstab Reichsleiter Rosenberg, eine Abteilung des Außenpolitischen Amtes der NSDAP, das Alfred Rosenberg seit 1933 leitete, beschlagnahmte seit 1940 in den von der deutschen Wehrmacht besetzten Gebieten Eigentum, vor allem Kulturgüter, von Juden und Freimaurern.
Ständestaat:	Offizielle Bezeichnung der Regierungsform in Österreich von 1933 bis zum Anschluss 1938, auch: Austrofaschismus. Die Idee der ständischen Ordnung der Gesellschaft geht in die zweite Hälfte des 19. Jahrhunderts zurück und wurde schon von Papst Pius XI. in seiner Enzyklika Quadragesimo Anno vertreten. Sie hat eine starke antiliberale Stoßrichtung und ist als Protest gegen den dem Kapitalismus inhärenten sozialen Abstieg traditioneller Berufsgruppen wie Bauern oder Handwerker entstanden.
Vaterländische Front:	Am 20. Mai 1933 vom österreichischen Bundeskanzler Engelbert Dollfuß geschaffene Einheitspartei des Ständestaates.
Verbotszeit:	NS-Bezeichnung für die Zeit des Verbots der NSDAP während des Ständestaates.
Vermögensanmeldungen:	Im Zuge der Verordnung über die Anmeldung des Vermögens von Juden vom 26. April 1938 mussten Juden ihre Vermögenswerte offenlegen. Auf Grundlage dieser Angaben wurde die nach der Pogromnacht vom 9./10. November 1938 eingehobene → Judenvermögensabgabe berechnet.
Vugesta:	Verwaltungsstelle für jüdisches Umzugsgut der Geheimen Staatspolizei (→ Gestapo), gegründet August 1940, um die bei Speditionen eingelagerten Umzugsgüter geflohener Jüdinnen und Juden zu „verwerten".
Wiener Restitutionskommission:	Von der Gemeinde Wien 1999 eingerichtet, entscheidet sie über die Rückgabe von entzogenen Vermögenswerten an frühere Eigentümer bzw. deren Erben (de jure empfiehlt sie nur, de facto entscheidet sie jedoch).

Zentraldepot: Im Herbst 1938 in den Sälen im ersten Stockwerk der
                         Neuen Hofburg in Wien eingerichtetes Lager für beschlag-
                         nahmte Kunstgegenstände aus jüdischem Eigentum. Für
                         Verwaltung und konservatorische Arbeiten war das KHM
                         zuständig.

Zentralstelle für Denkmalschutz: Im Mai 1934 wurde das Bundesdenkmalamt von der
                         Regierung Dollfuß aufgelöst und durch die Zentralstelle,
                         eine Abteilung in der Kunstsektion im BMU, ersetzt. 1940
                         wurde die Zentralstelle vom Institut für Denkmalpflege
                         abgelöst.

Zentralstelle für Jüdische Auswanderung: Sie wurde im August 1938 in Wien unter der
                         Leitung von Adolf Eichmann eingerichtet. Ihr Ziel bestand
                         – neben einer totalen Beraubung der Auswanderer – darin,
                         die Vertreibung der Juden aus Österreich zu zentralisieren
                         und zu kontrollieren.

Bibliografie

Stefan ALKER, Christina KÖSTNER, Markus STUMPF, Provenienzforschung an der Universitätsbibliothek Wien – ein Zwischenbericht, in: Wa(h)re Information. 29. Österreichischer Bibliothekartag Bregenz, 19.–23.9.2006. Hrsg. von Harald Weigel. Graz-Feldkirch 2007 (= Schriften der Vereinigung Österreichischer Bibliothekarinnen und Bibliothekare, 2), S. 125–131.

Stefan ALKER, Monika LÖSCHER (Red.), Bibliotheken der Universität Wien in der NS-Zeit. Bücherraub, Provenienzforschung, Restitution, Wien 2008.

Götz ALY, Susanne HEIM, Vordenker der Vernichtung. Auschwitz und die deutschen Pläne für eine neue europäische Ordnung, Frankfurt/M. 2004.

Gert AMMANN, Albin Egger-Lienz 1869–1926. Die Sammlung im Museum der Stadt Lienz / Schloss Bruck, Innsbruck 2001.

„Arisierung" von Mobilien mit Beiträgen von Gabriele ANDERL, Edith BLASCHITZ, Sabine LOITFELLNER, Mirjam TRIENDL, Niko WAHL, (= Veröffentlichungen der Österreichischen Historikerkommission Vermögensentzug während der NS-Zeit sowie Rückstellungen und Entschädigungen seit 1945 in Österreich, Bd. 15) Wien-München, 2004.

Gabriele ANDERL, Die „Arisierung" des Kunstantiquariats und Auktionshauses S. Kende durch Adolph Weinmüller in David. Jüdische Kulturzeitschrift, Heft. Nr. 69, Juni 2006.

Gabriele ANDERL, Chronik einer Obsession. Die Sammlung Exner, Wien 2009 [in Vorbereitung].

Gabriele ANDERL, Alexandra CARUSO (Hg.), NS-Kunstraub in Österreich und die Folgen, Innsbruck-Wien-Bozen 2005.

Gertrude ARETZ, Kaiserin Elisabeth von Österreich in zweihundert Bildern, eingel. v. Gertrude Aretz, Bilder aus der Sammlung Raoul Korty, Wien 1938.

Thomas ARLT, Gudrun DANZER, Monika JÄGER, Barbara KLINKOSCH, Karin LEITNER, Forschungsbericht des Arbeitskreises Erwerbungen und Rückstellungen aus jüdischem Besitz 1938–1955, Graz 1999, unpubliziert [Joanneum].

Leopold AUER, Das Direktionsarchiv des Heeresgeschichtlichen Museums, unveröffentlichtes Manuskript, Wien 1972.

Brigitte BAILER-GALANDA, Die Entstehung der Rückstellungsgesetzgebung. Die Republik Österreich und das in der NS-Zeit entzogene Vermögen (= Veröffentlichungen der Österreichischen Historikerkommission. Vermögensentzug während der NS-Zeit sowie Rückstellungen und Entschädigungen seit 1945 in Österreich, Bd. 3), Wien-München 2003.

Brigitte BAILER-GALANDA, Eva BLIMLINGER, Vermögensentzug – Rückstellung – Entschädigung. Österreich 1938/1945–2005. Österreich – Zweite Republik. Befund, Kritik, Perspektive. Bd. 7, Herausgegeben für die Kulturabteilung der Stadt Wien von Hubert Christian Ehalt, Innsbruck-Wien-Bozen 2005.

Ilsebill BARTA-FLIEDL, Die Zukunft des Bundesmobiliendepots, in: Peter PAREN-ZAN, dies. (Hg.), Lust und Last des Erbens. Die Sammlungen der Bundesmobilienverwaltung Wien, Wien 1993.

Ilsebill BARTA-FLIEDL, Herbert POSCH, inventARISIERT. Enteignung von Möbeln aus jüdischem Besitz, Wien 2000.

Anne BÄUMER-SCHLEINKOFER, Nazi Biology and Schools, Frankfurt/M.-Berlin-Bern-New York-Paris-Wien 1995.

Anne BÄUMER, NS-Biologie, Stuttgart 1990.

Christoph BAZIL, Reinhard BINDER-KRIEGLSTEIN, Nikolaus KRAFT, Das österreichische Denkmalschutzrecht, Wien 2004.

Claudia BECKER, Das karäische Wunder, Die Zeit, Nr. 22, 1995.

Reinhard BINDER-KRIEGLSTEIN, Restitution und Entschädigung in Vergangenheit und Gegenwart, in: David, 52/2002, S. 24–32.

Eva BLIMLINGER, Und wenn sie nicht gestorben sind … Die Republik Österreich, die Rückstellung und die Entschädigung, in: Verena PAWLOWSKY, Harald WENDELIN (Hg.), Die Republik und das NS-Erbe, Wien 2005, S. 186–206.

Eva BLIMLINGER, Mittäter in der Opferrolle. Die Restitution von Kunst in Österreich, in: Kunst im Konflikt. Kriegsfolgen und Kooperationsfelder in Europa, Osteuropa, 56. Jg./Heft 1–2/Januar – Februar 2006, S. 235–246.

Thomas BOUMBERGER, Raubkunst – Kunstraub. Die Schweiz und der Handel mit gestohlenen Kulturgütern zur Zeit des Zweiten Weltkrieges, Zürich 1998.

Theodor BRÜCKLER, Kunstwerke zwischen Kunstraub und Kunstbergung: 1938–1945, in: Theodor Brückler (Hg.), Kunstraub, Kunstbergung und Restitution in Österreich von 1938 bis heute, (= Studien zu Denkmalschutz und Denkmalpflege, Bd. XIX) Wien-Köln-Weimar 1999, S. 13–30.

Theodor BRÜCKLER (Hg.), Kunstraub, Kunstbergung und Restitution in Österreich von 1938 bis heute, (= Studien zu Denkmalschutz und Denkmalpflege, Bd. XIX) Wien-Köln-Weimar 1999.

Theodor BRÜCKLER, Ulrike NIMETH, Personenlexikon zur Österreichischen Denkmalpflege, Horn 2001.

Evelien CAMPFENS, Annemarie MARCK, Eelke MULLER, Recht auf Umwegen. Die niederländische Restitutionskommission, in: Kunst im Konflikt. Kriegsfolgen und Kooperationsfelder in Europa, Osteuropa, 56. Jg./Heft 1–2/Januar – Februar 2006, S. 415–432.

Auktionshaus Christie's (Hg.), Mauerbach benefit sale items seized by the National Socialists to be sold for the benefit of the victims of the Holocaust ; MAK – Österreichisches Museum für angewandte Kunst, Vienna, 29 and 30 October 1996, Vienna 1996.

Felix CZEIKE, Historisches Lexikon Wien, 6 Bde., Wien 1992–2004.

Hubertus CZERNIN, Die Fälschung. Der Fall Bloch-Bauer und das Werk Gustav Klimts, 2 Bde., (= Bibliothek des Raubes, Bd. III) Wien 1999.

Gudrun DANZER, Monika JÄGER, Karin LEITNER, Erwerbungen und Rückstellungen aus jüdischem Besitz 1938–1955, in: Joanneum aktuell, Graz 1/2000, S. 6–7.

Andrew DECKER, A Legacy of Shame. Nazi Art Loot in Austria, in: ARTnews, December 1984, S. 55–76.

Wilhelm DEUTSCHMANN, Die Städtischen Sammlungen in der Zeit der nationalsozialistischen Herrschaft, in: Jahrbuch des Vereins für Geschichte der Stadt Wien 1999, Bd. 55, Wien 1999, S. 31–48.

Hans DICHAND, Carl Moll und seine Freunde, Salzburg 1985.

Barbara DOSSI, Albertina. Sammlungsgeschichte und Meisterwerke, München-New York 1998.

Wolfgang EICHWEDE, Ulrike HARTUNG (Hg.), „Betr.: Sicherstellung". NS-Kunstraub in der Sowjetunion, Bremen 1998.

Thierry ELSEN, Robert TANZMEISTER, In Sachen Elise und Helene Richter. Die Chronologie eines „Bibliotheksverkaufs", in: Murray G. HALL, Christina KÖSTNER, Margot WERNER (Hg.), Geraubte Bücher. Die Österreichische Nationalbibliothek stellt sich ihrer Vergangenheit, Wien 2004, S. 128–138.

Angelika ENDERLEIN, Der Berliner Kunsthandel in der Weimarer Republik und im NS-Staat. Zum Schicksal der Sammlung Graetz, Berlin 2006.

Josef ENGELHARDT, Ein Wiener Maler erzählt, Wien 1943.

Peter EPPEL, Die Restitution von Kunst- und Kulturgegenständen aus dem Besitz der Stadt Wien. 1998–2001, Wien 2002.

Peter EPPEL, Kein „Schlussstrich", sondern viele späte Restitutionen. Provenienzforschung, Erbensuche und Restitution der Museen der Stadt Wien, in: Verena PAW-LOWSKY, Harald WENDELIN (Hg.), Enteignete Kunst. Raub und Rückgabe – Österreich von 1938 bis heute, Bd. 3, Wien 2006, S. 200–208.

Ronald FABER, Franz-Stefan MEISSEL, Nationalsozialistisches Steuerrecht und Restitution, Wien 2006.

Michael FAHLBUSCH: Südostdeutsche Forschungsgemeinschaft, in: Ingo HAAR, Michael FAHLBUSCH (Hg.), Handbuch der völkischen Wissenschaften. Personen – Institutionen – Forschungsprogramme – Stiftungen, München 2008, S. 688–697.

Johannes FEICHTINGER, Heidemarie UHL, Die Österreichische Akademie der Wissenschaften nach 1945. Eine Gelehrtengesellschaft im Spannungsfeld von Wissenschaft, Politik und Gesellschaft, in: Margarete GRANDNER, Gernot HEISS, Oliver RATHKOLB (Hg.), Zukunft mit Altlasten. Die Universität Wien 1945–1955, Wien 2005, S. 313–337.

Ulrike FELBER, Peter MELICHAR, Markus PRILLER, Berthold UNFRIED, Fritz WEBER, Ökonomie der Arisierung (= Veröffentlichungen der Österreichischen Historikerkommission Vermögensentzug während der NS-Zeit sowie Rückstellungen und Entschädigungen seit 1945 in Österreich, Bde. 10-1 und 10-2), Wien-München 2004.

Hector FELICIANO, Das verlorene Museum. Vom Kunstraub der Nazis, Berlin 1998.

Lisa FISCHER, Irgendwo. Wien, Theresienstadt und die Welt. Die Sammlung Heinrich Rieger, (= Bibliothek des Raubes, Bd. XIII) Wien 2008.

Gottfried FLIEDL, Die negative Utopie des Museums. Museums- und Ausstellungspolitik in der NS-Zeit 1933–1945, in: Gabriele ANDERL, Alexandra CARUSO (Hg.), NS-Kunstraub in Österreich und die Folgen, Innsbruck-Wien-Bozen 2005, S. 42–58.

Sabine FORSTHUBER, Oskar Kokoschka und die Wiener Ausstellungspolitik vor dem Anschluss, in: Kunsthistoriker, Mitteilungen des Österreichischen Kunsthistorikerverbandes, Wien, Jg. V, 1988, Nr. 3/4, S. 33.

Forum Politische Bildung (Hg.), Wieder gut machen? Enteignung, Zwangsarbeit, Entschädigung, Restitution. Österreich 1938–1945/1945–1999, Innsbruck-Wien 1999.

Esther Tisa FRANCINI, Liechtenstein und der internationale Kunstmarkt 1933–1945. Sammlungen und ihre Provenienzen im Spannungsfeld von Flucht, Raub und Restitution (= Veröffentlichungen der Unabhängigen Historikerkommission Liechtenstein Zweiter Weltkrieg, Studie 4), Vaduz-Zürich 2005.

Esther Tisa FRANCINI, Anja HEUSS, Georg KREIS, Fluchtgut – Raubgut. Der Transfer von Kulturgütern in und über die Schweiz 1933–1945 und die Frage der Restitution (= Unabhängige Expertenkommission Schweiz – Zweiter Weltkrieg – Commission Indépendante d'Experts Suisse – Seconde Guerre Mondiale, Bd. 1), Zürich 2001.

Daphne FRANKL, Restitution von Kunst- und Kulturgütern. Die Restitution von Kunst- und Kulturgütern im nationalen, europäischen und internationalen Rechtsvergleich, Diplomarbeit Univ. Wien 2001.

Matthias FREHNER (Hg.), Das Geschäft mit der Raubkunst. Fakten, Thesen, Hintergrund, Zürich 1998.

Norbert FREI, Sybille STEINBACHER, Bernd WAGNER, Ausbeutung, Vernichtung, Öffentlichkeit. Neue Studien zur nationalsozialistischen Lagerpolitik, München 2000

Cay FRIEMUTH, Die geraubte Kunst. Der dramatische Wettlauf um die Rettung der Kulturschätze nach dem Zweiten Weltkrieg. Entführung, Bergung und Restitution europäischen Kulturgutes 1939–1948. Mit dem Tagebuch des britischen Kunstschutzoffiziers Robert Lonsdale Charles, Braunschweig 1989.

Monika FRITZ, Der Wiener Maler Carl Moll, phil. Diss, Innsbruck 1962.

Eva FRODL-KRAFT, Gefährdetes Erbe. Österreichs Denkmalschutz und Denkmalpflege 1918–1945 im Prisma der Zeitgeschichte, (= Studien zu Denkmalschutz und Denkmalpflege Bd. XIV, hrsg. v. Bundesdenkmalamt Wien) Wien-Köln-Weimar 1997.

Christian GERLACH, Krieg, Ernährung, Völkermord. Forschungen zur deutschen Vernichtungspolitik im Zweiten Weltkrieg, Hamburg 1998.

Françoise GIROUD, Alma Mahler oder die Kunst geliebt zu werden, München 2006.

Astrid GMEINER, Biographisches zu Carl Moll, Salzburg 1985.

Astrid GMEINER, Gottfried PIRHOFER, Der österreichische Werkbund, Salzburg 1985.

Georg GRAF, „Arisierung" und Restitution, Juristische Blätter 2001, S. 746–755ff.

Georg GRAF, Die österreichische Rückstellungsgesetzgebung. Eine juristische Analyse (= Veröffentlichungen der Österreichischen Historikerkommission. Vermögensentzug während der NS-Zeit sowie Rückstellungen und Entschädigungen seit 1945 in Österreich, Bd. 2), Wien-München 2003.

„Arisierung" und Rückstellung von Wohnungen in Wien. Mit Beiträgen von Georg GRAF, Brigitte BAILER-GALANDA, Eva BLIMLINGER, Susanne KOWARC

(= Veröffentlichungen der Österreichischen Historikerkommission, Bd. 14) Wien-München 2004.

Margarete GRANDNER, Gernot HEISS, Oliver RATHKOLB (Hg.), Zukunft mit Altlasten. Die Universität Wien 1945–1955, Wien 2005.

Joseph GREGOR, Die Theatersammlung der Nationalbibliothek in den Jahren 1922–1932, in: Franz HADAMOWSKY, Das Theater in der Wiener Leopoldstadt 1781–1860 (Museion, Veröffentlichungen der Österreichischen Nationalbibliothek in Wien, Neue Folgen), Wien 1934, S. 20–21.

Daniela GREGORI, Catherine STUKHARD, Dorotheum. Die ersten 300 Jahre, Wien 2007.

Maren GRÖNING, Fluchtpunkte der „entarteten Kunst" in Wien, in: Gabriele ANDERL, Alexandra CARUSO (Hg.), NS-Kunstraub und die Folgen, Innsbruck-Wien-Bozen, 2005, S. 80–89.

Artur GROSSMAN, Die Krim (mit Lemberg, Kiew und Odessa), Bielefeld 2006.

Christina GSCHIEL, Sammlung Heinrich Rothberger aus Sicht der Restitution, Diplomarbeit, Graz 2008 [in Vorbereitung].

Israel GUTMAN (Hg.), Enzyklopädie des Holocaust, München-Zürich 1998.

Ingo HAAR, Michael FAHLBUSCH (Hg.), Handbuch der völkischen Wissenschaften. Personen – Institutionen – Forschungsprogramme – Stiftungen, München 2008.

Hans HABE, Die Tarnowska, Wien-München-Basel 1962.

Günther HAASE, Kunstraub und Kunstschutz. Eine Dokumentation, Hildesheim 1991.

Murray G. HALL (Hg.), Geraubte Bücher. Die Österreichische Nationalbibliothek stellt sich ihrer NS-Vergangenheit, Wien 2004.

Murray G. HALL, Christina KÖSTNER, „… allerlei für die Nationalbibliothek zu ergattern …". Eine österreichische Institution in der NS-Zeit, Wien-Köln-Weimar 2006.

Heinrich HAMMER, Albin Egger-Lienz, Innsbruck 1930.

Heinrich HAMMER, Albin Egger-Lienz. Ein Buch für das deutsche Volk, Innsbruck 1938.

Katharina HAMMER, Glanz im Dunkel. Die Bergung von Kunstschätzen im Salzkammergut am Ende des 2. Weltkrieges, 3. Auflage, Altaussee 1999.

Jutta HANGLER, „Die Arisierung Bad Ischls macht Fortschritte…": Die Entjudung von Liegenschaften am Beispiel eines österreichischen Tourismusortes, Salzburg, Diplomarbeit, 1997.

Ernst HANISCH, Gau der guten Nerven. Die nationalsozialistische Herrschaft in Salzburg 1938–1945, Salzburg-München 1997.

Ulrike HARTUNG, Verschleppt und verschollen. Eine Dokumentation deutscher, sowjetischer und amerikanischer Akten zum NS-Kunstraub in der Sowjetunion (1941–1948), Bremen 2000.

Kurt HASLINGER, Mauerbach und der lange Weg bis zur Auktion: 1969–1996, in: Theodor BRÜCKLER (Hg.), Kunstraub, Kunstbergung und Restitution in Österreich 1938 bis heute (= Studien zu Denkmalschutz und Denkmalpflege, Bd. XIX) Wien-Köln-Weimar 1999, S. 39–52.

Christoph HATSCHEK, „Provenienzforschung und Restitution. Eine neue Form der Vergangenheitsbewältigung, in: Heeresgeschichtliches Museum Wien (Hg.), Viribus Unitis. Jahresbericht des Heeresgeschichtlichen Museums 2001, Wien 2002, S. 54–65.

Christoph HATSCHEK, „Ein solches Verhalten wäre sehr zu verurteilen…“. Das Schicksal der Sammlungen des Heeresgeschichtlichen Museums im Verlauf und nach Ende des Zweiten Weltkriegs, in: Heeresgeschichtliches Museum Wien (Hg.), Viribus Unitis. Jahresbericht des Heeresgeschichtlichen Museums 2000, Wien 2001, S. 9–40.

Ute HAUG, Schicksale von Kunstwerken – Provenienzforschung an der Hamburger Kunsthalle, in: Im Blickfeld. Die Jahre 2001/2002 in der Hamburger Kunsthalle, Hamburg 2003, S. 20–23.

Herbert HAUPT, Das Archiv des Kunsthistorischen Museums. Eine neue Abteilung stellt sich vor, in: Mitteilungsblatt der Museen Österreichs, Neue Folge V (1986) S. 54–56.

Herbert HAUPT, Das Kunsthistorische Museum. Die Geschichte des Hauses am Ring. Hundert Jahre im Spiegel historischer Ereignisse, Wien 1991.

Herbert HAUPT, Jahre der Gefährdung. Das Kunsthistorische Museum 1938–1945, Wien 1995.

Herbert HAUPT, Die Rolle des Kunsthistorischen Museums bei der Beschlagnahme, Bergung und Rückführung von Kunstgütern in den Jahren 1938–1945, in: Theodor BRÜCKLER (Hg.), Kunstraub, Kunstbergung und Restitution in Österreich 1938 bis heute (= Studien zu Denkmalschutz und Denkmalpflege, Bd. XIX) Wien-Köln-Weimar 1999, S. 53–75.

Frank-Rutger HAUSMANN, Anglistik und Amerikanistik im „Dritten Reich“, Frankfurt/M. 2003.

Heeresgeschichtliches Museum Wien (Hg.), 100 Jahre Heeresgeschichtliches Museum. Bekanntes und Unbekanntes zu seiner Geschichte, Wien 1991.

Ernst HEFEL, Die Estensischen Sammlungen des Hauses Österreich-Este, Wien 1919.

Anja HEUSS, Kunst- und Kulturgutraub. Eine vergleichende Studie zur Besatzungs-
    politik der Nationalsozialisten in Frankreich und der Sowjetunion, Heidelberg
    2000.

Ludwig HEVESI, Altkunst – Neukunst. Wien 1894–1908. Wiederherausgegeben und
    einbegleitet von Otto Breicha, Klagenfurt 1909.

Oliver HILMES, Witwe im Wahn. Das Leben der Alma Mahler-Werfel, München
    2005.

Christiane HOFFRATH, Die Bibliothek der Geschwister Elise und Helene Richter in
    der Universitäts- und Stadtbibliothek Köln, in: Regine DEHNEL (Hg.), NS-Raub-
    gut in Bibliotheken. Suche, Ergebnisse, Perspektiven. Drittes Hannoversches Sym-
    posium, Frankfurt/M. 2008 (Zeitschrift für Bibliothekswesen und Bibliographie,
    Sonderband 94), S. 127–138.

Christiane HOFFRATH, Die Welt von Gestern. Widmungsexemplare aus der Biblio-
    thek von Elise und Helene Richter. Ein Beitrag der Provenienzforschung an der
    Universitäts- und Stadtbibliothek Köln, in: Stefan ALKER, Christina KÖSTNER,
    Markus STUMPF (Hg.), Bibliotheken in der NS-Zeit. Provenienzforschung und
    Bibliotheksgeschichte. Göttingen 2008 [in Vorbereitung].

Johannes HOFINGER, Die Akte Leopoldskron. Max Reinhardt – Das Schloss – Ari-
    sierung & Restitution, Salzburg 2005.

Lothar HÖLBLING, „Diese Stätte ist geweiht für immer". Zur Geschichte des Hee-
    resmuseums 1938–1945, in: Heeresgeschichtliches Museum Wien (Hg.), Viribus
    Unitis. Jahresbericht des Heeresgeschichtlichen Museums 1999, Wien 2000,
    S. 8–59.

Robert HOLZBAUER, Kunst und Politik: Egger-Lienz und die Ideologen, in: Leopold
    Museum (Hg.), Albin Egger-Lienz. 1868–1926, Wien 2008.

Edgar HÖSCH, Karl NEHRING, Holm SUNDHAUSEN (Hg.), Lexikon zur
    Geschichte Südosteuropas, Wien-Köln-Weimar 2004.

Agnes HUSSLEIN, Eleonora LOUIS, Susanne ROLINEK (Hg.), Vom Tafelbild zum
    Wandobjekt. Zum Sammlungsbestand des Museum der Moderne Salzburg, Bd. 1,
    Tafelband, Weitra 2005.

Institut Theresienstädter Initiative, Dokumentationsarchiv des österreichischen Wider-
    standes (Hg.), Theresienstädter Gedenkbuch. Österreichische Jüdinnen und Juden
    in Theresienstadt 1942–1945. Prag 2005.

Clemens JABLONER, Brigitte BAILER-GALANDA, Eva BLIMLINGER, Georg GRAF, Robert KNIGHT, Lorenz MIKOLETZKY, Bertrand PERZ, Roman SANDGRUBER, Karl STUHLPFARRER und Alice TEICHOVA, Schlussbericht der Historikerkommission der Republik Österreich (= Veröffentlichungen der Österreichischen Historikerkommission. Vermögensentzug während der NS-Zeit sowie Rückstellungen und Entschädigungen seit 1945 in Österreich, Bd. 1), Wien-München 2003.

Michael JOHN, Oberösterreichisches Landesmuseum 1938–1955. ‚Sonderauftrag Linz‘ und ‚Collecting Point‘. Aspekte des Vermögensentzugs von Kunstwerken (-gegenständen) und der Restitution in Oberösterreich. Endbericht, Linz 2007.

Roswitha JUFFINGER, Gerhard PLASSER, Salzburger Landessammlungen 1939–1955, Salzburg 2007.

Alois KERNBAUER, Die institutionelle Entwicklung des Englischunterrichts bzw. des Instituts für Anglistik an der Universität Graz vor dem Hintergrund der Entwicklung des Faches an den Universitäten der Habsburgermonarchie, in: Alwin FILL, Alois KERNBAUER (Hg.), 100 Jahre Anglistik an der Universität Graz. Graz 1993 (Publikationen aus dem Archiv der Universität Graz, 27), S. 40–147.

Gert KERSCHBAUMER, Meister des Verwirrens. Die Geschäfte des Kunsthändlers Friedrich Welz, (= Bibliothek des Raubes, Bd. V) Wien 2000.

Gert KERSCHBAUMER, Gutgläubiger Erwerb oder institutionelle Habgier?, in: Gabriele ANDERL, Alexandra CARUSO (Hg.), NS-Kunstraub in Österreich und die Folgen, Innsbruck-Wien-Bozen 2005, S. 159–170.

Birgit KIRCHMAYR, Friedrich BUCHMAYR, Michael JOHN, Geraubte Kunst in Oberdonau. (= Oberösterreich in der Zeit des Nationalsozialismus 6). Linz 2007.

Wilfried KIRSCHL, Albin Egger Lienz. Das Gesamtverzeichnis, Wien 1996.

Wilfried KIRSCHL, Martin KOFLER, Provenienzbericht „Sammlung Albin Egger-Lienz" im Museum Schloss Bruck bei Lienz (unveröffentlichter Endbericht) Juni 2002.

Susanne KNACKMUß, Die Wiener Universitätsbibliothek im Zeitraum 1930–1945. Untersuchungen zur Erwerbungs- und Benutzungspraxis, Diplomarbeit, Humboldt-Universität Berlin, 1992.

Martin KOFLER, Albin Egger-Lienz und Osttirol. Die Sammlung im „Museum der Stadt Lienz Schloss Bruck" zwischen Aufbau und Restitution (1938 bis zur Gegenwart), in: Gabriele ANDERL, Alexandra CARUSO (Hg.), NS-Kunstraub in Österreich und die Folgen, Innsbruck-Wien-Bozen 2005, S. 131–144.

Stephan KOJA, Andreas KUGLER, „Ich glaube aber, es dem Andenken meines treu-
en Freundes Klimt schuldig zu sein …". Die beiden Portraits der Adele Bloch von
Gustav Klimt, in: Belvedere. Zeitschrift für bildende Kunst, Sonderband Gustav
Klimt, Wien 2007, S. 168–191.

Fritz KOLLER, Das Inventarbuch der Landesgalerie Salzburg 1942–1944, Salzburg 2000.

Rechtsgutachten des Kompetenzzentrums für Kunst- und Kulturrecht im Auftrag des
Bundesministeriums für Bildung, Wissenschaft und Kultur zu. „Die Restitutionsgesetzgebung anderer europäischer Staaten im Vergleich zur Regelung in Österreich
durch das 181. Bundesgesetz: Rückgabe von Kunstgegenständen aus den österreichischen Bundesmuseen und Sammlungen BGBl I 1998/181 vom 4. Dez. 1998,
Graz 2004.

Raoul KORTY, Franz Joseph I. in 100 Bildern, Wien 1935.

Serhij KOT, Kiever Knoten. Restitution zwischen der Ukraine, Deutschland, Russland
und Polen, in: Kunst im Konflikt. Kriegsfolgen und Kooperationsfelder in Europa,
Osteuropa, 56. Jg./Heft 1–2/Januar – Februar 2006, S. 287–300.

Hadwig KRÄUTLER, Gerbert FRODL (Hg.), Das Museum. Spiegel und Motor kulturpolitischer Visionen. 1903–2003. 100 Jahre Österreichische Galerie Belvedere,
Wien 2004.

Ernst KRENEK, Im Atem der Zeit, München 1999.

Beatrix KRILLER, Georg KUGLER, Das Kunsthistorische Museum. Die Architektur
und Ausstattung. Idee und Wirklichkeit des Gesamtkunstwerks, Wien 1992.

Isabella KROIS, Die Restitution von Kunst- und Kulturgütern am Fall der Familie
Rothschild aus zeithistorischer und rechtlicher Sicht, Wien 2000.

Markus KRZOSKA, Ostforschung, in: Ingo HAAR, Michael FAHLBUSCH (Hg.),
Handbuch der völkischen Wissenschaften. Personen – Institutionen – Forschungsprogramme – Stiftungen, München 2008, S. 452–463.

Georg Johannes KUGLER, Die Wagenburg in Schönbrunn. Hofwagenburg, Reiche
Sattel- und Geschirrkammer der Kaiser von Österreich, Graz 1977.

Kunsthistorisches Museum – Museum für Völkerkunde – Österreichisches Theatermuseum (Hg.), Jahresbericht 2006, Wien 2006.

Norbert KUNZ, Die Krim unter deutscher Herrschaft 1941–1944, Darmstadt 2005.

Jakob KURZ, Kunstraub in Europa. 1938–1945, Hamburg 1989.

Karin LEITNER, The Restitution Homepage of the Landesmuseum Joanneum and a
cooperation project, in: Spoils of War. Special Edition Magdeburg Conference
2001, Magdeburg 2002, S. 54–56.

Leopold Museum (Hg.), Albin Egger-Lienz. 1868–1926, Wien 2008.

Alphons LHOTSKY, Die Geschichte der Sammlungen (Festschrift des Kunsthistorischen Museums zur Feier des fünfzigjährigen Bestandes. Zweiter Teil, Bd. 1–2) Wien 1941–1945.

Albert LICHTBLAU, „Arisierungen", beschlagnahmte Vermögen, Rückstellungen und Entschädigungen in Salzburg. (= Veröffentlichungen der Österreichischen Historikerkommission Vermögensentzug während der NS-Zeit sowie Rückstellungen und Entschädigungen seit 1945 in Österreich, Bd. 17,2) Wien-München 2004.

Sophie LILLIE, Was einmal war. Handbuch der enteigneten Kunstsammlungen Wiens (= Bibliothek des Raubes, Bd. VIII), Wien 2003.

Sophie LILLIE, Georg GAUGUSCH, Portrait of Adele Bloch-Bauer, New York 2006.

Peter LINIMAYR, Wiener Völkerkunde im Nationalsozialismus. Europäische Hochschulschriften, Reihe XIX, Bd. 42, Frankfurt/M.-Berlin-Bern-New York-Paris-Wien 1994.

Hanns Christian LÖHR, Das Braune Haus der Kunst. Hitler und der „Sonderauftrag Linz". Visionen, Verbrechen, Verluste, Berlin 2005.

Sabine LOITFELLNER: Die Rolle der „Verwaltungsstelle für jüdisches Umzugsgut der Geheimen Staatspolizei" (Vugesta) im NS-Kunstraub, in: Gabriele ANDERL, Alexandra CARUSO (Hg.), NS-Kunstraub in Österreich und die Folgen. Innsbruck-Wien-Bozen 2005, S. 110–120.

Eleonora LOUIS, Susanne ROLINEK (Hg.), Vom Tafelbild zum Wandobjekt, Zum Sammlungsbestand des Museum der Moderne Salzburg, Bd. 2, Bestandskatalog, Weitra 2006.

Stefan August LÜTGENAU, Alexander SCHRÖCK, Sonja NIEDERACHER, Zwischen Staat und Wirtschaft. Das Dorotheum im Nationalsozialismus, Wien-München 2006.

Piotr MADAJCZYK, Generalplan Ost, in: Ingo HAAR, Michael FAHLBUSCH (Hg.), Handbuch der völkischen Wissenschaften. Personen – Institutionen – Forschungsprogramme – Stiftungen, München 2008, S. 187–193.

Alma MAHLER-WERFEL, Mein Leben, Frankfurt/M. 1963.

Peter MALINA, Die Gestapo als Bücherlieferant. Vorläufige Ergebnisse der Provenienzforschung an der Universitätsbibliothek Wien, in: Mitteilungen der Gesellschaft für Buchforschung in Österreich 2006-2, S. 30–41.

Klaus-Michael MALLMANN, Der qualitative Sprung im Vernichtungsprozess. Das Massaker von Kamenez-Podolsk Ende August 1941, in: Jahrbuch für Antisemitismusforschung 10, Frankfurt/M.-New York 2001, S. 239–264.

Monika MAYER, Zur Provenienzforschung am Beispiel der Österreichischen Galerie Belvedere, in: Hadwig KRÄUTLER, Gerbert FRODL (Hg.), Das Museum. Spiegel und Motor kulturpolitischer Visionen. 1903–2003. 100 Jahre Österreichische Galerie Belvedere, Wien 2004, S. 255–274.

Monika MAYER, Bruno Grimschitz und die Österreichische Galerie 1938–1945. Eine biographische Annäherung im Kontext der aktuellen Provenienzforschung, in: Gabriele ANDERL, Alexandra CARUSO (Hg.), NS-Kunstraub in Österreich und die Folgen, Innsbruck-Wien-Bozen 2005, S. 59–79.

Franz-Stefan MEISSEL, Julia JUNGWIRTH, Moralisch verständlich, aber rechtlich nichts zu machen? Munchs „Sommernacht am Strand" vor dem Kunstrückgabebeirat, in: Verena PAWLOWSKY, Harald WENDELIN (Hg.), Enteignete Kunst. Raub und Rückgabe – Österreich von 1938 bis heute, Wien 2006, S. 104–121.

Alexander MEJSTRIK, Therese GARSTENAUER, Peter MELICHAR, Alexander PRENNINGER, Christa PUTZ, Sigrid WADAUER, Berufsschädigungen in der nationalsozialistischen Neuordnung der Arbeit. Vom österreichischen Berufsleben 1934 zum völkischen Schaffen 1938–1940 (= Veröffentlichungen der Österreichischen Historikerkommission. Vermögensentzug während der NS-Zeit sowie Rückstellungen und Entschädigungen seit 1945 in Österreich, Bd. 16), Wien-München 2004.

Harald MITTERMANN, Die Neusystematisierung der sprachwissenschaftlichen Bestände an der IB Anglistik und Amerikanistik in Wien. Bibliothekarische Hausarbeit, Wien 1982.

Carl MOLL, Mein Leben, Typoscript, Wien 1943.

Christiane MÜHLEGGER-HENHAPEL, Die Sammlung als Denkmal: Joseph Gregor und das Österreichische Theatermuseum. in: dies. (Hg.), Joseph Gregor. Gelehrter – Dichter – Sammler. Schriftenreihe des Österreichischen Theatermuseums Bd. 1, Frankfurt/M. 2006, S. 33–45.

Museum für Völkerkunde in Wien (Hg.), Das Museum für Völkerkunde in Wien, Salzburg-Wien 1980.

Tobias G. NATTER, Die Galerie Miethke. Eine Kunsthandlung im Zentrum der Moderne, Ausstellungskatalog, Jüdisches Museum Wien 2003/2004.

Tobias G. NATTER, Gerbert FRODL, Carl Moll (1861–1945), Ausstellungskatalog Belvedere Wien 1998.

Lynn H. NICHOLAS, Der Raub der Europa. Das Schicksal europäischer Kunstwerke im Dritten Reich, München 1995.

Jeremy NOAKES, Wohin gehören die „Judenmischlinge"? Die Entstehung der ersten Durchführungsverordnungen zu den Nürnberger Gesetzen, in: Ursula BÜTTNER (Hg.), Das Unrechtsregime. Internationale Forschung über den Nationalsozialismus, Bd. 2: Verfolgung – Exil – Belasteter Neubeginn, Hamburg 1986, S. 69–89.

Fritz NOVOTNY, Johannes DOBAI, Gustav Klimt, Salzburg 1961.

Eugeniusz NOWAK, Wissenschaftler in turbulenten Zeiten. Erinnerungen an Ornithologen, Naturschützer und andere Naturkundler, Schwerin 2005.

Oberösterreichisches Landesmuseum (Hg.), Rückgabe von Kunstgegenständen, die während der NS-Ära in das Oberösterreichische Landesmuseum gelangten. Endbericht vom 30.4.1999, ergänzt und erweitert im Jänner 2000, maschinschriftlicher Bericht, Linz 2000.

Österreichische Gesellschaft für historische Quellenstudien (Hg.) „Right or wrong-my country!" Protokolle des Kabinettsrates 17. Juli 1945 bis 5. September 1945 der Provisorischen Regierung Karl Renner 1945, Bd. 2 Wien 1999, S. 328–336.

Michael PAMMER, Die Rückstellungskommission beim Landesgericht für Zivilrechtssachen Wien. Die Verfahren vor den österreichischen Rückstellungskommissionen. Wien-München 2002 (= Veröffentlichungen der Österreichischen Historikerkommission. Vermögensentzug während der NS-Zeit sowie Rückstellungen und Entschädigung seit 1945 in Österreich, Bd. 4/1), Wien-München 2002.

Michael PAMMER, Jüdische Vermögen in Wien 1938. (= Veröffentlichungen der Österreichischen Historikerkommission. Vermögensentzug während der NS-Zeit sowie Rückstellungen und Entschädigung seit 1945 in Österreich, Bd. 8), Wien-München 2003.

Verena PAWLOWSKY, Erweiterung der Bestände. Die Anthropologische Abteilung des Naturhistorischen Museums 1938–1945, in: zeitgeschichte 32. Jg., H. 2, 2005, S. 69–90.

Verena PAWLOWSKY, Harald WENDELIN (Hg.), Enteignete Kunst. Raub und Rückgabe – Österreich von 1938 bis heute, Bd. 3, Wien 2006.

Jonathan PETROPOULOS, Kunstraub und Sammelwahn: Kunst und Politik im Dritten Reich, Berlin 1999.

Barbara PLANKENSTEINER, Endstation Museum. Österreichische Afrikareisende sammeln Ethnographika, in: Walter SAUER (Hg.), k. u. k. kolonial. Habsburgermonarchie und europäische Herrschaft in Afrika, Wien 2001, S. 257–288.

Barbara PLANKENSTEINER, „Völlige Fühllosigkeit dem Künstlerischen gegenüber …" Der Streit um den „asiatischen Kunstsaal" anlässlich der Neueröffnung des Museums für Völkerkunde in Wien im Jahre 1928, in: Archiv für Völkerkunde (Hg.: Verein „Freunde der Völkerkunde"/Museum für Völkerkunde Wien), 53 (2003), S. 1–26.

Gerhard PLASSER, Landesbewusstsein und „Raubkunst". Eine Verlustgeschichte, in: Kunstgeschichte, Mitteilungen des Verbandes österreichischer Kunsthistorikerinnen und Kunsthistoriker, Tagungsband 12. österreichischer Kunsthistorikertag zum Thema: Im Netzwerk: Kunst-Kunstgeschichte-Politik, Jahrgang 20/21, Salzburg 2003/2004, S. 46–49.

Gerhard PLASSER, Karrieren von Salzburger Museumsfachleuten während der NS-Zeit, in: Ingrid BAUER, Helga EMBACHER, Ernst HANISCH, Albert LICHTBLAU, Gerald SPRENGNAGEL (Hg.), Kunst, Kommunikation, Macht. Sechster Österreichischer Zeitgeschichtetag 2003, Innsbruck-Wien 2004, S. 130–136.

Gerhard PLASSER, Untersuchung und Dokumentation von Gemälderückseiten am Beispiel der Landesgalerie Salzburg, in: Gabriele ANDERL, Alexandra CARUSO (Hg.), NS-Kunstraub in Österreich und die Folgen, Innsbruck-Wien-Bozen 2005, S. 259–277.

Gerhard PLASSER, Susanne ROLINEK, Provenienzforschung an Salzburger Museen, in: Neues Museum. Die österreichische Museumszeitschrift, Heft 05/3, Oktober 2005, S. 25–31.

Dieter POHL, Schauplatz Ukraine: Der Massenmord an den Juden im Militärverwaltungsgebiet und im Reichskommissariat 1941–1943, in: Norbert FREI, Sybille STEINBACHER, Bernd WAGNER, Ausbeutung, Vernichtung, Öffentlichkeit. Neue Studien zur nationalsozialistischen Lagerpolitik, München 2000, S. 135–173.

Bernhard PURIN, Beschlagnahmt. Die Sammlung des Wiener Jüdischen Museums nach 1938, Wien 1995.

Manfried RAUCHENSTEINER, Die Besatzungszeit in Österreich. 1945–1955, Graz, Wien 1995.

Manfried RAUCHENSTEINER, Phönix aus der Asche. Zerstörung und Wiederaufbau des Heeresgeschichtlichen Museums 1944–1955, Wien 2005.

Brigitte REIFFENSTEIN, Zu den Anfängen des Englischunterrichts an der Universität Wien und zur frühen wissenschaftlichen Anglistik in Wien, in: Otto RAUCHBAUER (Hg.), A yearbook of studies in english language and literature 1985/86. Festschrift für Siegfried Korninger, Wien 1986 (= Wiener Beiträge zur englischen Philologie 80), S. 163–185.

Christa RIEDL-DORN, Das Haus der Wunder. Zur Geschichte des Naturhistorischen Museums in Wien, Wien 1998.

Elise RICHTER, Summe des Lebens. Hg. vom Verband der Akademikerinnen Österreichs, Wien 1997.

Wilhelm Georg RIZZI, Ernst Bacher (1935–2005), ÖZKD Jg. LIX, 2005, Heft 1, S. 7–8.

Arthur ROESSLER, Gustav PISKO, Ferdinand Georg Waldmüller, sein Leben, sein Werk und seine Schriften, Wien 1908.

Susanne ROLINEK, „Eine moderne Galerie…". Zur Vorgeschichte des Museum der Moderne Salzburg und zur Rolle des Kunsthändlers Friedrich Welz, in: Agnes HUSSLEIN, Eleonora LOUIS, Susanne ROLINEK (Hg.), Vom Tafelbild zum Wandobjekt. Zum Sammlungsbestand des Museum der Moderne Salzburg, Weitra 2005, S. 8–13.

Dirk RUPNOW, Täter, Gedächtnis, Opfer. Das Jüdische Zentralmuseum in Prag 1942–1945, Wien 2000.

Dirk RUPNOW, Aporien des Gedenkens. Reflexionen über Holocaust und Erinnerung, Freiburg/Br. 2006.

Dirk RUPNOW, Judenforschung, in: Ingo HAAR, Michael FAHLBUSCH (Hg.), Handbuch der völkischen Wissenschaften. Personen – Institutionen – Forschungsprogramme – Stiftungen, München 2008, S. 312–322.

Hans SAFRIAN, Beschleunigung der Beraubung und Vertreibung. Zur Bedeutung des „Wiener Modells" für die antijüdische Politik des „Dritten Reiches" im Jahr 1938, in: Constantin GOSCHLER, Jürgen LILLTEICHER (Hg.), Arisierung und Restitution. Die Rückerstattung jüdischen Eigentums in Deutschland und Österreich nach 1945 und 1989, Frankfurt/M. 2003, S. 61–89.

August SARNITZ, Josef Hoffmann, Köln 2007.

Michael SCHIESTL, Geschichte der Judenburger Juden. Von der Wiederansiedlung im 19. Jahrhundert bis 1938, in: Gerald LAMPRECHT (Hg.), Jüdisches Leben in der Steiermark. Marginalisierung, Auslöschung, Annäherung, (= Schriften des Centrums für Jüdische Studien, hrsg. v. Klaus Hödl, Bd. 5), Innsbruck-Wien-München-Bozen 2004, S. 93–125.

Schloss Bruck in Lienz (Hg.), Museum des Reichsgaues Kärnten / Kulturabteilung des Reichspropagandaamtes Kärnten, Klagenfurt 1943.

Gunnar SCHNABEL, Monika TATZKOW, Nazi Looted Art. Handbuch Kunstrestitution weltweit, Berlin 2007.

Birgit SCHWARZ, Hitlers Museum. Die Fotoalben Gemäldegalerie Linz: Dokumente zum „Führermuseum", Wien-Köln-Weimar, 2004.

Werner J. SCHWEIGER, Der junge Kokoschka. Kunstgewerbeschule, Wiener Werkstätte, Cabaret Fledermaus, Kunstschau 1908, Wien 1983.

Renate SEEBAUER, Frauen, die Schule machten, Wien 2007.

Astrid SEELE, Alma Mahler-Werfel, Hamburg 2005.

Bruno SIMMA, Hans-Peter FOLZ, Restitution und Entschädigung im Völkerrecht (= Veröffentlichungen der Österreichischen Historikerkommission. Vermögensentzug während der NS-Zeit sowie Rückstellungen und Entschädigungen seit 1945 in Österreich, Bd. 6), Wien-München 2004.

Craig Hugh SMYTH, Repatriation of Art from the Collecting Point in Munich after World War II, Maarssen 1988.

Heinz SPIELMANN, Oskar Kokoschka. Leben und Werk, Köln 2003.

Wolfgang STÄBLER (Red.), Kulturgutverluste, Provenienzforschung und Restitution. Sammlungsgut mit belasteter Herkunft in Museen, Bibliotheken und Archiven (Museumsbausteine 10), München-Berlin 2007.

Hubert STEINER, Christian KUCSERA, Recht als Unrecht. Quellen zur wirtschaftlichen Entrechtung der Wiener Juden durch die NS-Vermögensverkehrsstelle, unveröffentlichter Bericht, Wien 1993.

Mary STEINHAUSER, Dokumentationsarchiv des österreichischen Widerstandes (Hg.), Totenbuch Theresienstadt. Damit sie nicht vergessen werden. Erweiterte Auflage, Wien 1987.

Volker Michael STROCKA (Hg.), Kunstraub – ein Siegerrecht? Historische Fälle und juristische Einwände, Berlin 1999.

Edith STUMPF-FISCHER, Wie überlebt man „finstere Zeiten"? 5 Bibliothekarinnen, 5 Antworten, in: Ilse KOROTIN (Hg.), Österreichische Bibliothekarinnen auf der Flucht. Verfolgt, verdrängt, vergessen? Wien 2007 (= biografiA, Neue Ergebnisse der Frauenbiografieforschung, 4), S. 15–47.

Gloria SULTANO, Patrick WERKNER, Oskar Kokoschka: Kunst und Politik 1937–1950, Wien 2003.

Emmerich TÁLOS, Von der Liquidierung der Eigenstaatlichkeit zur Etablierung der Reichsgaue in der „Ostmark", in: Emmerich TALOS, Ernst HANISCH, Wolfgang NEUGEBAUER, Reinhard SIEDER (Hg.): NS-Herrschaft in Österreich. Ein Handbuch, Wien 2002, S. 55–72.

Maria TESCHLER-NICOLA, Margit BERNER, Die Anthropologische Abteilung des

Naturhistorischen Museums in der NS-Zeit. Berichte und Dokumentation von Forschungs- und Sammlungsaktivitäten 1938–1945, in: Senatsprojekt der Universität Wien. Untersuchungen zur Anatomischen Wissenschaft in Wien 1938–1945, Wien 1998.

Werner THUSWALDNER, Ein Ort für die neue Kunst: Das Rupertinum, Sonderdruck „Moderne Galerie und Graphische Sammlung Rupertinum in Salzburg" in: Das Salzburger Jahr 1977/1978, o. S.

Hans TIETZE, Carl Moll zum 60. Geburtstag, Wien 1921.

Ernst TRENKLER, Die Nationalbibliothek (1923–1967), (= Josef STUMMVOLL, Rudolf FIEDLER (Hg.), Geschichte der Österreichischen Nationalbibliothek (2 Bde., Wien 1968–1973, Bd. 2) (= Museion, Veröffentlichungen der Österreichischen Nationalbibliothek, N.F. Reihe 2, Bd. 3, Teil 2), Wien 1973.

Thomas TRENKLER, Der Fall Rothschild: Chronik einer Enteignung, Wien 1999.

Thomas TRENKLER, Das Gieren nach Albin Egger-Lienz am Beispiel der Sammlungen Bernhard Altmann und Georg Duschinsky, in Gabriele ANDERL, Alexandra CARUSO (Hg.), NS-Kunstraub in Österreich und die Folgen. Innsbruck-Wien-Bozen 2005, S. 145–158.

Gert TSCHÖGL, Barbara TOBLER, Alfred LANG (Hg.), Vertrieben. Erinnerungen burgenländischer Juden und Jüdinnen, Wien 2004.

Gerd UEBERSCHÄR, Die Deutsche Reichspost 1933–1945. Eine politische Verwaltungsgeschichte, Bd. 2 (1939–1945), Berlin 1999.

Stephan VEROSTA, Die internationale Stellung Österreichs 1938–1945. Eine Sammlung von Erklärungen und Verträgen aus den Jahren 1938 bis 1947. Wien 1947.

Vanessa-Maria VOIGT, Kunsthändler und Sammler der Moderne im Nationalsozialismus. Die Sammlung Sprengel 1934 bis 1945, Berlin 2007.

Joseph WALK (Hg.), Das Sonderrecht für die Juden im NS-Staat. Eine Sammlung der gesetzlichen Maßnahmen und Richtlinien – Inhalt und Bedeutung, Heidelberg 1996.

Tina WALZER, Stefan TEMPEL, Unser Wien. „Arisierung" auf österreichisch, Berlin 2001.

August WALZL, Die Juden in Kärnten und das Dritte Reich, Klagenfurt 1987.

Alfred WEIDINGER, Kokoschka und Alma Mahler, München 1996.

Leonhard WEIDINGER, Das goldene Wienerherz. Über den musealen Umgang mit dem NS-Kunstraub, in: Martin SCHEUTZ, Vlasta VALES (Hg.), Wien und seine

WienerInnen. Ein historischer Streifzug durch Wien über die Jahrhunderte, Wien-Köln-Weimar 2007, S. 297–314.

Barbara WEIDLE, Ursula SEEBER, Anna Mahler – Ich bin in mir selbst zu Hause, Bonn 2004.

Margot WERNER, Provenienzbericht der Österreichischen Nationalbibliothek an die Kommission für Provenienzforschung, Wien 2003.

Margot WERNER, Michael WLADIKA, Die Tätigkeit der Sammelstellen (= Veröffentlichungen der Österreichischen Historikerkommission. Vermögensentzug während der NS-Zeit sowie Rückstellungen und Entschädigungen seit 1945 in Österreich, Bd. 28), Wien-München 2004.

Berndt W. WESSLING, Alma, München 2001.

H. WIESENEDER, Herman Michel zum Gedenken, in: Annalen des Naturhistorischen Museums, 88 (1987), S. 253–263.

Hans Maria WINGLER, Oskar Kokoschka. Das Werk des Malers, Salzburg 1956.

Johann WINKLER, Katharina EHRLING, Oskar Kokoschka. Die Gemälde. 1906–1929, Salzburg 1995.

Christian WITT-DÖRRING, Die Lust am Objekt. Sammeln für das Österreichische Museum, in: Peter NOEVER (Hg.), Tradition und Experiment. Das Österreichische Museum für angewandte Kunst, Wien. Salzburg-Wien 1988, S. 48–54.

Michael WLADIKA, Die acht gotischen Bildtafeln des Univ. Prof. Dr. Victor Blum, in: Gabriele ANDERL, Alexandra CARUSO (Hg.), NS-Kunstraub in Österreich und die Folgen, Innsbruck-Wien-Bozen 2005, S. 247–258.

Michael WLADIKA, „Ersuche ich daher, … in keiner Weise Frau Alma Mahler-Werfel entgegenzukommen." Alma Mahler-Werfel im Rechtsstreit mit der Republik Österreich, in: Verena PAWLOWSKY, Harald WENDELIN (Hg.), Enteignete Kunst. Raub und Rückgabe – Österreich von 1938 bis heute, Bd. 3, Wien 2006, S. 79–103.

Kurt WOISETSCHLÄGER, Karl Garzarolli-Thurnlackh zum Gedenken, in: Jahresbericht 1993, Steiermärkisches Landesmuseum Joanneum (Hg.), Neue Folge 23, Graz 1994, S. 125–130.

Anja ZECHNER, Kunstraub. „Beute-Kunst", Dipl. Arb. Akademie der Bildenden Künste Wien 1997.

Ingo ZECHNER, Zweifelhaftes Eigentum. Fußnoten zur Kunstrestitution in Österreich, in: Gabriele ANDERL, Alexandra CARUSO (Hg.), NS-Kunstraub in Österreich und die Folgen, Innsbruck-Wien-Bozen 2005, S. 235–246.

Ingo ZECHNER, Wie Entscheidungen fallen – Kunstrestitution in der Praxis, in: Verena PAWLOWSKY, Harald WENDELIN (Hg.), Enteignete Kunst. Raub und Rückgabe – Österreich von 1938 bis heute, Bd. 3, Wien 2006, S. 209–220.

Margit ZUCKRIEGL, Das Museum der Moderne Salzburg. Eine junge Sammlung mit Chancen und Visionen, in: Agnes HUSSLEIN, Eleonora LOUIS, Susanne ROLINEK (Hg.), Vom Tafelbild zum Wandobjekt. Zum Sammlungsbestand des Museum der Moderne Salzburg, Weitra 2005, S. 14–17.

Restitutionsberichte:

Restitutionsbericht 1998/1999. Bericht der Bundesministerin für Unterricht und kulturelle Angelegenheiten an den Nationalrat über die Rückgabe von Kunstgegenständen aus den Österreichischen Bundesmuseen und Sammlungen gemäß § 2 Abs. 3 des Bundesgesetzes BGBl. I 181/1998.

Restitutionsbericht 1999/2000. 2. Bericht der Bundesministerin für Bildung, Wissenschaft und Kultur an den Nationalrat über die Rückgabe von Kunstgegenständen aus den Österreichischen Bundesmuseen und Sammlungen.

Restitutionsbericht 2000/2001. 3. Bericht der Bundesministerin für Bildung, Wissenschaft und Kultur an den Nationalrat über die Rückgabe von Kunstgegenständen aus den Österreichischen Bundesmuseen und Sammlungen.

Restitutionsbericht 2001/2002. 4. Bericht der Bundesministerin für Bildung, Wissenschaft und Kultur an den Nationalrat über die Rückgabe von Kunstgegenständen aus den Österreichischen Bundesmuseen und Sammlungen.

Restitutionsbericht 2002/2003. 5. Bericht der Bundesministerin für Bildung, Wissenschaft und Kultur an den Nationalrat über die Rückgabe von Kunstgegenständen aus den Österreichischen Bundesmuseen und Sammlungen.

Restitutionsbericht 2003/2004. 6. Bericht der Bundesministerin für Bildung, Wissenschaft und Kultur an den Nationalrat über die Rückgabe von Kunstgegenständen aus den Österreichischen Bundesmuseen und Sammlungen.

Restitutionsbericht 2005/2006. 7. Bericht der Bundesministerin für Bildung, Wissenschaft und Kultur an den Nationalrat über die Rückgabe von Kunstgegenständen aus den Österreichischen Bundesmuseen und Sammlungen.

Mitglieder der Kommission für Provenienzforschung in den (ehemaligen) Bundesmuseen, der Österreichischen Nationalbibliothek und im Büro der Kommission

Dr. Gabriele	Anderl	Museum für Völkerkunde	seit 2005
Dr. Ernst	Bacher	Leiter der Kommission	1998–2005
Dr. Ilsebill	Barta	Bundesmobilienverwaltung	seit 1998
Dr. Christoph	Bazil	Leiter der Kommission	seit 2008
Marietta	Behnoush	Büro der Kommission	2003–2005
Dr. Veronika	Birke	Albertina	1998
Mag. Eva	Blimlinger	wissenschaftliche Koordination	seit 2008
Mag. Andrea	Brenner	Patholog.-anatom. Bundesmuseum	2002–2006
Dr. Theodor	Brückler	Büro der Kommission	1998–2001
Mag. Alexandra	Caruso	Büro der Kommission	seit 2006
Mag. Ildiko	Cazan	Museum für Völkerkunde	seit 1998
Dr. Wolfgang	Drechsler	MUMOK	seit 2002
Dr. Hanna	Egger	MAK	1998–2000
Mag. Ilse	Eichberger	Österreichisches Theatermuseum	seit 2006
Mag. Manuela	Fellner	Technisches Museum Wien	1998–2006
Lisa	Frank	Büro der Kommission	seit 2008
Dr. Rainald	Franz	MAK	seit 2000
Dr. Werner	Fürnsinn	Leiter der Kommission	2005–2007
Mag. Thomas	Geldmacher	(Österreichische Galerie) Belvedere	2005–2007
Mag. Katinka	Gratzer	Belvedere	seit 2007
Carina	Grausenburger	Österreichische Nationalbibliothek	2001
Dr. Lydia	Gröbl	Kunsthistorisches Museum	1998–2007
Dr. Maren	Gröning	Albertina	seit 1998
Dr. Gerlinde	Gruber	Albertina	2001
Christina	Gschiel	MAK	2007
Mag. Franz	Gutsch	Naturhistorisches Museum	2000
Mag. Christoph	Hatschek	Heeresgeschichtliches Museum	seit 1998
Dr. Herbert	Haupt	Kunsthistorisches Museum	seit 1998
Dr. Dieter J.	Hecht	Naturhistorisches Museum	seit 2005
Mag. Christina	Höfferer	Österreichisches Theatermuseum	2007

Mag. Lothar	Hölbing	Heeresgeschichtliches Museum	1998–1999
Dr. Robert	Holzbauer	Büro der Kommission	1998–2003
Dr. Eva	Irblich	Österreichische Nationalbibliothek	1998–2001
Mag. Martina	Jäger	Österreichisches Theatermuseum	seit 2007
Mag. Dr. Christian	Klösch	Technisches Museum Wien	seit 2005
Mag. Julia	König	MAK	1998–2005
Margit	Krpata	Museum für Völkerkunde	2001–2005
Mag. Dr. Oliver	Kühschelm	Technisches Museum Wien	2005–2007
Dr. Edwin	Lachnit	Museum moderner Kunst	1998–2002
Dr. Helmut	Lackner	Technisches Museum Wien	seit 2005
Dr. Monika	Löscher	Museum für Völkerkunde	1998–2000
Mag. Stefan	Lütgenau	Österreichisches Theatermuseum	seit 2007
Mag. Monika	Mayer	(Österreichische Galerie) Belvedere	seit 1998
Dr. Christiane	Mühlegger-Henhapel	Österreichisches Theatermuseum	2001
Mag. Karin	Neuwirth	Österreichisches Theatermuseum	seit 2001
Dr. Peter	Nics	Österreichisches Theatermuseum	1998–2001
Silvia	Niederhuber	Büro der Kommission	1998–2002
Mag. Ulrike	Nimeth	Büro der Kommission	seit 2000
Dr. Beatrix	Patzak	Patholog.-anatom. Bundesmuseum	1998–2006
Dr. Franz	Pichorner	Kunsthistorisches Museum	seit 2008
Robert	Pils	Naturhistorisches Museum	2003–2004
Mag. Barbara	Pilz	Technisches Museum Wien	1998–2006
Dr. Herbert	Posch	Bundesmobilienverwaltung	1998–1999
Mag. Bernadette	Reinhold	Büro der Kommission	1998–2008
Edith	Reinwald	Naturhistorisches Museum	1998
Mag. Christa	Riedl-Dorn	Naturhistorisches Museum	seit 1998
Mag. Dagmar	Sachsenhofer	Österreichische Galerie Belvedere	2002–2005
Anneliese	Schallmeiner	Büro der Kommission	seit 1998
Mag. Heinz	Schödl	Büro der Kommission	2005–2007
Irene	Skodler	Büro der Kommission	seit 2002
Mag. Marion	Stadlober-Degwerth	Patholog.-anatom. Bundesmuseum	1998–2001
Mag. Anita	Stelzl-Gallian	Büro der Kommission	seit 1999
Gerhard	Straßgschwandtner	Naturhistorisches Museum	1998–1999
Mag. Dr. Elisabeth	Strömmer	Österreichisches Theatermuseum	2005–2006

Dr. Barbara	von der Heiden-Kopf	Museum moderner Kunst	1998
Mag. Stefan	Wagner	Naturhistorisches Museum	1998–2001
Mag. Leonhard	Weidinger	MAK	seit 2005
Mag. Margot	Werner	Österreichische Nationalbibliothek	seit 2002
Anna	Zschokke	Österreichische Nationalbibliothek	2002
Dr. Katharina	Zwiauer	Naturhistorisches Museum	1998–2000

Personenregister

Abels, Hans 174
Adam, Franz 97
Adams, John Quincy 39
Adensamer, Wolfgang 180, 185, 435
Agricola, Carl 362, 366
Aigner, Karl 445
Alker, Stefan 281
Alt, Franz 319, 367
Alt, Rudolf von 97, 272, 360, 362, 364–366
Altmann, Bernhard 103, 268, 272, 378–381
Altmann, Maria 57
Altschul, Adolph (genannt Adular) 289
Amato, Alfonse M. d' 36, 37
Amerling, Friedrich 105, 360
Anderl, Gabriele 37, 68, 96, 97, 112, 168,
    172, 437, 474
Angeli, Heinrich 39
Ankwicz (-Kleehoven), Hans 418, 419, 428
Aretz, Gertrude 400
Arlt, Thomas 333
Arz von Straußenburg, Arthur 398
Asch, Schalom 433
Askonas, Carl 139, 141
Attems, Ignaz Maria Graf von 329
Augustin, Ludwig 420
Auspitz, Stefan 272, 273

Baar, Leopold 436
Bach, Alice 103
Bach, Carl 103
Bacher, Ernst 36, 37, 40, 42, 45, 54–57,
    60–62, 67, 82, 184, 241, 242, 258, 309,
    370, 372, 374, 382
Baczewski, Max Leopold 221
Baier 180
Balaban, Meir 470
Baldass, Ludwig 414
Balkanyi, Waltraud 42
Balke, Franz 366, 368, 371
Barbasan-Laguerela, Mariano 484
Barnet, früher Horwitz, Anselm 221
Baroli, Elena 390

Barta (-Fliedl), Ilsebill 46, 117
Barth, Herbert 104
Baszel, Günter von 426
Bauer, Frieda 181
Bauer, Theodor 191, 192
Baumgartner, Walter 267
Bayer, Josef 431, 439
Bazil, Christoph 58, 189
Beckmann, Max 314, 315
Beer, Siegfried 265
Beer-Hofmann, Richard 272, 273
Beetz, Wilhelm 401–404, 409
Behnoush, Marietta 61
Beißer, Josef 434, 440
Belf, Albert Gaston 88
Bellini, Gentile 145
Bellini, Luigi 425
Benedek, Julie von 329
Benesch, Eva 86
Benesch, Otto 86, 87
Beninger 180, 184, 185, 439
Beninger, Eduard 184, 431, 432, 434–441
Berg, Alban 343
Berger, Anton 191
Berl, Luise 139
Bernatzik, Wilhelm 39
Berolzheimer, Michael 90
Bick, Josef 86, 205, 401
Biedermann, Gottfried 332
Bienenfeld, geb. Koppel, verw. Blauhorn,
    Auguste 272, 360–362, 368, 371, 372
Bilasch, P. M. 473
Binder, Dieter 265
Binder-Krieglstein, geb. Jäger, Monika 332,
    373
Birke, Veronika 36
Bittmann, Rudolf 90, 103, 378
Bittner, Georg 299, 303
Blaszczyk, Anita 267
Blau, Tina 347
Blauensteiner, Leopold 139
Blauhorn, Anneliese 361

Blauhorn, geb. Koppel, verh. Bienenfeld, Auguste 272, 361, 362

Blauhorn, Hans Georg 361, 370

Blauhorn, Josef 96, 104, 272, 360–364, 367, 369, 371–373

Blauhorn, Karl 361

Bleichsteiner, Robert 172, 460–461, 463

Blimlinger, Eva 17, 54, 58, 112, 123, 254, 373

Blitz, Hugo 103

Blitz, Malvine 103

Bloch-Bauer 13, 73, 85, 93, 94, 99, 103, 151, 323, 414, 416, 420, Palais 416

Bloch-Bauer, Adele 79, 93, 416

Bloch-Bauer, Ferdinand 38, 39, 57, 73, 90, 93, 99, 101, 103, 155, 272, 347, 349, 416, 417, 421, 428

Blum 363

Blum, Victor 274

Boeckl, Herbert 97, 311, 314, 316, 319

Böhler, Julius 424

Böhm, Julius 186, 191

Bokh, Leo 330

Bondi, Henry 26

Bondi-Jaray, Lea 34, 311

Bondy (auch Bondi), Oskar (auch Oscar) 21, 39, 99, 130–134, 139, 141, 145, 154, 272, 273, 302, 421

Bondy 45, 146, 302, 333

Bondy, Irma 189, 192

Bondy, Otto 325

Bondy, Walter 324, 325

Boos, Franz 194

Bormann, Martin 164

Braun, geb. Zirner, Gisela 160–163, 169

Braun, Jonas 161–163, 169

Braun, Otto 160, 161, 163, 169

Brauneis, Walther 265

Breicha, Otto 315

Breitner, Hugo 111, 112, 125

Brill, Livia 90

Brill, Otto 90, 378

Brückler, Theodor 37, 61

Brugger, Sandra 332, 341

Brunner, Katharina 370

Brunner, Otto 362, 370

Bstieler, Stephan 317

Buchsbaum, Herbert 113

Bürckel, Joseph 118

Buschbeck, Ernst 139, 416

Cahn-Speyer, Paul 154, 421

Cardarelli, Alexandra 308

Carolsfeld, Ludwig Schnorr 360, 362, 366, 371

Caruso, Alexandra 54, 56, 61

Cazan, Ildiko 36, 171

Chruschtschow, Nikita 472

Cook, James 164, 165

Corinth, Lovis 314, 319

Cunz, Vinzenz 399

Czartoryski 64

Czartoryski-Dzalinska, Izabella Elzbieta von 310

Czeczowicka, Caroline 90, 154

Czember, Eleonore 289

Czember, Lori 289

Czember, Stefan 289

Czernin, Hubertus 37, 38, 96, 174, 480, 494, 495

Czerny 385

Dahm, Friedrich 265

Danhauser, Josef 363, 366

Danhelovsky, Constantin 401

Danilowatz, Josef 104

Danilowatz, Maria 104

Danzer, Gudrun 332

Dauber, Friedrich 253

Dechant, Hans 361, 363–365, 367, 368, 371, 372

Decker, Andrew 25, 491, 493

Defregger, Franz 378

Dellbrügge, Hans 118

Demeter, Stefanie 174

Demus, Otto 363

Derain, Andre 319

Dermota, Anton 7

Dix, Otto 314, 315, 319

Djordjevic, Branislav 152

Dobrowsky, Josef 100
Dohle, Oskar 328
Donabaum, Josef 204
Dossi, Dosso 145
Dostal, Albert 445
Drews, Walter 193
Duan, Hongwei 281
Dub, Ernst 154
Dubsky, Adolf 290
Dubsky, verh. Ebner-Eschenbach, Maria 290
Duschinsky, Georg 378
Duschnitz, Adele 272, 273
Dworschak, Fritz 139–141, 144, 464–466

Eberstaller, Marie 343, 344, 346, 347, 349,
    351–356, 358
Eberstaller, Richard 346, 349, 351–356, 358
Ebert, Anton 365
Ebner-Eschenbach, geb. Dubsky, Maria 290
Eck 365
Eder, Franz 320
Egger, Elisabeth 460
Egger, Ernst 222, 272, 273
Egger, Fanny (Franziska) 222
Egger, Hanna 36, 151
Egger-Ehrenfest, Regine 216, 220, 222
Egger-Lienz, Albin 28, 64, 244, 339,
    375–394
Egger-Lienz, Laura 377
Egger-Möllwald, Eveline 389, 390
Egger-Möllwald, Lothar 379, 389–392
Ehrenfest, Emil 216
Ehrenfest-Egger, Regine 216, 222
Eichberger, Ilse 208
Eidinger, Nathan 154
Eisler, Moriz 103
Eisler, Otto 103
Eisler, Valerie 90
Eissler, Gottfried 274
Eissler-Morelli 63, 104
Eitelberger, Rudolf von 414
Eizenstat, Stuart 45
Ekkart, Rudolf 31
Elisabeth, Kaiserin 400
Engel, Rudolf 404

Engelhart, Josef 347
Ephrussi, Viktor 96, 97, 111, 112, 124, 130,
    134, 139, 141
Eppel, Peter 263, 267
Epstein, Hanns 272, 273
Epstein, Jehudo 379
Erlach, Franz 103
Ernst, Richard 152, 412–430
Essl, [Agnes] 481
Ettmayer, Berta von 288
Ettmayer, Karl von 288
Exner, Anton 174
Exner, Walter 174
Exner, Wilhelm Franz 214
Eybl, Franz 360, 362, 366, 368, 369

Faistauer, Anton 304, 314, 316, 481, 482
Falke, Jacob von 414
Fargel, Julius 249, 270, 271, 275, 276
Feest, Christian 168, 169, 474
Feest, Herta 169
Feininger, Lyonel 319
Fellner, Manuela 36, 215
Felsöványi, Gertrud 96, 97, 103
Fendi, Peter 360
Ferber, Adam 145
Feuerbach, Anselm 96, 100, 378
Finkelstein, Isidor 63
Firnberg, Hertha 479, 492, 493
Fischl, Friedrich 273
Fischl, Gertrude 174
Fischl, Han(n)s 174, 210, 220, 223, 272, 273
Fistoulari, Anatole 344
Fistoulari-Mahler, Marina 93, 94, 344, 345, 349
Fleischmann, Benno 87
Fleischner, Josef Isidor 272, 273
Fox, geb. Schwarz, Herta 386, 387
Frank, Josef 415
Frank, Lisa 61
Frankfurter, Otto 157, 401
Franz Ferdinand, Erzherzog von Österreich,
    Este 165, 169
Franz I. Stefan, Kaiser 176
Franz Joseph I., Kaiser 136, 137
Franz, Rainald 151, 429

Freund, Georg 46, 477
Freund, Wilhelm 96, 103
Friedmann, Hans-Georg 408
Friedmann, Hilde 203
Friedmann, Hugo 202, 203
Friedmann, Liselotte 203
Friess, Eugenie 181, 191, 192
Friess, Jan 181
Frodl, Gerbert 40
Frodl, Walter 375, 376, 388
Fröhlich, verh. Kallai, Auguste 433
Fuchs, Siegfried 155, 272, 273
Fürnsinn, Werner 54, 57, 58, 67, 82, 242,
    373, 382, 474
Fürst, Leo 141, 145, 146

Gabriel, Elias 186
Gabriel, Jennifer 341
Gahleithner, Gerda 181
Gaiworonskyj, O. 473
Gartenberg, Stefanie 379, 387, 388
Garzarolli-Thurnlackh, Karl 330, 331, 337
Gaul, Franz 397
Gebauer, Ida 357
Gehrer, Elisabeth 36, 37, 41, 44–46, 55, 98,
    106, 183, 234, 382, 441, 480
Geldmacher, Thomas 40, 81, 98
Gentilini, Carlo 425
Gerstl, Otto 303
Gerstl, Richard 97, 316
Gerstl, Siegfried 223
Gieler, Maria 181
Gisinger, Arno 109
Glaessner, Martin 191, 192
Glesinger, Siegmund 274
Glückselig, Armin 442
Glückselig, Fritz 442
Glückselig, Moritz 442, 443
Glückselig, Rosa 220, 223, 442, 443
Gogh, Vincent van 347
Goldenberg, Wilhelm 108, 111, 112, 119,
    124, 125
Goldmann, David 139, 272, 302
Gombrich, Erny 155
Gombrich, Richard 155

Göring, Hermann 312
Gotthilf-Miskolzy, Ernst 103–105
Götzl, Irma 96, 97
Goudstikker, Jacques 145
Graf 180
Graf, Adele 274
Graf, Emilie 433, 434
Graf, Georg 244
Graf, Herbert 432
Gratzer, Katinka 98
Gregor, Joseph (Josef) 205
Grimschitz, Bruno 94–96, 354, 364, 368,
    369, 371
Gröbl, Lydia 142
Gröning, Maren 44, 45, 480, 494, 495
Gropius, Manon 343
Gropius, Walter 343
Grosz, Alexander 274
Grosz, George 61, 314, 319, 326, 327
Grünbaum, Franz Friedrich (Fritz) 34, 88, 379
Grünzweig, Henri 90
Grünzweig, Pauline 90
Gschiel, Christina 158
Gunkel, Felix 253
Gütersloh, Albert Paris 100
Gutmann 21, 287, 302, 303, 333
Gutmann, Herbert M. 275
Gutmann, Rudolf 21, 39, 90, 99, 139, 141,
    145, 154, 302, 421
Gutmann, Wilhelm 141
Gutsch, Franz 184

Habe, Hans 401
Haberditzl, Franz Martin 95, 101
Hainisch, Erwin 105, 305
Haller, Brigitte 84, 97, 284, 297
Hamburger, Paul 149, 349
Hamburger-Loew, Marianne 148
Hammer, Heinrich 177, 377
Hammerand 90, 91, 96, 290, 291, 296
Hanisch, Ernst 316
Harnik, Hans 490, 492
Haslinger, Kurt 40, 42
Haupt, Herbert 36, 128, 144, 148, 149, 178,
    378

Hauser-Zdaril, Alexander 141
Hausmann, Frank-Rutger 83–85, 88, 284
Hecht, Dieter J. 176, 184, 188, 267
Hecht, Helene 272, 273
Hecht, Leo 272, 273
Heckel, Erich 314, 319
Heigl, Paul 196, 201–203, 402
Heimbach 407, 408
Heimbach, Karl 407
Heintl, Ritter von 329
Hellmich, Walter 265
Herlinger, Ernst 444
Hersch, Walter 191, 192
Herschel, Otto 274
Herzel, Friederike 155
Herzel, Siegfried 155
Herzfeld, Paul 229
Herzmann, Markus 340
Herzmanovsky-Orlando, Fritz von 319
Heymann 146
Heymann, Leo 63, 145
Heymann, N. 141
Hibler, Johannes 387
Hilmes, Oliver 340
Himmler, Heinrich 312, 384, 446, 470, 471
Hirsch, Fritz 378
Hitler, Adolf 21, 36, 66, 121, 140, 141, 153,
    298, 301, 327, 354, 363, 364, 366, 368
Hittmair, Rudolf 285
Hochstim, Adolf 379, 380
Hofbauer, Franz 253
Hofer, Franz 141, 375
Hoffmann, Eduard 401–404, 406
Hoffmann, Josef 352, 415
Hoffmann, Marie 404
Hoffmann, Robert 316, 328
Hofmannsthal, Emilio 130, 134
Höhle, Eva-Maria 265
Höhnel. Ludwig und Valeska 163
Hölbling, Lothar 133
Holly 180
Holly, Max 432
Holzbauer, Robert 61, 360, 378, 379, 382
Holzmeister, Clemens 415
Hondecoeter, Melchior d' 307

Honig-Roeren, Vally 103
Horwitz, Hugo 221
Horwitz, später Barnet, Anselm 221
Huber, Franz 113
Huber, Hubert 380, 381
Hupka, Josef 272, 273
Husslein-Arco, Agnes 93, 94, 345

Illner, Fritz 192
Irblich, Eva 36

Jabloner, Clemens 59
Jäger, verh. Binder-Krieglstein, Monika 332
Jahn, Otto 274
Jantzen, Johannes 142
Jellinek 385
Jellinek, Bruno 90, 141, 142, 145, 146, 252,
    272
Jellinek, Stefan 218, 219
Jennewein, Anton 253
Jobi, Victor 181
Johann, Erzherzog 329
John, Michael 300
Jordaens, Jacob 307
Joseph I., Kaiser 253
Juffinger, Roswitha 316, 328

Kacozyk, Andrzej 180
Kalakaua 369
Kalista, Monika 316
Kallai, David 433
Kallai, geb. Fröhlich, Auguste 433, 434
Kallai, verw. Wadler, verw. Lambert, verh.
    Weingarten, Louise 433
Kallir, Jane 495
Kallir-Nirenstein, Otto 366
Kalous, Gret 441
Kann, Peter 161
Kantor, Siegfried 90, 478, 479, 492
Karl V., Kaiser 136
Kaufmann, Angelika 347
Kaufmann, Isidor 482
Kaufmann, Manfred 160
Kerschbaumer, Gert 91
Kien, Julius 174, 175

Kiesel, geb. Wagmann, Klara (auch Szeindel) 339

Kiesel, Samuel (auch Samson) 339, 340, 341

Kiesel, Simon 339

Kirchner, Ernst Ludwig 314, 319

Kirschl, Wilfried 381–383, 386, 390

Kirstein, Claire 90

Kirstein, Gustav 90

Klaus, Josef 24

Klein, Otto 103

Klemm, Michel 185

Klimt, Gustav 57, 73, 92, 93, 98, 100, 101, 103, 104, 304, 305, 311, 314, 316, 319, 322, 347, 352, 416, 479, 480, 489, 490, 492, 494–496

Klinger, Max 315

Klinkosch, Barbara 333

Klippert, verh. Manns, Marie Emmi Helene 464

Klösch, Christian 81, 215, 221, 442

Knize, Peter 173

Knoll, Fritz 436

Kobell, Ferdinand 97

Koekkoek, Barend Cornelis 484

Kofler, Martin 381–383, 386

Kohn, Camilla 379, 380

Kohn, Edit 397

Kohn, Ines 397

Kohn, Jakob 397

Kohn, Raoul (später Korty) 396

Kohn, Regine 397

Kohn, Salomon 210

Kohn, Siegfried Hermann 396, 397

Kokoschka, Oskar 37, 97, 100, 231, 311–314, 319, 325, 326, 343, 347, 348, 350, 352, 352, 353, 357, 359, 417, 420, 427, 429

Kolig, Anton 480–482

Kolig, Cornelius 481

Koller 180

Koller, Fritz 316

Koller, Otto 432, 435

Kollwitz, Käthe 314, 347

Kominik, Emil 141, 146

König, Alexander 179

König, Julia 151, 152, 157

König, Moritz 112, 119

Koninck, Philips 145

Konrad, Helmut 46

Koppel, verw. Blauhorn, verh. Bienenfeld, Auguste 361

Kornberg, Ernst von 385

Körner, Theodor 121

Korte, Willi 494

Korty, geb. Zeisberger, Philippine 402

Korty, Raoul 210, 395–411

Korty, Siegfried Hermann 396, 399

Koschatzky, Walter 490

Kostelka, Peter 45

Kostiuk, Vadym 472, 473

Kot, Serhij 475

Kotschy, Waltraud 40

Krakauer, verh. Wadler, Selma 433

Kraus, Gottlieb 103

Krausz, Wilhelm Viktor 103, 274

Kreisky, Bruno 479, 492

Kremser, Manfred 46, 373

Krenek, Ernst 343, 346

Krenn, Karl 434, 436, 438–441

Krieg, Walter 193

Kriehuber 274

Kris, Ernst 414

Kriser, Alfred 376, 379

Kritschner, Herbert 36

Krocker, Martha 62

Kronfeld, Ernst Mori(t)z 191, 193, 194, 274

Kronfeld, Marianne 193

Kronfeld, Rosalie 193

Krpata, Margit 172

Krug, Carl Oskar 438

Krug, Wolfgang 367

Kubin, Alfred 314, 319

Kucsera, Christian 65

Kuffner, Camilla 103

Kuffner, Moritz 141, 145, 146, 196

Kuffner, Wilhelm 103

Kühschelm, Oliver 81, 215, 221, 228, 322, 453

Kulka, Maximilian 154

Kulka, Vally 103

Kummerlöwe, Hans 178, 179, 185, 432
Künstler, Vita 366
Kupelwieser, Leopold 104, 360, 362, 366, 371
Kurat, Gero 183
Kurranda, Ignatz 107

Lachnit, Edwin 36
Laemmle, Siegfried 90
Lambert, früher Lichtschein, Otto 434
Lambert, geb. Kallai, verw. Wadler, verh. Weingarten, Louise 181, 431, 434, 436, 438–441
Lambert, Peter 434
Lampi 365
Lanckoronska, Karoline 39
Lanckoronski, Anton 99, 145
Lange, Hans W. 156, 157, 188
Lasus, Hermine 103, 104
Lasus-Danilowatz 104
Latzer, Aladar 337–339
Latzer, Alicia 338
Lauder, Roland 93
Lechner, Georg 40
Lederer (Familie) 53, 146, 272
Lederer, Erich 39, 45, 62, 99, 145
Lederer, Serena 90, 139
Legler, geb. Schindler, Grete 352
Legler, Wilhelm 346, 352
Legler, Wilhelm, jun. 352
Lehmann 486
Lehner, Fritz 361
Leimstättner, Max 281
Lenbach, Franz 278
Leopold Wilhelm, Erzherzog 136
Leopold, Rudolf 26, 379
Leporini, Heinrich 86
Lerch, Franz 100
Lessing, Hannah M. 40
Lewis, Sinclair 295
Lichtblau, Albert 312, 316, 317
Lichtschein, später Lambert, Otto 434
Likhovyi, Ihor 473
Lillie, Sophie 108, 163, 240, 311, 360, 361, 365–367, 389

Limbach, Jutta 32
Limpens-Doenraedt, Camillo 156, 157
Lindenbaum, Markus 378
Loebl, verh. Schlesinger, Martha 189
Loitfellner, Sabine 241, 243, 383, 443, 478
Loos, Friedrich 97
Löscher, Monika 172, 210, 282
Luick, Karl 285, 296
Lunzer, Michael 265
Lütgenau, Stefan 209

Machne, Helga 381
Mahler(-Werfel), geb. Schindler, Alma 58, 93, 94, 97, 103, 342, 343, 344, 346–358, 373
Mahler, Anna 344
Mahler, Gustav 343
Mahler, Hanna 344
Mahler, Marina 344
Mahringer, Peter 40, 42
Maidl, Franz 179, 181, 183, 185
Maier, Albert 425
Maier, Myra 375
Mailath-Pokorny, Andreas 266
Maislinger, Monika 460, 462
Makart, Hans 97, 273
Manns, Alfred Adam 464
Manns, Fritz 173, 460–467, 474, 476
Manns, geb. Klippert, Marie Emmi Helene 464
Manns, Gisela 467
Marboe, Peter 263, 266
Marchet, Arthur 285
Maria Theresia, Kaiserin 121
Marko, Carl 97
Marlé, Gertrude 174
Matejka, Viktor 350
Maulbertsch, Franz Anton 97
Mautner, Isidor 274
Mautner, Jenny 274
Maximilian I., Kaiser 136
Mayer, Monika 36, 39, 81, 98, 102, 342, 361
Mayländer, Karl 88
Meinl, Julius 296
Meixner, Heinrich 432
Melichar, Peter 241

Mell, Alfred 129

Mendelssohn, Robert 96, 97

Menghin, Oswald 435

Menzel, Alfred 274

Menziles, Adolf 437

Menziles, Alfred 63, 141, 146

Messerschmidt, Franz Xaver 268, 273

Michel, Hermann 178, 185, 187, 435, 436, 439

Miklas, Wilhelm 412

Miksch, Elisabeth 265

Minne, Georges 103

Moll, Anna 346, 353

Moll, Carl 58, 276, 316, 342–359, 417

Moll, Marie, verh. Eberstaller 346, 351, 352

Morelli, Berta Anna 88, 368

Morgentau 486

Morisot, Berthe 319

Moritz, Herbert 347

Mostny 299, 303

Motter, Klara 42

Mozin, Charles 483

Mühlegger-Henhapel, Christiane 208

Mühlmann, Josef 311, 312

Mühlmann, Kajetan 311, 312, 376, 421, 422

Müller, Elise 155

Müller, Erich 155

Müller-Hoffmann, Hermine 103

Müller-Hofmann, Wilhelm 155

Munch, Edvard 58, 93, 103, 314, 342–347, 350, 351, 354–356, 359, 373

Neumann, Antonia 307

Neumann, Franziska 307, 308

Neumann, Julius 307, 308

Neumann, Oskar 379

Neumann, Richard 63, 139, 141, 146, 147

Neumark, Ida 445

Nics, Peter 36, 208

Niethammer, Günther 179, 180, 191, 432

Nimeth, Ulrike 56, 61, 382

Nirenstein (auch Kallir-), Otto 366, 495

Noever, Peter 150, 151

Nolde, Emil 314, 318, 323, 324

Novotny, Fritz 96, 491, 492

Nowotny, Karl Anton 167, 170

Oberleitner, Ingrid 40, 42

Oelschläger, Gustav 453, 455–458

Ogrysko, Volodymyr 473

Ohlendorf, Otto 469

Oser-Braun, Edith 90

Ostade, Adriaen van 145–147, 252

Papen, Franz von 417

Patzak, Beatrix 36

Pauer, Hans 407–409

Paul 67, 88

Paulovsky, Louis Heinrich 283

Paulus 370

Peitler, Karl 341

Penizek, Melanie 376

Pénot, Sabine 148

Pernter, Hans 352

Pesta, Otto 178, 180, 185, 432, 435, 436

Petrin, Leodegar 86

Petrovic, Madeleine 40

Pettenkofen, August 97, 236, 360, 363, 366, 367

Pfalz, Anton 285

Pfund, Hans Paul 113

Philippi, Robert 482

Pia 185

Pick 302

Pick, Ignatz 90, 274

Pick, Moric 379

Pietschmann, Viktor 432

Pils, Robert 184, 431

Pilz, Barbara 215

Piowaty-Lang, Margarete 185, 189, 191

Piowaty-Lang, Robert 185, 189, 191

Pittioni 436

Plasser, Gerhard 316, 327

Platzer, Johann Georg 97

Pleyer, Ruth 37, 108, 241, 495

Pock, Friedrich 337

Poglayen-Neuwall, Stefan 274

Polaschek, Erich 436

Politzer, Emil 272

Pollak, Albert 90, 132, 134, 141, 145, 146, 154, 274
Pollak, Ernst 142, 151, 154, 155, 272
Pollak, Gisela 130, 134, 272
Pollak, Gustav 274
Pollak, Henrik 21
Pollak, Max 272
Pollak, Robert 96, 97
Pöller, Oskar 111, 112, 122
Popper, Franz 272
Popper, Maria 174
Popper, Melanie 272
Popper, Michael Ottokar 174
Posch, Herbert 108, 117
Posse, Hans 66, 140, 141, 302, 368, 371, 376
Pressinger 445
Priester, Julius 139
Primavesi, Eugen 364
Purm, Hans 190

Rachel 369
Rachinger, Johanna 54
Radetzky 276
Radin, Siegfried 155
Raffalt 99
Rainer, Friedrich 265, 311–312, 384
Rauchberg, Helene 289–290
Rauchensteiner, Manfried 46, 132
Raue, Rudolf 431, 436, 437, 440
Rechinger, Karl Heinz 180, 185
Redley, Adolphus G., früher Adolf Guido, Redlich 272
Redlich, Adolf Guido, später Adolphus, G. Redley 272
Redlich, Anton 154, 155, 416, 421
Reich, Ida 447
Reich, Julius 100
Reich, Otto 478, 484
Reichel, Anton 86
Reichel, Oskar 272, 273
Reicher, Otto 330, 331, 419
Reichmann, Armin 88
Reif, Rita 26
Reinhold, Bernadette 37, 61

Reininger, Robert 288
Reininghaus, Alexandra 155
Reinwald, Edith 184
Renner, Karl 94
Resinger, F. 377
Ribbentrop, Joachim von 89, 100
Richter, Helene und Elise 210, 285–288, 286–288, 290
Riedel, Erhard 456, 457
Riedl-Dorn, Christa 184, 188, 431
Rieger, Bertha 311
Rieger, Heinrich 103, 272, 273, 311, 317, 379, 393
Riehl, Hans 330–331
Riss, Josephine 284, 295
Ritter, Georg 456
Röck, Fritz 160, 164, 462, 463
Roda-Roda (Rosenfeld), Alexander 209
Roden, Max 103
Roessler, Arthur 362, 370
Romako, Anton 96, 97, 100
Romano, Salvatore 424, 425
Ronniger 185
Roos, Philipp Peter 486
Roosevelts, Franklin G. 486
Rosenauer, Artur 46
Rosenberg, Alfred 475
Rosenberg, Georg 181, 184, 191, 192
Rosenfeld (Roda Roda), Alexander 209
Rosenfeld, Valentin Viktor 210
Rösler, Margarete 290
Rothberger, Alfred 156
Rothberger, Ella 156, 157
Rothberger, Heinrich 90, 151, 154–158, 272, 421
Rothberger, Jakob 156
Rothberger, Jakob 156
Rothberger, Mori(t)z 145, 146, 156, 185, 188, 189, 191
Rothschild (Familie) 209, 332, 333
Rothschild (Sammlung) 13, 39, 46, 85, 135, 139, 141, 150, 151
Rothschild, Alphons(e) 39, 46, 90, 103, 130, 132–135, 139, 140, 141, 145, 146, 154, 155, 196, 272, 302, 334, 336, 428

Rothschild, Clarice (auch Clarisse) 90, 130, 154

Rothschild, Eugéne 39, 139

Rothschild, Kitty 39

Rothschild, Louis 62, 90, 99, 103, 145, 146, 154, 155, 302, 421

Rothschild, Nathaniel 140, 141, 272, 401

Rothschild, verh. Springer, Valentine 141, 142

Roubicek, Ignatz 190

Roubicek, Siegfried 189–191

Rubinstein, Alice 103

Rubinstein, Hans 103

Rudolf II., Kaiser 136

Ruhmann, Franz 130–134, 154, 272, 416, 421

Ruhmann, Karl 154, 421

Russ, Robert 272

Rust, Bernhard 312

Ruysdael, Salomon van 148, 149

Saar, Carl 363, 366, 367, 373

Sachsenhofer, Dagmar 98, 369

Saiko, George 87

Sailer 493

Sassi 185

Sauermann, Hans 424

Scala, Arthur von 414

Schadauer, Daniela 281

Schalek, Malva (Malwina) 274

Schallmeiner, Anneliese 61

Schestag, August 413, 414

Schiele, Egon 13, 14, 26, 34, 35, 37, 41, 92, 97, 100, 127, 234, 244, 304, 305, 311, 314, 319, 494

Schiff-Suvero, Emma 155, 421

Schindler, Emil Jakob 45, 97, 273, 346, 351, 360, 367, 374

Schindler, Margot 460

Schindler, verh. Legler, Grete 346

Schindler, verh. Mahler(-Werfel), Alma 346

Schipper, Jakob 283

Schirach, Baldur von 118, 312, 422, 426

Schlesinger, Eugen 189, 191

Schlesinger, geb. Loebl, Mart(h)a 189, 191

Schlick, Blanche 293

Schlick, Moritz 293

Schlosser, Ignaz 420, 430

Schmaelz, Edith 437

Schmid 436

Schmid-Schmidsfelden, Dr. Max 296

Schmidt, Heide 42, 44, 45

Schmidt, Justus 302, 305

Schmiedl 118

Schnabel, Gunnar 475, 476

Schneider, Agnes 193

Schneider, Franz 479, 490, 493

Schneller, Hilde 283

Schnitzler (Familie) 202

Schnitzler, Arthur 196, 200

Schnitzler, Heinrich 202, 209

Schnitzler, Michael 209

Scholl, Susanne 472

Scholler, Hubert 182, 183

Schönberg, Arnold 349

Schostal, Arthur 111

Schot, Richard von der 194

Schüller, Gertrud(e) 90, 154

Schuschnigg, Kurt 352

Schütz, Hermine 155

Schützenhofer, Viktor 215

Schwarz (Familie) 487

Schwarz, Birgit 66

Schwarz, geb. Wahra, Lene (Helene) 437, 438, 440

Schwarz, Hedwig 109, 111, 112, 124

Schwarz, Hugo 305

Schwarz, Karl 438

Schwarz, Melanie 386, 387

Schwarz, verh. Fox , Herta 386, 387

Schwarz, Walter 303–306

Schwarzenberg 154

Schwarzstein, Paul 274

Schwind, Moritz 273

Schwitters, Kurt 319

Seemann, Helfried 410

Seewald, Otto 436

Seiberl, Herbert 140, 346, 364, 365

Seipel, Wilfried 40, 142

Seiß-Inquart, Arthur 153

Senders, Gustav 97

Siess-Scherz, Ingrid 40, 42
Simon, Josef 90, 272
Simon, Luise 90
Skrein, Rudolf 124
Slevogt, Max 315, 459
Smola, Gertrude 330, 331
Smoschewer (Familie) 459
Smoschewer, Elise 103, 458
Smoschewer, Leo 103, 458
Sommer, Sigmund 303
Sonnenthal, Adolf von 211
Sonnenthal, Eva Henriette 295
Spiegler, Friedrich 103
Spitzer, Hanna 39
Spitzmüller, Anna 87
Springer, geb. Rothschild, Valentine 141,
    142
Staa, Herwig van 387
Stahlecker, Franz Walt(h)er 140, 401–403
Stalin, Josef 471
Stark, Josef August 329
Steiner, Ernst M. 274
Steiner, Hubert 65
Steiner, Jenny 98, 99, 103, 489
Steiner, Klara 154
Steinfeld 365
Stelzl-Gallian, Anita 61, 308
Sternberg, Theodor 223
Stiasny, Nora 103
Stiassny, Emil 107, 111–113, 124, 125, 220
Stiaßny, Sigmund 107
Stix, Alfred 416
Stoisits, Terezija 39, 40
Straßgschwandtner, Gerhard 184
Strauss, Eduard 265
Strauß, Johann 273
Strauss, Ottmar 200
Strauß-Meyszner 272, 273
Strauß-Meyszner, Alice 379
Strauß-Simon 272
Streeruwitz, Ernst 294
Strnad, Oskar 211, 212
Strobl, Alice 491
Strömmer, Elisabeth 208
Strouhal, Hans 186
Stuck, Franz von 378

Stüdl, Hans Max 283
Stumpf, Markus 281, 284
Stümpfl, Heinrich 435, 437
Sultano, Gloria 420

Tamm, Werner 369
Tarnowska 401
Tatzkow, Monika 475, 476
Teppner, Wilfried 329
Teschler, Nikola 184
Thaler, Johannes 281
Thenen, Josef 274
Thöny, Wilhelm 314, 319
Thorak, Josef 312
Thorsch, Alphonse 140, 141
Thurn-Valsassina, Felicitas 7, 383, 447
Tietze, Hans 95, 100, 346, 349, 359
Tischler 365
Todt, Fritz 312
Tratz, Eduard Paul 328
Treml, Johann Friedrich 374
Trenkler, Thomas 37, 379
Tucher 307

Ucicky, Gustav 105
Ungar, Josef 272
Unger, Friedrich 142

Vavrik, Stephan 477
Virgen 377

Wächter, Otto 177
Wadler, geb. Kallai, verw. Lambert, verh.
    Weingarten, Louise 181, 431, 434, 436,
    438–441
Wadler, geb. Krakauer, Selma 433
Wadler, Ignatz 181, 433
Wadler, Robert 181, 185, 189, 192,
    431–434, 436–441
Wagmann, verh. Kiesel, Klara (auch Szeindel)
    339
Wagner, Bernd 271
Wagner, Max 92
Wagner, Stefan 184
Wahra, verh. Schwarz, Lene (Helene) 437
Waldmüller, Ferdinand Georg 96, 97, 100,

104, 268, 272, 360, 362, 363, 366, 367, 369, 370, 378
Walzer, Tina 267
Wastl, Josef 179, 180, 187??, 432
Weber, Georg 284, 285
Weidinger, Leonhard 80, 81, 151, 158, 237, 242, 260, 412, 429
Weiler, Max 319
Weinberger, Charles 272
Weinberger, Emil 414
Weingarten, Alfred 434
Weingarten, geb. Kallai, verw. Wadler, verw. Lambert, Louise 434
Weinlich, Otto 330, 331
Weinmüller, Adolph 91, 261
Weinstein, Leopold 96, 97, 272, 273
Weinstock, Richard 90
Weis, Georg 23, 24, 169
Weiß, Fritz 111
Weiß, Paul 112
Weiss, Richard 154
Weiss-Tessbach, Albert 181
Welisch, Rosalia 156
Welz, Friedrich 34, 91, 311–323, 326, 327, 375, 376, 384
Wendel, Rainer 265
Wendelin, Harald 27
Werfel, Franz 343, 352, 353
Werner, Margot 46, 210, 286
Werner, Wilma 437
Wettstein, Otto 180, 186, 432
Wexberg, Paul G. 97
Wiesenthal, Simon 251, 490, 493
Wieser, Walter 409
Wild, Friedrich 281, 285, 287, 288, 291, 292, 297
Wilfert, Thomas 152
Willinger, Wilhelm 209
Willvonseder, Kurt 436
Wimmer, Harald 265
Winkler, Emil 375, 376
Winkler, Hans 45
Winter, Josefine 90, 103
Winter, Moritz 447
Witt-Dörring, Christian 150

Wittgenstein, Paul 103
Wittke, Bernhard 364
Wladika, Michael 68, 267, 274, 342, 346
Wögerbauer, Harald 40, 42
Wohlgemut 414
Wolf, Josefa 386
Wolf, Sandor 63
Wolf, Theodor 224
Wolfbauer, Georg 330, 340
Wolff-Knize, Friedrich 163, 173
Wolfrum 376
Wolsegger, Ferdinand 384
Wolter, Charlotte 397, 398
Wooster, Mary 99, 103
Wran, Rudolf 46
Wrench, Evelyn 294
Wulz, Monika 108, 241, 243, 361, 434

Yelchenko, Volodymyr 473

Zabusch, Franz 436
Zanger 209
Zarfl, Gertrude 191, 192
Zechner, Ingo 241, 243, 244, 266, 316, 360
Zeisberger, verh. Korty, Philippine 400, 402
Zels, Louis 224
Zels, Marianne 224
Zels, Otto 224
Zemlinsky, Alexander 352
Zetter, Peter 40, 46
Zick, Januarius 142
Ziegler, Jaques 155
Zirner, Ella 272, 273
Zirner, verh. Braun, Gisela 161, 162
Zörner, Franz 265
Zsolnay, Andy 142, 146
Zsolnay, Friedrich 142, 146
Zsolnay, Paul 142, 146
Zuckerkandl, Amalie 103, 416
Zuckerkandl, Paula 323
Zuckerkandl, Viktor 323
Zülow, Franz 482
Zuschlag, Christoph, 326
Zwiauer, Katharina, 184
Zykan, Josef, 372

Verzeichnis der AutorInnen

Gabriele ANDERL, Dr.

Freiberufliche Wissenschaftlerin und Autorin, Provenienzforscherin am Museum für Völkerkunde in Wien. Zahlreiche Forschungsprojekte und Publikationen, u. a. zum Vermögensentzug während der NS-Zeit und zur Exilforschung. Mitarbeiterin der Österreichischen Historikerkommission („Zentralstelle für jüdische Auswanderung"; „'Arisierung' von Mobilien"). Mit Alexandra Caruso Herausgeberin des Sammelbandes „NS-Kunstraub in Österreich und die Folgen" (2005).

Ilsebill BARTA, Dr.

Kunsthistorikerin; Leiterin der Abteilung „Kustodische Angelegenheiten" im Bundesministerium für Wirtschaft und Arbeit. Wissenschaftliche Leiterin der Silberkammer und des Hofmobiliendepots Möbel Museum Wien. Lehraufträge zur Frauenforschung am Institut für Geschichte und Kunstgeschichte der Universität Wien. Ausstellungen und Publikationen zur Körpersprache und Physiognomik, zur Porträtmalerei, über den Kulturhistoriker Aby Warburg, zum Kunstgewerbe und zur „Arisierung" von Wohnungseinrichtungen 1938 in Wien (Ausstellung „inventArisiert" im Hofmobiliendepot 2000). 1998/99 Mitglied des Kunstrückgabe-Beirats der Republik Österreich. Mitglied der Kommission für Provenienzforschung, des Denkmalbeirats und des Kuratoriums im Technischen Museum.

Eva BLIMLINGER, Mag.

Historikerin und Beamtin. 1998–2004 Forschungskoordinatorin der Historikerkommission der Republik Österreich, seither Leiterin der Stabsstelle für Projektkoordination Kunst und Forschungsförderung an der Universität für Angewandte Kunst Wien, Ersatzmitglied und stellvertretende Vorsitzende des Kunstrückgabe-Beirats, Lehrbeauftragte an österreichischen Universitäten, zahlreiche Publikation zu Alltagsgeschichte, Arisierung, Rückstellung und Entschädigung in Österreich.

Alexandra CARUSO, MMag.

Kunsthistorikerin, geboren in Wien, Übersetzer- und Dolmetschstudium/Universität Wien; Kulturmanagementlehrgang/Universität Linz; Studium der Kunstgeschichte/Universität Wien. Seit 2000 in der Provenienzforschung tätig, derzeit im Büro der Kommission für Provenienzforschung. Einschlägige Publikation: NS-Kunstraub in Österreich und seine Folgen bis heute, Innsbruck 2005 (herausgegeben gemeinsam mit Gabriele Anderl).

Ildikó CAZAN, Mag.

Historikerin, Mitarbeiterin diverser Projekte, seit 1995 Leiterin des Archivs des Museums für Völkerkunde Wien, von 1998 bis 2001 Provenienzforschung am Museum für Völkerkunde, Sekretärin der Österreichischen Lagergemeinschaft Ravensbrück und Freundinnen.

Lisa FRANK

Geboren 1978 in Wien. Ausbildung zur Grafikdesignerin, Studium der Kunstgeschichte und der Romanistik an der Universität Wien. Seit 2008 Mitarbeit in der Kommission für Provenienzforschung.

Rainald FRANZ, Dr.

Kunsthistoriker. Geboren 1964 in Graz. Studium in Wien, München, London, Rom, Venedig. Stellvertretender Leiter der Bibliothek und Kunstblättersammlung des MAK – Österreichischen Museums für angewandte Kunst/Gegenwartskunst, seit 2000 Provenienzbeauftragter im MAK, Lehrbeauftragter am Kunsthistorischen Institut der Universität Wien und am Institut für Konservierung und Restaurierwissenschaften der Universität für angewandte Kunst, Wien. Forschungsschwerpunkte: Architektur der Neuzeit, Geschichte der Ornamentik, des Kunstgewerbes und des frühen Designs.

Claire FRITSCH, Mag., E.MA

Geboren 1969 in Wien; Studium der Rechtswissenschaften an der Universität Wien. 1998 Gerichtspraxis in Wien. 1999–2000 European Master Program in Human Rights and Democratization, Venedig. 2001 Legal Consultant in der Comprehensive Nuclear Test Ban Treaty Organisation in Wien. Seit 2002 juristische Referentin beim Allgemeinen Entschädigungsfonds für Opfer des Nationalsozialismus, Schiedsinstanz für Naturalrestitution. Seit 2004 juristisches Mitglied der interdisziplinären Arbeitsgruppe Kunstrestitution im Nationalfonds der Republik Österreich.

Werner FÜRNSINN, Dr.

Geboren 1938 in Wien. Nach der Matura Jusstudium an der Universität Wien. Ab 1960 Laufbahn als Richter bei verschiedenen Bezirksgerichten in Niederösterreich und Wien in Zivil-, Handels- und Strafsachen. Tätigkeit am Handelsgericht und am Oberlandesgericht Wien; ab 1980 als Hofrat und ab 1995 als Senatspräsident beim Verwaltungsgerichtshof in Wien tätig, und zwar vorwiegend im Umwelt-, Sozial-, Finanz- und Fremdenrecht sowie in Angelegenheiten des Denkmalschutzes. Seit 1.1.2004 im Ruhestand. Von 2005 bis zum Ende des Jahres 2007 mit freiem Dienstvertrag Vorsitzender der Kommission für Provenienzforschung.

Maren GRÖNING, Dr.

Geboren 1959. Studium der Kunstgeschichte und Germanistik in Wien. Seit 1990 freie Mitarbeiterin der Grafischen Sammlung, seit 2001 Kuratorin der Fotosammlung der Albertina; Publikationen zur Zeichnung, Grafik und Fotografie des 19. Jahrhunderts sowie zur NS-Ästhetik. Lehrtätigkeit an der Schule für künstlerische Fotografie in Wien und an der Universität Zürich.

Christoph HATSCHEK, Mag.

Jahrgang 1974, Studium der Geschichte und Romanistik in Wien/Paris, Universitätslehrgang für Werbung und Verkauf. Seit 1998 wissenschaftlicher Mitarbeiter im Heeresgeschichtlichen Museum/Militärhistorisches Institut Wien, Ausstellungskurator und Sammlungsleiter. Seit 2000 stellvertretendes Mitglied des für die Rückgabe von Kunstgegenständen aus den österreichischen Bundesmuseen und Sammlungen eingerichteten Beirats, zahlreiche Vorträge und Publikationen u. a. Provenienzforschung und Restitution. Eine „neue" Form der Vergangenheitsbewältigung, „Ein solches Verhalten wäre sehr zu verurteilen …" Das Schicksal der Sammlungen des Heeresgeschichtlichen Museums im Verlauf und nach Ende des Zweiten Weltkriegs.

Herbert HAUPT, Hofrat Dr.

Geboren 1947, Studium der Klassischen Philologie und der Geschichtswissenschaften, Mitglied des Instituts für österreichische Geschichtsforschung. Seit 1972 am Kunsthistorischen Museum, seit 1991 Direktor des Archivs des Kunsthistorischen Museums, zahlreicher Quellenpublikationen und Bücher zur Kultur- und Wissenschaftsgeschichte, u. a. Das Kunsthistorische Museum. Die Geschichte des Hauses am Ring. Hundert Jahre im Spiegel historischer Ereignisse (Wien 1991), Jahre der Gefährdung. Das Kunsthistorische Museum 1938–1945 (Wien 1995), Das Hof- und hofbefreite Handwerk im barocken Wien. 1620 bis 1770. Ein Handbuch (= Forschungen und Beiträge zur Wiener Stadtgeschichte 46, Innsbruck-Wien-Bozen 2007).

Dieter J. HECHT, Dr.

Historiker. Provenienzforscher am NHM und Mitarbeiter der Kommission für Kulturwissenschaften und Theatergeschichte der Österreichischen Akademie der Wissenschaften. Forschungsschwerpunkte: jüdische Frauengeschichte und jüdisches Pressewesen im 19./20. Jahrhundert, Holocaust und Oral History. Zahlreiche Publikationen, u. a. „Zwischen Feminismus und Zionismus. Anitta Müller Cohen (1890–1962) Die Biografie einer Wiener Jüdin", in L'Homme, Wien 2008. „1938 Auftakt der Shoah in Österreich. Orte – Bilder – Erinnerungen", Dieter Hecht, Eleonore Lappin, Michaela Raggam-Blesh, Lisa Rettl, Heidemarie Uhl (Hg.), Wien 2008. „Die Weltkongresse Jüdischer Frauen in der Zwischenkriegszeit, Wien 1923, Hamburg 1929", in:

Geschlecht, Religion und Engagement. Die jüdische Frauenbewegung im deutschsprachigen Raum, Edith Saurer, Margarete Grandner (Hg.), Wien 2005. „Mutterland-Vatersprache" Eine DVD-Dokumentation des Schicksals ehemaliger ÖsterreicherInnen in Israel (mit Begleitbuch), Tel Aviv 2005.

Birgit KIRCHMAYR, Mag. Dr.

Geboren 1972, Zeithistorikerin. Studium der Geschichte und Slawistik in Salzburg. Universitätsassistentin am Institut für Neuere Geschichte und Zeitgeschichte der Johannes Kepler Universität Linz. Mitarbeit in den Forschungsprojekten Nationalsozialismus in Linz sowie Oberösterreich in der Zeit des Nationalsozialismus. Historische Recherche für Dokumentarfilme („Sonderauftrag Linz", Ö 1999). Provenienzforschung und Ausstellungskuratorin („Kulturhauptstadt des Führers." Kunst und Nationalsozialismus in Linz und Oberösterreich, OÖ Landesmuseum 2008/09). Publikationen u. a.: Birgit Kirchmayr, Michael John und Friedrich Buchmayr, Geraubte Kunst in Oberdonau, Linz 2007.

Christian KLÖSCH, Mag. Dr.

Geboren 1969 in Wolfsberg/Kärnten. Studium der Geschichte und Philosophie in Graz und Wien. Lehrauftrag am Institut für Geschichte der Universität Klagenfurt. Forschungsschwerpunkte: Austrofaschismus und österreichischer Nationalsozialismus, österreichische Emigration in den USA, Kärntner Zeitgeschichte des 20. Jahrhunderts. Seit 2005 Mitarbeiter der Kommission für Provenienzforschung am Technischen Museum Wien.

Oliver KÜHSCHELM, Mag. Dr.

Geboren 1972, Studium der Geschichte, Philosophie, Hispanistik und Russistik an der Universität Wien. 2000–2001 Gedenkdienst an der Fundación Memoria del Holocausto in Buenos Aires; 2002–2003 Forschungsprojekt über die vor dem NS-Regime nach Argentinien und Uruguay geflohenen ÖsterreicherInnen; 2005–2007 Provenienzforschung am Technischen Museum Wien. Weitere Forschungs- und Publikationsschwerpunkte: Bürgertum im 19. und 20. Jahrhundert, Geschichte des Konsumierens; derzeit FWF-Projekt am Institut für Wirtschafts- und Sozialgeschichte der Universität Wien: Markenprodukte und die diskursive Konstruktion der österreichischen Nation, 1950–1995.

Karin LEITNER-RUHE, Mag. Dr.

Studium Kunstgeschichte an der Karl-Franzens-Universität in Graz; 1992–2000 halbtags Sammlungskuratorin für Mittelalter in der Alten Galerie am Landesmuseum Joanneum, seit 2000 halbtags Sammlungskuratorin für das Kupferstichkabinett der Alten Galerie; 1999 und seit 2003 halbtags im Referat Museumsservice für die Restitution und Provenienzforschung am Landesmuseum Joanneum tätig. Seit 1995 Lehrbeauftragte am Kunsthistorischen Institut der Karl-Franzens-Universität in Graz; 2002–2004 Lehrbeauftragte am Kunsthistorischen Institut der Technischen Universität in Graz. Zahlreiche Publikationen zur mittelalterlichen Kunst in Österreich und in Slowenien, zur Steirischen Druckgraphik (18. Jh.) und zur Provenienzforschung im Landesmuseum Joanneum.

Hannah M. LESSING, Mag.

Geboren 1963, Studium der Handelswissenschaften an der Wirtschaftsuniversität Wien, seit 1995 Generalsekretärin des Nationalfonds der Republik Österreich für Opfer des Nationalsozialismus, seit 2002 Generalsekretärin des Allgemeinen Entschädigungsfonds, seit 2001 Kuratoriumsmitglied des Dokumentationsarchivs des österreichischen Widerstandes, seit 2006 Leiterin der österreichischen Delegation zur „Task Force for International Cooperation on Holocaust Education, Remembrance and Research" (ITF) und seit 2007 Kuratoriumsmitglied des Mauthausen Komitees.

Sabine LOITFELLNER, Mag.

Geboren 1974, Historikerin und Politologin. Seit 2002 Mitarbeiterin der Anlaufstelle der Israelitischen Kultusgemeinde Wien für jüdische NS-Verfolgte in und aus Österreich im Bereich Kunstrestitution und Provenienzforschung/Liegenschaftsrestitution. Daneben Arbeit an einem Dissertationsprojekt zum Thema „Auschwitzverfahren in Österreich". 1999–2006 Mitarbeiterin der Zentralen österreichischen Forschungsstelle Nachkriegsjustiz; 2000–2002 Mitarbeiterin der Österreichischen Historikerkommission. Zudem Mitarbeit bei Projekten zu den Themenbereichen NS-Verbrechen und deren Ahndung, Wehrmachtsverbrechen, NS-Vermögensentzug und Restitution sowie Vergangenheitspolitik.

Monika LÖSCHER, Mag. Dr.

Studium der Geschichte und Romanistik. 1998–2000 freie Mitarbeiterin der Kommission für Provenienzforschung am Museum für Völkerkunde in Wien. 2000–2003 Referentin beim Nationalfonds der Republik Österreich für Opfer des Nationalsozialismus. 2003–2004 DOC-Stipendiatin der Akademie der Wissenschaften. 2004–2007 Forschungsprojekt über Eugenik und Rassenhygiene im katholischen Milieu in Deutschland und in Österreich, das im Rahmen des DFG-Schwerpunktes „Wissenschaft, Politik und Gesellschaft. Deutschland im internationalen Zusammenhang im späten 19. und im 20. Jahrhundert: Personen, Institutionen, Diskurse" gefördert wurde. Seit Juni 2007 Mitarbeiterin des Projekts Provenienzforschung an den Fachbereichs- und Institutsbibliotheken der UB Wien.

Monika MAYER, Mag.

Geboren 1965 in Linz, Studium der Geschichte, Kunstgeschichte und Volkskunde an den Universitäten Wien und Innsbruck. Mitarbeiterin des Belvedere in Wien: seit 1996 Leitung des Archivs und der Künstlerdokumentation, seit April 1998 Mitglied der Kommission für Provenienzforschung, Diverse Vorträge und Publikationen zur Provenienzforschung bzw. zu Kunstpolitik und Ausstellungswesen im Austrofaschismus und Nationalsozialismus.

Karin NEUWIRTH, Mag.

Studium der Theaterwissenschaft, Germanistik und Geschichte an der Universität Wien, seit 1992 im Österreichischen Theatermuseum. Mitarbeit an den Ausstellungen Technik der Träume und Heinrich[2]. Ab 2002 Aufarbeitung der Archivbestände, Kustodin der Puppen- und Papiertheatersammlung, beauftragt mit der Provenienzforschung im Österreichischen Theatermuseum.

Ulrike NIMETH, Mag.

Geboren 1975 in Wörgl/Tirol. Studium der Kunstgeschichte und Ausbildung zur Grafikdesignerin in Wien. Arbeitsschwerpunkte: Barocke Bühnenbildarchitektur, Provenienzforschung, Illustration. Veröffentlichung von Rezensionen, Aufsätzen und Karikaturen. 1999–2000 im Archiv des Bundesdenkmalamtes, seit 2000 Mitarbeit in der Kommission für Provenienzforschung. Daneben freiberufliche Illustratorin.

Franz PICHORNER, Mag. Dr.

Geboren 1960 in Villach, Kärnten. Studium der Geschichte, Kunstgeschichte und Germanistik in Wien. Seit 1987 wissenschaftlicher Mitarbeiter an diversen Forschungsprojekten der Universität Wien, 2004–2005 Lehrbeauftragter an der Universität Innsbruck, seit 1998 als Assistent der Generaldirektion und Prokurist am Kunsthistorischen Museum, seit 2008 Generalsekretär und designierter Direktor des KHM-Archivs. 2003–2007 Vorstand der Leopold Museum Privatstiftung, seit 2005 Vorstandsmitglied von ICOM Österreich.

Herbert POSCH, Mag.

Historiker und Museologe, Institut für Zeitgeschichte der Universität Wien und Institut für Wissenschaftskommunikation & Hochschulforschung der Universität Klagenfurt; Universitätslektor, Forschungen und Publikationen zu den Themen: Universität Wien im 20. Jahrhundert (Vertreibung der Studierenden der Universität Wien 1938; Aberkennung und Wiederverleihung akademischer Grade); Vertreibung der Psychoanalyse im Nationalsozialismus; gemeinsam mit Ilsebill Barta Provenienzforschung zu den arisierten Objekten der Bundesmobilienverwaltung und Kurator der Ausstellung inventARISIERT.

Christa RIEDL-DORN, Prof. Mag.

Geboren 1955 in Wien, seit 1979 am Naturhistorischen Museum, zuerst in der Botanischen, dann in der Anthropologischen Abteilung, schließlich im Archiv tätig. Daneben Studium Geschichte (Schwerpunkt Wissenschaftsgeschichte) mit Fächerkombination (u. a. Geschichte außereuropäischer Länder, Biologie, Archiv- u. Museumskunde und Ausstellungswesen) an der Universität Wien. Seit 1992 Direktorin der Abteilung Archiv und Wissenschaftsgeschichte und Referentin für Kulturgüterschutz. Autorin von mehr als 200 Publikationen, darunter 7 Büchern. Gestaltung von über 80 Ausstellungen sowie Mitarbeit an zahlreichen Radio- und Fernsehdokumentationen. Dozentin an Wiener Volkshochschulen. Mitglied zahlreicher In- und ausländischer wissenschaftlicher Gesellschaften u. a. Representativ der Society for History of Natural History (London) für Mittel- und Osteuropa. 2008 Verleihung des ProfessorInnentitels.

Susanne ROLINEK, Mag. Dr.

Geboren 1969 in Salzburg. Historikerin, Ausstellungskuratorin sowie Universitätslektorin, seit 2004 als Provenienzforscherin im Museum der Moderne Salzburg. Mehrmonatige Forschungsaufenthalte in Israel und den USA. Zahlreiche Vorträge, Lektorate und Veröffentlichungen zu den Arbeits- und Forschungsschwerpunkten österreichische Kulturgeschichte, Sozial- und Migrationsgeschichte, Zeitgeschichte, Provenienzforschung und zu verschiedenen Ausstellungsthemen.

Anneliese SCHALLMEINER

Geboren in Laakirchen/Oberösterreich. Studium der Kunstgeschichte an der Universität Wien. Seit 1998 in der Kommission für Provenienzforschung tätig. Mitarbeit im Archiv des Bundesdenkmalamts (Bestand bis 1945). Zahlreiche Redaktionstätigkeiten. März 2008 Vortragende an der Donauuniversität in Krems: Visuelle Kompetenz. Bildtypen und -funktionen.

Michael R. SEIDINGER, Mag.

Jahrgang 1973, Politologe, Studium in Baltimore, Wien und Berlin. Leiter der Arbeitsgruppe Kunstrestitution beim Nationalfonds der Republik Österreich für Opfer des Nationalsozialismus. Beobachtendes Mitglied der Wiener Restitutionskommission sowie der Kommission für Provenienzforschung des Bundes.

Anita STELZL-GALLIAN, Mag.

Kunsthistorikerin, geboren 1964 in Krakau/Polen, Studium der Kunstgeschichte an der Universität Wien, seit 1997 im Archiv des BDA (Bestand bis 1945), seit 1998 für die Kommission für Provenienzforschung tätig.

Markus STUMPF, Mag.

Geboren 1969 in Baden bei Wien, Studium der Völkerkunde sowie der Publizistik und Kommunikationswissenschaft an der Universität Wien. 1999–2000 Mitarbeiter am Lateinamerika-Institut Wien; seit 2000 an der Universitätsbibliothek Wien in diversen Funktionen, seit 2006 Leiter des Projekts Provenienzforschung an den Fachbereichs- und Institutsbibliotheken der UB Wien, seit 2006 Leiter der Fachbereichsbibliothek Zeitgeschichte und Osteuropäische Geschichte.

Felicitas THURN-VALSASSINA, Mag. Dr.

Seit Herbst 2003 Leiterin der Abteilung Provenienzforschung der Dorotheum GmbH & Co KG, Wien. Geboren 1974 in Düsseldorf, Studien der Kunstgeschichte, Neueren Geschichte und Rechtswissenschaften in Freiburg i. Br., Paris, Berlin und Wien. Vortragstätigkeit in Europa und den USA, Veröffentlichungen in deutscher und englischer Sprache, darunter „Die Rothschild'schen Gemäldesammlungen in Wien" (Böhlau 2006).

Leonhard WEIDINGER, Mag.

Geboren 1969 in Linz. Nach abgebrochenem Architekturstudium Studium der Geschichte an der Universität Wien, seit 1992 im Bereich Video und Multimedia tätig, 1998–2001 Produktionsleiter in Linz, seit 2001 in Wien als selbständiger Multimedia Producer und Historiker, seit 2005 Provenienzforscher im MAK, seit 2006 Mitherausgeber der Frühneuzeit-Info. Diverse Publikationen und Produktionen in verschiedenen Medien, u. a. eine Videodokumentation über das KZ-Nebenlager Steyr-Münichholz. Forschungsschwerpunkte: österreichische Kulturgeschichte im 20. Jh., (digitale) Medien in der Geschichtswissenschaft.

Margot WERNER, Mag.

Geboren 1974 in Wien. Historikerin. 1998–1999 wissenschaftliche Mitarbeiterin beim Projekt Sozialgeschichte der Juden in Wien im 18. und 19. Jh., 2000: wissenschaftliche Mitarbeit beim Forschungsprojekt Rechtssprechung der Rückstellungskommission am Landesgericht für Zivilrechtssachen Wien (Österreichische Historikerkommission), 2001: Forschungsprojekt „Die Tätigkeit der Sammelstellen" im Auftrag der Österreichischen Historikerkommission, 2001–2003: Koordination und Durchführung der Provenienzforschung in der Österreichischen Nationalbibliothek (ÖNB); 2003–2007 Aufbau des Hausarchivs der ÖNB, Kuratorin zweier Ausstellungen und Autorin zahlreicher Aufsätze zum Thema Provenienzforschung, seit 2007 Assistentin und Büroleiterin der Generaldirektorin der Österreichischen Nationalbibliothek.

Michael WLADIKA, MMag. Dr.

Geboren 1961 in Wien; Jurist und Historiker. Seit Juli 1999 als Provenienzforscher für die Museen der Stadt Wien tätig, unter anderem 1999–2003 wissenschaftlicher Mitarbeiter der Historikerkommission der Republik Österreich, mehrere Projekte zum Thema Nationalsozialismus, Kunstraub und Rückstellungsrecht, seit Mai 2008 von der Republik Österreich bestellter Provenienzforscher für die Leopold Museum Privatstiftung. Im April 2008 Förderungspreis des „Karl von Vogelsang-Staatspreises für Geschichte der Gesellschaftswissenschaften" für das Werk „Hitlers Vätergeneration. Die Ursprünge des Nationalsozialismus in der k. u. k. Monarchie" (Wien-Köln-Weimar 2005).

Ingo ZECHNER, Mag. Dr.

Geboren 1972, Historiker und Philosoph. Leiter der Anlaufstelle der Israelitischen Kultusgemeinde Wien für jüdische NS-Verfolgte in und aus Österreich, Mitglied der Kommission für Provenienzforschung sowie der Wiener Restitutionskommission. 1997–2000 Lehrveranstaltungen am Institut für Philosophie der Universität Wien, seit 2003 am Institut für Zeitgeschichte der Universität Wien. 2004 BTWH/IFK-Visiting Scholar am German Department der University of California in Berkeley. Beteiligung an diversen Forschungsprojekten; Vorträge in Österreich und in den USA. Zahlreiche Publikationen. Website: www.ingozechner.net

Bildnachweis

Cover-Collage: BDA-Archiv, BDA-Fotoarchiv, MAK, ÖNB, ÖStA, AdR

S. 56   Ulrike Nimeth
S. 57   Ulrike Nimeth
S. 94   Thomas Preiss
S. 105   Belvedere Wien
S. 109   Bundesmobilienverwaltung-Hofmobiliendepot, Fotograf: Arno Gisinger, Paris
S. 117   Herbert Posch
S. 119   Bundesmobilienverwaltung-Hofmobiliendepot, Fotograf: Arno Gisinger, Paris
S. 122   Bundesmobilienverwaltung-Hofmobiliendepot, Fotograf: Arno Gisinger, Paris
S. 125   Herbert Posch
S. 147   KHM
S. 149   KHM
S. 175   Museum für Völkerkunde
S. 188   NHM, A. Schumacher
S. 189   NHM, A. Schumacher
S. 190   NHM, E. Bauernfeind
S. 197   ÖNB
S. 198   ÖNB
S. 200   ÖNB
S. 201   ÖNB
S. 203   ÖNB
S. 209   Österreichisches Theatermuseum
S. 210   Österreichisches Theatermuseum
S. 216   TMW
S. 221   TMW
S. 222   TMW
S. 224   TMW
S. 248   Nationalfonds
S. 268   WienMuseum
S. 272   WienMuseum
S. 276   WienMuseum
S. 286   UB Wien
S. 290   UB Wien
S. 292   UB Wien
S. 294   UB Wien
S. 301   Oberösterreichisches Landesmuseum
S. 304   Oberösterreichisches Landesmuseum
S. 305   Privatbesitz
S. 309   Oberösterreichisches Landesmuseum
S. 313   Marc Haader

S. 322   MdM Salzburg
S. 324   MdM Salzburg
S. 325   Hubert Auer
S. 325   MdM Salzburg
S. 334   Landesmuseum Joanneum, Bild- und Tonarchiv, Fotograf: N. Lackner
S. 338   Landesmuseum Joanneum, Bild- und Tonarchiv, Fotograf: N. Lackner
S. 342   Belvedere, Wien
S. 345   Belvedere, Wien/Hans Dichand
S. 348   Foundation Oskar Kokoschka/VBK, Wien, 2008
S. 353   Niederösterreichisches Landesmuseum
S. 363   BDA-Archiv
S. 365   BDA-Archiv
S. 379   BDA-Fotoarchiv
S. 381   BDA-Archiv
S. 389   Museum Schloss Bruck, Lienz
S. 391   Finanzlandesdirektion Wien, Fotograf: Leonhard Weidinger
S. 395   ÖNB
S. 397   ÖNB
S. 399   ÖNB
S. 403   ÖNB
S. 413   MAK
S. 415   MAK
S. 423   MAK
S. 429   MAK
S. 431   NHM, Prähistorische Abteilung
S. 432   NHM, Prähistorische Abteilung
S. 443   TMW
S. 445   ÖStA
S. 447   Privat
S. 454   TMW
S. 465   KHM
S. 473   Fotograf: Vadym Kostiuk
S. 476   Museum für Völkerkunde
S. 482   Alice Kantor
S. 495   Alice Kantor